JN251912

日本古代史の方法と意義

Method and significance of Japanese ancient history

新川登亀男 編
SHINKAWA Tokio

勉誠出版

序言

現在、歴史を考え、表現し、そして伝える環境は大きく変わってきている。その画期は革命や戦争のように明確ではないが、歴史そのものの地殻的な変動であることは確かである。

その好例は、情報メディアである。それは多様化し、複雑化し、また、文字媒体に限られない。むしろ、文字媒体はその一部に過ぎない。しかも、文字媒体を一部で含む情報メディアは、それぞれ多様な成り立ちと伝達と受容と再生と変換のもとで複合的な連環と解体や乖離をもたらしている。その複合的な構造は、もちろん、人々の集団が編み出すものであるが、逆にまた、人々の集団をあらたに形成し、または分断するはたらきを持つ。その人々には、過去の存在も、未来の存在も含まれている。

ここで情報メディアを取り上げたのは、それが表面上、実感しやすいからだけではなく、歴史研究や教育が主に依存してきた文字媒体が実は情報メディアの一種であることに気付かされるからである。これまで職業としての歴史研究や教育が自明のこととしてきた文字媒体が、多様で複雑な情報メディアの体系到来によって、むしろ相対的に見直されるようになり、文字通りの歴史認識（現在、政治問題化している用法とは区別したい）に資するところが甚大であると思われるからである。

たとえば、写真映像は写実という名にそのまま置き換えることができるのであろうか。また、漫画やアニメはバーチャルな時空間なのであろうか。写真映像が事実で、漫画やアニメが非事実であると明確に分別できるのであろうか。たしかに、事実と非事実をさまざまな論法において区別したい知識欲と感情はある。それは必要でもある。しかし、事実と非事実の関係には錯綜した不透明さがあることも今や閉塞的に常識化している。

文字媒体も、これらの情報メディアの一環であり、特権的な例外ではあり得ない。だからと言って、文字媒体を軽んじればよいというのではない。むしろ逆に、文字媒体に与する姿勢を学び育てる必要があり、それを促し、啓発する環境の最中に私たちはいるということに思いを致したい。そして、その文字媒体が写実なのか、バーチャルなのかの腑分けを究極の目的にするのではなく、文字媒体がどのようにして成り立ち、伝えられ、また変換されていくのかを、歴史そのものの一環として考えることが優先されるべきであろう。つまり、文字媒体は、歴史の外にあって歴史の事実を知る素材や手段なのではなく、さまざまな事柄の認識連鎖と交差から構築される歴史の動脈なのである。

この論集は、僭越ながら、私自身の節目の歳にあたり、私の同学後輩の方々、私の教室でともに学び合い、その後も研究に励んでおられる方々、そして、その研究や教育にご助力いただいた研究者の皆様に、ご執筆をお願いして成ったものである。その際、「古代史の方法と意義」を念頭に置きながら論述していただきたい旨をお伝えしたところ、多くの方々からご寄稿いただいた。

もちろん、「古代史の方法と意義」については、執筆者それぞれの受け止め方があったものと思われる。それは当然のことである。上述した私見とて、あくまで私自身の認識の一端を述べたものであり、この論集の趣意がそこに収斂されなければならない理由はない。

ただし、十九世紀から二十世紀にかけて形成されてきた学域としての日本古代史学、ひいては歴史学は、これまで様々な曲がり角を迎えることがあったが、今ほど、立ち止まって見直すことが要求されている時はない。事実、人文学の危機と再生がうたわれているのである。しかし、その危機とは、外からこうむる被害なのであろうか。内にいる私たちのあり方と無関係であると断言できるのであろうか。それぞれ、何を対象として、どのようなスタンスで歴史の正体に迫ろうとしているのか。その説得力はどこにあるのか。これは、人によってそれぞれ異なるところがあってよい。むしろ、これまでは、その多様性をしりぞけることによって学域を構築し続けてきたように思われる。

歴史記述の仕方の変化は、その多彩な可能性を占う指標になりそうである。歴史をいかに見ているのかは、歴史記述の方法によって暴露される側面があると考えられるからである。とりわけ、主語とその存否に注目したい。

この論集には、「古代史の方法と意義」を問いかける多様な論考が掲載されている。書名にあるように日本古代史を中心にしてはいるが、それと結びつく古代以後の日本史、あるいはアジアの歴史に及ぶものもある。また、これから日本古代史や歴史一般を学ぼうとしている人々に、その「方法と意義」の一端を提供したいという思いも込めている。

そこで、本書は、つぎのように編集された。

Ⅰ「歴史学を問う」は、自身の研究、知の環境、公私にわたる日常経験などを踏まえ、歴史認識と研究をそれぞれの観点から直接自問し、告白している。Ⅱ「史料をひらく」は、文字媒体としての歴史資料（文書・記録・編纂物・金石文）からあらたな視界を切り拓き、歴史全体への開眼につなげようとしている。Ⅲ「王権を考える」は、学域用語として頻用されている「王権」の概念が、どのような文脈と含意で現在記述されているのかを知ることができる。Ⅳ「制度を解く」は、これまでの歴史認識と研究を牽引してきた制度史の方法を例示し、その可能性に思いをはせる。Ⅴ「人間の歴史を問う」は、歴史の主人公である人間へのさまざまな認識方法と生活環境についてあらたな考察を加える。Ⅵ「課題史を考える」は、歴史及び歴史とのかかわりにおいて、特定の課題を設定し、旧説との対比などを意図的におこなっている。Ⅶ「歴史を開示する」は、歴史への関心とその必要性は特定の職業人に独占されるものではなく、広く社会や地域にどのようにひらいたらよいのかを模索する。Ⅷ「自他を往還する」は、日本古代の文字媒体に向かって、現在の韓国や中国の研究者がどのような意識と心情で接するのかを提示する。

以上の編集については、執筆者の意図に沿わない部分があるかもしれない。しかし、限られた範囲ではあるが、現在の日本古代史を中心とした研究と記述のあり方を、ひとまずこのように整理し直してみることで、将来への貢献につながればこれに勝る幸せはない。執筆者各位には、このような編集についてご理解をいただきたい。合わせて、感謝申し上げる次第である。

また、このように大部となった本書の刊行にあたり、ご尽力いただいた勉誠出版の皆様にもお礼を申し述べたい。

二〇一八年正月

新川登亀男

目次

II　史料をひらく

III　王権を考える

Ⅳ　制度を解く

Ⅴ　人間の歴史を問う

Ⅵ　課題史を考える

Ⅶ　歴史を開示する

Ⅷ　自他を往還する

I　歴史学を問う

文字資料と歴史の関係性を問う序説
――上宮王家襲撃・滅亡記事をめぐって

新川登亀男

はじめに

私は、しばしば思うことがある。それは、これまで考えてきた歴史にとんでもない間違いはないのか、と。このような思いは誰にでもあることなのか、そうでないのかは私には分からない。

ふつう、文字資料を正確に読み解くことによって歴史を明らかにすると言われている。歴史を勝手に作り出してはいけないと戒められる。『論語』述而篇の言をかりれば、「述べて作らず」である。この作法と心構えは、いわゆる実証主義の初歩とされる（新川登亀男「日本古代史学の『実験』課題」『歴史評論』六〇九、二〇〇一年）。しかし、文字資料が歴史とは別に存在して、その文字資料から明かされる（べき）歴史が外在的に、あるいは目的化されて存在しているのではない。文字資料は、すでに歴史の出来事や人々の営為の一環なのであって、歴史を対象化し、客観視させる固有の価値も権限も本来的には持っていない。

では一体、私たちはいかにして歴史を解明し、描き出すことができるのであろうか。そのために私たちが心がけるべきことは、文字資料が歴史を読み解く外在的で独立した手段であるという観念をひとたび保留してみることであろう。つまり、文字資料は歴史に内在しているのであるから、歴史がそうであるように、多義的で重層的で複雑な、あるいは抽象的な構造を呈していると承知しておく必要がある。言い換えれば、断片的で個別的な事実は、そこから抽出できるとしても、体系的な歴史の真実ないし現実には容易に辿り着けない〝しくみ〟になっていると覚悟しなければなるまい。

しかし、諦めてはならない、と自らに言い聞かせている。現に、努力している人々は少なくないからである。ただ、そのような文字資料と歴史の関係性、および〝しくみ〟を率直に問い続け、発信し合うことなくして、歴史研究の有意義性と貢献はあり得ないであろう。逆に慎みたいことは、歴史研究の有意義性と真の貢献に無頓着な歴史研究の消費（浪費）である。

以上のような自戒と問題意識のもとで、私は、『日本書紀』のなかの上宮王家襲撃・滅亡記事を手がかりにして、文字資料と歴史との関係性を問い直してみたい。本稿は、その序説となるものである。

一　『日本書紀』のなかの上宮王家襲撃・滅亡記事

（一）記事の概要

『日本書紀』のなかで、いわゆる上宮王家襲撃・滅亡事件を記述した箇所は巻二十四の皇極二年十一月丙子朔条である。その大綱は、以下のとおりである（東洋文庫蔵岩崎本による）。

（1）十一月丙子朔、蘇我臣入鹿は、小徳巨勢徳大（太カ）臣、大仁土師娑婆連を遣りて山背大兄王らを斑鳩におそわせた〈或本に云う、巨勢徳太臣、倭馬飼首を将軍とする〉。

（2）奴三成と数十の舎人が出てきて防戦した。土師娑婆連は、箭にあたって死亡した。三成は、「一人当千」とたたえられた。

（3）山背大兄は、馬骨を内寝に投置し、妃・子弟らを率いて膽駒山に逃げ隠れた。三輪文屋君、舎人田目連とその女、菟田諸石、伊勢何（阿カ）部堅経が従う。

（4）巨勢徳太臣らは、斑鳩宮を焼く。灰の中の骨を見て、王の死と誤認し、囲いを解いて退去した。

（5）山背大兄王らは、四五日の間、山に淹留し、喫飯をしなかった。三輪文屋君は、つぎのように進言した。「深草屯倉に移り、そこから馬に乗って東国へ行き、乳部を動員して師を興し、還り戦えば、必ず勝ちます」、と。

（6）山背大兄王らは、つぎのように応えた。「卿の言うとおり、勝つことは間違いないであろう。しかし、吾の思いとしては、十年、百姓を使役しない。一身のために、どうして万民を煩労させることができようか。また、後世、吾のために己の父母を失ったと民に言わせたくはない。なぜ、戦勝したときだけに『丈夫』と言うのであろうか。身を損して国を固めるのも、『丈夫』ではなかろうか」、と。

（7）上宮王らが山中にいるのを遥かに見た人が、還りて蘇我臣入鹿に報告した。

（8）入鹿は、これを聞いて大いに懼れた。速やかに軍旅を発し、王の居るところを高向臣国押に伝え、「さがして捉えよ」と命じた。

（9）国押は、これに応えて言った。「僕は天皇の宮を守っており、外に出ることはしない」、と。

（10）そこで、入鹿は自ら往こうとした。すると、古人大兄皇子があわてて訪れ、詰問した。「どこへ行くのか」、と。事情を説明した入鹿に対して、古人皇子は再び言った。「鼠は穴に伏してこそ生きるものであり、穴を失うと死ぬのだ」、と。
(11) これによって、入鹿は行くことを止め、軍将らを遣りて膽駒を探索させた。しかし、得ることはできなかった。
(12) ここに、山背大兄らは、山より還り、斑鳩寺に入った。
(13) 軍将らは、兵をもって寺を囲んだ。
(14) ここに、山背大兄王は、三輪文屋君をして軍将らに言わせた。「吾、兵を起こして入鹿を伐てば、勝つことは間違いない。しかし、一身のために、百姓を残害したくはない。そこで、吾の一身を入鹿に賜う」、と。
(15) ついに、山背大兄王は、子弟・妃妾とともに自経して死んだ。
(16) ときに、五色の幡蓋、種々の伎楽が空に照灼し、寺に臨垂した。衆人は、これを仰ぎ観て称嘆し、ついに入鹿に指し示した。すると、その幡蓋などは黒雲に変わった。よって、入鹿は見ることができなかった。
(17) 蘇我大臣蝦夷は、山背大兄王らがすべて入鹿に亡ぼされたことを聞いて、嗔り罵り、愚癡・暴悪の入鹿自身が身命を危うくするであろうことを予言した。
(18) 時の人は、さきの謡の真意を解釈した（後略）。

以上が記事の概要である。つぎに、その問題点や特徴を指摘しておこう。

（Ⅱ）記事の問題点

第一は、事件の顚末が皇極二年（六四三）十一月一日付で集約されていることである。（5）において「四五日間」とあるので、少なくとも四・五日以上の経過はあったはずであるが、『日本書紀』としては、ただ十一月の出来事であることを伝えればよかったのである。したがって、件の一日に襲撃が実行されたとは限らない。

事実、『上宮聖徳太子伝補闕記』によると、「癸卯年」（皇極二）の十一月十一日（「丙戌亥時」）に斑鳩宮の襲撃があり、王らが「山中」に入って「六箇日」を経た「辛卯辰時」（十六日にあたる）に、弓削王が斑鳩寺で大狛法師に殺害されたという。この一連の記述がどこまで事実を伝えたものかは定かでないが、少なくとも時の経過に関する干支表記に矛盾はない。

また、この年の十一月の「辛卯」は「中卯」にあたる。神祇令によると、「大嘗祭」の祭日は通常「下卯」（月に「卯」日が二度の場合）とされるが、「三卯」ある月（月に「卯」日が三度の場合）は「中卯」におこなうとする（令集解神祇令の仲冬下卯大嘗祭条諸説および令義解）。もっとも、この規定は後のものであるが、『日本書紀』舒明十一年正月乙卯（十一日）条には臨時の新嘗がおこなわれたとし、皇極元年十一月丁卯（十六日）条には「天皇御新嘗、是日、皇子・大臣、各自新嘗」とある。前者の「乙卯」は「上卯」にあたるが、これは臨時である。ただ、「卯」日におこなわれていることは注目してよい。また、後者の「丁卯」はまさに「中卯」にあたり、しかも天皇、皇子、大臣がそれぞれ別途でおこなったことを特記している。

この『日本書紀』の新嘗に関する特異な両記事を否定する根拠は見出しがたい。とすれば、のちの神祇令施行以前、舒明・皇極朝では、新嘗祭（大嘗祭）が「卯」日におこなわれ、かつ「三卯」の月には「中卯」日に任意でおこなわれていたことになる。これは、この時期に「月令」への関心が高まったこととも相関し（皇極元年十月条以下）、のちの神祇令規定にも影響を及ぼしたものとみられる。

そうすると、かの十一月「辛卯」(十六)日に弓削王が斑鳩寺で大狛法師に殺害されたというのは、新嘗祭の挙行とかかわる可能性があろう。つまり、件の十一月十六日には、上宮王家の一部の人々が、あるいは斑鳩寺に集まって新嘗をおこなった(おこなおうとしていた)ことになり、その時、新嘗と崇仏との摩擦によるものか否かは明確でないが、深刻な殺害事件がおきた可能性が浮上してくる。これを逆に言えば、『日本書紀』の編者たちは、その顚末を承知していなかったのか、無視ないし隠蔽したことになる。

一方、この襲撃事件そのものの時系列に関しては、『日本書紀』に不可解な記述がある。それは皇極三年六月乙巳条に記載された「志紀上郡」からの報告である。すなわち、三輪山で昼寝をしている猿に触れた人が不可思議な「猿歌」(歌も載せられている)を聞いたというものであり、「此是、経歴数年、上宮王等、為蘇我鞍作、囲於膽駒山之兆也」という。

この記事の系年をそのまま信用するならば、皇極三年(六四四)六月から「数年」経った時に上宮王家襲撃事件がおきたことになり、同じ『日本書紀』のなかで大きな矛盾が生じてくる。これについては、いくつかの可能性があろう。①報告の系年そのものに錯誤があるのか。②報告の系年はよいとして、その報告内容は「数年」前のことなのか。③報告内容も報告時点も系年どおりであるが、「猿歌」の予兆解釈に関しては後のものとして錯誤が生じているのか。④この記事をそのまま認めて、上宮王家襲撃事件は「数年」のちにおこったのか、「数年」続いていたのか。

いずれとも決め難い。ただ、上宮王家襲撃事件に関する記憶が複数混じり合ったままで『日本書紀』に採用され、編年化された痕跡がうかがえる。したがって、皇極三年六月乙巳条前後の記事を、その編年月のとおりにすべて鵜呑みにすることには慎重でなければなるまい。その慎重さは、皇極二年十一月丙子朔条の上宮王家襲撃・滅亡記事そのものへも及ぶのである。

第二は、登場人物に関することである。まず、襲撃した側の人物としては、（1）以下に登場する蘇我臣入鹿、巨勢徳大（太カ）臣、土師娑婆連、倭馬飼首がいる。このうち、名を欠く倭馬飼首については明らかでないが、他の人物は『日本書紀』に別途記録がみえる。

また、（1）によると、襲撃した側の人物記録に異説があったことが分かる。それは、事件そのものが混乱し、不透明な状況にあったことを示唆するであろう。また、大化元年九月戊辰条以下が記録する古人皇子の謀反譚に多くの異説が付注されていることからも類推できるように、その異説が二種以上に及ぶ可能性は充分にあり、そのなかから、『日本書紀』が本文を選択した経緯が想定されてよい。異説が二種以上に及ぶことは、『上宮聖徳太子伝補闕記』からも推認できる。

逆に、襲撃されて応戦したか、山中に逃れた側の人物としては、（1）以下にみえる山背大兄王とその妃妾・子弟、（2）の奴三成と数十の舎人、（3）以下の三輪文屋君、舎人田目連とその女、菟田諸石、伊勢何（阿カ）部堅経が登場する。ここには、氏姓や名が記されていない人物も含まれているが、それは襲撃した側の登場人物数を上回っている。また、具体的な名や氏姓が記された人物は、山背大兄王を除いて他に記録されていないので、『日本書紀』独自の特徴と言える。ただ、ここに異説が付記されていないのは、記憶や情報そのものが限定されていたからなのか、『日本書紀』の編纂過程で整理統一されたからであろう。

しかし、いずれにせよ、これら上宮王家のいわゆる「近習者」（舒明即位前紀参照）については、『日本書紀』の編者が作り出したものとは考えがたい。信頼できる稀少な記録とみてよいであろう。ただ、後述するように、「奴三成」については検討の余地があろうか。

第三は、いわゆる捨身・非戦物語になっていることである。すなわち、（2）にみえる奴の三成や数十の舎人らが反転攻撃に出たにもかかわらず、また、（5）にみえる三輪文屋君の再起・勝利策進言を受けた山背大兄王らが、ひとたび勝利の可能性を承引したにもかかわらず、山背大兄王らは、(14)(15)へと行き着く、いわば捨身ないし非戦を断行している。しかも、その記述は、当該条の多くを占め、(16)の天空異変現象も含めて潤色のほどがうかがえる。したがって、上宮王家襲撃ないし滅亡事件譚の『日本書紀』編纂過程において、この矛盾に満ちた、不可解ないわゆる捨身・非戦物語作成に力点が置かれていたものとみられる。

第四は、これまた不可解な「謡」(「童謡」)とその解釈が付記されていることである。ここで言われている「謡」は、同じく『日本書紀』の先行記事である皇極二年十月戊午条に掲載された「童謡」のことであり、当該事件の前兆と事後の解釈に関する「時の人」伝承である。さきに述べた同三年六月乙巳条の「猿歌」とその解釈譚も、これに関連している。また、いずれも猿に関する歌謡としての特徴があり、猿(猴)の登場が皇極紀に集中するのである(皇極四年正月条など)。ただ、このような歌謡の解釈が同時期のものとは限らないので、その意味のズレを考慮する必要があろう。

以上が、『日本書紀』にみられる上宮王家襲撃ないし滅亡記事の主な問題点ないし特徴である。旧来、この記事をもって、襲撃側の人物や皇位継承をめぐる政争について論じられることが多かったが、当該記事編纂という観点からみた場合、あるいは、歴史に内在する文字資料のあり方からみた場合、上述したような大きな課題をはらんでいる。少なくとも、記事をそのまま信用して、歴史の事実を説明しようとするのは拙速であろう。

そこで、本稿では、とくに第三の問題点である、いわば捨身・非戦譚の作成に焦点をあてて、文字資料と歴史の関係性を考えてみたい。

二　上宮王家襲撃・滅亡記事と長寿王物語

(一)「一身之故」をめぐって

第三の問題点（いわゆる捨身・非戦譚の作成と事実性）を検討するにあたり、既掲の（6）と（14）には著しい重複があることに注意したい。その要点を原文で引用すると、つぎのようになる。

（6）但、吾情冀、十年不役百姓、以一身之故、豈煩労万民、又、於後世、不欲民言由吾之故、喪己父母、豈其戦勝之後、方言丈夫哉、夫損身固国、不亦丈夫者欤、

（14）然、由一身之故、不欲残害百姓、是以、吾之一身、賜於入鹿、

以上、（6）と（14）の文意はよく似ており、文言も酷似したところがある。なかでも、傍線部「一身之故」はまったく同じであり、そのまま繰り返して強調されている。つまり、「一身之故」に大いなる関心を注ぐ記事編纂がなされたのであり、「吾之一身」もその類語である。また、「吾之故」や「損身」もこれに準じたキーワードとして用いられている。

この箇所をめぐっては、谷川士清『日本書紀通證』や河村秀根・益根『書紀集解』以来、新編日本古典文学全集『日本書紀』頭注（小学館）に至るまで、『韓詩外伝』一末尾の「邵伯曰、嗟、以吾一身而労百姓、此非吾先君文王之志也」を典拠にあげるか、参照している。しかし、「吾一身」は「吾之一身」と類似しているが、「一身之故」とは相違がある。したがって、他により適切な類似例があれば、それを優先して考えるべきであろう。

たとえば、『旧唐書』七十七列伝二十七の審礼従父弟延嗣伝に「豈以一身之故、為千載之辱」とある。まさに「以一身之故」というのであるが、これは文明（六八四）のころ、潤州司馬であった延嗣が、州城陥落の時に伝統ある「宗族」の恥を自覚して発言したものだという（『新唐書』の同伝にはみられない）。この発言が、もし文明のこ

ろの事実や伝聞を伝えているとすれば、七世紀後半に「以一身之故」という言葉が使用されていたことになる。しかし、この場合の「以一身之故」は、文脈や趣意の点からみて、皇極紀のそれとはまったく異なっている。したがって、皇極紀のそれにより近い「一身之故」の記述があれば、やはり、それを優先して検討しなければならない。

（Ⅱ）『増一阿含経』の長寿王物語

実は、皇極紀の「一身之故」用法に酷似した稀少な例が仏典のなかにある。それは、僧伽提婆訳『増一阿含経』十六の高幡品二十四の三にみえる長寿王・長生太子の父子物語である（以下、大正蔵経二による）。この物語は、「闘訟」「諸悪行」などの絶えない比丘たちを強く戒め、「共和合」へ導こうとする世尊が持ち出した本生譚であり、およそ三段に分けられる。

一段目は、波羅㮈国の王である梵摩達が、長寿王の治める舎衛城を攻めようとした。これに対して、長寿王は「彼王、雖復多諸兵衆、如我今日一夫之力、足能壊彼百千之衆、殺害衆生、不可称計、不可以一世之栄、作永世之罪、我今可出城、更在他国、使無闘諍」と述べ、「第一夫人」らわずかの側近をともなって「入深山中」という。要するに、もし戦うなら勝つ自信があるが、それでは敵と味方との区別なく多くの人々を殺すことになり、自分一世の栄誉のために永世の罪をつくるわけにはいかない。よって、自ら城を出て深山のなかに入るというのである。かくして、梵摩達王は長寿王の治城を占領した。

二段目は、深山に入った長寿王の夫人（二人いたともいう）が、夢告にしたがって、暫時、舎衛城にもどり、男子（長生太子）を出産して、また深山に戻った。その後、小さな因縁によって長寿王は舎衛城に入った。すると、旧臣の劫比なる人物がその姿を目撃し、梵摩達王に通報した。これを聞いた梵摩達王は長寿王を捉えるべく、左右大臣に命じて「東西求索」させたところ、劫比から「遥見長寿王」との報告が「大臣」に伝わり、長寿王は捉えられた。その後、夫人と太子も舎衛城に入り、夫人は捉えられて、長寿王と夫人は「四衢道頭」「市」で惨殺された。太子は、この様子を見ていた。

その時、長寿王は長生太子に「汝、莫見長、亦莫見短」と言い、「怨怨不休息、自古有此法、無怨能勝怨、此法終不朽」との偈を言い遺した。さらに、処刑を準備する諸臣に長寿王は真意を告げた。すなわち、「以我一夫之力、足能壊此百万之衆、然我復作是念、此衆生類死者難数、不可以我一身之故、歴世受罪、怨怨不休息、自古有此法、無怨能勝怨、此法終不朽」、と。ここでも、さきにみた長寿王の非戦論が繰り返されており、「一身之故」という文言が登場する。また、「怨」についても、ここであらたに浮上してくる。

三段目は、惨殺された父母の遺体を荼毘に付した長生太子が、その後、正体を偽り、「報怨」の機会をねらって梵摩達王のもとに出入りするようになった。そして、再三、梵摩達王を殺す機会を得たが、その都度、亡き父の「偈」（「怨」や「報怨」を「捨」てて「断」たないと、「怨」は相互に連鎖反応をおこして果てしなく続き、「諍国」や「諍競」は終ることがない）を想い出して、王の殺害を思い止まる。

その間、梵摩達王は長生太子の正体を知り、同時に「偈」のことも聞かされた。そこで、王は、自らも「怨」「報怨」を「捨」てて、太子を殺すことなく、二人で「倶共相済命者、終不相害」との「誓」を立てた。さらに王は、自身の罪過を懺悔し、娘を太子と結婚させて、王位を太子に譲り、舎衛城を出た。

以上の物語を比丘らに告げた世尊は、「然、古昔諸王有此常法、雖有此諍国之法、猶相堪忍、不相傷害」と述べ、「今復、諍競不相和順、各不相忍而不懺改」という状況の比丘らを強く戒めている。そして、「無闘無有諍、慈心愍一切」以下の「偈」を述べて去っていったという。

要するに、この物語は一段目で非戦論の理由を述べ、二段目では身命を賭して「報怨」の連鎖（果てしない闘争の連鎖）を戒め、三段目では葛藤の末に実現した「和」を説いている。そして、空間的には「一身」（自己）と「衆生」（人々）の関係、時間的には「一世」と「永世」「歴世」の関係が「罪」を媒介として縦横に、あるいは輪廻観をもって結びついているのである。

このような物語と件の皇極紀の記事とには重なり合うところが多い。それは、かの長寿王物語と照らし合わせながら上宮王家襲撃・滅亡譚が編集されたことを示唆していよう。

第一は、既述のように「一身之故」が一致している。しかも、それは語彙のみのことではなく、文脈や趣意のなかでの位置づけが共通していることに注目しなければならない。すなわち、両者とも、自分（一身）だけの理由（戦勝・栄光）で多くの人々を死なせ、苦しめたならば、「後世」「永世」「歴世」、そのことが問われ続けるであろうというのである。

第二は、長寿王の言う「一夫之力」をめぐる関係性である。この「一夫之力」は「一身」にも置き換えられるが、まずは「百千之衆」「百万之衆」との対比が注目される。なぜなら、上宮王家の奴三成が「一人当千」をもって戦果を挙げたと皇極紀が記していることと合わせ考えてみる必要があるからである。つまり、「一夫之力」と「百千之衆」「百万之衆」との対比が「一人当千」に集約されているのである。

さらにまた、かの「一夫之力」と皇極紀の「丈夫」とも無関係ではあり得ない。皇極紀では「丈夫」の価値評価を逆転させるのであるが、「一夫之力」の価値評価も逆転させられている。つまり、真の「一夫之力」とは、「一身之故」を放棄し、非戦を敢行し、果ては自らの身命を賭すことでそれが明かされるというのである。

第三は、夫人や子（胎児か）をつれて「山」「山中」に入ることでも類似している。第四は、その山から出てきて、死を迎えるという文脈も共通している。第五は、長寿王を「求索」し、ある人物（劫比）が「遥見長寿王」て「大臣」に通告したとされているが、山背大兄王の場合も、ある人が「遥見上宮王等於山中」て、「大臣」の蘇我臣入鹿に報告したという。そして、「求捉」が命じられている。これも、用語を含めてよく類似している。

第六は、舎衛城と斑鳩寺の位置づけがよく似ている。すなわち、長寿王・夫人は山中から舎衛城に降りてきて捉まり、処刑され、ここで一種の捨身がおこなわれるが、山背大兄王・妃妾・子弟も山中から斑鳩寺に降りてきて自経に及び、「吾之一身、賜於入鹿」という。

舎衛城については、かつて長寿王が治めていた城であり、長生太子誕生の因縁の地であり、父の「偈」を奉じた太子が城主となって還ってきたところであった。したがって、舎衛城は幾重にも強調され、物語の核をなすところであって、この物語を結実させる原点としての位置づけと価値をもっている。

とすれば、斑鳩寺も、そのような原点として位置づけられたことになり、『日本書紀』皇極二年十一月丙子朔条のいわゆる上宮王家襲撃記事は、『日本書紀』編纂側からみた斑鳩寺の存在根拠たる起源譚として作成されたものと言えよう。その意味からすれば、単なる襲撃事件の記述ではなく、むしろ上宮王家滅亡の今日的意味と価値を語り伝えるための編纂記述であったとみることができる。

（Ⅲ）『六度集経』の長寿王物語

既述の長寿王・長生太子物語は、その類話も含めて『増一阿含経』以外にもみられる。さらに、『増一阿含経』のなかの既掲箇所以外にも説かれている。しかし、ここでまず取り上げなければならないのは『六度集経』との関係である。

康僧会訳『六度集経』一に、注目すべき長寿王・長生太子物語が載せられている（以下、大正蔵経三による）。それは、さきにみた『増一阿含経』の物語と似たところが多いが、一部、コンテクストに相違がみられ、具体的な文章や文言にも差異がある。ただ、概して簡潔なものとなっている。

その物語は、やはり三段から成り立っている。一段目は、隣国の「貪王」が長寿王・長生太子の治国を攻撃するということからはじまる。そこで長寿王は、「若与之戦、必傷民命、利己残民、貪而不仁、吾不為焉」とも「全己害民、賢者不為也」とも述べて、必勝を確信して交戦を進言する群臣の意見を斥ける。すなわち、「群臣、以吾一人之身、欲残民命」、と。かくして、長寿王は太子をともない「隠於山草」れた。

二段目は、「山草」にいる長寿王のもとに、遠国から梵志が訪ねてくる。そこで、梵志は「聞王好施、済衆生之命」、「天王、布天仁之恵、必欲殞命、以済下劣者」と言う。長寿王は、この言に准じて、占領下の故国にもどる。そして、捉えられ、処刑された。その時、長寿王は長生太子に向かって「遺誨」を伝え、「含兇懐毒、蘊於重怨、連禍万載、非孝子矣」などと述べる。

三段目は、「讎」となる「貪王」に接近した長生太子が復讐を度々試みる。以下、文言は別として、大筋は既述の『増一阿含経』と同じである。

以上の物語を説いた仏は、諸沙門に向かって補説する。すなわち、長寿王は「吾身」であり、太子は阿難であり、「貪王」は調達であり、「阿難与調達、本自無怨。故不相害也」、と。ここに、釈迦の本生譚であることが付記されている。

この『六度集経』の物語と既述の『増一阿含経』にみえる物語は、たしかに類似している。しかし、大きな相違もある。まず、一段目では、①群臣が長寿王に応戦を進言する件が『六度集経』に存在するが、『増一阿含経』にはみられない。ついで、二段目では、②『増一阿含経』が語る太子出産譚が『六度集経』にはない。逆に、③『六度集経』が語る梵志到来・発言が『増一阿含経』にはみられない。その他、末尾にみられる相違などもあるが、ここでは省略しておく。

この相違を皇極紀の当該記事との関係で見直すならば、つぎのようなことが指摘できる。

すなわち、①は皇極紀と『六度集経』が共通する。②も皇極紀と『六度集経』が共通する。③は皇極紀と共通するところがない。ただ、③をいわゆる捨身の進言とみるならば、皇極紀の「吾之一身、賜於入鹿」と接することになり、皇極紀と『六度集経』との近似性を推測することができる。とくに、『六度集経』の「吾一人之身」と類似する文言が皇極紀で使用されていることは留意されてよい。

そうすると、皇極紀の当該記事作成にあたり、『六度集経』の存在は無視できないことになる。しかし、『増一阿含経』にみえる「一身之故」が『六度集経』には存在しないこと、しかも「一身之故」に直接かかわる趣意の文が皇極紀と同じように『増一阿含経』でも二度繰り返し登場することを重視すれば、やはり皇極紀の編纂に及ぼした『増一阿含経』の存在を蔑ろにすることはできない。つまり、『増一阿含経』と『六度集経』の両経がともに皇極紀の編纂に影響を与えた可能性を想定しておくべきであろう。

そこで、さらに『六度集経』の当該物語と皇極紀の当該記事との関係をより具体的に確認しておきたい。たしかに、「一身之故」は『六度集経』にみられないのであるが、「以吾一人之身、欲残民命」や「全己害民」の否定、あるいは「若与之戦、必傷民命、利己残民、貪而不仁」、「必欲殞命、以済下劣者」などは、皇極紀の「然、由一身之故、不欲残害百姓、是以、吾之一身、賜於入鹿」などに通有する。とくに、「吾一人之身」と「吾之一身」とは酷似しており、皇極紀にみえる「残」「害」や「吾」の用法は、さきの『増一阿含経』の用法よりもこの『六度集経』に類似している。

なお、「重怨」を戒める『六度集経』には儒教的な「孝」や「徳」の観念が顕著であり、さきの『増一阿含経』の場合と異なる。一方、皇極紀の上宮王家襲撃・滅亡記事に「報怨」（「重怨」のこと）を直接的に戒める件はないが、加えて「孝」観念の主張もみられない。この点に関しては、『六度集経』よりも『増一阿含経』のほうが皇極紀により近似していると言えよう。

また、皇極紀の「一人当千」に集約される論理が『増一阿含経』にみられることは既述のとおりであるが、実は、『六度集経』の末尾（巻八）に位置する、簡にして要を得た「梵摩皇経」のなかに「一人当千」そのものの用法が登場する。その件は狭義の長寿王物語ではなく、「七宝」を備えた「飛行皇帝」つまり転輪聖王たる「梵皇」のそれである。その「梵皇」には「端正皎潔、仁慈勇武」なる「千子」がおり、その「千子」が皆「一人当千」であるというのである。そして、このような「千子」と「七宝」を備えた王は「五教」に則って「治政」をおこない、「不枉人民」との高い評価が施されている。その「五教」のひとつには「損己済衆」があるという。「損己済衆」とは、皇極紀の「損身固国」に通じるであろう。

この件は、『六度集経』と『増一阿含経』が伝える長寿王物語によく通じるところが認められる。言い換えれば、かの長寿王は転輪聖王の一例なのである。もっとも、『増一阿含経』に登場する長寿王は物理的な「七宝」や「千子」に乏しく、王自身が「一夫之力」をもって「百千之衆」に立ち向かうことが逆説的に語られている。ところが、『六度集経』に登場する長寿王はむしろ逆に、物理的な「七宝」に恵まれた王として語られている。このように、「七宝」との関係でみれば、長寿王は両極端な、あるいは矛盾した評価が与えられている。この点、『六度集経』の最初のほうに記された長寿王と、その末尾に付された「梵皇」こと転輪聖王とは、「七宝」に関する見方が一致しており、一貫性がうかがえる。

しかし、『増一阿含経』一の序品にも長寿王物語の一端（誕生・成長譚）が記されていることに留意したい。そこでは、「七宝具足」の「転輪聖王」が長寿王とされており、「勇猛知恵、能除衆苦、統領四方」の「千子」がいるという。この「千子」とは、まさに「一人当千」のそれであり、さきの「梵皇帝」の例に等しい。つまり、「七宝」を兼備し、「一人当千」の「千子」をもって、いわば善政（崇仏に儒教的要素も加わる）を布くのが転輪聖王であり、転輪聖王の資格であるとされている。

そうすると、『増一阿含経』で語られる長寿王には一貫性がなく、むしろ矛盾しているかのようである。しかし、この場合は、物理的な「七宝」や「千子」の放棄（固執しない）、そして、その「七宝」や「千子」の存在を超えることへの志向という逆説的な転回、つまり仏教特有の論理が語られているのであって、究極的には、「七宝」や「千子」の存否のみを取り上げてその矛盾を指摘しても有意義ではない。

したがって、いずれにせよ、皇極紀の上宮王家襲撃・滅亡記事編纂において、『増一阿含経』と『六度集経』が参照された可能性はさらに高まるであろう。

なお、ここで「七宝」に関連して言及しておきたいのは、「七宝」のなかに「馬宝」が含まれていることである。この馬については、上宮王家襲撃・滅亡記事のなかで、山背大兄王が「馬骨」を斑鳩宮の「内寝」に投げ置いて山中に隠れたとある。文脈から言うと、焼き打ちされた斑鳩宮跡から「馬骨」が発見され、王が亡くなったと勘違いされたことになっている。よって、この「馬骨」の投置は王の死を偽装するためであったと解釈されがちである。しかし、長寿王を一例とする転輪聖王こと「飛行皇帝」の「馬」であるとすれば、王自身が転輪聖王こと「飛行皇帝」であることを放棄する行為と言える。これを具体的に言い直せば、「馬」に乗って「東国」へ向かい、そこから「乳部」を徴兵して再び「馬」に乗って還り戦うことを放棄する表象行為であったとみることができよう。

もっとも、「馬骨」の投置自体が事実であったか否かは問題である。しかし、どちらにせよ、長寿王物語が当該記事に影響を及ぼしている以上、この「馬骨」投置譚は、件の「飛行皇帝」こと転輪聖王が保有する「馬宝」の存在を後次的にでも意識しながら仕上げられたとみるのが妥当であろう。

（Ⅳ）『出曜経』その他の長寿王物語

いわゆる長寿王物語は、実のところ、さまざまな局面において流布し、援用されてきた。以下、皇極紀との関係に焦点をあてて、主な例をみていきたい。

まず、竺仏念訳『出曜経』十六の忿怒品にも長寿王物語がある（以下、大正蔵経四による）。同じく三段からなり、一段目は、長寿王と梵摩達王との度重なる交戦が前提にある。そして、長寿王の「軽将数騎」が応戦した時、敗退し、王は「第一夫人」と一人の「侍臣」のみをつれて、「隠処深山無人之処」という。

二段目は、その後、長寿王夫婦が梵摩達王の「第一大臣」（梵志種）のもとに身を寄せたこと、王夫人が出産したこと（長生の誕生）、その長生が王位継承者として期待されたことを記す。そして、長寿王は梵摩達王の命令で捉えられ、処刑される。その時、王は長生太子に向かって「止止童子、夫人立行、亦莫見短、亦莫見長」と述べ、この父の「教誡」「遺意」を遵守するのが「孝子」であるとした。

三段目は、これまた既掲の物語に類似しており、「報怨」をめぐる長生太子の葛藤がつづく。そして、「教誡」どおりに「忍」「信義」「孝」を貫き、故国の王に返り咲くのである。

このような『出曜経』の長寿王物語と皇極紀の当該箇所とは、既述の『増一阿含経』や『六度集経』と皇極紀のそれとの関係ほどに緊密であるとは言えない。ただ、「軽将数騎」による交戦と敗退、それによって長寿王らが治国を去り「深山」に入るという件は、奴三成と数十の舎人が出てきて防戦し、その間に山背大兄王らが膽駒山に隠れるとした皇極紀の記述によく似ている。

しかし、この『出曜経』の長寿王物語には、さらに注目すべき点がある。それは、世尊の発言である「怨不息怨、忍乃息怨、是如来正法」にはじまり、度々、「報怨」の連鎖応酬と「悪行」を戒め、「忍」を訴えていることである。それが、「信義」を貴び、「孝子」を証すことになるというのである。そして、「結怨」「結怨之人」「多結怨讎」などの類語を繰り返し持ち出してくる。これは、他の長寿王物語の趣意に反するわけではないが、その強調度は他に比して『出曜経』の顕著な特徴となる。この点は、上宮王家襲撃・滅亡記事以外の上宮王家関連記事とのかかわりが留意されよう。

ついで、同経巻二十一の我品に「千千為敵、一夫勝之、莫若自伏、為戦中勝」との偈がみえる。すなわち、千たび千を敵として、一人これに勝つとしても、自らを伏さなければ勝ったことにはならない、というのである。また、これは「一人勝千、或勝万人、非為健夫」とも言い換えられている。

この我品は、長寿王物語ではない。しかし、ここで語られている趣意と論理は、既述の長寿王物語にみえる「一夫之力」の論理と同じであり、いわゆる「一人当千」用法に通底する。いわんや、上宮王家襲撃・滅亡記事のなかの「豈其戦勝之後、方言丈夫哉、夫損身固国、夫亦丈夫者代歟」とも論理は同じであり、『出曜経』の言う「健夫」はそのまま皇極紀当該記事の「丈夫」に置き換えることができる。

なお、この『出曜経』巻二十五の悪行品は、「諸悪莫作、諸善奉行、自浄其意、是諸仏教」という偈ではじまる。これも長寿王物語ではないが、さきに言及した『増一阿含経』一の序品、つまり長寿王物語の一種にも同じ偈が登場する。そして、上宮王家関連記事である舒明即位前紀にも、山背大兄王の父である「先王」の遺言として同じ偈が採用されているのである。

以上の諸点から鑑みて、長寿王物語を含む『出曜経』そのものと『日本書紀』の上宮王家関連記事作成との関係が注意されるのである。

つぎに、失訳『長寿王経』全一巻があげられる（以下、大正蔵経三による）。これにも「一身之故」はみられないが、物語はやはり三段からなっている。

一段目は、隣国の「貪王」が長寿王の治国を攻撃しようとした。これに対して、長寿王の群臣らは必勝を確信して王に交戦を進言するが、王は「若与其戦、必傷吾民、夫諍国殺民、吾不為也」、「若我勝彼、即有死傷、彼兵我民、倶惜寿命、愛我害彼、賢者不為也」、「今、群臣、以我故、欲逆而距之、夫両敵相向、必有欠傷」と述べる。かくして、長寿王・長生太子は「幽隠山間」した。

二段目は、その後、婆羅門が山中の長寿王のもとを訪れる。そして、婆羅門は「長寿王、好喜布施、周救貧羸」、「大王、周救一切、故来乞匃」、「若有弘慈之意、必欲殞命、以相恵施」と述べる。そこで、長寿王は故国に向かい、捉まって処刑される。その時、王は太子に向かって「父報怨」を戒める。

これらにみえる発言記事は、『六度集経』との異訳関係をうかがわせる。つづく三段目も、『六度集経』と同じような内容がつづくが、『六度集経』ほどに「孝」観念を主張することはない。また、『長寿王経』の場合、「一身」ないし「身」用法へのこだわりはみられない。したがって、『増一阿含経』や『六度集経』と皇極紀との緊密な関係、あるいは『出曜経』と『日本書紀』の上宮王家関連記事との関係性にくらべれば、この『長寿王経』と皇極紀の当該記事や上宮王家関連記事全体との関係は稀薄であったものと思われる。

なお、宝唱ら集の『経律異相』三二に「長生欲報父怨、後還得国」と題して『長寿王経』が抄出引用されている（大正蔵経五十三による）。たしかに、さきの『長寿王経』に何よりも似ているが、まったくの同文ではない。このような相違が抄出に由来するものか、異訳にもとづくものかは速断を控えたいが、いずれにしても、この『経律異相』所引の『長寿王経』から皇極紀の前掲記事がそのまま生まれるとは考えにくい。

さらに、『増一阿含経』の訳者と同じ僧伽提婆の訳とされる『中阿含経』十七にも長寿王・長生童子物語が載せられている（以下、大正蔵経一による）。概要は既掲の諸経に似たところがあるが、相違するところも多い。

物語は、ここでも三段から構成されている。一段目は、『出曜経』と同じように、長寿王と梵摩達哆王との交戦が度々つづいていたことからはじまる。ついに、長寿王は「我已害彼、何須復害、但以空弓、足能伏彼」、「闘為甚奇、闘為甚悪、（中略）剋当復剋、伏当復伏、害当復害」と述べて、山中ではなく波羅㮈国に向かう。そして、「長寿博士」と呼ばれるようになったという。

二段目は、梵志国師のもとに身を寄せた長寿王のこと、そして王の妻の出産譚があり、将来の王位後継者として期待される「長生童子」が誕生する。ついで、梵摩達哆王によって長寿王は捉えられ、処刑される。時に長寿王は、「長生童子」に「童子可忍、童子可忍、莫起怨詰、但当行慈」（この発言文は以後繰り返し出てくるが、「怨詰」は「怨結」とも記されている）と告げる。

三段目は、「長生童子」も「長生博士」と呼ばれるようになって、梵摩達哆王に接近した。以後、既掲のような物語がつづく。たとえば、「但当行慈」と「但当報怨」との葛藤が繰り返され、最後は、「忍辱」「慈心」「恩恵」をもって母国の王にもどるのである。

以上によると、梵志国師の役割は他と異なっており、「長寿博士」「長生童子」「長生博士」などの呼称表記も、既掲の物語とは異質である。さらに、「一身之故」はみられず、「身」用法へのこだわりも薄い。したがって、『中阿含経』の当該物語が、皇極紀の前掲記事編纂に及ぼした影響は大きくないであろう。ただ、『出曜経』の場合と同じように、「怨詰」「怨結」用法（「怨結」が正しいか）の駆使は留意されてよい。

以上が、仏典（経）にみられる長寿王物語の主な例である。しかし、ここで加えておきたいのは、まず、律の例である。たとえば、弗若多羅・鳩摩羅什等訳『十誦律』三十は、比丘たちの「闘諍・相言・相罵」を戒め、「用瞋恨者、不滅瞋恨、但忍辱力、乃能滅之」と説いて、「長寿王経」の「広説」を引き合いに出している（大正蔵経二十三による）。ついで、法顕・仏陀跋陀羅共訳『摩訶僧祇律』十三も、比丘らの「闘諍」「相言説」「不和」を戒め、「長寿王本生経」の「広説」を取り上げて、「破国亡家、乃至太子長生、不報父讎、猶更和合、不生悪心」と説く（大正蔵経二十二による）。また、仏陀什・道生共訳『五分律』二十四も、長寿王・長生太子物語を引いて、「汝莫見長、亦莫見短、以怨報怨、怨無由息、報怨以徳、其怨乃已」と説いている（大正蔵経二十二による）。さらに、仏陀耶舎・竺仏念共訳『四分律』四十三は、長生王・長生王子長摩納と梵志王との「父祖怨仇」が「共和合」に転換する物語を載せ、「以怨報怨、怨終不除、但有無怨、而除怨耳」と説いている（大正蔵経二十二による）。ここに長寿王は登場しないが、実質は長寿王物語の一種である。

これら律に引かれた「長寿王（本生）経」は、既掲のどの例にもそのままでは一致しない。ただ、『十誦律』の文言と『増一阿含経』の例とは比較的近似している。また、律に引かれた長寿王・長生王譚は、「怨」と「和」の関係、つまり闘争から和合への転換に集約されるという特徴があり、非戦論の局面に及ぶことはない。もちろん、非戦論と「怨」と「和」の関係とは連携するのであるが、ここで言う非戦論は俗的な君主・国家を比喩としている。その意味からすると、これら律と皇極紀の上宮王家襲撃・滅亡記事との間には緊密な関係が薄いことになろう。

最後に、律以外に言及しておきたい。まず、新羅の義寂撰『菩薩戒本疏』下之本の「第一忍受違犯戒」において「長寿王経云、以怨報怨、怨終不滅、以徳報怨、怨乃滅耳」という（大正蔵経四十による）。ついで、同じ新羅の太賢撰『梵網経古迹記』下末の「不忍違犯戒第一」でも「如長寿王経云、以怨報怨、怨終不滅、以徳報怨、怨乃尽耳」とある（大正蔵経四十による）。いずれも同一の『長寿王経』なるものを引用したのであろうが、さきの『五分律』や『四分律』が記す文（偈）と近似している。ちなみに、法蔵撰『梵網経菩薩戒本疏』五の「畜諸殺具戒第十」は「経云、以怨報怨、怨終叵尽、唯有無怨、怨乃息耳」と説いているが（大正蔵経四十による）、その「経」とは『長寿王経』の類かと思われる。しかし、さきの『四分律』の例にも酷似している。加えて、義寂も太賢も新羅僧であり、彼らが長寿王物語の一端に関心を抱いていたことは注意しておきたい。

ついで、吉蔵撰『法華義疏』の序品之二は、これとは別な観点から長寿王物語を取り上げている。それは、いわゆる「施」の観点からであり、「言身肉者、但以肉施、如戸毘王、但以身施、如長寿王、昔有王、国破身隠窮林、有人來乞、以身施之、令送敵国」という（大正蔵経三十四による）。つまり、かの物語の二段目に焦点をあて、梵志（婆羅門）の進言によって、いわゆる捨身（還城）を断行する長寿王をさしているのである。このような理解が、皇極紀にみられる山背大兄王一族の下山と斑鳩寺入り、そして、そこでの「是以、吾之一身、賜於入鹿」につながることは留意されよう。

三　課題と展望──小結にかえて

これまで述べてきたように、『日本書紀』皇極二年十一月丙子朔条の上宮王家襲撃・滅亡記事編纂にあたっては、長寿王・長生太子父子の物語を参照したものと考えられる。この物語は、釈尊の本生譚でもあり、当該記事の場合は『増一阿含経』や『六度集経』に載せられた物語の影響が色濃い。なかでも、非戦の原因論や捨身論の描出にその影響が目立つ。また、これに加えて、『出曜経』も『日本書紀』の上宮王家関連記事編纂に影響を及ぼした可能性が推測される。

このことは、単なる出典探しに帰結する問題ではない。歴史の本質的な問題を私たちに投げかけてくれるからである。まず、何よりも当該記事の事実性が問われよう。すなわち、少なくとも長寿王物語とよく符合する箇所、たとえば非戦の理由や捨身を語り、そして実行する山背大兄王らの事蹟をそのまま真実として容認することは無謀と言わざるを得ない。もちろん、斑鳩宮からの脱出、斑鳩宮の焼失、入山、下山、死亡などの断片的な事柄を全面的に否定する必要はないが、その意思の中身や出来事の脈絡までをそのまま事実とみてよいのかは大いに躊躇されるのである。それは、はじめに指摘した『上宮聖徳太子伝補闕記』の所伝からも言えることである。

しかし、かの上宮王家襲撃・滅亡記事がたしかに長寿王物語の影響を受けて編集されたとしても、その記事が件の物語をそのまま引き写したものでないことも明らかである。そこには、かの物語との間におけるズレ（不整合、矛盾、異質性など）や転換がみられ、その間隙からは文字資料と歴史の関係性が浮上してくる。それをあえて単純化して言えば、一面で歴史の事実性が姿をあらわし、また一面では非事実性が歴史をおおう。この両局面の重層的な組み合わせが『日本書紀』というものであろう。

このうちの非事実性とは、ふつう潤色と言われるが、もっと正確に言い直せば『日本書紀』の上宮王家観（認識）である。しかし、この上宮王家観（認識）も歴史の事実の認識なのであって、この事実の認識は認識の事実となる。その意味では歴史の事実に参与するのである。

そこで、この序説について予定される本論の課題を述べて、ひとまず擱筆とすることをお許しいただきたい。

第一に、上宮王家襲撃・滅亡事件をめぐる事実と非事実との関係性を具体的に腑分けすることが要求されそうである。しかし、それは、事実と非事実との単なる二分論を前提かつ目的とするものであってはならず、『日本書紀』の上宮王家観（認識）を具体的に掘り起こすことが何よりも重要である。つまり、文字資料によって知り得る以外にない当該事件は、所与の事実を何ら保証してくれるわけではない。私たちに提供されているのは、当該事件の認識や解釈の記述なのであって、事実でもなければ、非事実でもないのである。

したがって、当該事件の認識や解釈の記述、つまり件の文字資料を、今現在、どのように認識し解釈するかということになる。その過程でおぼろげながら見え隠れするようになるのが事実の一様相であり、非事実の一局面であって、両者は分かちがたく結びつき、絡まり合い、重なり合っていることが予想される。もっと言えば、事実と非事実は自明のごとくそこに並列してあるのではなく、むしろ逆に編み出されていくものなのである。もちろん、それは空想でもなければ、実証ゲームであってもならない。「歴史への真摯さ」が試される営為、つまり真摯な認識と解釈なのである（テッサ・モーリス-スズキ著、田代泰子訳『過去は死なない』岩波現代文庫、二〇一四年参照）。

第二に、『日本書紀』の上宮王家観（認識）を解析し、かつ再構想するにあたっては、上宮王家襲撃・滅亡記事に限定することなく、『日本書紀』に掲載された上宮王家関係の全記述を問題視しなければならない。それは、皇極紀の他の記事、舒明即位前紀、推古紀の憲法十七条などである。実は、これらは相互にかかわり合う関係にあり、個別に独立しているわけではない。そして、これらの諸関係のなかで、上宮王家襲撃・滅亡記事がどのような立ち位置にあるのかを見出していく必要がある。同時に、かの長寿王・長生太子の父子物語、つまり非戦論や捨身論、そして「怨」の応酬連鎖論がどのような形でそこに透写されているのかを見極める必要がある。そのためには、さらに孝徳紀の蘇我倉山田麻呂襲撃・滅亡記事や、法隆寺伝蔵の玉虫厨子なども比較検討に値しよう。

第三に、問題となる長寿王・長生太子の父子物語が、いつどのようにして日本（倭）にもたらされ、活用されたのかを吟味しなければならない。

およそ以上の課題を負って、この序説につづく本論を用意したい。私は今、あたらしいスタート地点に立った思いである。

備考　長寿王・長生太子の父子物語については、干潟龍祥『改定増補　本生経類の思想史的研究』（山喜房仏書林、一九七八年）、同『ジャータカ概観』（春秋社、一九八一年）、平川彰訳『釈尊の過去世物語』（筑摩書房、一九八七年）などがある。

『古事記伝』と津田左右吉

――「時」の開示をめぐる論説

早川万年

一　津田批判の視点

はじめに、小林秀雄『本居宣長』から次の一節を引いておきたい。

所謂実証主義的歴史観に立つ今日の歴史家は、奇怪な「記紀」の上代の物語などに躓きはしないだらう。それは、津田氏の言ひ方で言へば、「実際上の事実」ではないが、「未開人の心理上の事実」であり、さう受取れば、別に仔細はないやうだ。しかし、歴史事実を、そのやうに二種類に分類してみたところで、事は易しくはならない。却つて、むつかしくなるだらう。津田氏も、同じ著作の結論で言つてゐる。「記紀の上代の物語は歴史では無くして寧ろ詩である。さうして詩は歴史よりも却つてよく国民の内生活を語るものである」と。では、歴史と詩とは、何処でどう違ふのか、どこでどう関係するのか。この殆ど見通しの利かぬ難題のうちに、歴史家は投げ返されるのである。[1]

この小林の文章に引かれる津田左右吉の著作とは、『古事記及び日本書紀の新研究』であり、[2]その「結論」から引用されている右の箇所は、津田の見解を端的に示したものとして、これまでもしばしば注目されている。[3]

小林のこの指摘は、歴史家ならずとも、人文学の分野では熟慮が求められる問題である。津田の立場を弁護するならば、歴史とはあくまで時間軸のなかの「出来事」であるのに対し、「詩」は作品上の事実、すなわち「語られた（記述された）こと」となる。津田においてこの両者がいかに弁別されていたか、あるいは曖昧であったかという点は、はなはだ興味深いところであるけれども、ふつうわれわれが歴史書を対象として研究に取り組む場合は、まずこの選別を、真偽として意識することが求められる。「出来事」を究明する材料として書物の記載を検証するのである。

小林秀雄が宣長を論じるにあたって津田の論説を参照したのは、宣長が対峙した古事記の本来の性格が歴史書であること、そして津田の著作が戦後古代史学の主要な出発点となり、記紀を考察する上での基準的な意味合いをも有するものであったからである。そのことは同じ書に、

津田左右吉氏の「記紀」研究は、「記紀」の所伝に関し、今までにない、凡そ徹底した所謂科学的批判が行はれたといふ事で、名高いものである。…「記紀」の歴史史料としての価値の吟味は、今日の古代史研究家達に、大きく影響し、言はば、その仕事の土台を提供したと言つてもよいのであらうか。

と言い、津田の「宣長が古事記伝を書いてから、古事記の由来について、一種の僻見が行はれてゐる」[4]という指摘を念頭に置きながら、

問ふ人の問ひ方に応じて、平気で、いろいろに答へもするところに、歴史といふものゝ本質的な難解性があるのであらうか。現代風の歴史学の方法で照明されると、宣長の古学は、僻見から出発してゐる姿に見える

（下略）

と述べ（同書、三四一頁）、「現代」における津田の論説の「優位性」を取りあえず指摘する。

宣長の業績に深入りするしないに関わらず、現代の古代史学にとっても、津田以来の近代史学の優位性は自明であるかのようである。

にもかかわらず、以下においては、あえて「現代風の歴史学」すなわち津田左右吉の記紀批判と、宣長の古学・古事記理解をともに取り上げてみたい。その理由は、古代史学の対象が広がり、分節したそれぞれの局面で研究の精緻化が進んだ今日こそ、基本史料への認識を深めること、そしてその方法論を希求することが重要と考えるからである。『古事記伝』（以下、記伝と略）は日本の古代研究の原点でもあり、津田の記紀研究もつねに振り返られるべき価値を有する。(5)

そしてこのような問題意識は、戦後、記紀研究が進められる際に、必ずと言ってよいほど伴われていた。筑摩書房『本居宣長全集』第九巻「古事記伝」一解題〈大野晋執筆〉には、宣長の古事記に対する全体的な理解として、コト（言）はコト（事）であり、自然に「ナリ行クもの」とみていたが、「津田左右吉博士の考え方は、宣長と根本的に相違していた。コトは（言）はコト（事）であるにしても、事をナリ行クコトとは見ず、スルコト、シゴトと見たのが津田博士である」とし、記伝の解説に津田を登場させる。そして、記紀は全体的には「天皇家による日本統治の正統性を証明しようとする政治的目的をもって、六世紀前後にまとめられた」との津田の見解を紹介する。「この見地から『古事記』『日本書紀』を読むときに、本文の文脈の把握の仕方、あるいは一語一語の和語としての捉え方に、全く異なる意味・価値の付与の仕方が可能となる。宣長は、このような発想をしなかった」と続ける。(6)

この大野の指摘のように、津田による記紀の文献批判は、およそ宣長の古事記理解とは対照的なものであった。

それが戦後の研究の基盤となり、記伝のような、言＝事という見地からの文献研究は、ほぼ意義を喪失した。今日の古代史研究の感覚からすれば、それはいわば当然であるけれども、結果から見れば、近代史学が近代以前の古典学（の一重要側面）を放逐したと言えよう。

ところが、このことは文学の立場からする近現代の古事記（古代）研究に複雑な影響を及ぼしたかの如くである。たとえば、西郷信綱の「本居宣長」という文章のなかには、「ことばは文脈のなかでのみ、一定の意味と情緒を有し生きている…ことばを文脈のなかであるがままにとらえた古事記伝のあらたな意義がここに輝く」(7)と記伝を評する一方で、「実証精神は分析と批判とによって対象を科学的に把握しようとする精神」であって、津田の記紀研究が「一つのいい例」としつつも「津田さんの文献批判的方法では記紀神話をきわめて不十分にしか分析できない」（同書二二三頁）「津田さんの学問にたいしわたしは、一方ではその及びがたい偉さを深く敬仰しつつも、他方、一種名状しがたい抵抗を感じてきた」（同書一九六頁）という。

ここには、宣長と津田という古事記研究、すなわち文献を対象とした古代研究の、二つの大きな業績を前にして、両者ともに高い学問的水準を有するにもかかわらず、あまりにも異質、また対照的であるがゆえに、その後の研究者の姿勢を微妙に揺るがし、当惑させる事態をうみ出したことが示される。文学や史学などといった学問分野の如何にかかわらず、古事記という書物に正面から挑む者にとっては、両者の著作を避けて通るわけにいかなかったはずである。その点、古代史学の場合、どれほどの自覚がなされていたのであろうか。

たしかに一連の津田の見解は、それらが発表された時期の「古代史学」「史料批判」の曖昧さを浮かび上がらせたものであって、記伝の非合理的と受け取られる古史信頼をまさに過去のものとした。以来、津田の論説はマルクス主義的な歴史認識とともに、戦前の古代史像を一新させる大きな役割を果たした。古事記研究の意義を強調した、宣長による言＝事＝意の連関も、記述のあり方から記と紀を区別する見解も、新しい古代史像の構築にはさほど顧みられることはなかった。[8]

もちろん、そもそも記伝の注釈的な記述のあり方と、津田の文献批判とを同列に置いて比較することには無理があろう。古代史学においては、記伝の注釈的な成果は、そのつど参照するにしても、記紀の「史料批判」の骨格は津田の業績に負う、というのが一般的であったと思われる。それと相俟って、古代史研究の立場から、古事記への注釈的な研究が、それほど多くはなされなかったことにも目を向けておきたい。[9]

しかし、古事記という書物の発信力を見出し、古事記をたんなる語句注で解釈するのではなく文脈として読み取り、古代人の意識にまで及ぼうとする記伝の成果は古代史学の立場からも見直されてよいはずである。たとえば、次の青木和夫の指摘は示唆的である。

それにして（も）記伝は凄い。拡げてみるとつい引きこまれて、宣長はこの労作を私のために書いてくれたのではないか…。[10]

ちなみに、青木和夫は日本思想大系『古事記』（岩波書店、一九八二年）の注釈を分担しており、その経験の上に右の発言がなされている。ここで氏が記伝の凄さと言っているものはいったい何であろうか。

また、右の大野晋の言及に見られた、宣長と津田の取り組みを対照的にとらえる視点も、より具体的に検討してみる必要があるのではなかろうか。両者の業績は、その研究がなされた時代の反映という一面はあるにせよ、史書の基本的性格をいかに捉えるかの問題は、時代を越えて継続されねばならないはずである。

二　古事記と古代史研究——日本思想大系『古事記』を例として

われわれが今日、古事記を参照する場合、どの活字本を利用するかと言えば、西宮一民の校訂本（おうふう・桜楓社刊行）であろうか、あるいはながく標準的な存在であった、日本古典文学大系本（倉野憲司校注、岩波書店、一九五八年）、比較的近年の新編日本古典文学全集本（神野志隆光・山口佳紀校注・訳、小学館、一九九七年）であろうか、それとも各種刊行されている文庫本であろうか。これらが全体として日本文学・日本語学の研究者が中心となって編述されていることは、古事記研究の主体がこれまで文学・言語学分野であったことと当然ながら結びつく。

そのなかで、日本思想大系『古事記』（岩波書店、一九八二年）は、注解の相当な部分を歴史研究者が担当している。凡例には、序および下巻の頭補注担当者として青木和夫の名前が、中巻を中心に佐伯有清、神話関係として岡田精司の名前が掲げられており、当初は石母田正が中心となって編述がなされる予定であったとする。その「後記」において青木は「歴史学を主軸に据え、関連諸学の研究成果を全面的に注釈に加える」とし、たしかに古代史分野からの注記は少なくない。(11)

試みに思想大系『古事記』上巻の補注を見ていくと、編者である石母田正の見解をはじめ、古代史の井上光貞・直木孝次郎、岸俊男等の説を紹介しており、また松村武雄・松前健・石田英一郎・大林太良・三品彰英、柳田国男・折口信夫、武田祐吉・倉野憲司・益田勝美・西宮一民、小林行雄・白石太一郎など、多くの名前が注記される。一見してわかるように、主要な先行説をバランスよく取り入れている。とくに氏族に関する注記は充実しており、国造や屯倉、部民などについても、関連史料の掲出、歴史的理解など、簡明ながら高い水準の記述がなされている。まさに戦後古代史学の成果を反映させていると言えよう。

そのなかで注目したいのは、やはり津田の学説の取り上げ方である。(12)

たとえば上巻補注「国生み神話」に、

（国生みの物語の）原型は六世紀までに成立し（略）記紀神話は本質的には皇室の統治の由来と根拠を物語るものであり、日の神たる天照大神を皇祖神とする物語と同様に、この国生み神話もよくその性質を示すものであろう。以上の津田左右吉の見解は動かせないものと思われるが（略）記紀の原型の成立する推古朝以降、朝鮮半島における足場を失う危機意識の中で、はじめて自らの国土・領土を自覚していく状況が、この物語に反映しているとみるべきであろう

とある。また中巻冒頭の補注「神武東征伝説」では、

大和国家の発祥地が日向になっている疑問を解明して津田左右吉は、日向の地が日の出る東に面しているので、（略）したがって神武東征伝説は史実を物語るものではなく、述作されたものであるとした。

としながら、神武東征伝説に何らかの史実が反映されているとの説を紹介し、ついで井上光貞・直木孝次郎の名前をあげ、応神天皇による新たな支配、継体天皇の事績の反映として神武東征をとらえる説に言及する。このような記紀の分析手法は、「後世の事実」が、より以前の年代の記述に適用されたとする津田の見方を発展させたものである。(13)

また、上巻冒頭補注「高天原」において、

記紀神話そのものが民衆と無縁の宮廷神話であったように、高天原も一般的な古代信仰の対象ではなく、政治的性格の強い特殊なものである（略）高天原の世界は宮廷内で形成された特殊な祭儀神話の舞台であり、民間伝承や地方神話と重なることは全くなかった。

とする。これは、補注「天つ神・国つ神」で「この二つの区分は、信仰上のものではなく政治的色彩の濃い分け方であって、民間信仰とは無縁のもの」と指摘するのと同様に、名前は出さないものの、津田の論説を受けて述べたものであろう。(14)

このように、基本的な古事記理解という点で、津田の視点を継承していることが明らかである。そこで津田の論説を改めて確認しておくと、

…大和奠都や新羅征討が同じやうな物語として作られてゐるが、それは現在の状態の起源を説くがために構想せられたことであつて、奠都や征討に関する古伝説があつて、それに本づいたものとは認められないことも、参考すべきである。要するに、旧辞を述作するに当つて歴代ごとに記事を作らうとしても、記すべきことが無かつたため、ありふれた世上の語り草を粉飾してそれにあてたのである

（『日本古典の研究』下、津田全集第二巻　四二頁）

とある。また次のようにも言う。

記録の術も無く、前言往行を後に伝へるための特殊の制度も無かつた昔の事蹟が、あれほどに精細に且つ具体的に知られる筈が無い。書紀が年代記的に物語を排列したのは、言ふまでも無く、遥かに後代のしわざであつて、此の点に於いては、古事記の方が比較的最初の旧辞のおもかげを伝へてゐるらしいが、しかしそれとても、口碑によつて伝へられた話を記録したものとして受け取り難い点の多いことは、著者が試みた物語そのものの研究によつて明らかである。

（『古事記及び日本書紀の新研究』津田全集別巻第一　四九一頁）

右のように、津田は、古事記や日本書紀に書かれていることを、その編纂・成立時の思想の産物として理解し、史書として編述される際の作為や潤色を強調した。津田は、宣長の訓読を前提としつつも、そこに示された言語表現を、宣長のように漢字文化伝来以前のオリジナルな「世界」を伝えるものとせず、あくまでも書物製作側の意図的産物として読み取ったのである。津田にとってみれば、述作者の思想は考察の対象とされても、本文自体や「よみ」は付随的な問題にしかならない。この点が、その後の文学・言語学の立場からの古事記研究と、基本的に異なるところであろう。歴史研究の上で津田が尊重されるのに対し、文脈に即した古典研究において、それほど津田の論説が取り上げられない理由がおそらくここにある。

ちなみに思想大系『古事記』の頭補注も、他の古事記注釈と同様に、記伝の説をつねに参照するが、肯定的に

引用されるとは限らない。語句注はもちろん、文意をとる上にも、記伝の見解はしばしば俎上にあげられる。それに対して津田の論説は、記の構想する歴史そのものに関わる場合に取り上げられ、右のとおり肯定的に引用される傾向にあった。その点で、次の注記は戦後古代史学の一つの典型的な見解の反映である。

同じ旧辞に基づくと思われる話が応神に係けられたり仁徳に係けられたりして（記紀に）伝わったことは、両天皇が本来は一体であって…恐らく継体朝以後の六世紀中葉から『品陀和気』（応神）と『大雀』（仁徳）とに分離されたためか、と考えられる　（下巻補注「仁徳天皇」）

古事記は応神天皇までが中巻であり、仁徳から下巻に入るが、応神・仁徳は、河内王朝（河内政権）論の核としてさまざまな議論がなされてきた。この補注に名前が掲出される直木孝次郎は、「応神王朝論序説」にはじまる多くの論考によって、記紀に応神天皇とされる存在が、のちの律令国家に連続する政権の始まりであることを論じ、応神・仁徳の二代を経て、それ以前の大和政権との血統的関係が絶え、新政権が樹立されたとする。[15]日本文学の分野でも伊藤博が、古事記上中下巻三分割の意義を追求し、それが天武から元明にかけての時代に生きた人々の時代三区分法の反映であるとして、

古事記をさかのぼることおよそ一二〇～一六〇年前に、応神を「遠つ世」のしんがりの天子、仁徳を「近つ世」の初頭の天子とする時代区分が、古代の不動の論理として定着していた

と述べる。これは直木孝次郎や吉井巖らによる活発な議論を踏まえたものであった。[16]直木や吉井はやはり、津田の論説を前提に、記紀の構成をより深く読み解き、そこに、変遷する（複数の）王朝（政権）という「史実」を見出すにいたった。記紀の天皇系譜に対する批判的研究から、潤色以前の王統譜を追求するという論旨を展開したのである。[17]

その際に着目されたのが、七世紀後半から八世紀初頭という記紀成立期の時代状況、それも政治動向であった。

壬申の乱後の中央集権体制への志向、すなわち古事記序に見える「邦家の経緯、王化の鴻基」という天武の表明のもと、史書編纂が大きな役割を求められたとされた。[18] 政権側の支配の正当化をよりいっそう進める手段として、歴史の造作・潤色が行われたとするのである。

とは言え、記伝のように、注釈という作業、すなわち書かれた文脈に即して丹念に「よむ」場合と、史実再構成の材料として、史家がその記載を扱う場合とでは、解釈が異なることもある。「よむ」にあたってはまず文字表現を忠実にたどる。より具体的に言えば、記述者の知識・認識を問いつつ、筆述にあたってどのような工夫がなされたかを推測する。一書としての具体的編成、表記の仕方、さらには、編纂時にいかなる読み手が想定されていたかを考慮しながら、その書物を通じて、誰に対し何を伝達しようとしたのか、という問題をつねに念頭に置く。つまり、「よむ」側は、述作者の作業実態を考察することから始まり、文脈の理解を順次深めていく。それが史学の立場では、記紀は天皇の指示に基づく史書であり、政治的な思惑があったことがまず前提とされる。

このような「よみ」をめぐる微妙な差異は、歴史学者が担当したとみられる思想大系『古事記』補注のなかにも見受けられる。

一例をあげると、思想大系『古事記』下巻冒頭「仁徳天皇」の項目においては、先に引用したように、古代史学の河内政権（王朝）論を念頭に置いた注記がなされていたが、同じ思想大系『古事記』の序の補注「中下分巻」のニュアンスはいささか異なる。

近年は天皇観の相違による分巻と説明するようになり、…しかしそれほど太安万侶が主体的だったかどうか疑わしい。歴史学で応神・仁徳以後がそれ以前と区別されているのはともかくとしても、記の応神像は仁徳像と結局大差ないように読める

ここで「歴史学で…ともかくとして」とし、歴史学（古代史学）の立場を踏まえつつも、古事記作者の感覚に

目を向けている点に注目したい。この注記は、記伝の該当箇所に、

おのづからより来つるまゝにて、殊なる意はあるべからず

（全集九巻　七九頁）

とある見解に近似するのである。

歴史書のなかの作為は、それが提示、受容される局面で、権力や支配といった政治性の発揮を想定できようが、その前提として、まず述作者の置かれた状況、条件を考慮する必要がある。[19]たんに権力者の掛け声（政治的要請）と、それに全面的に呼応した忠実・優秀な官吏の作業といった理解ではあまりに表面的になりかねない。中央集権的な政治体制の構築といった時代性を主たる根拠としてしまっては、史書編纂の実情から遠ざかってしまうおそれがある。

古事記の場合はその「序」に成書の過程が述べられているため、主に日本語学・日本文学の立場で多くの議論がなされている。宣長や津田の段階でなされた序の検討が古事記理解の基盤となったが、文学や言語学の分野では、本文の「よみ」と重なる問題として考察が深められた。[20]それに引きかえ、古代史学の分野では、遠藤慶太や笹川尚紀の研究によって記紀の研究は新たな段階を迎えたとはいえ、記紀の前提としての帝紀・旧辞論は、依然として津田・武田祐吉の見解を骨格としているように見受けられる。[21]

そこで以下においては、まず津田の論説の基本にあった「造作・潤色」論を検討し、その上で、記紀の成書の実情について考察してみたい。

三　記伝と津田の「共通点」

津田においては、潤色・造作論と帝紀旧辞論は表裏の関係にある。津田の論説を見ていくと「説話であつて事

実でない」「シナ思想の賦彩が濃厚であつたり、道徳観念が加味されたり、業々しい漢文が用ゐられたり」「後世に作られたことの明白なもの」「修史の材料として歴史的事件の記録が無かつたことを示す」などといった言い方がしばしば登場する。例えば、日本書紀の応神天皇以降について、

古事記に物語のある時代の書紀には、古事記に見えない多くの記事があつても、それは決して古くから伝へられた史料から出たものではなく、書紀編纂の際に其の時代のこととして記されたものは、古事記、もしくは其のもととなつた帝紀旧辞、及び其の帝紀旧辞の異本、の外には何も無かつたことが知られたであろう（『日本古典の研究』下、津田全集二巻　七六頁）

とする。つまりそこに記された「説話」は、多く「書紀の編者の手に成つたもの」であり、意図的に造作・潤色されたものであるから事実でない、という判断にいたるのである。そして潤色造作以前の、内容に乏しい帝紀旧辞を想定する。

ところで、このような「作為」「潤色」に注目して批判（原典批評）する論理は、本居宣長の日本書紀に対する「批判」と共通する側面がある。

宣長の古事記理解の骨子とも言えるのが、先の大野晋の指摘にも含まれていた、意と事と言を一体のものとして認識するところである。記伝冒頭「古記典等総論」に、

抑意（こころ）と事（こと）と言（ことば）とは、みな相称へる物にして、上代は、意も事も言も上代、後代は、意も事も言も後代、…此記は、いささかもさかしらを加へずて、古より云伝たるままに記されたれば、その意も事も言も相称て、皆上代の実（まこと）なり（宣長全集九巻　六頁）

とある。これこそ、宣長が打ち立てた古事記という書物の一貫した「よみ方」であった。宣長は、古意を伝えるべく太安万侶は古事記を述作したと判断し、万葉集等の研鑽を重ね、自らの「よみ」を実践した。この点を小松

英雄は次のように明快に解説する。

本居宣長は、『古事記』のテクストが和語だけで綴られているという前提のもとに全文の訓読を試みている。…『万葉集』の訓読は進んでいるが、『古事記』は全文を訓読できるまでに研究が進んでいないという認識のもとに『古事記伝』の作業は出発した。『古事記』のテクストは『万葉集』よりもいっそう古い時期の日本語で記されているから困難が大きいにしても、訓読の基本的方法は『万葉集』と共通しているはずだと本居宣長は考えたに相違ない。[22]

したがって、記伝一之巻の「訓法の事」には、

唯いく度も古語を考え明らめて、古のてぶりをよく知こそ、学問の要とは有べかりけれ、（中略）殊に此記と書紀との歌は、露ばかりも漢ざまのまじらぬ、古の意言にして、いともいとも貴くありがたき物なり
（宣長全集九巻　三三頁）

とあり、これを裏付けるものとして、記序における稗田阿礼の役割に触れる。

さて其を彼阿礼に仰せて、其口に誦うかべさせ賜ひしは、（略）まづ人の口に熟誦ならはしめて後に、其言の随に書録さしめむの大御心にぞ有けむかし、
（宣長全集九巻　三一頁）

と、天武天皇自らの判断によって古語が残されたとする。かくして古事記に絶大な価値を認める。

宣長が理解しようとしたのは古事記という書物の言辞であり、しかもそれは中国思想受容以前という、「皇国」にとって絶対的な価値を有する時代の産物であった。であればこそそれは「世界の規範」に他ならなかったのである。[23] 古事記研究において記伝が重要な意味を有する最大の理由は、かかる一貫した論理で複雑な漢字表記をよみ解き（訓読）、そこに書かれた「事実」を明らかにしようとしたところにある。[24]

これに対して、書紀は古事記と対照的な扱いとなり、よく知られているように、宣長は、漢籍による潤色があ

るために書紀には古意が伝わらないとする。記伝巻之一の「書紀の論ひ」に、「潤色の文」「かざりに加へたる」「まことの意に背けり」「漢意のひがこと」などと言い、たとえば神武天皇紀の詔を取り上げて、

意も語も、さらに上代のさまにあらず、全潤色のために、撰者の作加へられたる文なり　（宣長全集九巻　一一頁）

と、撰者の作為を指摘する。

宣長の造作・潤色論は、表記という言語の様相を取り上げ、中国の漢語表現と思想の影響を指摘し、それを書紀編者の作為と批判するのである。

しかしながら、宣長の「よみ」は、ときに自らが読み解きつつある「古意」を優先する場合がある。宣長が目を通した「古事記」を越えて、自らが信じる意（＝言）を表明する。たとえば、神野志隆光の指摘にあるように[25]、上巻の大国主神が八十神の迫害に遭い、スサノヲの元に参向するよう命じた主体を、宣長は「御祖命」であるとして、本文に「御祖命告子云」を補入する（記伝十之巻）。つまり、あるべき「本文」を提示するのである。

ここで判明することは、言を意と一体のものと言いながら、自ら信じるところの古意を優先する宣長の姿勢である。その結果、古事記は宣長によって「改変」される。寛永版本や度会延佳本、真福寺本等を参照しつつも、諸本の校合による「本文校訂」を越えた作業に踏み出す場合がある[26]。もちろんそれは全体からすればそれほど多くはなく、古事記の叙述自体を大きく変更するものではない。また、宣長の作業は語句注に留まるものではなく、古事記という書物のあり方、具体的には文脈そのものの理解に向けられている。とはいえ、かかる「古意」へのこだわりが宣長の自負であって、記伝の一つの特色であった。

じつは、ここでも津田の姿勢は、宣長の場合と近似する。記紀の記述より自らの「批判」を優先する津田の態度は、宣長が、言（現にある「本文」）よりも、自らが信じる「意」＝言を優先するのと通底する。違うのは宣長の場合、ときに勇み足のごとく、言より意を主張するのに対し、津田は正面から堂々と記述を批判するところで

ある。津田が解明しようとしたのは、史実というよりも、書物や記述の成立事情という「思想」であり、その記載と「国民」の意識との落差であった。それが津田なりの「意」であったと言ってよい。

先に小林秀雄が引用した、津田の『古事記日本書紀の新研究』の末尾に改めて目を向けたい。その後半部分には「歴史では無くして詩」であるとし、「物語は歴史よりも却つてよく国民の思想を語るものである」と言う。(27)津田はその思想の発展を詳細に跡づけようとした。それが津田にとっての「過去の事実」であり、記紀はあくまで検証の対象であった。個別記述の真偽判定の基準となるのは、当然ながら、「現代」を生きる「自己」の合理的判断であると確信していたのである。

ここでようやく、テクストを「よむ」ことが事実認識に他ならないという宣長に対し、テクストを批判することから、事実を認識しようとする津田の論説との相違は明らかになる。そして、われわれは（「現代風の歴史学」）、当然のように津田の側につくのである。

ところが、過去に対する、現代の優位性という前提に立つ限り、この「批判」には際限がないことも承知しておかなくてはならない。現代の立場からの批判は、「過去」をどれほど的確、周到に斟酌できるかという、批判する側の力量と一体の関係にあることに留意すべきであろう。(28)

造作・潤色が、記録としての価値を低下させるという見方は、宣長と津田に共通するところであったが、宣長は「漢ざま」による潤色を言い、津田においては後世の「官府者」による作為を言う。いずれも基本的には思想上の影響を論じている。ただし「漢ざま」は、膨大ではあっても、文字（漢語）によって表現されたもの（宣長はそのように念頭に置いていたであろう）であったのに対し、後世の「官府者」は具体性に欠く。したがって、津田の場合は造作の根拠・基準を、歴史性あるいは時代性（「後世」の記録）に依拠せざるを得なかった。

重層的な「過去」をどのように捉えるか、外国という異質な「世界」をどうとらえるかという問題に対し、宣長・津田はともに原則を提示した。一方は自国の優位性（言葉の絶対性）を批判の尺度とするものであり、他方は、発展する「理性」（批判）への信頼であった。

しかしここで考えるべきは、文字化という行為自体が作為に他ならないことである。たとえそれが倭語を残すものであったとしても、宣長が言うように史書としての古事記の優位性まで確保されるのであろうか。言葉は重要であるが、実際には文章化された書物である。そのように編成された事実にこそ目を向ける必要がある。まずもって検討すべきは「成立」（編纂）そのものである。造作・潤色を言うならば、何に対して「潤色」がなされたのか、次いで、どのようになされたのかが問われなくてはならない。

四　古事記「成立論」――帝紀・旧辞との関係

さて、古事記の成立過程は「序」に述べられており、周知のようにそれに対して膨大な研究の蓄積がある。序に述べられているところを摘記すると、

・天武天皇の詔「諸家のもてる帝紀及び本辞は既に正実に違い、多く虚偽を加う」「帝紀を撰録し旧辞を討覈し」「（稗田）阿礼に勅語して帝皇の日継及び先代の旧辞を誦習せしむ」

・元明天皇の詔「旧辞の誤りたがえるを惜しみ、先紀の謬錯を正さん」「和銅四年九月十八日、臣安麻呂に詔して稗田阿礼の所誦の勅語旧辞を撰録しもって献上せよと」

・和銅五年正月二十八日　正五位上勲五等太朝臣安万侶

であり、天武および元明天皇の「詔」によって本書が成り立ったとする。

以上の経緯につき、思想大系『古事記』は次のように注記する。

天武天皇紀十年三月丙戌条の川嶋皇子等に対する「帝紀及び上古の諸事を記定せしむ」の詔を受けて史書編纂が始まったが、それは中絶し、代わって天武と稗田阿礼の共同作業として継続した。ところがそれが完了しないうちに天皇は没した。「勅語旧辞」とは天武の勅命で誦習した旧辞のことであり、安麻呂は旧辞を中心に帝紀も含めて工夫を重ね撰録するに至った。（略）くい違ういくつかの帝紀・本辞（＝旧辞）のなかから或る写本（皇室に伝来したもの）を選ぶことができたのは、天皇としての権威があってこそ可能であった。

（序補注「編集の由来」「誦習と勅語旧辞」から要約）

ここに見られる帝紀・旧辞の理解も、津田の次の見解に近いものである。

古事記は帝紀、即ち皇室の系譜、及び旧辞、即ち神代にはじまる歴代の昔物語、として伝へられてゐた二つの書を綴り合はせて一つにまとめたものであること、此の二書は朝廷で編述せられたものであること、其の最初の編述は欽明朝ころであつたらしいこと、それから後、長い間に幾人かの手によつて、二書の内容に種々の変改修補が加へられ、従つてそれに多くの異本が生じてゐたこと、古事記のもとになつたものは、其のうちのそれぞれの或る一本であつた（下略）

（『日本古典の研究』下、緒言冒頭、津田全集第二巻）

このような帝紀・旧辞の理解は、既に指摘したように武田祐吉によって具体化され、古代史学においては今日でも通説的な地位を占めている。(29) しかも、この朝廷による編述が、政権の正当性を主張するための造作・改変をともなったと見なされたため、改変以前を探るのが戦後古代史学の大きな流れとなった。

しかし、記紀の王統譜検証に精緻な議論を展開した川口勝康が「帝紀批判の現時点では、この王朝交替説の発想や和風諡号論の方法は、もはや桎梏に転化している」と述べているように、次第にその限界が感じられるようになる。(30)

王統譜編成はたしかに支配の歴史的根拠となり、政治集団においてそれが共有されれば当面の役割は期待できよう。編纂業務に従事する者たちも、その時々の社会状況や体制内の自らの立場によって、思考や行為は方向づけられる。しかし、それはかならずしも支配理念に直結する問題とは限らない。記紀における「造作」は、編纂過程という時間軸においても、元となる資料の実情においても、多様な観点から分析されなくてはならない。にもかかわらず、権力者の意図という「平板」な基準で見てしまうと、編述の実態（書き手の作業）から乖離してしまうおそれがある。王権宣揚の意図なるものは、どれほど彼らの意識を支配し、記述を拘束したのであろうか。後世の歴史家や思想家は、ややもすれば、書物としての古事記を、すでに「あるもの」として扱うが、当然ながら編纂者にとってはそうではなかった。

安麻呂の「序」において強調されるのは、天武と元明の詔と、困難な編纂に従事した自らの工夫である。それによって、古事記編纂事業が天皇の意思に依るものであるとともに、迅速に作業を進めた自らの手腕を示している。多くの氏族の祖先が登場する史書は、その記述を理解できる者にとっては、自らの利権を前提に読むと予想される。各方面からのさまざまな要求、要望に応じられる史書はそう簡単に出来上がるものでなく、出来上がればそれはそれで、非難・攻撃の対象になりかねない。それに対する強力な「盾」が「詔」であった。

とは言っても、出来上がった書物の記述の一々に、天皇の意思が反映しているかどうかは別問題である。当の天皇が編纂にどれほど熱心であったのか、はたして古事記の記述を、天皇がどの程度理解していたか、また理解が求められていたのかという点に関して、どこまでわれわれは知りうるのであろうか。現実の状況を左右するのは、あくまで眼前の「人」であり「力」である。統治に深く関わる者は、それを熟知していたはずである。

そのことを踏まえたうえで、天武天皇紀を実録的なものとして受け取るならば、即位十年（六八一）二月に「律令を定め法式を改めんと欲す」とあるのをはじめ、同年四月に「禁式九十二条」の立制、その後も、氏上の確定、服飾の禁令、「礼儀・言語の状」の詔、法を犯すものの糾弾など、さまざまな法式・禁令を設け、政務の環境を整備していることがわかる。(31)律令という法令は現実の政治社会に制御を試み、権力の円滑な適用を図ったものであって、政務に近接する者はその枠組みに順応しつつ、自らの保身、あわよくば上昇を図ろうとした。行政機能や、文字化された法への対応は、組織の一員にとってそれなりのストレスであったに違いない。そのなかで過去を知ることは、一面で自らの地位保全に一役買ったかもしれないが、揺れ動く現実政治のなかでは、それほど大きな意味をもたない場合が多かったと思われる。煩雑な文字表記の産物たる記紀を、当時の有力者のどれほどが読み得たであろうか。また読もうとしたであろうか。

一般に、過去を回顧することが、現実に対して何らかの役割を果たすにあたっては、回顧する時期の状況を推測するとともに、回顧しそれを述作する者の意思や力量の問題を検討する必要がある。朝廷なり天皇統治なりを、歴史的に裏付けるという史書編纂の政治的意図は、当然ながら考慮しなくてはならないけれども、実際の編纂事業は、実務者の置かれた条件に影響される部分が大きかったはずである。ただその際も、編纂の手順を考えなくてはならない。

史書を編述する立場にあって、まず必要な取り組みは、「筋立て」すなわち目次案の策定である。編述者の立場からすると、個別の記述の中で潤色を加えるのであれば、類書等の大陸伝来の書籍を用い、身近なところにあった「旧辞なるもの」を工夫すれば、挿入すべきエピソードや文章は準備できる。ところが、それは部分であって骨格ではない。骨格が出来ないことには、史書の体裁は成り立たない。帝紀旧辞なる名称が与えられている材料があり、あたかも基本的な筋書きは既に帝紀によって形作られていたと考えられがちであるが、本当にそうであろうか。

津田以後の古代史学において多く論じられたことは、継体・欽明以前について、記紀の王統譜に即して「歴史」を理解することの困難さであった。さまざまな「作為」論が模索されたが、われわれは出発点である津田の帝紀・旧辞論の検証に立ち返る必要がある。[32] 津田が想定していたのは、朝廷で構想された「帝紀」（原帝紀）であり、そこには代々の系譜が書かれていたとする。その後、異本がいくつも登場したとするが、その異本にはどのような違いがあったのであろうか。天武の「錯偽定実」をどの程度の振幅で想定すればよいのか。そもそも津田が想定したほどの王統譜が存在したのであろうか。[33]

序にあるように、諸家が「帝紀・本辞」を保有していたならば、それはそれぞれの家や氏の系譜やエピソード、あるいは王への「仕奉」の次第であったと思われる。そしてその時点で文字化されたものは多種多様であったと推測される。それらの材料をもとに、「過去」を一系のもとに編成したのが記紀に他ならない。

「皇室」や有力氏族には、さまざまな「資料」があったであろうが、それが天皇系譜に準ずるような「一系」のものであったのか、つまり古事記の直接的な前提となる「史書」であったかどうか確証はない。継体・欽明朝あるいは推古朝の史書編纂も実態は不明である。七世紀後半から八世紀初めの史書編纂者たちの作業を、われわれは冷静な見方で想像してみなくてはならない。

五　古代史研究と古事記

現在われわれが知りうる限りにおいては、古事記が和銅五年に成立したことによって、過去という「時」は開示された。その数年後にこんどは日本書紀が提示され、それは格段に詳しく説明されるにいたった。[34] その頃には、大陸や半島の例に倣って記録を残すこともなされつつあり、漢字を使用して政務を遂行し、歌文を筆記することも行われた。その状況下、編述された史書は、何よりも過去を文字で著したことに意義がある。参考としたのはやはり中国や朝鮮の史籍であったが、他国の王者に相当する「天皇」歴代という時系列を設定し、さらには干支配列も試みた。そのような時間軸の編成こそ、史書編纂の枢要であった(35)。

記伝も津田の記紀論も、史書による「時の開示」をいかに分析するかという視点を有していた。宣長の古事記論は、古語を伝えるという編纂目的を議論の前提とし、それに基づく「よみ」を実践しているのに対し、津田は「史実」から記紀にたどり着くまでの懸隔を論じていたのである。歴史学において津田を受け継ぐ立場からすれば、記紀は、史実を伝えていないという点が強調される。それは古事記編纂において意図的な歴史の造作がなされたことを意味する。しかし、造作することなく、過去を記述するという作業はそもそも不可能である(36)。現代のわれわれが銘記すべきは、史書として文字表記された段階で、「過去」は根本的に変形され、そして「限定」されてしまう事実である。記紀においては、時系列の構造自体が造作に他ならない。

系譜による時系列の記載は、一九七八年の埼玉県稲荷山古墳出土鉄剣銘発見が画期となり、その重要性が明らかとなった。しかしながら、それが五世紀後半なり六世紀前半における王統譜（天皇系譜）の存在を裏付けるわけではない(37)。七世紀にいたってすら、どの程度の王統譜があったか判然としない。個別の「宮」や「人名」を語ることを通じてなされたことは、「自ら」の現在を表明したものにほかならず、それは記述する主体の数だけありえたものである。記紀に示されるような史書の編纂と、系譜の記述はおよそ次元が異なる。いくつかの氏族が系譜を形成すれば、そこにそれだけの「過去」がつくられる。それが全体として整合的になることはまず期待できない。記序にある「既に正実に違い、多く虚偽を加う」はまさにそのとおりであった。

史書編纂の基本的な意義は、個別に、「現に」文字化されつつあった「過去」を、「王者の記録」として一系の時間軸に編成し、かつ「公認」のものにしたところにあった。その前提としては、われわれの感覚でいう数百年もの政権の歴史が語られていたわけでなく、伝えた主体の人名やエピソードが雑多に存在していたのであろう。記紀が基本的に一致する天皇系譜こそ新たな時間軸の設定であった。つまり、簡素ではあるが、時間軸と文字表記双方の「参照の体系」として、まず古事記なるものが誕生したのではなかったか。[38]

六　今後の課題

宣長の記伝は、綿密な注釈を通じてその典籍の語る内容を追求した。批判と論述にいささか性急であった津田の場合は、注釈的な取り組みをあえてしなかったけれども、つねにその書物の性格を明らかにすることを目指していた。宣長は宣長なりに、津田は津田なりに、現今のような専門分野に束縛されず書物そのものを取り上げた。言語あるいは文字表記と、史実の関係は歴史学の核心の一つである。そのような観点から今後の課題をいくつか確認しておきたい。

まず、「話すこと・聞くこと」と「書くこと・読むこと」の落差だけでなく、これら四者の複雑な関係を、古代史学の立場においても看過しないことであろう。さまざまな場で何らかの口誦（口承）があったことは間違いない。とくに歌謡は、饗応や祭事、儀礼の場と結びつきが深かったと思われる。記録された歌謡は記紀に見られるが、それらと記紀のストーリーとの適合性はむろんのこと、口誦なる形態と、書物としての古事記との「距離」をどのように把握するかは、文学研究の立場において相当な温度差がある。そのことを古代史学も考慮する必要があろう。ただ、口誦と文字化された記録との相違は、たんに伝達のあり方にとどまるものでなく、そこに含まれた「時間」と「出来事」の流動性・異質さにおいても留意されるべき点がある。古代史学の立場から古事記を研究することの難しさは、広範に存在していたであろう口誦と、様式の確立しないなか、さまざまに表記された記録とが緩慢に交雑していた時代性を考慮しなくてはならない点にある。

じっさいのところ、古事記「成立論」を、政治や権力といった次元に凝縮してしまった方がよほど考察は簡便である。しかし右に述べてきたように、編纂者の置かれた状況は複雑であった。彼らは多大なジレンマのもと、まさに机上の造作に従事したのである。であればこそ、史書としてであれ、文芸であれ、古事記自体の構成、すなわち内在的な論理の分析へと考察を深めていくことが肝要である。そのためには注釈的研究、すなわち史料の側に身を置いて検討する取り組みが重視されなくてはならない。

その上で、記と紀の比較は依然として不可欠の課題となる。記述からみた成立の前後関係も、おそらく明確に決着する問題ではなく、古事記の完成度の高さを承認する一方で、その試作品的な意味合いも考慮しなくてはならないであろう。両者の相違点は明らかであるが、共通点もある。時間軸の設定という「参照の体系」を設けていること、そして、変化しつつも継続した氏族社会を見据えている点である。記紀の氏族関係記事の研究も、きわめて多くの蓄積があるが、氏族にとっての系譜は歴史そのものにほかならず、その点で、個別の「歴史」が誕生し（作られ）、伝えられた局面は重要である[39]。

さらに言えば、宣長以来の記紀研究の方法論的模索を、他の典籍に応用する試みがあってよいと考える。「時」の開示は重層的になされるのであって、その史料に特有の「時」をわれわれに提供する。史料批判の手法自体を検証するとともに、それらの適用、応用の拡大を図るべきであろう。

このように見てくると、広い学問分野にわたり、夥しい論考がある現在こそ、むしろ方法論追求の好機と判断すべきかもしれない。研究史自体が人文学の多様なあり方を示しており、それに対していかなる姿勢で臨むかという、「知」を探求するわれわれの覚悟が問われる局面に際会している。冒頭に引いた小林秀雄のいう「見通しの利かぬ難題」に取り巻かれているわれわれであればこそ、「志を高く大にたてて…力の及ばんかぎり、学び明らむ」ほかはない。

註

（1）小林秀雄『本居宣長』（新潮社、一九七七年）三七六―三七七頁。

（2）一九一九年初刊、『津田左右吉全集』別巻一（岩波書店、一九六六年）所収。以下、『津田左右吉全集』は津田全集と略。

（3）津田の研究としては、さしあたり上田正昭編『人と思想、津田左右吉』（三一書房、一九七四年）、新川登亀男・早川万年編『史料としての日本書紀』（勉誠出版、二〇一一年）参照。なお、この引用文中に「歴史」と「詩」が対比して用いられているが、『新研究』を改稿増補した戦後の著作『日本古典の研究』上の該当部分には「歴史」と「物語」とされる（津田全集第一巻、三一五頁）。

（4）「神代史の新しい研究」津田全集別巻第一、二一頁。

（5）最近の山尾幸久『古代の近江』（サンライズ出版、二〇一六年）「まえがき」にも「文献史学の史料は、大半が、思考する特定の人が特定の意図や目的をもって、自ら書いたものである。犯罪捜査でいえば考古学は物証を洗い、文献史学は自供を糺す。…後者の範型は今も津田左右吉〈一八七三～一九六一〉の百年前の独創的業績である」とある。

ちなみに、文献史学といった場合は、津田の記紀研究がそうであったように、典籍の記述を批判的に検証しながら歴史の解明に臨む。その際、今日のわれわれが自明のこととして従属する、日本文学・日本語学等の学問領域とはいかなる関係にあるのであろうか。史学の関心と、文芸・言語の学問とはつねに一致するとは限らない。研究者それぞれが学問上の修練を経る過程においても、それら各分野の特性なり慣習に左右されている。研究局面が細分化し、多数の論文が蓄積されていく現状からすれば、古事記や日本書紀といった基本典籍に対峙する文献史学のあり方が、改めて模索されるべきである。

（6）以下、本居宣長の論説は筑摩書房版全集により、宣長全集と略称する。

（7）『国学の批判』（未来社、増補版一九六五年）二八二頁。なお記伝への評価、津田への複雑な心境は、同じく西郷の「〈読む〉という行為」「〈解釈〉についての覚え書き」（ともに平凡社ライブラリー『古典の影』一九九五年、所収）、「古代王権の神話と祭式」（『詩の発生』未来社、増補版一九六四年、所収）などにおいてしばしば繰り返される。

（8）そのため後述するように「作品論」の立場からする古事記・日本書紀研究と、古代史学との距離が生じることになる。

（9）この点は、万葉集の注釈書がこれまで多く刊行されていることと対比させてみれば明らかであろう。また、本格的な注釈がなされると、それがいわば決定版として参照されることにも繋がった。例えば岩波書店日本古典文学大系『日本書紀』上（一九六七年）、下（一九六五年）がそうであり、その後の岩波書店日本思想大系『律令』（一九七六年）が与えた影響の大きさは言うまでもない

（10）「記伝私観」（『白鳳・天平の時代』吉川弘文館、二〇〇三年、初出一九八〇年、所収）。

（11）青木は次のように述べる。「一口に記紀といっても、これまで『古事記』を使う歴史学者は、『日本書紀』を使う歴史学者より遙かに少なかった。…記の注釈も、明治以降はみな国文学関係の学者の仕事であって、歴史学の側からのそれは、極く最近に至るまで、絶えてなかった。」（前掲「記伝私観」）。

（12）これとならんで注目されるのは、やはり石母田正の見解が窺われる箇所である。たとえば解説「日本神話と歴史」にも取り上げられている出雲神話への考察、あるいは中巻補注「国造」に紹介される説などである。

（13）『古事記及び日本書紀の新研究』津田全集別巻第一、四九一頁。小林敏男「大化前代の研究法と記紀の信頼性」（『古代王権と県・県主制の研究』吉川弘文館、一九九四年、所収）参照。なお、早く直木孝次郎「大化前代の研究法について」（『日本古代国家の構造』青木書店、一九五八年、初出一九五五年、所収）においてその問題点の指摘がなされている。

（14）ただし日本思想大系『古事記』上巻補注が、民間信仰や習俗の参照に消極的というわけではない。むしろしばしば比較神話学や民俗学の知見に言及する。一例をあげれば、補注「神産巣日御祖命」（三四七頁）では「国づくり」「修理固成」といった古事記の構想について「民間説話を基礎としながらもいかなる方向で物語化したか、という古事記全体の性格にかかわるものとして注意」と指摘する。このような視角は津田の論説にも内包されており（別巻第一、四九三頁）、本論に取り上げた津田の論説の特質と正面から矛盾するものではない。

（15）『日本古代の氏族と天皇』（塙書房、一九六四年）および『古代河内政権の研究』（塙書房、二〇〇五年）所収、なお『日本古代史と応神天皇』（吉川弘文館、二〇一五年）所収の諸論参照。関連して岡田精司「河内大王家の成立」（『古代王権の祭祀と神話』塙書房、一九七〇年、初出一九六八年、所収）、門脇禎二ほか『再検討「河内

王朝」論』（六興出版、一九八八年）など。

（16）「古事記における時代区分の認識」（『万葉集の構造と成立』上巻、塙書房、一九七四年、初出一九六六年、所収）。吉井巖「応神天皇の周辺」（『天皇の系譜と神話』一、塙書房、一九六七年、所収）。

（17）戦後の古代史研究の中枢をなした、記紀へのこのような「批判」には、戦争体験を有する研究者たちによる、根本的な「問い直し」が内在していた。敗戦までの「万世一系」という歴史物語を克服することが、新しい古代史学樹立を意味していたのである（例えば、水野祐『日本古代王朝史論序説』新版、早稲田大学出版部、一九九二年、初版一九五二年）。

（18）山田孝雄『古事記序文講義』（国幣中社志波彦神社塩釜神社発行、一九三五年）をはじめとして、この箇所を政治的な契機として重視する論説は今日に至るまで数多い。例えば、山田とはおよそ立場が異なるが、水林彪「平城宮＝古事記神話世界の形成」（『古代王権の空間支配』青木書店、二〇〇三年、所収）、同『天皇制史論』（岩波書店、二〇〇六年）一二九頁、など。

（19）この点については、新川登亀男「『文』と非『文』の世界」（『日本「文」学史』第一巻、勉誠出版、二〇一五年、所収）参照。

（20）古事記序と本文との一体的な研究として、西宮一民の『古事記の研究』（おうふう、一九九〇年）が一つの代表的な見解である。以後、西條勉『古事記の文字法』（笠間書院、一九九八年）、矢島泉『古事記の文字世界』（吉川弘文館、二〇一一年）など。

（21）笹川尚紀『日本書紀成立史攷』（塙書房、二〇一六年）。遠藤慶太『日本書紀の形成と諸資料』（塙書房、二〇一五年）。王朝交替論以降の古代史学は、「万世一系」批判を踏まえつつも、系譜（構成）自体の検討・継承原理の検討へと重点が移っていく。

（22）「日本語書記史からみた法隆寺金堂薬師仏光背銘」（『日本語書記史原論』新装版、笠間書院、二〇〇六年）二六三―四頁。

（23）歴史考証とは次元が異なるが、「言」と「事」が一体のものであるという指摘は、人文的な知のあり方として本質的な問題提起を含む。吉川幸次郎「古事記伝のために」（『本居宣長』筑摩書房、一九七七年、初出一九六八年、所収）。野崎守英「本居宣長と柳田国男」（岩波講座東洋思想15『日本思想』1、岩波書店、一九八九年、所収)。野家啓一「世界制作における言葉と行為」(岩波講座現代社会学5『知の社会学／言葉の社会学』岩波書店、一九九六年、所収)。神野志隆光『古事記伝』と『古事記』」(長嶋弘明編『本居宣長の世界』森話社、二〇〇五年、所収)。鈴木健一『古典注釈入門』(岩波書店、二〇一四年)一五六頁など。

(24) その問題点については、亀井孝「古事記はよめるか」(『日本語のすがたとこころ』二、吉川弘文館、一九八五年、初出一九五七年、所収)に指摘された。

(25)『本居宣長　古事記伝を読む』I(講談社、二〇一〇年)一八九頁。

(26) 植松茂「古事記伝の本文批評説」(『古事記伝の研究』聖文閣、一九四一年、所収)。小野田光雄「訂正古訓古事記考」補遺「記伝訓本共通独自異文」(『古事記釈日本紀風土記ノ文献学的研究』続群書類従出版会、一九九六年、初出一九五七年、所収)。本文校訂にあたって、いわゆる「意改」を考えざるを得ない場合もあるが、宣長の場合はそれが底本不明のまま「校訂」となる(もちろんそれは宣長に特有というわけではない)。ちなみに、古典研究における「本文批判」の基本的な考え方として、池田亀鑑『古典文学研究の基礎と方法』(至文堂、一九六八年)二三一頁以降、参照。

(27) このことに直接関連するわけではないが、川田順造「呼びかける歴史、物語る歴史」(『口頭伝承論』河出書房新社、一九九二年、初出一九八四年、所収)には、西アフリカの無文字社会の検討から「口承史では『史』と『詩』の交錯が著しい」という指摘がある。文字化を問題とするとき、かかる観点の考察は重要である。

(28) 批判的な見方を追求すれば、つまるところ、自らの「(合理的)判断」にも懐疑的にならざるを得ないであろう。おそらく宣長はこのことに気付いていた。だからこそ人知の限界、すなわち「不可測の理」で批判を断ち切り、いわば開き直ったのである。「不可測の理」については、田中康二『不可測の理』の成立と展開」(『本居宣長の思考法』ぺりかん社、二〇〇五年、所収)参照。伊藤益はこのような不可知論を「能動的不可知論」とする(『日本人の知』北樹出版、一九九五年、二一五頁)。

(29) 武田祐吉「古事記研究帝紀攷」(『武田祐吉著作集』第二巻、角川書店、一九七三年、初出一九四四年、所収)。なお、仁藤淳史「王統譜の形成過程について」(小路田泰直・広瀬和雄編『王統譜』青木書店、二〇〇五年、所収)、小林敏男「津田史学と古代史」(『史料としての日本書紀』(前掲)所収)など参照。
ちなみに帝紀旧辞の解釈は「帝紀・帝皇日継」「本辞・旧辞」(記序)の関係を含め、きわめて錯綜している。

山田孝雄『古事記序文講義』（前掲）は、帝紀（帝皇日継）は「一部の成書（書名）ではない」（一二六頁）とし、旧辞（すなわち古事）に含まれる（一八六頁）と指摘しており、太田晶二郎「書評 倉野憲司著『古事記序文註釈』」（『太田晶二郎著作集』第二冊、吉川弘文館、一九九一年、初出一九五一年、所収）も同様に、古事記は旧辞に基づくとし、かかる見解は、藤井貞和『物語文学成立史』（東京大学出版会、一九八七年）一七七頁以降、等にもみられる。藤井信男『古事記上表文の研究』（明世堂書店、一九四三年）は、序の「本辞」と「旧辞」は内容を異にするといい、矢嶋泉『古事記の歴史意識』（吉川弘文館、二〇〇八年）七三頁は、帝皇日継と帝紀を区別して、前者が古事記の骨格とする。志水義夫「帝紀・旧辞の考察」（『国学院雑誌』一〇二―三、二〇〇一年）は、帝紀（本辞）＝旧辞とする（なお、古事記学会編古事記研究大系1『古事記の成立』高科書店、一九九七年、参照）。

　これらは先行説の一部であるが、帝紀旧辞の検討を進めると、当然ながら古事記の記載分析に至る。「序」に見られる編纂過程の理解を前提に記本文を読むか、あるいは、記本文の体裁を前提に序の記述を解釈するか、基本的なアプローチの分かれるところとなる。また、津田のように、帝紀と旧辞を別々の素材と見なすのか、あるいは記述方法の違いを指摘したものなのか、実態としてどこまで異種のものであるのか等、やはり見解が分かれるところとなる。

(30)「五世紀の大王と王統譜を探る」（『巨大古墳と倭の五王』青木書店、一九八一年、所収）。多くの論考によって綿密な考証が重ねられるほどに、歴史実態の合理的推測よりも、机上の操作の完成度が追求されがちになったのかもしれない。今日では、王朝（崇神あるいは応神・仁徳）交替論や河内王朝論は、かつてほどの影響力を有していないが（たとえば、熊谷公男、日本の歴史三『大王から天皇へ』（講談社、二〇〇一年）九一頁。吉村武彦『ヤマト王権』（岩波新書、二〇一〇年）九七頁。義江彰子『古代王権論』（岩波書店、二〇一一年）一三二頁。篠川賢、日本古代の歴史2『飛鳥と古代国家』（吉川弘文館、二〇一三年）八頁）、世襲王権自体が歴史的に形成されたものと考える近時の論説は、王朝交替説を全面的に否定したわけではなく、その分析的な手法をより深化させたと言えよう。

(31) 吉川真司『飛鳥の都』（岩波新書、二〇一一年）一四七頁以降。

(32) この点は神野志隆光による重要な問い直しがなされている「『帝紀』と『旧辞』」（『古事記の達成』東京大学出

版会、一九八三年、初出一九八二年、所収)。前提となるのはいわゆる作品論の立場である。そこでは、成立過程から記紀をとらえるのではなく、古事記は古事記として、日本書紀は日本書紀としてそれぞれの作品に即して読みを深めることが目指される。そのため、「記紀」あるいは「記紀神話」と一括してしまいがちな古代史学に対しても、次のように疑問が表明される。

歴史学の側(民族学の側も同じですが)の研究者による神話研究は、かなり楽観的に問題を遡らせすぎたのではないでしょうか。…楽観的だと言ったのは、一体その体系性が何によって可能であるかということを遂に問うことのないままに、ほぼ自分達の思い入れを投げ掛けて問題を考えているにすぎないからです

(「古代神話のポリフォニー」(神野志隆光編『論集『日本書紀』「神代」』和泉書院、一九九三年、所収))

この言明に対する古代史学からの反論は当然予想されるところである。また、「作品論」も一様ではない。神野志は水林彪の研究を作品論の一つという。しかしながら神野志と水林の間に、大きな考え方の相違があるのも事実である(両者の対論「『古事記』の本質をどうとらえるか」(神野志編『古事記の現在』笠間書院、一九九九年、所収)参照)。とはいえ、われわれは「作品論」にまず率直に耳を傾けるべきではなかろうか。

(33)　小松英雄『国語史学基礎論』簡装版(笠間書院、二〇〇六年)二七九頁に「原古事記というのは、いったんそこににげこんだら、あとは手のほどこしようのない禁漁区――」とあるように、記紀の原資料論はきわめて困難である。史学の立場からの手がかりとしては、日本書紀に関してではあるが、笹川尚紀、遠藤慶太の前掲書のほか、加藤謙吉「『日本書紀』とその原資料」(『日本史研究』四九八、二〇〇四年)、仁藤淳史「『日本書紀』編纂史料としての百済三書」(『国立歴史民俗博物館研究報告』一九四、二〇一五年)など参照。

(34)　矢嶋泉『古事記の歴史意識』(前掲)。なお、本稿においては、古事記は和銅五年の成立、日本書紀は養老四年に成立との判断の上に立つ。ただし、古事記に関しては「成立」(「序」の理解)の問題が完全に解消しているわけではなく(『論集古事記の成立』大和書房、一九七七年、参照)、近年では、三浦祐之「古事記『序』を疑う」(『古事記年報』四七、二〇〇五年)等があり、文面の一々に至っては、もちろん簡単に判定できない。

(35)　中国の「経書」に関する考察であるが、はやく平岡武夫『経書の成立』(全国書房、一九四六年)において「王者の記録」という視点から「経」(尚書)の成立をとらえていた点は注目される。

(36)　遠藤慶太「欽明紀『任那』復建詔の漢籍典拠」(前掲『日本書紀の形成と諸資料』所収)。また、石井公成「書

評　遠藤慶太著『日本書紀の形成と諸資料』」（『史聚』四九号、二〇一六年）参照。なお、この点は、歴史叙述それ自体の問題として捉えられるべきであろう。鹿島徹「物語り論的歴史理解の可能性のために」（『思想』九五四、二〇〇三年）、野家啓一『物語の哲学』（岩波現代文庫版、二〇〇五年）一一九頁以降、参照。

(37)　大平聡「世襲王権の成立」（鈴木靖民編日本の時代史2『倭国と東アジア』吉川弘文館、二〇〇二年、所収）。王統譜が「結節点」として成立するという義江彰子『古代王権論』（前掲）一六三頁以降、の指摘は重要である。

(38)　「時間の参照の体系」については、川田順造『無文字社会の歴史』（岩波書店、一九七六年）一九七頁。

(39)　鈴木正信『日本古代氏族系譜の基礎的研究』（東京堂出版、二〇一二年）、長谷部将司「日本古代の氏族秩序と天皇観」（『歴史学研究』九一一、二〇一三年）など。

先学の言葉

榎本淳一

はじめに

なぜ日本古代史を研究するのか、また研究はどのように行うべきなのか、研究者となることを意識して以来、いつも脳裏に存在してきた問題でありながら、今なお十分な解答を見いだせていない。[1] しかし、この問題には一定の答えがあるわけではなく、時や状況によって最適解が変化する場合もあるだろうし、人によって解答が異なっても構わないものであろう。それ故、研究者である限り、各自が常に自問自答し続けなければならないものと考えている。

現在の私が確信できる解答を手にしていないということもあるが、この拙文では私個人が日本古代史の研究の意義・あり方を考えてきた中で、大きな示唆・啓発を受けた先学の言葉を紹介することにしたい。不十分な解答を提示するよりは、後学、初学者の考えるための素材を提供する方が多少とも意義があるのではないかと考えた次第である。(2) 取り上げる言葉は、あくまでも私の個人的な経験に基づく選択によるものであって、万人に理解・共感されるものとは限らない。また、私とは異なる捉え方をされる場合も少なくないであろう。そもそも、その言葉を発した先学の意図を違えて紹介していることもあるかもしれない。その点、ご了解・ご寛恕頂きたい。なお、文中、筆者が直接教えを受けたり、謦咳に接したことのある先学には、「先生」の敬称を付すことをお断りしておきたい。

一　古代人の心を理解する

最初に取り挙げるのは、土田直鎮（一九二四〜一九九三）先生の「酔余の垂訓」である。学生との酒席において訓示されたもので、その場に立ち会われた倉本一宏氏によれば、「遺言」として話されたとの由である。そのため、「御遺誡」とも言われる。

垂訓（遺誡）の内容は、次のようなものである。(3)

一、現代人の心を以て過去を律するなかれ。

二、出来る限り古代人の心に近づくよう努力せよ。

三、俺は長い間そうしようと思ってやってきたが駄目だった。お前らに出来るか。ざまあみろ。

古代の人々と現代の我々は同じ人間ではあるが、考え方、感性など、その内面には少なからず違いがあったわけであり、過去の出来事を現代人の価値観や感覚で理解することを戒められた言葉として理解している。とかく我々は無意識のうちに自らの常識・主観によって物事を理解・判断しがちであるが、古代史の研究（他の時代の研究においても同じことが言えるだろう）において、現代人の思い込みを意識して排することの重要性を教えられたのだと思う。あくまでも古代の人々がどのように捉えたか、感じたか、ということを出来る限り合理的・実証的に考察しなければならないが、古代人ではない我々は古代人の心を完全には理解できないのだ、という研究の限界を知ることの必要性をも含意しているものと思う。最後の「ざまあみろ」という言葉からは、いたずらっぽく笑うが如く語る先生の姿と声が浮かんでくるかのようである。

余談であるが、先輩の曾根正人氏と私は土田先生と深夜（未明？）まで飲むことが何度かあったが、その際に先生が話された「俺はこんなバカバカしい世の中にするために死のうと思ったわけではない」という言葉も忘れられない。学徒出陣し、死を覚悟した先生にとっては、戦後は余生、付録（おまけ）という思いがあり、利己的で享楽的な当時の社会風潮に強い反感を持っておられたのだと思う。[4] 覚悟の無い、懶惰な毎日を送っていた私に猛省を迫る言葉であった。折に触れて思い出し、今なお、日常に流されがちな私を誡める言葉となっている。

私は日唐律令制比較研究を研究テーマの一つとしているが、その研究手法を学ぶにあたって大いに影響を受けたのが吉田孝（一九三三～二〇一六）先生である。吉田先生が中国史の大家濱口重國（一九〇一～一九八一）氏から繰り返し注意された言葉を、次のように記している。[5]

前近代の社会のことが分っていない。理屈では分っているつもりだろうが、感覚がない。

現代人の理屈で過去を捉えようとするのではなく、過去のその時代の感覚を身に付けなければ正しい理解はできない、というこの濱口氏の教えは、土田先生の訓誡に通じるものがあるだろう。同様なことは、中世史家の五味文彦（一九四六～）先生の言葉にも見える。[6]

自分のわからないことだからこそ、虚心坦懐（きょしんたんかい）に見ていこうとする。たとえば美術や文学も、どちらかといえば僕には不得手な分野です。だからこそ、文学作品や絵巻を真摯（しんし）に探って、そのなかに凝縮されている時代の人間の考えや想像力を読み解こうとするわけですね。そこに時代の息吹を感じ、それを現代に投影していきたいというのが、僕の研究の方向でしょうか。

古代史を研究するためには、古代と現代との違いを感覚として知る必要があるわけだが、同時に古代史研究の意義には、古代と現代との違いを明らかにするということがあると考える。

著名な東洋史家である内藤湖南（一八六六～一九三七）は、応仁の乱の歴史的な意義を述べるのあたって、次のような有名な言葉を残している。(7)

大体今日の日本を知る為に日本の歴史を研究するには、古代の歴史を研究する必要は殆どありませぬ、応仁の乱以後の歴史を知つて居つたらそれで沢山です。それ以前の事は外国の歴史と同じ位にしか感ぜられませぬが、応仁の乱以後は我々の真の身体骨肉に直接触れた歴史であつて、これを本当に知つて居れば、それで日本歴史は十分だと言つてゐゝのであります、（後略）

これを言葉通りに受け取るならば、湖南の考えでは、日本歴史の研究には古代史は不要ということになる。しかし、これは応仁の乱の歴史的な意義・画期性を強調するためのレトリックであって、古代史を研究する意義が無いと本当に考えているわけではないだろう。実際、湖南には日本古代史に関する論考も少なくない。(8)古代が外国と同じくらい、現代（今日）と異なっている、隔絶していることを指摘しているわけであり、そこにこそ古代史を研究する意義を認めていたのではないだろうか。外国史として中国史を研究した湖南は、日本古代史にも中国史と同様な研究の意義を見出していたものと思う。歴史の起点であり、現代と大きく異なるからこそ、古代の状態を明らかにすることが、現代の正しい認識・理解につながると考えていたのではないだろうか。私としては、古代と現代を対比することにより、その違い、特質が明確になり、その変化の意義を考究することができるものと考えている。

二　実証と理論

私が学部の専門課程に進学した頃（一九八〇年代初頭）は、まだマルクス主義歴史学が盛んであった。民青（日本民主青年同盟）に入っている学生も少なくなかったように思う。まだ、歴史学の何たるかを殆ど知らなかった私に対し、上級生たちは「理論のないクソ実証は意味がない」といった趣旨のことを繰り返し説いていた。その「理論」とはマルクス主義歴史理論のことであり、史的唯物論とか「世界史の法則」とも呼ばれるものであった。先輩達は研究会を開いて、私たち下級生に歴史の「理論」を教えてくれたが、頭の悪い私には十分理解できなかったし、何となく違和感を感じていた。

私は当初から古代史を専攻することを決めていたが、その当時の古代史の先生や在籍されていた先輩には「理論」を声高に唱える方はおられなかった。古代史では、坂本太郎（一九〇一〜一九八七）氏以来の実証主義の教育・指導が行われていたのである。坂本氏の史料批判に徹することへの信念を示すものとして、笹山晴生先生（一九三二〜）が取り上げられたのが次の言葉である。[9]

史料をいくらいじっても、それだけでは歴史にならない。史料取扱人は歴史家の名に値しない。こうした批判は耳の痛いほどきいている。そして、私もその通りだと思う。また、それでよいと考える。私は歴史家でなくてもよいのである。歴史家のお役にいくらかでも立てば満足するのである。

この言葉と重なり合うように、私の研究の進むべき方向について示唆を与えてくれたのが、竹内理三氏の記された次の一節である。[10]

この時、はるか遠くの記憶の中から浮かんできたのは旧制高校のドイツ語の時間に出会った、ドイツ人ヒルチヒの評論集の中の一句である。「頭のすぐれた人間はすぐれた論文を書く、そうでないものは資料集をつくる」という意味の言葉が浮かんで来たのである。私のなすべきことは、論文を書くより、すぐれた研究者に利用されるべき史料集をつくることにある、と知った。

石母田正（一九一二〜一九八六）氏の『中世的世界の形成』に衝撃を受けた竹内氏が、「五十八巻遺文」（『寧楽遺文』・『平安遺文』・『鎌倉遺文』）編纂に踏み切った時の思いを記したものという。竹内氏が傑出した「頭のすぐれた人間」であることは万人の認めるところであり、氏の言葉を額面通りに受け取ることはできないが、頭の悪いことを自覚していた私にとっては、一条の光明を見出した思いがした。竹内氏のように他の研究者の役に立てるような史料を集めてみよう、そう思ったのである。当時、池田温（一九三一〜）先生の主催された律令研究会に出席していたこともあり、その後暫く、唐令の逸文探し、唐令の復原に注力することとなった。しかし、集めた唐令逸文や復原した唐令は自分自身の研究に役立てることはできたが、「すぐれた研究者に利用されるべき史料集」を作成するには至らなかった。だが、唐令逸文探しに没頭したことにより、先入観を持たず、ただひたすら史料に向き合うことの重要性を認識できたことは幸いであった。

誰かの役に立つ研究をしたいと考えていた頃、青木和夫（一九二六〜二〇〇九）先生から、

論文には役に立つ論文と役に立たない論文がある。役に立つ論文を書きなさい。

と教えて頂いた（これも酒席の場であったように思う）。「役に立つとは、史料から確実に証明された史実を示し、その結論をそのまま利用できる論文」だという。[11] 青木先生は、

華々しい理論家たちも着実な仕事をしようとする限り、私らの学問を利用せざるを得ないのに反して、私らは誰にも頼る必要がないのである。（中略）私は結局、学問の神の前には孤りで立つてゐるのであるから。

という名言も残されている。[12] 論証・考証の厳密さを追求された先生の学問観には大いに感銘を受け、先生の教えに遵おうと思い続けてきたが、未だ「役に立つ論文」を書けたという自信は無い。なお、青木先生には、「論文

には自分のために書いた論文と人のために書いた論文がある」というお考えもある。前者は考証論文であり、後者は講座論文であり、先生の論文集『日本律令国家論攷』（岩波書店、一九九二年）はその分類に従っている。先生のこのお考えは、『論語』憲問篇の「古の学者は己の為にし、今の学者は人に為にす」（古の学者は己の修養のために学問したが、今の学者はただ人に知られんがために学問している）という一節を下敷きにしているように思われるが、どうであろうか。[13] 拙稿の抜刷をお送りすると、青木先生はいつも丁寧な返信を書き送って下さったことも忘れがたい。未熟な後学を励まし、前進する勇気を与えて下さった。

学部から大学院に進学する頃には、空理空論ではなく、厳密な史料批判・考証に基づく実証主義の研究をしなければならない、自然にそのように考えるようになっていた。また、そのような研究に魅力と意義を感じるようになった。笹山先生の『令集解』講読ゼミや池田先生の中国史料（敦煌吐魯番文書・唐六典など）講読ゼミ、そして皆川完一（一九二八～二〇一一）先生の正倉院文書ゼミは、実証主義の鍛錬の場となった。笹山先生から、拙稿の論証不足を「脇が甘い」と注意されたことが思い出される。池田先生からは、「実事求是」という言葉の奥深さを習った。皆川先生からは、正に眼光紙背に徹すという史料の読解（正倉院文書研究は正に紙背を問題にする）を教わった。

実証主義の究極を示す言葉として、石井進（一九三一～二〇〇〇）先生の言葉を紹介しておきたい。とびきり優秀な教え子であった山中（山室）恭子（一九五六～）さんが、著書のあとがき（謝辞）に次のように書かれている。[14]

先生があるとき口にされた「史料に明確に反していなければ何を言ってもよいのですよ」という、冗談とも本気ともつかぬ言葉は、今でも私の大切な座右の銘である。

実証主義はあくまでも史料に基づいて立論しなければならないが、逆の言い方をすれば、史料から導きだされることであれば、何を言ってもよい（常識や権威に捕らわれる必要は無い）ということになる。この言葉も、先入観を排し、史料に真摯に向き合わねばならないことを教えてくれる。石井先生はいつも笑顔であったが、目だけは笑っていない、と学生たちには恐れられていた。しかし、今思うと、山中さんたち優秀な学生は恐れている様子がなく、私のような不出来な学生が自分の底の浅さを見抜かれることに怯えていただけなのかもしれない。今ではスーツ姿にデイパックやリュックサックというのも珍しくないが、石井先生は、一九八〇年代後半には既にデイパックを常用されていた。先入観や常識に捕らわれず、良いもの、正しいものを採用された先生の面目を示すものと思い出される。

大学院博士課程の頃には日唐律令制比較研究や日唐関係史研究を行っていたので、東洋史家の研究にも触れるようになった。その中で、西嶋定生（一九一九～一九九八）先生や堀敏一（一九二四～二〇〇七）先生の著作に学ぶことが多く、そのスケールの大きな論の展開に魅了された。西嶋先生は少し背伸びしても自らの理論を作る必要性を説かれていたが、堀先生も次のように教え子に述べられていたという。(15)

かつて大学院の授業で、敦煌・吐魯番文献を読んでいた時、議論に夢中になっていた私共院生に対して、「こういう（当時の社会に密着した）一次資料は確かに面白い。しかし、資料に淫してはいけません」と忠告され、さらにこのことと関連して、「細かく実証し、大きく理論的見通しを」持てとも言われている。

「木を見て森を見ず」という諺言を想起させる歴史学の至言ともいうべき教えと思う。他から与えられた借り物の理論ではなく、全体を見通すための独自の理論を打ち立てなければならない、そしてその理論の基礎には精緻な実証・考証がなければならない、という実証と理論のあるべき関係が示されていると思う。堀先生との初対面は新宿のとある喫茶店で差し向かいで二時間近く話すというものであったが、カミソリのように鋭利な御論文から想像していたのとは大いに異なり、極めて親しみやすい穏やかなお人柄であることに驚いた。

三　「疑問のポケット」、運慶

自分の昔の論文を今改めて読み返してみると、至らなさばかりが目につく。今ならばこうは書かないな、こうは考えないな、そのような未熟さに満ちた過去を振り返ってみると、少ない知識・情報、または限られた見方・考え方しか持ち合わせていない状況で、無理矢理に結論を作り出していたのではなかったか、分からないことを分かったこととして書いていたのではないか、と思えてならない。このことに関連して、五味先生の言葉には大いに共感する。[16]

> いつも思うのは、史料を見るときには、これはこうだと短絡的に答えを出さずに、少しでも「あれ、わからないな」と思ったら、いったん「疑問のポケット」に入れておくことです。古文書や記録ではわからなかったことでも、絵画資料を見ていてすっと結びつくことがある。そうやって物事の見方を広げていく。
> 　ジグソーパズルの足りなかったピースが見つかったときは楽しいですね。酒を飲んでいるときに、ひらめくこともあります。ただ、飲んでいるときのひらめきは、あとでよくよく考えると間違いが多くて、それを梃子にしてさらに調べると、もう少しいい真実が見えてくる。「犬棒カルタ」みたいなものですね（笑）。

分からないことは分からないこととして、安直に、無理に答えを出さず、分かる時までその疑問を持ち続ける。考え続けているうちに疑問を解く鍵となるものが見つかり、眼前に立ちこめていた暗雲が消え、パッと視界が開けるように「分かる」瞬間が訪れる。そんな研究上の発想、ひらめき、発見の極意を巧みに言い表していると思う。

全くの異分野であるが、フィールズ賞を受賞された高名な数学者である小平邦彦（一九一五〜一九九七）氏は、研究上の発見の心理・実感について、夏目漱石の『夢十夜』のなかの運慶が仁王を刻む話を引用して説明されている。[17]

> 運慶は今太い眉を一寸の高さに横へ彫り抜いて、鑿（のみ）の歯を竪（たて）に返すや否や斜（はす）に、上から槌を打ち下した。

堅い木を一と刻みに削って、厚い木屑が槌の声に応じて飛んだと思つたら、小鼻のおつ開いた怒りの鼻の側面が忽ち浮き上がつて来た。其刀(たち)の入れ方が如何にも無遠慮であつた。さうして少しも疑念を挟(さしはさ)んで居らん様に見えた。

「能くあゝ無造作に鑿を使つて、思ふ様な眉や鼻が出来るものだな」と自分はあんまり感心したから独言の様に言つた。するとさつきの若い男が

「なに、あれは眉や鼻を鑿で作るんぢやない。あの通りの眉や鼻が木の中に埋まつてゐるのを鑿と槌の力で掘り出す迄だ。丸で土の中から石を掘り出す様なものだから決して間違ふ筈はない」と云つた。

小平氏はこの運慶の話に擬えて、「私の楕円曲面論は実は私が考え出したのではなく、数学という木の中に埋まっていた楕円曲面論を私が紙と鉛筆の力で掘り出したにすぎない」とその発見の実感を述べられている。ノーベル化学賞を受賞した福井謙一（一九一八～一九九八）氏も同様なことを新聞紙上に書いていることに触れて、「発見の心理は学問の分野によらないものらしい」とも述べている。

私も少ないながら、またスケールも比較にならないようなものだが、似たような経験をしたことがある。考えあぐねていた時にはバラバラに点在していた歴史事象が、突如としてつながりを持ちだし始め、まるで星々が星座となるようにつながって鮮明なイメージ（歴史像）として現れることがあった。それは小平氏が述べるように、自ら考え出したのではなく、自然に頭の中に浮き上がってくるような感覚があった。小平氏の顰みにならうならば、史料という木の中に埋まっていた歴史像を読解と考証の力で掘り出した、ということになろうか。

学問において論理的に思考することは当然のことだが、限られた情報・知識や見方・考え方では解決できない問題に対し、強引に理屈を捏ねくりまわして答えを求めようとしても正解には至らない。分からないことは分からないこととして、解決するのに足りないものが見つかるまで待つこと、探し続けることが大事だと思う。そう

したものが見つかれば、苦もなく解答をひらめく（発見する）ことができるものではないかと思っている。発見の瞬間の喜びは、研究者ならではの醍醐味であろう。

おわりに

私が研究者の端くれになるにあたって、影響を受けた先学はここで紹介した方々以外にもたくさんおられる。また、上に取り上げた言葉だけではなく、その著作や研究姿勢や人間性など様々な面からも教えを受けた。多くの先学との出会いが無ければ、現在の自分はないのであり、感謝の念は尽きない。論文集のあとがきに恩師など先学への謝辞を書くのが通例となっているが、決して社交辞令や儀礼的なものではなく、どなたも本心から感謝して書いているものと信ずる。尊敬できる人間味溢れる先学と出会い、指導や薫陶、影響を受けることで、研究者として成長してきたという実感や感謝の思いが、誰にしもあるものと思う。

そもそも歴史学も含め人文学は、人への興味・関心・敬愛を基本としているのであり、人とのつながり、関わりが重視される学問ではないかと思っている。近年、人文学不要論が唱えられ、人文学の危機が叫ばれているが、人文学の危機をもたらした最も大きな問題は実学偏重の社会風潮にあるのではなく、人文学の根幹にあるべき人への関心、関わりの希薄化にこそあるのではないか、と考えている。人間関係の変化の背景には技術革新や社会構造の変化などがあることは承知しているが、翻って我が身を省みるならば、これまで人文学を発展させ牽引してこられた先学のような深く広い学識・教養や人間的な魅力を持ち合わせているのか、など思うところは多い。

最後に、得難い教育・研究の機会を与えて下さり、多くのことを学ばせて下さった新川登亀男先生に感謝を申し上げ、この蕪雑な稿を閉じることにしたい。

註

（1）研究方法については、不十分な内容ながら「比較の視点」（『日本歴史』七五九号、二〇一一年）という小文を書いたことがある。

（2）井上光貞「私と日本古代史」（『古代史研究の世界』吉川弘文館、一九七五年、初出一九七三年）では、日本古代史研究のすすめとなる先学の言葉として、本居宣長の『うひやまふみ』を推薦している。

（3）「酔余の垂訓（御遺誡）」の活字化されたものとしては、皆川完一「日本の歴史家二十五人⑥土田直鎮　語りつがれる酔余の垂訓」（『日本の歴史06巻　道長と宮廷社会月報06』講談社、二〇〇一年）、倉本一宏「解説」（土田直鎮『日本の歴史五　王朝の貴族』中央公論新社、二〇〇四年）がある。両者の表現には多少違いがあるが、大意に相違はない。本稿で引用したのは、皆川先生が提示されたものである。

（4）土田直鎮先生の戦争体験については、「海没」（『平安京への道しるべ――奈良平安時代史入門』吉川弘文館、一九九四年、初出一九六八年）を参照。

（5）吉田孝「実際にあってもいい話」（『宮崎市定全集月報』二〇、一九九三年）。

（6）五味文彦「今月の質問　日本史家にはなぜ愛酒家が多い？」（『全集日本の歴史月報』五、二〇〇八年）。

（7）内藤湖南「応仁の乱に就て」（『内藤湖南全集』九、筑摩書房、一九六九年、初出一九二四年）。

（8）湖南の日本古代史に関する代表的な研究は、『日本文化史研究』（『内藤湖南全集』九、筑摩書房、一九六九年）に収められている。

（9）笹山晴生「坂本太郎」（『古代をあゆむ』吉川弘文館、二〇一五年、初出二〇〇六年）。

（10）竹内理三「五十八巻遺文由来記」（『石母田正著作集月報』一六、一九九〇年）。なお、これに関連するものとして、同「平安遺文古文書編の完結に当たって」（同編『平安遺文　古文書編』九、東京堂出版、一九六四年）がある。

（11）吉田孝「＊ぷろふぃーる＊　お酒とバッハと悪口と」（『歴史と人物』昭和五十八年六月号、一九八三年）。

（12）青木和夫「私の学問」（『雑記抄』私家版、一九九二年、初出一九五六年）。

（13）『論語』の引用と現代語訳は、吉田賢抗『新釈漢文大系1　論語』（明治書院、一九六〇年）に依る。

（14）山室恭子『中世のなかに生まれた近世』（講談社、二〇一三年、初版一九九一年）。

(15)　岡野誠「堀敏一先生と中国法典編纂史」(『明大アジア史論集』一二、二〇〇八年)。
(16)　註(5)に同じ。「疑問のポケット」については、「毎日出版文化賞の人々4　五味文彦さん」(『毎日新聞』二〇一六年十一月十日夕刊)でも言及がある。
(17)　小平邦彦『ぼくは算数しかできなかった』岩波書店、二〇〇二年、初版一九八七年)。

〈異文化理解〉について
――これまでの「私」をふりかえる

水口幹記

はじめに

研究の開始を修士課程へ進んだときとすると、私の研究歴は現在までにおよそ四半世紀ほどが経過していることになる。この間、数冊の書物と数十篇の論文を、様々な媒体を通じて世の中に発表してきている。研究者の社会的使命のひとつとして、自らの研究成果を論文として発表することにあるとするならば、その最低限の使命は果たし続けてはいる。各論文の意図や状況（媒体の要求など）はそれぞれであるため、必ずしも全てに統一感があるわけではないが、それでも、各論文には必ず「私」が表出してきているはずであり、実際それを意識して執筆している。ただし、それが読者に十全に、いやそれどころか、少しも伝わっていない可能性も十分に考えられる。様々な媒体に発表した論文を中心に構成した拙著『古代日本と中国文化――受容と選択』（塙書房、二〇一四年）の「あとがき」において、拙著の内容を言葉へのこだわりや異文化理解にあると述べたのだが、それに対して、私信においてある方から、全体としての世界観がない、といった趣旨のお言葉を頂いた。それは、私の力不足が第一の原因であることは明らかであるが、一方でそもそも私がそのようなものを目指していないため、これは、大きく言えば歴史観・研究目的の相違に基づく当然の指摘とも考えられる。私にとっては、「伝わらなさ」こそが研究のテーマでもあるので、この点は、実に興味深い指摘でもあった。

今回、各執筆者に与えられたのが「古代史の方法と意義」という共通テーマである。各執筆者がどのようなアプローチをしているのか、大変興味深いが、私は、これまでの自分の研究をその方法や意義を中心にふりかえってみたい。次節では手始めに、学位論文終章（未発表）について触れていく。

一　学位論文の終章について

私は早稲田大学に学位論文『日本古代の文化受容と書物・読書』（二〇〇四年）を提出し、学位を授与された。拙著『日本古代漢籍受容の史的研究』（汲古書院、二〇〇五年）は、この学位論文を基礎に構成されている。しかし、学位論文の終章として書いた「文化受容と書物・読書――総括と課題・展望」は、拙著には収載していない。その理由は、拙著「あとがき」でも言及したが、「論旨に未熟な点があること、学位論文執筆時と現在（注――出版当時）とで多少の考え方の違いが出てきたこと、「個人」の問題も含めさらに研究を深めてから改めて論じたほうがよいと判断したこと」にある。とはいえ、現在の私の出発点は、学位論文、特に、この終章にあることは疑いない。そのため、まずは以下で本終章を紹介していきたい。

本論は、「一、シャルチエの読書論」「二、本論考群の概要――読書論の視点から」「三、文化受容・異文化理解」「四、展望と課題」の全四節で構成されている。第一節は、フランスの歴史家ロジェ・シャルチエ（Roger

Chartier、一九四五～）の読書論を紹介し、(1)「読書を三極の関係で考察すること、特にテクスト内容の分析だけではなく、形態や構成などの〈モノとしての書物〉を考える視点、さらに書物の読み方を同じくする人々「読者共同体」を想定すること、そして「読者共同体」とも関係が深く、また「読者共同体」に歴史性を付与する読書プラティークを抽出することは、日本古代史研究においても十分有効であると思われる」(2)とまとめた。

第二節は、読書論の視点から、学位論文を概観したものとなっている。ここでは、最後に、「本論考群を読書論で読み解くことはある程度可能であり、筆者の関心の一つが読書論にあったことが明らかになったことと思う。しかし、筆者が本論考群を通じて読書論以上に論じたかったのは、文化論であり、異文化理解の問題である。これは日本古代史研究（歴史学研究）が現在性を有するためには、避けては通れない問題である」と述べ、第三節へと続けている。

そして、第三節こそが私の持つ問題意識が強く表れているものであり、以下にその全文を掲載したい。ただし、繁雑になるため、一部注を削除している。

漢籍を利用し引用することとは、読書の問題であると同時に、文化受容の問題も端的に示してくれる。漢籍受容をめぐっての読書論は、日本文学（特に物語文学）をめぐってほど議論はされてはいないが、全くないわけではない。ここでは、近年の歴史学からのアプローチを二例あげ、筆者との相異点をみていくことにする。

一つ目は、稲城正己氏の仕事である。(3)氏は、この論文の中で古代の〈自然〉概念を、いくつかの具体的事例をもとに、テクストに記された言説から構築主義的に読み解いていく方法をとっている。そのなかの一つに、『本朝文粋』巻十に収載された菅原文時の詩序「暮春、宴に冷泉院の池亭に侍し、同じく『花の光水上に浮かぶ』を賦す」を取り上げ、検討している節がある。詩序は『孟子』をはじめいくつもの漢籍が引用され、神仙世界のイメージを作り上げているのであるが、その引用について氏は次のように述べる。（傍線筆者。以下同様）。

　他のテクストからの断片的引用は、そのテクストのなかから特定の言葉を選択的に抽出するという意味でひとつの解釈なのだが、どの言葉を引用するかによって、逆にもとのテクストの意味を変更する機能を果たす。つまり引用とは、もとのテクスト概念を焦点化することによって、その概念を中心として、もとのテクスト全体を再構築し別のテクストにしてしまう、極めて創造的な実践なのである。そこでは、「原テクスト」「原テクストの一部を引用した新しいテクスト」、それに「意味の変更を生じた原テクスト」というテクストが加わり、間テクスト性によって意味が増殖されていく。つまり引用は、テクストの量を飛躍的に増殖させ、間テクスト性によって生み出されるテクストの意味を極めて豊饒にするのだ。

と、氏は、〈読書行為〉のポジティブな側面を強調している。

　二つ目は新川登亀男氏の仕事である。[4] 本書は「漢字」が「梵字」という存在があってはじめて認識され、生じてきたものであることや、「真名」と「仮名」との関係における「漢字」概念を指摘するなど、まさに「漢字（文化）の成り立ち」を論じた興味深い書物である。氏は、「字」を記すモノ（たとえば、それが亀であったり、石であったり）の重要性にも目を配るなど、読書論を意識していることがうかがわれるが、中国の漢文体と日本の古典文字世界の関係を次のように述べる箇所がある。

　第三は、たしかに、中国の漢文体に接することがあったとしても、その「字」や〝字文〟を組みかえ、造り直していくふだんの行為がみられる。それは、あらたなコンテクストへの編制ということであった。つまり、「字」や〝字文〟は受容されたというよりも、不断に創造されていったのである。

と、氏は、やはり〈読書行為〉のポジティブな側面を強調している。

両氏の解釈・判断は、シャルチエの「読書は何であれ創造的な実践」[5]という言葉とも一致し、漢籍を用いた極めてまっとうで優れた読書論となっている。両氏の読書に対する解釈・判断は、読書論のみならず、通常の資料を読む際にも念頭におくべき姿勢であり、今後の日本古代史研究でも参照すべき考え方である。

ところが、それでもなお筆者は本論考群において、稲城・新川・シャルチエ各氏の解釈・判断とは別の解釈・判断を示した。たとえば、第Ⅰ部第一章から第三章で、延喜治部省式祥瑞条の双行注作成に際して、思想性を排除する行為がなされていたことを指摘した。また、第Ⅰ部第五章や第Ⅲ部第六章で天命思想や「鰥寡惸独」などの中国文化受容の問題を検討した際に、意味変容が起こっていることを「意味の剝奪」「無理解」などという言葉で表現するなど、筆者は本論考群において〈読書行為〉のネガティブな側面を強調したのである。

しかし、「意味の剝奪」（すなわち「無意味化」）というのも実は「意味の創造」（すなわち「意味化」）の別表現にすぎず、三氏と筆者の〈読書行為〉をめぐる解釈・判断は文字通りポジとネガの関係にすぎない。同じ〈読書行為〉に対して、正反対の表現を用いたにすぎないのである。換言すると、自己肯定的であるか、それとも自己否定的であるかの違いである。おそらく多くの読者は、筆者の解釈・判断よりも三氏のそれを支持するであろう。筆者の解釈・判断は単なるニヒリズムにすぎないと批判される向きもあるかもしれない。そうであるにもかかわらず、筆者がネガティブな側面を強調したのは、筆者の解釈・判断がニヒリズムに進む可能性があるのと同様、文化受容における無根拠な自己肯定はナショナリズムへと転化される可能性があると考えるからである。もちろん、稲城・新川両氏の論が、ナショナリズムへ結びつけられるには、幾度もの飛躍を繰り返す牽強付会な努力が必要であるし、両氏がナショナリズムを標榜しているわけでは決してない。しかし、いわゆる「国風文化」（それとともに対比的に示される「唐風文化」）をめぐる言説をみると、その可能性は皆無とは言い切れないのである。

「国風文化」に関しては、近年「日本的な文化」という言説そのものに焦点を当て論じていく、優れた論考もあるが[6]、一方で、「この文化（国風文化。筆者注）は日本の伝統文化として、その後に大きな位置を占めていくことになる」、「しかしそれ（国風文化。筆者注）は旧来の文化そのものではなく、唐風文化の試練を受けた、新しい様相をもつものとして登場してくるのである」[7]と言うとき、また「すべての分野において十世紀『国風文化』が日本民族（フォルク）文化形成の上に果たした決定的な歴史的役割があったのである」という河音能平氏の説を再評価するとき[8]、中国文化受容をめぐるナショナリズム的な言説（この場合は、「国風文化」と「唐風文化」とを対置し、後者を低位におく言説）は完全には消え去っていないことが確認できる。

そもそもナショナリズムとは、「〈われわれ〉を〈彼ら〉から区別する習慣的実践の総体」[9]と定義されるものである。つまり、自己肯定的な言説行為は、他者・他者性（異質なもの・〈彼ら〉）の排除（すなわち自己否定的側面）をともなっているのである。これを文化受容というコミュニケーションを対象に述べると、〈意味化／無意味化〉するとは、「他者性を排除して許容すること／許容するために他者性を排除すること」の謂いにほかならないのである。いかなる行為・言説も一回性のものである以上（なぜならば、同じような場で、同じように発言したとしても、時間は決して同一ではなく、「同じよう」にすぎないのだから）、どんな思想であれ、文化であれ、文字であれ、文化受容／コミュニケーションの際には、必ず意味変容が起こり、それと同時に他者性の排除がなされているのである。

稲城氏は文時の営みを、「中国や日本の各種のテクストに通暁している彼らは、彼らのみが操作可能な特権的な言語世界を用いて、彼らの政治的・文化的領域を独占的・排他的に構築し、そこに君臨するのである。政治とは、言葉の関係性によって差異を創り出すこと、それによってのみ構築可能な秩序の創造だからだ」と結論づける。つまり、稲城氏は、文時は漢籍を読みかえ、意味を新たに創造することによって、そこに参加する人々とともに一種共同体を構築し、他の階層と差異化を図る政治的営みをおこなっていたとするのであるが、実はすでに漢籍を引用する行為（文化受容／コミュニケーション）そのものに、他者性の排除がともなっているのであって、だからこそ文時は神仙世界を言語によって構築すること（本来は中国的世界である神仙世界を、他者性を排除して許容することによって作り上げること）ができたのである。言説により空間・階層を差異化する政治的営みが問題となるのは、その次の段階である。

ここで一つ問題がある。これまでの議論だと、〈意味化／無意味化〉にしても、〈他者性の排除〉にしても、文化受容／コミュニケーションの対象となる「元来の意味」（稲城氏のいう「原テクスト」）の存在が確たるものとしてあることが前提となっているようにみえることである。もしそうであるならば、テクストと〈読書行為〉とが一致すること、すなわち「作者の意図を正確に解釈し、理解すること」が最良の読書であるという、序論で批判した読書を志向しているようになってしまう。しかし、「元来の意味」は所与のものではない。これまで、「元来の意味」が確固として別の所に存在しているかのように語ってきたが、文化受容／コミュニケートしたその瞬間に〈意味化／無意味化〉がなされ、その時はじめて「元来の意味」が現出してくるのである。「元来の意味」は文化受容／コミュニケートしなければ現出してこない。

しかし、矛盾するようだが、それは決してフィクショナルな存在ではない。それは、確かに存在するのである。コミュニケートするまで、それは現前には立ち現れては来ないが、逆にコミュニケートしなければ現れないそのあり方から、絶対的な外部として存在していることが確認できるのである。まさにそれが〈他者〉なのであり、文化としてみた場合は〈異文化〉と称するものなのである。すなわち、〈他者〉〈異文化〉は文化受容／コミュニケーションにおいて、必然的に絶対的な外部として現れてくる存在なのである。そしてそのため、〈他者理解〉〈異文化理解〉とは、絶対的な外部として〈他者〉〈異文化〉が存在しているであろうことを「想像すること」[10]、それが大事なのであり、歴史を〈他者〉〈異文化〉とみることが主張されることがある以上、そのことから全てをはじめなくてはならないのである。

以上までの議論をみてくると、筆者の立場と稲城・新川・シャルチエ三氏の立場とは、筆者が読書の場をやや上から俯瞰するように論じているのに対して、三氏は読書主体の側からその〈読書行為〉を述べているという違いがあるだけであることが明らかになってきた。筆者は後者の立場を否定する者ではない。むしろ、第II部での諸検討は、後者に立っている。ただし、ここで繰り返し強調しておきたいのは、〈読書行為〉にはポジ／ネガ両面があるのであり、またとかく忘れられがちなネガティブな側面、「他者性の排除」に多少なりとも思いを致すこと、それが極端なナショナリズムや極端なニヒリズムにすすむことを抑制することになるのであろうということである。読書・文化受容を考察する際には両者の立場から考察する必要があるのである。

以上が、第三節の引用となる。たとえば、国風文化云々のくだりなどは、現在までに研究が進み、多くの見解が出されている箇所ではあるが、本稿には直接的な影響はないので、とりあえずそのまま掲載した。そして、続く第四節では、これらを受けての今後の展望と課題を挙げて論を閉じている。

二　〈異文化理解〉ということばについて

前節で触れた学位論文終章から浮かび上がってくるのは、私が〈異文化理解〉という用語・テーマにこだわりをもっているということである。実際、学位論文執筆中（さらにはそれ以前）からこの用語は意識には上っていたが、特に終章執筆中に強く意識するようになっていった。以後、私は〈異文化理解〉という言葉を、より一層意識しながら執筆をしていっている。

しかし、そこで問題となることが、二つある。まずは、終章では〈異文化〉とひとくくりにしていたが、そもそも（異なる）〈文化〉とは何か、という問題である。私は、自分の専門を聞かれた場合、最近は東アジア文化史と答えることにしている。近年は、「東アジア」という用語に対して、「ユーラシア」という用語を用いるべきだという議論もあるが、私はまだその点については考えていない。むしろ、やはり問題になるのは、〈文化〉という用語になろう。実は、池田温氏の著書に対する書評で、「歴史学の立場から著者の考える「文化交流」について論じていただければ、必ず後学の者の指標となり得るだろうと確信している。是非、著者のご見解をうかがいたく思う」ということを書いたのだが（池田温著『東アジアの文化交流史』、『歴史評論』六五〇、二〇〇四年）、それは全て自分の問題を池田氏へぶつけていたに過ぎない。そして、それがそのまま自分を縛り付けていることになる。

しかし、これについては、実は終章第四節で一つの方向性を示してはいた。以下、一部引用する。

前節のように〈他者〉〈異文化〉を捉えると、文化受容を考えるとき、国家や民族という枠組みをある程度取り払って考えることができるのではないだろうか（もちろん、規定されもするであろうが）。なぜならば、外交関係（国家と国家のコミュニケーション）を考えずとも、コミュニケーション（すなわち一対一関係）さえあれば、あらゆるところに〈他者〉〈異文化〉が出現するのであるから。すると、その最小単位のひとつが個人ということになるのではないであろうか。もし、そうであるならば、個人を一個の〈文化〉として、もしくは〈文化〉を内包した存在として捉えることができそうである。つまり、個人を〈文化〉の総体でもあり、〈文化〉の断片でもあり、また〈文化〉そのものでもあると位置づけるのである。そうすれば、個人を「読み取る」ことで、個人が属する社会・文化を読み解くこともできるであろうし、そしてまた、社会からはみ出していく個性も見えてくるかもしれない。この方向が、歴史学における〈他者理解〉〈異文化理解〉へむけての具体的方向のひとつであると考えてみたい。

この記述を受け、その後の私の論文・著書では、この問題（「個」の問題）を意識して書いたものが増えていく。その最たるものが、拙著『渡航僧成尋、雨を祈る――『僧伝』が語る異文化の交錯』（勉誠出版、二〇一三年。以下、成尋本と称する）である。本書では、成尋が書いた渡航記『参天台五臺山記』を中心に、日本・中国における祈雨について幅広く触れたものであるが、その際に重視したのが『参天台五臺山記』を「個人の著作物として読む」という点である。従来の交流史では、『参天台五臺山記』を一個の「歴史史料」として扱い、そこから当時の交流の様相など「史実」を導き出すことが多い。もちろん、その方法は、成尋本においても行っている。しかし、それ以上に、成尋本では、成尋が、なぜ、どのように書いたのか（書き残したのか。もしくは、書き残さなかったのか）という視点を重視している。

ただし、史料に対するそうした扱いは、すでに歴史学でも古くから行われている。それはたとえば、『日本書紀』批判である。現在では書紀の記述には、政権側（書紀を編纂し、書き記した側）の意図が入ったものとしてみて分析することが常識となっているのであり、私の視点は、これを援用したに過ぎないともいえる。しかし、成尋本では、成尋が全てを意識して書いた（つまり、意識してフィクショナルな書き方をした）というわけではなく、無意識ながら書いた（しかし、それが事実であるかどうかは別問題である）という、「叙述」の問題に焦点を当ててもいる。個人の著作物として扱うことは、語弊を恐れずに言えば、それを歴史学から見た文学作品のような扱いをすること、主観が横溢している作品、フィクションとノンフィクションが入り交じっている作品として扱うことである。それは、主観と客観の関係を問う問いでもあり、史書（とされるもの）と文学作品（とされるもの）との差を問う問いでもある。

そして、「個」の問題は、過去の歴史上の人物の問題のみならず、「私」個人の問題となっていく。なぜならば、「私」もこうして論文を「書いている」からであり、それは、研究を行う際、自分のポジションをどこに置くのか、という問題に他ならないからである。この点を意識して書いたのが、「情熱としての「民衆史研究」について」（『民衆史研究』八〇、二〇一〇年。以下、民衆史論文と称する）である。本論文は、民衆史研究会から日本古代の民衆史研究に関しての概括・意見を求められたため、書いたものである。そこでは、それまでに雑誌『民衆史研究』に掲載された古代に関わる論文を中心に、対象や用語の使用例などを分析した内容となっている。ここで特に注目したのが、各論文の執筆者たちの「主語」の使い方である。ある時期（それは、古代民衆史研究が最も盛んであった時期）の執筆者たちの多くが、「われわれ（我々）」という主語を用いて民衆史を、そして、民衆を語っていたことを指摘し、それを問題視した。なぜならば、「われわれ（我々）」として語ることは、語った「私」と語られた他者を勝手に同一視する行為であるからである。しかも、各執筆者は、そのことに何ら疑問を有していなかった。当然のように、「われわれ（我々）」と語り続け、「われわれ（我々）」と過去の「民衆」を同一視し続けていたのである。本論文では、

> 人民闘争に主体的に参加している「われわれ」が、「われわれ」の問題を解決する手段を見いだすために、過去の「民衆」「人民」に答えを求めていたとなると、すでにそこには「われわれ」の投影としての「民衆」「人民」のみが存在することになる。それを「人民」と表現するにせよ、「民衆」と表現するにせよ、そう表現されたある種架空の集団は、結局は「われわれ」となってしまうのではないだろうか。

と、この行為の自己矛盾（そして、それが「語り」の問題に起因していること）について指摘した。そして、この行為は別の問題へと繋がっていく。民衆史論文では触れなかったが、この行為は歴史学が本来的に有している負の側面を体現していると思われるのである。それは、歴史学とは、圧倒的な暴力行為でもある、という点においてで

ある。

歴史学を学ぶものは、まず、「史料」と向き合うことになる。史料を様々な方法によって読み解き、そして、自らの見解を、時には文章で、時には口頭でと、様々な形で披露していくことになる。時にはそれを「史実」と称し、正解があるかのように語る場合もある。しかし、史料とは、過去の人々の生活・世界のわずかながらの断片を記録したにすぎないものである。しかも、先にも述べたように、何らかの形でバイアスがかかっている（主観的である）ものである。もちろん、これまでに歴史学は多くのこうした問題を乗り越えるための方法を蓄積している。たとえば、複数の史料（一次史料・二次史料などと称されるもの）を用い分析することにより客観性を担保し、独断的・独善的にならず、より当時の実情を見定めていくことができるのだという方法である。確かに、この方法はある程度有効である。しかし、それでもなお、払拭することができないのが、過去の人びとはすでに死者なのであって、後世の歴史家たちに対して、決して反論や異議を直接的に唱えることができないのだという点である。歴史学は、対象とする人びとと直接コミュニケーションを取ることができず、常に一方通行的であり、そうであるが故に、歴史学には、死者のことばや行為を搾取し続けてしまうという側面が常につきまとってしまうのである。私が、歴史学とは圧倒的な暴力行為でもある、というのは、そのためである。

主語の話に戻すと、「われわれ（我々）」であれ「私」であれ、歴史学に関わる以上、上記の問題から逃れることはできない。それでもなお、私は「私」を主語とすべきであると考える。なぜならば、「われわれ（我々）」と語ることで、「私」と「あなた（たち）」との共謀関係が成立し、「私」が薄まり、自己の暴力的行為を和らげることができる。しかし、「われわれ（我々）」も「私」と「あなた（たち）」とで成り立っている以上、「私」と「あなた（たち）」は決して同一ではなく、結局は「われわれ（我々）」と語ることにより、二重の搾取を行ってしまうことになるからである。

なお、民衆史の問題は、「個」と社会との関係性の問題ともかかわってくる。成尋本でもその問題を意識していたが、「景戒の時間意識と叙述の選択」（『古代日本と中国文化』所収）では、より明確にその点を意識して論述している。

続いて、第二の問題に移ろう。それは、〈理解〉するとはどういうことなのか、という問題である。辞書的な意味では、「理解」とは、「物事の道理をさとり知ること」「人の気持ちや立場がよくわかること」（『広辞苑』第五版）となり、また、「異文化理解」という用語も様々な解釈がなされている。特に近年は、グローバリズムの名の下に、教育機関を中心に、異文化コミュニケーションをめぐり、多くの発言や学生への語りかけが行われている。ここでは、私なりの解釈を示していく。

歴史をめぐって、巷間で流布している言説の一つに「歴史は繰り返す」という言葉がある。この言葉は、「History repeats itself」の翻訳語（古代ローマの歴史家クルティウス・ルフスの言葉）であるが、現在では様々な場面で用いられており、使用する人によってその意味することの軽重は異なっている。その中で、時折、「だから、歴史を学ぶ意義があるのだ」という発言が見られる。これは、「歴史（過去）を学ぶことは、現在・未来のためである」という言説につながっていく。恐らく、ここには、「歴史（過去）は、学べば理解することができる」、という前提が潜んでいるように思われる。

そもそも、当たり前であるが、過去の出来事（歴史）は、現在の出来事と全く同一のわけがない。制度・法律のみならず、食生活、住環境、自然環境、言葉など様々な状況が異なっている以上、同一のことは起こらない。「歴史は繰り返さない」のである。もちろん、「歴史は繰り返す」という場合、出来事・事情そのものが繰り返すのではなく、その人びとの対処方法が繰り返されるという意味もあるが、それでもなお、歴史の一回性こそが重要であり、一回性であることを認識することこそが重要なのではないかと、私は考える。[11] なぜならば、たとえば、現在が戦前・戦中と似てきている、と言われることがある。としても、それはあくまでも似てきているだけであって、必ずしも同一ではない。その差異にこそ、注目していくことができるからである。それは、問題解決への一つのヒントになる可能性があるのであって、そういった意味で、過去を知ること（一回性を知ること）は、現在・未来に意味のあることなのかもしれない。

ただし、それは過去を理解できたことを意味するわけではない。問題はやはり、対象が死者であることである。多くの異文化コミュニケーション論における異文化理解の説は、反論・対話可能な現実の人びとが相手である場合が多い（もちろん、必ず反論が可能であるわけではなく、だからこそ、文化人類学や民俗学などフィールドワークを行う学問分野では、対象との切実な問題が起こる）。その場合は、「違いを理解し、お互いを尊重する」という結論になりやすい。しかし、歴史学の場合は、死者が対象のため、直接の反論・対話は不可能である。こちらが一方的に「理解」を推し進めるしかなく、それは対象からの直接の返答がないため、こちらの「理解」の正否も判断できず、むしろ、決して理解などできないのだ、というジレンマ（絶望）を知ることになる。

しかし、それでもなお、歴史（過去）と向き合っていくこと、〈異文化〉と向き合っていくこと、それこそが〈理解〉なのだと、私は考える。決して諦めずにコミュニケーションをとり続けること、ゴールに辿り着くことがないとしても、諦めずに「理解」しようとすること――もしかすると、わずか一％でも「理解」することができるかもしれないという可能性を信じること――、それこそが〈理解〉なのだと。言い換えるならば、「理解へ向かって行動すること／行動し続けること」、それが〈理解〉ということになる。

なお、行動すること（実践すること）については、「東アジアにおける書籍と文化の交流をめぐって――〈ブックロード〉を点検する」（『古代日本と中国文化』所収）で触れている。本論は、中国の日中文化交流史を専門とする王勇氏が提唱し、ある一定の支持を受けている「ブックロード」について、批判的に論じたものである。ただし、本論の中では、提唱者である王勇氏の実践力・行動力については、高い評価を与えている。それは、机上で「交流」を説くこと、また、「交流」の重要性を述べることは容易い。しかし、それを自らが実践すること、さらには、それを実践し続けることには、多くの困難を伴っていく。王勇氏はそれを現在もやり続け、日本・中国の多くの研究者や学生たち、そして研究者以外の人びとに強い影響を与えている。学問においては、こうした実践も評価する必要があると、私は考えているからである。

以上が、〈異文化理解〉についての私なりの解釈となる。今一度まとめると、私の言う〈異文化理解〉とは、〈他者理解〉の謂いであり、そこに個であるか集団であるか、過去であるか未来であるかの違いはない。「私」以外と「私」との関係性なのである。すなわち、私が〈異文化理解〉というとき、究極的には「私」が〈異文化〉（他者・歴史など）とどのように向き合うかという至極個人的な事情に起因し、そして逢着するのである。

おわりに

ひどく凡庸な結論であり、大層不格好な自説解説となっている。中には、ナイーブすぎると感じる向きもあろう。実際、学位論文口頭試問では、終章についても議論が交わされ、私はその結果を受け、拙著掲載を見送った。それは、事実ナイーブなのであって、恐らく当時の「私」は、自分が暴力行為に加担していること、そして、自分が搾取されると感じることを過剰に忌避していたのかもしれない（過去の「私」は、現在の「私」とは異なる〈文化〉であるため、「恐らく」「かもしれない」としか書くことができない）。それを今書くことができるのは、単に私が図々しくなったからであろう。学位論文から十数年、私は、学問的進歩はなく単に図々しくなっただけなのかもしれない（それは、前節まで明らかなように、その後の私の研究は終章の方向性をなぞっているだけなのだから）。しかし、その図々しさは自分が消費されること、搾取されることを恐れなくなったことでもある。私はその姿を晒すことを恐れていない。「私」は異文化へのひとつの窓口になればよい。そうすることによって、過去の人びとに対しても同様に対することができるのかもしれない。

かといって、「私」を晒すことが他者を奪うことの免罪符になることはない。それは決して過去の「私」に対するのとは同一ではない。あくまでも「理解」できない存在としての他者として向き合い続ける必要があると思っている。(12)

「私」を語りすぎたのかもしれない。そこで、これまでの議論を念頭に、改めて本書の全体テーマ「古代史の方法と意義」について触れていきたい。

往々にして「意義」というと、大きな目的・目標、日本古代史を学ぶとこういったことがわかり、現代に役立つ、ということが期待される。こうした議論の際、従来からよく見られ、よく耳にするのが、「蛸壺」批判の語りである。曰く、「近年の研究は精緻になってきている一方、それぞれが大きな展望もなく、閉じこもっている」云々と。そして、そう規定した上で、自らの研究は、それを乗り越えるため大きな歴史観の下行われているのだという語りである。

確かに、研究は益々精緻になってきており、その研究を行うことで何が見えるのか一見わかりにくいものもある。「蛸壺」とは言い得て妙である。しかし、この批判において見落とされているのは、直接的にせよ間接的にせよ、批判者の研究もまた批判した「蛸壺」論文を基礎に成り立っていること（そうした精緻な研究があるからこそ結論が導き出せること）が多いこと、さらには、そこで示される「日本古代史の全体像」のようなものもまた、「蛸壺」のひとつに過ぎないと思われることである。近年、人びとが得られる情報量は急速に増加し、世界が格段に拡がると同時に、世界は様々な分野に細分化されている。そのような状況の中、「日本古代史」は、かつて持っていた（と関係者が思っている）ような特権的な地位はないのであり、「日本古代史」は多くの学問分野のひとつに過ぎず、また、学問外から見たらこれもまた「蛸壺」のひとつに過ぎないのは、歴然とした事実である。そのため、日本古代史の中でなされる「蛸壺」批判は、結局は、少し大きな（と思っている）「蛸壺」が、小さな（と思っている）「蛸壺」を批判しているに過ぎないとも言えるのである。つまり、こうした形での「意義」の提示は、過去においてはともかく、少なくとも現在においては余り意味を強く持たないのだと、言えるのである。「日本古代史の方法と意義」を語ったところで、もはや意味は持たないのだ。

しかし、全てが「蛸壺」に過ぎないとするならば、その大小にかかわらず、複数の「蛸壺」をフラットにつなぎ合わせ、新たな「蛸壺」を作り上げることが可能なのではないのだろうか（現在、国際的研究、学際的研究と称されているものは、こうして作られた新しい「蛸壺」と言うこともできる）。その時重要なのは、「意義」ではなく、それらをつなぐ「方法」なのかもしれない。ここでいう「方法」とは、思考過程・思考方法を語ることであり、そして、それが逆に「意義」になっていく。逆説的であるが、そうして「蛸壺」のひとつとして、他の「蛸壺」とフラットにつながったときに、はじめて、「日本古代史の意義」が承認されるようになるのではないだろうか。繰り返すが、重要なのはいかに自己の学問・研究が他と比べてより重要であるのか、ということを主張するのではなく、その思考過程・方法を提示し続けること、なのである。私はかつて民衆史論文の結びで以下のように述べた。

すなわち、「民衆史」が今後とも「民衆史」として、自己の分野を主張していくためには、「民衆とは何か」を毎回問い続け、アナウンスし続けなくてはならないのであると思う。そうした手間を何度も何度も積み重ねて行くことが、現在の「民衆史」には求められているのであり、それを支えている情熱が試されているのではないだろうか。

このことは、民衆史に限らず、日本古代史、ひいては近年危機が叫ばれている人文学全体にも言えるのではないだろうか。それは、別の言い方をすると、「私」とは異なるもの＝〈異文化〉とコミュニケートし続けること、その方法を示し続けること、語り続けることなのである。それが「私」を刷新していくことにもなる。

以上の点を踏まえ、私は教壇に立ち続けている。私は幸運にも、学生たちに自分の考えを語る機会を得ている。「私」の語りは決して一般化・普遍化できるものではない。彼らが、「私」という〈異文化〉を理解できるとも思えない。それでも、学生たちには〈異文化理解〉に対する私の考えを語り続けている。「私」を窓口に学生たちが〈異文化〉に触れ、今後の〈異文化〉との共生について考えていけるようにとの願いを込めて。

註

（1）シャルチエの方法については、著書としては『読書の文化史』（福井憲彦訳、新曜社、一九九二年）、『書物の秩序』（長谷川輝夫訳、筑摩書房、一九九六年。原著は一九九二年）などを参照。

（2）プラティークとは、プラクシス（実践）という意識的・自覚的な行為に対置されるもので、しばしば慣習行動とか日常的行為と訳される。たとえば本を読む姿勢・場・癖などであり、シャルチエはこれを「読者プラティーク」と称する。

（3）稲城正己「平安期の〈自然〉をめぐる言語認識」（『歴史の広場』五、二〇〇二年）。

（4）新川登亀男『漢字文化の成り立ちと展開』（山川出版社、二〇〇二年）。

（5）ロジェ・シャルチエ「テクスト・印刷物・読書」（リン・ハント編・筒井清忠訳『文化の新しい歴史学』、岩波書店、二〇〇四年。原著は一九八九年）二四一頁。

（6）西村さとみ「唐風文化と国風文化」（吉川真司編『日本の時代史5平安京』吉川弘文館、二〇〇二年）。

（7）笹山晴生「唐風文化と国風文化」（朝尾直弘ほか編『岩波講座　日本通史　第五巻古代4』岩波書店、一九九五年）。

（8）木村茂光『「国風文化」の時代』（青木書店、一九九七年）。
（9）姜尚中『ナショナリズム』（岩波書店、二〇〇一年）一二三頁。
（10）〈異文化理解〉に際して「想像力」が必要であることは、管啓次郎「鳥のように獣のように　国境／砂漠／翻訳をめぐって」（稲賀繁美編『異文化理解の倫理にむけて』名古屋大学出版会、二〇〇〇年）でも主張されている。
（11）多少ずれるかもしれないが、私は大津皇子の詩をめぐって普遍性と唯一性について論じている（「大津皇子詩と陳後主詩――「鼓声」をめぐって」『古代日本と中国文化』所収、初出は二〇〇九年）。この論点は、私の中では「個」の問題とも通底している。
（12）「恐らく」「かもしれない」と書いたように、現在の「私」と過去の「私」は同一ではない。しかし、それは過去の「私」と他者・異文化を同列に扱うことではない。現在の「私」には、必ず過去の「私」が付いて回るのであって、不可避の存在であり、絶対的な他者とはなりえない。もちろん、他者・異文化も不可避であることも考えられるが、今現在私はまだその点については余り研究を進めていない。なお、その点については、子安宣邦『漢字論――不可避の他者』（岩波書店、二〇〇三年）が参考になる。

韓国における日本古代史研究の可能性

鄭　淳一

はじめに

私たちはなぜ歴史を研究するのか。簡単そうで意外に難しい問いである。「職業」として歴史学に従事する研究者たちでさえも、常に問われることだが、ある意味はっきり答えたことのない質問なのかも知れない。日本古代史を研究し、また教育する立場にある私の場合も例外ではない。

五年前の二〇一二年六月二十七日（水）、「わたしと歴史学、わたしと考古学」と題した早稲田大学史学会・連続講演会で講演者として登壇したことがある。この講演会は「各専修二名ずつの若手の研究者が、それぞれの専攻する学問との関わりを自身の体験を中心にざっくばらんに語るという形式」（竹本友子『史観』一四九、二〇〇三年、九一頁）であり、主に学部生を対象にしていた。「日本史」分野を専攻する二名の「若手」のうちの一人として貴重な機会を得た私は「外国史としての日本史が持つ魅力」というテーマで語った。[1] 自分がなぜ日本古代史を研究するのかについて「真摯に」考えてみたのは、おそらくその時が初めてだったのではないかと思われる。いや、当時は外国人留学生の立場で日本史研究の魅力を自分なりの経験から気軽に話しただけで、古代史を研究する理由について本格的かつ十分に考えたことは、そしてその考えを文章で明確に残したことは、恥ずかしながらこれまで一度もなかったような気もする。

「好きだから」「面白いから」「興味深いから」といった答え方もあり得るだろう。しかし、それは、研究の意義と価値を盛り込んでいる説明とは思えない。むしろ「古代史は好古的な学問に過ぎない」という一面的な評価、ないし先入観を持たせてしまう。本稿を通じてもう少し誠意のある姿勢で答えてみたい理由もそこにある。なぜ日本古代史を研究しているのかという問いに対して応答することに留まるのではなく、さらに一歩進み、現在、私が携わっている研究の必要性や可能性についても論じていきたい。

一　日本史を研究する理由、古代史を研究する理由

私がやっている研究の意義を大学教員として経験した授業や入試業務に関連付けて述べることもできよう。まず、授業の経験である。学期の始まりとともに受講生に「この授業を選択した理由」「この授業に願うこと」などを数行程度で書かせてみる。すると、大学生たちがなぜ私の授業を聞きたくなったのかを少しでも理解できるようになり、実際に授業の運営にも役立つ。

今学期の学部授業は「日本史特講」[2] という科目名で開設され、「日韓歴史共同研究」の検討をテーマにしている。「日韓歴史共同研究」とは、二〇〇二年より二〇一〇年まで二回（二期）にわたり、日本と韓国が共同で行

なった歴史研究を指す。第一期は、二〇〇一年両国首脳会談での合意に基づき、二〇〇二年から二〇〇五年まで活動を行なった。そして、二〇〇五年六月に報告書が公開された。第二期の活動は二〇〇五年に開かれた日韓首脳会談の合意に基づくものであった。二〇〇七年から二〇一〇年まで行われ、二〇一〇年三月に報告書が出された。一方、公式報告書とともに「日韓関係史研究論集」も刊行されたが、授業の主なテキストは、その「日韓歴史共同研究報告書」と「日韓関係史研究論集」となっている。日韓両国で行われた「歴史共同研究」を検討し、相互の歴史認識がどう異なるのか、その差異を確認しようとする授業なのである。それとともに日韓両国（あるいは東アジア各国）が参加して共同で作った「歴史副教材」および日韓両国（あるいは東アジア各国）が参加している「歴史対話」についても勉強している。これを通じて日韓両国（あるいは東アジア各国）が内部的に、または相互で経験している様々な「歴史問題」の性格を考察し、さらに、「問題」の解決策を考えてみることが授業の狙いである。

もちろん、以上の内容が含まれているシラバスは受講申請をする段階から公開されるが、教室に出ている学生たちにもう一度「受講の理由」「受講申請のきっかけ」を聞いてみる。今学期（三月の初め頃）に行なったアンケート調査の結果を一部紹介すると、次の如くである（「日本史特講」受講生の数は二十五名）。

① 自分の経験からすれば、これまで学科の専門授業は概論・概説が主だった。多様な研究成果、主流・非主流といった研究傾向などを幅広く勉強したくて本授業を申請した。

② セミナー形式の授業への適応のため（大学院進学の準備）。日韓歴史共同研究についての情報を得て理解するため。

③ 単なる概括でなく、論争的なテーマについて勉強したくて。

④ 講義型授業ではなく、セミナー形式の授業をやってみたかった。

⑤「日本近代史」授業と同時に受講しながら、日本史の知識を広めるために。
⑥「韓日交渉の歴史」授業で学んだ内容をさらに発展させて勉強したかったので。
⑦前の学期に「日本古代史」授業を聞いて、一国が記録した歴史のみでは価値観を立てづらそうだったので、関係史を中心とした勉強をしてみたかった。
⑧通史の授業ではなかったので、興味を感じた。
⑨日本史について深みのある授業を聞きたかった。
⑩韓日交流について深く勉強したくて。

ここからは、学部生たちが日本史を学習する理由が見て取れる。細かい表現は少しずつ異なるものの、深化した形の日本史授業を聞きたい気持ちがよく分かる。日本文化や日本社会、そして日韓関係をめぐる諸問題についての関心は持っていても、それを充足させるチャンネルが十分でなかったように判断される。また、学生の立場では楽だと感じやすい説明型・講義型授業よりも、少し厄介な活動があるかも知れないけれど、自分の知識を広める討論型・セミナー型授業を好んでいる様子を窺うこともできる。学生たちは私が思ったより詳しい部分まで知りたがっていることも、このアンケートからはよく伝わる。

次いで、大学の入試業務に携わっていないながら感じたことについてである。韓国における大学入試の類型は多種多様であるが、最近では受講生自身が作成した「自己紹介書」を提出するタイプが多くなった。大学毎に多少の差異はあるだろうが、「自己紹介書」に書くべき項目は大体四~五つに決まっており、そのうち一つは「志望動機」を問う項目となっている。勤務校の場合は、「当該募集単位への志願動機を含め、高麗大学校が志願者を選抜しなければならない理由を記述して下さい」という文章が「自己紹介書」様式に記されている。受講生たちは、この項目で自身が高麗大学校歴史教育科へ進学したいことを評価者の印象に残るようにアピールする。「歴史教育科」だからなのか、ほとんどの受講生たちは自分自身が「歴史教育」に関心を持つようになったきっかけを書く。興味深いのは、志望者数に関係なく、九割以上が次のような内容を書くという事実である。「周辺国が歴史歪曲を行なっている。それに対応するためには正しい歴史像を知ることが必要である。しかし周りの人々、特に青少年たちは歴史に関心を持っていない。私は正しい歴史観を備えた教師となり、将来生徒たちが周辺国の歴史歪曲に上手く対応できるように教えたい。そのために歴史教育科に入りたい」という趣旨の志望理由である。

ここで言う「周辺国」とは主に中国・日本を意味する。中国がいわゆる「東北工程」といった歴史研究プロジェクトを通じて（韓国史であるべき）高句麗史・渤海史を中国史の一部として位置付けようとしていることに対する反感、そして日本が日本軍「慰安婦」問題、領土問題（いわゆる「独島・竹島」問題）、靖国神社参拝問題などをめぐって配慮なく自己中心的に解釈していると認識していることがここで言う「歴史歪曲」の根幹にある。そういった感情や認識が史実・事実に基づいているかどうかは別にして、韓国の受講生たち、そのなかでも大学の歴史系列に進学しようとする青少年たちがそう考えているということは大きな意味を持つ。歴史を勉強する目的が周辺国と対決するためだという話からは、悲しさすら感じられる。受験生たちの「自己紹介書」を遺憾に思わざるを得ないが、一方では、莫大なる責任感をも覚える。

以上、大学の授業や入試の事例を挙げたが、このような現状からは、韓国の大学で日本史教育を担当する教員として何をどうすべきかに対するヒントを得ることもできる。将来どういった日本史教育をしなければならないのかが自然に導き出されるのである。まず、大学生に対しては、深化した日本史情報を分かりやすく提供すること、より客観的に日本・日本人・日本社会を見つめ、また分析することができるように正確かつ多様な史・資料、データを提供すること、そしてそれらを解読する能力の培養が可能な教育環境を提供することなどが要求されよう。次に、高校を卒業して大学に入ったばかりの新入生に対しては、歴史学そのものに対する偏見を減らす（あるいは無くす）こと、そして、日本をはじめ、周辺国（の歴史認識）に対して先入観を持たずに理解できるよう指導することなどが求められる。特に日本に関しては、「支配と抵抗」「加害と被害」「歪曲と対応」などといった二項対立的思考から離れて物事を考える機会を提供することが極めて大事である。批判力を養うことと常に「対決」の姿勢を取ることは完全に異なるという平凡な真理を冷静に共有する必要があるだろう。

韓国における日本史教育が目指すべき方向について述べてきたが、これは決して大学というスペースに限られた話ではない。韓国社会全般に適用できる内容でもある。また、教育の観点から語ってきたが、これ自体が研究の方向でもある。

韓国における日本古代史研究では、「支配・被支配」「上下関係」「優劣関係」が核心素材として語られてきたように判断される。それはおそらく『日本書紀』が構築した歴史像、そのなかでも所謂「任那日本府説」の亡霊が長らく存続したことと関連が深い。日本側の史料に「古代の日本が朝鮮半島の諸国を支配した」「古代の日本が朝鮮半島の諸国より上位にあった（または優位にあった）」というような記述があることに対して、韓国側の研究者は「それは違う」「それは実際そうではない」といった話を数十年間やり続けてきた。「克服」や「防御」のための歴史研究であった。それで、時によっては「朝鮮半島の諸国が古代の日本を支配した」といった言説をも生み出し、「渡来人が日本古代国家形成に大きく貢献した」という歴史像を強調し過ぎたこともある。「攻勢」へ転換したいという気持ちが強く投影されたものと考えられる。

しかし当然ながら、それ以外にも日本古代史のテーマはいくらでもある。私は「優劣観」から離れて古代史を語りたかった。古代人の暮らしを話したかった。古代の列島社会を生きていた人々の生活・思想・認識そのものを研究したかった。それで、まずは、古代人の移動に注目するようになった。ここで言う移動とは海を渡る越境行為を意味する。最近の拙著を通じて私が明らかにしようとしたのも、人々の活発な移動が越境に対する強力な統制を生み出したという逆説的な状況である。頻りに海を渡る人々の立場と、彼らの移動（入境、越境）を規制しようとする「国家」の立場とがせめぎ合う縁海部や島嶼部は、まさに「交流」と「統制」が交錯する複合的・重層的な生活圏なのである。そのような力動性の溢れる空間に展開される「アクション」と「リアクション」の諸相を実証的に検討しようとしたのが研究の狙いであった[3]。

このような新しい視点は、歴史を「前近代」と「近代」に二分する態度を批判する際にも有意義な示唆を与える。例えば、国家間の境界線（国境線）が近代国家の出現後に誕生したとみる立場への見直しが挙げられる。従来では、近代以前の人々、とりわけ古代人の越境行為には制限がなかったと言われてきたが、実はそうとも言い切れない側面がある。関連資料から見ても完全な自由移動を許された人の事例に出会うことが難しく、むしろ王権のような特定の権力に頼り、あるいはその権力の許可のもとで境界を超える人々によく接する。つまり、境界線（国境線）というのが「近代」に入って以降登場し、「前近代」には統制もなく移動が自由であったという歴史像は、一部では当て嵌まるかも知れないが、少なくとも日本史では十分に実証されたことのない、それで通用しない側面もあるのだ。通時代的に確認される人類の普遍的な生活様式、価値観、暮し方などを考慮する限り、古代史という分野は、さほど「古い」ものではなく、現在を生きていく上で非常に良い参考になり得る。

一方、古代史研究が現実問題に寄与するところも少なからず存在する。最近、修交二十五周年を迎えてウズベキスタンのシャヴカト・ミルズィヤエフ大統領が韓国を国賓訪問したことがある。その時、両国の首脳が韓国の国立中央博物館を訪れ、博物館に展示されているアフラシヤブ遺跡（ウズベキスタン・サマルカンドの北部に所在）の壁画の模写図を一緒に観覧したことでマスコミで大きく取り上げられた。その壁画には七世紀頃の高句麗使者（推定。新羅使者とする説もある）が描かれているが、韓国・ウズベキスタン両国の首脳は、その図を見ることで約一四〇〇年間も続いて来た両国の厚い信頼関係を想起したらしい。

日韓両国の間では、両国の「国宝」半跏思惟像の出会いがあった。韓国の金銅弥勒菩薩半跏思惟像（国立中央博物館所蔵、国宝七八号）と日本の木造弥勒菩薩半跏思惟像（中宮寺所蔵、国宝）の二本が初めて同時に展示されたのである。二〇一六年五月二十四日〜六月十二日は韓国の国立中央博物館で、同年六月二十一日〜七月十日は東京国立博物館で一緒に展示することにより、互いの文化を広く両国民に観覧してもらい、両国の友好と絆をさらに深める一つの契機になればという思いから企画されたのである。報道によれば、四年間の準備があったらしく、また、その背景には日韓両国の政治関係悪化があった。

韓国内のイシューではあるが、去る六月一日に文在寅大統領が歴史学界へ「伽耶史研究・復元」を要請したことがある。伽耶史を復元することで「嶺湖南の壁を崩そう」（嶺南〔慶尚道のこと〕、湖南〔全羅道のこと〕間の地域葛藤を解決しようとの意味）と言っているわけである。伽耶史を伝える史料のほとんどは『日本書紀』ということからすれば、韓国における「伽耶史研究・復元」というアジェンダは、日本古代史研究とも深く関わっているとも言えよう。

以上の三つの事例は、古代史研究が現実問題に直接繋がっていることをよく示すものと言える。古代史を話題にすることにより、首脳会談がスムーズになったり、政治レベルでは解き難い事案を文化交流の力で乗り越えたりする。古代史が実存する地域間のトラブルを和解・解消させる一つの動力となっている。もちろん、ここでの「現実」が、国際政治、国内政治のことを指している点で、学問の政治的動員、学問の政治化を恐れている見方もあり得る。ただし、必ず政治の領域でなくとも古代史研究の現在的な意義や価値を確認することは難しくないようにみられる。その意味で、古代史は「現在史」でもある。古代史は遠い話というよりも（政治、社会、個人などの様々のレベルでの）「イマ（現在）」を取り扱う研究分野とも言える。古代を知ることで現在を生きていく力、知恵、知見が得られるのである。

二　韓国における日本古代史研究の歩み

韓国における日本史研究自体は短くない歴史を持っている。しかし、日本を客観的な研究対象として認識する努力が本格的に行われたのは、一九八〇年以降と言える。一九八二年、所謂「第一次歴史教科書問題」（韓国では、「歴史教科書波動」と呼ぶ）により、日本の歴史認識に対する社会的な関心が高まり、その頃、アメリカや日本から留学を終えた専門研究者たちが大学の史学科に着任し、彼らによってはじめて大学院および学部に本格的な日本史科目が開設されたからである。そして、一九九〇年代初めに、日本史学会、韓日関係史学会が創立された。なお、一九九七年、日本思想史学会をはじめ、日本学関連の学会が相次いで創立された。そのような日本史関連学会の創立により、韓国における日本史研究が本格的かつ体系的に行われるようになった。(4)

範囲を古代史研究に絞る場合、一九八五年、金鉉球の著書出版および高麗大学への着任が研究進展の原動力となったと評価できる。(5)一九七〇年代までは『日本書紀』に対する史料的研究がほとんど行われていない状況であった。史料としての不信感があったのである。それに対して、金鉉球はむしろ『日本書紀』を主な史料として取り上げる方法論を取り始めた。従来、韓国内ではほとんど信頼されていなかった神功紀の記事を史料批判を通じて積極的に使用し、神功紀は『百済記』に基いて構成されており、主な内容を『日本書紀』編者が造作・改変したものと結論付けた。その結論には賛成意見も反対意見もあるが、『日本書紀』の扱い方をよく示したとの面で研究史上の画期性が認められる。

延敏洙の研究によると、二〇〇三年時点で韓国における日本古代史研究の成果（期間は終戦～二〇〇三年）として、研究書が二十件、論文が二二〇本程度あげられるらしい。これら二四〇件の研究のうち、一九八〇年以前のものは二十件程度、一九八〇年代のものは四十件程度、そして一九九〇年以降発表されたものが一八〇件程度のようである。全体の七割以上が一九九〇年以降の研究であることが分かる。韓国においては一九九〇年代が研究の発展期でありながら実質的な開始期と言っても過言ではないだろう。(6)

次頁の表は一九九四年に創立した日本史学会が発行している『日本歴史研究』（年二回刊行、以下『日歴』と略す）の論文現況を数値で示したものである。学会創立当時とは違って、現在は日本史研究者が投稿できる人文系の学術雑誌が爆発的に増えた状況なので、この表自体が韓国における日本史研究の現況そのものとは言い難い。また、研究史については『歴史学報』（韓国・歴史学会）の「回顧と展望」が詳細に取り上げるため、(7)本稿では省くことにし、研究の傾向性に焦点を当てて幾つかの論点を提示してみたい。(8)

まず、古代史論文の本数についてである。『日歴』の創刊号から最新号までに掲載された正規論文の数は二七一本なのだが、そのうち古代史論文は六十五本として全体の二三・九八％を占めている。これは近現代史に次ぐ二番目で、古代史を専門とする研究者の数も、彼らの研究業績も量的には少なくないことを示す。創刊時点から五年ずつ区切ってみても、第一〜十輯が十二本、第十一〜二十輯が九本、第二十一〜三十輯が十三本、第三十一〜四十輯が十二本、第四十一〜四十五輯が十本で古代史論文が目立つほど増えた痕跡は確認されない。

量的統計をテーマと合わせて分析してみると、興味深い現象が窺える。古代史論文六十五本のうち、五十三本が関係史・交流史研究であること、その反面、政治史をはじめとする非交流史研究は十二本に留まっている点である。後者に当たる研究のテーマとしては、蔭位制度、近江政権の氏族基盤、雄略朝の政治、古代天皇制の成立と変質、『続日本紀』の叙述特徴、古代の国家儀礼、女帝・女官の研究、写本の文献学的な研究、古代民衆史、神泉苑の研究、古代国家の成立時期などが挙げられ、多様な分野の研究が行われてきたことが分かる。前者の関係史・交流史研究の場合もテーマが特定時期の問題に集中することなく、四〜六世紀（任那問題が中心）、七世紀（白村江の戦いが中心）、八世紀（律令国家の政治と外交が中心）、九世紀（史書の編纂、渡来系官人、古代の庭園、外交文書と交

表　『日本歴史研究』（韓国・日本史学会の機関誌）掲載の論文現況

輯	刊行年月	古代	中世	近世	近現代	正規論文小計	研究ノート、史論、講演録	書評	新刊紹介
1	1995.04	1	1	1	1	4	1(近世)	1	2
2	1995.10				6	6		1(古代)	2(古代1)
3	1996.04		1	2		3		2	
4	1996.10	1		1	2	4		1(古代)	1
5	1997.04	1	1		3	5		2(古代1)	1
6	1997.10	2		2	2	6		1	2
7	1998.04	2			3	5		1	
8	1998.10	1		1	5	7		1	
9	1999.04	2	1	2	2	7	1(古代)	1	
10	1999.10	2	1	4		7			
11	2000.04	3	1	1	2	7			
12	2000.10	3		1	2	6			
13	2001.04	2	1		2	5		1(古代)	
14	2001.10	1		2	2	5			
15	2002.04		1		3	4			
16	2002.10	3		1	1	5			
17	2003.04	1	1	1	2	5			
18	2003.10			1	4	5			
19	2004.04	4	1		1	6		1	
20	2004.10	1	1		3	5			
21	2005.06	1	1	1	2	5		1	
22	2005.12	2		1	3	6			
23	2006.06			1	4	5			
24	2006.12	2	2	1	2	7			
25	2007.06	1	1	1	2	5			
26	2007.12	2		2	5	9			
27	2008.06	2	1	2	4	9			
28	2008.12	1			4	5			
29	2009.06	1		1	4	6		1	
30	2009.12	1	1		3	5		1	
31	2010.06	4	1	1	2	8			
32	2010.12	1	1	1	6	9			
33	2011.06	1	1	1	5	8			
34	2011.12	1	1	2	2	6		2	
35	2012.06		1	1	4	6		2	
36	2012.12	2		1	4	7			
37	2013.06	1	1	1	3	6		3(古代1)	
38	2013.12	1	1	1	4	7		3	
39	2014.06		1		5	6		4	

40	2014.12	1	2	1	5	12	2(古代1)		
41	2015.06	2	1	2	2	7			
42	2015.12	2	1	1	2	6			
43	2016.06	2	1	1	1	5			
44	2016.12	2		1	2	5			
45	2017.06	2			5	7			
合計		65	30	45	131	271	4	34	8
割合（正規論文のみ）		23.98%	11.07%	16.61%	48.34%	100%	—		

流など）の論文がそれぞれ均等に発表されてきた。ただし、九世紀以降を取り上げている研究は六十五本のうち十一本に過ぎず、十世紀以降をテーマにする事例は『三五要録』を文献学的に考察したもの一本しかないことが指摘できる。この現状は、韓国における日本古代史研究が平安時代、特に平安中期以降を本格的に取り扱っていないことを意味する。当該分野を専門とする研究者の数にも因るだろう。

以上で検討した『日歴』における古代史研究の動向を纏めると、（一）一九九〇年代半ばより現時点まで古代史研究が量的な面で大きな変化を見せず、発展してきた点、（二）関係史・交流史研究が圧倒的に多いこと、（三）非交流史研究の本数は少ないが、テーマや分野の面では多岐にわたっていること、（四）これまでは九世紀以降の日本史、即ち平安時代史研究が弱かったことなどの特徴が見て取れる。

三　意識的「特化」の必要性と「韓国型」研究の可能性

前節で確認した古代史研究の主な傾向と特徴を受けて、ここでは韓国における日本古代史研究の可能性についての持論を述べてみたい。

まず、『歴史学報』の「回顧と展望」でよく指摘される「問題点」が関係史・交流史研究への偏重現象である。しかし、私はそれが「問題点」とは思わない。

もう少し正直に言えば、そう思ったことが一度もない。むしろ韓国の日本史学界では対外関係史、交流史、比較史の研究をより活発に行なうべきだと考えている。

なぜなら、韓国人研究者が最も上手に果たせる研究分野だからである。韓国人として日本古代史を研究する場合、ほとんど留学の道を踏む。少数の例外はあるだろうが、留学生は基本的に帰国を前提にして研究をする立場である。従って、留学中の研究テーマは、帰国後、どのような研究をやり続けていくのかと密接に関わっている。当然、韓国社会が必要とする日本史研究はどのようなものなのかを考えてみなければならない。おそらく韓国の学界、社会に示唆を与える研究が要求されるだろう。

私は研究テーマの意識的な「特化」が必要であると主張したい。外国人としての長点が発揮できる分野を勉強し、それをより成長させられるような訓練を受けなければならないと思う。

韓国人の研究者が「亜流」でなく、当該分野の最高専門家として日本史を研究するためには、どういったテーマに目を向ければ良いのだろうか。先述したように、帰国後にも母国で通用するテーマでありながら、本場の日本の学界にも新たな知見を提供することが可能な主題が望ましいと判断されるのである。数多い事例が挙げられるが、以下、関係史・交流史・比較史研究の観点から意義があると判断される四つのテーマを提示することで「韓国型」日本古代史研究の確立を試みたい。

まず、外交文書の研究である。日本における外交文書の研究はその歴史が短くない。形式・内容両面から膨大な研究の蓄積をなしてきた。そのなかで纏まった研究として注目されるのが『訳注　日本古代の外交文書』（八木書店、二〇一四年）である。(9) これは古代日本が渤海・新羅・唐と交わした外交文書（国書）を収集し、難解な史料を校訂し、詳細な訳注と現代語訳を付け加えた形となっている。宋の孝武帝が倭国へ送る「詔」をはじめ、その本文を残している外交文書を延べ五十件収録している。しかし、漏れた史料も幾つかあり、補完研究や後続研究が求められる状況である。

残念ながら韓国の学界には、外交文書を前面に出している研究が片手で数えられるくらい少ない。ところが、研究の状況とは逆に本文を残している外交文書の事例は日本の史料よりも多く確認される。朝鮮半島諸国と中国の王朝との交流回数が日本と中国との交流に比してかなり多かったためであろう。韓国の学界では、詔、制、勅、表、啓、状、頌、辞、牒、理などといった文書形式について本格的に議論されたことがないため、日本の先端的な研究方法がこれまで見逃されてきた文書に適用されると、関連研究が量・質の両面から爆発的に成長するとみられる。

二番目は、災難・災害の研究である。日本は古くから地震が頻繁に発生し、関連研究の蓄積も少なくない。その反面、韓国の場合、地震がしばしば起きても規模が大きくなかったので、「対岸の火事」のように認識していた側面が強い。地震をはじめ、古代の災害を専門的に取り上げる研究者もほとんどいなかった。しかし、二〇一六年九月十二日、朝鮮半島の南東部にある慶州市でM五・八の強震が起き、慶州周辺の広範囲な地域が大きな被害に会い、さらに、二〇一七年十一月十五日、慶尚北道浦項市でもM五・四の地震が発生し、皆が韓国も地震からの安全地帯ではないと認識するようになった。多くの人々が朝鮮半島の地震来歴を知りたがっているが、韓国の場合、とりわけ古代の地震に関する研究はあまり多くない状況である。このような時こそ、日本古代史分野の地震研究を韓国社会や学界に提供し、韓国の古代災害に関する本格的な研究を冷静に進めて行かなければならない。

次は、法制史および制度史研究である。韓国では、最近石碑、木簡、墨書土器、印章瓦など出土文字史料が相次いで報告されている。しかし、このように古代史の新資料が出現しても類似事例が十分でないということで、文字の判読が難しくなったり、意味不明のままで死蔵させる文字資料も少なくはないように思われる。これに対して日本の場合、出土文字資料に関する膨大なデータを持っている。新出土文字資料の発掘、処理、保存に関する知識の蓄積も相当なレベルに上がっている。日本古代史の方法論を身に付け、韓国における新資料の出土状況に対応しなければならない。単なる文字の判読に留まるのではなく、多様な形の文字列が持つ意味合いを正確に読み取れることも重要である。例えば、制度史全般にわたる先行研究や、法制史に関する事前知識は大いに役立つだろう。実際に百済の旧都である扶余から出土した「佐官貸食記」木簡は、日本古代の「出挙」に関する十分な研究があったため、その意味をより精密に解明できたものと考えられ、また、「佐官貸食記」木簡の出土があったからこそ日本古代における「出挙」制度の成り立ちを見直すことが可能になったのではないかと思われる。

韓国は、古代の法制を伝える文献資料が少ないほうだが、石碑や木簡などの文字資料からその一端を見ることができる。例えば古代朝鮮半島における「教」の存在が注目される。これは古代日本における「勅」「詔」のような王言の一種とみられるが、正確な意味は明らかでない実情である。興味深いところは、この「教」の用例が朝鮮半島側の文献や日本列島の文献のみならず、朝鮮半島出土の文字資料からも確認できる点である。まず、文献の事例である。『三国史記』新羅本紀・文武王九年二月二十一日条に「大王会羣臣、下敎…」として登場し、『日本書紀』にも数例がみられる。応神二十八年九月条に「高麗王遣使朝貢、因以上表、其表曰、高麗王教日本国也、時太子菟道稚郎子読其表、怒之責高麗之使、以表状無礼、則破其表」（高句麗王⇒日本国）と出ており、欽明二年四月条の「…爰在大王之意、祇承敎旨、誰敢間言…」（任那干岐⇒百済聖明王）、欽明十六年八月条の「…今君王欲得出家修道者、且奉敎也…夫百済国者、高麗・新羅之所争欲滅、自始開国、迄于是歳、今此国宗、将授何国、要須道理分明応敎、縦使能用耆老之言、豈至於此…」（諸臣百姓⇒百済余昌）などの用例が確認できる。また、『続日本紀』にも「教」が新羅の王言として語られる。和銅二年五月条の新羅使金信福が言っている場面で「…然受王臣教、得入聖朝、…仰承恩教…」の形で登場し、天平宝字七年二月条の新羅使金体信が語る「…承国王之教、唯調是貢…」でも、宝亀五年三月条の新羅使金三玄が口頭で奏上する「…奉本国王教…」という文章でも出ている。これらの「教」が慶州月城垓子出土一四九番木簡の「牒垂賜教在之後事者命盡」や一五三番木簡の「四月一日典太等教事」（以上、木簡番号は『韓国の古代木簡』国立昌源文化財研究所、二〇〇六年に従った）の事例と関連性があるのなら、どう解釈でき、また解釈すべきか。さらに、新羅石碑である中城碑、冷水碑、鳳坪碑、赤城碑、南山新城碑などに見えている「教」とはどのような関わりを持っているのか。高句麗の広開土王碑などにみられる「教」は、先述した応神紀の「高麗王」の「教」とどう繋がるのか。これを解明するためにも、まずは古代日本の法制史を研究しておかなければならない。

最後に、海域史の観点からアプローチする沈没船研究である。最近、韓国沖の海底から古い船舶が引き揚げられるケースが多くなった。有名な「新安船」は調査開始から四十周年を迎え、関連特別展示も数回にわたって行われた。特にこの「新安船」は元の至治三年（一三二三）中国の寧波を出港し、日本へ向かう途中沈没したものと推定されている。積載品から日本人乗員の関与も考えられ、また「東福寺」と記す木簡も発見されたことから京都の東福寺との関わりも想定される。十四世紀前半の事例ではあるが、中国・朝鮮半島・日本列島を結ぶ海域ルートの存在可能性を物語っているため、古代史研究の立場でも注目すべき資料だと思われる。韓国では、「新安船」以外にも「泰安船」（一一三一年の難波）、「馬島一号船」（一二〇八年難波）、「馬島二号船」（一一九七～一二一三年難波）、「馬島三号船」（一二六五～一二六八年難波）などの高麗時代の沈没船が知られている。時代区分で言えば、日本古代に当たるのは「泰安船」しかないが、「新安船」がそうであることと同様にこれら沈没船に対する知見を広めておくことは、平安時代交流史の実態究明に必ず役立つと推測される。実際に、これまでは、「出水」木簡の形式分類、漕運制度、穀物、食生活などといった多様な分野での研究が行われた。日本史分野では「唐物」研究などに示唆するところがあるだろうと展望する。

以上、「韓国型」古代史研究を可能にするための四つのテーマを挙げてみた。共通する方法論は、日本の文献をベースにする研究の蓄積に基き、韓国の新出土資料を解釈した上、また、その研究結果を日本に残っている従来のテキストに当て嵌めることである。そのように諸情報や知識を還流させることで、研究の善循環構造を作り出すのである。今こそ、日本人研究者がやっていることを韓国人研究者も全部やるという強迫観念から脱皮し、むしろ、韓国人研究者でなければできない研究分野、例えば、関係史・交流史・比較史分野を意識的に「特化」する知恵が求められるのではなかろうか。

むすびに

本稿では、韓国人の私がなぜ日本史を研究するのか、そして現在を生きる私たちがなぜ古代史を研究するのかを考察しつつ、韓国における日本古代史研究の必要性や意義について述べた。また、後半では韓国における日本古代史研究の流れを『日歴』の分析を通じて回顧し、そこから今後の課題を導き出した上で「韓国型」古代史研究の可能性について展望した。

韓国は、日本古代史に対する言説が「上下関係」「優劣関係」に点綴され易い環境に置かれているようにみられる。しかし、古代史研究が担うべき役割はその「優劣観」を離れることによって始めて実現できる。私の日本古代史研究というのも、まさにそのような「優劣観」からの脱皮を試みた小さな努力である。

多くの論者が言っているように、研究史上で足りない分野、ほとんど触れることのなかった分野に関する研究が期待されるかも知れない。しかし、私はむしろこれまで少なからず、場合によっては十分に研究されてきた分野であっても、韓国人研究者が上手くできるテーマを意識的に「特化」すべきだと述べたい。これがまさに関係史・交流史・比較史の研究である。将来、特に注目される分野としては、外交文書研究、災害・災難研究、法制史・制度史研究、海域史観点の沈没船研究などが挙げられる。この四つの分野は日本の豊富な文献記録や先行研究の蓄積を活用しつつ、韓国における新出資料の出現を反映しているという特徴を有する。それが外国人として日本史を研究する立場にとって最も大きなメリットになれるということであり、それこそ「韓国型」研究の可能性をよく示すところである。

註

（1）その要旨は『史観』一六七（二〇一二年）一三三―一三五頁に収録。
（2）所属学科の「歴史教育科」の専門選択科目である。
（3）鄭淳一『九世紀の来航新羅人と日本列島』（勉誠出版、二〇一五年）。
（4）金善民「日本古代史研究の動向と課題――共存の歴史学」（『東洋史学研究』一三三、二〇一五年）参照。
（5）金鉉球『大和政権の対外関係研究』（吉川弘文館、一九八五年）。
（6）延敏洙「国内学界における古代韓日関係史研究の回顧と展望」（『古代韓日交流史』ヘアン出版、二〇〇三年）参照。
（7）韓国の場合、財団法人歴史学会が刊行する『歴史学報』（毎年三月、六月、九月、十二月の四回刊行）の九月号に「回顧と展望」が載せられ、日本古代史研究の場合、二年に一回掲載する「日本前近代史の回顧と展望」コナーで取り上げている。最新のものとしては、姜銀英「韓国型日本史研究のための探索と模索――日本前近代史研究の現況と課題」（『歴史学報』二三一、二〇一六年）が挙げられる。「回顧と展望」の統計を参照すれば、ここ数年間、日本古代史研究のみでも二年に七十～八十件程度発表されている。
（8）『歴史学報』の「回顧と展望」を分析してみる限り、『日歴』に掲載された研究の傾向と大体一致することが分かる。
（9）鈴木靖民・石見清裕・金子修一・浜田久美子編『訳注　日本古代の外交文書』（八木書店、二〇一四年）。

II　史料をひらく

使者と文書

川尻秋生

はじめに

日本の政務が口頭から文書へ変化したという点は、はやく早川庄八氏によって紹介され、現在では定説化した。その後、多様な口頭の実例が紹介されたり、口頭から文書へと単純に変化したのではないかなど、研究の進化がみられ、現在も数々の研究が進行中である。

しかし、日本古代史研究の欠点でもあるが、学会の流れができあがると、その分野、そして主学説の補足的な研究が多くなり、他の可能性が排除される場合が多い。もちろん、ある程度は仕方ない傾向であるが、やはり多用な可能性を模索していくことが必要だと思う。

本稿では、こうした現状を鑑み、口頭と文書の具体的なあり方を探ることにしたい。その際、注意したいのは使者である。使者は、文書を運ぶ役割を果たしたが、それ以外にも口頭での伝達を行ったことが知られる。従来の研究では、使者は文書の内容を口頭で補足したという面が重視され、あまり評価されなかった。しかし、使者は文書を伝達し、その内容を補完する役割だけだったのであろうか。逆に、文書が使者を保証する機能を持たなかったのだろうか。本稿は、文書と使者の関係を口頭のみならず、相互補完関係の面から再検討しようとするものである。

一

『続日本紀』大宝元年（七〇一）七月壬辰条には、

> 是日、左大臣正二位多治比真人嶋薨、詔遣㆓右少弁従五位下波多朝臣広足・治部少輔従五位下大宅朝臣金弓㆒、監㆓護喪事㆒、又遣三品刑部親王・正三位石上朝臣麻呂、就㆑第弔賻之、正五位下路真人大人為㆓公卿之誄㆒、従七位下下毛野朝臣石代為㆓百官之誄㆒、大臣、宣化天皇之玄孫、多治比王之子也、

とあり、左大臣多治比嶋が亡くなった際、右少弁波多広足と治部少輔大宅金弓を派遣して、喪事を監護させ、また、刑部親王・石上麻呂も遣わして、嶋の邸宅で弔賻させている。このような葬儀については、短い記事であっても、使者の名前が記される場合が多いといえる。この傾向は、『続日本紀』のみならず、『日本後紀』以下の正史でも同様である。正史にあっては、誰が派遣されたのかという点を明示することが必要であった。

それはなぜなのであろうか。その点を考えることは、日本の文書行政の本質を考察することにつながる。以下、検討してみよう。

すでに、筆者も指摘し[1]、また、他の研究者によっても論及されていることではあるが[2]、使者は文書の内容を口

頭で受信者側に伝えることも、その重要な機能・目的であった。

まず、飛駅の使者と口頭の関係である。『日本三代実録』元慶二年（八七八）六月八日条には、元慶の乱に関する記事がある。

以二図書頭従五位下藤原朝臣有文一為二治部少輔一、民部少輔従五位下藤原朝臣弘蔭為二相模介一、散位従五位下小野朝臣春風為二鎮守将軍一、詔令下春風与二陸奥権介従五位下坂上大宿禰好蔭一、星火進発上、先入二陸奥一、各将二精兵五百人一、奔赴救上之、賜二春風・好蔭甲冑各一具一、授二出羽権掾正六位上文室真人有房従五位下一、賞二力戦之功一也、初公卿於二仗下一、喚二駅使丸部滝麻呂一、問二軍曲折一、滝麻呂言、官軍戦者、人無二固志一、望レ敵奔竄、唯生是求、有房死戦、不レ顧二生存一、時流矢傷二其左踵一、矢尽而帰、恨レ無二後救一、仍有二此賞一、以勧二其後一也、

この前日に、出羽守藤原興世が飛駅上奏し、官軍が大敗したことが伝えられ、エミシたちが秋田河以北を自分の土地にしたいと言っていること、そして、甲冑三百領、米・糒七百斛、衾一千条、馬千五百疋がみなエミシに奪われたこと、そして、出羽権掾文室有房が大けがを負ったことも奏上された。

ここで注目されるのは、「公卿、仗下に駅使丸部滝麻呂を喚じて、軍の曲折を問う」とあるように、飛駅文のみならず、飛駅使の丸部滝麻呂に戦いの委細を直接問うたのである。この尋問が行われたのは「仗下」、おそらく左近衛陣であった。エミシが土地の割譲を求め、多くの武器や物資が奪われた緊急事態であったために、直接、使者を呼んで、事情を問い糺したのであろう。また、使者の名前が記されている点も記憶に留めておきたい。

一方、寛平六年（八九四）九月十八日に、大宰府に新羅の賊が襲来した際、『北山抄』巻四、飛駅事に、

召二先後飛駅使於陣頭一、給二白衾各一条一、縁二其早来一也、一人給二勅符一、一人給二位記等一、還遣之、

とあり、早急に上奏されたことに対して、陣に飛駅使を招き、恩賞を下すとともにに、返事の勅符や位記を下賜

し出立させている。この場合も、勅符を直接渡しているところからみて、口頭による命令も託されたとみてよいだろう。(3)

今まで、律令制に基づく飛駅についてみてきたが、今度は私的な使者について検討してみよう。史料は平忠常の乱のものである。『小右記』長元元年（一〇二八）八月四日条には、

（前略）頼任（藤原）朝臣云、検非違使豊道（粟田）・定澄（生江）搦二捕忠常（平）脚力二人一、将レ参二関白（藤原頼通）第一、所二随身一書四通、件脚力来二運勢法師許一、運勢廻二謀略一令レ捕也、関白以二頼任一令レ読下送二運勢一之書上、同（聞歟）下可レ被二追討一之由上可レ申二所々一事云々、令（今）三通、一通奉内府（藤原教通）『教通』、一通上二書新中納言殿（源師房）『師房』一、一通無二上書一、不レ被レ披二三通一返二給検非違使一

とあり、忠常の脚力が関白藤原教通以下の貴族や僧侶に書状をもたらしたところ、密告により捕縛された。さらに、同八日条には、

問二遣忠常（平）脚力事於別当（藤原頼通）一、報書云、先脚力ハ是忠常郎等者、不レ知二子細一、但於レ内者所レ申ハ相二具精兵一之由遠中者、是云々説（検非違使）云々、彼脚力ハ実忠常使也、所レ申子孫（細カ）不二相具一、奉二于（至）忠常一随二身三十騎許一可レ罷二入伊志みの山（上総国夷灊）一、若有二内府（藤原教通）解文御返事一可レ来二彼山辺一之由遠申侍へりしとそ申侍る、是実生歟、

とみえ、捕らえられた脚力は、実は忠常の郎等で、忠常は二〜三十騎ばかりの随身とともに上総国のいしみの山に隠れているが、もし、教通の返事があったならば山を下りるとの内容を述べたという。使者が単なる書状を伝達するのではなく、口上をともなっていたことがわかる。

こうした使者と文書のあり方は、時代を遡らせることができる。

太政官

応読経・行道事

右、被㆓右大臣（神王）宣㆒偁、比日御体忽有㆓不予㆒、宜㆑差㆑使者、令㆑賷㆓布施料綿伍佰陸拾屯㆒、遣㆓東大寺㆒、令㆓至心誓願読経・行道㆒、停止之限、依㆓使口状㆒者、寺宜㆘察㆑状、依㆑宣脩福、其使経㆓彼間㆒、用㆓寺物㆒供給、事畢還日、即擬㆗補納㆖、

延暦廿三年十二月廿五日　外従五位下行大外記兼左大史下総大掾堅部使主「広人」
従四位下行左中弁兼近衛少将勘解由長官阿波守秋篠朝臣「安人」(4)

桓武天皇の不予のため、太政官が使者を東大寺に派遣し、読経・行道を行わせることを命じたものであるが、停止の日程は「使の口状」、つまり口頭で知らせ、読経・行道が終わるまで東大寺に留まることを命じている。

使内舎人従六位下安倍朝臣広主
右、被㆓内侍宣㆒偁、為㆓太上（光仁）天皇御霊㆒、宜㆑令㆓奈良七大寺衆僧、一七日読経㆒者、今依㆓宣旨㆒、件人差㆑使、令㆘賷㆓名香㆒向㆗東大寺㆖、乞察㆓此状㆒、始㆑自㆓今月廿六日㆒迄㆓于来十月三日㆒、如法行道、至心読誦、委曲之旨、亦在㆓使口㆒、

延暦廿四年九月二十四日
参議左大弁菅野朝臣「真道」(5)

内侍宣により、太上天皇の供養のため、南都七大寺の僧に読経・供養させることが命じられ、使者が派遣された。詳細は使者の口頭によれとしている。文書と口頭の密接な関係を知ることができるが、もう一つ注目したいのは、使者の名が文書の初行に書かれている点である。写真によれば同筆であり、字配りからみても、後の書き込みではなく、最初から書かれていたと考えられる。この点は、「右」という言葉からも裏付けることができる。

それでは、なぜ、初行に使者の名を書いたのであろうか。おそらく、それは最初から派遣する人物が決まっており、ことによると内侍宣で命じられていた可能性もある。あるいは桓武の指名であったのかも知れない。

ここでもう一度内容に立ち返ると、読経の期間は明示されているものの、その詳細は使者の口頭によることが命じられている。つまり、この度の法会では、使者の口頭伝達の割合がきわめて高かったのである。したがって、この文書は使者の名を伝え、その身元を保証する機能を担っていたと推測する。すなわち、現代的に言えば、身分証の役割を持っていたと考える。このように考えれば、この文書は、使者と別々に寺院に発給するよりも、使者が携帯して寺院に伝達された方がより効果的であろう。

こうした点は、任符との類同性を想起させる。否、この文書は任符の機能をも持っていたといえる。任符については、渡辺滋氏の研究に詳しいが、実際に本人が任符を携帯して任地に赴く実例として紹介されているのは、九世紀末のものである。また、その前提として、貞観年間には太政官符が在京の諸国雑掌に直接下され、任国に個別に伝達された事例が確認できるとする[6]。そして、この現象を渡辺氏は「中世的当事者主義」の萌芽と位置づけた。豊富な史料に基づく実証的な成果であるが、本事例を考慮すれば、本人が任命の文書を携行して目的地に派遣されることは、さらに遡って確認できることになる。

こうした文書が存在した背景には、偽の文書や使者の存在があったのではあるまいか。

『続日本紀』和銅四年（七一一）十二月壬寅条には、

大初位上丹波史千足等八人、偽㆓造外印㆒仮㆓与人位㆒、流㆓信濃国㆒、

とあり、丹波千足たちは、外印を偽造して位記を与えたので、信濃国に流された。このほか、宝亀三年（七七二）十月には、石川長継らは外印を偽造して流罪となり、貞観十三年十月には、佐伯弥恵が内印を偽造し、死一等を減じられて遠流に処せられている。

これらは偽印による偽文書の作成であるが、一方で、使者が本当の本人であるかどうかの証明も必要になったであろう。『日本感霊録』第四、「不浄の心を以て伽藍に入り、異相を得りし縁」[7]は、次のような説話である。

仁明朝、大戸清上という笛の師が、元興寺にある虫唄という名のある笛を手に入れたいと思い、天皇に奏上して勅使となり元興寺に至った。寺僧たちが寺の政所で「宣旨を評量（はか）」っていると、彼が乗っていた馬が突然空に舞い上がり死んでしまった。それに恐れた清上は、笛をあきらめて帰った、というものである。賛では、護法の神が霊験を顕し、自分の罪を反省して恥じ入らせたとしている。

まず、この説話では、文書ないし口頭の宣旨を本人が持って元興寺に赴いたことになる。また、天皇の許可を受けているのであるから、大戸清上は偽の使者とは言えないものの、仏罰により目的の名笛も得られず、自分の乗っていた馬も斃死したのであるから、正当な勅使ではないとみなされたことも確かである。

ここで「宣旨をはかる」とは、宣旨の真偽を政所の僧たちが評定したことを意味する。その点から見ると、宣旨の真偽とともに、清上が本当の勅使であるか否かを大安寺僧たちがいぶかしがったことになる。もちろん、仏教説話であるから、個々の事象を史実とするわけにはいかないが、説話だけに却って当時の社会の実情を反映しているとみるべきであろう。偽の使者が実在した裏返しがこの説話に現れている。

こうしてみると、使者が正真の者か否かという点を確認する必要が、古代においても必要であったといえる。先に「使者を保証する文書」という点を指摘したが、実際に仏教説話から、その点を裏付けることができる。

さらに、次のような史料は、その点を明らかにしてくれる。

太政官牒　東大寺三綱
　使南海道観察使従四位下守右大弁吉備朝臣泉
　　従五位上行玄蕃頭藤原朝臣千引
　　従五位下守大和守藤原朝臣永貞
　　外従五位下行造西寺次官兼木工少工秦宿禰都伎麻呂

牒　為レ検二彼寺雑事一、差二件等人一発遣、寺察二此状一、一事已上聴二使検校一、今以レ状牒、牒到准レ状、以牒、

大同元年七月十五日　左大史正六位上勲八等滋野宿禰「船代」

参議北陸道観察使左大弁従四位上兼行春宮大夫左衛士督秋篠朝臣「安人」(8)

この史料になると、太政官牒自体は、使者の名前を記した上で、東大寺の雑事を検校せよと命じるのみで、具体的にどのような雑事なのかはまったく不明であり、「一事以上使の検校を聴け」という文言から、詳しい内容は使者の口頭に委ねられていたことがわかる。もちろん使者の長が観察使という参議と同等の上級官人であるから、使者に大幅な裁量権が認められていたにせよ、この太政官牒は、単に使者を派遣することのみを命じたのである。それでは、なぜこの文書は発給されたのか。それは使者の名と身元を保証するためであろう。さすれば、この文書も、あらかじめ宛所に送っておくよりも、実際の使者に持たせた方が好都合ということになる。筆者はこの牒も、使者が持参し、東大寺に手渡された可能性が高いと考える。

次の文書も同様である。

太政官牒　僧綱幷東大寺三綱

従四位上守宮内卿兼行因幡守石上朝臣家成　従陸人

従五位下行官奴正大春日朝臣浄之

外従五位下行内薬侍医兼佑広海連男成　各従肆人

右、被二右大臣（藤原継縄）去五月廿九日宣一偁、奉レ勅、為二瀑涼一在二彼寺香薬一、宜レ遣二件人等一者、仍依二宣旨一、令レ向二彼寺一、宜下知二此状一、聴二使処分一、其少僧都玄憐及三綱、与レ使共加中検校上、今以レ状牒、

延暦十二年六月一日　左大史正六位上兼行土左掾浄野宿禰「最弟」

参議従三位行左大弁兼春宮大夫衛門督（右脱）但馬守勲四等紀朝臣「古佐美」(9)

太政官が、瀑涼に関して、使者を派遣することを、僧綱・東大寺三綱に対して知らせた牒である。「使の処分を聴け」としているので、詳しくは使者の口頭に基づくことになるが、瀑涼と僧綱の相互検察を命じているのみで、内容を明示している訳ではない。この場合も、派遣する使者の名を知らせ、その人物を保証するという目的が大きかったと思われる。この文書も使者が携行し、直接、僧綱・東大寺三綱に手渡されたのではあるまいか。

これらの文書のように、事書を持たず、太政官符（牒）の次に使者の官位姓名を記すものは散見する。多くの場合、内容はおおむね使者の処分に任せることを命じており、詳細は口頭でしかも文書に詳しい内容が記されていない場合、施行内容は使者の資質、そして信頼性にかかっている。そのことを保証するために、文書が発給されたといえるだろう。換言すれば、文書のみで完結するよりも口頭を含む方が、使者に依存する割合は高いはずである。さすれば、口頭の比率が高ければ高いほど、使者の身元や属性を保証することの重要性は増すことになる。つまり、口頭の比重と使者の信頼性の保証は比例関係にあったということであろう。こうした文書が、渡辺氏の指摘する「中世的当事者主義」に当たるとするならば、従来想定されていたより古く、本人が文書を携えて目的地に赴くというあり方は行われていたことになろう。

さらに、こうした文書と使者の関係は、中央のみで行われていたわけではなかった。新潟県長岡市の八幡林遺跡から出土した次の木簡がある。(10)

・「郡司符　青海郷事少丁高志君大虫　右人其正身率　［　］」

・「虫大郡向参朔告司□〔身ヵ〕率申賜　符到奉行　火急使高志君五百嶋 九月廿八日主帳丈部　［　］」

これはいわゆる郡符木簡で、古志郡の主帳丈部某が、青海郷の少丁高志君大虫を告朔に呼び出すために、火急の使者である高志君五百嶋にこの木簡を持たせて派遣したと推測される。この後、この木簡は、大虫が携帯して郡家に参向し、その近くで廃棄されたと思われる。したがって、郡家は、八幡林遺跡ないしその近辺（大家郷）

に存在した可能性が強い。木簡の作成年代は九世紀と想定され、長さは五八・五センチあり、単なる文字を記載するためだけではなく、木簡を見せる機能をも持っていたと推測される[11]。

しかし、本稿の論旨からすれば、従来あまり注目されていないが、使者の名を記していることも重要であろう。その目的は、当然、使者は郡からの公使として諸処で供給を受け、また、大虫に対しても口頭で木簡の内容および付随する事項を説明することにあった。こうした重要な任務を持った人物が、正式な郡からの使者であることを証明するため、身分証明の機能も木簡に盛り込んだことになろう。こうした使者の保証は、在地社会でも慣習的に行われていたのであった。

口頭が重要であれば重要であるほど、その使者の信頼性も比例して増すことになる。そのためには、使者の身分を保障すること、すなわち文書に記された人物に間違いないことを証明する必要があった。日本の古代史料に使者の名がしばしば記される理由は、ここにあったのである。

しかし、文書と使者の関係はそればかりではなかった。その点を今度は文書の受容者の側から検討してみたい。

二　受容者からみた使者の記憶

この点については、いろいろなアプローチ方法が可能であるが、ここでは、筆者が実見した史料として、平安末期の香取大禰宜家文書と香取大神宮司文書を取り上げたい[12]。

これらは、東国における一大史料群である。摂関家が下総国香取神宮の神宮司および禰宜に下した下文であり、大禰宜家文書については原文書が現存し、大神宮司文書についても、和学講談所旧蔵本など、良質な影写本が残っている点で貴重である。前者は、大禰宜家の子孫の家に伝来し、現在、重要文化財に指定されている。後者は、文化十二年（一八一五）、和学講談所（塙忠宝・中山信名・岡野勘助ら）により香取文書の調査が行われた際に影写され、現在は東京大学史料編纂所に「香取大宮司家文書」として四巻が所蔵されている。(13)

本稿で、問題とするのは文書の本体ではなく、その端の書き込みである。一般的な写本は、その文面にのみ注目するため、端の書き込みにまで注目することは少ない。その点、「和学講談所本」は、影写本であるから端の書き込みはもちろん、書体に到るまで忠実に書写されており、史料的な価値は高いといえる。

香取大禰宜家文書（正文）

①保元元年（一一五六）十月付け「関白家（藤原忠通）政所下文」

「使舎人貞包」

関白家（藤原忠通）政所下　下総香取社司等

可丁任二親父実房（大中臣）譲状一、令丙大中臣惟房領掌社領乙葛原牧内織幡・少野両村甲事

右、得二惟房去九月　日解状一云、謹検二案内一、件両村者、依レ為二先祖相伝私領一、相二副調度文書等一、自二親父実房手一、所二譲得一也、加之長承三年之比、宮司真元成レ妨之日、訴二申政所一之処、任二文書理一、実房賜二政所御下文一了、而称二故左大臣（藤原頼長）家仰一給二析登宣一、去六月廿四日成二私下文一、所レ充二給鹿島大禰宜則近（中臣）一也、是無二指由緒一、只耽二賄賂一、偏巧二無道一之故也、何以二香取社領一、猥可レ給二鹿島神官一哉、相伝有レ限、文書不レ暗者、可丁任二親父実房譲状一、令丙大中臣惟房領乙掌彼両村甲之状、所レ仰如レ件、社司等宜下承知、不上レ可二遺失一、故下、

保元元年十月　日　　案主大惟宗（花押）

別当木工権守兼石見守源朝臣（季兼）（花押）　大従主計允安倍（花押）

知家事主計允兼中宮属惟宗（花押）
右中弁藤原朝臣（資長）（花押）
散位平朝臣（信範）（花押）
散位藤原朝臣（花押）
中宮権大進藤原朝臣（邦綱）(14)

大中臣惟房の申請により、下総国香取神宮社司に対し、香取社領の葛原牧内の織幡・少野両村を鹿島神宮禰宜中臣則近に給うとした藤原頼長の命令を無効とし、父大中臣実房の譲状どおりに、惟房が両村の知行することを関白藤原忠通が認めたことを下している。保元の乱により頼長が死去したための申請であろう。ちなみに、本文中で長承三年（一一三四）頃、宮司真元が妨げをなしたとしているが、実際、『中右記』長承元年四月条には、

□（廿八日カ）（中略）左兵衛督（藤原実能）行二内文一、是鹿島使官符幷香取社司同実基任符請印先（者カ）、

とあり、長承元年、香取神宮司に実基なるものが任じられており、「真元」を「さねもと」と読めば、「実基」と一致するから、先の史料を裏付けることができる(15)。

また、「故左大臣家の仰せと称して料登の宣を給い、去る六月二十四日に私に下文を成す」としているが、これは故藤原頼長の仰せを、家司の菅原料登が奉じて密かに下文を下したことを意味する。菅原料登は、頼長の日記『台記』に散見する頼長の家司である。

古記録から、文書の史料としての信憑性を裏付けられる点でも、本史料は重要なのであるが、本稿で注目したいのは、史料の端に「使舎人貞包」との本文とは異筆の書き込みが見られる点である。これは、忠通家の舎人の貞包が使者となって、この文書を大禰宜家に届け、そのことを大禰宜家側で文書に書き入れたことを意味する。

②長寛二年六月付け「関白左大臣家（藤原基実）政所下文⑯」
香取社司等に対して、大禰宜大中臣真房の土地所有を認めることを命じた下文の正文である。香取社司とは大宮司のことである。端には異筆で「使舎人□道」の書き込みがある。大禰宜家側の書き入れであろう。

香取大宮司家文書（影写本）
③康治元年（一一四二）十一月八日付け「摂政家（藤原忠通）政所下文⑰」
下総国在庁官人・香取社司等に対し、帙満のため、弘廉に代えて鹿島中臣氏の助重を大宮司に任命することを命じた下文である。端に「使舎人清原清仲」とあり、本文の筆跡とは明らかに異なっていることから、大宮司家側で書き込んだと推定される。

④応保二年（一一六二）閏二月付け「関白左大臣家（藤原基実）政所下文⑱」
下総国在庁官人ならびに社司等に対し、大禰宜大中臣真房の非道を止めさせ、大宮司の中臣助重に社務を知行させることを命じた下文である。端に異筆で「使舎人末弘」とあり、大宮司家側で書き込んだものであろう。

⑤長寛元年（一一六三）六月付け「関白左大臣家（藤原基実）政所下文⑲」
神主中臣助重の社務を傍官が妨げることを禁止している。傍官とは大禰宜のことである。ここでも文書の端に異筆で、「御使舎人為貞」とあり、大宮司家側の書き込みであろう。

以上、正文二通を含む五通の史料から、大禰宜家と大宮司家は、摂関家から政所下文が届けられると、その端に使者の名前を書き込んで保存したことがわかった。それでは、なぜ、使者の名を書き込んで保存したのであろうか。

香取大宮司（神主）は、任期六年で、太政官符によって任命されたが、大禰宜は任期がなく藤原氏の氏長者によって任じられることになっていた。それまで神宮司ならびに大禰宜は香取を本拠とする大中臣氏が独占していたが、長承元年、香取大宮司に実基が任じられ、ついで左大臣藤原頼長によって、鹿島中臣氏が大宮司に任じられるようになった。以後、宮司職をめぐって内紛が起き、大宮司に鹿島中臣氏、大禰宜には香取の大中臣氏が任命されることになり、両者が大宮司職および土地相続をめぐって対立するようになった。しかも、それぞれに有利な裁定が同一の摂関家から下され、さらに保元の乱に源を発する摂関家の分裂もあり、両家の間で深刻な軋轢が生じていたといえる。[20]

このようななか、それぞれの家には、自己に有利な文書、換言すれば、相手の家に不利な文書が保存されたことになる。当然ながら、自家の正統性を証する公験として、これらの文書は伝存されたといえる。

以上の点を勘案してみると、文書とともに使者から摂関家の意向を聞き（場合によっては文書に書けない内容を口頭で補なわれた可能性もある）、逆に在地から摂関家に陳情する機会にもなったはずである。ならば、その使者の名前を記録しておくことは、何か不都合な事態が生じた場合、摂関家に照会・陳情するために役立つであろう。また、摂関家とのパイプを確保しておく点でも重要であったと思われる。

さらに、同じ摂関家が大禰宜家と大宮司家にそれぞれ有利になる文書、すなわち、利益が相反する文書を発給していることからすれば、摂関家の家司のなかに、菅原料登のように、一方の家に加担する者がいた可能性がある。さすれば、家司とのパイプを保持していくためにも、使者の存在は重要であったであろう。

一方、使者の名を文書の端に書くという行為からみると、安元元年（一一七五）八月付け「関白家（藤原基房）政所下文」は興味深い。[21]大禰宜家に属す大中臣知房は、自己の氏族がもともと神主（神宮司）に任じられていたにもかかわらず、鹿島神宮の神官中臣助重が神主に補され八年が経過した。その間、神事も疎かになり、二十年に一度の遷宮も行われていない。そこで、自分を神主に補任してほしいとの解を提出したところ、助重の神主職を停止し、知房を新たに神主に任命し、遷宮を速やかに行えとの摂関家下文が、太政官符の下行に先立って、下総国在庁官人・香取社神官等に対して下されたのである。つまり、ここに至って、再び神主と大禰宜を大中臣氏が独占する体制に戻ったのである[22]（香取大宮司家文書）。以後、しばらくの間、大中臣氏と中臣氏は、藤原氏の氏長者の交代とともに、相互に任命されることになる。

ところが、安元元年の文書の端には使者の名は記されていない。以後、鎌倉時代の香取大宮司家文書および香取大禰宜家文書に収められた摂関家政所下文にも、使者の名はみられない。もちろんこれは偶然なのかも知れないが、使者の名を書き込んだ時期が、両者がもっとも激しく相論に及んだ時期、すなわち、文書の公験としての価値を高めたい期間に限定されていたことは、偶然ではないように思われる。このように考えれば、「証拠の補強」と摂関家とのパイプの保持のため、下文の端に使者の名を書き入れたことになろう。

従来、平安初期の例も含め、使者の名が文書に書き込まれた意味を問うた研究はなかった。香取関係の例はいささか特殊だとしても、文書の受け手からみて、使者の価値は口頭政務と相まって、これまで想定されていたより高かったということになろう。

同様に使者の名や文書が到着した日時、場合によっては時間まで、文書の端に書き付けた事例は他にも散見する[23]。その事情は様々ではあろうが、概していえば、証拠の機能を高めたり、受領側に何らかの不利な状況が生じた場合に、申し開きできるようにするなどの目的が考えられる。こうした文書授受のあり方は、受け手側でも使者の名の記憶・保存が重要であったことを示しているといえる。

おわりに

本稿では、文書と使者の重要性に再度着目し、使者は文書の内容の詳細を口頭で説明するという従来の見解を乗り越えて、使者は文書を携帯して目的地に到来し、その文書を示すことで、使者が真正の人物であることを証明していたことを示した。こうした本人が文書を持参する形態は、これまで考えられていたより古くさかのぼることになる。また、受容者側でも、発給者との関係を文書にとどめ、その文書の信憑性を担保するために、受領した文書に使者の名を記入する行為が広く行われていたことを示した。

日本古代においては、口頭から文書へというシェーマが認められる一方、文書と使者による口頭政務が並行して行われていたともいわれる。しかし、詳細にみれば、口頭が重要であればあるほど、使者の真正性を保証する機能が、今度は逆に文書自体に求められたともいえる。こうした文書と使者の一体性は、日本の文書行政を担保する重要な仕組みであったといえるのではなかろうか。

註

（1）川尻秋生「口頭と文書伝達——朝集使を事例として」（平川南ほか編『文字と古代日本二　文字による交流』吉川弘文館、二〇〇五年）。

（2）ここでは早川庄八『宣旨試論』（岩波書店、一九九〇年）をあげておく。

（3）これらの飛駅については、川尻秋生「陣定の成立」（吉村武彦編『日本古代の国家と王権・社会』（塙書房、二〇一四年）参照。

（4）『平安遺文』四三〇〇号文書。

（5）『平安遺文』四三一八号文書。
（6）渡辺滋「任官関係文書に見る当事者主義」（『日本古代文書研究』思文閣出版、二〇一四年、初出は二〇〇五年）。
（7）辻英子『日本感霊録の研究』（笠間書院、一九八一年）による。
（8）『平安遺文』二八号文書。なお、写真は日本古文書学会編『日本古文書学論集』四、古代Ⅱ（吉川弘文館、一九八八年）の巻頭に収められている。
（9）『平安遺文』一〇号文書。
（10）『木簡研究』一三一一〇九頁。
（11）平川南「郡符木簡」（『古代地方木簡の研究』吉川弘文館、二〇〇三年、初出一九九五年）。
（12）香取大禰宜家文書については、筆者が千葉県立中央博物館在職中に調査する機会を得た。
（13）香取文書については、鈴木哲雄『香取文書と中世の東国』（同成社、二〇〇九年）所収の諸論考を参照。
（14）『千葉県の歴史　資料編　古代』（千葉県、一九九六年）一三八六号文書。
（15）古代末期における香取神宮の神官の動向については、川尻秋生「香取大中臣氏と鹿嶋中臣氏――古代末期の香取神宮神主職をめぐって」（『佐原の歴史』創刊号、二〇〇一年）参照。
（16）『千葉県の歴史　資料編　古代』一四二〇号文書。
（17）『千葉県の歴史　資料編　古代』一三三〇号文書。
（18）『千葉県の歴史　資料編　古代』一四一三号文書。
（19）『千葉県の歴史　資料編　古代』一四一八号文書。
（20）前掲註15川尻論文参照。
（21）『千葉県の歴史　資料編　古代』一四六六号文書。
（22）『山槐記』安元元年十月五日条には、「有㆑政、（中略）香取社司幷任㆓僧綱㆒官符也」とあり、古記録と文書の関係が明確に判明する事例としても貴重である。
（23）『東大寺文書』のなかにある別当などの任符には、使者の名はないものの、東大寺に到着した日時・時間、拝堂着座などの日付を書き入れたものが数多くみられる。

『御堂関白記』の仮名

倉本一宏

はじめに

古記録といえば、和風漢文（変体漢文）で記録された日記、というのが定義であろうが、その古記録の記載中に、ごく稀にではあるものの、仮名が記されることがある。

ここでいう仮名には、草仮名・平仮名・片仮名が含まれるが、古記録の記主が自己の日記に仮名を記した際の心情は、なかなかに興味深いものがある。

たとえば、『権記』の古写本では、平仮名を使うのを潔しとしないのか、片仮名で記すことが多いのであるが（『小右記』や『権記』は自筆本が残っているわけではないので、実際に記主である行成がどのような仮名で記したのかはわからないが）、『御堂関白記』ではどうであろうか。

周知のように、『御堂関白記』には道長が具注暦に記した自筆本と、孫の師実の時代に作られた古写本が存在する（一部は師実の筆になる）。また、平松本（古写本を転写した年が多いが、長和二年だけは自筆本を転写している）も残っており、合わせると、

・道長の記録した自筆本（現存は半年を一巻としたものが十四巻）
・師実が自筆本を転写した古写本（現存は十二巻のうち、三年分）
・師実周辺の某が自筆本を転写した古写本（現存は十二巻のうち、十一年分）
・古写本を転写した平松本（一年を一冊としたものが四冊）
・自筆本を転写した平松本（半年を一冊としたものが一冊）

の五種類が、主なテキストとして知られる（平松本以外の新写本は、予楽院本をはじめ、すべて古写本を転写したものである）。正確には、師実が転写した古写本を転写した平松本と、某が転写した古写本を転写した平松本があるが、両者は判別しがたい。

この五種類のテキストにおいて、仮名がどのように使われているのか、その傾向を分析することによって、『御堂関白記』の特性はもとより、道長の心性や、写本を転写した人々の特性を窺い知ることができるのではないかと考える。

なお、このテーマに関しては、早く池田尚隆氏の研究[1]があり、近年では中丸貴史氏の一連の研究[2]がある他、私もかつて少し触れたことがある。[3]本稿がいささかでもこれら先行研究に付け加えることができれば幸甚である。

一　『御堂関白記』の仮名

まずは『御堂関白記』において仮名が記されている箇所を列挙してみよう。仮名部分を平仮名で示し、（　）内に原文の記載を示す（和歌については一首を一括して掲げる）。抹消は二重線で示し、傍書は原位置に示す。

1・長保元年（九九九）二月九日条（古写本〈某筆〉）

「ひめ（比女）御着裳、」

2・長保元年（九九九）三月十六日条（古写本〈某筆〉）

「為出此暁参ひ□（比□）也、」

3・寛弘元年（一〇〇四）二月六日条（自筆本・古写本〈某筆〉）

自筆本（図版1）

六日、雪深、朝早左衛門督許かくいひやる、

わかなつむかすかのはらにゆきふれはこゝろつかひをけふさへそやる、

（わ可那つむか須可の者らに由木ふれ者こゝ呂つ可ひをけふさへそやる）

かへり、

みをつみておほつ□なきはゆきやまぬかすかのはらのわなゝりけり、

（見をつみておほつ□那木ハ由木やまぬ可須可の者ら能わ那ゝ利けり）

　従華山院賜仰、以女方、

われすらにおもひこそやれかすかのゝをちのゆきまをいかてわくらん、

（われ須らにおもひこそやれか須可のゝ雪の木（をちの由）まをい可てわくらん）

御返、

みかさ山雪やつむらんとおもふまにそらにこゝろのかひけるかな、

（三かさ山雪や川むらんとおもふまにそら尓こゝ呂の可ひける可那）

↓古写本〈某筆〉（図版2）

六日、雪深、早朝左衛門督許かく（加久）いひやる、

わかなつむかすかのはらにゆきふれはこゝろつかひをけふさへそやる、

（わ可那つむ可須可能者ら尓ゆ支ふれ盤こゝろつ可ひを个ふさへ所やる）

　か（可）へし、

みをつみておほつかなきはゆきやらぬかすかはらのわかなゝりけり、

（みを徒ミてお保つ可那支ハゆ支やらぬ可寿可の者らのわ可那ゝり希利）

　従華山院賜仰、以〔女〕方、

われすらにおもひこそやれかすかのゝをちのゆきまをいかてわくらん、

図版1　寛弘元年（一〇〇四）二月六日裏（自筆本）

図版2　寛弘元年（一〇〇四）二月六日（古写本）

（われ寿ら尓おもひこ曾やれ可寿可のゝをちのゆき万をい可てわ久らん）

御返、

みかさやまゆきやつんらんとおもふまにそらにこゝろのかよひけるかな、

（ミ可散や万由きや徒んらんとおもふま耳所ら尓こゝろの可よひける可那）

4・寛弘元年（一〇〇四）三月九日（自筆本・古写本〈某筆〉）

自「大弁等依式取文申云、可候と、」→古〈某筆〉「依或取文申云、可候と、」

5・寛弘元年（一〇〇四）五月十五日（自筆本・古写本〈某筆〉）

自「日来八月中件女候也、」→古〈某筆〉「日来申八月件女候也、」

6・寛弘元年（一〇〇四）六月九日（自筆本・古写本〈某筆〉）

自「師来たり（利）、」→古〈某筆〉「師来、」

7・寛弘元年（一〇〇四）六月二十二日（自筆本・古写本〈某筆〉）

自「入夜行長たに（多仁）寺、」→古〈某筆〉「入夜行長谷寺、」

8・寛弘元年（一〇〇四）六月二十四日（自筆本・古写本〈某筆〉）

自「従長たに（多仁）寺還来、」→古〈某筆〉「従長谷寺還来、」

9・寛弘元年（一〇〇四）七月十一日（古写本〈某筆〉）
「今朝被御夢、飲酒御覧せ（世）り者、」

10・寛弘元年（一〇〇四）七月二十五日（古写本〈某筆〉）
「いは（異葉）丸奏名簿、」

11・寛弘元年（一〇〇四）七月二十八日（古写本〈某筆〉）
「いは（異葉）丸初参内、」

12・寛弘元年（一〇〇四）七月二十九日（古写本〈某筆〉）
「いは（異葉）丸東宮昇殿、」

13・寛弘元年（一〇〇四）九月十日（古写本〈某筆〉）
「着座上卿たち（達智）東帯著庁云々、」

14・寛弘元年（一〇〇四）十一月八日（古写本〈某筆〉）
「小女童［小女子］乃有尓、百日許尓也、」

15・寛弘二年（一〇〇五）正月九日（自筆本・平松本〈古写本系〉）
自「直・さしぬき（佐志奴木）・馬一疋給、」↓平〈古系〉「直衣・指貫・馬一疋給、」

16・寛弘二年（一〇〇五）四月四日（自筆本・平松本〈古写本系〉）
自「帥おと丶（於殿々）被座、」→平〈古系〉「帥於殿ル被座、」
17・寛弘二年（一〇〇五）五月二日（自筆本・平松本〈古写本系〉）
自「不候盗人と、」→平〈古系〉「不候盗人と、」
18・寛弘二年（一〇〇五）九月一日（平松本〈古写本系〉）
「小馬一疋貢せり（世断〈利〉）、」
19・寛弘二年（一〇〇五）十月十五日（平松本〈古写本系〉）
「彼おと丶（於殿々）被寺入云々、」
20・寛弘二年（一〇〇五）十一月十五日（平松本〈古写本系〉）
「内裏と見馳参、」
21・寛弘三年（一〇〇六）四月二十三日（平松本〈古写本系〉）
「奉結みづら（ミツ羅）典侍賜女装束、」
22・寛弘三年（一〇〇六）七月十三日（平松本〈古写本系〉）
「可無便歟と承、追定澄許に（尓）、」

23・寛弘三年（一〇〇六）七月十四日（平松本〈古写本系〉）
「後日来可告〔吉〕~~と仰~~、…我能行~~と思へり~~〔以為〕、」

24・寛弘三年（一〇〇六）七月十五日（平松本〈古写本系〉）
「焼人~~をは~~〔不罪〕、~~不~~〔被〕罪愁人~~被罪~~、」

25・寛弘四年（一〇〇七）八月二日（自筆本・平松本〈古写本系〉）
自「宿内記堂と云処、」↓平〈古系〉「宿内記堂と云処、」

26・寛弘五年（一〇〇八）十一月十七日（自筆本・平松本〈古写本系〉）
自「奉抱候御車はは（母々）弁御乳母、」↓平〈古系〉「奉抱候御車はは（母々）弁御乳母、」

27・寛弘六年（一〇〇九）七月七日（自筆本・古写本〈師実筆〉）
自「使者にくるを（仁久るを）、」↓古〈師実筆〉「使者にくるを、」

28・寛弘六年（一〇〇九）八月十七日（自筆本・古写本〈師実筆〉）
自「右府御車下まて（末天）被参、」↓古〈師実筆〉「右府御車下まて〔至〕（末て）被参、」

29・寛弘六年（一〇〇九）九月十六日（自筆本・古写本〈師実筆〉）
自「子時許まて（末天）々晴、」↓古〈師実筆〉「子時許まて（末て）天晴、」

30・寛弘六年（一〇〇九）十一月二十五日（自筆本・古写本〈師実筆〉）

自「はは（波々）奉仕、」→古〈師実筆〉「はは（波々）奉仕、」

31・寛弘六年（一〇〇九）十二月二十日（自筆本・古写本〈師実筆〉）

自「可令奏云しを（之遠）、程無便と依命不奏事由、」→古〈師実筆〉「可令奏云しを、程無便と依命不奏事由、」

32・寛弘七年（一〇一〇）正月三日（自筆本・古写本〈某筆〉）

自「中宮大夫許得と云野釼持来、」→古〈某筆〉「中宮大夫許得と云野釼持来、」

33・寛弘七年（一〇一〇）正月十五日（自筆本・古写本〈某筆〉）

自「申時餅まいる（末いる）、…折敷打こほせり（古保世り）、」→古〈某筆〉「申時供餅、…折敷打　、」

34・寛弘八年（一〇一一）正月六日（自筆本・古写本〈師実筆〉）

令申　令申僻事也

自「依之上達部ひか（比か）事云也、」→古〈師実筆〉「依之上達部比加事云也、」

35・寛弘八年（一〇一一）四月十八日（自筆本・古写本〈師実筆〉）

自「尚侍・はは（母々）同参東宮、即与はは（母々）退出、」

→古〈師実筆〉「尚侍・はは（母々）同参東宮、即与はは（母々）退出、」

36・寛弘八年（一〇一一）六月二日（自筆本・古写本〈師実筆〉）

自筆本

主上御、直被聞譲位、次東宮御か云々、参御前、次被仰云、東宮聞了、又仰云、彼宮申せ申と思給つる間、早立給つれは（者）不聞也、敦康親王に（尓）給別封幷年官爵等、若有申事、可有御用意者、即参啓此由、御返事云、暫も（毛）可候侍り（利）つるを、承御心地非例由て（天）、久候せむに有憚て（天）、早罷つるなり、有仰親王事は、無仰とも（毛）可奉仕事、恐申由可奏者、

古写本〈師実筆〉

主上御、直被聞譲位、次東宮御か云々、参御前、次被仰云、東宮聞了、又仰云、彼宮申せ申と思給之由る間、早立給つれは更以不聞也、敦康親王に給別封幷年官爵等、若有申事、可有御用意者、即参啓此由、御返事云、暫も可候侍りつるを、承御心地非例由て（天）、久候せむに（尓）有憚て（天）、早罷出也留つるなり、有仰親王事者は、無仰以前奉仕事、申恐由可奏者、

37・寛弘八年六月十四日（自筆本・古写本〈師実筆〉）

自「為他行心細く（久）思御座、仍不可参由、悦思せる有気色、」

↓古〈師実筆〉「為他行心細く（久）思御座、仍奏不可参由、悦思せる有気色、」

38・寛弘八年（一〇一一）六月十五日（自筆本・古写本〈師実筆〉）

自「時たは（太波）事を被仰、」↓古〈師実筆〉「時たは（太波）事を被仰、」

39・寛弘八年（一〇一一）六月二十一日（自筆本・古写本〈師実筆〉）

自筆本（図版3）

被仰、つゆのみのくさのやとりにきみをおきてちりをいてぬることをこそおもへ、

（つ由のミの久さのやと利尓木ミを於きてちりをいてぬることをこそ於毛へ）

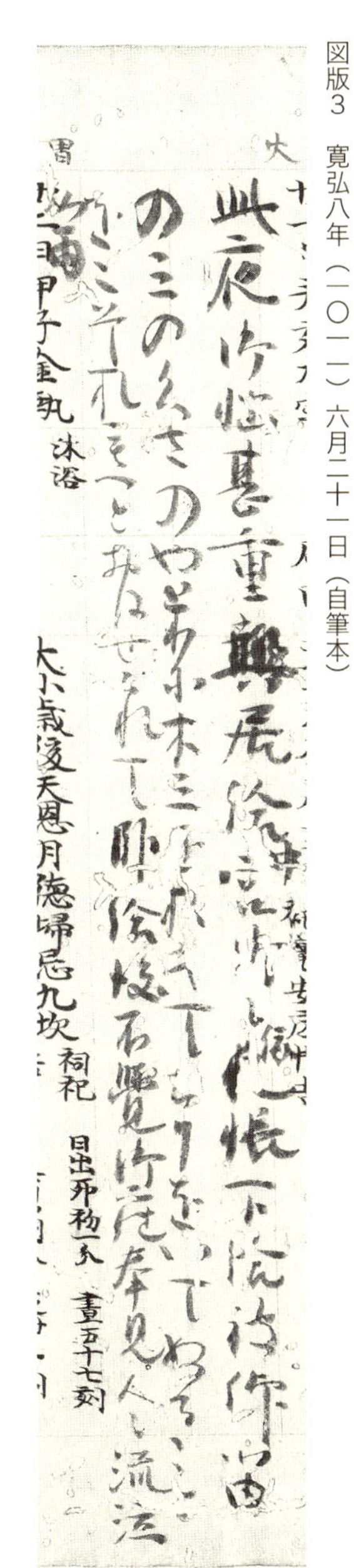

図版3　寛弘八年（一〇一一）六月二十一日（自筆本）

図版4　寛弘八年（一〇一一）六月二十一日（古写本）

とおほせられて臥給後、不覚御座、

↓古写本〈師実筆〉（図版４）

曰
被仰、つゆのみのくさのやとりにきみをおきてちりをいてぬることをこそおもへ、

（つ由能ミの久さ能やと利尓木みを於支てちりをいてぬることをこそおもへ）

被仰　之　不
と~~おほ~~せ（世）られて臥給後、平覚御座、

40・寛弘八年七月一日（古写本〈師実筆〉）

之由所令此旨歟
「先光栄朝臣相共宜日也と申歟、」

41・寛弘八年九月五日（古写本〈師実筆〉）

寄
「而多東~~に（尓）~~頼~~て（天）~~不定立、…中納言~~も（毛）~~多有、」

42・寛弘八年十一月二十九日（古写本〈師実筆〉）

申之由
「火有~~と去~~、…出河辺祓~~て（天）~~破弃云々、」

43・長和元年（一〇一二）正月十六日（自筆本・古写本〈某筆〉）

自筆本

命云、有本意所為にこそあらめ、今無云益、早返上、可然事等お（於）きて、可置給者也、左衛門督な
と登山、

↓古写本〈某筆〉

　命云、有本意所為、今云無益、早帰上、可然事等可定置給者也、左衛門督等登山、

44・長和元年（一〇一二）正月二十七日（自筆本・古写本〈某筆〉）

自「時々かゝる事云人也、」↓古〈某筆〉「時々云如是〔事〕人也、」

45・長和元年（一〇一二）二月二日（自筆本・古写本〈某筆〉）

自「中宮火付と申、」↓古〈某筆〉「中宮火付、」

46・長和元年（一〇一二）二月三日（自筆本・古写本〈某筆〉）

自「是馬興給、は（者）やる馬也、」↓古〈某筆〉「是〔有〕馬興給由馬也、」

47・長和元年（一〇一二）二月五日（自筆本・古写本〈某筆〉）

自「ひめ（比女）日来候、」↓古〈某筆〉「ひめ（比女）日来候、」

48・長和元年（一〇一二）二月二十五日条（自筆本・古写本〈某筆〉）

自「是蔵云女方うは（宇波）成打云々、」↓古〈某筆〉「是帯蔵云女方　打云々、」

49・長和元年（一〇一二）三月二十四日（自筆本・古写本〈某筆〉）

自「只一人侍り（利）けり（利）云々、」↓古〈某筆〉「只一人侍云々、」

50・長和元年（一〇一二）三月二十五日（自筆本・古写本〈某筆〉）

自「是も（毛）依彼例可被行者、」↓古〈某筆〉「此度依彼例可被行者、」

51・長和元年（一〇一二）四月二十一日（自筆本・古写本〈某筆〉）

自「内ぉ（於）と〻の右兵衛佐奉仕前駆、」↓古〈某筆〉「内大臣右兵衛佐奉仕前駆、」

52・長和元年（一〇一二）十一月十七日（古写本〈某筆〉）

三迊後、依気色仰、乗れ（礼）、四五廻後仰、下り、…次仰、御馬取れ（礼）、…仰、乗れ（礼）、

53・長和元年（一〇一二）十一月二十三日（古写本〈某筆〉）

称後宣、かしはて（加之八手）給へ、

54・長和元年（一〇一二）十二月二十五日（古写本〈某筆〉）

御画廿五日と書給へり、

55・長和二年（一〇一三）正月十四日（平松本〈自筆本系〉・古写本〈某筆〉）

平〈自系〉「件宣命云、以権僧正慶円正僧正に（尓）、前大僧都済信を（於）権僧正に（尓）、」

↓古〈某筆〉「件宣命云、以権僧正慶円正僧正に（尓）、前大僧正都済信を（於）権僧正に（尓）、」

56・長和二年（一〇一三）正月十七日（平松本〈自筆本系〉・古写本〈某筆〉）

平〈自系〉「昨日モ被参南院、」↓古〈某筆〉「昨日被参南院、」

57・長和二年（一〇一三）正月二十六日（平松本〈自筆本系〉・古写本〈某筆〉）
平〈自系〉「閉門無向人と申、」→古〈某筆〉「申閉門無向人、」

58・長和二年（一〇一三）二月六日（平松本〈自筆本系〉・古写本〈某筆〉）
平〈自系〉「少々女方等に（尓）無食物云々、」→古〈某筆〉「女方等少々入物云々、」

59・長和二年（一〇一三）三月四日（平松本〈自筆本系〉・古写本〈某筆〉）
平〈自系〉「四位五位数と書是也、」→古〈某筆〉「四位五位数と書る是也、」

60・長和二年（一〇一三）三月二十三日（平松本〈自筆本系〉・古写本〈某筆〉）
平〈自系〉「従昼雨下、しぐれ（志久礼）様也、」→古〈某筆〉「従昼雨下、しぐれ（志久礼）様也、」

61・長和二年（一〇一三）三月二十四日（平松本〈自筆本系〉・古写本〈某筆〉）
平〈自系〉「雨降如常、似しぐれ（志久れ）、」→古〈某筆〉「雨降如常、似時雨、」

62・長和二年（一〇一三）三月二十九日（平松本〈自筆本系〉・古写本〈某筆〉）
平〈自系〉「人々モ有其用間有時、」→古〈某筆〉「人々有其用間有時、」

63・長和二年（一〇一三）四月十四日（平松本〈自筆本系〉・古写本〈某筆〉）
平〈自系〉「其詞云、人有志けるもの（毛乃）をと云々、又返奉給、其詞云、此返給ゑらハこゝに侍物も（毛）返や奉む云々、皆御書あり（利）、」→古〈某筆〉「又返奉給、皆有御書、」

64・長和二年（一〇一三）六月八日（平松本〈自筆本系〉・古写本〈某筆〉）
平〈自系〉「還来間見れは（礼者）、竈神御屋水来、」→古〈某筆〉「還来間、見竈神御屋入水来、」

65・長和二年（一〇一三）六月二十三日（平松本〈自筆本系〉・古写本〈某筆〉）
平〈自系〉「年老いほしく（以保之久）見ゆ（由）人也、…猶加むと思と、…只思人と被仰傾事也、」
→古〈某筆〉「年老可哀憐人也、…猶思食加云、…只被可任由仰思人様之事也、」

66・長和二年（一〇一三）十一月十六日（古写本〈某筆〉）
「余仰云、しき（之幾）尹、是無極失也、」

67・長和二年（一〇一三）十二月二十二日（古写本〈某筆〉）
「糸星見事無極く（久）、」

68・長和四年（一〇一五）七月八日（古写本〈師実筆〉）
「夜部二星会合見侍り（利）しと、其有様は、二星各漸々行合、間三丈許、」

69・長和四年（一〇一五）七月二十三日（古写本〈師実筆〉）
「ひめ（比女）宮、依悩気御参大内、…聞事ハ加賀守正職件宮御封物未弁、」

70・長和四年（一〇一五）九月五日（古写本〈師実筆〉）
「其間火たき炬屋辺犬死見付侍也申、」

71・長和四年（一〇一五）十月二十五日（古写本〈師実筆〉）（図版5）

有余賀心和哥、侍従中納言取筆、

あひおひのまつをいとゝもいのるかなちとせのかけにかくるへけれは

（あひ於ひのまつをいとゝもい能る可那ちと世の可け尓か久るへけれ盤）

我

おいぬともしるひとなくはいたつらにたにのまつとそとしをつまゝし

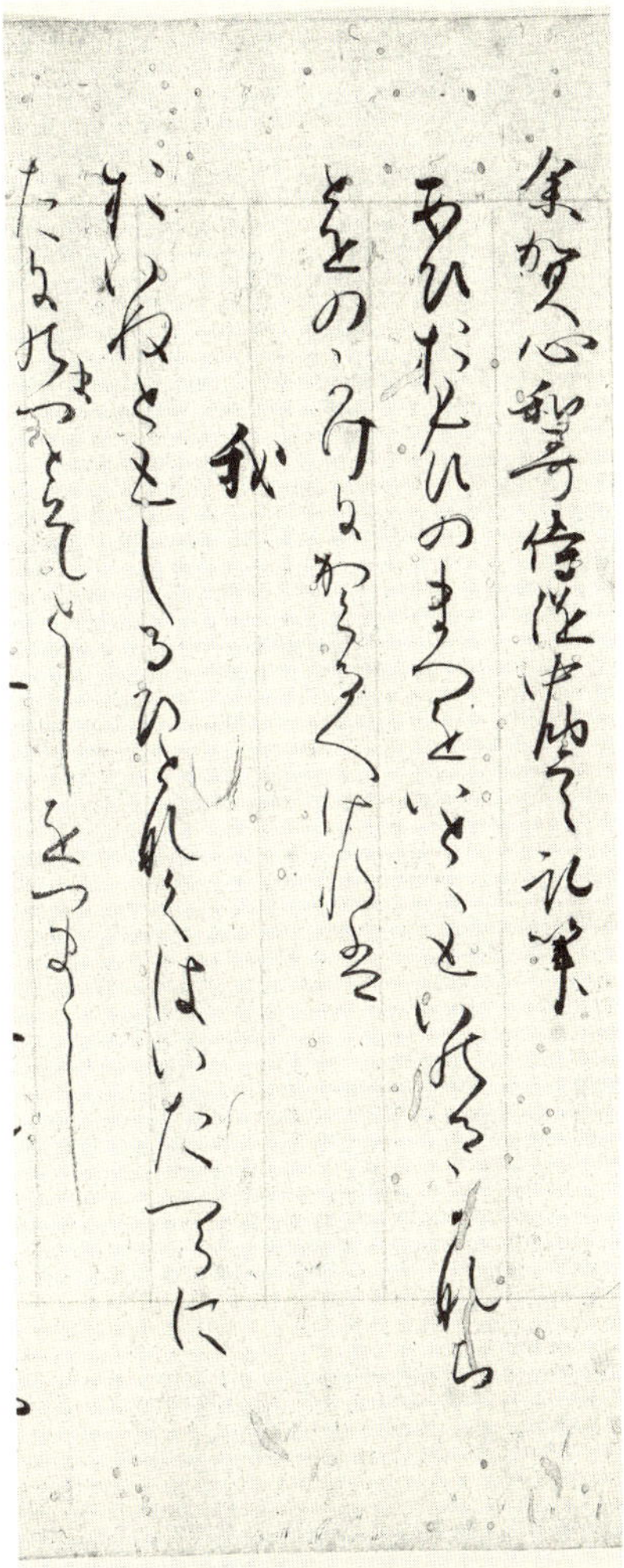

図版5　長和四年（一〇一五）十月二十五日（古写本）

（於いぬともしるひと那久はいたつらにた尓能〔末〕つとそとしをつ末ゝし

72・長和四年（一〇一五）十月二十八日（古写本〈師実筆〉）

「我も（毛）重方・公助等給之、…後に（尓）令持外記来、」

73・長和四年（一〇一五）十一月八日（古写本〈師実筆〉）

「皇后宮親王たち（達智）着裳・元服日被勘、」

74・長和四年（一〇一五）十一月十三日（古写本〈師実筆〉）

「兵部卿親王向給枇杷殿お（於）はしぬと云々、」

75・長和四年（一〇一五）十二月四日（古写本〈師実筆〉）

「不言文、又ここまて（己々末天）、」

76・長和四年（一〇一五）十二月二十七日（古写本〈師実筆〉）

「厳寒間法師等参着由、悦尊ひ（比）給者、」

77・長和五年（一〇一六）正月十三日（古写本〈師実筆〉）

「件上卿たち（達智）当時無止人々也、」

78・長和五年（一〇一六）二月一日（古写本〈師実筆〉）

「仰云、〔奉〕吉く（久）申奉、」

79・長和五年（一〇一六）二月七日（古写本〈師実筆〉）

「暁はは（母々）参八省、…はは（母々）同之、」

80・長和五年（一〇一六）三月二日（古写本〈師実筆〉）

「自今後たに（多尓）可宜様相定可有者也、」

81・長和五年（一〇一六）三月四日（古写本〈師実筆〉）

「雑事免と称［称之由］、不随公事云々、」

82・長和五年（一〇一六）三月十五日（古写本〈師実筆〉）

「三宮見物のたま［所 被仰也］、」

83・長和五年（一〇一六）三月二十一日（古写本〈師実筆〉）

「仍二条充西淡路前守定佐家に（尓）可渡［可渡］、」

84・長和五年（一〇一六）三月二十三日（古写本〈師実筆〉）

「猶見苦宮事かな（那）［歟］、」

85・長和五年（一〇一六）三月二十四日（古写本〈師実筆〉）

「仰云、勅使可持来と、…有此中長と書者一人、」

86・長和五年（一〇一六）四月十三日〈古写本〈師実筆〉〉
「只今宅中帯刀致信と云者入来、成乱行、」

87・長和五年（一〇一六）六月十一日〈古写本〈師実筆〉〉
「一夜も（毛）四具宿、依有事恐返也、」

88・寛仁元年（一〇一七）正月七日〈古写本〈師実筆〉〉
「右大臣宣命、以右手、此院ては用左、」

89・寛仁元年（一〇一七）三月四日〈古写本〈師実筆〉〉
余かく（久）云、
このもとにわれはきにけりさくらはなはるのこゝろそいとゝひらくる
（この毛と尓わ礼盤きにけ利さ久らハなはる乃こゝろそいとゝひら久る）
出大臣間、我送本（手）筥、大臣来申はは（母々）慶由、

90・寛仁元年（一〇一七）三月十一日〈古写本〈師実筆〉〉
「侍小宅清原致信云者侍けり（介リ）、」

91・寛仁元年（一〇一七）四月十四日〈古写本〈師実筆〉〉
「今明固物忌侍れけ、…物忌固者不参有け何事あらん（有乎）、」

92・寛仁元年（一〇一七）四月十六日（古写本〈師実筆〉）
「詣賀茂舞人・君たち（達智）・陪従如常、」

93・寛仁元年（一〇一七）四月二十六日（古写本〈師実筆〉）
「長家可給冠ね、正下如何、」

94・寛仁元年（一〇一七）四月二十九日（古写本〈師実筆〉）
「被仰、我もさそ（毛佐曾）思、早可剃者也者、」

95・寛仁元年（一〇一七）五月二十七日（古写本〈師実筆〉）
「一日はは（母々）依御忌日延引也、…はは（母々）御方留中宮女方給絹、」

96・寛仁元年（一〇一七）九月二十日（古写本〈某筆〉）
「左尾白、右こひち（古比千）、」

97・寛仁元年（一〇一七）十一月十九日（古写本〈某筆〉）
「はは（母々）給泰通薫香云々、」

98・寛仁元年（一〇一七）十一月二十二日（古写本〈某筆〉）
「従はは（母々）許装束幷衾等送給、」

99・寛仁元年（一〇一七）十二月五日（古写本〈某筆〉）

「仰、御馬取れ、」

100・寛仁二年（一〇一八）正月三日（自筆本・古写本〈某筆〉）

自「祭主以御箸取、初はつを、」→古〈某筆〉「祭者以御箸取、」

101・寛仁二年（一〇一八）正月二十一日（自筆本・古写本〈某筆〉）

自「被与来上たちべ（達智部）相定、」→古〈某筆〉「与上達部相定、」

102・寛仁二年（一〇一八）三月七日（自筆本・古写本〈某筆〉）

自「はは（母々）、供御衾、」→古〈某筆〉「はは（母々）、供御衾、」

103・寛仁二年（一〇一八）三月十三日（自筆本・古写本〈某筆〉）

自「はは（母々）給物、」→古〈某筆〉「はは（母々）給物、」

104・寛仁二年（一〇一八）三月二十四日（自筆本・古写本〈某筆〉）

自「其使者搦来者と云て、…件召法師無事早帰参と申、…其下手者早可送と云、…仍三日無着馬場思侍り（利）しか（可）と源大納言な（那）との（乃）尚可着由相示侍り（利）しか着侍り（利）云々、…以無事為前と思、……」

→古〈某筆〉（裏書すべてなし）

105・寛仁二年（一〇一八）四月二十二日（自筆本・古写本〈某筆〉）
自「院も（毛）渡給め、」→古〈某筆〉（裏書すべてなし）

106・寛仁二年（一〇一八）五月九日（自筆本・古写本〈某筆〉）
自「ひめ（比女）宮弁一位二百端、」→古〈某筆〉「ひめ（比女）宮弁一位二百端、」

107・寛仁二年（一〇一八）五月十三日（自筆本・古写本〈某筆〉）
自「今日朝間参太内思つるを、」→古〈某筆〉「今日朝間欲参大内、」

108・寛仁二年（一〇一八）七月二十七日（古写本〈某筆〉）
「尚侍・三位・はは（母々）、候御共、」

109・寛仁二年（一〇一八）十月十六日（古写本〈某筆〉）
「大夫君達召せ、」

110・寛仁二年（一〇一八）十月二十二日（古写本〈某筆〉）
「はは（母々）、・女三位同参候、」

111・寛仁二年（一〇一八）十月二十四日（古写本〈某筆〉）
「はは（母々）候御、」

112・寛仁二年（一〇一八）十一月九日（古写本〈某筆〉）
「余并はは（母々）有前物、」

113・寛仁三年（一〇一九）八月二十七日（自筆本・古写本〈某筆〉）
自「はは（母々）参大内、」↓古〈某筆〉（頭書すべてなし）

二　『御堂関白記』の仮名表記の特徴

以上の結果を、『御堂関白記』の半年毎の残存状況、それぞれの字数とともに、表1に表示してみる。

これによると、一一五〇条が残っている自筆本の五一一五五字のうち、仮名は三〇八字である。率にすると〇・六〇パーセントとなる。推定分（古写本などがいったん書いて抹消したもの）も含めると、仮名は三四三字である。仮に元の字数が古写本などと同じと仮定すると、九〇九二七字のうちの三四三字で、率にすると〇・三八パーセントとなる。

同様に、二九八一条が残っている古写本の一五一一四九字のうち、仮名は四一二字、率にすると〇・二七パーセントと、格段に低くなる。

一〇〇二条が残っている平松本のうち、自筆本系一一〇三三字のうち、仮名は四〇字、率にすると〇・三六パーセント、古写本系三五九六〇字のうち、仮名は一六字、率にすると〇・〇四パーセントとと、こちらも格段に低くなる。

『御堂関白記』の仮名（倉本）

表1

		自筆本(字数)	仮名(字数)	古写本(字数)	仮名(字数)	平松本(字数)	仮名(字数)	仮名合計(字数)
長徳元年(九九五)	上	現存せず		現存せず		なし		○
	下	現存せず		現存せず		なし		○
長徳二年(九九六)	上	なし		なし		なし		｜
	下	なし		なし		なし		｜
長徳三年(九九七)	上	なし		なし		なし		｜
	下	なし		なし		なし		｜
長徳四年(九九八)	上	なし		なし		なし		｜
	下	あり(一六二)	○	あり某(一六〇)	○	なし		○
長保元年(九九九)	上	現存せず		あり某(一五二七)	四	なし		四
	下	あり(一〇八七)	○	あり某(一〇四五)	○	なし		○
長保二年(一〇〇〇)	上	あり(二〇七八)		あり某(二〇七四)	○	なし		○
	下	なし	○	なし		なし		｜
長保三年(一〇〇一)	上	なし		なし		なし		｜
	下	なし		なし		なし		｜
長保四年(一〇〇二)	上	なし		なし		なし		｜
	下	なし		なし		なし		｜
長保五年(一〇〇三)	上	なし		なし		なし		｜
	下	なし		なし		なし		｜
寛弘元年	上	あり(八一二四)	一三六	あり某(七九二一)	一三四	なし		一三六

（一〇〇四）	下	現存せず	（一一）	あり某（九三七六）	一〇	なし		一三
寛弘二年	上	あり（三九七二）	八	現存せず		あり（三九八一）	三	八
（一〇〇五）	下	現存せず		現存せず		あり（五七四六）	六	六
寛弘三年	上	現存せず		現存せず		あり（三五七四）	三	三
（一〇〇六）	下	現存せず	（八）	現存せず		あり（六六一四）	二	八
寛弘四年	上	現存せず		現存せず		あり（六九九八）	〇	〇
（一〇〇七）	下	あり（二九九七）	一	現存せず		あり（二九五四）	一	一
寛弘五年	上	現存せず		現存せず		あり（三九八一）	〇	〇
（一〇〇八）	下	あり（二一四四）	一	現存せず		あり（二一一二）	一	一
寛弘六年	上	現存せず		あり某（一二五九）	〇	なし		〇
（一〇〇九）	下	あり（五七三〇）	一三	あり師（五七二四）	一三	なし		一三
寛弘七年	上	あり（五〇三一）	八	あり某（四九六七）	一	なし		八
（一〇一〇）	下	現存せず		あり某（五五五一）	〇	なし		〇
寛弘八年	上	あり（四六七三）	七七	あり師（四六五五）	五二	なし		七七
（一〇一一）	下	現存せず	（七）	あり師（五三〇六）	〇	なし		七
長和元年	上	あり（六二八六）	三〇	あり某（六二二〇）	二	なし		三〇
（一〇一二）	下	現存せず		あり某（一〇九七八）	一二	なし		一二
長和二年	上	現存せず		あり某（一〇九六九）	八	あり（一一〇三三）	四〇	四〇
（一〇一三）	下	現存せず		あり某（九四三九）	三	なし		三
長和三年	上	現存せず		なし		なし		｜
（一〇一四）	下	現存せず		なし		なし		｜

長和四年（一〇一五）上	現存せず		あり某（五〇四九）	○	なし		○
下	現存せず		あり師（七〇七一）	八五	なし		八五
長和五年（一〇一六）上	現存せず	（六）	あり師（一〇八五五）	一四	なし		二〇
下	現存せず		あり某（六四五二）	○	なし		○
寛仁元年（一〇一七）上	現存せず	（三）	あり師（七六二一）	五一	なし		五四
下	現存せず		あり某（七六一三）	八	なし		八
寛仁二年（一〇一八）上	あり（八四九〇）	三一	あり某（七九六二）	六	なし		三一
下	現存せず		あり某（八〇九六）	九	なし		九
寛仁三年（一〇一九）上	現存せず		あり某（二八六八）	○	なし		○
下	あり（二八〇）	二	あり某（二六八）	○	なし		二
寛仁四年（一〇二〇）上	あり（一〇一）	○	あり某（一〇一）	○	なし		○
下	なし		なし		なし		—
治安元年（一〇二一）上	なし		なし		なし		—
下	現存せず		あり某（二二）	○	なし		○
	一一五〇条	仮名三四三字	二九八一条	仮名四一二字	一〇〇二条	仮名五六字	仮名五六九字
	五一一五五字		一五一一四九字		四六九九三字		

自筆本（　）内は推定仮名字数

『御堂関白記』全体では、三八一八条の一八八一八四字のうち、仮名五六九字ということで、率にすると〇・三〇パーセントとなる。

自筆本では仮名で書かれていたものを、古写本では漢文に直す傾向が広く認められることを考えると、この結果は妥当なものであろうと、一見すると思われる。

ところが、古写本のうちで、師実が書写したものと、おそらくは師実の家司と思われる某が書写したものとでは、どのような傾向が認められるであろうか。師実が書写した古写本は四一二三二字で仮名は二一五字、率にすると〇・五二パーセント、某が書写した古写本は一〇九九一七字で仮名は一九七字、率にすると〇・一八パーセントとなる。師実が書写した古写本は道長の記録した自筆本よりもむしろ仮名で記す割合が高いのに対し、某が書写した古写本は格段に低くなるのである。

かつては、「古写本は、二筆に分かれるものの、全体としては、自筆本と対校してみたときに出て来る特徴を、各巻ともに有っているといいうる」と考えられてきたが[4]、けっしてそうではない。師実と某の間には明確な用字の差異があることを、「妻」と「妾」について、かつて明らかにしたことがある[5]。仮名の使用についても、同様のことが言えそうである。

さて、道長はどのような言葉、あるいは文章を、どういう場面で、どういう内容について、仮名で記録したのであろうか。

すでに築島裕氏は、「1．普通の散文の中の概念語で、その和語の意味が、漢字では的確には表はし得ないもの。2．和歌を書き表はす場合。3．儀式等の際の会話の用語。4．加点された漢文の形態を模した場合。5．漢字・漢語などに対する訓釈。」という五つを仮名表記の主たる原因として挙げておられ[6]、峰岸明氏が、「漢字専用表記を原則とする変体漢文にあって、漢字では表記し得ない語形・文形の表示にこれが利用された」とまとめられている[7]。

近年では、池田氏が、仮名表記は「ある独自の意味合い」をもってとられており、「道長の肉声に近いものが伝わる」と評され[8]、中丸氏は、「漢文で書くべき（とされた）テクストに仮名の論理が入り込み、別の位相をもっ

たテクストを生成した」と、さらに積極的に評価されている。(9)

これらの評価は、自筆本を書写して「漢文風に」書き替えた古写本（特に家司某の手になるもの）との対比によって、より鮮明に表われてくる。それについては次節で述べることとして、和歌を記録すると大量の仮名を使用しなければならないことは、言うまでもない。ここで先に集計した仮名数から、八首の和歌に使用した仮名を除いた字数を示し、改めて仮名使用率を示してみよう。

・自筆本（推定分を含む）　仮名一九一字（〇・二一パーセント）
・自筆本を転写した平松本　仮名　四〇字（〇・三六パーセント）
・師実が転写した古写本　仮名　八九字（〇・二二パーセント）
・師実周辺某が転写した古写本　仮名一〇三字（〇・〇九パーセント）
・古写本を転写した平松本　仮名　一六字（〇・〇四パーセント）

道長の自筆本と自筆本を転写した平松本が高い割合で仮名を使用していることは、ある程度予想どおりとして、師実が転写した古写本が道長自筆本とほぼ同じ割合で仮名を使用していることを、どのように解釈すればいいのであろうか。

某が転写した古写本と、古写本を転写した平松本には、仮名がほとんど使用されていないことと考え併せると（古写本を転写した平松本には、師実が転写した古写本を転写したものも含まれる可能性があることを考えると、この割合はさらに低くなるであろう）、仮名の使用率の差異は、自筆本と古写本にあるのではなく、むしろ道長―師実といった摂関家嫡流と、家司クラスの官人との差異と考えた方がよさそうである。師実の方は、道長の記した仮名を見ても、多くの場合、それをそのまま仮名で書写したということなのであろう。これはかつて、「妻」「妾」の使用傾向について考察した結果と軌を一にするものである。(10)

なお、『御堂関白記』で使われた仮名の種類について、特に自筆本と古写本、平松本といった時代の変遷とともに考察しなければならないのであるが、これがなかなか判別が難しい。明らかに平仮名風になっている仮名もあれば、明らかに片仮名のような仮名、中には万葉仮名風のものもある。とりわけ、草仮名と平仮名との判別について、私にはその能力がないので、ここでは措いておくこととする。

三　自筆本から古写本へ

ここで自筆本と、これを書写した古写本との対比を、いくつかの事例について行ない、道長の記録の特徴、また古記録の書写の特徴を考えてみよう。

33・寛弘七年（一〇一〇）正月十五日（自筆本・古写本〈某筆〉）
自筆本では、「申時、餅まいる。…折敷、打こぼせり、」と、ほとんど口語のような文章を書こうとしている。それを古写本〈某筆〉では、「申時、餅を供す。…折敷、打　、」と、漢文風に訂正している。自筆本の「こぼせり（古保世り）」をどのように漢文に直せばいいのかが判断できずに、一字分の空白としている。

36・寛弘八年（一〇一一）六月二日（自筆本・古写本〈師実筆〉）（図版6）
譲位の前に東宮居貞親王と対面した一条天皇の台詞は、自筆本では、「彼宮申せ申と思給つる間、早立給つれば、不聞也、敦康親王に給別封幷年官爵等、若有申事、可有御用意」と記録されており、一条の台詞をなるべくそのまま記録したものである。これは古写本〈師実筆〉では、自筆本の仮名を見せ消ちにしたうえで、「彼宮申と思給間、早立給つれは更以不聞也、敦康親王可賜別封幷年官爵等、若有申事、可有御用意」と、完全な漢文に替えている。敦康親王の処遇は一条や道長にとっては重大なことであり、一条の台詞を正確に記録する必要があったのであるが、師実にとってはすでに終わったことであり、その必要は感じなかったのである。

次に居貞の台詞は、自筆本では、「暫も可候侍りつるを、承御心地非例由て、久候せむに有憚て、早罷つるなり、有仰親王事は、無仰とも可奉仕事、恐申由可奏、」というもので、これも敦康の処遇に関して次期天皇の確約を正確に記録したものである。それを古写本〈師実筆〉では、これも自筆本の仮名を見せ消ちにしたうえで、「有暫之可令候之処、承御心地非例由、久不候有憚、早罷出也、有仰親王事者、無仰以前奉仕事、申恐由可令奏者、」と、完全な漢文に替えている。

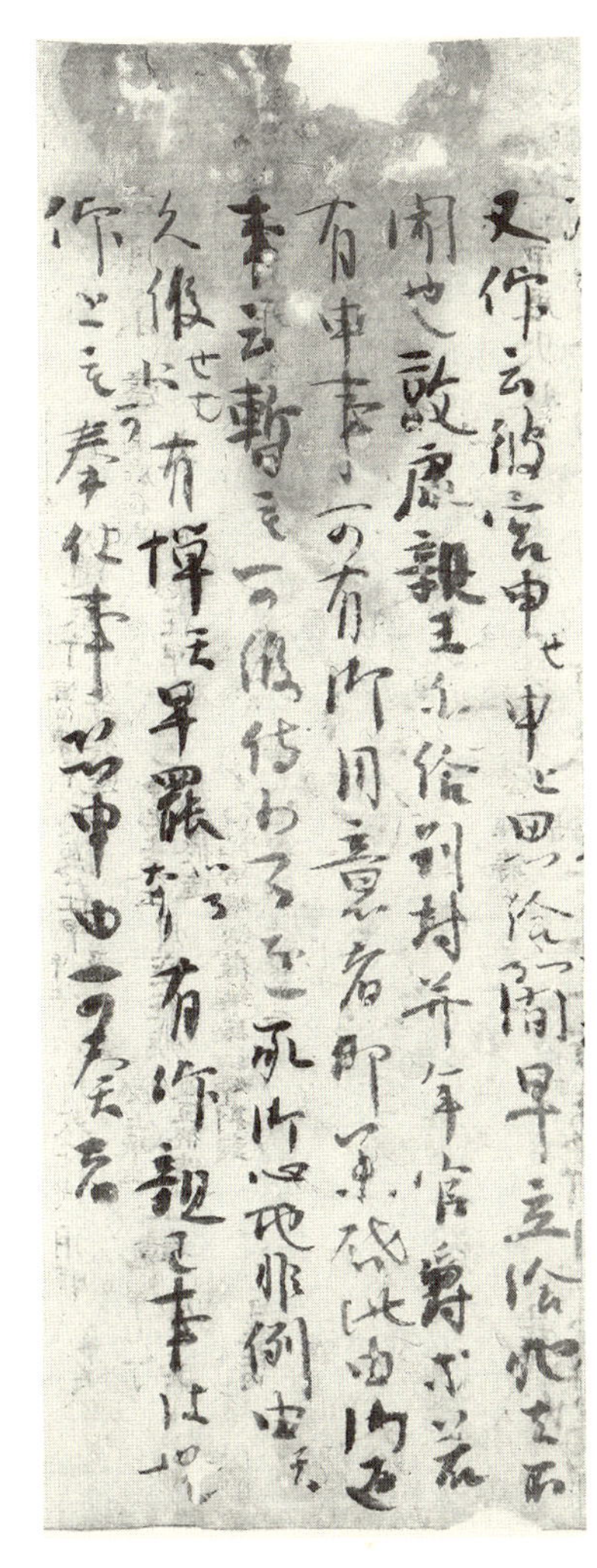

図版6　寛弘八年（一〇一一）六月二日裏（自筆本）

なお、この二日条、自筆本では表裏ともに、非常に丁寧で大きな字で記している。二人の対面の様子を確実に残しておきたいと考えたのであろう。重要な事柄の微妙なニュアンスを伝えるには、やはり言葉をそのまま仮名で記さないといけないと、道長は考えたのである。

43・長和元年（一〇一二）正月十六日（自筆本・古写本〈某筆〉）（図版7）

源明子所生の顕信の出家の報を得た道長の台詞である。自筆本では、「有本意所為にこそあらめ、今無云益、早返上、可然事等おきて、可置給者也、左衛門督なと登山、」と、仮名交じりで記しているのに対し、古写本〈某筆〉は、「有本意所為、今云無益、早帰上、可然事等可定置給者也、左衛門督等登山、」と、漢文に直している。自筆本では、複雑な心理描写をともなう台詞を正確を期して記録したものか、あるいは明子を前にした道長は、複雑な心理を漢文では記せなかったのであろうか。ともあれこれで、悲嘆にくれる道長の心情がみえにくくなってしまったのである。[11]

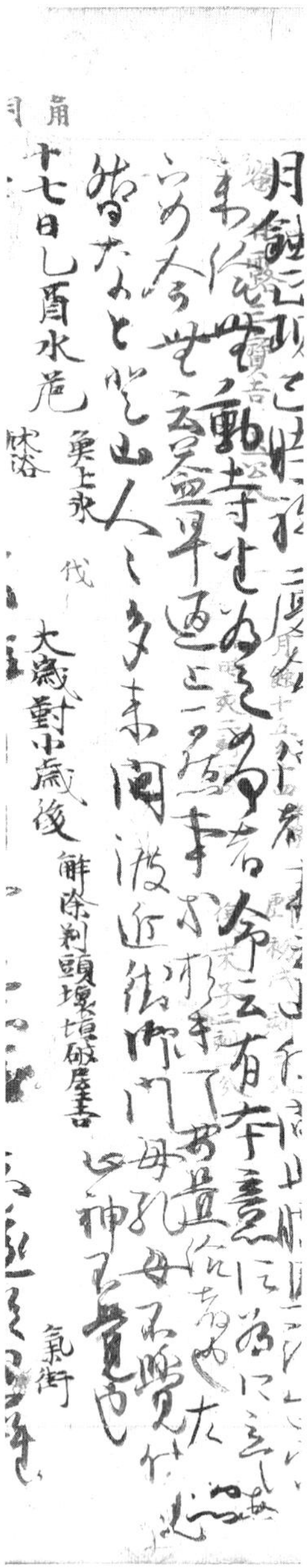

図版7　長和元年（一〇一二）正月十六日（自筆本）

48・長和元年（一〇一二）二月二十五日条（自筆本・古写本〈某筆〉）

「うわなり打」という民間習俗の初例であるが、自筆本では、「是蔵云女方うは成打云々、」と、「うわなり打」とそのまま記録している。あるいはこれに相応しい漢字表現を思い付かなかったのであろう。古写本〈某筆〉では、「うは成打（宇波成打）」の意味がわからなかったのか（草仮名とは知らず、無理やりに漢文で読もうとしたのであろうか）、あるいは漢文で記述しようとしたものの結局はできなかったのか、「是蔵云女方　　　打云々、」と、三文字分の空白となっている。

63・長和二年（一〇一三）四月十四日（平松本〈自筆本系〉・古写本〈某筆〉）

四月十三日に中宮妍子が皇太后彰子との対面の際に、斉信が妍子に献上した贈物を奉献したが、十四日に彰子がこれを返還した。その際の彰子と妍子の台詞である。平松本〈自筆本系〉では、「其詞云、『人有志けるものを』と云々、又返奉給、其詞云、『此返給ゑらハこゝに侍物も返や奉む』云々、皆御書あり、」というもので、二人のやりとりがそのまま記録されている。それに対し、古写本〈某筆〉は、「又返奉給、皆有御書、」と、台詞をすべて削除していて、二人の間に書状のやりとりがあったことを伝えるのみである。もしも平松本がこの年に限って自筆本を書写していなければ、我々は永遠に二人のやりとりを知ることはなかったのである。

65・長和二年（一〇一三）六月二十三日（平松本〈自筆本系〉・古写本〈某筆〉）

藤原懐平の権中納言任官を強行しようとする三条と、それを阻止しようとし、交換条件として頼通の権大納言と教通の権中納言昇任を求める道長との、緊迫に満ちた場面である。三条の語った懐平の任官の理由を、自筆本では、「年老いとほしく見ゆる人也、…猶加むと思と、」と、台詞そのままで記録しているのに対し、古写本〈某筆〉では、「年老可哀憐人也、…猶思食可加任由、」と、漢文風に書き直している。三条の人となりも含めて、その場の雰囲気を精確に記録しようとした道長と比べると、古写本ではすでに終わったことと、これを客体化している。(12)

104・寛仁二年（一〇一八）三月二十四日（自筆本・古写本〈某筆〉）

頼通が春日詣の際に興福寺との騒動に巻き込まれた記事で、自筆本の裏書には頼通の台詞の中に大量の仮名が含まれているのであるが、古写本〈某筆〉では裏書をまったく書写しないでいる。これが頼通の不始末を後世に残さないための配慮なのか、はたまたまったく裏書の存在を見落としてしまったものか、別に考えなければならない問題である。

105・寛仁二年（一〇一八）四月二十二日（自筆本・古写本〈某筆〉）

明子所生の長家が賀茂祭使となり、明子と小一条院が見物したという裏書であるが、自筆本では、「院も渡給め、」と小一条院の渡御を仮名交じりで記録しているのに対し、これも古写本〈某筆〉では裏書をまったく書写しないでいる。

以上、いくつかの事例について、自筆本と古写本の比較を行なってきた。阿部氏は、「古写本の筆者は、自筆本の内容を精確に伝えようとして、文章の格を正す努力をしている」と評されたが、(13)自筆本の仮名交じり文と古写本の漢文の、どちらが「精確」であるかは、一概には決められない問題である。

漢文の文法に少しでも近付けようとしたことと、その場の雰囲気や台詞をそのまま記録したことでは、池田氏が論じられたように、「言葉に変体漢文のフィルターがさらにかかった古写本の表現はそれだけでも現場性が消え、出来事からも『御堂関白記』からも遠ざかる」と評すことができるのではないだろうか。(14)

自筆本の仮名を漢文に直したのが、主に師実の手によるものではなく、某の手によるものであるとすれば、なおさらである。

おわりに

考えてみると、日本人である平安貴族が漢文で日記を記すというのは、外国語で日記を記すことなのであり、道長のように大学教育も実務経験もない人にとっては、たいへんな営為だったに違いない。難しい微妙なニュアンスを記録しなければならない文脈において仮名を使いたくなるというのも、わからないでもないのである。

特に台詞に関わるものでは、複雑な感情や台詞の微妙なニュアンスは、漢文では表わすことができなかったために、仮名交じり文で記録したのであろう。

以上、仮名書きを通して、道長の記録の心性の一端を探ってみた。単純に自筆本を破格な文章、古写本を正格な漢文表現と考えることができないことは、すでに明らかであろう。加えて、古写本の二人の手による差異、平松本の二種の底本による差異も、つねに意識しなくてはならないことである。

「写本は清書本である」とは、よく聞かれる言辞であるが、我々はいま一度、自筆本の持つ意味と、写本それぞれの目的と用途を、考え直してみる必要があるのである。

註

（1）池田尚隆「『御堂関白記』の位置――その仮名表記を中心に」（『国語と国文学』第六四巻第一一号掲載、一九八七年）。

（2）中丸貴史「漢文日記のリテラシー――『御堂関白記』のテクスト生成」（『日本文学』第六二巻第一号掲載、二〇一三年）、同「漢文日記と歴史物語に関する一考察――『御堂関白記』『権記』『栄花物語』、一条天皇発病記事をめぐって」（加藤静子・桜井宏徳編『王朝歴史物語史の構想と展望』所収、新典社、二〇一五年）、同「『御堂関白記』のテクスト学――記録することと和歌を書くこと」（『日本文学』第六五巻第五号掲載、二〇一六年）。

（3）倉本一宏『藤原道長「御堂関白記」を読む』（講談社、二〇一三年）。

（4）阿部秋生「藤原道長の日記の諸本について」（『日本学士院紀要』第八巻第二・三号掲載、一九五〇年）。

（5）倉本一宏「『御堂関白記』の「妻」と「妾」について」（『『御堂関白記』の研究』所収予定、思文閣出版、二〇一八年刊行予定、初出二〇一七年）。

（6）築島裕『平安時代の漢文訓讀語につきての研究』（東京大學出版會、一九六三年）。

（7）峰岸明『変体漢文』（東京堂出版、一九八六年）。

（8）池田尚隆「『御堂関白記』の位置」（前掲）。

（9）中丸貴史「漢文日記のリテラシー」（前掲）。

（10）倉本一宏「『御堂関白記』の「妻」と「妾」について」（前掲）。

（11）阿部秋生「藤原道長の日記の諸本について」（前掲）。

（12）池田尚隆「『御堂関白記』の位置――その仮名表記を中心に」（前掲）。

（13）阿部秋生「藤原道長の日記の諸本について」（前掲）。

（14）池田尚隆「『御堂関白記』の位置――その仮名表記を中心に」（前掲）。

中世近衛家の日記目録について

尾上陽介

はじめに

平安時代以来、貴族たちが書き残した日記は数多く伝来している。彼らが熱心に日記を作成した目的は、毎日の生活のなかで体験・見聞した事柄を記録し、先例通りの正しい作法（故実）を自ら参照したり子孫に伝えるためであった。摂関家の祖、藤原師輔（九〇八〜六〇）の『九条殿遺誡』では、毎朝昨日のことを具注暦に書き込む暦記[1]と、重要な事柄を別に記録する別記を作成することが奨励されている。やがて個別の日記は家の記録（家記）として認識されるようになり、先祖の日記は代々子孫によって継承・増補されていく[2]。

いわゆる五摂家の筆頭とされる近衛家においても、初代基実（一一四三〜六六）から明治期の篤麿まで歴代二十八人の内、二十人が日記を残しており、ほかに『中右記』『平記』『兵範記』など摂関家に仕える貴族の日記も所有していた。これら近衛家伝来史料群は、世界的に著名な藤原道長の日記『御堂関白記』原本など、古代から近代に至るまでのもの十数万点が、現在、京都市の公益財団法人陽明文庫において管理・公開されている。多くの公家文庫が家の断絶や度重なる災害などのために散逸したり滅亡してしまったりしたなか、近衛家については最上級貴族である摂関家の史料群がまとまった状態で残されており、公家社会における伝統的な文化を考える際に極めて貴重な価値を有している。

本稿は、陽明文庫所蔵史料のなかから中世の日記目録に着目し、近衛家における家記の様相について考察を試みるものである。

一　中世近衛家の日記目録

陽明文庫に所蔵される膨大な近衛家伝来史料群はいくつかの目録に分かれて整理されているが、そのうち中世の日記目録は『一般文書目録』に記載され、現状では第一書庫に別置されている。これらの一部についてはこれまでにも言及してきたが[3]、ここで改めてそれらの全てを記述内容のおよその年代順に配列し、翻刻する。なお、史料名の次の（　）内は史料番号、□は欠損、■は塗抹を意味し、抹消された文字には左傍に「ヒ」を付した。

①『日記目録』（二五五九四）縦三三・六糎、横最大五一・六糎。端に破損あり。

「□□」

一帖九巻　永保三春夏　永保三秋冬　永保三別記

応徳元春夏別記　応徳元秋冬　応徳二春夏別記

応徳二秋冬　応徳三春夏　応徳三秋冬

一帖六巻　寛治元春夏　寛治元秋冬　寛治二春夏

寛治二秋冬　寛治三春夏　寛［　　］〔治三秋冬カ〕

一帖七巻　寛治四春夏　寛［　　］〔治四秋冬カ〕　［　　］〔寛治五春別記カ〕

寛治五夏別記　寛治五秋別記　［　　］〔寛治五冬別記カ〕

寛治五上

一帖八巻　寛治六春　寛治六夏　寛［　　］〔治六秋カ〕

寛治六冬　寛治七春　寛治［　　］〔七夏カ〕

寛治七秋　寛治七冬

已上□〔卅カ〕巻

②『日記目録』（二五五九二）縦三〇・〇糎、横四〇・五糎。

鳥羽院

天仁二不知記中右記　水左記　家記可尋、

天永三中右記永昌記　不知記　雅兼記

永久五中右記外記々　師時記　朝隆記

元永二鑑要記　中右記　朝隆記

保安四中右記　師時記　外記々

③『猪御記目録』（二五六七二）縦二九・九糎、横六二・三糎。(4)

猪御記

嘉禎三年春記、三月十日蒙■（摂）政詔、裏紙一、

同三年秋記裏紙一、

貞応元年・二年・三年一巻、嘉禄元年一巻、

嘉禄二年一巻、安貞元年一巻、安貞二年二巻、

以上六巻裏紙一、嘉禄元年四季四巻、此外一結

五通・暦四巻、以上裏紙一、嘉禎元年二巻、同二年

二巻、同三年四巻、（已上）八巻裏紙一、

保延四年四巻裏紙一、建治元年暦二巻裏紙一、

承久二年四季・暦四巻裏紙一、又承久二年裏紙一、

同三年春四季三巻、此外一結八通・暦四巻、裏紙一、

建永元年二巻、承元々年四巻、裏紙一、

永仁元年（当正応六年、）暦記二巻但無御記、・別記三巻、此内一巻不見、

以上裏紙一、文永二年暦二巻、承久元年四季五巻、

此外一結四通・暦四巻○（裏紙一、）承久元年裏紙一、仁治三年

暦二巻裏紙一、建長七年一巻・同八年（康元々、）一巻裏紙一、

安貞元年・二年、寛喜元・二・三、已上五帖目録（ノ）一紙一、

建保三年四巻裏紙一、文暦元年春・夏・冬二巻、

此外一結五通・暦四巻、建暦二年四巻、建保元四巻、裏紙一、
一、京官除目次第裏紙一、

④『猪御記目録』（二五六七三）縦二九・九糎、横最大五七・八糎。奥に破損あり。

猪御記御裏紙
寛喜元裏紙之内、同元年二巻・同二年二巻・同三年二巻、以上六巻、
正元二年裏紙ノ内、春夏一巻・秋冬一巻、此外春夏別記一巻、已上三巻、
文永二年裏紙ノ内、四季暦四巻、此外別記一巻、○文永元年（裏紙ノ内、）四季暦四巻、
文永三年裏紙之内、四巻、○永仁三年裏紙之内、暦記二巻、無記、別記三巻、「（補書）自正月至三月一巻、四月一巻、自七月十二月一巻、」
久安四年裏紙之内、春一巻・夏一巻・秋一巻・十月十一月一巻・十二月一巻、
仁平二年（裏紙ノ内、）正二月一巻・三月一巻・夏一巻・秋一巻・冬一巻、
仁平四年久寿元年（裏紙ノ内、）春一巻・夏一巻・秋冬一巻、○仁安二年上裏紙之内、正月一巻・二三月一巻・夏一巻、
仁安二年下裏之内、秋一巻・十月十一月一巻・十二月一巻、○久安六年裏紙之内、四季各一巻、
仁平元年裏紙之内、春一巻・夏一巻・秋冬一巻、○天養二年久安元、裏紙之内、
夏春夏一巻・秋冬一巻、○久安五年（裏紙ノ内、）夏一巻・秋一巻・十月十一月一巻・十二月一巻、
仁安三年下之裏紙之内、秋冬五巻、○天承二年裏紙之内、八月十一日為長承元、
春夏一巻・秋冬一巻、○保延七年裏紙之内、三巻、又保延七年永治元、裏紙内、

春一巻・夏一巻・秋冬一巻、○保延二年裏紙之内、四巻、○保延五裏紙之内、四巻、
目録裏紙之内、貞永元一帖・天福元一帖・文暦元一帖・嘉禎元一帖・
同二年一帖・同三年一帖、已上六帖、○貞応二年裏紙之内、四季四巻、此外
一結七通・暦四巻、○安貞元裏紙之内、春一巻自正月一日至三月九日、又
春夏一巻自三月十日至五月廿九日、・夏秋一巻自六月一日至九月卅日、・冬一巻、
此外一結五巻二通、・暦四巻、○貞応元年裏紙之内、春夏一巻自正月至五月、・夏秋一巻自六月至九月、・冬一巻、此
外一結十三通・暦三巻、冬欠、

兵裏紙

嘉禎三裏紙之内、四季四巻、此外一結二巻、○貞永元裏紙之内、四季四巻、
此外一結一巻一通、・暦四巻、○延応元裏紙ノ内、一巻上・一巻下、此外一結二巻、
長承三年裏紙之内三巻○天養元長承二裏紙之内元四季二四季四巻
建保二裏紙之内、四巻、○建保四裏紙之内、四巻、○建保五裏紙之内、春一巻・
夏秋一巻至七月、・秋冬一巻自八月至十一月、・冬十二月二巻、此外一結三通・暦四巻、
寛喜三裏紙之内、春一巻・夏秋一巻自四月至八月、・秋冬一巻、自九月至十二月、此外暦四巻、
寛喜元裏紙之内、四季四巻、
安貞二裏紙之内、春一巻自正月一日至三月二日、・夏一巻四五月、・又夏一巻六月、・秋一巻自七月一日至八月十日、・又秋一巻自八月十一日至九月十五日、・
又秋一巻九月十六日以後、・冬一巻十月十一月、・又冬一巻、十二月、
此外一結四巻二通、・暦四巻、○仁治二裏紙之内、一巻上・一巻下、此外一結二巻、

嘉禎二〇裏紙ノ内、夏春一巻・夏秋一巻・冬一巻、此外一結二巻・暦四巻、
仁治元裏紙之内、一巻上・一巻下、此外一結二巻、〇寛喜二裏紙之内、
四季四巻、此外一巻、天福元裏紙之内、春一巻・夏秋一巻・冬一巻、此外
□□□暦仁元四季四巻・暦四巻、〇久寿二裏紙之内、
春夏一巻□□秋一□〔巻カ〕・冬一巻、〇一裏紙之内、承元四年四巻・建暦元四巻、
一裏紙之内、建久九■大嘗会記一巻・寿永一巻・弘安四一巻・嘉承三暦
天仁元年下、〇一裏紙之内、康元二年記・正嘉元年記復又一巻復一巻・
同二年四季二巻・同三年記正元、一巻春四月、一巻五月以後別記記、

⑤『日記目録』（一五六七八）縦最大三三・三糎、横三八・四糎。端上部に破損あり。

一帖　安貞元年
一帖　同二年
一帖　寛喜元年
一帖　同二年
一帖　同三年
　已上五帖

⑥『日記目録』（一五六七九）縦三四・二糎、横五四・八糎。

一帖　貞永元年

一帙　天福元年

一帙　文暦元年

一帙　嘉禎元年

一帙　同二年

一帙　同三年

以上六帙

⑦『日記目録』(二五六七四) 縦三一・二糎、横五五・五糎。

承久元年

一巻　春

一巻　夏

一巻　秋

二巻　冬一巻十十一月、一巻十二月、

此外一結四通

暦四巻

⑧『日記目録』(二五六七六) 縦三一・二糎、横五五・一糎。

貞応元年

一巻　春夏自正月至五月、

一巻　夏秋自六月至九月、

一巻　冬

此外一結十三通

暦三巻冬欠、

⑨『日記目録』（一五六七七）縦三一・二糎、横五四・八糎。

貞応二年

一巻　春

一巻　夏

一巻　秋

一巻　冬

此外一結七通

暦四巻

（奥上注記）「更暦一巻不被記置之間、従重櫃取分入別櫃了、」

⑩『日記目録』（一五六七五）縦三〇・二糎、横五二・九糎。

安貞二年

一巻　春自正月一日至三月二日、

一巻　夏四月五月、

一巻　夏六月、
一巻　秋自七月一日至八月十日、
一巻　秋自八月十一日至九月十五日、
一巻　秋九月十六日以後、
一巻　冬十月十一月、
一巻　冬十二月、
此外一結四巻ニ通、
暦四巻

⑪『日記目録』（二五五九／三）縦三三・二糎、横最大五三・四糎。奥端とも破損あり。

正応五年
略記一巻自十月至十二月、
錫紵事一巻頭春宮亮兼仲朝臣□（別カ）記召之、令書写被入加之、
暦二巻但不記、
愚略二巻一巻自四月至九月、一巻自正月至三月、

⑫『諸記目録』（二五六八〇／一）折紙。縦二九・六糎、横四五・一糎。

（以下、下段ハ折裏）
覚
長櫃ニ入、　寛治　廿六九ゝ々

応安　十＼四巻
保元　十＼二々
応徳　ミ四（五＼）々
永長　九＼々
長和　四＼々
建仁　九＼々
天永　二＼々
寛仁　ミ五＼（七＼）々
正治　五＼々
天延　二＼々
永保　三＼々
文永　二＼々
永和　七＼々
建長　ミ三（四＼）々
仁安　十＼五々
康平　五＼々

康和　九々
長治　八々
嘉承　八々
嘉保　ミ七（八）々
建久　四（五＼）々
天承　四々
康安　二＼々
貞治　十一々
仁平　ミ九（十一）々
延文　十三々
「寛正（行間補書）ミ三（二＼）々」
以上、弐百ミ廿ミ七（三十三）巻
文明　一＼巻
嘉応　二＼々
殿暦小櫃ニ入、廿三巻
類聚　十六巻

承徳　七七々　和歌目録　一々
久寿　五々　万葉目録　一々
寛弘　十六々

⑬『諸記目録』（二五六八〇／二）折紙。縦二九・三糎、横四四・七糎。

歌合　三巻
外題なし　一々
永徳　二々
康暦　一々
長徳　三々
半切双紙之分
天文　一冊
享禄　三々
応永　三々
永正　十二々
已上廿冊小櫃ニ入、
続千載　三巻
文明半切　一冊
延喜式　五巻

公式令　二巻
白帋　九巻
鞠ノ記　十巻
外題なし　十五巻
色々　九巻

これらはいずれも中世に作成された日記目録で、内容や状態から判断して①から⑪までは十四世紀前半頃までに、⑫・⑬は十六世紀後半頃に、それぞれ記されたものと思われる。概要を示すと、①は欠損箇所が多いが、記載内容から藤原師通（一〇六二～九九）の日記『後二条師通記』の寛治七年記までの部分の目録と考えられる。現在、『後二条師通記』は寛治七年二月立后記原本一巻のほか、永保三年から康和元年までの古写本二十九巻が陽明文庫に所蔵されている。(5) 寛治七年までで現存するものは二十二巻であるが（性格の異なる立后記は除く）、①の記述と比較すると、応徳三年秋冬記、寛治元年春夏記・同秋冬記、寛治二年秋冬記、寛治五年春別記、寛治六年春記、寛治七年春記・同夏記の七巻も本来は存在していたことが判明する。

②は鳥羽天皇在位期間中の年号が列挙されており、たとえば「天仁二」という記述は「天仁二年」ではなく「天仁の二年間」の意味である。それぞれの年号の時期について、何という日記があるかを示す目録となっている。(6)

③・④は文中に「猪御記」（近衞家三代家実〈一一七九～一二四二〉の日記『猪隈関白記』）という書名がみえることから『猪御記目録』と称されているが、後述の通り『猪隈関白記』だけの目録ではなく、十二・十三世紀のほぼ二百年間に亘る日記類が基本的に「裏紙」単位で列挙されている。修正や補書、抹消などの箇所が多く、年次もばらばらであることから、家記の包み一つ一つを調べて書き上げたままの状態のものであろう。

⑤・⑥はそれぞれ③・④のなかで「目録ノ紙」「目録裏紙」というかたまりで掲げられているものに相当し、他が「巻」であるのに対し「帙」という単位で表記されている。ともに「目録」とあることから、ここにみえるものは日記そのものではなく、記事の目録であったと考えられる。

⑦から⑪はそれぞれ承久元年（一二一九）、貞応元年（一二二二）・二年、安貞二年（一二二八）、正応五年（一二九二）の家記の目録である。料紙には擦れの痕跡など傷みがあり、周囲に大きく余白をとって中央にまとめて文字が記されていることから、③・④にみえる一年毎の「裏紙」そのものであった可能性が考えられる。[7]

最後の⑫・⑬はいずれも折紙で、歌合や延喜式などの典籍も含んでおり、家記については初代基実の祖父藤原忠実（一〇七八～一一六二）の日記『殿暦』を除き、年号と冊数のみの簡単な記述となっている。二点とも料紙の端に五・三～五・五糎間隔の綴穴の痕跡がみられ、もとは紙縒りで一緒に綴じられていた可能性もある。なお、⑬の「半切双紙之分」は料紙を上下に半裁して袋綴じに仕立てた日記帳を意味しており、ここにみえる「天文」「享禄」「大永」「永正」の二十冊は、具体的には近衛家十四代尚通（一四七二～一五四四）の日記『後法成寺関白記』の永正三年記から天文二年記までの部分を指している。[8][9]

以上、中世の近衛家日記目録十三点を翻刻し、概要を述べた。次に、これらのうち③・④の『猪御記目録』の内容を分析し、十二・十三世紀における近衛家家記の様相を考えたい。

二　近衛家家記としての『兵範記』

『猪御記目録』と称されるものは二点あり、それぞれの内容は重複しない。年次別に整理すると附表（本稿末尾掲載）のようになる。

記載されているなかで最も古いものは、天仁元年（嘉承三年、一一〇八）の「暦」「下」である。点数の記述はないが、「暦下」という表記から、おそらく『御堂関白記』などと同じく一年二巻の具注暦（間空き二行程度）の秋冬記と考えられる。

次は長承元年（天承二年、一一三二）の「春夏一巻・秋冬一巻」で、春夏・秋冬で分かれている点は具注暦のようであるが、「暦」と明記されておらず、具注暦ではない可能性が高い。長承二年と三年の箇所は何故か抹消されているが、それぞれ「四季四巻」「三巻」とあり、続く保延二年（一一三六）から仁安三年（一一六八）まで断続的に毎年二巻から六巻が記載されている。この間、永治元年（保延七年、一一四一）は裏紙が二つ存在したようで、「三巻」と「春一巻・夏一巻・秋冬一巻」とある。「保延七年裏紙…又保延七年」と連続していることから単純な重複とは考えられず、この年については別の二種類の日記が存在したか、あるいは写本があったものと思われる。

この長承元年から仁安三年までの近衛家家記として想定されるのは、平信範（一一一二～八七）の日記『兵範記』である。信範の家は代々が日記を残して公事を記録し（『平記』と総称される）、摂関家などの諮問に応える家柄であった。信範も父祖と同じく摂関家の家司となり、藤原忠実・忠通・基実・基通の四代に仕え、鳥羽院・後白河院の院司としても活躍した。保元元年（一一五六）に四十五歳で少納言となってからは本格的に朝廷に出仕し、蔵人・右少弁・権右中弁を経て仁安二年には蔵人頭となあり、治承元年（一一七七）に正三位兵部卿で出家、十年後の文治三年（一一八七）に七十六歳で没する。

『兵範記』の原本は基本的に信範自身や周囲の者が清書したもので、近衛家に伝来していたが、延宝五年（一六七七）頃、信範の子孫に当たる平松家に約半分が譲与され[10]、現在、まとまったものでは陽明文庫に二十九巻[11]、京都大学に二十五巻[12]（平松家伝来分）が所蔵される。『猪御記目録』の記述と『兵範記』現存原本の状況を比較すると、次のようになる。

○長承元年秋冬一巻：京都大学所蔵。
○仁平二年正月二月一巻・三月一巻・夏一巻・秋一巻・冬一巻：いずれも京都大学所蔵。
○仁平二年（仁平四年）春一巻・夏一巻・秋冬一巻：いずれも京都大学所蔵。
○久寿二年春夏一巻・秋一巻・冬一巻：いずれも京都大学所蔵。
○仁安二年正月一巻・夏一巻・秋一巻・十月十一月一巻：正月記は京都大学所蔵、他は陽明文庫所蔵。
○仁安三年秋冬五巻：七月八月一巻・九月一巻・十月一巻・十一月一巻・十二月一巻の計五巻、陽明文庫所蔵。

両者は巻の編成がよく合致しており、『猪御記目録』長承元年から仁安三年までの部分は『兵範記』の目録であると考えられる。仁平三年、保元元年・同二年、仁安三年春夏、嘉応元年以降など、現存するにもかかわらず『猪御記目録』にみえない部分もあるが、これはおそらく『猪御記目録』の史料的性質、すなわち順不同にとりあえず書き上げられたメモに過ぎず、必ずしも網羅的ではないということに由来するものであろう。

このように『猪御記目録』は中世前期近衛家における『兵範記』の所在状況の一端を知る手がかりとなり、現在は存在が判明しない巻についても往時の原本構成を伝えるものといえる。たとえば、現在京都大学所蔵の永治元年（保延七年）二月三月記は前欠で、二月二十五日条の直前の某日条途中からとなっているが、『猪御記目録』には「春一巻」とあり、本来は正月記から一巻であったことが判明する。同様に陽明文庫所蔵の仁安二年三月記も前欠で、三月一日条途中からとなっているが、『猪御記目録』に「二三月一巻」とあり、やはり本来は二月記から一巻であった。[13]

なお、信範は先述の通り治承元年に出家したが、その後も日記を書いていた痕跡がある。[14] 陽明文庫所蔵『摂関詔宣下類聚』[15]には「兵部」の記として治承三年十一月の近衛基通関白詔宣下記があり、記主は信範と考えられる。この記録はより完全なかたちで黒川春村編『歴代残闕日記』巻二十五に収められているが、そこには同じく「兵部」による寿永三年（元暦元年）正月基通摂政詔宣下記もある。『猪御記目録』に「寿永一巻」とあるものも、『兵範記』原本の可能性があろう。

三　鎌倉時代近衛家家記の様相

次に『猪御記目録』で断続的に記載されているのは建永元年（一二〇六）から仁治三年（一二四二）までである。この時期はほぼ近衛家三代家実の時代にあたり、基本的には『猪隈関白記』の目録と考えられる。まず注目されるのは、建保五年以降になると毎年、日次記と暦記が並行して作成され、「一結三通」などの附属文書も併せた三点を一揃えとして記載されていることである。日次記・暦記を並行して残すことは近衛家以外でもあり、勘解由小路経光・兼仲父子の『民経記』『勘仲記』や日野資宣の『仁部記』[16]など、実務官僚の日記にもみられる。これらの例では、暦記には私的な内容や簡単な記事を、日次記に詳細な公事を記録するという書き分けが行われている。[17]一方、この頃の近衛家においては、当主が間空き五行の大変立派な具注暦を利用し、家記を構成する一つの象徴として、記事がほとんど記入されていないものでも重視されていた。[18]

貞応元年（一二二二）から嘉禎三年（一二三七）までには、同年の日記で上述のような暦記・附属文書を含むものとそうでないものが二重に記載されているのが目立つ（附表の35・36と37、38と39、41と42、43と44、45と46、47と48、49と50、55と56）。これは何を意味するのであろうか。

この時期の近衛家当主は家実であるが、息男で後に四代当主となる兼経（一二一〇〜五九）が貞応元年十二月二十日に十三才で元服し、いよいよ廷臣として出仕し始める。附表37の貞応元年から三年（元仁元年）までの一巻は、兼経の日記『岡屋関白記』古写本が陽明文庫に現存している[19]が、元服の翌日から書き始めたごく簡単なもので、日記の書き始めとして相応しいものである。39・40・42・44の嘉禄・安貞年間のものは、近衛家十二代房嗣（一四〇二～八八）による『岡屋殿深心院殿御記之抄』[20]から内容をうかがえるが、やはり記事は簡単で、しばしば「委細見御記」といった文言がみえる。この「御記」は兼経の父家実の『猪隈関白記』を指しており、詳細は当主の日記を参照させている。

鎌倉時代の近衛家においては、このように当主である父親が象徴的に間空きのある具注暦を用い、ほかに日次記や附属文書を添えた家記を残すとともに、次の世代の若者が日記の書き始めとして簡単な記事を残し、当主の家記を参照させることで記事の重複を省きつつ、代々の当主が日記を筆録し家記を蓄積するという営みを引き継いでいたのである[21]。

先述の通り⑤・⑥は安貞元年から嘉禎三年に至る記事の目録と考えられ、この時期は当主家実の日次記・暦記・附属文書と記事の目録、さらに若い兼経の習作的な日記も加わり、近衛家家記の歴史のなかで最も重層性に富んでいたといえよう。⑩は安貞二年の日記目録であるが、日次記は八巻構成であり、その充実ぶりに驚かされる。

次の建長七年（一二五五）以降は五代基平（一二四六～六八）・六代家基（一二六一～九六）の時代となり、家実・兼経の頃と比較すると質量とも家記が衰退したことがうかがえる。

附表65・66の建長七年・康元元年（建長八年）各一巻は基平十才・十一才の日記『深心院関白記』で、陽明文庫に原本が現存し[22]、先の兼経の例と同じく書き始めの習作である。その後、基平は主に暦記を残しているが、次の家基の永仁元年・三年になると、『猪御記目録』でみる限り暦記について「無御記」「無記」などの注記があり、日次記も僅かとなっている。家実の頃のように日次記・暦記・附属文書が揃うことはすでになく、当主が充実した家記を残すという意識が変質したのであろう。⑪は正応五年の日記目録であるが、安貞二年の⑩と比べると質量の低下は一目瞭然であり、家司である勘解由小路兼仲の別記を召して補うなどしている。[23]

おわりに

本稿では中世の近衛家日記目録を紹介しつつ、十二・十三世紀の家記の状況をよく伝える『猪御記目録』を中心に読み解き、当時の近衛家における『兵範記』の存在状況や家記の様相について考察してきた。最後に、その管理の意識について簡単に触れておきたい。

陽明文庫所蔵の永久五年（一一一七）二月十日付『摂関家旧記目録』[24]は貴重日記・記録の目録で、「御堂御記卅六巻」（道長）、「天暦御記四巻」（村上天皇）、「故殿御記二巻」（道長の父兼家のものか）などの日記名が見える。また、本稿で紹介した①は『後二条師通記』の目録であった。これらは個別の日記毎に巻数や内容を記したものである。しかし、現存するものをみる限り、中世の日記目録として多いのは②から最後の⑬までの、「某年には某の日記がある」、あるいは「某年の日記は何巻ある」、という形式のものであった。なかでも⑫・⑬では年号と点数が簡単に列挙されているだけである。

一方、十八世紀後半には近衛家において「十五函文書」と称される史料群が成立しており[25]、そこでは第一函の師輔・道長から第八函の十九代尚嗣（一六二二〜五三）まで歴代当主の日記を時代順に配列し、第九函から第十三函までが『中右記』や『兵範記』、『平記』といった摂関家に仕えた貴族の日記、最後の第十四函と第十五函はその他の記録・典籍類というように整然と構成されている。

このような目録の記載や史料群の構成の状況をみると、およそ院政期頃までは個別の日記名が目録に掲示されていたが、中世には年代が重視されるようになり、目録の記述が「誰の日記」から「何年の日記」に変化していたといえよう。言い換えれば、これは日記に対する認識が個人の記録から家の記録へと変化したことであり、より効率的に先例を調べるために起こったことと思われる。ところが、近世になると朝儀の参考にするという実用性は低下し、替わって文化財としての価値が重視されるようになり、再び「誰の日記」という面から管理する方針になったと考えれば、このような状況の変化が理解できるように思われる。

最後は推測に推測を重ねたが、今後さらに陽明文庫所蔵史料の調査が進展することで、研究をより深化させることを期待しつつ擱筆する。

註

（1）本稿では具注暦に記入した暦記に対し、白紙や反故を翻して日記帳を仕立て、日を逐って記入したものを日次記と称する。具注暦に日記を書くことについては、藤本孝一『中世史料学叢論』（思文閣出版、二〇〇九年）第五篇「頒暦と日記」、遠藤珠紀『中世朝廷の官司制度』（吉川弘文館、二〇一一年）第二部第一章「中世における具注暦の性格と変遷」、山下克明『平安貴族社会と具注暦』（臨川書店、二〇一七年）参照。

（2）家記の成立・継承については、高橋秀樹『日本中世の家と親族』（吉川弘文館、一九九六年）第一部第三章「貴族層における中世的「家」の成立と展開」、松薗斉『日記の家』（吉川弘文館、一九九七年）、尾上陽介『中世の日記の世界』（山川出版社日本史リブレット、二〇〇三年）参照。

（3）尾上陽介「記事の筆録態度にみる記主の意識」（倉本一宏編『日記・古記録の世界』思文閣出版、二〇一五年）、同「公職の人と文③――古記録」（河野貴美子・新川登亀男他編『日本「文」学史』二、勉誠出版、二〇一七年）。

（4）第一紙二八・一糎、第二紙三四・二糎。

（5）史料番号第二函一～三〇号。

（6）たとえば保安元年から四年までの時期の記事を含む日記には、藤原宗忠の『中右記』、源師時の『長秋記』、外記による『外記日記』があることを示している。なお、元永二年の「鑑要記」は藤原忠宗の日記である（天福元

年五月二十八日勧修寺資経文書譲状、『鎌倉遺文』補一一一九）。

（7）⑩の安貞二年日記目録には、料紙中央の高さに端から奥にかけて擦れた傷みが明瞭に認められる。巻子等のまとまりにこの目録を被せ、横に紐をかけていた痕跡であろう。

（8）近衛家においては、反故を翻して上下に半裁して袋綴じにした日記帳は十三代政家（一四四四～一五〇五）の『後法興院関白記』文明十一年記から用いられている。このような小さい日記帳を使用し始めたきっかけは、応仁・文明の乱による疎開にあったと思われる。

（9）陽明文庫所蔵の『後法成寺関白記』原本は、これに天文五年記を加えて計二十一冊である（史料番号第七函三五号～五五号）。天文二年記までは年次が連続しているが、三年・四年の日記は残っておらず、五年記も⑬にみえる「小櫃」に収納された二十冊とは別になっていたのであろう。

（10）井上幸治「延宝五年の『兵範記』分与について」（『立命館文学』五八五、二〇〇四年）参照。

（11）史料番号第十一函九・一六・一八～二五号、第十二函一～三・五～二〇号。

（12）請求記号三／ヒ／一〇。

（13）このほか、長承元年春夏一巻、永治元年夏一巻・秋冬一巻、久安元年春夏一巻・秋冬一巻、同四年春一巻・夏一巻・秋一巻・十月十一月一巻・十二月一巻、同五年夏一巻・秋一巻・十月十一月一巻・十二月一巻、仁平元年春一巻・夏一巻・秋冬一巻などの部分は、現在確認できない『兵範記』の構成をよく伝えている。

（14）日記の擱筆と出家との関係については、松薗斉『王朝日記論』（法政大学出版局、二〇〇六年）第七章「出家と日記の終わり」参照。

（15）史料番号第十四函一〇四号。全二冊。忠実と、初代基実から五代基平までの摂関詔宣下に関する記録を家司の日記から部類したもの。なお、家実以下の記録を収める第二冊は、同じく陽明文庫所蔵の第十三函一五号『抜書』を清書したものである。この『抜書』は紙背文書の宛所などから近衛家に仕えていた平仲兼（一二四八～一三一二）の編と考えられる。

（16）『仁部記』については、これまで『鎌倉遺文研究』三二・三三・三五・三六号（二〇一三～一五年）に建長八年五月記・弘長元年七月八月記・同二年二月記・文永十二年二月三月記の翻刻と注釈を掲載している。

（17）尾上陽介「『民経記』と暦記・日次記」（五味文彦編『日記に中世を読む』吉川弘文館、一九九八年）、遠藤珠紀『中世朝廷の官司制度』（前掲註1）第二部第二章「『兼仲卿記』にみる暦記の特質」参照。

(18)『猪隈関白記』では、家実が初めて摂政となった直後の建永元年夏記以降の暦記には、わずかに天候だけが記入されるような状況であった。そのため、その多くが後人によって他の典籍等を書写する料紙に再利用されてしまっている。尾上陽介「再利用された日記原本」（『年報三田中世史研究』一二、二〇〇五年）、同「記事の筆録態度にみる記主の意識」（前掲註3）参照。

(19) 史料番号第五函一号。三年分の日記であるが、分量は全十一紙と少ないものである。『大日本古記録　岡屋関白記』参照。

(20) 史料番号第十四函九八号。

(21)『猪隈関白記』承元二年七月五日条では三代家実が二代基通に、五代基平の『深心院関白記』康元元年正月十四日条では基平が四代兼経に、それぞれ詳細な記録の作成を委ねている。藤原忠実の言説を中原師元が筆録した『中外抄』には、摂関家においては自家の日記こそが重要であり（上八三段）、定型句を繰り返し筆記することにより日記の書き方を学ぶべし（下二段）、という忠実の考えがみえる。自家の日記を尊重し、継続することが重要であった。

(22) 史料番号第五函八号・九号。陽明文庫の『近衛家記録十五函目録』では二巻とも古写本とするが、基平自筆と思われる部分があり、原本とみなしてよい。『大日本古記録　深心院関白記』解題（菅原昭英氏執筆）参照。

(23) 家基の日記は全く伝わらないが、陽明文庫所蔵の『文永十一年行事次第断簡』（史料番号五一八九一）は文永十一年正月から四月までの家基の日記の記事目録と考えられ、日記を書いていたことは確実である。尾上陽介『『兵範記』紙背文書やその他の断簡からの発見」（田島公編『近衛家名宝からたどる宮廷文化史』笠間書院、二〇一六年）参照。

(24) 史料番号第十四函四七号。この目録の性格については、湯山賢一『古文書の研究——料紙論・筆跡論』（青史出版、二〇一七年）第三章四「『摂関家旧記目録』について」参照。

(25) 陽明文庫所蔵の『十五函目録』（史料番号九五五九二）は第一函から第七函までを書き上げ、第四函までに「天明二八廿九改」、第五函・第六函に「天明二九二改」と記入している。各函の構成は現在と同じであり、天明二年（一七八二）までには十五函文書として形成されていたことは確実である。「十五函文書」には二十二代家久（一六八七〜一七三七）の手になる覚書（第十五函三二号『無外題』）まで含まれていることから、十八世紀半ば頃に史料群として最終的に成立したものであろう。

附記　執筆に際し、名和修陽明文庫長のご高配を賜った。末筆ながら深く感謝申し上げる。本稿は科学研究費補助金（基盤研究S）「日本目録学の基盤確立と古典学研究支援ツールの拡充――天皇家・公家文庫を中心に」（研究代表者田島公）、同（基盤研究A）「摂関家伝来史料群の研究資源化と伝統的公家文化の総合的研究」（研究代表者尾上陽介）による成果の一部である。

附表　陽明文庫所蔵『猪御記目録』内容一覧（種別欄の○印は二五六七二号、●印は二五六七三号）

No.	年号	西暦	種別	日次記	その他（暦記・別記など）
1	天仁元年	一一〇八	●		暦下（一巻）
2	長承元年	一一三二	●	春夏一巻、秋冬一巻	
3	長承二年（抹消）	一一三三	●	四季四巻	
4	長承三年（抹消）	一一三四	●	三巻	
5	保延二年	一一三六	●	四巻	
6	保延四年	一一三八	○	四巻	
7	保延五年	一一三九	●	四巻	
8	永治元年	一一四一	●	春一巻、夏一巻、秋冬一巻	三巻
9	天養元年（抹消）	一一四四	●	四季四巻	
10	久安元年	一一四五	●	春夏一巻、秋冬一巻	
11	久安四年	一一四八	●	春一巻、夏一巻、秋一巻、十月十一月一巻、十二月一巻	

12	久安五年	一一四九	●	夏一巻、秋一巻、十月十一月一巻、十二月一巻	
13	久安六年	一一五〇	●	四季四巻	
14	仁平元年	一一五一	●	春一巻、夏一巻、秋冬一巻	
15	仁平二年	一一五二	●	正月二月一巻、三月一巻、夏一巻、秋一巻、冬一巻	
16	久寿元年	一一五四	●	春一巻、夏一巻、秋冬一巻	
17	久寿二年	一一五五	●	春夏一巻、秋一巻、冬一巻	
18	仁安二年	一一六七	●	正月一巻、二月三月一巻、夏一巻、秋一巻、十月十一月一巻、十二月一巻	
19	仁安三年	一一六八	●	秋冬五巻	
20	寿永(三年カ)	一一八四カ	●	一巻	
21	建久九年	一一九八	●	大嘗会記一巻	
22	建永元年	一二〇六	○	二巻	
23	承元元年	一二〇七	○	四巻	
24	承元四年	一二一〇	●	四巻	
25	建暦元年	一二一一	●	四巻	
26	建暦二年	一二一二	○	四巻	
27	建保元年	一二一三	○	四巻	
28	建保二年	一二一四	●	四巻	
29	建保三年	一二一五	○	四巻	
30	建保四年	一二一六	●	四巻	
31	建保五年	一二一七	●	春一巻、夏秋〈至七月〉一巻、秋冬〈自八月至十一月〉一巻、冬十二月二巻	一結三通、暦四巻
32	承久元年	一二一九	○	四季五巻	一結四通、暦四巻
33	承久二年	一二二〇	○	四季(四巻)	暦四巻
34	承久三年	一二二一	○	四季三巻	一結八通、暦四巻

35	貞応元年	一二二二	●	春夏〈自正月至五月〉一巻、夏秋〈自六月至九月〉一巻、冬一巻	一結十三通、暦三巻〈冬欠〉
36	貞応二年	一二二三	●	四季四巻	一結七通、暦四巻
37	貞応元～三年	一二二二～四	○	一巻	
38	嘉禄元年	一二二五	○	四季四巻	一結五通、暦四巻
39	嘉禄元年	一二二五	○	一巻	
40	嘉禄二年	一二二六	○	一巻	
41	安貞元年	一二二七	●	春〈自正月一日至三月九日〉一巻、春夏〈自三月十日至五月廿九日〉一巻、夏秋〈自六月一日至九月卅日〉一巻、冬一巻	一結五巻二通、暦四巻
42	安貞元年	一二二七	○	一巻	
43	安貞二年	一二二八	●	春〈自正月一日至三月二日〉一巻、夏〈四月五月〉一巻、夏〈六月〉一巻、秋〈自七月一日至八月十日〉一巻、秋〈自八月十一日至九月十五日〉一巻、秋〈九月十六日以後〉一巻、冬〈十月十一月〉一巻、冬〈十二月〉一巻	一結四巻二通、暦四巻
44	安貞二年	一二二八	○	二巻	
45	寛喜元年	一二二九	●	四季四巻	
46	寛喜元年	一二二九	●	二巻	
47	寛喜二年	一二三〇	●	四季四巻	一巻
48	寛喜二年	一二三〇	●	二巻	
49	寛喜三年	一二三一	●	春一巻、夏秋〈自四月至八月〉一巻、秋冬〈自九月至十二月〉一巻	暦四巻
50	寛喜三年	一二三一	●	二巻	
51	貞永元年	一二三二	●	四季四巻	一結一巻一通、暦四巻
52	天福元年	一二三三	●	春一巻、夏秋一巻、冬一巻	□□□□
53	文暦元年	一二三四	○	春（一巻）、夏（一巻）、冬二巻	一結五通、暦四巻
54	嘉禎元年	一二三五	○	二巻	

55	嘉禎二年	一二三六	●	春一巻、夏秋一巻、冬一巻	一結二巻、暦四巻
56	嘉禎二年	一二三六	○	二巻	
57	嘉禎三年	一二三七	●	四季四巻	一結二巻
58	嘉禎三年	一二三七	○	春記〈三月十日蒙摂政詔〉、秋記	
59	嘉禎三年	一二三七	○		暦カ四巻
60	暦仁元年	一二三八	●	四季四巻	暦四巻
61	延応元年	一二三九	●	一巻上、一巻下	一結二巻
62	仁治元年	一二四〇	●	一巻上、一巻下	一結二巻
63	仁治二年	一二四一	●	一巻上、一巻下	一結二巻
64	仁治三年	一二四二	○		暦二巻
65	建長七年	一二五五	○	一巻	
66	康元元年	一二五六	○	一巻	
67	正嘉元年	一二五七	●	二巻	
68	正嘉二年	一二五八	●	四季二巻	
69	正元元年	一二五九	●	春四月一巻、五月以後一巻	
70	文応元年	一二六〇	●	春夏一巻、秋冬一巻	春夏別記一巻
71	文永元年	一二六四	●		四季暦四巻
72	文永二年	一二六五	●		四季暦四巻、別記一巻
73	文永二年	一二六五	○		暦二巻
74	文永三年	一二六六	●	四巻	
75	建治元年	一二七五	○		暦二巻
76	弘安四年	一二八一	●	一巻	
77	永仁元年	一二九三	○		暦記二巻〈但無御記〉、別記三巻〈此内一巻不見〉

78
永仁三年
一二九五
●
暦記二巻〈無記〉、自正月至三月別記一巻、四月別記一巻、自七月至十二月別記一巻

『延喜式』写本系統の基礎的研究
――巻五を中心に

小倉慈司

はしがき

古代の法制書『延喜式』には東京国立博物館所蔵九条家旧蔵巻子本や金剛寺所蔵本など幾つかの古写本が知られているが、それらは全巻にわたるものではない。そのこともあって、長い間、『延喜式』活字本の底本には江戸時代に刊行された流布版本（享保八年本）が用いられてきた。しかしそもそも版本刊行にいたるまでの経緯が解明されているわけではなく、どのような来歴の写本をどのように校訂して版本が作成されたかは不明のままであった。古代史を代表する基本資料でありながら、テキストの信頼性という観点からは、大きな問題を抱えていたのである。

ようやく虎尾俊哉編『訳注日本史料　延喜式』（集英社、二〇〇〇～一七年）において全巻そろった写本の中で比較的善本とされる国立歴史民俗博物館所蔵土御門家旧蔵本（以下、土御門本と略称）が底本として用いられるようになった。しかし土御門本も含め、近世写本の系統研究はいまだ充分になされておらず、現在のところは、虎尾俊哉氏が、近世写本はすべて巻一三を欠く同一祖本から出たものと見てよいこと、その近世写本は巻二四を有するグループと欠くグループとに分けられるが、写本の系統図を描くことはかなり困難であるとされているぐらいである。(1)土御門本が善本であることは確かであるとしても、それを底本とすることの妥当性は、理想的には写本系統を明らかにした上で判断されるべきであろう。また『訳注日本史料』において実際になされた校訂を見てみると、流布版本の影響から脱し切れていないように感じられるが、それは写本研究が進んでいないことに起因するのであろう。土御門本の優秀性が明確な形で証明されていないために、そこに信頼を寄せることができないでいるのである。

そこで、筆者はまず別稿「『延喜式』土御門本と近衛本の検討――巻五を中心に」（二〇一八年刊行予定）において土御門本と京都大学附属図書館所蔵近衛家旧蔵本（以下、近衛本と略称）の巻五を比較検討した。その結論は以下の通りである。

①土御門本と近衛本は、親子関係ではなく、同一の親本（細部に至るまで極めて丁寧に模写された親子関係ないし兄弟関係の写本である可能性も含む）を傍書や朱書・朱点に至るまでそのまま転写した兄弟関係にある写本である。土御門本の誤写・誤脱を近衛本によって正すことができる。この親本は一条家所蔵本ではあったが、「一条家巻子本」ではなく、また二〇冊からなる「一条家冊子本」であったかどうかは不明である。

②土御門本の方が全般的に文字の書写態度は丁寧であるが、親本の字詰めに関しては、近衛本の方が親本の体裁を残している可能性が高い。

③近衛本には親本に基づく校正と他本による校訂が加えられている。後者は複数の写本あるいは版本によっており、それを校異として利用するにあたっては注意が必要である。

本稿では、この考察結果を踏まえつつ、巻五について他の写本も含めて写本系統を素描することを目的とする。

一　巻五の諸写本

まずは『延喜式』巻五の写本について紹介したい。

東京国立博物館所蔵九条家旧蔵本には巻五は欠けており、唯一の古写本となるのが一条家に伝来した一条家巻子本である。一条家巻子本は一条家に伝来した平安末ないし鎌倉写と言われる古写本で、(2)昭和戦前期まで巻一～五の五巻が伝存していたが、戦災で焼失した。幸いにして巻四と巻五については影印本が残されているがモノクロであり、また影印に不備のあることが虎尾氏によって指摘されている。(3)一行の字数は一五～一七字。当写本を模写した写本が無窮会専門図書館神習文庫に蔵されている（神習三六六八。以下、一条家巻子本模写本と称する）。(4)

一条家にはその他、二〇冊よりなる冊子本（一条家別本）や巻九・一〇のみの二冊本も伝来していたが、巻子本に同じく戦災で焼失したと見られる。(5)一条家冊子本は皇典講究会・全国神職会校訂『校訂延喜式』（校訂延喜式出版部、一九二九年）の校訂に用いられている巻もあるが、巻五については言及がない。

土御門本は土御門泰重が元和三年（一六一七）に一条家所蔵本を借用し、翌年にかけて書写校合を行なった写本である。土御門家に伝来し、田中教忠を経て現在、国立歴史民俗博物館所蔵となっている。上表文・目録・歴運記を除いた五〇巻五〇冊が伝存。半葉九行一六～一七字。近衛本は近衛家伝来の江戸中期写本で、現在、京都大学附属図書館所蔵である。巻一六を欠き、それに上表文・目録・歴運記一冊を加えた五〇冊よりなる。半葉九行一五～一七字。(6)先述したように、両者は共通の写本（もしくはそれを極めて丁寧に模写した写本）から転写されている。(7)

宮内庁書陵部図書寮文庫所蔵藤波家旧蔵本（以下、藤波本と略称）は祭主藤波家に伝来した江戸前期写本で、巻一〜五に藤波季忠が安永一〇年（一七八一）二月から同年（天明元年）七月にかけて校合した朱筆識語が存在する。巻一〇を欠き、四九巻四九冊よりなる（上表文・目録・歴運記は巻一に合綴）。半葉一〇行一八字で、朱墨による訓点・傍訓等あり（朱書は校合時のものか。また漢字に付された朱濁点もある）。藤波家が一条家の家礼であったこともあり、土御門本との近似性が指摘されることもあるが、実際のところは「全面的に土御門本に似ているわけではない」[8]。ただ季忠によって書き込まれたであろう巻一〜五の校訂は一条家巻子本に近く、同写本によって校合がなされたのではないかとの推測がある。[9]

宮内庁書陵部図書寮文庫所蔵坊城俊方貞享五年写本（以下、貞享本と略称）は坊城俊方が穎川雅昶の所望により貞享五年（一六八八）正月頃より五月頃にかけて書写した写本で、全五〇巻に上表文・目録・歴運記一冊を加えた五一冊よりなる。巻五には、

右穎川氏雅昶頻依二所望一
数冊遂二書写一送之、早速之条
粗誤有之矣、
貞享五辰年正月中七　参議左大弁従三位藤原俊方
重而加二一校一畢、

との奥書があり、本文も俊方筆とされる。[10]「立習書庫」「温故堂文庫」「和学講談所」印が捺されており、塙家、和学講談所旧蔵であることが知られる（「立習書庫」印の使用者は不詳。筑波大学附属図書館所蔵『新鍥翰林三状元会選二十九子品彙釈評』等にも捺されている）。巻によっては「京本」「中本（林読耕斎旧蔵の中神守節本か）」「印本」「兼本（卜部兼永本）」「官本」などによる校訂がなされているが、巻五はイ本表記のみである。半葉八行一九字、朱訓点・朱

墨傍書・朱標目等あり。松江藩によって文政一一年（一八二八）に刊行された版本（雲州本）の『考異』には「貞享本」として引かれている。宮内庁書陵部宮内公文書館所蔵『明治二〇年　図書録』（識別番号乙二七一）によれば一八八七年に図書寮に購入されたと見られる。[11]

東京大学史料編纂所所蔵島原藩主松平忠房旧蔵本（以下、島原本と略称）[12]は本文冒頭に「和学講談所」「新宮城書蔵」「地誌備用図籍之記」印、冊末に「尚舎源忠房」「文庫」印が捺されており、島原藩主松平忠房（一六一九～一七〇〇）の蔵書で、和学講談所、新宮城主水野忠央（一八一四～六五）を経て内務省地理局地誌課[13]の所蔵となった。全五〇巻五〇冊で、巻一に上表文・目録・歴運記が合綴される。半葉一〇行一八字、朱訓点・朱傍書等あり。[14]

国立公文書館所蔵慶長年間写紅葉山文庫本（特一〇二―八。以下、慶長本と略称）は一巻一冊で巻一三・一八・一九・二四・四一・五〇を欠き、上表文・目録・歴運記を別冊として全四五冊よりなる。「紅葉山文庫」印あり。天地界縦罫を有し半葉九行一六字、墨筆返り点、朱墨傍書、朱訓点等あり。『本光国師日記』（続群書類従完成会本による）慶長一九年（一六一四）四月条に

　一、　記録共有之覚
　□〔大カ〕御所様ニ　延喜式　百練抄　令　江次第

と見え、また同記同年五月条に

一、五月二日之御状両通、同六日令二拝見一候、（〇中略）一、南光坊近日可レ有二下府一由、定而可レ為二一両日中一候、延喜式者大御所様ニも御座候、（〇下略）

また『駿府記』（東京大学史料編纂所所蔵徳川家達蔵本謄写本による）同月五日条に

五日、群書治要・貞観政要・続日本紀・延喜式自二御前一出二五山衆一、可レ令レ抜下公家武家可レ為二法度一之所上之旨被二仰出一、

と見えるので、その書写年次は慶長一九年四月以前と考えられる。[15]『重訂楓山御書籍目録』（『大日本近世史料』幕府書物方日記八所収）などによれば元来は四九冊であり、『本光国師日記』同年一〇月三日条によって、当初より欠けていたのは巻一三・二四の二巻であることが知られる。[16]

国立公文書館所蔵林羅山旧蔵本（特六六―七。以下、林本と略称）はおおよそ数巻ずつを一冊にまとめた二〇冊本で、巻一三と二四を欠く。第一冊本文冒頭に「江雲渭樹」印、各冊本文冒頭に「林氏蔵書」印、冊末に「昌平坂学問所」印があり、林羅山・林述斉・昌平坂学問所旧蔵であることが知られる。四周単辺で半葉一〇行一八字、朱訓点・朱傍書等あり。慶長写本の転写本との推測がある。[17]佐伯有義氏は「これは、林羅山の共合の共合校訂したるものなり」と述べる。[18]

国立公文書館所蔵堀氏花迺家文庫本（特六六―六。以下、堀本と略称）は上表文・目録・歴運記および巻一～七のみの残欠本で一巻一冊の七冊よりなる。冒頭に「花迺家文庫」「浅草文庫」印があり、須坂藩主堀直格（一八〇六～一八八〇）の花迺家文庫本で、一八七四年に堀家より国に献納された書籍のうちの一点。浅草文庫を経て内閣文庫に収蔵された。[19]天地墨界縦罫を有し、半葉八行一八～一九字。返り点や傍訓・合符・標目は墨筆で、朱書は切点に限られる。[20]

天理大学附属天理図書館所蔵吉田家旧蔵四六冊本（吉一六―八。以下、梵舜本と略称）は上表文・目録・歴運記および巻九・一〇・一三・二四を欠く[21]四六冊本で、梵舜（一五五三～一六三二）等による寄合書き。首に「隠顕蔵」「吉田文庫」印あり。半葉一〇行一六字で、墨書により送り仮名や傍訓・合符、朱による一点・切点・句点が付される。巻五〇に

右五十巻遂二一見一畢、

莫レ出二窓外一矣、

従三位侍従卜（花押）

との吉田兼雄（一七〇五～一七八七）識語がある。兼雄が従三位侍従であったのは『公卿補任』によれば、享保一七年（一七三二）四月より元文三年（一七三八）正月の間である。[22]

天理大学附属天理図書館所蔵吉田家旧蔵二四冊本（三二八・一―イ一九。以下、梵舜別本と略称）も同じく梵舜の筆を交え、上表文・目録・歴運記および巻九・一〇・一三・二四を欠くが、多くは二巻を一冊にまとめている。首に「隠顕蔵」「岡田眞之蔵書」印、冊末に弘文荘の「月明荘」印がある。半葉一〇行一七字で、墨書・朱書書き入れは梵舜本に同じ。巻一に元和二年（一六一六）八月、巻五〇に同年一一月に書写したとの梵舜自筆奥書があり、巻五〇には享保一九年（一七三四）八月吉田兼雄一見奥書がある。[23]『舜旧記』（史料纂集本による）元和二年一二月二日条に「延喜式之表紙已下喜庵へ誂了、」同月六日条に「次藤井へ延喜式一部、棚子入相渡也、兼見卿之時、書写之本也、予一部之通写了、遂二全部功一也、」と見え、梵舜の兄兼見（一五三五～一六一〇）生前に書写した写本をこの時に転写して手許に置き、親本を兼見の孫兼英（一五九五～一六七一）に贈ったらしい。梵舜別本は梵舜本の転写と見られるので、「兼見卿之時、書写之本」が梵舜本に相当するのであろうか。ちなみに『兼見卿記』[24]慶長元年（一五九六）一二月二七日条に「午刻参内、（〇中略）延喜式二部被レ入二御箱一被レ見下一之、来年六月中留置、可レ致二一覧一之旨仰、尤連々望存也、忝之由申入了、及レ暮退出、」、慶長二年（一五九七）三月二一日条に「延喜式料紙水ウチ仰二友甫一調之、同撲之袋已下申付了、」、四月七日条に「後刻参内、祗候之次、延喜式書写之事、先向二日野亜相一、客来之間、向二庭田亜相一、即対面、一冊之義申試之処同心、在二一盞之義一、舎弟素石（曽碩）被二罷出一之間、一冊之義相談、同心、頓而本可二持進一之由令二約諾一了、次向二飛鳥中将三位一対面、一冊之義申処同心、次向二藤宰相一、対面之間一冊申之、同心、向二伯卿一、一冊同心、次阿野少将、一冊同心、各持参、（〇中略）参二久我殿一、御他出也、奏者申云、一冊之義可レ被二遊下一之様奉レ頼之由、還御次第可レ被二申入一、先一冊御使ヘ預置之由申訖、日野亜相ヘ罷向、他行也、一冊之義使ヘ懇ニ申、先預置之、明日可二申入一之由申訖、」、八日条に「久我殿・日野亜相ヘ以二書状一遣二使者一、昨夕一冊之義如何、奉レ頼之由申入了、（〇中略）後刻自二久我殿一御使、御返事、一冊可二被レ遊給一之由承了、日野亜相使者、一冊同心、書状令二返事一了、」、一三日条に「素石一冊出来之由、昨日申来之間、唯今遣二藤四郎一、大東院一冊出来、」、五月七日条に「内府家康御出、（〇中略）延喜式等御覧之、是非可レ被レ写之由、承了、」、八月一〇日条に「自二勧修寺一申来云、延喜式請取之、可レ被二借下一之仰也、申出、亜相ニ在之、請取使者可二罷出一之由云、遣二喜介（鈴鹿）一、」、一三日条に「日野亜相ヘ延喜式一冊、已前書サシ、唯今御本持遣之、喜介、」、一四日条に「自二日野亜相一一冊延喜式、出来、書状・使者、対二面使者一、返事申入了、」、同年一〇月二五日条に「飛鳥井新三位書状到来、延喜式一冊出来了、畏入之由返事、後刻為レ礼遣二民部一了、」との記事が見える。梵舜本がこれらの記事に関わるものであるのか断言できないが、この時に梵舜本が書写されたとすれば、慶長元年当時禁裏に存在していた写本が親本とされたことになる。

前田育徳会尊経閣文庫には二種蔵される。一種（七―一大。以下、前田A本と略称）は各巻一冊で上表文等を別冊とする四九冊本で江戸前中期の書写。巻一三・二四を欠く。天地墨界縦罫を有し半葉九行一六字、朱訓点・朱墨傍訓あり、朱点は慶長本に近いが、慶長本に存する墨筆送り仮名や一二点はあまり見られない。佐伯氏は前田A本を取り上げ、「書写の年代詳ならねど、紅葉山文庫本の副写であると思はるゝ、松雲公の時か或はその以前に写されたものであらう」と記す(25)。『校訂延喜式』解題は、巻一三・二四欠で冊子二三冊からなる「前田家本」を紹介し、「誤字脱字等楓山文庫本（〇筆者注、慶長本を指す）に類似し、缺巻も亦同じきより推察すれば、楓山文庫本に拠りて書写したるか、若しくは、それと系統を同じくするものならむ」と述べるが、これは前田A本のことであろうか。

もう一種（七―五八書政。以下、前田B本と略称）は列帖装で、巻によっては数巻を一帖とし、三〇帖よりなる（巻一三欠）。打曇紙を料紙として天に金泥界、地及び縦に押界がなされ、半葉一〇行約一九字、朱点あり。いわゆる嫁入り本で、前田A本を転写したものかと見られる。(26) 脱行が見られるなど、書写態度自体はそれほど丁寧ではない。(27)

九条家には東京国立博物館現蔵巻子本の他に冊子本も存在した（以下、九条家冊子本と略称）。これは一九二九年に市場に出され大島雅太郎氏、ついで西田長男氏の所蔵となった江戸前期写の一七冊本で、巻五の一冊と巻五〜一〇・二一〜四八を一〜三巻ずつ分冊した一六冊からなるという。このうち一冊よりなる巻五のみが一九七八年に当時の所蔵者西田氏により影印紹介されているが、同冊も含め、九条家冊子本の現所在は不明である。半葉九行一五〜一七字、朱書による句点・切点・合符・返り点・ヲコト点等が付され、傍訓・傍書には朱墨両様あるという。また一部に標目を付す。当写本にはそれまで知られていた写本には存しない延喜式覆奏短尺草に関する書き入れのあることから注目された。(28) 田島氏は『道房公記』寛永二〇年（一六四三）三月二一日条に、九条道房が九条家で不足あるいは破損していた『延喜式』巻三・五の写本を書写するために、日野弘資所蔵本を借用したとの記事が見えることから、この冊子本巻五がこのときに書写された可能性を推測する。(29) 確かにその可能性が考えられるが、ただし冒頭の遊び紙および冊末にもと蔵書印が捺されていたのではないかと見られる痕の存することが気にかかる。

京都国立博物館所蔵京都博物館旧蔵本（以下、京都博物館本と略称）は近年、田島公氏によって紹介された江戸前期写本で、巻一三・一四のみを合冊した四九冊と上表文・目録・歴運記の一冊の全五〇冊よりなる。半葉九行一七字で、墨書による返り点・送り仮名・傍書・傍訓・標目と朱書による返り点・切点・句点・合符や傍訓・傍書書き入れ、校合書き入れ、字の訂正等が付される（冊末には「一挍畢（花押）」との朱筆識語あり）。この朱書の筆者は不明であるが、巻一の識語には「以二等庭本一挍了」とあって延享四年（一七四七）に生まれ文政四年（一八二一）六月に亡くなった浜島等庭（地下家伝巻二〇）の所蔵本により校正したことが見えるので、一八世紀後半以降の校合と考えられる。上表文等を収録した冊の後見返しの裏側に「明治十三十一月五日」「ウ五円八十銭」などといった語が書き込まれており、明治一三年（一八八〇）に売り立てられ、京都博物館が購入したものと見られる。他巻には他の写本に見えない長元二年（一〇二九）本奥書（巻四）や仁平二年（一一五二）本奥書が見え（巻四〇）、巻五には九条家冊子本と同じ延喜式覆奏短尺草関連の書き入れを存するなど貴重な情報を持つ。田島氏は当写本が諸写本や版本書き入れ、雲州本等に見える「京本」すなわち京極宮所蔵本である可能性を指摘するが、例えば巻七の六丁裏九行目に見える「一宇多明析理屋」（15在京斎場条）に「以下七字、京本無、」との朱筆傍書があり、またその他の箇所においても諸書に見える京本校異と必ずしも一致していないので、京極宮所蔵本そのものとは考えない方が良いであろう。[30]

西尾市岩瀬文庫所蔵法隆寺弥勒院本（一〇九―四七。以下、弥勒院本と略称）は五〇巻および上表文等を一九冊に合冊した江戸前期写本（岩瀬文庫古典籍書誌データベースによる）で、冊末に「法隆寺弥勒院」印があり、同寺旧蔵であることが知られる。四周単辺で半葉一〇行一八字、切点・句点・合符・返り点・ヲコト点・傍訓等の書き入れがある。[31]

以上が管見に及んだ巻五を有する写本である。江戸中期までの写本としては、この他に休館中であったため調査がかなわなかった無窮会専門図書館所蔵神習文庫本（神習三六六八。以下、玄梁本と略称）がある。これは「芝崎文庫」印がある井上頼圀旧蔵書で江戸時代前期写、巻一三欠の二〇冊本で、巻末に「玄梁（印）」の記名があり、[32] 井上による校合がなされている。[33] また一九八七年の東京古典会『古典籍下見展観大入札会目録』には江戸初写（巻一三・二四補写）とされる二〇冊本が掲載されているが、現所在を把握できていない。[34] 以上に加えて諸写本や諸版本になされた書き入れも現存不明の写本を検討する上で重要であるが、今後の課題として本稿では省略に従う。[35]

二　写本系統の検討

本節では、一で紹介した諸写本を取り上げ、その写本系統について具体的検討を行なう。なお、まずは全体像を把握することを主眼とするため、後筆による書き込み・校合は原則として検討対象外とする。

(一) 一条家巻子本と他の近世写本との関係

近世写本が同一の祖本から派生したと見られることは、虎尾氏の指摘の通りである。それでは近世写本と一条家巻子本との関係はどうであろうか。

この点について、例えば29野宮新嘗祭条[36]において一条家巻子本および管見の近世写本すべてが「自余供二祈年祭・月次一神是」としていて、「月次」の次に「祭」字を脱していると考えざるを得ないこと[37]、59六処堺川条において同じくすべてに「席一枚」の前に「善品漆筥納二堅魚・鰒等類一」の一〇文字があるものの傍書の竄入と考えられること[38]、61祈年祭条においてやはり同じくすべてに「大川内社已上度会郡、」の次に「已上社名本官説、」とあり、注の竄入と考えられることなどからすれば[39]、一条家巻子本と近世写本の祖本は同一であったと考えるべきであろう。

ただし別稿にて一条家巻子本がそのまま土御門本・近衛本の祖本になったとは考え難いことを指摘したが、それは他の近世写本においても当てはまる。

今、37野宮年料供物条の一部について一条家巻子本と土御門本とを比較してみることにする。

一条家巻子本

年料供物

絹七十二疋五丈五寸、長絹十五疋、白絹十疋、帛廿疋、白綾二疋、綿一百七十二屯、紵五段四丈、細布一段二丈二尺、（〇中略）絲七両、膳部所三両、水部所二両、酒部所二両、細布八段二丈八尺、六段二丈四尺膳部所料、二段四尺酒部所料調布七段九尺、四段八尺膳部所料、三丈一尺酒部所料、一段一丈九尺水部所料、三丈一尺戸座所料、東席六枚、二枚水部所料、四枚戸座所料、（〇下略）

土御門本

年数供物

絹七十二疋五丈五寸、長絹十五疋、白絹十疋、帛廿疋、白綾二疋、綿一百七十二屯、紵五段四丈、細布一段二丈二尺、（〇中略）

絲七両、膳部所三両、水部所二両、酒部所二両、細布八段二丈八尺、六段二丈四尺膳部所料、二段四尺酒部所料、**望陀布一端、水部所料、曝布一端二尺、一丈二尺酒部所料、三丈水部所料、**調布七段九尺、四段八尺膳部所料、三丈一尺酒部所料、一段一丈九尺水部所料、三丈一尺戸座所料、東席六枚、二枚水部所料、四枚戸座所料、（〇下略）

土御門本においてゴシックとした箇所二九字が一条家巻子本では脱落している。ちょうど一行分であり、料紙の紙継ぎ部分にあたるわけでもないので、恐らくは一条家巻子本（もしくはその祖本）の書写において目移りのために一行脱落させたものであろう。この一行分を意によって補うことは不可能である。一条家巻子本を書写後に校正した際に脱落に気づき、貼紙によって補われ、近世写本の祖本が転写された後にその貼紙が失われたという想定も可能性としては排除できない（ただし複製本を見る限りにおいて糊痕は見出せない。また一条家巻子本においては脱落は通常、傍書書き入れによって処理されている）が、注意すべきは脱落部分の曝布の単位に「端」が使われていることである。巻五の中ではこれ以外に望陀布の記載は見えないが、曝布の記載は見え、そのうち「タン」の単位が四箇所に用いられており、いずれも一条家巻子本・土御門本とも「段」で表記されている（14初斎院装束条、66供新嘗料条〈二箇所〉、71年料供物条）[40]。となると、この脱落部分は一条家巻子本の祖本とは異なる系統の写本によって補われた可能性が高いであろう。それがどの段階であるかということについて考えると、仮に一条家巻子本の転写本段階であったとするならば、この箇所のみ本文に繰り入れられ、他に一条家巻子本で傍書となっている部分を本文に繰り込まなかった理由が説明できない。したがって、脱落補充は一条家巻子本を転写した後にではなく、それより前の一条家巻子本の祖本を転写した段階で行なわれた（すなわち一条家巻子本と近世写本の祖本とは親子関係にあるのではなく、兄弟関係にある）と推測しておくのが妥当であろう。

一乗家巻子本の祖本（37条に脱落を持つ）——一条家巻子本
　　　　　　　　　　　　　　　　　　　　　└→近世写本の祖本
別系統の写本——補充——↗

なお、11庭火祭条における「柏二把」三字、37野宮年料供物条の「瓶五口」の注における「四口各受㆓一升㆒」の「各」字は一条家巻子本のみが有し、他の近世写本はいずれも脱落しているのみならず、書き入れもなされていない（版本に書き入れがなされた事例は確認できる）。近世に一条家巻子本が人目に触れる機会はそれほど多くはなかったのかも知れない。

（二）堀本の系統

近世写本の中で堀本は特異な位置を占めている。他の近世写本と比較して堀本のみが異なる文字を持つことが少なくないのである。そこで明暦三年刊記本以前の版本（すなわち正保四年刊本もしくは慶安元年修訂本）と見られる大和文華館所蔵鈴鹿文庫本と比較してみると、二、三の標目を脱していることを除けば、傍訓・送り仮名や返り点・合符・切点にいたるまで同一であることが確認できる。[41] したがって堀本は正保四年刊本ないし慶安元年修訂本の忠実な写し（もしくは版本の草稿本）ということになる。よって以後の考察からは除外することとしたい。

（三）慶長本系統の写本群

『延喜式』のような物品羅列形式・条文羅列形式の内容を持つ史料では、改行のあり方によって写本系統系統の手がかりを得ることができる。

14初斎院装束条は斎王が卜定後、まず潔斎のために過ごす初斎院の調度等を列挙した条文であるが、近世写本のうち、慶長本・前田AB本・林本・島原本・藤波本・貞享本・弥勒院本は途中「銀飯笥一合」のところで改行するという特徴を持っている。今、慶長本によって示す。

初斎院装束
白絹十疋、（○中略）膳櫃四
合、各加榻弁杤、
銀飯笥一合、（○下略）

これは慶長本の親本もしくは祖本において「各加榻弁杤、」が行末に記された後に少し空白があったために、改行と勘違いして書写されたものと見られる。

この一箇所だけであれば、偶然の一致ということも考えられようが、この八写本はその他の箇所でも類似が確認できる。29野宮新嘗祭条において土御門本・一条本・近衞本・九条家冊子本・梵舜本・梵舜別本がすべて本文で「滑海藻」を脱し傍書で補うのに対し[42]、八写本はすべて本文中に記している。

この八本のうち、まず慶長本と前田AB本との関係について検討すると、基本的に慶長本と前田A本の本文は、慶長本における脱字補入が前田A本では本文に繰り込まれていることを除けば、字詰めにいたるまでほぼ共通しており（慶長本の脱字を本文に繰り入れたところでは、ずれが生じている）、書入れも慶長本の一二点や送り仮名等が後世の加筆と考えれば、ほぼ同内容と言って良いであろう。8初斎院祓清料条で「矢卌隻」を前田A本が「矢卅隻」と、59六処堺川条で「下樋小川」を前田A本が「下小川」と誤っていることなどからすれば、慶長本の転写（直接の親子関係かどうかは不明）が前田A本と考えられる。前田B本も基本的には同内容であるが、書写態度はそれほど丁寧ではなく、たとえば25御贖料条や43造備雑物条で慶長本・前田A本でちょうど一行分にあたる「二段布御服二領料布一段裳二腰料布」、「五丈五尺七寸東絁三丈二尺二本包綾」が脱落していたりする。前田A本の誤写を受け継いでいるので、その転写と考えて良いであろう。

残りの五本を慶長本と比較すると、慶長本が5忌詞条を行末まで記した後、6河頭祓条を行頭より記すのに対し、林本・島原本・貞享本・藤波本・弥勒院本はすべて五条に続けて改行することなく、六条を記しており、同様の事例が30野宮供新嘗料条と31新嘗祭大殿祭条でも確認される。これらからは、六本の中でも慶長本が上流に位置し、他の五本が末流に位置することが読み取れよう。

この他、62三時祭禊料条では、禊に用いる料物を列挙した後に二字程度行頭を下げて次第を記しているが、その次第部分について諸写本の異同は次のように分かれる。

土御門本・近衛本・近衛本・九条家冊子本・梵舜本・梵舜別本・京都博物館本・前田B本

「右五月十一月」より改行して二字下げ、以下、そのまま改行をせず記す。

慶長本・貞享本[43]**・前田A本**

行頭二字下げで「右五月十一月晦日随近川頭為禊」までを記し、次行行頭から「八月晦日[44]……」と記す。その次行は行頭二字下げに戻る。

藤波本

行頭二字下げで「右五月十一月晦日随近川頭為禊」までを記し、二字程度を空けて（ただし後筆で空白を抹消）次行二字下げで「八月晦日……」と記す。

林本・島原本・弥勒院本

「右五月十一月」を改行せずに「禊」まで続けて記し、三字程度空白を空けて次行行頭より慶長本と同様に「八月晦日……」と記す。その次行は行頭二字下げ。ただし島原本は書写後に「八月晦」三字を抹消して、「禊」下の空白に「八月晦」を後筆する。

全く同一ではないものの、やはり慶長本・貞享本・藤波本・林本・島原本・弥勒院本・前田本が一グループをなしていることが読み取れる[45]。

この他の異同も見比べると、たとえば22野宮祈年祭条において末尾に近い「（庸布）五段、造幣忌部三人」云々のところで林本と島原本・弥勒院本のみが改行するという誤りを犯している。いずれの写本も字詰めは以下の通りである。

二月祈年祭廿一座　（〇中略）

鍬一口、酒四升、鰒・堅魚・海藻各六両、脂〔二〕二、脂二升、塩一升、坩・坏各一口、

右、供神料物如前、（○中略）裏調薦四枚一丈、短帖一枚、祝詞料庸布（ママ）五段、造幣忌部三人明衣料調布一段三丈五尺、

このところは慶長本では次のようになっている。[46]

二月祈年祭廿一座　（○中略）鍬一口、酒四升、鰒・堅魚・海藻各六両、腊二升、塩一升、坩・坏各一口、

右、供神料物如前、（○中略）裏調薦四枚一丈、短帖一枚、祝詞料庸布五段、造幣忌部三人明衣料調布一段三丈五尺、[47]

この他にも21野宮祓清料条で林本・島原本・弥勒院本の三写本と慶長本（・前田A本）との間で同様の関係が見られるなど、林本・島原本・弥勒院本は類似性が高く、いずれも慶長本の下位に位置付けられる。[48] 字詰めや傍訓・合符・ヲコト点等もほぼ共通しており、70斎宮鋪設条等で島原本において恐らくは林本と字詰めを揃えるために空白符を置いた例が確認できることからすれば、[49] 林本の転写本（直接の転写か否かは不明）が島原本と考えることができるであろう。島原本を有していた松平忠房の蒐書先には林家があったとされている。[50] 林本と弥勒院本との関係については明証は無いものの字様より推し、やはり林本の転写本（直接の転写か否かは不明）が弥勒院本であったと考えるのが穏当であろう。弥勒院本と島原本とは細部に若干の違いがあり、それぞれ別個に林本を転写したものと見られる。

これに対し、藤波本・貞享本は林本とはそれぞれ別に慶長本より転写されたと見られる（直接の転写か否かは不明。また慶長本に近い別写本の転写である可能性も考えられる）。藤波本はヲコト点や一点・切点・句点等は書写されず、また補入の指示がある傍書を、そのままの形で転写するのではなく、本文に繰り入れているなど、親本を忠実に転写したとは考え難い。また貞享本はヲコト点は書写されているものの、補入の本文への繰り入れが行なわれている点は藤波本と同様であり、誤写も多く、さらには「晦日」を「卅日」と記すなど、他の写本に見られない貞享本独自の異同が存在する。したがって本文の文字としては、藤波本・貞享本の信頼度は低いと言える。なお貞享本には標目が存在するが、これは別系統の写本ないし版本によって補われたものということになろう。[51]

（四）その他の写本系統

残された写本は九条家冊子本・梵舜本・梵舜別本・京都博物館本である。このうち梵舜別本は既述したように梵舜本の転写本と考えられるので、以下の考察では除外したい。

九条家冊子本は土御門本・近衛本と本文・傍訓・訓点ともほぼ同じであり、字体も比較的似通っており、特に35卜戸座火炬条において土御門本・近衛本、そして京都博物館本と共に「其斎王入伊勢斎王斎宮」と記した上で「斎宮」の前の「斎王」二字を抹消していることが注目される。[52]この二字の衍字を四写本は共有していたのである。一方で九条家冊子本には土御門本・近衛本、そして一条家巻子本に無い傍訓も多々存在する（たとえば4木綿賢木条の「賢木」に「サカキ」との傍訓が付される）。これは九条家冊子本の親本段階から存在していたものか、あるいは書写後に後から追加されたものであるか、両様の可能性があるが、影印本解題を執筆した西田長男氏が傍訓等について「一筆よりなっている」と判断したこと、[53]「イ本ニ」「イニ」等と注記した傍書が他に存すること、「サ」「ス」「マ」「ミ」等において古体を残す仮名字体が用いられている場合があることなどを考慮すれば、親本段階から存在していた可能性が高いであろう。だとすれば、九条家冊子本の親本は土御門本・近衛本の親本とは別であったということになる。それらの傍訓は、ある段階の祖本において書き加えられたと推測される。

京都博物館本も土御門本・近衛本と本文が多く一致するが、たとえば73元日条では土御門本・近衛本が「門長各絹一疋」として「部」を脱落させるのに対し、京都博物館本は一条家巻子本や九条家冊子本等と同様に「門部長各絹一疋」としており、転写本というわけではない。またヲコト点はなく（代わりに送り仮名が振られている）、傍訓や合符等は土御門本と異同があり、傍訓はどちらかと言えば土御門本より九条家冊子本と近いが、完全に一致するわけではない。近衛本朱傍書に相当する傍書も多く「イ」を付記して他本による追筆であることを推測させるので、親本は土御門本・近衛本の親本とは別系統で、やや簡略化された写本であったように思われる。[54]

梵舜本は句点・切点のみが朱書で記され、土御門本の朱墨書は墨筆であり、またヲコト点は無く、送り仮名に変えられている。29野宮新嘗祭条における「滑海藻」の脱落（傍書にて補う）など慶長本よりは土御門本・近衛本に近いが、先に触れた35卜戸座火炬条の衍字などからすれば、九条家冊子本・京都博物館本よりはやや遠い関係にあると見られる。

むすび

以上、本稿では管見に及んだ『延喜式』近世写本の書写系統について検討を加えてきた。検討結果によれば、おおよそ左のような書写系統図を描くことができる。

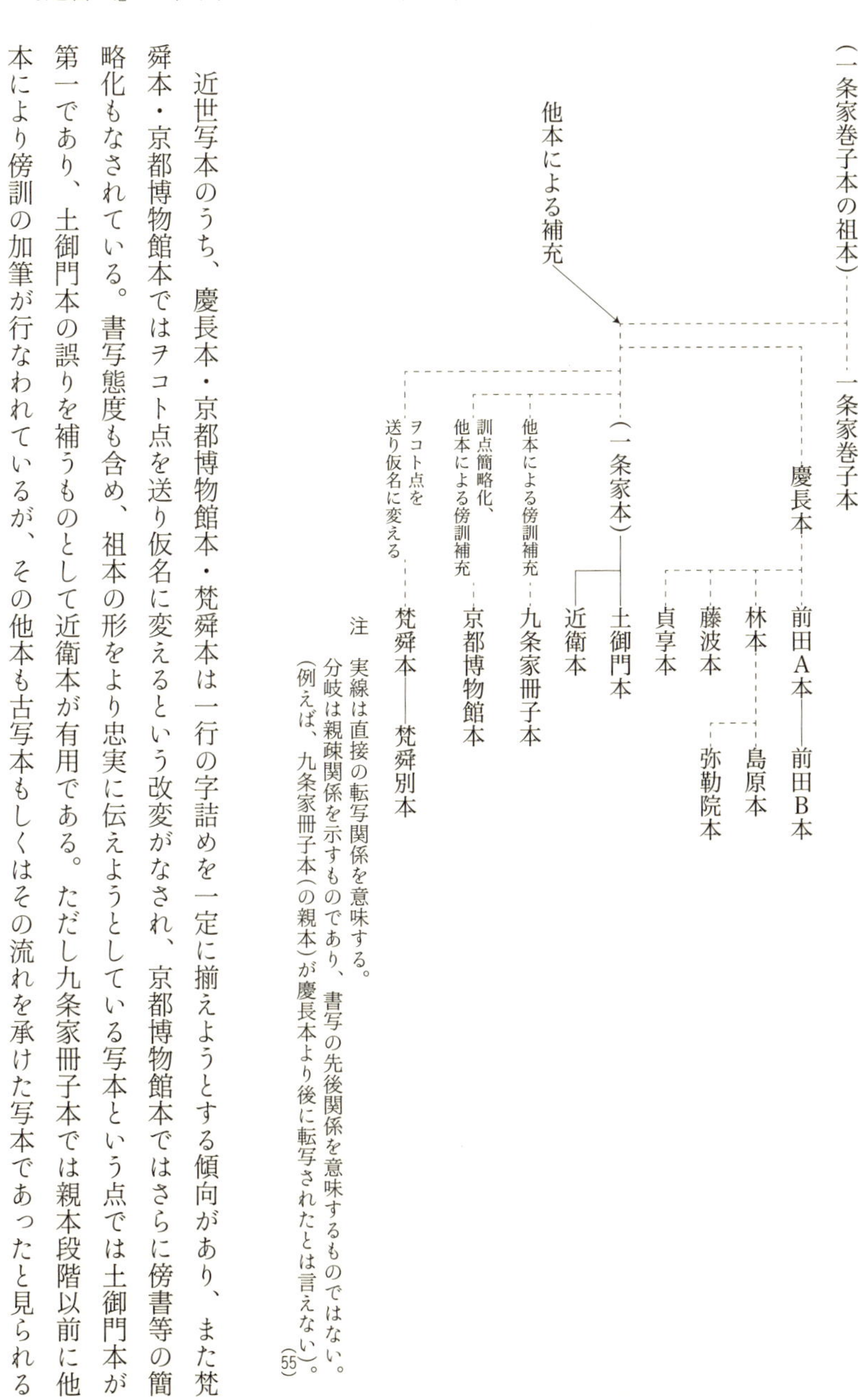

注　実線は直接の転写関係を意味する。
分岐は親疎関係を示すものであり、書写の先後関係を意味するものではない。
（例えば、九条家冊子本（の親本）が慶長本より後に転写されたとは言えない）。(55)

近世写本のうち、慶長本・京都博物館本・梵舜本は一行の字詰めを一定に揃えようとする傾向があり、また梵舜本・京都博物館本ではヲコト点を送り仮名に変えるという改変がなされ、京都博物館本ではさらに傍書等の簡略化もなされている。書写態度も含め、祖本の形をより忠実に伝えようとしている写本という点では土御門本が第一であり、土御門本の誤りを補うものとして近衛本が有用である。ただし九条家冊子本では親本段階以前に他本により傍訓の加筆が行なわれているが、その他本も古写本もしくはその流れを承けた写本であったと見られるので、尊重されるべきであろう。

以上はあくまでも巻五に関して、また本文および親本段階から存在していた書入れ等に関しての系統図である。したがって他巻においては別途、考察を行なわなければならない。特に巻五の存しない九条家巻子本や金剛寺所蔵本・壬生家旧蔵本については注意が必要であろう。[56]さらに、巻五に関してもまだ、諸写本や諸版本に書き込まれた校異や書入れについての検討を残している。なかでも九条家冊子本や京都博物館本等に存する標目および延喜式覆奏短尺草編纂に関わる傍書は、明らかに以上の写本とは別系統の写本から移写されたものであるので、特に重視される。

このように『延喜式』写本系統についてはまだ検討すべき課題が多く残されている。本稿で明らかにできたことはごく一部に過ぎず、今後、さらに検討していくこととしたい。

註

（1）　虎尾俊哉「延喜式写本についての覚書」（『延喜式研究』一四、一九九八年）。
（2）　一条家巻子本については佐伯有義a「延喜式異本及び注釈書」（同編『神道叢書』二、神宮教院、一八九八年）・b『延喜式綱要』（日本宗教講座第一二回配本）東方書院、一九三五年、宮地直一「解説」（『九条家本延喜式神名帳』稲荷神社、一九二五年）、梅本寛一「延喜式の異本及び版本に就いて」（『国学院雑誌』三四―九、一九二八年）、木村春太郎「延喜式古写本の三種に就きて」（『史学会会報』八、一九二九年）、皇典講究会・全国神職会「解説」（同校訂『校訂延喜式』上、校訂延喜式出版部、一九二九年）、黒板勝美「凡例」（『新訂増補国史大系』二六、吉川弘文館、一九三七年）、田島公a「土御門本『延喜式』覚書」（門脇禎二編『日本古代国家の展開』下、思文閣出版、一九九五年）・b「『延喜式』諸写本の伝来と書写に関する覚書」（田島公編『禁裏・公家文庫研究』五、思文閣出版、二〇一五年、初出二〇〇五年）、虎尾俊哉a「解題」（同校注『延喜式』上、神道大系古典編一一、神道大系編纂会、一九九一年）・註1論文・b「解説」（同編『延喜式』上、訳注日本史料、集英社、二〇〇〇年）、c「延喜式　土御門本　解題」（『国立歴史民俗博物館蔵貴重典籍叢書』歴史篇一八、臨川書店、二〇〇一年）等参照。

（3）虎尾氏註1論文注（3）。

（4）一条家巻子本模写本の問題点については、虎尾氏註1論文参照。

（5）以上とは別に、一八七七年頃に書写されたと見られる東京大学史料編纂所所蔵『一条家書籍目録』（RS四一〇〇―一〇五。武井和人a「一条家の蔵書」（『中世古典学の書誌学的研究』勉誠出版、一九九九年、初出一九九四年）・b「東京大学史料編纂所蔵『一条家書籍目録』〔四一〇〇・一〇五〕」（同書所収、初出一九九五年）参照）によれば、巻一三と巻二四を欠く二五冊本が一条家に伝来していたことが知られる（田島氏註2b論文）。

（6）毎葉行数と各行字数は巻五について述べたものである。以下も同じ。

（7）土御門本については田島氏註2ab論文、虎尾氏註1論文・註2abc解題参照。近衛本については皇典講究会・全国神職会註2解題、佐伯氏註2b書、田島氏註2a論文、金子善光a「諸本覚書」（『延喜式祝詞の研究』大河書房、二〇一四年、初出一九九八年等）・b「翻刻・京都大学図書館蔵「陽明文庫本　延喜式・巻八・祝詞」」（『文化史史料考証』刊行委員会編・発行『〈嵐義人先生古稀記念論集〉文化史史料考証』二〇一四年）および小倉別稿参照。

（8）田島氏註2a論文補注3。

（9）虎尾氏註1論文。藤波本についてはこの他、梅本氏註2論文、皇典講究会・全国神職会註2解題、佐伯氏註2b書、金子氏註7a論文、虎尾氏註2ab解題参照。

（10）虎尾氏註2a解題。

（11）貞享本についてはこの他、梅本氏註2論文、皇典講究会・全国神職会註2解題、佐伯氏註2b書、宮内庁書陵部編『図書寮典籍解題』続歴史篇（養徳社、一九五一年）、金子氏註7a論文、虎尾註2b解題参照。なお皇典講究会・全国神職会解題では「塙本」と呼称されている。

（12）従来、「塙本」と呼ばれることが多かったが、最初の所蔵者である松平忠房にちなんでこう略称することにしたい。

（13）『改訂増補内閣文庫蔵書印譜』（国立公文書館、一九八一年、初版一九六九年）一五三頁によれば、「地誌備用図籍之記」印は地誌課が明治一〇年（一八七七）一二月に内務省地理局に移管されてより使用されたという。地誌課は明治二三年（一八九〇）九月に帝国大学に移管され、翌一〇月に地誌編纂掛が設けられた（東京大学史料編纂所編『東京大学史料編纂所史料集』東京大学出版会、二〇〇一年二頁）。

（14）島原本については金子氏註7a論文・虎尾氏註2ab論文参照。

（15）近藤正斎『右文故事』（『近藤正斎全集』二、国書刊行会、一八九六年）一七三頁、田島氏註2b論文も参照。佐伯氏註2a解題は「慶長四年の写本」とするが、その根拠は不明。

（16）田島氏註2b論文。慶長本についてはこの他、梅本氏註2論文、皇典講究会・全国神職会註2解題、佐伯氏註2b書、金子氏註7a論文、虎尾氏註2ab解題、本稿註55参照。

（17）梅本氏註2論文、金子註7a論文、虎尾氏註2ab解題参照。

（18）佐伯氏註2a書。

（19）花洒屋文庫本については恵光院白「堀直格の著編とその蔵書目録群の相貌（稿）」（深井人詩編『文献探索二〇〇七』金沢文圃閣、二〇〇八年）および同論文に言及された諸論文参照（恵光院氏はその後も関連論考を発表されておられるようであるが、未見）。

（20）堀本については梅本氏註2論文参照。

（21）なお、同館吉田家文庫には梵舜筆の上延喜格式表（歴運記を付す）が二冊あるとのこと（吉一六—三〇、吉一六—三一）であるが、未見。また同じく巻九・一〇のみ二冊の天正一七年（一五八九）梵舜筆本もある（三二八・一—イ二一）。

（22）梵舜本については虎尾氏註2ab解題参照。

（23）梵舜別本については佐伯氏註2b書、金子氏註7a論文、虎尾氏註2ab解題参照。

（24）史料纂集『兼見卿記』六による。また田島氏註2b論文も参照。

（25）佐伯氏註2b書。

（26）佐伯氏註2b書。

（27）前田AB本についてはこの他、梅本氏註2論文、金子氏註7a論文参照。

(28) 武田祐吉「『延喜式』神祇の巻の撰修」（『武田祐吉著作集』一、角川書店、一九七三年、初出一九三〇年）、西田長男「九条家旧蔵冊子本『延喜斎宮式』解題」（同編『九条家旧蔵冊子本『延喜斎宮式』』国学院大学神道史学会、一九七八年）。

(29) 田島氏註2b論文。九条家冊子本についてはこの他、虎尾氏註2ab解題参照。

(30) 以下、本稿では丁数を本文墨付で示す。

(31) 東京大学史料編纂所架蔵写真帳によった。

(32) 金子氏註7a論文は第一冊に「柴崎文庫」印ありと誤る。佐伯氏註2a解題・梅本氏註2論文は笠崎某旧蔵とするも、根拠は不明。

(33) 金子氏註2a論文、虎尾氏註2ab解題参照。

(34) 玄梁本についてはこの他、佐伯氏註2b書にも言及がある。

(35) 例えば宮内庁書陵部図書寮文庫所蔵勢多家旧蔵版本（一七二一―一七三三）には九条家冊子本と京都博物館本のみに見える延喜式覆奏短尺草に関わる書き入れが書き込まれている。

(36) 以下訳注日本史料本によって条文番号と条文名称を記すこととする。

(37) 訳注日本史料本は「祭」を意補している。

(38) 訳注日本史料本は雲州本『延喜式考異』に従って本文より削除している。

(39) 訳注日本史料本は傍注の竄入と見て本文より削除している。

(40) 訳注日本史料本においては、布の単位としての「段」と「端」とは写本においてしばしば混用されているとして、実際の写本の文字に関わらず、庸布・商布・交易布の場合は「段」、調布その他の布は「端」を用いることとしており（凡例）、巻五の曝布はすべて「端」表記に統一されている（神道大系本も同じ）。

(41) 堀本には本文の文字を訂正している箇所があるが、訂正後の文字が鈴鹿文庫本と同じとなっている。

(42) 京都博物館本も「滑海藻」は本文中になく、「海藻」の上に朱書で「海藻イ」を補入し、さらに墨書で「滑イ」を補入する。

(43) 貞享本は「禊」の下を二字程度空け、次行の「八月」の頭より「禊」まで朱線を引いて「イ本右ノシタヨリ」との朱注を付す。

(44) ここで丁が変わっている。
(45) 前田B本が前田A本と異なるのは、誤りに気づいて改めたものであろう。藤波本も同じ。
(46) 前田A本も同じ。
(47) ここで丁が裏に変わる。
(48) 前田A本の誤りの多くは受け継がれていないので、前田A本の転写ではないと考えられる。
(49) 三四丁オ三行目行末。ただし島原本・弥勒院本とも林本の字詰めそのものにはあまりこだわっていないようで、林本の衍字で抹消符が付されている場合や脱字を傍書して補入している場合には、指示に従って飛ばしたり本文に繰り入れて写しており、結果として字詰めがずれていることが多い。空白符については虎尾俊哉「延喜式校訂二題」(『神道古典研究所紀要』三、一九九七年)参照。
(50) 中村幸彦・今井源衛・島津忠夫「〈肥前島原〉松平文庫」(『文学』二九―一一、一九六一年)参照。ただし同論文によれば、忠房から林家に提供されることもあり、また林家以外の蒐書先も存在した。
(51) 一部異なるものもあるが、ほぼ版本の標目に一致する。ただし版本に存在しながら貞享本にない標目も見られるが、これは転写し漏らしたものか。
(52) 京都博物館本は「王」のみ抹消。
(53) 西田註28解題。
(54) 例えば17鎮野宮地祭条では、土御門本や一条家巻子本・九条家冊子本等に存する「庸布五段」の朱傍書が慶長本と同様に存在しないが、これは京都博物館本の書写もしくはそれ以前の段階で省略されたものと考えられる。
(55) 先に紹介した『兼見卿記』慶長二年の記事が梵舜本に関わるものであり、同年五月七日段階で家康が慶長本を書写していなかったとするならば、梵舜本の後に慶長本が書写されたことになる。
(56) 大和文華館所蔵鈴鹿文庫本『延喜式』版本巻五には壬生以寧蔵本との校合が書き込まれている。

附記　本稿において言及した『延喜式』諸写本所蔵機関には閲覧や紙焼写真頒布等、大変お世話になった。また田島公氏より御教示いただいた点がある。ここに記して謝意を表したい。本稿はJSPS科研費16H03485・26284099・

17H06117・17H00921および人間文化研究機構基盤研究プロジェクト「古代の百科全書『延喜式』の他分野協働研究」「総合資料学の創成」の成果の一部である。

補記　脱稿直前に虎尾達哉氏の御好意により、虎尾俊哉氏収集の玄梁本紙焼写真帳を見る機会を得た。それによれば、7河頭祓料条等において土御門本独自の誤りを踏襲していることから、玄梁本は土御門本の転写本（直接の転写か否かは不明）と考えられる。玄梁本に「芝崎文庫」印とともに捺されている丸印の印文は不鮮明であるが、「神田」の可能性が考えられる。国学院大学日本文化研究所編『和学者総覧』（汲古書院、一九九〇年）には神田明神祠官として芝崎好高・同男好寛、好寛男好全、芝崎好紀（妻は荷田春満女直子）の名が見える。なお、「芝崎」は神田明神周辺の地名でもある（川尻秋生氏から御教示を得た）。

地域資料による古代史研究
――上野三碑と上野国交替実録帳を中心に

前澤和之

はじめに

古代の国を単位とする地方の様相を明らかにするための資料として、全体に共通するものに『日本書紀』『続日本紀』をはじめとする各種の史料、国府・郡家、国分二寺、駅路・駅家など公的施設の遺跡、また廃寺跡や現在まで続く神社などがある。これを軸とした研究によって、地域の政治・社会の状況と変遷、氏族や人びとの生活の動向などを明らかにすることが地域像を把握する基本となる。

その上で古代史研究の素材を見渡してみると、地域に遺存している固有の歴史資料、他の国には同様の例が知られない、あるいは稀有な特定の地域にかかわる資料がある。前者の例としては城柵、後者では風土記などがそれに当たる。これらは地域の特性をより深く究明するための資料として貴重であり、実際に県史の編さんなどで積極的な取り組みが行われている。[1] ここでは、そうした意義をもつ歴史資料を地域資料と呼ぶことにする。
小稿では古代の上野国に当たる群馬県地域にかかわる当該資料として、七・八世紀の石碑である「上野三碑」と長元三年（一〇三〇）に作成された「上野国交替実録帳」をとり上げる。これらと関連する各種の資料との検討を踏まえた地域像に、両者を照合した検討から導き出された成果を加味して、その特性をより深める作業を試みたい。

一　地域資料としての上野三碑

(1)上野三碑とは

群馬県の南部にある高崎市、その市街地南西部の烏川と鏑川が合流する地帯の径三キロメートルの範囲に近接してある、七世紀後期から八世紀前期に建立された山上碑・多胡碑・金井沢碑の三つの古代石碑の総称である（図表1）。これらは四十五年の間に地元の人物によって建立され、一千三百年にわたって守り伝えられてきた日本最古の石碑群であり、その歴史的価値の高さからいずれも文化財保護法による特別史跡に指定されている。[2] 建立された年代順にそれぞれの要点を示すと次のようになる。

山上碑

所在地　群馬県高崎市山名町山神谷、丘陵上に古墳と並んである。
時　期　辛巳歳（六八一、天武天皇十）十月三日、完全な形で残る日本最古の石碑。
石　材　榛名山起源の輝石安山岩
形　態　不整形な自然石の碑身を台石に嵌め込む、現在の台石は後補。

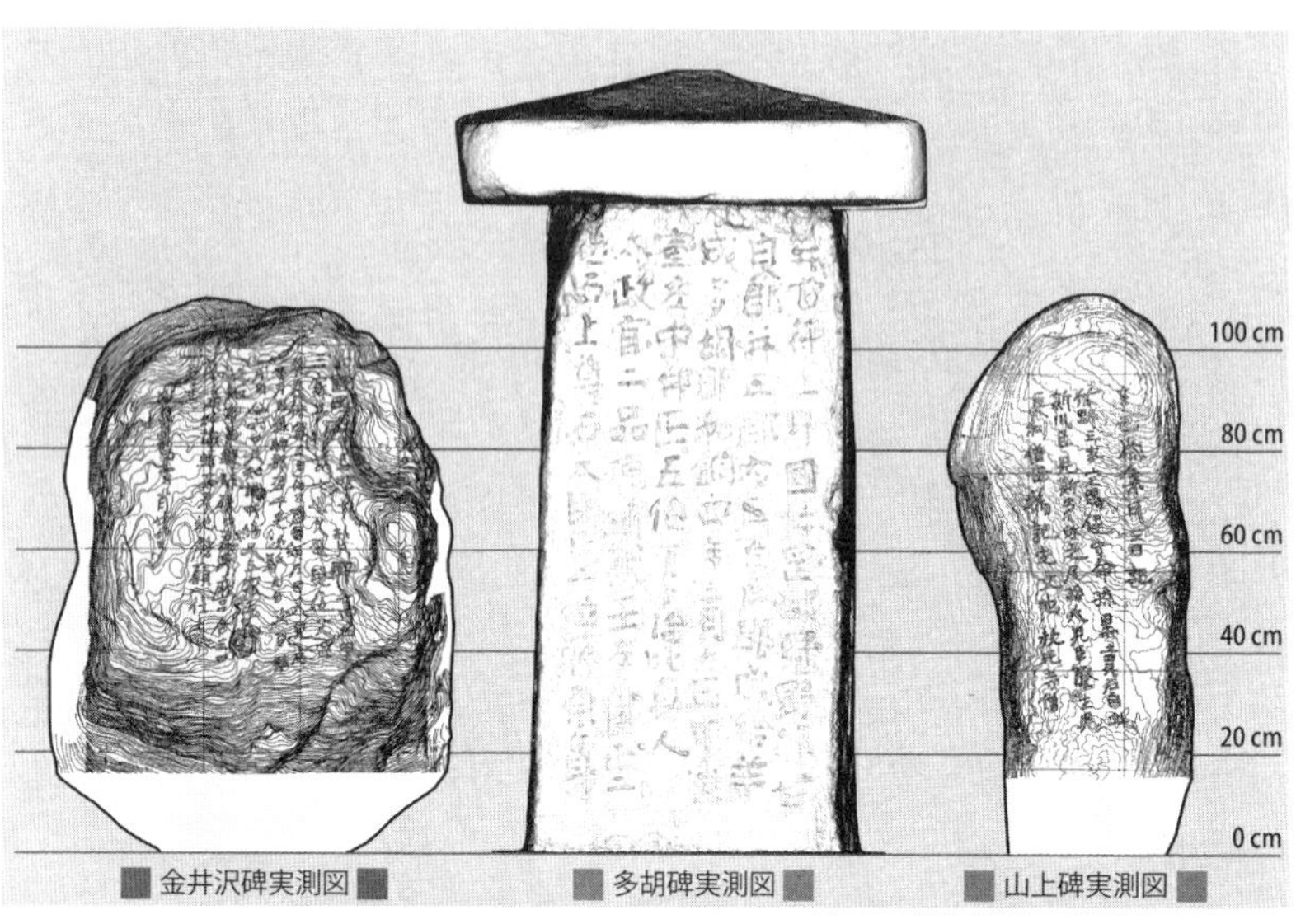

図表1　上野三碑実測図（原図：高崎市教育委員会リーフレット）

寸　法　高さ百十一センチメートル・幅四十七センチメートル・厚さ五十二センチメートル

建立者　放光寺僧の長利（姓は不明）。

碑　文　南に向いた面に四行・五十三字、書体は隷書体の特色をもつ。

風化が進んでいて不鮮明な箇所もあるが、おおよそ次のように判読できる。

辛己歳集月三日記
佐野三家定賜健守命孫黒売刀自
新川臣児斯多々弥足尼孫大児臣娶生児
長利僧母為記定文也　放光寺僧

〈内容〉

冒頭に建碑の年月日を記すが、書風と碑文にある放光寺との関係から「辛己（巳）歳」は六八一年とするのが妥当である。本文は、「佐野三家（屯倉）」の管掌者となった健守命の子孫である黒売刀自と、新川臣の児の斯多々弥足尼の子孫である大児臣との間に生まれた児の「長利僧」が、母のために記し定めた文であると読める。そして文末に、一文字分空けて「放光寺僧」と建立者の立場を記している。碑文は地方氏族の家族意識と、血縁関係を示すものとしても注目されている。また、碑文は日本語の言葉の順に漢字を並べる方法で記されており、渡来文化である漢字を日本語の表現に応用した最も古い例の一つである。

多胡碑

所在地　群馬県高崎市吉井町池、鏑川右岸の台地上にあり土壇の上に載る。
時　期　和銅四年（七一一）頃、年月日は明記されていないが立郡に近い時期に建立されたとみられる。那須国造碑（七〇〇年）・多賀城碑（七六二年）と合わせて日本三古碑の一つ。
石　材　近隣産出の牛伏砂岩
形　態　角柱状に整形された碑身の上部に笠石が載り、下部は台石に嵌め込まれる。現状のコンクリート製台石は後世の造作。
寸　法　碑身高さ百二十九センチメートル・幅六十九センチメートル・厚さ六十二センチメートル
　　　　笠石高さ二十七センチメートル・幅九十五センチメートル・奥行き九十センチメートル
建立者　明記されていないが、新設された多胡郡の首長に任命された「羊」とみることができる。
碑　文　南に向いた面に六行・八十字、書体は楷書体で山上碑に比べて新しい要素が認められる。
　文字は大きく明瞭であり、次のように判読できる。
　　弁官符上野国片岡郡緑野郡甘
　　良郡幷三郡内三百戸郡成給羊
　　成多胡郡和銅四年三月九日甲寅

宣左中弁正五位下多治比真人
太政官二品穂積親王左太臣正二
位石上尊右太臣正二位藤原尊

〈内容〉

冒頭で太政官の弁官からの建郡の通知が、その対象者である上野国と片岡郡・緑野郡・甘良郡の三郡に「符(おお)」せられたことを告げる。本文でその内容は、三百戸を「幷(あわ)」せて新たに一郡を成すことであったのを説明し、その結果この郡を「羊」が給わって「多胡郡」と成したことを述べる。続いてそれが行われた年月日と、それを宣り告げた当事者の「左中弁正五位下多治比真人（三宅麻呂）」の名を示す。そして最後に新郡設置の裁定者であり、太政官の首班を構成する「二品穂積親王・左太臣正二位石上尊（朝臣麻呂）・右太臣正二位藤原尊（朝臣不比等）」の名を尊称で表している。(3)

郡の首長（大領）に任命された「羊」によって、立郡の経緯を明記して後世に伝えるために建立されたもので、碑文の内容は『続日本紀』和銅四年三月辛亥（六日）条の多胡郡設置の記事「割二上野国甘良郡織茂・韓級・矢田・大家、緑野郡武美、片岡郡山等六郷一、別置二多胡郡一」と一致している。

金井沢碑

所在地　群馬県高崎市山名町金井沢、丘陵の中腹部にある。
時　期　神亀三年（七二六）二月二十九日。
石　材　榛名山起源の輝石安山岩
形　態　不整形な自然石の碑身を台石に嵌め込む、現在の台石は後補。山上碑に類似する。
寸　法　高さ百十センチメートル・幅七十センチメートル・厚さ六十五センチメートル

建立者　三家子□（一字不明）。

碑　文　南に向いた面に九行・百十二字、書体は山上碑と共通し隷書体の特色をもつ。

風化が進んでいて不鮮明な箇所が多いが、おおよそ次のように判読できる。

上野国群馬郡下賛郷高田里
三家子□為七世父母現在父母
現在侍家刀自他田君目頬刀自又児加
那刀自孫物部君午足次馴刀自次乙馴
刀自合六口又知識所結人三家毛人
次知万呂鍛師礒マ君身麻呂合三口
如是知識結而天地誓願仕奉
石文
神亀三年丙寅二月廿九日

次の箇所については異なる釈読がされている場合がある。

「下」→「卞」、「他」→「池」、「乙」→「若」

〈内容〉

冒頭で建立者は「三家子□」で、その居所あるいは本貫地は「上野国群馬郡下賛郷高田里」であることを示し、本文で「知識」を結んで天地に誓願する「石文」であると建立の目的を述べる。その対象者は七世父母と現在父母であることと、知識を結んで誓願を行う現在侍る家刀自の他田君目頬刀自など一族の五人を列記し、願主と合せて「六口」であると説明している。そして、先行して知識を結んでいた三家毛人ら「三口」の名を列記する。最後に改行して、建立の年紀「神亀三年丙寅二月廿九日」を記している。

碑文からは、当時の国郡郷里制の実施や造籍との関係など地方における律令政治の動き、氏族の間での婚姻や家族の中での女性の立場といった、当時の地域社会の実態について多様な情報を読み取ることができる。

(2)地域資料としての意義

日本列島に現存する七〜十一世紀の有銘石塔・磨崖碑などを含む石碑は僅かに十八基のみであるが（図表2）、全国土で行われている遺跡の発掘調査や土木工事でも、この時期の石碑が出土した例は無く、古代の日本の社会には石碑を建立する意識が稀薄であったことが窺える。これは当時の法制度で、養老職制律の諸司遣人妄称己善条で母体となった唐律の長吏輒立碑条の、政迹が無い場合は「輒立」碑者、徒一年」とする箇所を省いていることからもわかる。また、養老喪葬令立碑条に「凡墓、皆立」碑、記二具官姓名之墓一」とあり、大宝令の注釈である古記の「石に題を鑿む」との説明から、渡来文化である石碑建立は造墓の一部として意識されていたと受け止めることができる。こうした状況について平野邦雄氏は、碑の上部と台座、螭首と亀趺のような造形物によってより整斉たる体裁をとるものが少ないのが特徴であり、立派な石碑によって自らの功績を誇示し、永く後世に伝えようとする慣習が稀薄であったことに通ずるものと指摘している。(4)

日本列島における石碑建立の全体状況については、既に新川登亀男氏により史料の面からの論点の整理と要点の提示がなされている。(5)改めて全体の傾向を整理してみると、七世紀末期から八世紀後期に多い、京・畿内と東国（東山道に区分される内陸地域）に多い、仏教・寺院にかかわるものが半数以上を占めるということになろう。石碑は建立の目的、素材の材質や形態から、長い間風雨に晒されるのに耐え、書き換えや改竄、移動や廃棄が難しいといった属性を有している。従って石碑の建立は、移動してきた人びとがもたらす情報と技能を介して伝播す

図表2　古代日本の石碑・石塔

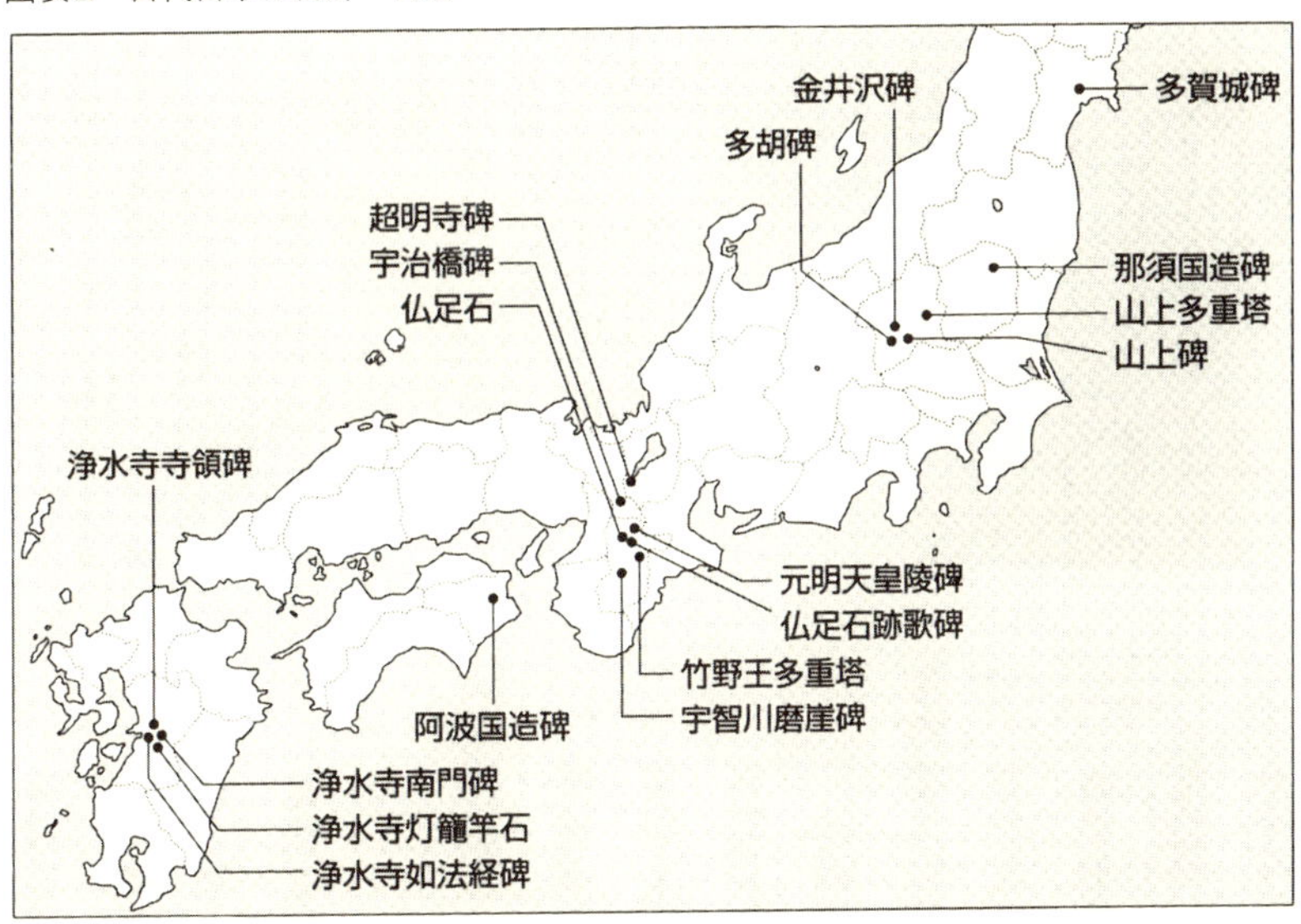

No.	名称	所在地または由来地	年代	種類区分
1	宇治橋碑	京都府宇治市	大化2(646)年以降	架橋記念碑
2	山上碑	群馬県高崎市	辛巳(681)年	供養碑(僧)
3	那須国造碑	栃木県大田原市	庚子(700)年	墓碑・顕彰碑(評督)
4	多胡碑	群馬県高崎市	和銅4(711)年頃	建郡碑
5	超明寺碑	滋賀県大津市	養老元(717)年	記念碑(僧)
6	元明天皇陵碑	奈良県奈良市	養老55(721)年	墓碑
7	阿波国造碑	徳島県石井町	養老7(723)年	墓碑
8	金井沢碑	群馬県高崎市	神亀3(726)年	結知識碑
9	竹野王多重塔	奈良県明日香村	天平勝宝3(751)年	記念銘(造塔)
10	仏足石	奈良県奈良市	天平勝宝5(753)年	仏足石
11	仏足石跡歌碑	奈良県奈良市	天平勝宝5(753)年ヵ	歌碑
12	多賀城碑	宮城県多賀城市	天平宝字6(762)年	記念碑(修造)
13	宇智川磨崖碑	奈良県五條市	宝亀9(778)年	磨崖碑(偈文)
14	浄水寺南門碑	熊本県宇城市	延歴9(790)年	造寺碑
15	浄水寺灯籠竿石	熊本県宇城市	延暦20(801)年	寄進碑(僧)
16	山上多重塔	群馬県桐生市	延暦20(801)年	造塔銘(如法経)

17	浄水寺寺領碑	熊本貼宇城市	天長3(826)年	寺領碑
18	浄水如法経婢	熊本県宇城市	康平7(1064)年	如法経塔
a	伊予道後温泉碑	(愛媛県松山市)	法興6(596)年	記念碑（温泉）
b	藤原鎌足碑		天智8(669)年	墓碑
c	采女氏塋域碑	(大阪府太子町)	己丑(689)年	塋域碑
d	南天竺波羅門僧正碑	(奈良県奈良市)	神護景雲4(770)年	造像碑
e	大安寺碑	(奈良県奈良市)	宝亀6(775)年	造寺碑
f	沙門勝道歴山水瑩玄珠碑	(栃木県日光市)	弘仁5(814)年	凱彰碑
g	益田池婢	(奈良県)	天長2(825)年	記念碑（造池）

1～18＝現存するもの、a～g＝滅失したもの。

るものとみることができる。日本列島における存在状況が示す歴史的意味の検討は、この点を踏まえて行われなくてはならない。小稿で上野三碑をとり上げる理由の第一に、同じ地域に群としてあるため相互の関係を比較検討することが可能で、単独であるものよりはるかに多くの情報を導き出せることがある。第二として、山上碑と金井沢碑は自然石をそのまま使用しているのに対し、多胡碑は角柱状に整形した碑身と笠石・台石から成るといったように、形態の面で明瞭な違いがみられることがある。第三にこの地域には豊富な考古資料があり、また『日本書紀』『続日本紀』などに関連する記事が見いだせるなど、石碑建立の背景と〈伝播―受容―展開〉の様相を検討するための素材が多いことがあげられる。(6)

(3) 上野三碑成立の歴史的背景

山上碑は自然石を使用したものとして日本最古であり、同質の石材を用いた金井沢碑がこれに続いている。山上碑と金井沢碑は祖霊の供養や信仰の誓約という、仏教的背景をもって地元の人物が建立したものであるが、ともに不整形の自然石を使用していることに注目される。これらの形態は、新羅の大邱塢作碑（五七八年）・南山新城碑第一碑（五九一年）・壬申誓記石（五五二または六一二年）と似ている。もう一つの多胡碑は丁寧に加工された角柱状の碑身に笠石を載せ、台石に嵌め込まれた整った形態をしている。これは、新羅の真興王巡狩碑である北漢山碑（五五五年頃）・磨雲嶺碑（五六八年）・黄草嶺碑（同）と共通している。多胡碑は律令政府の政策に基づいて新たな郡が設置された経緯を記したもので、これを建立した首長に任命された「羊」は、新羅ではこうした形態は為政者が政治的業績を誇示するために使われたのを承知していたと思われる。このように建立の目的に即して相違した形態が採り入れられていることからも、上野三碑は新羅から伝播した石碑建立の知識を受け容れて成立したとして間違いないであろう。最古の石碑群である上野三碑のこうした様相から、日本における初期の石碑建立の契機の一つに、新羅から渡来した人びとがもたらした情報があったことがわかる。

次に上野三碑の相互の関係を検討し、これらが建立された背景となる地域の歴史的特性をみていく。先ず、山上碑と金井沢碑との関係である。金井沢碑の碑文では本文の最後に「如」是知識結而天地誓願仕奉石文」と、石文をつくった目的が記されており、内容から冒頭にあげられている「上野国群馬郡下賛郷高田里」の「三家子□」がその当人であることがわかる。居所が「下賛（しもさの）郷」で「三家」の姓をもつことから、山上碑に見える「佐野三家」を管掌した建守命の系譜につながる人物とみることができる。山上碑を建立した長利との直接の関係は不明であるが、両者は血縁・地縁で繋がっていたと考えてよい。つまり、金井沢碑は山上碑を引き継ぐ形で四十五年の間をおいて建立されたことになる。それは両者の石材と形態が一致しており、建立された場所も同じ丘陵地内であること、碑文はともに仏教信仰にかかわる内容であることからも傍証される。日本において石碑建立の意志が継続されたものでは、他に浄水寺の八～十一世紀の四基が知られるのみであり、山上碑―金井沢碑はその最古の例としての意義を有している。次に多胡碑と山上碑・金井沢碑との関係であるが、多胡碑が建立された時期は山上碑と金井沢碑との間に挟まれるが、石材や形態を全く異にしており、碑文の刻字方法と内容も大きく違っている。そのため目的や主体者などには前者と後者との間に直接的な関係を見出すことができない。そのため視点を変えて、上野三碑が建立された地域の歴史的特色を検討してみる。

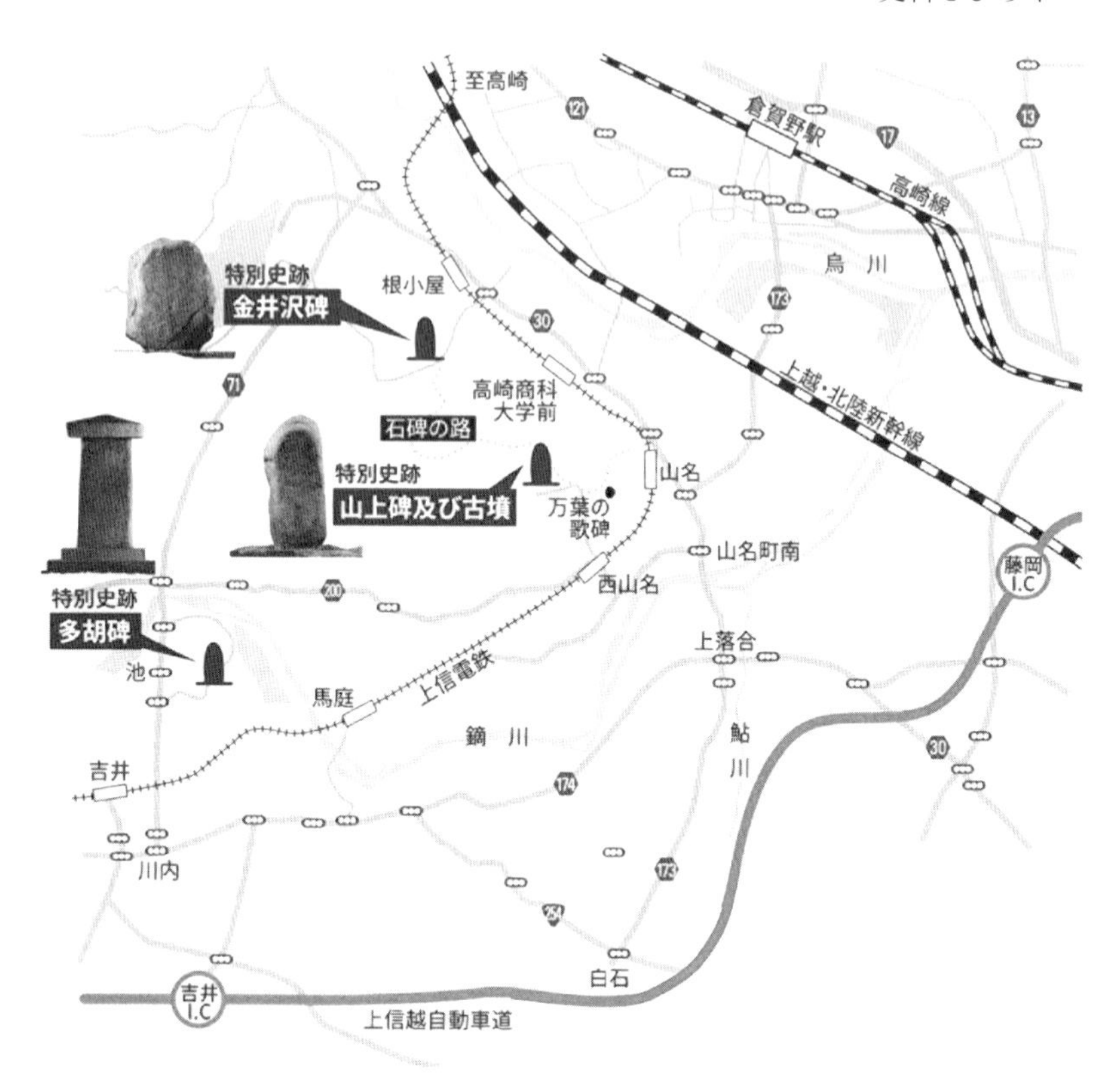

図表3　上野三碑の地域（原図：群馬県リーフレット）

和銅四年（七一一）三月に甘良・緑野・片岡の三郡から六つの郷を分割して多胡郡が新設されたが、この地域には古くに緑野屯倉・佐野屯倉が置かれ、窯業・製鉄業・織物業が発達して石材・木材などの入手にも便利であった(7)。また国府が置かれた群馬郡に隣接し、武蔵国北部（現在の埼玉県）と信濃国（現在の長野県）とつながる陸路、鏑川・烏川の水路による交通の要所となっていた（図表3）。そのため八世紀初期に緊要の課題となっていた対蝦夷政策での、東国における拠点つくりとして地域を再編する形で新しい郡が設置されたのである(8)。その上で多胡郡を構成する郷の中に、もとは甘良（かむら）郡に属していた韓級（からしな）

があり、字義からここには古くに韓の地から渡来した人びとの居住地が形成されていたとみることができる。また多胡郡と周辺の地域の遺跡をみると、五世紀中期から六世紀後半に営まれた剣崎長瀞西遺跡（高崎市剣崎町）では、伽耶地域のものに似た積石塚方墳やそこから出土した長鎖式耳飾り、馬を埋めた土坑から出土した轡などに朝鮮半島から渡来した人びとの居住が確認されている。さらに、六世紀後半の観音山古墳（高崎市綿貫町）と六世紀末期の観音塚古墳（高崎市八幡町）に副葬品された獣帯鏡・鉄冑・金銅製杏葉・承台付銅鋺などからは、この地域の人びとが継続して朝鮮半島と交流していたことがわかる。(9)

その上で史料を見ると、『日本書紀』には上野国地域やここを本貫とする上毛野氏と、朝鮮半島とのかかわりを示した記事がいくつも載せられている。その一部を示すと、次のようなものがある。

応神天皇十五年　八月丁卯　時遣二上毛野君祖荒田別・巫別於百済一、仍徴二王仁一也。
仁徳天皇五十三年　新羅不二朝貢一、
同　年　夏五月　遣二上毛野君祖竹葉瀬一、令レ問二其闕一レ貢、（中略）竹葉瀬之弟田道、（中略）即虜二四邑之人民一以帰焉。
推古天皇九年（六一一）九月戊子　新羅之間諜者迦摩多到二対馬一、則捕以貢レ之、流二于上野一。
天智天皇二年（六六三）三月　遣二前将軍上毛野君稚子一、（中略）率二二萬七千人一、打二新羅一。

これらの考古資料と古代史料とから、上野三碑が建立された上野国西南部には古い時期から在来の人びとと渡来の人びととが共生する社会が形成されており、韓級郷はそうした場所の一つであったとみることができる。その韓級郷には大宝年間（七〇一～七〇三年）に渡来人によって創建されたとされ、郡の総鎮守となっている辛科（韓級の別表記）神社（高崎市吉井町）が現在も鎮座している。また、正倉院に残る八世紀の布に「上野国多胡郡山部郷戸主秦人□高麻呂」と新羅系の姓が見え、『続日本紀』の天平神護二年（七六六）五月壬戌条には「在二上野国〓新羅人子午足等一百九十三人賜〓姓吉井連〓」とあり、国内には早くに新羅から渡来した多数の人びとが居住していたことがわかるが、上野国分寺跡から出土する九世紀前期の修理用の瓦に書かれた文字に「辛科子浄庭」「山字子文麻呂」「武美子」などがある。これらにより多胡郡の辛科・山字（旧名は山部）・武美郷などには新羅系の人びとが居住して、国分寺への知識として活躍していたことが知られる。(10)

このように検討してくると、長利による山上碑に始まる三碑の建立は偶然のものではなく、古くから共生社会が形成されていた地域としての歴史的特性があって、はじめて実現したと理解することができる。それ以降にこの地域に石碑が建立された形跡は見当たらないが、上野三碑は日本列島における渡来文化の伝播・受容・展開の様相を示した例として、古代東アジアの文化交流を明らかにする上でも、大きな意義を有する地域資料である。

二　地域資料としての「上野国交替実録帳」

(1)「上野国交替実録帳」とは

「上野国交替実録帳」（以下、本史料）は、東京国立博物館所蔵「九条家本延喜式」（国宝）の巻十六・二十・三十二・三十八の紙背文書の一部で、十三断簡（三十九紙）に分かれ首部・尾部を欠くほか欠失部分が多い。この名称は、『平安遺文』第九巻（一九五七年刊）に第四六〇九号文書として掲載された際に、編者である竹内理三氏により付けられたものである。(11) 内容は上野国の財政から資財の管理まで、国政全般の現況を七つの大項目に区分して記載する。各大項目は二～四の小項目からなり、それぞれ「破損」と「無実（既に無くなっている）」とに分けて具体的な内容が記録されている（図表4）。文中には抹消や書き直し、追筆や重複、未記入箇所や修正指示の印が多く見られ、正文書では無く下書きの段階のものであることが明らかである。文書としての性格は、長元三年

（一〇三〇）に上野国介（親王任国であるため実質的な国守）が、藤原朝臣家業から藤原朝臣良任へ交替する際に作られた、前任者の職務上の不備を指摘しその理由を質した文書である不与解由状の草案で、前回あるいは前々回の交替の際の文書を台帳とし、それに加除修正する方法で作成されている。従って、正しくは「長元三年上野国不

図表４ 「上野国交替実録帳」の構成と項目

大項目	小項目
〈首部を欠失〉	
○(応在式数正税公解雑稲加挙本穎等無実事)	
	・勘陳問答
○年年交替欠穀穎白塩未塡無実事	
	・底敷稲
	・本穎
	・在前下借貸不動糒穀
○(神社幷学校院盾像礼服祭器雑物破損無実事)	
	・(神社)
	・(学校院)
	・勘陳問答
○国分二寺諸定額寺仏像経論資財雑具堂塔雑舎幷府院諸郡官舎破損無事実	
	・金光明寺
	・(法華寺)
	・定額寺
	・(諸郡官舎)
	・勘陳問答
○国庫納仏経僧尼度縁戒牒破損無実事	
	・仏経雑具
	・度縁戒牒
	・勘陳問答
○田図戸籍破損無実事	
	・田図
	・戸籍
	・勘陳問答
○（不明）	
〈以下を欠失〉	

（ ）は推定によるもの。

与解由状草案」とするのが適当であるが、ここでは広く知られている通称を使用することにする。

こうした形状と性格であることから、記載内容の引用や解釈には慎重な検討を必要とするが、その一方で時系列的に状況の変化を辿ることができるなど、完結した文書に比べて多様な情報を読み取れることが本史料の大きな特色となっている。

(2)地域資料としての意義

本史料の中で地域資料として最も引用や研究が進められているのが、四番目の大項目の「国分二寺諸定額寺仏像経論資財雑具堂塔雑舎幷府院諸郡官舎破損無実事」である（以下、本項）。国内の国分二寺（僧寺〈金光明寺〉と尼寺〈法華寺〉）および定額寺の仏像や資財・堂塔など、国府および管下の各郡にある官舎の破損と無実の状況についての記録で、記載内容から上野国内の主要な寺院と官衙の構造や現況、それらにより形成される景観を窺うことができる。地方官衙や国分（僧）寺の実状の記録として他には例が無く、衰退期の状況を示した史料として、各地にある当該遺跡の発掘調査との関連で注目されている。

その一端をあげると次のようなものがある。本項の「金光明寺」の項によると上野国分（僧）寺は、十一世紀前期には「築垣壹廻　四面貳町　長参佰貳丈壹尺　同前日記云　無実者」の記載のように、伽藍周縁部の築垣や大門は全壊しており、僧坊なども無実となっていた。中心部の堂塔については、金堂は記載が無いが、安置される諸仏は傷みが生じているものの修繕が続けられていることから、姿を保っていたと判断できる。七重塔も記載が無いことから、金堂と同様な状態であったと推定できる。前橋市と高崎市に跨ってある史跡上野国分寺跡の発掘調査では、十一世紀前期までには南面築垣・南大門は全壊状態になっており、その跡に竪穴住居が造られているのが確認され、本項の記載内容と合致していた[12]。また、伊勢崎市にある三軒屋遺跡の発掘調査で八角形をした

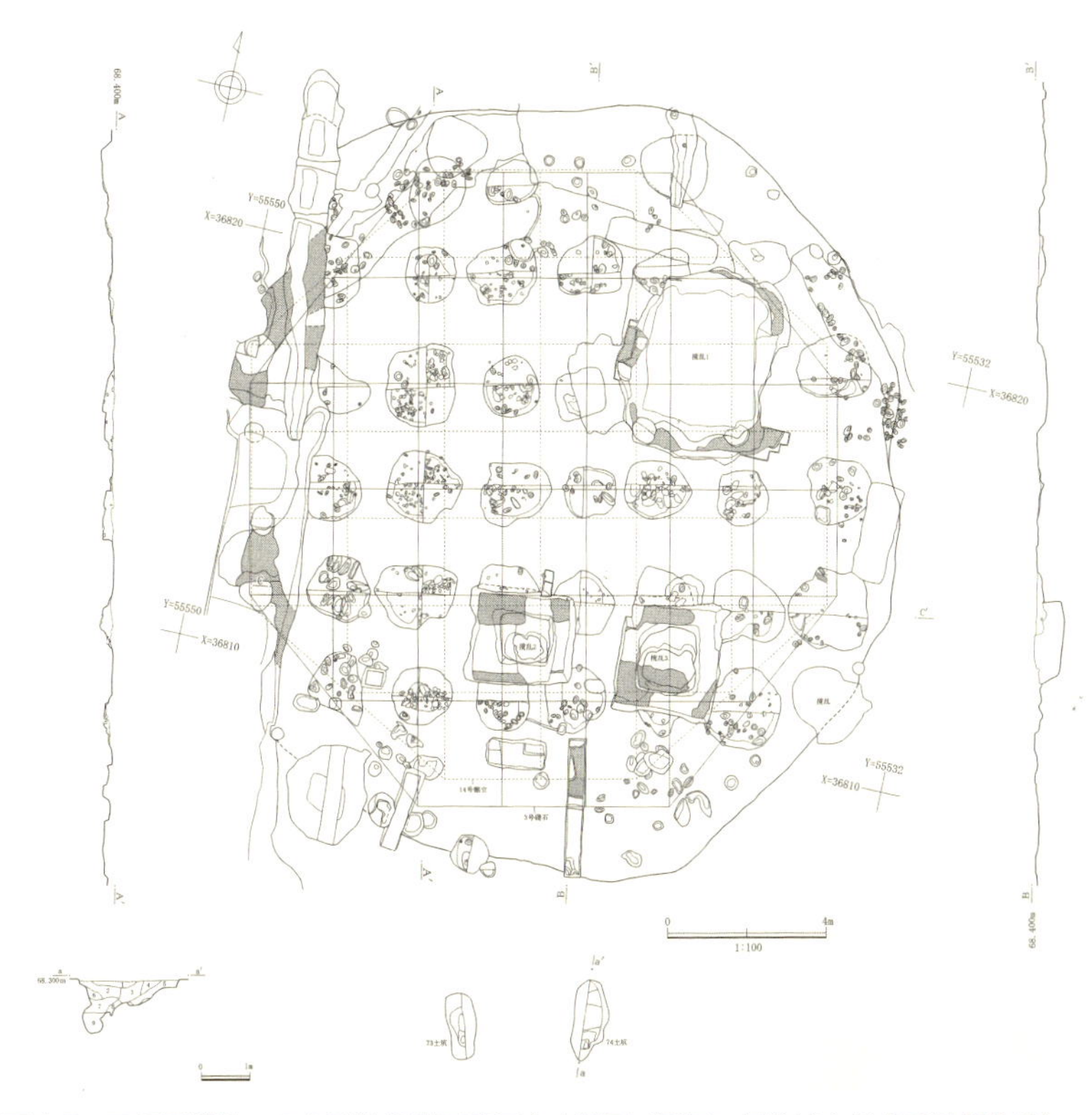

図表5　三軒屋遺跡　八角形総柱礎石建正倉実測図（原図：伊勢崎市教育委員報告書）

大型礎石建物が見つかったが、これは本項の「諸郡官舎」の項の佐位郡正倉の箇所に記載される「中南行第一八面甲倉壹□」と一致するものであった（図表5）。この発見は、全国で初めて古代史料に記載される特定の地方官衙の建物の遺構が確認された例として注目され、これを含む関連遺構群が史跡上野国佐位郡正倉跡として指定された[13]。同じく太田市にある天良七堂遺跡で見つかった、ほぼ一〇〇メートル四方を取り囲むように配置された長大な掘立柱建物跡は、諸郡官舎項の新田郡郡庁の箇所に記載される「東□屋壹宇　西長屋壹宇　南長屋壹宇　□□屋壹宇」に該当しており、この一角が新田郡家の郡庁であることが判明した。

これにより史跡上野国新田郡郡庁跡として指定され、後に周辺に配置された正倉院と合わせて史跡上野国新田郡家跡となった[14]。

本項の存在により、群馬県地域で実施される国分二寺跡や郡家関連遺跡の発掘調査は、それらの全体構造と個々の施設の機能を明らかにする、また国守による管理監督の実情とその変遷を詳らかにする上で、他の地域の場合に比べてひと際注目されており、その先駆的役割を果たすことが期待されている。これまでの実績に加えて、この個性的な地域資料自体の研究を着実に進めることにより、より幅広い分野への貢献が可能となることが期待されている。

(3)定額寺項の放光寺

大項目の「国分二寺諸定額寺仏像経論資財雑具堂塔雑舎幷府院諸郡官舎破損無実事」項の国分二寺の次の小項目に「定額寺」がある（図表6）。法華寺（国分尼寺）項と推定される前の小項目の末部に続いて首部があるが、本文の途中で切断されているため尾部は失われている。仁寿三年（八五三）六月二十五日の太政官符が定額寺について、建立の主と本願は異なるが国家を擁護することでは国分二寺と分別はないとしており[15]、定額寺項はそうした政治的位置付けが具体的な行為として示された例である。内容は放光寺・法林寺・弘輪寺・慈広寺の四カ寺について、放光寺は定額寺から離脱した事情、それ以外は仏像・経論・資財・雑具・堂塔・雑舎での破損と無実の品名が箇条書きされている[16]。冒頭の「定額寺」から法林寺の「萱葺講堂」までの九行については、書き出し位置の修正を示す記号が付けられており、草案段階のものであることがわかる。このことは具体的な内容記載の冒頭に当たる法林寺の「金堂壹宇」の箇所で、原文の「長和三年交替日記云　天延三年七月一日遭二大風一顚倒無実」の「長和三年交替」を墨で抹消して「同前」と書き換えていることからも明らかである。これによって、記載さ

図表６　「上野国交替実録帳」定額寺項の首部（『群馬県史 資料編4 原始古代4』による）

れている原文は長和三年（一〇一四）の交替時点での状況であり、その年号の書き換えから放光寺を除く三カ寺では長和三年から長元三年までの十六年間に、修理などによる状況の変化が無かったことが窺える。

放光寺を除く三カ寺の記載内容からみて、これら定額寺は堂塔が建ち並ぶ伽藍を整え、仏教儀式を実行するに足る仏像・仏具・資財を備えた寺院であったことがわかる。しかし、法林寺では金堂と講堂は無実となって長年が経っており、築垣や門も無くなっていた。弘輪寺・慈広寺でも同様であり、十一世紀初期には伽藍の荒廃が進んでいて、長和三年以降にも新造や補修の実施を示す記載がないことから、本来の機能を果たすのが困難になっていたのは明らかである。それに対して冒頭にあげられる放光寺には、「件寺、依二氏人申請一不レ為二定額寺一、仍除放已了者」との説明があるのみで、具体的な内容は記載されていない。これにより同寺は氏人（檀越）から定額寺の寺格を返上したい旨の申し出がなされ、政府がこれを承認したことにより国守の監督から離れたため、堂塔・仏像・資財などに関する記載は必要なくなったのであろう。『日本後紀』延暦二十四年（八〇五）正月癸酉条に「制。定額諸寺、檀越之名、載ㇾ在二流記一、不ㇾ可二輙改一」と、氏寺を権貴に仮託して檀越を詐称することを禁じているように、定額寺と檀越との関係は流記や縁起に基づいて厳密に維持されるべきものであった。記載形式や年号の書き換え、また法林寺の草葺講堂は長徳元年（九九五）十一月十日に野火のために焼亡したと交替日記に状況が発生した年月日が明記されているが、ここにはそうした記載が無いことから、この離脱が行われたのは一〇一〇年前後の前回の交替から長和三年までの間であった可能性が高い。「氏人申請」が自発的意思によるのか、政府の意図によったものかは不明だが、少なくとも氏人からの申し出による形をとっているのは、十一世紀初期においても檀越による運営が維持されていたためと考えてよいであろう。放光寺は財政と仏教信仰に強固な基盤をもつ氏族によって建立され、他の定額寺より長く経営が維持された、上野国で最も有力な私寺であったとみてよい。

三　上野国地域の歴史的特性

(1)放光寺と山王廃寺

上野三碑の最初である山上碑の碑文には「長利僧母為記定文也」と建立者とその目的が明記されているが、それに続けて「放光寺僧」と書かれていることに注目される。この「長利僧」と「放光寺僧」は同一人物として扱われてきたが、新川登亀男氏は「長利僧が母のために」とは訓読せず「黒売刀自」たる「長利僧の母の為に」「放光寺僧」が「記し定めし文」であるとの読み方を提示した。[17] 明言されてはいないが、この訓読によると「長利僧」と「放光寺僧」とは別人とみなしていると理解される。漠然と続けられてきた既存の解釈への警鐘と受け止められるが、碑文の本文は完結した内容となっており、文末に独立した形である「放光寺僧」をわざわざ取り

図表7　山王廃寺の伽藍・出土文字瓦「放光寺」（原図：前橋市教育委員会）

込んで解釈する必要はないと考える。やはり「母の為に記し定めし文」の作者は「長利僧」であり、「放光寺僧」は前述の石碑の属性に着目し、その建立を実行した時の立場を明らかにしたものと理解するのが穏当であろう。長利僧は他史料には見られず姓や成年などは不明であるが、母の黒売刀自は碑の北東の高崎市佐野町周辺にあったと推定される、佐野三家（屯倉）の管掌者の系譜に連なると記されていることから、地域の有力氏族の一員であったとみてよい。また有力寺院の僧であることから、経典などを通して漢字をはじめとする東アジアの文化に通じており、さらに碑文の記し方からは創意工夫の能力に優れた開明的な人物であったことが窺える。

その長利が僧としてあった放光寺については、所在地や存続時期、伽藍配置や規模などの詳細が明らかになっている。佐野の地から約二十五キロメートル北方の前橋市総社町（旧群馬郡）にある史跡山王廃寺の発掘調査で、「放光寺」と書かれた瓦が出土したことからここが該当地であるのが判明した。約八十メートル四方の回廊の内部に塔・金堂が東西に並ぶ伽藍配置をとり、創建は七世紀中頃で廃絶は十世紀末期と推定されていて、山上碑の時期と矛盾しない（図表7）。石製根巻石や塔心礎にみられる石材加工、基壇版築の技術の見事さは飛鳥・斑鳩地方の寺院と較べても遜色が無い。また廃棄された状態で出土した三〇〇〇点を超える如来・菩薩・神将・胡人像、須弥山を模った塑像片は、この放光寺が東国の地方寺院としては最古級であると同時に、際立った荘厳さをもっていたことを示している。前述した「上野国交替実録帳」の記載にあるように、国家から国分寺に次ぐ定額寺に格付けされた、しかもその筆頭に位置付けられた寺院にふさわしい姿をもっていたことがわかる。この様な寺院を建立できた氏族として、近接してある総社古墳群との関係、正倉院に残る布に上野国群馬郡の「上毛野朝臣甥」の名がみえること[18]、天平勝宝元年（七四九）閏五月に隣接する勢多郡少領の上毛野朝臣足人が当国国分寺創建造営への知識により外従五位下に叙されていることから[19]、上（毛）野国を代表し中央政権の外交、軍事、内政にも深く関わった上毛野氏である可能性が高い。定額寺項に記される「氏人」も、この流れを汲む者であったであろう。

(2)長利僧の山上碑建立

上野三碑成立の発端は、有力地方寺院である放光寺の僧となっていた長利によるものであった。日本の古代社会で寺院は、『日本書紀』の推古天皇二年（五九四）二月丙寅条にあるように「為二君親之恩一、競造二仏舎一、即是謂レ寺」と位置付けられていた。大化元年（六四五）八月に豪族らに寺院の建立を促す策が出されたりした結果、天武天皇四年（六七五）四月に大斎を設けた際に二四〇〇余人の僧尼を集めたとあるように、七世紀後半には各地で地域豪族による造営が盛んになっていた。また天武天皇の代には、東国の仏教政策の中心となる下野薬師寺（栃木県下野市）の創建が進められ、陸奥国の蝦夷に対して仏教による教化策が執られていた。この動きを通して土木・建築・造瓦などの技術、仏像や仏具、資財や経典など多様な文物が各地域にもたらされたが、同時に僧尼の配置などによる仏者の往来も活発となっていたことが想像できる。東山道の駅路に近い要地にいち早く造営された有力寺院で、中央政権との繋がりをもつ放光寺は、文物の集散や情報の交換、さらに人的交流の拠点となっ

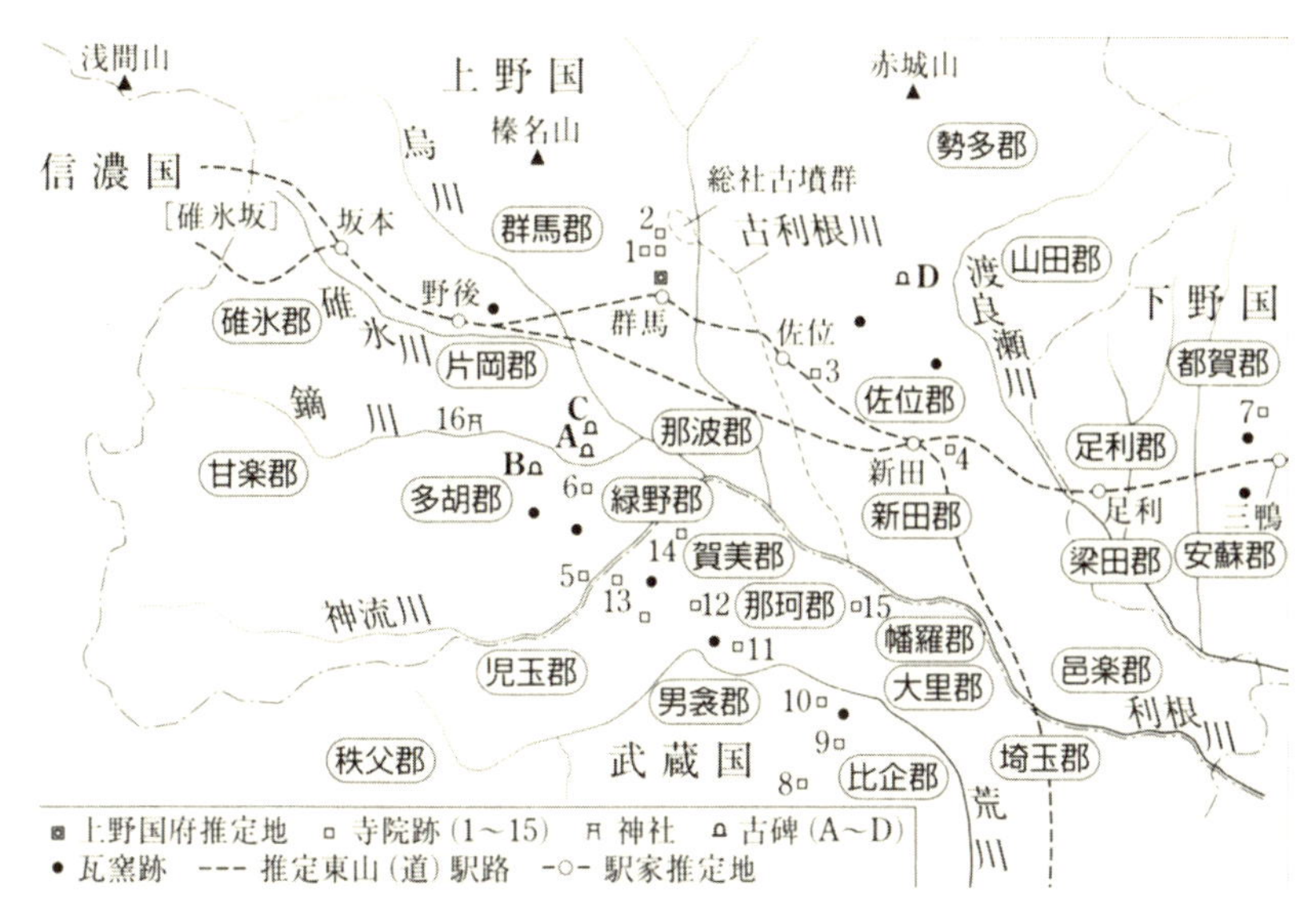

図表8　上野三碑・山王廃寺（放光寺）関連地図（1 国分二寺、2 山王廃寺、A 山上碑、B 多胡碑、C 金井沢碑、D 山上多重塔（801年））

ていた可能性が高い（図表8）。そのような寺院の僧であった長利は、新しい渡来文化である石碑建立の情報と技能を入手し易い立場にあったといえる。碑文にわざわざ「放光寺僧」と記したのは、そうした事情を反映してのことであったと考える。

次に考えなくてはならないのは、新羅の石碑の情報が放光寺に伝えられた事情である。この時期の日本と新羅との交流について李成市氏は、高句麗滅亡後の六六八年から六九六年までの二十九年間に新羅から二十五回、日本から九回の使節の往来があり、六九七年から七三一年までの三十四年間には新羅から十回、日本からも十回の使節派遣があったことを指摘している。そして使者・留学生・留学僧らによって新羅の文物・学芸・制度などが日本に伝えられ、正倉院に伝来する新羅村落文書は藤原宮期（六九四〜七一〇年）の日本の文字文化への影響を裏付ける資料であることを明らかにされている。[20] こうした交流でもたらされた新羅の石碑に関する情報が、僧や造営にかかわる工匠あるいは檀越である有力氏族を介して放光寺の長利に届いたのであろう。時期は前後するが『日本書紀』の記事から具体的な状況を探すと次のものがある。


持統天皇元年（六八七）　三月　新羅の十四人を下毛野国に居住させる。

　　　　　　　　　　　　四月　新羅の僧尼・百姓二十二人を武蔵国に居住させる。

同三年（六八九）　　　　四月　新羅の人を下毛野国に居住させる。

同四年（六九〇）　　　　二月　新羅の沙門詮吉・級飡北助知といった僧や官人ら五十人が帰化する。

　　　　　　　　　　　　　　　新羅の官人の韓奈末許満ら十二人を武蔵国に居住させる
　　　　　　　　　　　　八月　帰化した新羅人らを下毛野国に居住させる。


この時期の史料には上（毛）野国に言及するものは見られないが、前述のように『続日本紀』の天平神護二年五月壬戌条から、国内には早くに新羅から渡来した多数の人びとが居住していたことわかる。そして上野国分寺跡から出土する瓦に書かれた文字から、多胡郡の辛科・山字・武美郷などに新羅系の「子」氏が居住していたことが傍証された。また、出土する文字瓦には「山字物部子成」など金井沢碑に見える物部氏の名もあり、知識に関連する氏族が山字郷に居住していたのを知ることができる。(21)

当時は下毛野国と武蔵国は東山道に属しており、その駅路を通ってきた僧尼や官人らが、群馬駅の近傍にあって荘厳な姿を見せる放光寺に立ち寄った可能性は高い。東山道の駅路の近くにある那須国造碑（七〇〇年）は、碑文の年号表記の検討と近くに建立された浄法寺廃寺跡から出土する軒丸瓦の文様の系統から、この時期に渡来した新羅人が建立にかかわったのは確実とされる。(22)山上碑については直接それを示すものは見つかっていないが、七世紀後期の新羅との交流のもとで、東国に赴いた僧尼や官人あるいは檀越である有力氏族などがもたらした情報に接した、強い仏心をもった開明的な僧である長利が石碑の属性に着目し、さらに創意工夫を加えて建立したと考えてよいであろう。地域資料の状況からこのように想定することができたが、これを石碑文化の日本列島への伝播と、受容の具体相を明らかにするものの一つとして示しておきたい。

(3)上野三碑からの展開

上野三碑がある多胡郡の南側に隣接する緑野郡は、五世紀頃から窯業（本郷埴輪窯等）が行われ、白石稲荷山古墳・七輿山古墳（いずれも藤岡市）等の大型前方後円墳が造られている。そして、『日本書紀』の安閑天皇二年（五三五）五月甲寅条には緑野屯倉が置かれたことが記され、七世紀末頃には多胡郡との境にある下日野金井で竪形製鉄炉による鉄生産が行われているように、古くからヤマト王権および中央政権との繋がりが強い地域であった。そうした場所に、八世紀後期に鑑真和上の「持戒第一弟子」とされる道忠によって緑野寺（浄法寺・浄院寺とも表記される、群馬県藤岡市）が開基された。

その道忠は『叡山太子伝』『元亨釈書』などによると「東国化主」「東州導師」と称され、人びとからは「菩薩」と讃えられた人格と学識に優れた仏者であった。道忠は緑野寺の他に大慈寺（栃木県栃木市、旧下野国都賀郡）や慈光寺（埼玉県比企郡ときがわ町、旧武蔵国比企郡）を創建し、武蔵国北部から上野国南西部を経て下野国南部に至る関東平野北西部を活動圏としていた。その仏者としての行動は活発で、延暦十六年（七九七）には最澄の求めに応じて大小経律論二〇〇〇余巻を助写している。また、緑野寺では教興・道応、大慈寺では広智・基徳、武蔵国では円澄といった仏者を育て、この人脈からは第二代天台座主の円澄、広智の弟子で第三代天台座主となる円仁等が輩出した（図表9）。また、教興は弘仁六年（八一五）六月に空海の勧進に応じて金剛頂大教王経などの写経をしており、承和元年（八三四）五月に坂東の六カ国に一切経の写経が命じられた際には緑野寺が持つ経典が経本とされた。そして、弘仁八年（八一七）に最澄が訪れて法華経を講じた時には、緑野寺で道俗九万余人、大慈寺では五万余人が参集したと伝えられている。同年五月十五日に最澄は、緑野寺で円澄と広智に両部灌頂を伝

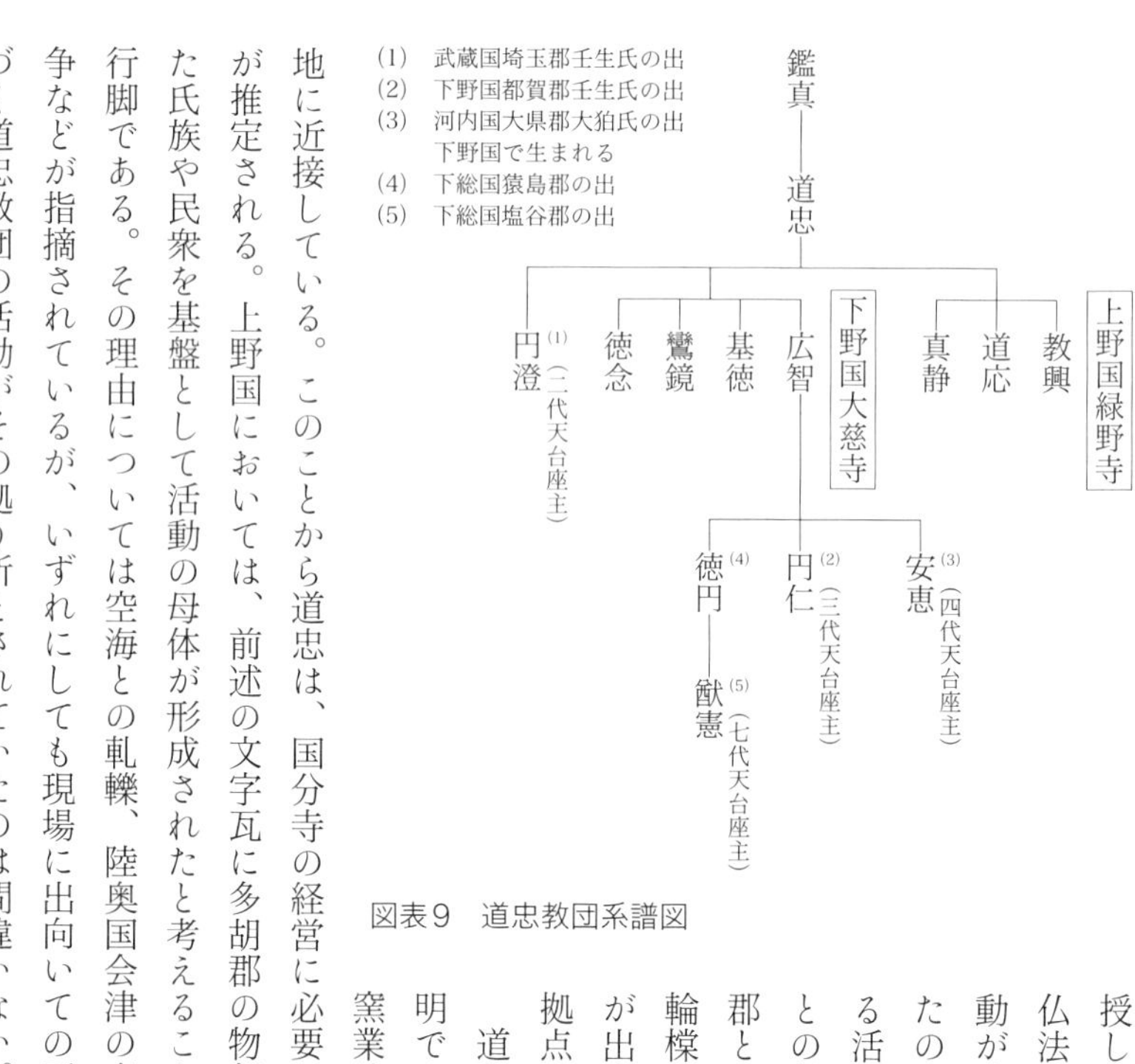

図表9　道忠教団系譜図

授している。これらの道忠とその弟子による事績から、仏法流布の拠点としての緑野寺を中心に民衆教化の活動が盛んに展開され、多くの人びとがそれに従っていたのを窺うことができる。この道忠教団とも表現できる活動について菅原征子氏は、その源泉は在地の人びとの信仰と経済力があったとしている[23]。緑野郡と多胡郡との境近くにあり、堂宇と見做される礎石建物や相輪橖状遺構が見つかり、瓦・瓦塔・青銅製経軸端などが出土した黒熊中西遺跡は、そうした人びとが設けた拠点の一つと考えられる。

道忠の生年や出自、東国への定着の詳細な時期は不明であるが、前掲の三つの寺院はいずれも古くからの窯業地や石材産出地、当国国分寺に使われた瓦の生産地に近接している。このことから道忠は、国分寺の経営に必要な資材と技術の所在地に活動の拠点を設けたことが推定される。上野国においては、前述の文字瓦に多胡郡の物部氏等が目立つことから、国分寺の創建に関わった氏族や民衆を基盤として活動の母体が形成されたと考えることができる。そして、弘仁八年の最澄の当地への行脚である。その理由については空海との軋轢、陸奥国会津の恵日寺を拠点とした法相宗の徳一との三一権実論争などが指摘されているが、いずれにしても現場に出向いての天台学の実践が意図されており、法華経教義に基づく道忠教団の活動がその拠り所とされていたのは間違いない。この行脚から京に戻った最澄は翌年に『守護国界章』を著し、比叡山を中心にして法華経による国家鎮護の実現のために東・南・西・北・中・総の六所宝塔を建立した。「東を安ずる上野宝塔院は緑野郡に在り」「北を安ずる下野宝塔院は都賀郡に在り」と、その内の東と北が緑野寺と大慈寺に置かれたのである。(24)

山上碑に記された放光寺僧の長利を発端とし、金井沢碑の三家氏を中心とする知識の広がり、様ざまな産業と渡来系の人びとを含む人材が集積する地域の再編の経緯を記した多胡碑、この上野三碑は上野国分寺の創建と経営を支えた多胡郡を中心とする知識形成の前史ともなっている。そしてそれら知識が母体となった道忠教団は、物心両面から最澄を支えることになり、日本仏教の基盤形成に大きく貢献することとなった。このように上野三碑を諸資料と結び付けて考察することにより、上野国の歴史的特性と併せて今日に繋がる通史を、より身近なものとして理解することができるのである。

おわりに

古代の上野国に所在する上野三碑と、その政治・社会にかかわる「上野国交替実録帳」を地域資料と位置付け、関連する各種の資料と合わせた検討を通して地域の歴史的特性を論じてきた。その要点は次のようである。

①全国に現存する七〜十一世紀の石碑は十八基のみであるが、その内の山上碑・多胡碑・金井沢碑の三基がかつての上（毛）野国である群馬県の高崎市郊外の狭い地域に集まって在る。いずれも地元の人物によって建立されたもので、立地・形態・碑文などを遺跡や遺物、史料や出土文字資料、古記録や伝承と対照させて検討することにより、地域の歴史的特性のみならず日本列島における渡来文化の〈伝播―受容―展開〉の様相

を明らかにすることができる。

②形態の検討から上野三碑は、新羅からの渡来人がもたらした情報によって建立されたとみることができる。ともに仏教信仰の表明である山上碑と金井沢碑は、佐野三家を管掌した健守命の系譜につながる長利および三家子□によるもので、石碑建立の意志の継続が認められる最古の例である。また郡の新設を誇示する多胡碑の形態は、新羅の真興王巡狩碑と似ていることから、政治性をもつ先例に倣って建立されたものと考えられる。

③上野三碑がある周辺地域には、五世紀後期から渡来人を受け容れて、在来の人びととの共生社会が形成されていたことを示す遺構や遺物が残されている。また、多胡郡の設置により甘良郡から分割された韓級郷は、この地域に早くから渡来人の居住地が形成されていたことを示している。上野国分寺跡出土の文字瓦に、多胡郡の辛科（韓級の別表記）・山字・武美郷などに新羅系の子氏が居住していたことを示すものがあり、この郷名は実態を反映したものであることが傍証された。

④長利による山上碑に始まる上野三碑の建立は、古くからの渡来人との共生社会が形成されていた歴史的背景があって実現したといえる。新たに伝播してきた渡来文化が受容されるための要件を示したものであり、古代東アジアの文化と技術の交流を明らかにする上での重要な視点となる。

⑤「上野国交替実録帳」は「長元三年上野国不与解由状草案」とするのが適当であるが、地方官衙や国分(僧)寺・定額寺の実状の記録として他に例が無く、律令制衰退期の地方の状況を知る上で貴重である。近年の佐位郡家跡・新田郡家跡の発掘調査では、検出された遺構の状況と記載内容とを照合することにより、それぞれの施設の名称と機能を特定することができた。この地域資料の存在により、上野国地域におけるこれらの遺跡の調査研究は、全国での先駆的役割を果たすことが期待されている。

⑥「上野国交替実録帳」の定額寺項には四カ寺の記載があり、堂塔や仏像・資財の破損と無実の状況が具に記されているが、冒頭にあげられている放光寺には氏人の申請により定額寺から離脱したことが注記されるだけである。これにより上野国の定額寺の筆頭に位置づけられていた放光寺は、強固な財政基盤と旺盛な仏教信仰を備えた檀越によって経営されており、十一世紀初頭までそれが持続していたとみることができる。

⑦山上碑を建立した長利は「放光寺僧」であることを明記しているが、前橋市総社町にある山王廃寺跡から出土した瓦に「放光寺」と書かれたものがあり、七世紀中頃の創建で十世紀末期の廃絶との調査所見から、ここがその遺跡であることが判明した。伽藍配置や造営技術の見事さ、また出土した多数の塑像片から、京畿の寺院に比べても遜色ない荘厳を備えた有力寺院であることがわかる。存続期間などから「上野国交替実録帳」に記載された放光寺として矛盾はなく、定額寺の実状と活動・経営の一端が、遺跡と地域資料との相互検討によって判明した貴重な例である。

⑧七世紀後半には各地で氏族による寺院の建立が進められ、また新羅からの使者や学生・僧、さらに留学僧によって様々な文物・学芸などが日本に伝えられた。この時期に東国には渡来人を含む多数の僧や官人が到来したとみられるが、彼らは東山道の駅路を通ってそれぞれの地に赴いた可能性が高い。その経路の要所である群馬駅の近くに聳え建つ放光寺が、彼らと地元の知識人との交流や情報交換の場となっていたことは想像に難くない。新羅の石碑に関する情報はこうした僧や工匠、あるいは檀越である有力氏族を介して放光寺の長利に届いたとの見方を、石碑文化の日本列島への伝播と受容の具体相の一つとして示すことができる。

⑨上野三碑がある多胡郡には、新羅系を含めて多数の渡来系の人びとが居り、上野国分寺の創建造営や運営期に知識として活動する人物がいた。そうした地域性に着目した鑑真の高弟である道忠は、八世紀後半に隣接する緑野郡に寺院を開基し、多数の弟子を育成するとともに写経事業を行うなど、積極的に仏教流布の活動

を展開していた。弘仁八年にこの緑野寺を訪れた最澄が法華経を講じた時には、九万余人が参集したと伝えられている。自らこうした東国の民衆の力に触れた最澄は、京に戻り天台宗の本義にかかわる『守護国界章』を著したのである。

⑩山上碑に記された放光寺僧の長利を始まりとして、多胡郡地域に展開していった知識は上野国分寺の創建と経営に尽力しただけでなく、物心両面から最澄を支えて日本仏教の基盤形成に大きく貢献した。この例のようにそれぞれの場所で地域資料を見つけ出し、諸資料と結び付けて考察することによって、今日の社会形成に繋がる通史をより卑近なものとすることが可能となる。

筆者が通年の授業を担当したのは、二〇〇二年（平成十四）四月から翌年三月までの早稲田大学大学院文学研究科の修士課程での特論が初めてであった。これは新川登亀男氏のご配慮によるもので、社会人学生を含めた八名ほどを相手に地域古代史研究の方法を論じた。気負いが先行していたが、自分なりに精いっぱい努めたことが永く印象に残る一年間であった。小稿はその授業の内容を、今日的な関心とその後の研究成果を加えて敷衍したもので、筆者としての授業の総括にするとともに新川氏への献辞とさせていただきたい。

註

（1）群馬県史の編さんで、「上野国交替実録帳」の本文全体を翻刻し、別冊として写真版を付けた例などがある。本稿の引用などは、それを掲載する『群馬県史　資料編4　原始古代4』（群馬県、一九八五年）と『群馬県史　通史編2　原始古代2』（群馬県、一九九一年）による。

（2）上野三碑に関わる主要な参考文献には次のものがある。

尾崎喜左雄『上野三碑の研究』（一九八〇年）、『群馬県史　資料編4　原始古代4』（群馬県、一九八五年）、『群馬県史　通史編2　原始古代2』（群馬県、一九九一年）、第四八回企画展図録『日本三古碑は語る』（群馬県歴史博物館、一九九四年）、展示解説図録『古代の碑』（国立歴史民俗博物館編集、一九九七年）、平野邦雄監修・新しい古代史の会編『東国石文の古代史』（吉川弘文館、一九九八年）、東野治之「上野三碑」（『日本古代金石文の研究』（岩波書店、二〇〇四年）、松原弘宣「日本古代の石碑と情報伝達」（『古代東アジアの出土資料と情報伝達』愛媛大学法文学部、二〇〇六年）、高島英之「日本古代の碑とその背景」（『古代東国地域と出土文字資料』東京堂出版、二〇〇六年）、前沢和之『古代東国の石碑』（山川出版社、二〇〇八年）、松田猛『上野三碑』（同成社、二〇〇九年）。

（3）筆者は、多胡碑はその形態、碑文の構成と用字などから、牓示と口示（口頭による説明）を併せた情報伝達の装置と考えている。従って、碑文の釈読もこれまでに提示されてきたものとは異なっている。論旨は前沢「多胡碑と古代の地方政治――牓示と口示の石碑」（東野治之・佐藤信編『古代多胡碑と東アジア』山川出版社、二〇〇五年）に詳しい。

（4）前掲註2『東国石文の古代史』所収の平野邦雄氏による「序」を参照。

（5）前掲註2『東国石文の古代史』所収の新川登亀男「古代東国の「石文」系譜論序説――東アジアの視点から」を参照。

（6）この〈伝播―受容―展開〉については、前澤「上野三碑にみる石碑文化の伝播と受容」（『群馬文化』第三三一号、二〇一七年）による。

（7）多胡碑と周辺地域の遺跡・出土品などとの関係については、土生田純之・高崎市編『多胡碑が語る古代日本と渡来人』（吉川弘文館、二〇一二年）及び『海を渡って来た馬文化――黒井峯遺跡と群れる馬』（群馬県立歴史博物館、二〇一七年）所収の各論に詳述されている。

（8）前掲註2前沢『古代東国の石碑』を参照。『平家物語』「七木曾義仲成長スル事」にも、多胡郡の交通上でのこうした位置が示されている。

（9）前掲註7に同じ。

（10）『史跡上野国分寺跡発掘調査報告書』（群馬県教育委員会、一九八九年）、『多胡郡の郷と人々――古代の多胡郡

にはこんな人たちがいた』（多胡碑記念館、二〇一七年）を参照。
(11) 前掲註1の『群馬県史　資料編4　原始古代4』の史料解説を参照。
(12) 前掲註10に同じ。
(13) 『伊勢崎市文化財調査報告書第一〇六集　三軒屋遺跡――総括編』（伊勢崎市教育委員会、二〇一三年）を参照。
(14) 『史跡上野国新田郡家跡史跡保存活用計画書』（太田市教育委員会、二〇一七年）を参照。
(15) 新訂増補国史大系『類聚三代格』国分寺事による。
(16) 前沢「「上野国交替実録帳」の性格について――定額寺資財帳と不与解由状」（『永島福太郎先生退職記念　日本歴史の構造と展開』山川出版社、一九八三年）を参照。
(17) 前掲註5に同じ。
(18) 正倉院にある白布第十一号銘文については、従来「上野国多古郡八□郷上毛野朝臣甥調布壹端」と判読されていたが、小池浩平氏の詳細な検討によって「上野国羣馬郡□□（井出ヵ）郷上毛野朝臣甥調布壹端」であることが明らかにされた（「古代上毛野地域の氏族支配構造と上毛野氏――上野国に関する調庸墨書銘の再考証を中心に」『ぐんま史料研究』第二十号、二〇〇三年）。
(19) 新訂増補国史大系『続日本紀』天平勝宝元年閏五月癸丑条。
(20) 李成市「古代日朝文化交流史」（『歴博国際シンポジウム　古代日本と古代朝鮮の文字文化の交流』大修館書店、二〇一四年）。『日本書紀』皇極天皇元年（六四二）五月丙子条には、百済・新羅の風俗に関する情報の把握の記事が見え、同じく天武天皇六年（六七七）五月戊辰条には僧三人を含む新羅人が血鹿嶋に漂着したことが載せられている。
(21) 前掲註10に同じ。
(22) 眞保昌弘『日本の遺跡25　侍塚古墳と那須国造碑』（同成社、二〇〇八年）などによる。
(23) 菅原征子「写経活動と緑野寺」「最澄の東国伝道」（前掲『群馬県史　通史編2　原始古代2』所収）、同『日本古代の民間宗教』（吉川弘文館、二〇〇三年）所載の論考による。
(24) 前沢「古代東国の石碑をめぐる二、三の問題」（『ぐんま史料研究』第二十六号、二〇一九年）を参照。

ベトナムにおける新発見の陶璜廟碑

ファム・レ・フイ

はじめに

東アジアの歴史を考える上で重要な文献史料として漢文による正史がある。これらは中国で発祥した紀伝体・編年体という記述の体裁をとり、日本の「六国史」やベトナムの『大越史略』（以下『史略』）、『大越史記全書』（以下『全書』）など、東アジア各国における国史は、ほぼ同じ文字（漢字）や同じ文体によって伝えられてきた。

ところが、その編纂資料から歴史を考察し解明するには大きな限界もあり、木簡や金石文のような第一次資料にも注意を向ける必要がある。ベトナムでは現在木簡は一枚も発見されていないが、幸い、数多くの石碑が伝えられている。本稿では、日本で学んだことを生かして、ベトナムにおける十世紀以前の石碑とその研究状況を概観し、その中から二〇一三年に発見された陶璜廟碑を取り上げ、第一次資料と歴史との関係を考えてみたい。

一　ベトナムにおける十世紀以前の碑文研究の現状

ベトナム北部から北中部にかけての地域の歴史を考える際に十世紀はきわめて重要な転換点である。十世紀に入って曲承裕、呉権、丁部領、黎桓など文献に「土豪」と呼ばれた在地豪族が続々と台頭して、後梁・南漢・北宋の政治・軍事介入を排除しながら、紅河デルタで自立政権を設立した。丁・前黎朝（九六八～一〇〇九）の都・華閭京で一九六〇年代から仏頂尊勝陀羅尼経の石幢が次々と発見されたが、そこに「昇平皇帝」などの尊号が見られるように、これらの自立政権の中国皇帝に対する対等な意識が窺える。それを継いだ李朝（一〇〇九～一二二五）及び陳朝（一二二六～一四〇〇）の諸君主も、対外的に宋元に朝貢して「安南国王」などの冊封をうけながらも、国内で「皇帝」と自称し「冊」「制」「敕」「誥」といった「王言」を発令して君臨したのである。

十世紀以降の歴史について、十四世紀成立の『史略』や『安南志略』、十五世紀成立の『全書』といった文献以外に、金石文をはじめとする多種多様な史資料が現存している。現在、李朝期の十八点［Thịnh 2011］、陳朝期の五十点［Thuận 2016］の金石文が確認されている。黎朝以降に関してはは正確なデータはないものの、ベトナム社会科学院・漢喃研究所に数万点の拓本が保管されている。また木簡自体は出土していないが、「木夾」「木牌」といった木製品の文字資料の存在も近年注目され、研究に活用されている。

それに対して、十世紀以前に関する史料は極めて乏しく、歴史究明を妨げる一因となっている。一九九八年、漢喃研究所は、仏・極東学院と協力し、『越南漢喃銘文彙編　第一集～北属時期至李朝』を刊行し、七～十三世紀中葉までの金石文を集成したが、そこに収録された十世紀以前の金石文は、僅か三点のみであった。そのうち、貞元十四年（七九八）の青梅社鐘銘及び原石が残っていない咸通十一年（八七〇）の天威径碑記を除くと、一九六〇年代に発見された大業十四年（六一八）の「大隋九真郡宝安道場之碑文」が唯一残っている石碑であった。

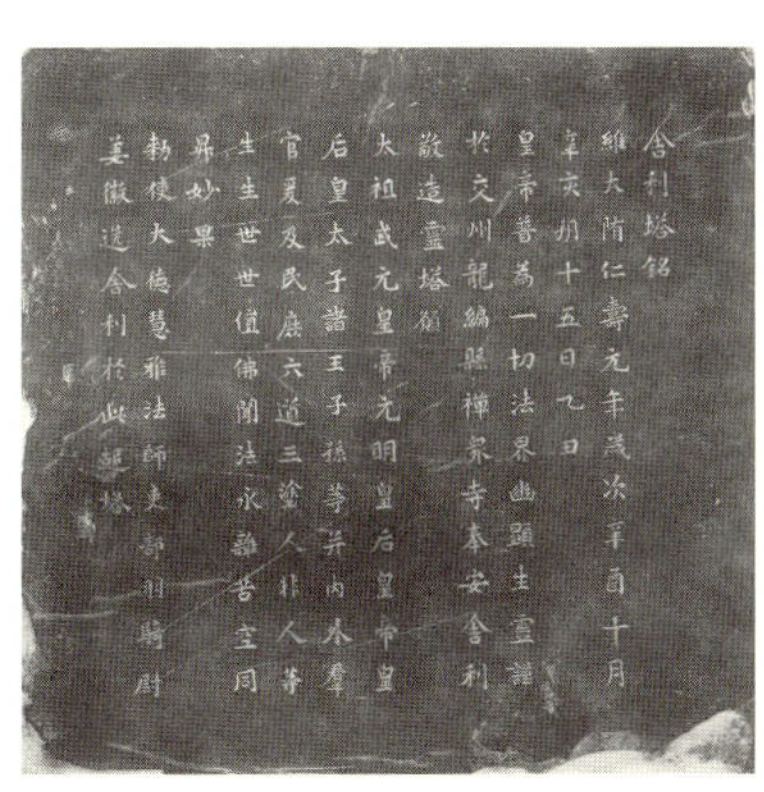

舍利塔銘
維大隋仁壽元年歳次辛酉十月
辛亥朔十五日乙丑
皇帝普為一切法界幽顯生靈謹
於交州龍編縣禪衆寺奉安舍利
敬造靈塔願
太祖武元皇帝元明皇后皇帝皇
后皇太子諸王子孫等并内外羣
官爰及民庶六道三塗人非人等
生生世世值佛聞法永離苦空同
昇妙果
勅使大德慧雅法師吏部羽騎尉
姜徽送舍利於此塔

写真1　仁寿元年の交州舎利塔銘

ところが、二〇一二年に仁寿元年（六〇一）の交州舎利塔銘、二〇一三年に晋・劉宋代の碑文が発見され、状況が一新した。これらの新発見により、十世紀以前にベトナム北部及び北中部に存在したとされた漢字の碑銘は計六点と倍増した（表1、図1）。交州舎利塔銘は仁寿元年（六〇一）に隋文帝が交州に舎利を頒布することを命じた碑である。舎利塔銘でありながら、隋唐代の墓誌のように蓋石と底石からなった独特な構成を示し、形状で分類すると、ベトナム最古の墓誌型石碑となっている（写真1）[1]。その一方、陶璜廟碑（表1の①と②）はベトナムで初めて発見された圭首形の石碑として国内の注目を浴びている。本稿では、この新発見の陶璜廟碑の銘文及びその形態の特徴について紹介したい。

二　発見の経緯、発見状態、保管場所

石碑は二〇一三年、Bắc Ninh〔北寧〕省Thuận Thành〔順成〕県Thanh Khương〔青姜〕社Thanh Hoài〔青淮〕村の神廟で二つに断裂した状態で発見された（写真2）。

発見者・北寧省博物館職員Nguyễn Phạm Bằng氏の聞き取り調査によると、石碑は一九六〇年代まで表面の中央に斜めのヒビがあったものの、一体として神廟に立っていた。一九六七年、北爆[2]が激しくなっている中

表1　10世紀以前にベトナムに存在したとされる碑銘

No.	名称	年代	本来の所在地	発見地	現在の保管場所
①	晋故使持節冠軍将軍交州牧陶烈侯碑	[晋] 建興2年(314)? (表面)	北寧省順成県 青姜社青淮村 陶璜廟	同左	陶璜廟
②	晋故使持節冠軍将軍交州牧陶烈侯碑	[劉宋] 元嘉27年(450) (裏面)	北寧省順成県 青姜社青淮村 陶璜廟	同左	陶璜廟
③	交州舎利塔銘	[隋] 仁寿元年(601)	北寧省仙遊県 仏跡社仙遊山 (天福峯?)	北寧省順成県 致果社春関村	北寧省博物館
④	大隋九真郡宝安道場之碑文	[隋] 大業14年(618)	清化省東山県 東寧社長春村 黎玉廟	同左	ベトナム国立歴史博物館
⑤	褚遂良墓碑※1	[唐] 大中6年(852)	清化省 (唐代愛州日南郡治北五里)	未発見	無
⑥	天威径新鑿海孤(派)碑※2	[唐] 咸通11年(870)	[中国] 広西省防城港市 江山半島 潭蓬運河※3	未発見	無

※1：原石は現存しないが、その一部の内容は『唐会要』(巻45、功臣)から確認できる[ファム2015b]。
※2：原石は現存しないが、その内容は『安南志略』等に記載されている[王2010]。
※3：従来所在地が不明だとされたが、近年の王承文氏の研究により、中越国境地帯にあたる広西省防城港市江山半島の潭蓮運河にあったと明らかにされた[王2010]。

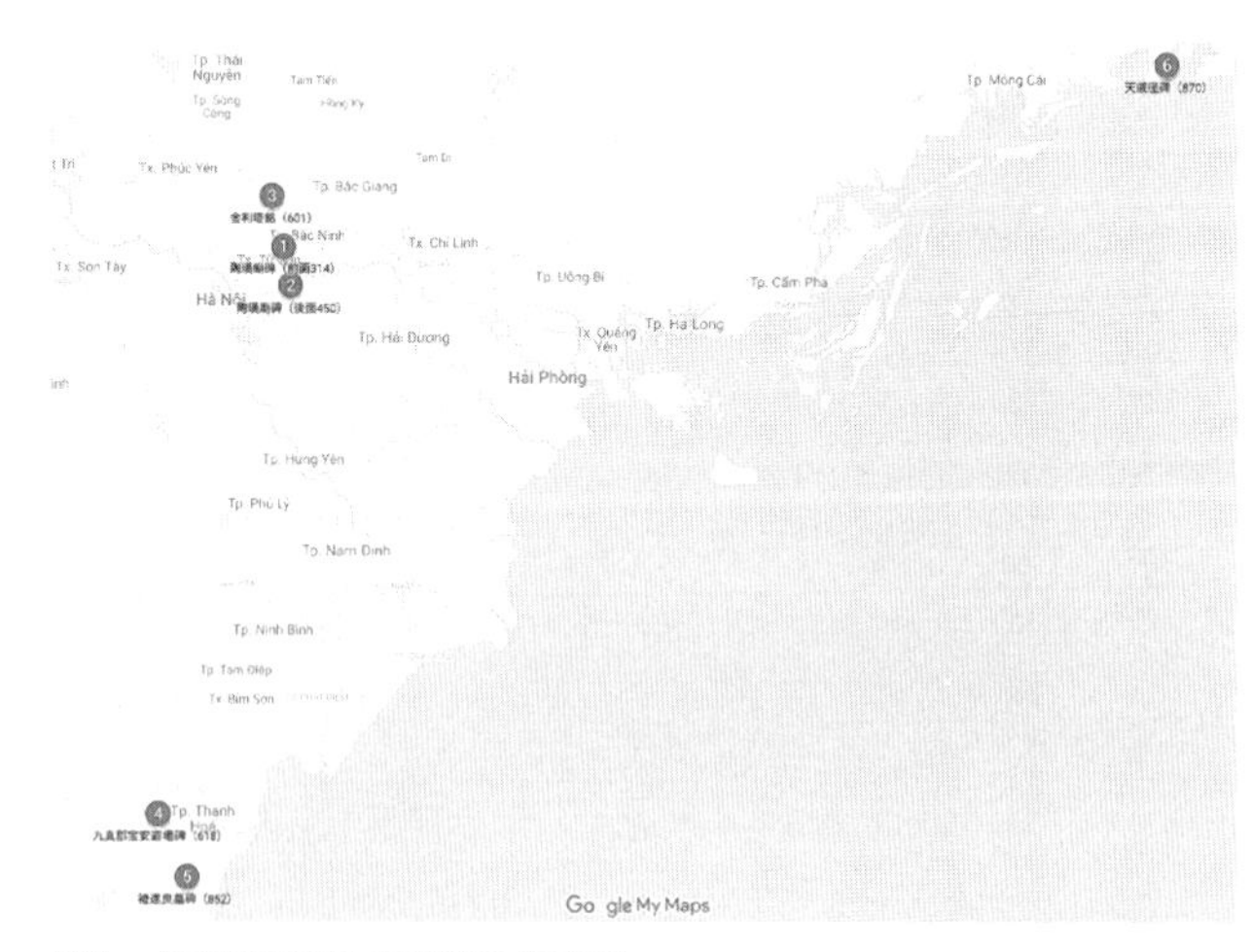

図1　10世紀以前の碑銘の分布図

で、あるアメリカ空軍の戦闘機が当地域で撃墜され、神廟から約三〇〇メートル離れた田んぼに墜落した。不発弾処理にやってきた北ベトナム軍の工兵部隊は、最終的に不発弾をすべて爆発させることにしたが、その爆風で石碑は発見時のように二つに断裂し、転倒してしまったという［Bằng 2014］。

ベトナム最古の（漢字）石碑と認定された後、村人は断裂した石碑を接着し、神廟の前に「古代神碑記」という建屋を建て、本体を展示している（写真3）。

写真2　二つに断裂した発見当時の陶　廟碑
（写真提供：Nguyễn Phạm Bằng氏）

写真3　陶　廟碑の現状

三　石碑に関する研究

石碑は、碑首、碑身、碑座からなっている。接着後の実測寸法は下記のとおりである。碑首は高さ三七・五センチの三角形（圭首形）を示し、装飾が施されていない。碑身の寸法は一五七×九五×一五センチである。碑座は一三六×一〇〇×三〇センチという大型の長方形の石材（方趺）である。碑額に「晋故使持節冠軍将軍交州牧陶烈侯碑」という碑題が隷書体で刻まれている。碑陽（前面）及び碑陰（後面）両方に銘文が見られる。

碑陽の銘文は文字が中央部分を中心に摩滅し、解読が困難な状態であるが、碑陰の銘文はほぼ全文が確認できる良好な状態である。石碑を発見した後、Bằng氏は両面の拓本を取り、それをもとに文字を翻刻したのだが、発表したのは碑陰の銘文のみであった。碑陽に関して、Bằng氏は録文自体を公表しなかったものの、文字の残存部から呉（三国）~晋代の交州刺史陶璜の業績に関する記載であると指摘し、また、文末の年代表記を「建興貳年九月壬」と解読し、晋愍帝の建興二年（三一四）の銘文であるとの重要な見解を示した［Bằng 2014］。二〇一四年末、筆者はようやく拓本の写真を入手し、実物とあわせて再調査を行った。その結果、Bằng氏が発表した碑陰の録文を一部訂正し、新たに四文字を追加解読し、それをもとに石碑の歴史的な価値について論じた［Huy 2014, 2016］。その後、二〇一五年に日本の新潟大学でベトナムの石刻史料を紹介する際に初めて碑陽の銘文の解読を試みた［Huy 2015 b］が、その内容には不備があった。そこで、本稿では宗教研究所職員・書道家Nguyễn Hữu Sử氏と共に検討した上で、新しい解読案を提示したい。

四　碑文の解読

碑陽の銘文の解読

碑陽の銘文は、前述したように文字の摩耗が激しく、解読が困難だが、冒頭部分で約十行、末尾部分で約八行の隷書体の文字が確認できる（録文1、写真4）。僅かな情報でありながら、陶璜廟の銘文であることは確実である。

陶璜（ベトナム語：Đào Hoàng、Đào Hoành とも）は、三国末から晋初にかけて交州刺史として活躍した人物である。彼の経歴は『晋書』の列伝に詳細に記述されている。それによると、陶璜（字は世英）は丹楊郡秣陵縣（江蘇省南京市付近）出身である。その父親・陶基は呉の交州刺史を歴任したことがある。[3] 陶璜の一族はこのように交州と密接な関係があった。

写真4　陶　廟碑の碑陽の拓本

交州は、南海、蒼梧、鬱林、合浦、交阯、九真、日南、珠崖、儋耳九郡を管轄した交趾刺史部が建安八年（二〇三）に交州（刺史部）に改称された行政単位である。[4] 黄武五年（二二六）、孫権は支配の便宜を図るために海東四郡（南海、蒼梧、鬱林、合浦）を広州、海南三郡（交趾、九真、日南）を交州として分割してみたが、反乱が相次いだため、やがてその分立は挫折した。[5] 永安七年（二六二）七月に孫休は再び南海、蒼梧、鬱林三郡を分割

13	12	11	10	9	8	7	6	5	4	3	2	1
喪	□	教	楽	者	卅	之	民	持	蜀	羣	蒼	之
□	□(顚?)		□	□	戉	波	□	節	交	栖	梧	略
□			□		□	超	帯	前	兵	望	太	□
			□		剛	崢	勉	將	海	滄	守	則
					□	嶸	□(流?)	軍	隅	浪	封	碩
						之	募	交	分	而	丹	□
						阻	之	州	□	□	楊	之
				旨			□	刺	□	□	侯	□
□							迺	史		俗	標	出
											臨	邁
												□
			甲									□
												□
												□(迹?)
							□	遐				
							令	振				
□					承	年	□(胡?)	軍				
					運	封						
					□	□						

陶　廟碑の録文
録文1　碑陽の銘文の録文（解読者：Phạm Lê Huy, Nguyễn Hữu Sử）

26	25	24	23	22	21	20	19	18	17	16	15	14
建	廻					□	□	□	□	揚	□	□
興	□（緑?）					□		□				
貳	□					□	□	□				
年	□					□	禽	□				
九	揚	咨	剛	沖	寔	於	合	□				
月	聲	憚	□	雲	□	鑿	□					
壬	管	所	海	芒		猶						
		仰	隅	芒	君							□
			永	□							□	□
			固	□（黽?）						□	□	
			方	亦		事	嘉		□			
			鎮		□	載	□					
			不	□	□	在	□					
			□	□		竹						
			□	□（朝?）	争	□		□				
			□					□				
			□	□				□			□	
							□	□			□（成?）	
				□			□	□				
						其	□	武				
						辭	廟					
						□						
				伐								

して広州を設置した。[6] 広州の分割を決行した背景には、当時交趾郡（ベトナム北部）に新しい親魏勢力ができ、さらに拡大する懸念があったからである。具体的には永安六年（二六一）五月に呉の役人による暴政や過酷な労役に堪えなくなった交趾郡の吏民が、太守孫諝及び察戦（監督官）鄧荀を殺し、呉に反旗を翻した。一方、同年十月に曹魏が蜀漢の征伐を開始するという情報が各地に広がっており、三国鼎立の局面は新しい展開を見せ始めた。交趾郡はそれに乗じて、曹魏に使者を送り、内附を申し出たのである。[7]

二六三年に曹魏は蜀漢を滅ぼし、四川からベトナム北部に入る交通ルートを開通した。それ以降、交州は曹魏（後は晋）・呉両勢力の直接的な戦場と化した。泰始三年（二六七）、晋将楊稷らは蜀から交阯に進撃して呉軍を破り、交趾・九真両郡を制圧した。翌四年（二六八）七月に呉主孫皓は第一次の反撃を開始したが、呉軍は同年十月に大敗を喫し、その主将・交州刺史劉俊及び将軍修則がともに晋軍に斬首された。[8]

陶璜が活躍を見せたのは、翌年（二六九）十一月に再開した第二次の反撃であった。[9] 陶璜は、呉の蒼梧太守として監軍虞汜及び威南将軍大都督薛珝の指揮のもと、荊州から合浦（広西省北海市）に進軍し、分水（ハロン湾付近か）で晋軍と交戦した。最初に晋軍に破れた陶璜は薛珝にその指揮能力を疑われたが、その後晋の九真太守董元を奇襲し、「錦物」などの宝物を奪うことに成功した。薛珝の信頼感を取り戻した陶璜は次に合浦から再度交趾に入り、泰始七年（二七一）四月に董元の伏兵を見破り、晋軍を撃破した。[10] また在地勢力である扶厳の首領梁奇に晋軍から奪った「錦物」の数千匹を贈り、その兵力を得た上で交趾城を包囲した。『晋書』によると、楊稷らは三ヶ月固守した後、救援軍を待つのを諦め、同年（二七一）七月二十六日（癸酉）に開城し、陶璜に投降したという。陶璜は、次に九真郡を占領した晋将李祚を征討し、九真郡及び「九真属国三十余県」も平定した。こうして交州から晋の勢力を排除した陶璜は呉主孫皓から「使持節、都督交州諸軍事、前将軍、交州牧」に任じられた。陶璜はさらにもと同盟関係にあった扶厳を逆襲し、在地勢力を滅ぼした。天紀三年（二七九）に広州で郭馬の反乱が勃発すると、陶璜は「交州牧」としてその征討に加わって、再び呉の南方領土の安定化に貢献した。[11] 二八〇年に呉が滅ぶと、孫晧は陶璜に手書を送付し、晋に降伏するように説得した。陶璜はそれに応じたが、晋武帝に「本職」（「使持節」「交州牧」）をそのまま認められるとともに「前将軍」号を「冠軍将軍」に改め、「宛陵侯」にも封じられた。[12]

従来、陶璜は三〇〇〜三〇一年に没したと考えられてきた。その根拠として『晋書』に陶璜は三十年間南方にいて亡くなったとあるため、龍編城を落とした二七一年から計算して三〇〇年か三〇一年になるという考えであった。[13] ところが、韓国の学者鄭在均氏が指摘したように、交州を制圧する前に陶璜はすでに「蒼梧太守」に任じられており、その計算に問題が生じた。さらにその後任である吾彦（呉彦とも）の官歴を検討することにより、陶璜はそれより十年も早く、太熙元年（二九〇）四月以前に没したと断定することができる。まず『晋書』陶璜伝によると、陶璜の没後、西晋の朝廷は「員外散騎常侍」吾彦を交州刺史に任命した。[14] 一方、同書吾彦伝を参考にすると、吾彦は金城太守、敦煌太守、雁門太守を歴任した後、順陽王司馬暢の内史となり、さらに司馬暢の推薦をうけて「員外散騎常侍」に昇進した。[15] 司馬暢が順陽王になったのは、太康十年（二八九）十一月二十三日（甲申）[16] であるため、吾彦が順陽内史に移ったのはそれ以降である。一方、晋武帝が崩じたのは太熙元年（二九〇）四月二十日（己酉）である。[17] 吾彦が「武帝の時」に交州刺史に任命されたという『冊府元亀』の記事が正しければ、吾彦が交州刺史になったのは太康十年（二八九）十一月二十三日から太熙元年（二九〇）四月二十日までの間であると断言できる。つまり、陶璜が死亡したのは太熙元年（二九〇）四月二十日以前であることが確実で、いくら遡っても太康十年（二八九）以前にならないと考えられる。

以上、『晋書』『資治通鑑』などの記述をもとに陶璜の経歴を略述してきた。碑陽の銘文には「陶璜」の名が一切見られないものの、次の根拠をもって、陶璜を祀る廟堂の石碑だと判断することができる。

273

Thanh Hoài le 5 Juin 1938.

Chúng tôi là Lý trưởng Lý dịch làng Thanh Hoài khai thần tích như sau này:

1°) Tên Làng.

Làng Thanh Hoài (青淮社) không có tên nôm, thuộc tổng Khương Tự (姜寺總) phủ Thuận Thành (順成府) tỉnh Bắc Ninh (北寧省)

2°) Thần Thành Hoàng.

A. Húy Ngài là Đào Hoành (陶璜) không biết tên hiệu.

B. Ngài là nhân thần.

C. Sự tích Ngài không có sách, chỉ có bia ở làng, nhưng bia mòn nhòe không xem rõ chữ. Nay chuyện khẩu rằng: Xưa đời nhà Ngô bên Tàu phong ngài sang nước ta làm quan Giao Châu. Ngài đem quân đánh phá được quân người Đổng Nguyên (董元) mở được ba quận là: Tân Xương (新昌) Cửu Đức (九德) và Vũ Bình (武平) Ngài có lòng thương dân, thấy dân nghèo đói, thời Ngài phát tiền gạo cho, nhân dân đều được ơn nhờ công đức của Ngài. Làng chúng tôi thấy Ngài nhân đức như thế, thời xin đến khi Ngài hóa, thì dân xin làm thần để phụng thờ, còn thế nào nữa thì dân không biết. Hiện lịch đại Đế vương đều có sắc phong cả. Đến năm Khải Định thứ chín, sắc phong là: Tứ tuần Đại khánh, phong tặng Quang ý trung đẳng thần (四旬大慶封贈光懿中等神)

写真5　1938年の「風俗考究会」の調査における青淮村の報告

第一に、碑額の「晋故使持節冠軍将軍交州牧陶烈侯碑」は「使持節（中略）交州牧」「冠軍将軍」という陶璜の官爵に一致している。それを裏付けるように、碑陰の銘文に「故将軍交州牧烈侯陶璜」と「陶璜」の名前が登場している。詳細な内容は後述するが、碑陰の銘文によると、後世の人は「陶璜」の「銘記」を見て感銘をうけ、陶璜を祀る「廟堂」を修復することにしたという。その「銘記」は碑陽の銘文だと考えられる。

第二に、Bằng氏が指摘したように、碑陽に残っている内容は断片でありながら、文献史料に記された陶璜の業績に一致している。第二行の「蒼梧太守封丹楊侯」は晋軍を進撃した際の陶璜の官爵に相応しい内容である。(18) 第四行の「蜀交兵海隅分」は、楊稷が「蜀」から交趾に進撃した出来事に関する内容だと考えられている。また第五行の「持節前将軍交州刺史」も、呉主孫皓が二七一年前後に陶璜に封じた官爵に合致している［Bằng 2014］。

第三に石碑が立っている神廟は、元々陶璜を祭祀している陶璜廟である。一九三八年、フランスの「風俗考

図2　陶　廟碑の発見地点と関係遺跡

究会」はベトナム北部〜中部南部における各村落の神々を調査した（写真5）。その際、青淮村の里長らは、当村の守護神は陶璜であると書類でフランス植民地政権に報告した。当調査により、その隣村・Đại Tự（大寺）村も陶璜を祀っていたことが明らかになった(19)。このように当地域では本来陶璜を祭祀する信仰が長らく存在し、今に至っている。

第四に、陶璜廟はルンケー（隴渓）城遺跡より東に約一キロのところに立っているが、ルンケー城が交趾郡の郡治「龍編城」であった可能性が高い。ルンケー城をめぐって、従来漢代の「羸婁城」とする説もあったが、西村昌也氏による発掘調査［西村二〇一一］及び最近の文献史料の再検討［Huy 2017］により、これは漢から南北朝にかけての龍編城の遺跡とする説が有力になっている。九世紀成立の『元和郡県志』によると、唐代の「龍編縣」に「呉時刺史陶璜」が築いた「交州故城」が存在したという(20)。また二〇一二年に当地域で「交州龍編縣」とある仁寿元年（六〇一）の舎利塔銘も発見された（図2）。こ

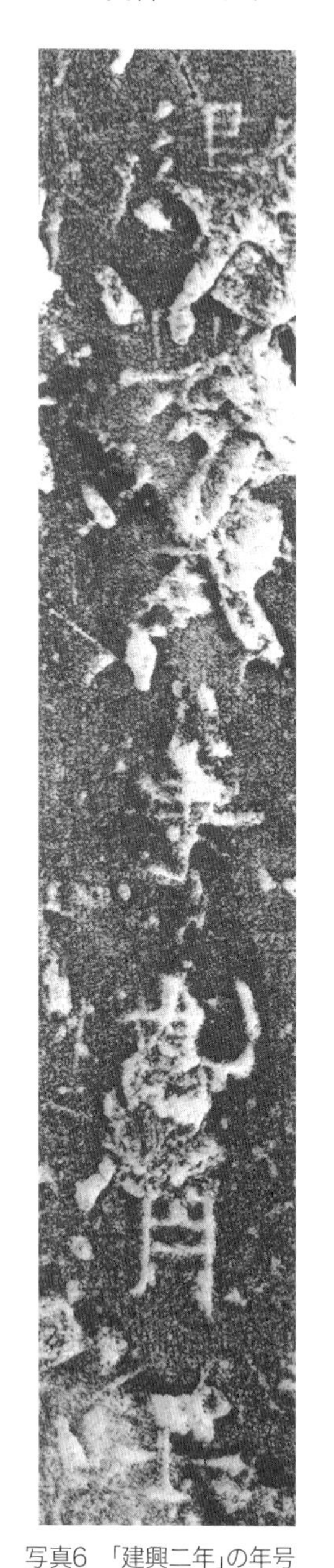
写真6　「建興二年」の年号

れらの情報をあわせて考えると、陶璜廟は陶璜によって築かれた龍編城＝ルンケー城の東側に建設されたと考えられる。

以上の根拠をもって、当石碑は陶璜廟の石碑（以下「陶璜廟碑」と略称）だと断言できる。

そうすると、陶璜の経歴に照り合わせて、銘文の一部の内容を推測できる。第八行に「卅戉」の二文字がみられるが、「戉」は「戍」の異体字である。この「卅戉」は、陶璜が服属させた「九真属国三十余県」に置かれた「戍兵」であった可能性がある。『晋書』によると、陶璜が死んだ直後に「九真戍兵」が反乱を起こし、最終的に鎮圧されたという(21)。

最後に銘文の年代に関する問題がある。文末に「□□貳年九月壬」の年代表記がみられるが、その年号についてBǎng氏は「建興」と判読し、その上で碑額の「晋」の文字をもって晋愍帝の建興二年（三一四）だと推定した［Bǎng 2014］（写真6）。筆者は現段階ではBǎng氏の仮説に従う。

碑陰の銘文の解読

碑陰の銘文はほぼ全文が残っており、八行×二十四字の楷書体で、そのうち約一五〇字が読める状態である

（録文2、写真7）。その第四行及び第五行に「元嘉廿七年十月十一日省事王法齡宣」と「宋元嘉廿七年太歳庚寅十二月丙辰朔廿五日庚辰」という二つの年代表記がある。

前者に関して、Bằng氏は「王法を省事し、齡宣す」と解読したのだが、意味が通じずBằng氏自身もそれに疑問を抱いた［Bằng 2014］。そこで筆者は、まずこの年代表記は第四行の行頭ではなく、行末に合わせて刻まれたことに着目し、これは銘文の前半に関する年代表記である可能性を推測した。さらに前半は第一行の「教」という文字で始まり、銘文の後半の下段（第六行）に「明」という文字で文章が改行され、次の文字「教」が第七行の行頭にもって刻まれている。ここに注目すべきである。

「教」に関しては、漢代以降「教」は「勅」や「符」と同様、一種の命令として利用されたことがわかる。たとえば、五世紀成立の『文心雕龍』に「教者效也、言出而民效也、契敷五教、故王侯稱教」とある。[22]また、『資治通鑑』に「郡守所出命曰教」との注記がみられるように、漢代の郡守が下す命が「教」と呼ばれたらしい。[23]『晋書』や『北史』等では刺史が命令を下す際に「下教曰」（「教を下して曰わく」）という表現が多数確認できる。[24]こうしてみると、銘文の前半は、「教すらく」で始まり、第四行の「宣」は「宣す」という意味でその命令を締めくくったという構成が窺える。

次に「省事」とはBằng氏が考えたように動詞ではなく、晋代から南北朝にかけての刺史の属官のことである。『晋書』によると、刺史の下に「功曹、都官従事、諸曹従事、部郡従事、主簿、録事、門下書佐、省事」などの属官が設置された。[25]つまり第四行の「省事」は官職で、次の三文字「王法齡」は人名である。こうしてみると、銘文の前半は下記のように構成されたことが推測できる。

教すらく（「教」という命令の内容）

録文2　碑陰の銘文の録文

8	7	6	5	4	3	2	1
葉	教	将	惟		祀	愛	教
□	如	軍	宋		所	在	故
戸	上	蘭	元		建	民	将
遺	西	陵	嘉		寧	毎	軍
搆	曹	蕭	廿		可	覽	交
誠	書	使	七		頓	其	州
感	佐	君	年		□	銘	牧
聿	陶	遠	太		宜	記	烈
修	弥	存	歳	元	加	意	侯
斯	之	高	庚	嘉	修	實	陶
記	監	範	寅	廿	繕	嘉	璜
垂	履	崇	十	七	務	焉	□
遠	修	勵	二	年	存	□	□
矣	復	種	月	十	褒	□	□
	庶	德	丙	月	□	廟	粹
	神	明	辰	十	使	堂	稟
	□		朔	一	准	彫	德
	有		廿	日	先	毀	淵
	憑		五	省	舊	示	□
	弥		日	事	式	有	□
	之		庚	王	時	基	□
	本		辰	法	就	陛	□
	枝		建	齡	營	既	□
	末		威	宣	緝	□	□

(解読者：Nguyễn Phạm Bằng, Phạm Lê Huy, Nguyễn Hữu Sử)

写真7　碑陰の拓本

元嘉廿七年十月十一日、省事・王法齢、宣す。

次の課題として、王法齢という省事はだれの「教」（命令）を宣したのだろうか。それは後半にみられる「建威将軍蘭陵蕭使君」という人物を検討することにより明らかになる。結論からいうと、「教」を発布したのは、元嘉二十七年当時に交州刺史を勤めた「蕭景憲」という人物である。

『史略』や『全書』など、ベトナム現存の編年史には交州刺史蕭景憲に関する記載は一切みられない。劉宋の正史『宋書』ではその列伝に伝記がみられないものの、同書の林邑国伝及び宗慤伝にその存在が確認できる。それによると、元嘉二十二年（四四五）、劉宋の交州刺史檀和之は林邑の征討を開始した。その際、「府司馬蕭景憲」は宋軍の先鋒として林邑の区粟城[26]（Quảng Bình［広平］省 Bố Trạch［布澤］県）に攻め込んだ。林邑王范陽邁は大将范扶龍に区粟城を守護させるとともに、水陸両道の救援軍を至急送った。蕭景憲は林邑の救援軍を撃破した後、精鋭部隊を尽くして攻勢を強め、同年五月にようやく区粟城を落とした。蕭景憲は范扶龍を斬首し、大量の金銀財物を略奪した[27]。宋軍は勝利に乗じて林邑の都まで落とした。こうして林邑征討で軍功を揚げた蕭景憲は、元嘉二三年（四四七）十二月十八日（丁酉）[28]に「督交州広州之鬱林寧浦二郡諸軍事、建威将軍、交州刺史」に抜擢された[29]。蕭景憲は孝建二年（四五五）五月八日（戊戌）に垣閎に交替させられたが[30]、やがて同年十二月六日（己亥）に交州刺史に復職され、翌年（四五六）八月十五日（戊戌）まで在職した[31]。

以上、断片的な記述でありながらも、そこから南朝劉宋における蕭景憲の活躍を窺うことができた。蕭景憲は二回にわたって交州刺史を任命されたが、石碑に記載された「元嘉二十七年」は、まさに第一回目の任期に当たるのである。銘文の「建威将軍」も、『宋書』林邑国伝に記載された蕭景憲の「建威将軍」と一致している。

なお、「蘭陵蕭使君」との記載も景憲の蕭氏出身に合致している。『新唐書』によると、蘭陵蕭氏は本来姫氏より出自し、春秋時代に蕭県（唐代の徐州蕭県・安徽省）に封じられたことを契機として蕭氏に改名した[32]。漢代に丞相蕭何の孫・蕭彪は初めて蘭陵丞に任じられ、蘭陵（山東省棗荘市・臨沂市附近）に移住した。永嘉の乱（三〇四～三一六）に蕭氏は南方に移住して南蘭陵（江蘇省常州市）を拠点とした。蕭卓の娘が宋高祖の継母であったことを機に蕭氏は劉宋の歴代皇帝に重用され、数多くの武将を輩出した。特に元嘉年間、蘭陵蕭氏出身で、蕭卓の孫に当たる蕭思話という人物は、[33]漢中に侵攻した仇池勢力を撃退した軍功を揚げ、元嘉二十年（四四三）七月に「持節・監雍梁南北秦四州荊州之南陽竟陵順陽襄陽新野隨六郡諸軍事・寧蛮校尉・雍州刺史・襄陽郡太守」との重職に就き、同二十二年（四四五）侍中兼太子右率を歴任し、同三十年（四五三）に尚書左撲謝まで昇進した。このようにみると、蕭景憲が交州刺史に任命されたのは、本人が林邑の役で活躍したことのほか、中央朝廷で活躍している同族蕭思話による推薦・抜擢も想定できる。それは、蕭思話が亡くなる直前[34]に蕭景憲が垣閡に交替させられた出来事からも窺える。

碑銘の「蘭陵蕭使君」が交州刺史蕭景憲だとすると、銘文の構成をより一層理解することが可能である。

惟宋元嘉廿七年太歳庚寅十二月丙辰朔廿五日庚辰建威
将軍蘭陵蕭使君遠存高範崇勵種德明
教如上

文脈からすれば、「明教如上」（「明教、かくのごとし」）と読むことができる。「明」の文字で文章が改行されたのは、交州刺史蕭景憲の「教」（命令）に敬意を払う「平出」（「平頭抄出」）の用法だと考えられる。その「明教」とはまさに銘文の前半にみられる、省事王法齡によって宣された「教」のことである。

なお、銘文の後半に「西曹書佐陶珎之」という文字がある。Băng 氏はこの人名は「陶珎」と解釈したが、筆者は文末の「珎之本枝末葉」という言葉に着目して、正しくは「陶珎之」だと判断した。現在、「陶珎之」という人物に関する史料が見当たらないものの、銘文から下記のような内容が読み取れる。

まず、陶弥之の官職「西曹書佐」に着目すると、漢代に刺史の属官として設置された「功曹書佐」は晋代に入って「西曹書佐」に改称され[35]、劉宋の官制に引き継がれた[36]。つまり、西曹書佐陶弥之は交州刺史蕭景憲の属官であることがわかる。

次に「弥之本枝末葉」という表現も興味深い。『左氏』に「詩云、本枝百世」、また「南都賦」に「本枝百世、位天子焉」とあるように、「本枝」は一家一門（本家と分家）という意味である。つまり、陶弥之は陶璜一族の末裔（「末葉」）である。こうした親族関係により陶弥之は先人・陶璜を祀る廟堂の修復に従事したと考えられる。

以上の分析から銘文を下記のように釈読することができる。

釈文

1 教故將軍交州牧烈侯陶璜□□□粹稟德淵□□□□□□

2 愛在民、每覽其銘記、意實嘉焉、□□廟堂彫毀、示有基陛、既□（為？）

3 祀所建、寧可頓□、宜加修繕、務存褒□（諱？）[37]、使准先舊式、時就營緝、

4 元嘉廿七年十月十一日省事王法齡宣

5 惟宋元嘉廿七年、太歲庚寅、十二月丙辰朔、廿五日庚辰、建威

6 將軍蘭陵蕭使君、遠存高範、崇勵種德、明

7 教如上、西曹書佐陶弥之、監履修復、庶神□有憑、弥之本枝末

8 葉、□戶遺搆、誠感聿修、斯記垂遠矣、

書き下し（案）

教すらく、故將軍交州牧烈侯陶璜…粹稟なり。德淵…愛を民に在り。その銘記を覽るごとに、意実（まこと）に嘉（よ）し。

…廟堂彫毀（ちょうき）にして、基陛（きかい）有るを示す。既に祀らん（がため？）建つ所なり。寧（やす）んじて頓□すべし。宜しく修繕（しゅうぜん）を加え、褒諱（ほうき）(38)（？）を存（なが）らえんことに務め、先の舊式に准（なずら）えて時に營緝を就かしめよ。

元嘉廿七年十月十一日、省事王法齢、宣す。

惟（これ）、宋元嘉廿七年、太歳庚寅、十二月丙辰朔、廿五日庚辰、建威将軍蘭陵蕭使君、遠く高範を存じ、種徳を崇勵（すうれい）す。明教かくの如し。西曹書佐陶弥之、修復（しゅうふく）を監履し、庶（ねが）わくは神…憑（よりどころ）有らんことを。弥之本枝（ほんし）の末葉（まつよう）にして遺搆を□戸す。誠感（せいかん）(39)をもって聿修（いっしゅう）(40)して斯の記を垂遠す。

碑文の大意は下記のように解釈することができる。元嘉二十七年（四五〇）十月十一日に（交州）省事王法齢は交州刺史蕭景憲の「教」（命令）を宣した。それによると、蕭景憲は碑陽の銘記を読むたびに陶璜の業績に感銘をうけた。ところが、陶璜の廟堂はすでに破壊され、階基しか残っていない悲惨な状態である。陶璜の業績を顕彰するために、蕭景憲は「旧式」に準えて廟堂の再建を命じた。同年（四五〇）十二月二十五日に西曹書佐陶珍之は蕭景憲の「明教」に従って、再建工事を監督することになった。陶珍之は陶氏の末裔（「本枝末葉」）として碑記を修文し、後世に残したという。

石碑の形状について

以上、銘文の分析よりわかるように、陶璜廟碑は晋の建興二年（三一四）に建立された可能性が高く、劉宋の元嘉二十七年（四五〇）、碑陰に新たに銘文が追刻されたのである。

次に石碑の形状に目を転じると、碑首が圭首形である点に最も注目すべきである。圭首形は日本やベトナムできわめて珍しい碑首の類型である。日本では原石が現存する十六点の古代碑の中で、圭首形を示す事例は養老元年碑（超明寺断碑・七一七年）のみである（表2）。一方、ベトナムでは陶璜廟碑が初めての事例である。

表2　日本の古代碑

No.	名称	年代	高さ(cm)	幅(cm)	形状	種類
1	道後温泉碑	推古4年(596)	×	×	×	詩文碑
2	宇治橋断碑	大化2年?(646?)	50(残)	40(残)	自然石形	功徳碑
3	藤原鎌足墓碑	669〜673	×	×	×	墓碑
4	山ノ上碑	天武10年(681)	112	50	自然石形	墓碑
5	采女氏塋域碑	持統3年(689)	38	21	×	墓碑
6	那須国造碑	庚子年(700)	147	48	石柱 (蓋石あり)	墓碑
7	多胡碑	和銅4年(711)	130	60	石柱 (蓋石あり)	紀事碑
8	養老元年碑 (超明寺断碑)	養老元年(717)	41	18.5	石柱 (圭首形)	
9	元明天皇陵碑	養老5年(721)	91	61	石柱 (蓋石あり)	墓碑
10	阿波国造碑	養老7年(723)	27	13	石柱 (蓋石あり)	墓碑
11	金井沢碑	神亀3年(726)	108	70	自然石形	墓碑
12	竹野王多重塔	天平勝宝3年(751)	80		石塔	紀事碑
13	大仏殿碑	天平勝宝4年以降 (752以降)	×	×	×	紀事碑
14	仏足石歌碑	天平勝宝5年以降 (753以降)	193	48	板状	詩文碑
15	多賀城碑	天平宝字6年(762)	196	92	自然石形	紀事碑
16	南天竺波羅門僧正碑	神護景雲4年(770)	×	×	×	紀事碑
17	大安寺碑	宝亀元年(775)	×	×	×	紀事碑
18	宇智川磨崖碑	宝亀9年(778)	—	—	磨崖	紀事碑
19	浄水寺南大門碑	延暦9年(790)	123	56.3	石柱 (蓋石なし)	紀事碑
20	浄水寺南大門灯籠石	延暦20年(801)	86	50	石柱 (蓋石あり)	紀事碑
21	山上多重塔	延暦20年(801)	×	×	×	紀事碑
22	沙門勝道歴山水瑩	弘仁11年(814)	×	×	×	紀事碑
23	益田池碑	天長2年(825)	×	×	×	紀事碑
24	浄水寺寺領碑	天長3年(826)	101	38	石柱 (蓋石あり)	紀事碑

(濱田[1996]の論文を元に作成・加筆)

ところが、圭首形は魏晋代の石碑の一般的な形状である。二〇一三年発見の集安高句麗碑及び陶璜廟碑を加えて、現存する十三点の魏晋代の石碑のうち、圭首形は少なくとも十点（七六・七％）を占めている（表3）。

また、圭首形でしかも石碑に孔が穿たれないのも陶璜廟碑の大きな特徴である。魏晋南北朝の圭首形の石碑全体（二十七点）の中で孔がないのは、陶璜廟碑以外に裴岑紀功碑（新疆、永和二年・一三七）、毌丘倹紀功碑（吉林、二四二年）、集安高句麗碑（吉林、三八八か四一八年）及び馬鳴寺根法師（山東省、正光四年・五二三）の四例のみである（表4）。

石碑の孔は墓碑が誕生するとともに出現した特徴だと考えられている。八世紀成立の『封氏聞見記』によると、本来天子や諸侯の棺を埋葬する際に、「下棺之柱」を立てて、その柱に孔をあけ、紐を通して棺を懸けてから墓穴に下げるという作法があった。後にその柱は文字を刻まれ、墓碑へと進化した。「古碑」の上に孔がみられるのは、紐を通す「像」だとされた。[41] その孔がまだ一般的であった魏晋南北朝に、陶璜廟碑・集安高句麗碑・毌丘倹紀功碑が、孔のない形状を示し、まさに「下棺之柱」の特徴を引き継ぐ「古碑」から石碑が進化していく事例だと位置づけられよう。

五　陶璜廟碑建立の時代背景──梁碩という在地首領との関わりについて

碑陽の銘文は激しく摩耗しているため、そこから陶璜廟碑の建立契機に関する何らかの情報を見出すことはきわめて困難である。ところが、四世紀初頭の時代背景を分析することを通じて、筆者は当時交州で活躍した梁碩という在地首領が当石碑の建立事業に深く関わっていたことを明らかにしたい。

梁碩が新興勢力として台頭してきたのは、陶璜の後任である吾彦・顧秘両刺史が亡くなってからである。第二

表3　現存する魏晋代の石碑

碑首 / 種類	圓首				圭首	方首	不明
	素面	暈紋	蟠螭	蟠龍			
墓碑	爨宝子碑				孫夫人碑、葛祚碑		
功徳碑			辟雍碑		鄧太尉祠碑、広武将軍□産碑、上尊号奏碑、受禅碑、陶璜廟碑、集安高句麗碑		
紀事碑					孔羡碑、毌丘倹紀功碑		毌丘倹遇難記念碑
刻経碑							

表4　魏晋南北朝の圭首形の石碑

No.	名称	年代	高さ	幅	穿径	種類	本来の所在地	現在の所在地
両漢								
1	裴岑紀功碑	永和2年（137）	129	54	無	功徳碑	新疆巴里坤哈薩克自治県	新疆博物館
2	北海相景君銘	漢和2年（143）	220	79	14	墓碑	山東済寧任城	済寧博物館
3	敦煌長史武斑碑	建和元年（147）	210	88	14	墓碑	山東済寧嘉祥	山東嘉祥武氏祠
4	李孟初神祠碑	永興2年（154）	175	73	14	功徳	河南南陽	河南南陽市臥龍崗漢碑亭
5	鄭固碑	延熹元年（158）	196	60	14	墓碑	山東済寧曲阜	山東済寧博物館
6	費帝侯曹騰碑	延熹3年（160）	198	81	11	墓碑	安徽亳州	不明
7	行事渡君碑	延熹4年（161）	250	91	11	墓碑	山東巨野	山東巨野県文物保管所
8	蒼頡廟碑	延熹5年（162）	147	79	13	墓碑	陝西西安	西安碑林博物館
9	鮮于璜碑	延熹8年（165）	242	81～83	11.3	功徳碑	天津武清	天津博物館
10	執金吾丞武栄碑	建寧年間（168-171）	243	84	12	墓碑	山東済寧嘉祥	済寧博物館
11	郭有道碑（郭泰碑）	建寧2年（169）	160	80	11	墓碑	山西介林	済寧博物館
12	司隷校尉魯峻碑	熹平2年（173）	283	115	15	墓碑	山東済寧金郷	済寧博物館
13	校官碑	光和4年（181）	148	76	11	墓碑	江蘇南京	南京博物館

No.	名称	年代	高さ	幅	穿径	種類	本来の所在地	現在の所在地
14	武氏墓群無字碑	東漢	210	170	15	墓碑	山東済寧嘉祥	山東嘉祥武氏祠
魏晋南北朝								
15	孔羨碑	黄初元年(220)	230	93	14	紀事碑	山東済寧曲阜	曲阜孔廟
16	受禅碑	黄初元年(220)	322	102	13	功徳碑	河南漯河	河南臨穎繁城鎮
17	上尊号奏碑	黄初元年(220)以後	322	102	13	功徳碑	河南漯河	河南臨穎繁城鎮
18	葛祚碑	呉	117残	74	不明	墓碑	江蘇句容	南京博物館
19	毌丘倹紀功碑※1	正始3年(242)	85	30	無	紀事碑	吉林集安	不明
20	毌丘倹遇難紀念碑※2		100	53			山西省運城	
21	任城太守孫夫人碑	泰始8年(272)	255.5	96	12	墓碑	山東新泰	山東泰安岱廟
22	陶璜廟碑	建興2年(314)?	157	95	無	功徳碑	[越]北寧順成	[越]寧順成陶璜廟
23	鄧太尉祠碑	建元3年(367)	170	64	11	功徳碑	陝西西安	西安碑林博物館
24	広武将軍□産碑	建元4年(368)	174	73	不明	功徳碑	陝西西安	西安碑林博物館
25	集安高句麗碑	388か418	173残	60.6-66.5	無	功徳碑	吉林集安	吉林集安
26	馬鳴寺根法師碑	正光4年(523)	155	81	無	墓碑	山東広饒	山東石刻芸術博物館
27	鄭述祖夫人廟碑	朝明元年(560)	205	93	12	紀事碑	山東済寧曲阜	曲阜孔廟

注　本表は楊磊[2003]の論文を元に作成・加筆したものである。
※1　(19)の「毌丘倹紀功碑」は[이승호2015]による。
※2　(20)の「毌丘倹遇難紀念碑」は人民網3月5日の記事(42)による。

節で検討したように、吾彦は二八九〜二九〇年頃に西晋から交州刺史に任命され、現地に赴任した。『晋書』によると、吾彦は九真郡で勃発した戍兵の反乱を鎮圧することに成功し、「二十余年」交州を無事に支配した後没したという。(43) つまり、吾彦は少なくとも三〇九年まで在世したと推測できる。吾彦の没後、西晋は員外散騎常侍顧秘を後任とした。(44) 顧秘の没後、「州人」はその子・顧参に「領州」させたが、やがて顧参も亡くなり、参の弟・顧寿はそれを代行するように申し出た。ところが、顧寿は顧参ほど人望がある人物ではなかったらしく、当初「州人」に拒否された。粘り強く交渉して、辛うじて「領州」の地位に就いた顧寿は、次に反対勢力である「長史胡肇」や「帳下督梁碩」を排除することに乗り出した。その迫害を免れた梁碩は兵を起こし、顧寿を捕らえ、その母親に渡した後に毒殺させた。(45)

以上、『晋書』の記述から梁碩が本来交州の「帳下督」、つまり州兵を統率した将軍(46)の一人であったことがわかる。さらに梁碩の行動を検討することによって彼は当時南方に大量に移住してきた移民集団の出身ではなく、交州の地元出身の人物であったということも察知できる。後述するように、三一五年頃、交州刺史王機に対抗する際、「僑人」（移民）が王機に味方することを懼れた梁碩は、「僑人」の「良者」を悉く誅殺することにしたのである。なお、第一節に見られるように、晋軍を撃退するために陶璜が「扶厳夷」の首領・梁奇の兵力を借りなければならなかったほど、梁氏は当時交州で一大勢力を振る在地豪族であった。梁碩はこうした地元豪族出身で西晋に州将として抜擢された可能性が高い。

顧寿を殺害した後、梁碩は陶璜の子・蒼梧太守陶威（咸）を交州刺史に迎え入れた。『晋書』によると、陶威（咸）は三年間在職して亡くなったという。(47) 陶威（咸）の没後、交広六州諸軍事王敦は王機を交州刺史に任命した。(48) 梁碩は当初王機を受け入れるつもりであったらしく、息子・梁侯を鬱林に派遣して、王機を祗候させた。ところが、梁侯は王機が梁氏に善意を持たないことを父親に報告した。そこで梁碩は「州人」に王機を迎えることを禁止することにした。それに不満をもった府司馬杜讚は兵を率いて梁碩を討とうとしたのだが、逆に梁碩に破られた。その後、上述の梁碩による「僑人」の誅殺事件が発生した。王機を追い出すことに成功した梁碩は、交阯太守と自称し、また修湛という人物を交州刺史として迎え入れた。修湛は呉代の交州刺史修則の息子である。[49]

梁碩は永昌元年〈三二二〉まで交州の最高権力者として君臨した。永昌元年十月に王敦は王諒を交州刺史に任命して、交州の回収を図った。[50] 今回は、梁碩と修湛はそれを認めざるをえなかった。王諒は経略を使って修湛を殺害することに成功したが、梁碩を暗殺することには失敗した。梁碩はまた兵を起こし、龍編城を包囲した。翌年（三二三）五月に梁碩は州城を落とし、王諒を殺した。[51] 同年六月に東晋の救援軍が到着すると、梁碩は晋将高宝に斬首された。[52]

以上、『晋書』や『資治通鑑』の記事をもとに、梁碩の生涯を概観してきた。こうした史料に前後の出来事が列記されているものの、詳細な時間が記載されない。ところが、関係人物の活動を追って検討すると、梁碩が交州の実権を握ったのは、三一一年から三二二年までだと断定することができる。

まず、顧寿の弟・顧衆の行動を追跡することによって、顧寿が梁碩に殺害されたのは、三一〇～三一一年前後であることがわかる。『晋書』顧衆伝によると、顧寿が毒殺された後、顧衆は交州に「迎喪」に行ったが、「杜弢の乱」に遭ったため、内地に還るのに六年間もかかった。[53] 杜弢の乱が勃発したのは、永嘉五年（三一一）正月だったから、顧寿が梁碩に殺されたのは三一〇～三一一年頃であったと推測ができる。

また陶威（咸）の在職期間を検討することによっても、上記の推測を裏付けることができる。『華陽国志』によると、常寛（字は泰恭）という人物は、「湘州の叛乱」に遭い、交州に避難した。そこで常寛は交州刺史陶咸に出会い、陶咸によって長史に推挙された。[54]「湘州の叛乱」とは、三一一年に発生した杜弢の乱のことである。つまり、常寛が交州刺史陶咸に会ったのは三一一年以降である。一方、『晋書』に陶威（咸）は三年間在職してから没したとある。顧寿が殺されたのは三一〇～三一一年頃ということをあわせて考えると、梁碩が陶威（咸）を交州刺史に擁立した期間は三一〇～三一三年、或いは三一一～三一四年のいずれかである。

要するに、陶璜廟碑は、梁碩が事実上交州の最高権力者として君臨した三一一～三二二年の間に建立されたのである。八王の乱、永嘉の乱が相次いで発生した中で、西晋政権は顧秘の後、交州に新しい統治者を派遣する余裕がなかった。顧参及び顧寿は中央政府から派遣されたのではなく、「州人」という在地の有力者の協議によって擁立されたのである。その「州人」は、杜讃のように北方から移住してきた移民集団（「僑人」）、及び梁碩を代表とする在地豪族の勢力からなっていた。顧寿は、賛否両論がある中でかろうじて「領州」権を獲得したのだが、それができると、直ちに反対勢力を鎮圧する行動に乗り出さなければならなかった。一方、自己防衛のため、梁碩は逆に兵を起こして、結果的に交州の支配権を掌中に収めたのである。

杜讃の事件に見られるように、梁碩はすべての勢力から協力を得られたわけではない。そのため、梁碩は自ら交州刺史を自称できず、陶璜の子・陶威（咸）や修則の子・修湛など旧刺史の子息を後ろ楯として交州刺史に擁立し、自分の権力を正当化することを図った。『晋書』にはそれを裏付けるエピソードが書かれている。王諒が修湛を殺そうとした際に、そこに同席した梁碩は、湛は「故州将の子」だから、罪があったとしても殺すことができないと反対した。一方、王諒は梁碩が湛の「義故」（盟友）だから、我の事に関与することができないと反論し、修湛の斬首に踏み切った。このエピソードがどこまで真実を伝えたのか、判断は困難だが、当時梁碩と旧交州刺史の子息たちとの依存関係をよく示すものだと見てよい。

上記のように陶璜の子・陶威（咸）の在職期間は三一〇～三一三年、或いは三一一～三一四年だと推定できる。ところが、石碑が陶璜の業績を賞賛するものとして建立されたことから考えると、さらに一歩進めて、石碑が建立された時点（三一四年）で陶威（咸）がまだ在世していたと推測することができるだろう。言い換えれば、陶璜廟碑は前代の刺史・陶璜を賞賛するのみならず、現行の刺史・陶威（咸）及び彼を擁立した梁碩の権力の正統性を主張するものとして建立されたとも考えられる。[55]

六　陶璜廟碑と「教」の命令

陶璜廟碑は、東アジアにおける「教」という命令の発行・伝達過程を考える上で貴重な史料である。

前述したように「教」（「教言」「教令」とも）は、王侯や刺史が下達する命令のことである。ベトナムで十一世紀以降各独立王朝の君主は、「冊」「制」「敕」「誥」といった唐宋の「王言」制度を導入したため「教」を使用しなかった。それ故、今回陶璜廟碑の発見とともに、「教」という命令がベトナムで用いられたことが初めて知られるようになり、研究者の注目を集めている。一方、韓半島で「教」が「王言」の一種として高句麗や新羅の制度に導入されたことは周知のとおりである。[56]たとえば、甲寅年（四一四）建立の高句麗の好太王碑をみると、高句麗の好太王及びその「祖王・先王」は「教言」「教令」を下して、守墓民を定めた。[57]また集安高句麗碑にも「自戊子定律、教言発令其修復」との文言がみられる。もし「戊子」が故国壌王の五年（三八八）であるという説が正しければ、好太王の父・国壌王（好太王碑の「先王」に当たる人物）は「教言」をもって命令を発したことがわかる。新羅に目を転じると、六世紀初頭の迎日冷水碑では「財物」をめぐって紛争が発生した際に「斯羅」の「二王」の「教」が裁定の証拠として取り上げられた。[58]癸未年（五〇三）に入って、「七王」はその「先二王」の「教」をもとに「共論」して「珎而麻村」の「節居利」の財物獲得の権利を認めた上で「節居利」が先に没したら、その弟が財物をうけられるという「別教」を下した。

韓半島の好太王碑、迎日冷水碑及びベトナムの陶璜廟碑をみると、たとえば好太王碑に「言教如此」とあるように、「教」の文言がそのまま引用されており、「教」の様式を考える上で貴重な史料となる。「教」はまず文字の形で出されたのだが、陶璜廟碑の場合は、交州刺史の「教」がその後口頭の形で刺史の属官・「省事王法齢」によって宣された点が興味深い。「教」は文字（木簡や文書）のみならず、命令をうける人たちの聴覚に訴えて伝達されてもいたのである。この点に関して日本の多胡碑や石川県加茂遺跡出土の牓示木簡も大いに参考になる。多胡碑の場合は、「弁官符」が勅符なのか弁官の符なのか、研究者の間で意見が分かれているものの［高島一九九九、長谷山一九九九］、文書による建郡の命令が最終的に地方で「宣」されたことは確かである。なお時代がやや下るが、嘉祥年間（八四八～八五一）にできた加茂遺跡の牓示木簡によると、郡司は国符（命令）を受け取った後にその旨を民に「口示」する場合もあった。[59]

命令として「教」の機能を十分に発揮するために、掲示（牓示）される場合もあったことになる。漢代の「教令」を研究した佐藤達郎氏は、文献や漢簡を通じて「教」を庁舎の壁に書いたり、掲げたりして、または石に刻んだ事例を多く紹介・分析した［佐藤二〇〇八・二〇一〇］。陶璜廟碑とほぼ同じ年代の事例として、ここでは北魏の岐州刺史楊津（四六九～五三二）の「教」を取り上げたい。『北史』によると、強盗殺人事件の報告をうけた楊津は「乃下教云、有人著某色衣、乗某色馬、在城東十里被殺、不知姓名、若有家人、可速収視」とあるように、「教」の形で被害者の情報を掲示した。その結果、「有一老母行哭而出、云是己子」とあるように、被害者の母親がやってきたという。交州刺史蕭景憲の「教」がそのまま陶璜廟碑の碑陰に刻まれたのも、人に見せる、人の目に訴える、いわゆる掲示・牓示の効果が期待されたためだと思われる。好太王碑や迎日冷水碑に「教」が刻まれたのも同じ目的であろう。

おわりに

当石碑の研究を通じて下記のような歴史研究の方法に関する教訓を得ることができた。

第一は王朝を中心とした史観に対する反省である。陶璜廟碑の銘文だけをみると、確かにそこに映っているのは陶璜や蕭景憲といった中国の中央政府から派遣された「良吏」の業績であった。ところが、石碑そのものが建立された契機に着目し、それを分析することにより、梁碩という在地首領が自己の権力を正当化するために石碑の建立事業に深く関わっていたことを指摘することができた。

第二は、単一民族国家という史観に対する反省である。陶璜廟碑が発見された後、その価値をめぐって、ベトナム国内で中国の支配を示すものかどうか、評価が分かれている。ところが、顧参、顧寿、陶威（咸）という事例からみると、中国の王朝が衰退している中で「州人」は協議を通じて地域の統治者を共立したことに注目すべきである。その「州人」の構成を検討すると、「僑人」という言葉に見られるように南方に移住してきた移民集団もあれば、梁碩を代表とする在地出身の集団も存在したのである。こうして地域の安定を図るために、多民族が共存しながら協議を通じて対策を見出そうとした姿勢が読み取れる。

第三は、幅広く視野をもって歴史を考える必要性である。上記したように、ベトナムにおける当石碑の解読は最初難航した。その理由は、それまでベトナム国内で「教」という命令形式、また命令伝達における文字（文書）と音声（宣）との使い分けに関する事例がほとんど無かったからである。筆者が理解の切り口を見つけたのは、能力の高下によるのではなく、日本に留学している間に多胡碑を勉強する機会に恵まれたからである。さらに中国や韓半島に現存する石碑の形状やその銘文に見られる「教」の用例も、今回陶璜廟碑の研究に数多くのヒントを与えてくれた。ベトナムはこれまで様々な歴史的経緯があり、現在は東南アジア諸国連盟（ASEAN）の一員となっている。そのためだろうか、これまで東アジアの歴史研究から外される傾向がある。一方、ベトナムの研究者も一国史に集中する傾向があった。ところが、陶璜廟碑の事例のように、日中韓越という広い視野で史資料を収集・検討することにより、我々は自国の歴史をより深く理解することができ、さらに一国史の世界を越えて、地域の様々な歴史の諸相を明らかにする展望も拓けるのである。

註

（1）当石碑に関して、河上麻由子氏の論文［河上二〇一三］及び拙稿［ファム二〇一五a］を参照されたい。

（2）北爆はベトナム戦争におけるアメリカが北ベトナムに対して行なった爆撃。

（3）「陶璜字世英、丹楊秣陵人也、父基、呉交州刺史」（『晉書』巻五七、陶璜傳）。

（4）「武帝元鼎六年、討平呂嘉、以其地為南海、蒼梧、鬱林、合浦、日南、九真、交阯七郡、蓋秦時三郡之地、元封中、又置儋耳、珠崖二郡、置交阯刺史以督之（中略）桓帝分立高興郡、靈帝改曰高涼、建安八年、張津為刺史、士燮為交阯太守、共表立為州、乃拜津為交州牧」（『晉書』巻一五、交州）。

（5）「交阯太守士燮卒、權以燮子徽為安遠將軍、領九真太守、以校尉陳時代燮、岱表分海南三郡為交州、以將軍戴良為刺史、海東四郡為廣州、岱自為刺史、遣良與時南入、而徽不承命、舉兵戍海口以拒良等、岱於是上疏請討徽罪、督兵三千人晨夜浮海（中略）徽聞岱至、果大震怖、不知所出、即率兄弟六人肉袒迎岱、岱皆斬送其首、徽大將甘醴、桓治等率吏民攻岱、岱奮擊大破之、進封番禺侯、於是除廣州、復為交州如故」（『三國志』呉書、巻六〇呂岱傳）。

（6）「呉黄武五年、割南海、蒼梧、鬱林三郡立廣州、交阯、日南、九真、合浦四郡為交州、戴良為刺史、值亂不得入、呂岱擊平之、復還幷交部、赤烏五年、復置珠崖郡、永安七年、復以前三郡立廣州」（『晉書』巻一五、交州）。

（7）「交阯太守孫諝貪暴、為百姓所患、會察戰鄧荀至、擅調孔雀三千頭、遣送秣陵、既苦遠役、咸思為亂、郡吏呂興殺諝及荀、以郡内附」（『晉書』巻五七、陶璜傳）。「五月、交阯郡吏呂興等反、殺太守孫諝、諝先是科郡上手工千餘人送建業、而察戰至、恐復見取、故興等因此扇動兵民、招誘諸夷也、冬十月、蜀以魏見伐來告（中略）呂興既殺孫諝、使使如魏、請太守及兵」（『三國志』呉書、巻四八、永安六年〈二六一〉五月條）。

（8）「呉將顧容寇鬱林、太守毛炅大破之、斬其交州刺史劉俊、將軍修則」（『晉書』巻三、泰始四年〈二六八〉十月條）。

（9）「遣監軍虞汜、威南將軍薛珝、蒼梧太守陶璜由荊州、監軍李勖、督軍徐存從建安海道、皆就合浦、擊交阯」（『三國志』呉書、巻四八、建衡元年〈二七〇〉十一月條）。

（10）「夏四月呉交州刺史陶璜襲九真太守董元、殺之、楊稷以其将王素代之」（『資治通鑑』巻七九、泰始七年〈二七一〉四月條）。

（11）「三年夏、郭馬反（中略）八月、馬殺南海太守劉略、逐廣州刺史徐旗、晧又遣徐陵督陶濬將七千人從西道、命交州牧陶璜部伍所領及合浦、鬱林諸郡兵、當與東西軍共擊馬」（『三國志』呉書、巻四八、天紀三年〈二八〇〉夏條）。

（12）「晧既降晉、手書遣璜息融敕璜歸順、璜流涕數日、遣使送印綬詣洛陽、帝詔復其本職、封宛陵侯、改為冠軍將軍」（『晉書』巻五七、陶璜傳）。

（13）「在南三十年、威恩著于殊俗、及卒、舉州號哭、如喪慈親」（『晉書』巻五七、陶璜傳）。

（14）「朝廷乃以員外散騎常侍吾彥代璜」（『晉書』巻五七、陶璜傳）。

（15）「呉亡、彥始歸降、武帝以為金城太守（中略）轉在敦煌、威恩甚著、遷雁門太守、時順陽王暢驕縱、前後內史皆誣之以罪、及彥為順陽內史、彥清身率下、威刑嚴肅、眾皆畏懼、暢不能誣、乃更薦之、冀其去職、遷員外散騎常侍」（『晉書』巻五七、吾彥傳）。

（16）「徙扶風王暢為順陽王」（『晉書』巻三、太康十年〈二八九〉十一月甲申條）。

（17）「太熙元年四月己酉、武帝崩」（『晉書』巻四、孝惠帝紀）。

（18）文献史料に陶璜が「丹楊侯」を封じられたという記述は見られないが、陶璜は丹楊県出身である。『資治通鑑』に「蒼梧太守丹陽陶璜」との記載もあり、その「丹陽」は「丹楊侯」を省略したと考えることができる。

（19）ベトナム社会科学院・社会科学図書館、請求番号：TTTS2941・2959。

（20）「交州故城、在縣東十四里、呉時刺史陶横所築」（『元和郡縣志』巻三八、安南都護府、龍編縣）。

(21)「初、陶璜之死也、九真戍兵作亂、逐其太守、九真賊帥趙祉圍郡城、彥悉討平之」（『晉書』巻五七、吾彥傳）。
(22)「教者效也、言出而民效也、契敷五教、故王侯稱教」（『文心雕龍』巻四）。
(23)「郡守所出命曰教」（『資治通鑑』巻五三、漢紀）。
(24) たとえば、『晉書』の唐彬傳に次の記載がみられる。「元康初、拜使持節、前將軍、領西戎校尉、雍州刺史、下教曰、此州名都、士人林藪（後略）」（『晉書』巻四二、唐彬傳）。
(25)「司隸校尉、案漢武初置十三州、刺史各一人、又置司隸校尉、察三輔、三河、弘農七郡、歷漢東京及魏晉、其官不替。屬官有功曹、都官從事、諸曹從事、部郡從事、主簿、錄事、門下書佐、省事、記室書佐、諸曹書佐守從事、武猛從事等員」（『晉書』巻二四、職官）。
(26)「二十三年、使龍驤將軍、交州刺史檀和之伐之、遣太尉府振武將軍宗慤受和之節度、和之遣府司馬蕭景憲為前鋒、慤仍領景憲軍副」（『宋書』巻九七、林邑國）。
(27)「景憲等乃進軍向區粟城、陽邁遣大帥范扶龍大戍區粟、又遣水步軍徑至、景憲破其外救、盡銳攻城、五月、剋之、斬扶龍大首、獲金銀雜物不可勝計」（『宋書』巻九七、林邑國）。
(28)「十二月丁酉、以龍驤司馬蕭景憲為交州刺史」（『宋書』巻五、元嘉二十三年〈四四七〉十二月丁酉條）。
(29)「上嘉將帥之功、詔曰、（前略）龍驤司馬蕭景憲協贊軍首、勤捷顯著、總勤前驅、剋殄巢穴、必能威服荒夷、撫懷民庶、可持節、督交州廣州之鬱林寧浦二郡諸軍事、建威將軍、交州刺史」（『宋書』巻九七、林邑國）。
(30)「五月戊戌、以湘州刺史劉遵考為尚書右僕射、前軍司馬垣閎為交州刺史」（『宋書』巻六、孝建二年〈四五五〉五月戊戌條）。
(31)「十二月癸亥、以前交州刺史蕭景憲為交州刺史」（『宋書』巻六、孝建二年〈四五五〉十二月癸亥條）。「八月戊戌、以北中郎諮議參軍費淹為交州刺史」（『宋書』巻六、孝建三年〈四五六〉八月戊戌條）。
(32)「蕭氏出自姬姓、帝嚳之後、商帝乙庶子微子、周封為宋公、弟仲衍八世孫戴公生子衎、字樂父、裔孫大心平南宮長萬有功、封於蕭、以為附庸、今徐州蕭縣是也、子孫因以為氏（中略）生整、字公齊、晉淮南令、過江居南蘭陵武進之東城里、三子儁、鎋、烈、苞九世孫卓、字子略、洮陽令、女為宋高祖繼母、號皇舅房、卓生源之、字君流、徐兗二州刺史、襲封陽縣侯、生思話、郢州都督、封陽穆侯」（『新唐書』巻七一下、蕭氏）。
(33)「蕭思話、南蘭陵人、孝懿皇后弟子也」（『宋書』巻七八、蕭思話傳）。

(34)「戊戌、鎮西將軍蕭思話卒」(『宋書』巻六、孝建二年〈四五五〉七月戊戌條)。

(35)「功曹書佐一人主選用、漢制也(中略)晉以來、改功曹為西曹書佐」(『通典』巻三二)。

(36)「官屬有別駕從事史一人、從刺史行部、治中從事史一人、主財穀簿書、兵曹從事史一人、主兵事、部從事史毎郡各一人、主察非法、主簿一人、錄閤下眾事、省署文書、門亭長一人、主州正門、功曹書佐一人、主選用、孝經師一人、主試經、月令師一人、主時節祠祀、律令師一人、平律、簿曹書佐一人、主簿書、典郡書佐毎郡各一人、主一郡文書、漢制也、今有別駕從事史、治中從事史、主簿、西曹書佐、祭酒從事史、議曹從事史、部郡從事史」(『宋書』巻四〇、百官下、刺史)。

(37)『史通』巻一三に「略舉綱維、務存褒諱」とあるから、「褒」の次の文字は「諱」か。「褒諱」は「ほめることといむこと」の意。

(38) 修繕：修復、つくりなおすこと。「而郡國皆豫治道、修繕故宮」(『漢書』巻二四下、食貨志)。

(39) 誠感：誠心をもって神や人を感動させること。「將軍大義、誠感朕心」(『晉書』巻八四、殷仲堪傳)。

(40) 聿修：先人の徳を述べおさめること。「無念爾祖、聿脩厥徳」(『詩』大雅、文王)。

(41)「天子諸侯葬時、下棺之柱、其上有孔、以貫綍索、懸棺而下、取其安審、事畢因閉壙中、臣子或書君父勳伐於碑上、後又立之于隧、口故謂之神道、言神靈之道也、古碑上往往有孔、是貫綍索之像」(『封氏聞見記』巻六)。

(42) http://society.people.com.cn/GB/1062/3221118.html

(43)「初、陶璜之死也、九真戍兵作亂、逐其太守、九真賊帥趙祉圍郡城、彥悉討平之、在鎮二十餘年、威恩宣著、南州寧靖、自表求代、徵為大長秋、卒於官」(『晉書』巻五七、吾彥傳)。

(44)『晉方鎮表』では顧祕(字は公眞)が吾彥に交代したのは、永興元年(三〇四)以前だとされている。その根拠として、『文選註』に「贈顧交阯公眞」という陸機の詩がみられ、さらに陸機が没したのは三〇三年であったからである。ところが、その題名が後世に潤色された可能性がある。『資治通鑑』や『華陽國志』によると、永嘉元年(三〇七)には交州刺史吾彥はまだ在世しており、その子吾咨を李釗を救援に派遣したという。「仍詔交州出兵救李釗、交州刺史吾彥遣其子咨將兵救之」(『資治通鑑』巻八六、永嘉元年〈三〇七〉條)。「交州刺史吾彥遣子威遠將軍咨以援之」(『華陽國志』巻四)。

(45)「彥卒、又以員外散騎常侍顧祕代彥、祕卒、州人逼祕子參領州事、參尋卒、參弟壽求領州、州人不聽、固求之、遂領州、壽乃殺長史胡肇等、又將殺帳下督梁碩、碩走得免、起兵討壽、禽之、付壽母、令鴆殺之」（『晉書』巻五七、陶璜傳）。

(46)「晉制、諸公及諸大將軍、皆置帳下督及門下督」（『資治通鑑』巻八二）。「諸王公領兵及任方面者、皆有帳下督、統帳下兵」（『資治通鑑』巻八五）。

(47)「碩乃迎璜子蒼梧太守威領刺史、在職甚得百姓心、三年卒」（『晉書』巻五七、陶璜傳）。

(48)「機自以篡州、懼為王敦所討、乃更求交州、時杜弢餘黨杜弘奔臨賀、送金數千兩與機、求討桂林賊以自效、機為列上、朝廷許之、王敦以機難制、又欲因機討梁碩、故以降杜弘之勳轉為交州刺史、碩聞而遣子侯候機於鬱林、機怒其迎遲、責云、須至州當相收拷、碩子馳使報碩、碩曰、王郎已壞廣州、何可復來破交州也、乃禁州人不許迎之、府司馬杜讚以碩不迎機、率兵討碩、為碩所敗、碩恐諸僑人為機、於是悉殺其良者、乃自領交阯太守」（『晉書』巻一〇〇、王機傳）。

(49)「碩發兵距機、自領交阯太守、乃迎前刺史修則子湛行州事」（『晉書』巻八九、王諒傳）。

(50)「冬十月（中略）武昌太守丹楊王諒為交州刺史、使諒收交州刺史修湛、新昌太守梁碩殺之、諒誘湛斬之、碩舉兵圍諒於龍編」（『資治通鑑』巻九二、永昌元年〈三二二〉十月條）。「新昌太守梁碩起兵反」（『晉書』巻六、永昌元年〈三二二〉十月辛卯條）。「諒既到境、湛退還九真、廣州刺史陶侃遣人誘湛來詣諒所、諒敕從人不得入閤、既前、執之、碩時在坐曰、湛故州將之子、有罪可遣、不足殺也、諒曰、是君義故、無豫我事、即斬之、碩怒而出、諒陰謀誅碩、使客刺之、弗克、遂率眾圍諒於龍編、陶侃遣軍救之、未至而諒敗、碩逼諒奪其節、諒固執不與、遂斷諒右臂、諒正色曰、死且不畏、臂斷何有、十餘日、憤恚而卒、碩據交州、凶暴酷虐、一境患之、竟為侃軍所滅、傳首京都」（『晉書』巻八九、王諒傳）。

(51)「五月、（中略）梁碩攻陷交州、刺史王諒死之」（『晉書』巻六、太寧元年〈三二三〉五月條）。

(52)「梁碩據交州、凶暴失眾心、陶侃遣參軍高寶、攻碩斬之、詔以侃領交州刺史、進號征南大將軍、開府儀同三司」（『資治通鑑』巻九二、太寧元年六月條）。「六月壬子、立皇后庾氏、平南將軍陶侃遣參軍高寶攻梁碩、斬之、傳首京師」（『晉書』巻六、太寧元年〈三二三〉六月條）。

(53)「祕卒、州人立眾兄壽為刺史、尋為州人所害、眾往交州迎喪、值杜弢之亂、崎嶇六年乃還」（『晉書』巻七六、顧眾傳）。

(54)「常寛字泰恭（中略）湘州叛亂、乃南入交州、交州刺史陶咸表為長史、固辭不之職（中略）去職尋梁碩作亂、得免難、卒於交州」（『華陽國志』巻一一）。

(55) 碑陽の銘文の一行目に見られる「則碩」の文字は梁碩に関わる可能性がある。

(56) 筆者は勉強不足のため、韓半島の金石文に登場する「教」をめぐる研究動向を十分に把握していない。本稿では入手できた篠原啓方氏の論文［篠原二〇一三］を参考に史料そのものに対する自分の解釈と意見を述べたい。

(57)「好太王存時教言、祖王先王、但教取遠近舊民、守墓洒掃、吾慮舊民轉當羸劣、若吾萬年之後、安守墓者、但取吾躬率所略來韓穢、令備洒掃、言教如此、是以如教令、取韓穢二百廿家（後略）」（好太王碑）。

(58)「斯羅喙夫智王乃智王此二王教、用珎而麻村節居利為證尒令其得財、教耳（中略）七王等共論、教用前世二王教爲證尒取財物、盡令節居利得之、教耳、別教節居利若先死後、令其弟児斯奴得此財、教耳」（迎日冷水碑）。

(59)「郡宜承知並口示」（加茂郡牓示木簡）。

参考文献

ベトナム語・英文文献

Nguyễn Phạm Bằng (2014), Phát hiện văn bia cổ nhất Việt Nam（ベトナム最古石碑の発見）, *Chuyên san Khoa học và Xã hội Nhân văn Nghệ An*（『ゲイアン省人文社会科学専刊』）, 7.

Phạm Lê Huy (2013), Nhân Thọ xá lợi tháp và văn bia tháp xá lợi mới phát hiện tại Bắc Ninh（仁寿舎利塔の事業及びバクニン省新出の舎利塔銘）, *Tạp chí Khảo cổ học*（『考古学』雑誌）, 1.

Phạm Lê Huy (2016), Khảo cứu bia miếu Đào Hoàng (Nghè thôn Thanh Hoài, Thuận Thành, Bắc Ninh)（北寧省順成県青姜社青淮村の陶璜廟碑の考察）, *Tạp chí Khảo cổ học*（『考古学』雑誌）, 1.

Phạm Lê Huy (2017), A Reconsideration of the Leilou-Longbian Debate : A continuation of Research by Nishimura Masanari, *Asian Review of World Histories*, 7.

Nguyễn Văn Thịnh (2011), *Văn bia thời Lý*（李朝銘文）, Nxb. ĐHQG（国家大学出版社）.

Đinh Khắc Thuân (2016), *Văn bia thời Trần*（陳朝銘文）, Nxb. Văn hóa Dân tộc（民族文化出版社）.

日中韓文献
王承文「晚唐高駢開鑿安南『天威遥』運河事迹釈証——以裴鉶所撰『天威遥碑』為中心的考察」（『中央研究院歴史語言研究所集刊』第八一本・第三分、二〇一〇年九月）
河上麻由子「ベトナムバクニン省出土仁壽舎利塔銘、及びその石函について」（『東方學報』八八、二〇一三年）
佐藤達郎「漢六朝期の地方的教令について」（『東洋史研究』第六八巻・第四号、二〇一〇年）
佐藤達郎「漢代の扁書・壁書：特に地方的教令との関係で」（『関西学院史学』三五号、二〇〇八年）
篠原啓方「六世紀前葉から中葉における新羅の「教」とその主体について」（『東アジア文化交渉研究』六、二〇一三年）
新川登亀男「古代東国の「石文」系譜論序説」（平野邦雄監、あたらしい古代史の会編『東国石文の古代史』吉川弘文館、一九九九年）
高島英之「多胡碑を読む」（平野邦雄監、あたらしい古代史の会編『東国石文の古代史』吉川弘文館、一九九九年）
西村昌成『ベトナムの考古学・古代学』（同成社、二〇一一年）
長谷山彰「多胡碑の弁官符と「羊」について」（平野邦雄監、あたらしい古代史の会編『東国石文の古代史』吉川弘文館、一九九九年）
濱田幸司「日本古代の碑碣——その源流と伝播」（『歴史研究』三三、一九九六年）
ファム・レ・フイ（Phạm Lê Huy）「大隋九真郡宝安道場碑」（中国仏教石刻研究会、二〇一二年第五回報告レジュメ）
ファム・レ・フイ（Phạm Lê Huy）「新発見の仁寿元年の交州舎利塔銘について」（新川登亀男編『仏教文明と世俗秩序』勉誠出版、二〇一五年a）
ファム・レ・フイ（Phạm Lê Huy）「ベトナムにおける隋唐代史研究と石刻史料」（国際シンポジウム「環東アジア地域から見た隋唐帝国：一次史料と地域から考える」、新潟大学、二〇一五年b）
楊磊『漢魏晋南北朝石碑形制研究』（山東芸術学院碩士学位論文、二〇一一年）
이승호「毌丘儉紀功碑」의 해석과 高句麗・魏 전쟁의 재구성」（『목간과문자』一五호、二〇一五年）

附注　本稿は、二〇一六年にベトナムの『考古学』雑誌で発表した研究論文、二〇一七年五月の韓国木簡学会で発表した研究報告の内容をもとに書かれたものである。韓国の古代碑との比較研究に関してヒントを与えてくださった川尻秋生先生、李成市先生、及び陶璜の没年について教示してくださった鄭在均氏に感謝申し上げる。

附記　筆者は、二〇〇二年から二〇〇八年まで早稲田大学の第一文学部・文学研究科で日本古代史を勉強していた。筆者の金石文研究の出発点は、新川登亀男先生による学部三年の金石文の授業であった。新川先生の共編による『東国石文の古代史』の刊行に合わせた当授業で筆者は石碑という資料に立ち向かう際に、そこに刻まれた文字の他、石碑が建立された時代背景、石碑そのものの形状や伝来経緯などを東アジアという広い視点で分析することにより、様々な歴史の諸相を明らかにする可能性を実感した。多胡碑の報告を分担した筆者は先生から現地調査をすすめられ、群馬県高崎市吉井町を訪れ、史料と郷土史との繋がりも体験した。本稿をもって学恩に対する感謝を申し上げる次第である。

III　王権を考える

磐井の乱前後の北部九州と倭王権

田中史生

はじめに

六世紀前半に北部九州で起こったいわゆる磐井の乱は、その鎮圧が国造制やミヤケ制の成立を導くなど、倭王権の地方支配を大きく前進させる契機となったとされる[1]。また、この乱が古代国家形成の重要な契機となった背景には、国際交流拠点としての北部九州の史的環境が影響していると考えられている[2]。ならば、北部九州の倭王権との関係や国際交流環境も、磐井の乱の前と後で大きく変化したとみなければならない。けれども、そのことを地域史から具体的・実証的に捉えるには、史料的制約が大きく、多くの困難がともなってきた。ところが近年、北部九州地域の考古学的知見が増大し、これらを踏まえるならば、既知の文献史料にも別の角度からあらたな史実を見いだすことができると考える。

そこで本稿では、近年の考古学の成果に留意しつつ、磐井と同時期に北部九州の国際交流で重要な役割を果たした宗像勢力の動向や、九州におけるミヤケ制の地域的展開について検討を加えながら、文献史学の立場からあらためて右の課題に迫ることで、日本古代国家形成史を地域史の視点から捉え直してみたいと思う。

一　宗像勢力と磐井の乱

筑前国宗像郡を本貫とし、田心姫・湍津姫・市杵島姫のいわゆる宗像三女神を奉斎した宗像氏は、北部九州の古代・中世を代表する有力豪族である。また田心姫は九州本土から約六〇キロの沖合に浮かぶ沖ノ島の沖津宮に祭られ、ここが朝鮮半島との交流ルート上に位置することなどから、宗像氏は対外交流とも密接なかかわりを持っていたと目されてきた。『日本書紀』（以下『書紀』と略す）天武二年（六七三）二月癸未条に「次納₂胸形君徳善女尼子娘₁、生₂高市皇子命₁」とあるように、王権との結びつきも深く、同十三年（六八四）十一月戊申朔条によれば、この時「八色の姓」の一つである朝臣を賜与されている。しかしこれより以前、宗像氏がどのように形成され王権との関係を深めたのかを、『古事記』や『書紀』などの後世の編纂史料だけに頼って分析することは、史料批判上の問題が残る。

ところが最近、宗像地域の考古学研究が大きく進んだことで、宗像勢力の形成や展開がある程度詳しくつかめるようになってきた。その概要を整理すれば次のようになるだろう。

沖ノ島で王権祭祀が始まる四世紀後半、宗像地域では、釣川流域の少し内陸に入ったところに全長六四メートルの前方後円墳、東郷高塚古墳が登場する。けれども古墳の規模は他の九州有力地域と比較して突出したものではないし、その後しばらく、宗像に有力首長墓がみえなくなる。ところが五世紀後半になると、釣川流域の西、津屋崎沿岸地域に、全長一〇〇メートルの勝浦峯ノ畑古墳が登場し、以後、複数系列の有力首長墓が造営されるようになる。その勢力範囲は、西は糟屋郡北部から東は遠賀川河口部にまで及ぶ。さらにこの時期から、宗像地域で百済・馬韓系、大加耶系の遺物が増大し、加耶系「竪穴系横口式石室」も登場し、宗像勢力の沖ノ島祭祀への直接的関与も明確となる(3)。

以上の考古学的知見によれば、後の宗像氏につながる勢力は、五世紀後半、宗像沿岸地域の比較的広い範囲を基盤に、複数の首長層によって形成され、沖ノ島の王権祭祀とのかかわりを深めながら、朝鮮半島とも活発に交流するようになった。ならば『書紀』が宗像氏と宗像神に関する伝承を応神紀から雄略紀に配していることも、全く根拠なしとはいえない。

また、宗像地域の六世紀の首長墓群が、磐井勢力の八女古墳群に匹敵するか、それを上回る規模で継続的に展開していることから、宗像勢力は磐井の乱の基盤となる首長間連合に属していなかったとする考古学的推定も留意される(4)。宗像勢力が七世紀まで継続的に成長し王権との結びつきを深めていることを踏まえても、彼らが乱において磐井勢力に荷担していないとする評価は首肯しうるものであろう。

そして、これらを前提とすると、磐井の乱に関する史料にも新たな史実を見いだすことができると考える。『書紀』継体二十一年六月甲午条は、新羅から「貨賂」を受け取り、乱を起こした磐井について、次のように記している。

於是、磐井掩二據火・豊二国一、勿レ使二修職一。外邀二海路一、誘二致高麗・百済・新羅・任那等国年貢レ職船一、内遮下遣二任那一毛野臣軍上。《中略》是以、毛野臣、乃見二防遏一、中途淹滞。

右によれば、筑紫の磐井は、火・豊の二国にも勢力を張って「海路」を遮断し、朝鮮諸国の派遣した「職貢船」を自らのもとに誘い入れ、王権が朝鮮半島に向けて派遣した近江毛野臣の軍を防いだ。この「海路」遮断が、朝鮮半島と日本列島の間の海路ではなく、九州とヤマトを結ぶ海路の遮断であることは、磐井が朝鮮諸国からの「貢職船」を囲い込んでいることからも明らかである。朝鮮半島への渡海を目指す毛野臣の軍が磐井に進路を阻まれたのもこの「海路」遮断にあったと考えられる。

その後、『書紀』継体二十二年十一月甲子条によれば、王権があらためて派遣した物部麁鹿火軍と交戦した磐井は、筑後の御井郡で敗北し斬られたという。ところが『釈日本紀』巻十三が引く『筑後国風土記』逸文は、周防灘に面する豊前国上膳県（上毛）に逃れた磐井が、その南山の山奥で亡くなったとする、『書紀』と異なる古老の話を伝える。けれどもこの『風土記』の伝承は、『先代旧事本紀』の国造本紀伊吉嶋造条に「磐余玉穂朝、伐二石井従者新羅海辺人一、天津水凝後上毛布直造」とあることから、信憑性は低いとされてきた。伊吉嶋造条を、豊前上毛地域を本拠とする上毛布直造が「磐井従者新羅海辺人」を討伐した功績で壱岐嶋造に任じられたものと解釈すると、『風土記』の話は磐井が敵対する毛布直造の本拠地に逃走するという不自然な内容となるからである。[5]しかし近年の研究によれば、伊吉嶋造条は『先代旧事本紀』編纂時に物部氏独自の伝承に基づき造作されたもので、また上毛布直造に関する記述は本来別立ての大分国造などのものが誤入したとみられ、信憑性があるのは、継体期に磐井の乱鎮圧の功績で壱岐島の国造任命が行われた部分のみとされる。壱岐島の国造も、磐井の乱鎮圧に協力して成長した壱岐の首長層であった可能性が高い。[6]つまり、伊吉嶋造の話も乱鎮圧が豊前ではなく玄界灘方面から行われていたことを示唆するもので、またその地域の記憶が『風土記』の古老の話の前提にもなっていると考えるべきでる。

以上を踏まえると、磐井の乱の顚末は、朝鮮半島に派遣予定の倭の水軍が瀬戸内海から玄界灘へ向かう途中の「海路」で磐井勢力の抵抗に遭い、倭王権と朝鮮諸国との交流も絶たれたが、この「海路」封鎖を倭軍が破り筑後方面までをおさえたことで、乱は鎮圧されたということになろう。そうであれば、宗像勢力は磐井勢力に荷担していないとみられるから、倭軍は長門から宗像までは進めたはずで、磐井の遮断した「海路」は宗像の西側海域にあったことになる。そうなると、『書紀』継体二十二年十二月条に「筑紫君葛子、恐㆓坐㆑父誅㆒。献㆓糟屋屯倉㆒、求㆑贖㆓死罪㆒」とあることがあらためて注目されよう。かつて笹川進二郎氏は、糟屋には『書紀』に「外邀㆓海路㆒、誘㆓致高麗・百済・新羅・任那等国年貢㆑職船㆒」とあることと関連する磐井の「宅」的拠点があったと推測したが[7]、糟屋が宗像の西側に接する沿岸地域であることを踏まえると、その蓋然性が極めて高くなるからである。つまり、宗像海域まで進んだ近江毛野臣の軍も、博多湾に到達した朝鮮諸国の船も、糟屋海域で「海路」を遮断されたと考えられる。ならば葛子の糟屋屯倉の献上には、磐井勢力の「海路」遮断拠点地域を倭王権に献上するという、乱鎮圧の象徴的意味があったことにもなろう。

右のことは、磐井の乱以前の北部九州の、倭王権との関係や国際交流環境をめぐる問題に、いくつかの重要な示唆を与えるように思う。

その一つは、対外交流ルートとしての沖ノ島ルートの史的性格をめぐる問題である。前述のように、沖ノ島の王権祭祀は、四世紀後半に始まった。これは一般に、華北の争乱と、高句麗南進に端を発する朝鮮半島情勢の緊迫化に、倭王権が積極的にかかわるようになったことが関連していると説明される。すなわち、朝鮮半島への関与を深めた王権が、従来の博多湾—壱岐ルートを経由する必要のない沖ノ島ルートに価値を見いだしたという理解で[8]、沖ノ島ルートには従来の博多湾交易を否定する象徴的意味があったとする見解も示されている[9]。けれども、磐井勢力が博多湾の入り口にあたる糟屋の海域を封鎖すると、倭王権と朝鮮半島諸国との交流が困難となった事実は、倭王権にとっての沖ノ島ルートが、博多湾以西の対外交流ルートに対置しうるほどの意味・性格を持っていなかったことを示している。倭王権の対外政策に、博多湾以西の港湾使用は不可欠だったと理解すべきである。

もう一つは、宗像地域の交通上の位置付けの問題である。宗像は、沖ノ島祭祀にかかわったことから、対外交流における重要性も沖ノ島との関係で説明されることが多い。けれども上記のことは、宗像が糟屋以西地域との接合地である点でも要地だったことを示している。実際、古代において宗像海域は、博多方面へ向かう要所であった[10]。つまり倭王権における宗像地域の対外交流上の重要性は、沖ノ島ルートとの関係だけでなく、本州側の周防灘・響灘と、九州の博多湾以西海域を接合する地理的条件からももたらされていたと理解される。

二　多様化する対外交流ルート

そもそも、宗像―沖ノ島ルートが、博多湾―壱岐ルートと対置的に理解されてきたのは、沖ノ島で王権祭祀が開始される四世紀後半、西新町遺跡に代表される博多湾岸の国際交易拠点が衰退していることが考古学的に確認されているからである。北部九州では、弥生終末期、従来からの国際交易拠点であった糸島地域の位置が相対的に低下し、博多湾岸が国際交易の中心地として発展する。ところが四世紀後半になると、今度はその博多湾岸も国際交易の中核地としての役割を終え、壱岐で国際交流を担った原の辻遺跡も解体・消滅へと向かう[11]。この考古学的変化に、朝鮮半島情勢と結びついた倭人社会の対外交流の質的転換を見いだし、博多湾―壱岐ルート東方の海域で始まる沖ノ島の王権祭祀に、近畿の王権による博多湾を経由しない対外交流ルートの存在を想定するのは、ある一定の妥当性があるだろう。

けれども、西新町遺跡や原の辻遺跡の衰退は、必ずしも博多湾以西の対外交流ルートの衰退を意味しない。重藤輝行氏の研究を参照すると[12]、沖ノ島で王権祭祀が開始される頃、糸島でも朝鮮半島南部の土器やその影響によって制作された土器が出土するなど、前代の交流関係が維持されていた様相が捉えられており、こうした土器の分布は博多湾岸東部にまで広がりをみせている。またこれと対応するように、福岡平野では六〇メートルを超える前方後円墳が集中するが、糸島半島の西側唐津湾に面する地域にも全長一〇〇メートルを超える前方後円墳、一貴山銚子塚古墳が出現しており、この時期は、博多湾だけでなく唐津湾も重要な役割を持っていたことが窺われるという。そもそも邪馬台国の一大率が糸島に置かれたように、その東西に重要港湾となる博多湾・唐津湾を抱えた糸島半島は、博多湾が国際交易拠点として発展しても、対外交流上の要地であり続けた[13]。その性格は、四世紀後半になっても引き継がれていたといえるだろう。さらに横穴式石室の登場などから、有明沿岸地域と朝鮮半島西南部との交流もこの頃から活発化したとみられている。

一方、宗像では前述のように東郷高塚古墳が登場するが、その規模は、北部九州のなかで突出したものではないし、その後しばらく有力首長墓もみえない。少なくとも沖ノ島祭祀との関連性が明瞭でない五世紀前半頃までの宗像は、沖ノ島へ向かういくつかの渡海地の一つにすぎなかったとみるべきである。

こうした、対外交流ルートの多様化の動きは、宗像が沖ノ島祭祀との結びつきを深める五世紀中葉以降も継続している。例えば、全長八〇メートルの五世紀中葉の大型前方後円墳、福岡県うきは市の月岡古墳からは、長持型石棺や金銅装飾眉庇付冑など、近畿勢力との密接なかかわりを示す副葬品とともに、新羅系、大加耶・百済系の多様な朝鮮半島の副葬品が出土している。付近からは渡来人らの集落遺跡も確認され[14]、筑後川中流域に位置する月岡古墳の被葬者は、王権との関係を強化しつつ、朝鮮半島南部との間に独自の交流関係を築いていたことが窺われる。またこの頃、朝鮮半島南部で高霊の大加耶が発展するが、大加耶系の文物は、北陸地方や有明沿岸地域にも流入するようになり、ここに、倭王権の対外政策とも結びついた当地首長層の、朝鮮半島との直接交流の可能性も指摘されている[15]。

以上のことはいずれも、緊迫化する朝鮮半島情勢と連動した倭王権の積極的な対外政策において、これに従う倭人首長層が朝鮮半島と直接交流関係を深める、古墳時代中期の一般的な動向と重なる[16]。したがって近畿の王権による沖ノ島ルートへの注目も、博多湾―壱岐ルートの牽制、回避のためではなく、有明海や本州からの動きも加わり複線化・多様化する対外交流ルートの一つとして重視されていたと理解するのが妥当だろう。博多湾が倭人の国際交易の一大拠点としての役割を終えたのも、各地の首長層が、この複線化・多様化した交流ルートで朝鮮半島との直接的な関係を強めたためとみるべきである。

では、宗像勢力が、沖ノ島の王権祭祀の開始から遅れ、五世紀後半になって成長した背景はどのように理解しうるであろうか。この点に関して文献史学の立場から留意されるのは、『宋書』倭国伝にあるように、四五一年に倭王済が中国の地方制度を起源とする郡太守号の臣僚への賜与を宋皇帝に要求したことと、五世紀中葉以降にいわゆる人制が始まることである。済王の宋への郡太守号の要求は、朝鮮半島情勢の変動を契機に、百済や加耶北部の大加耶との連携強化をはかる大王の外交方針が、加耶南部との関係を軸に新羅にも接近する葛城や吉備などの旧来からの有力首長層の動きと対立したことを背景に、中国官爵の秩序を利用し、新たに地方の有力首長層を王権のもとに取り込もうとしたことによると考えられる[17]。この頃、各地の首長層とその配下の人々や渡来系技能者などが、大王のもとに参集し、中央の王宮や王権の工房などで様々な職務を分担する人制も整えられた[18]。

勝浦峯ノ畑古墳と同時期の埼玉県稲荷山古墳から出土した鉄剣銘に「杖刀人の首」のヲワケ臣が「吾れ天下を左治し」とあるのは、右のことを前提としてはじめて理解しうる。五世紀後半に属し、全長一二二メートルと東国屈指の大型前方後円墳である稲荷山古墳は、埼玉古墳群の最初の古墳で、その被葬者は大王を支える郡太守クラスとみてよいだろう。そして、その子弟として大王宮に出仕したヲワケ臣は、「杖刀人首」として大王に近侍する自負を「吾れ天下を左治し」と表現した。それは、『書紀』の允恭紀や雄略紀が描く、有力首長層の子弟として天皇に近侍し、その意思や行動に影響を与えたトネリの伝承にも通じる[19]。

『書紀』継体二十一年六月甲午条に、磐井が近江毛野臣に対し「今為二使者一、昔為二吾伴一、摩レ肩觸レ肘、共器同食」と語ったとあるのは、人制のなかで磐井も中央に出仕していたことを前提とする伝承であろうし、『書紀』雄略九年三月条で、雄略天皇が自ら新羅を討とうとすることを胸方神が諫めて諦めさせたとあるのも、天皇の意思に直接的な影響を与えている点で、王に近侍する先のヲワケ臣やトネリ伝承との類似性が認められる。つまり、磐井勢力や宗像勢力は、五世紀中葉頃から本格化する王権の地方勢力重視策において、王権とのつながりを強め、成長した地方首長層であったとみられるのである。

三　宗像の神と水沼君

ところで、宗像勢力の奉斎した三女神については、『書紀』神代紀第六段第三の一書に次のような異伝がある。

> 即以二日神所生三女神一者、使レ隆二居于葦原中国之宇佐嶋一矣。今在二海北道中一。号曰二道主貴一。此筑紫水沼君等祭神是也。

水沼君は有明海に注ぐ筑後川の中・下流域、筑後国三潴郡を本拠とするが、三女神を「筑紫の水沼君等が祭る神」とする『書紀』第三の一書は、『書紀』本文や『古事記』が三女神を胸肩君（胸形君）等の祭神とすることと異なる。また、「海北道中」を沖ノ島とみることに異論はないが、「宇佐嶋」については沖ノ島説と豊前国宇佐説がある。このうち、沖ノ島説は「宇佐」の表記がある以上従い難いが、一方で豊前国宇佐説をとると、第三の一書は三女神の降臨地に関しても他にみられない特異な内容を持つことになる。そして近年、右の所伝が、宗像の考古学的知見の増大とともに、あらためて注目されるようになっている。

前述のように、沖ノ島の王権祭祀に対する宗像勢力の関与が深まるのは五世紀半ば以降のことで、五世紀前半は宗像に有力首長墓が見当たらない。これに加えて、五世紀前半に玄界灘沿岸西部地域の前方後円墳が縮小する一方、有明沿岸や筑後川流域の前方後円墳が大規模化する。この点に着目した白石太一郎氏は、『書紀』の第三の一書から、五世紀前半、沖ノ島祭祀に重要な役割を果たしていたのは水沼君のような有明沿岸部の勢力ではなかったかとの見解を示した[20]。その後、文献史学からも森公章氏が白石氏と同様の見解に立ちつつ、『書紀』雄略十年九月戊子条に、身狭村主青が呉より持ち帰った鵝を水間君（水沼君）の犬が嚙み殺し、水間君がその贖罪に鴻と養鳥人を献上したとあることから、これを契機に水沼君勢力は宗像奉祀から退潮したとみる。さらに磐井の乱の鎮圧で、磐井と連携していた水沼君の宗像奉祀への関与が完全に解消されて、磐井に荷担しなかった宗像氏のみが沖ノ島祭祀を担当するようになったとの理解を示している[21]。

けれども水沼君と沖ノ島祭祀とのかかわりを五世紀前半に求める上記の見解には、いくつかの疑問がある。まず、五世紀前半の沖ノ島祭祀と筑後勢力とのかかわりを直接示す考古学的根拠が明確でない。また、雄略紀の水沼君による養鳥人の献上を、「養鳥人」の表記から五世紀の人制とかかわる史料と認めるならば[22]、養鳥人の献上を契機に水沼君はむしろ王権と密接な関係を築いたとみるべきだろう。しかも水沼君は、井上辰雄氏の研究によって、従来は磐井の乱において王権に荷担したとみられてきた[23]。『先代旧事本紀』の天孫本紀に物部阿遅古連公を「水間君等祖」とすることや、物部氏が鳥養部の管掌者的地位にあるとみられることなどから、水沼君に磐井を討った物部氏との結びつきが想定されるためである。

そもそも、『書紀』第三の一書は「今」海北道中にあって道主貴と号される神を「此筑紫の水沼君等が祭る神、是なり」と記しているのだから、水沼君は『書紀』編纂段階に宗像三女神を道主貴として祭っていた可能性が高い。この問題に関しては、新川登亀男氏の見解も参考となろう。新川氏は、第三の一書が『書紀』神代第六段第一の一書と内容的に親近関係にあり、両書が市杵島姫を「瀛津嶋姫」とすることに着目する。そして『書紀』における「瀛」は道教思想と結びつき、天武天皇の和風諡号の「天渟中原瀛真人」ないしは「瀛真人」に限られるものであることから、両書が高市皇子と宗像氏との関係などを背景に、天武天皇に和風諡号が与えられた七世紀末前後の時期に成立したとみなす。(24)

水沼君の勢力圏でもある筑後川中流域と宗像との関係が、実際に八世紀に存在していたことは、次の『肥前国風土記』基肄郡姫社郷条の郷名由来伝承からも確かめられる。

此郷之中有ㇾ川。名曰二山道川一。其源出二郡北山一、南流而会二御井大川一。昔者、此川之西有二荒神一、行路之人多被二殺害一、半凌半殺。于時、卜二求祟由一、兆云、「令三筑前国宗像郡人、珂是古、祭二吾社一。若合ㇾ願者、不ㇾ起二荒心一」、覓二珂是古一、令ㇾ祭二神社一。珂是古、即捧ㇾ幡祈祷云、「誠有ㇾ欲二吾祀一者、此幡順ㇾ風飛往、堕二願ㇾ吾之神辺一」、便即挙ㇾ幡、順ㇾ風放遣。于ㇾ時、其幡飛往、堕二於御原郡姫社之社一、更還飛来、落二此山道川辺一之。因ㇾ此、珂是古、自知二神之在処一。其夜、夢見三臥機〈謂二久都毗枳一〉・絡垜〈謂二多々利一〉舞遊出来、壓二驚珂是古一。於ㇾ是亦識二女神一。即立ㇾ社祭之。自ㇾ爾已来、行ㇾ路之人、不ㇾ被二殺害一。因曰二姫社一、今以為二郷名一。

右は、交通妨害をする女神が、筑前国宗像郡人珂是古を以て自分を社へ祭るよう要求したので、珂是古がヒメコソ社を建てたというものである。ここには筑後国御原郡のヒメコソ社も登場し、前者は佐賀県鳥栖市姫方の姫古曾神社に、後者は福岡県小郡市大崎の媛社神社に、それぞれ比定される。また珂是古はこの神が女神であることを夢に現れた臥機・絡垜の紡織具によって知るが、これは古代の宗像に織幡（機）神社があり、また『書紀』応神四十一年二月是月条に阿知使主が呉から縫衣工女を連れ帰り、その一部を胸形大神に奉ったという御使君の祖先伝承にも通じる。(25)つまり『風土記』編纂の頃、交通とかかわる神を祭る当地のヒメコソ社は、宗像の女神と紡織との関係を前提に、宗像との関係を伝承し主張していたとみなければならない。このことと、水沼君が沖ノ島の女神を交通とかかわる「道主貴」として祭ることは関連するだろう。

このように、水沼君をはじめとする筑後川中流域と宗像神との関係を示す史料には、律令国家成立期の実態が反映されていると考えられるが、問題は、そうした関係がいつどのようにして形成されたかである。

このうち、水沼君とヒメコソ信仰との結びつきに関して注目されるのは、『書紀』第三の一書が三女神の降臨地を「宇佐嶋」と記すことである。これを豊前の宇佐とみるならば、まずは宇佐近傍の国東半島北方に浮かぶ姫島に比売語曾社があることが留意されるが、それだけでなく、宇佐の信仰ももとは女神であったらしい。

すなわち新川氏の研究によれば、宇佐では「宇佐の地主の神」（『八幡宮本紀』）として比売神が信仰されていたが、七世紀初頭頃に「撃新羅将軍」来目皇子の軍に加わり豊前に到った三輪君氏とその神部が、当地の比売神と接し、新たに八幡神を生み出したという[26]。ならば宇佐で比売神祭祀を主に担ったのは、同宮において大神氏（三輪君）と並び、八幡神の託宣をうける巫女を輩出するなど重要な役割を担った辛島勝氏の可能性が最も高い。勝姓を持つ辛島勝は秦系氏族とみられるが[27]、豊前国内において秦系氏族は女神を祭る田川郡香春神社とかかわっていたからである[28]。しかも、田川郡の秦系集団は当地のミヤケ経営にも関与したと考えられているが[29]、そもそも渡来系の女神信仰自体、ミヤケとのかかわりが深い。例えば『古事記』応神段の天之日矛伝承によれば、「難波之比売碁曾社」に天之日矛から逃れた渡来の女神が祭られていたが、現大阪市東成区東小橋にあったその社は難波津や難波屯倉の想定地に近い。難波屯倉の経営にかかわったのも、その女神を追った天之日矛を始祖に掲げる三宅連氏である[30]。しかも『続日本紀』神護景雲三年五月己丑条からは、この辺りに秦氏が分布していたことまで判明する。以上のようにみるならば、秦系氏族との関連が想定される豊前の女神信仰も、彼らが当地のミヤケの経営と関わって持ち込んだ可能性が高いとすべきで、その時期はミヤケ制が成立する六世紀半ばを大きく遡ることはないだろう。

一方、宇佐で八幡神が生み出される時期に、ヒメコソ社のある筑後の御原地域でも、渡来系も関与した開発が開始されていた。福岡県小郡市の干潟遺跡などでは、七世紀初頭前後以降、渡来系の人々もかかわり積極的な開発が行われていたことが確認されている。(31) また同市の井上薬師堂遺跡出土一号木簡には「丙家搗米宅津十丙ア里人大津夜津評人」とあり、七世紀の評制段階にミヤケとの関連が深い搗米（舂米）姓があったことも知られる。こうしたことから、当地では渡来系の人々も加わったミヤケとかかわる開発が、七世紀初頭前後以降活発に行われていたことが推察される。(32) なお、筑後国御原郡に接する筑前国夜須郡には式内社於保奈牟智神社があり、新川氏は七世紀初頭に別府湾周辺から上陸した三輪君が夜須郡にも到ったとみるが、(33) 井上薬師堂遺跡出土一号木簡の「夜津評」もこの夜須郡を指すとみられ、評制段階の夜須評は、筑後国御原郡を含む範囲で編成されていた可能性がある。(34)

以上のことを踏まえると、当地のヒメコソ社は、六世紀後半以降のミヤケの経営や王権の対外政策にともない、宇佐方面から三輪君などとともに「豊後道」を通り筑後川中流域に入ってきた渡来系の人々の信仰と関連している可能性が極めて高いとすべきである。

では、宗像三女神との関係はどうであろうか。ここで、『肥前国風土記』のヒメコソ社の伝承が、宗像の珂是古を主人公に、特に紡織具に注目した女神伝承となっていることに注目すると、沖ノ島祭祀遺跡では、金銅製模造品の紡織具・琴・容器が加わるのが七世紀中頃から後半で、こうした金銅製模造品の成立は、祭具・供献品が装飾性を高める六世紀以降の王権祭祀の流れのなかで理解しうるとされていることが留意される。(35) また、ヒメコソ社伝承に登場する「多々利」とよまれる「絡垜」については、『新撰姓氏録』山城国諸蕃・任那に「多々良公、出㆑自㆓御間名国主爾利久牟主㆒也。天国排開広庭天皇〈謚欽明〉御世、投化、献㆓金多々利、金乎居等㆒。天皇誉㆑之、賜㆓多々良公姓㆒也」とあり、これも六世紀の欽明の時代に「金多々利」を献上した渡来系の多々良公の話としてみえる。しかもこの多々利君は、豊前の秦系の女神信仰とかかわりを持っていたらしい。すなわち『播磨国風土記』餝磨郡小川里条は、小川里のもとの里名である私里の由来として、私部弓束等の祖である田又利君鼻留が欽明期にこの地に移住したことによると伝え、また同里内には筑紫豊国神を祭る豊国村があるとする。このうち、筑紫豊国神は、前述の豊前国田川郡香春神社の祭る女神とみられるから[36]、田又利君鼻留の話は、ミヤケの経営とかかわり、女神を祭る豊前の渡来系の人々が欽明期に播磨へ移住したことの反映だろう[37]。つまり祭具としての「多々利」に注目した女神祭祀は、ミヤケの経営とかかわる人の移動にともない、六世紀半ば以降、豊前から播磨へも広がりを見せていたと考えられる。

以上のことから、筑後の水沼君が、宗像三女神を「宇佐嶋」に降臨し沖ノ島に移動した道主貴として祭っていたのは、六世紀半ば以降の九州におけるミヤケ制の展開と関連するものであった可能性が高い。筑後の水沼君は、当地のミヤケ経営を介し、宗像や宇佐の女神信仰とも関係を持ち、これらを結びつけた道主貴信仰を形成したのであろう。またこのように理解するならば、『書紀』応神四十一年年二月是月条の、呉から連れ帰った紡織関連の四人の工女のうち「兄媛」を胸形大神に奉ったとする話と類似の話が、大三輪神に対するものとして『書紀』雄略十四年条にも掲載されていることも、三輪君や渡来系の人々がかかわった、六世紀後半以降の九州地域の倭王権との関係が反映されている可能性がある。さらに、宗像以外の古代の宗像神社が、後の高市皇子などの影響によると目される近畿以東のもの除き、西日本の交通の結節点に分布していることも[38]、西日本におけるミヤケ制の展開とのかかわりが想定されることになろう。

四　那津官家のネットワーク

以上で述べたように、磐井の乱後の九州は、地域信仰が変容するほど、人の移動をともなうミヤケ制の影響を大きく受けていたとみられるが、この九州におけるミヤケの支配において重要な役割を果たしていたのが那津官家である。

前述のように王権は、磐井の「海路」封鎖の拠点となった糟屋に、乱鎮圧後はミヤケを置いた。「糟屋屯倉」は『書紀』のミヤケ記事のなかでは信頼しうる最も早いものともされる(39)。その後、九州のミヤケに関して、安閑・宣化紀に以下のような記事が続く。

①『書紀』安閑二年五月甲寅条

置㆓筑紫穂波屯倉・鎌屯倉、豊国腠碕屯倉・桑原屯倉・肝等屯倉〈取㆑音読〉・大抜屯倉・我鹿屯倉〈我鹿、此云㆓阿柯㆒〉、火国春日部屯倉、播磨国越部屯倉・牛鹿屯倉、備後国後城屯倉・多禰屯倉・来履屯倉・葉稚屯倉・河音屯倉、婀娜国膽殖屯倉・膽年部屯倉、阿波国春日部屯倉、紀国経湍屯倉〈經湍、此云㆓俯世㆒〉・河辺屯倉、丹波国蘇斯岐屯倉〈皆取㆑音〉、近江国葦浦屯倉、尾張国間敷屯倉・入鹿屯倉、上毛野国緑野屯倉、駿河国稚贄屯倉㆒。

②『書紀』宣化元年五月辛丑朔条

詔曰、食者天下之本也。黄金万貫、不㆑可㆑療㆑飢。白玉千箱、何能救㆑冷。夫筑紫国者、遐邇之所㆓朝届㆒、去来之所㆓関門㆒。是以、海表之国、候㆓海水㆒以来賓、望㆓天雲㆒而奉㆑貢。自㆓胎中之帝㆒、洎㆓于朕身㆒、収㆓蔵穀稼㆒、蓄㆓積儲粮㆒。遥設㆓凶年㆒、厚饗㆓良客㆒。安㆑国之方、更無㆑過㆑此。故、朕遣㆓阿蘇仍君㆒〈未㆑詳也〉、加運㆓河内国茨田郡屯倉之穀㆒。蘇我大臣稲目宿禰、宜㆘遣㆓尾張連㆒、運㆗尾張国屯倉之穀㆖、物部大連麁鹿火、宜㆘遣㆓新家連㆒、運㆗新家屯倉之穀㆖、阿倍臣、宜㆘遣㆓伊賀臣㆒、運㆗伊賀国屯倉之穀㆖。修㆓造官家、那津之口㆒。

又其筑紫・肥・豊、三国屯倉、散在二縣隔一。運輸遥阻。儻如須要、難二以備一率。亦宜下課二諸郡一分移、聚二建那津之口一、以備二非常一、永為中民命上。早下二郡県一、令レ知二朕心一。

右のうち、①に列挙された二六のミヤケは、六世紀半ば頃に置かれたミヤケを、『書紀』編者がここにひとまとめにしたものとされている。しかし一方で、それぞれ無関係に置かれたミヤケを、単にここに一括して掲載したと見る向きは少ない。それは、二六のミヤケのうち実に二二のミヤケが西日本に集中し、しかもその大半が瀬戸内海地域、もしくは磐井の勢力下にあった筑紫・豊・火に置かれているからである。すなわち、これらは全体として、磐井の乱鎮圧後の王権による地域支配の強化とかかわるものではないかとするのが有力な見方である。[40]さらに②で、筑紫・肥・豊の三国に分散するミヤケの穀を、一部割き分けて那津官家に集めたとあることなどから、九州各地のミヤケは対外的要地に置かれた那津官家の管理下に入り、北部九州諸地域勢力の独自の対外交渉機能も、王権の統括下に置かれるようになったと考えられている。[41]こうしたことから、六世紀におけるミヤケ制の導入・整備は、磐井の乱に発露する倭王権の対外的な危機が大きな契機となったとする理解は、研究者の間にある程度共有されているといってよい。[42]

ところで、那津官家は現在の福岡市南区三宅付近に比定する説が有力であったが、同市博多区の比恵遺跡で六世紀後半の倉庫とみられる総柱建物群が検出され、近年では比恵遺跡と那津官家と関連性が注目されるようになっている。ただ、那津官家が博多湾岸に置かれたとすることは動かない。また神社の分布や古墳の状況から、磐井の乱後、王権が那津官家を基点に、壱岐・対馬ルートとの関係を深めたことが指摘されている。[43]また、壱岐ではこの六世紀半ばから大型前方後円墳が築造され、これが磐井の乱で王権に荷担した伊吉嶋造と関係するとの見方もある。[44]『書紀』欽明十五年正月丙申条には、百済が筑紫に派遣した使者が、そのまま筑紫に滞在して外交交渉を行ったことが記されており、那津官家を契機に、筑紫は王権外交の窓口としての機能を高めたとみられる。[45]

那津官家を大宰府の起源としうるか否かはひとまず置くとしても、各地の首長層の多様な対外交流に依拠して複線的に展開していた王権の対外交流ルートは、那津官家設置後、北部九州諸地域の首長層を取り込みながら、博多湾―壱岐―対馬をメインとする体制に整えられていったと考えられる。

この那津官家が、ミヤケのなかでも特殊な地位にあったことは、九州の諸ミヤケを統括していただけでなく、那津官家の修造に際しては、河内や東海地域といった遠方に位置するミヤケの穀が用いられている点にも示されていよう。すなわち②では、河内の茨田郡屯倉の穀が阿蘇仍君によって、尾張国屯倉の穀が大臣の蘇我稲目のもと尾張連によって、伊勢の新家屯倉の穀が大連の物部麁鹿火のもと新家連によって、伊賀国屯倉の穀が大夫層の阿倍臣のもと伊賀臣によって、それぞれ運搬されている。これによれば、対象となったミヤケは、河内を除き、いずれも東海地域の後の東海道に属する諸国に位置し、王権中枢で大王に近侍する有力群臣層がミヤケの所在する現地の首長を動かすという方法で実現された。しかし茨田郡屯倉だけは大坂湾岸地域に位置し、群臣層の直接関与もみられない。

この点に関し、森公章氏は、畿内に関する事柄は王権がミヤケ管掌者に直接指示できたが、畿外でミヤケを実質的に管理する地方首長に対しては、それぞれに関係の深い中央の有力首長を介在させざるを得なかったとし、この段階の王権の支配構造は前代以来の分節的構造を継承していると指摘している[46]。このうち、東海地域のミヤケ経営のあり方に王権の分節的支配構造を見出すことは妥当と考える。しかし、茨田郡屯倉とその他の屯倉との違いを、「畿内」「畿外」の支配関係の違いだけでは説明できないようにも思う。王権の指示を受けて茨田郡屯倉の穀を運んだ阿蘇仍君は九州阿蘇を本拠とする阿蘇君とみられるから[47]、茨田郡屯倉の穀物を、なぜ九州を本拠とする首長が運搬しているのかが問題となるからである。

ここで留意されるのは、茨田郡屯倉を含む西日本のミヤケ経営が、瀬戸内海を通じて相互に結びついていた点である。西日本の女神信仰の広がりにミヤケ制の展開が関連していることは既に述べたが、そもそも瀬戸内から九州に展開したミヤケは、陸・海上交通路の要衝に立地し、これは王権の海上交通の支配権の確保ともかかわっていたと考えられている。[48] 例えば『播磨国風土記』餝磨郡条の、餝磨御宅に対する意伎・出雲・伯耆・因幡・但馬の五国造らの奉仕起源説話も、餝磨御宅の、これら山陰五国と難波・宮都を結ぶ水陸交通の要衝としての実態の反映とみられる。[49] こうしたなか、茨田郡屯倉とのかかわりで注目されるのは、『播磨国風土記』揖保郡条枚方里条に茨田から漢人の移住があったと伝えることで、これらは開墾技術に優れた渡来系の人々の茨田郡屯倉からの移住を伝えたものだろう。[50]「郡」字を含み「コホリノミヤケ」と称された茨田郡屯倉は、五世紀以来茨田の開発にあたってきた渡来系の人々が、六世紀以降、秦氏によってミヤケのもとに編戸・再編された先進的ミヤケで、[51] 瀬戸内海交通の要地に位置する茨田郡屯倉は、この先進性によって、他の西日本のミヤケ経営にも直接的な影響を与えていたと考えられる。しかも『播磨国風土記』によれば、枚方里には筑紫の田部による開墾伝承があり、当地のミヤケ経営では茨田だけでなく筑紫からも人が移動し混住する状況にあった。こうしたことから、九州―瀬戸内海のミヤケは、王権への貢納・奉仕とかかわる物資運搬や労働力編成で、相互関係にあったと想定される。

したがって、九州の阿蘇仍君の茨田郡屯倉との関係も、こうした西日本のミヤケ間の相互関係とかかわる可能性が高い。この問題と関連し、阿蘇仍君の本拠地火（肥）国にも、①に春日部屯倉がみえるように、ミヤケが置かれたことが注目される。春日部の名称を冠するミヤケは、同条内で阿波国にもあるが、「春日部」は安閑の皇后の春日皇女にかかわる部民とみられ、『書紀』安閑紀元年四月癸丑朔条にみえる上総の春日皇女のための伊甚屯倉設置の際は、耕作民が春日部として編成されたことも指摘されている。[52] 火国の春日部屯倉も、春日部の管理とかかわるだろう。しかも筑紫・肥・豊三国の屯倉は、那津官家に統轄されたから、火（肥）の阿蘇仍君が筑紫の那津官家の修造にかかわったのも、阿蘇仍君が春日部屯倉、もしくはその他の火（肥）に置かれたミヤケの経営に関与する立場にあったためと考えられる。したがって火（肥）国のミヤケの経営にかかわり、その関係から那津官家の修造にも関与した阿蘇仍君には、もともと近畿の王権につらなる瀬戸内海を介した西日本のミヤケのネットワークとの関係が想定しうる。つまり、阿蘇仍君に茨田郡屯倉の穀物運搬を直接命じたのは、これが通常の西日本のミヤケ間の物流網に乗って行われたことを示すものだろう。

ところが東海地域のミヤケは、地理的に、近畿の王権への貢納・奉仕にかかる物流において、河内以西のミヤケとの直接的な関係を想定できない。東海地域のミヤケから那津官家への穀物運搬は、通常のミヤケの物流と異なる方法がとられたはずである。ここに、茨田郡屯倉と異なり、群臣層が運搬作業に直接関与する必要性が生じたものと考えられる。しかも②では、穀物運搬にかかわった阿蘇仍君、蘇我稲目、尾張連、物部麁鹿火、阿倍臣、伊賀臣のうち、稲目と麁鹿火のみ具体名が伝わるから、その原史料は蘇我氏か物部氏の関連史料であった可能性が高い。つまり、②の那津官家への穀物運搬に関する原史料は、東海地域のミヤケから特別かつ臨時的に穀物運搬を果たした群臣層の功績を、蘇我氏もしくは物部氏の功績として伝えるものであったと考えられる。

右のように理解するならば、そこで唯一東海地域外のミヤケとして登場する茨田郡屯倉は、東海地域のミヤケの一連の穀物運搬ともかかわっていたとみるべきだろう。東海地域のミヤケの穀は、瀬戸内海を経由し那津官家まで運ばれたはずだから、これらは一旦茨田郡屯倉まで運搬され、そこから船で那津官家まで運ばれたのではなかろうか。すなわち王権は、相互関係の乏しい東海地域のミヤケと茨田郡屯倉の間に群臣層を介在させ、東海地域の稲穀を臨時的に茨田郡屯倉まで運ばせた。それらを、那津官家の修造にかかわり、九州と茨田のミヤケ間交通にもかかわっていた阿蘇仍君が那津まで運んだとみられるのである。

以上のように、那津官家修造に関してミヤケを介した瀬戸内海交通が重要な意味を持っていたとすると、①にみえる瀬戸内地域のミヤケの多くも重要な役割を果たしていたと考えなければなるまい。①のミヤケは、その推定地の多くが後の古代道とも重なるように、交通を強く意識した配置で、その大半は、瀬戸内から周防灘・玄界灘へと至る、糟屋屯倉・那津官家までの水陸交通ルート上の要衝にある[53]。しかも播磨国における茨田・筑紫からの移民開発伝承が示すように、瀬戸内海のミヤケが九州と近畿のミヤケの交流をつないでいたと想定される。また、こうしたミヤケの交流を介し、ミヤケの経営にかかわる渡来系の人々を中心に女神信仰も西日本に共有されたと考えられるのである。

むすび

以上本稿では、五世紀の倭王権の対外政策が北部九州の各首長層の独自で多元的な国際交流を基盤に成り立っていたこと、また九州の首長層もこうした倭王権との関係を利用し地域権力としての勢力を拡大していたこと、しかし六世紀の磐井の乱後は、ミヤケ制を軸に博多湾を窓口とする王権の対外交流体制の整備がすすみ、北部九州諸地域は西日本規模のミヤケの広域的な交通・交流体系に組み込まれていったことを述べた。

ところで近年、福岡県古賀市において、糟屋屯倉の有力候補地とされる鹿部田渕遺跡に近接し、全長四五メートル以上の七世紀初頭前後の前方後円墳（船原古墳）が確認され、注目を集めている。この地域は、それまで有力首長墓が存在せず、船原古墳はその点でも特異な存在だが、古墳には、全国初となるガラス装飾付金銅製辻金具や新羅系の金銅製鳳凰文心葉形杏葉を付けた極めて装飾性の高い馬具、国内三例目となる馬冑を含む、膨大な量の武器・武具・馬具を納めた土坑がともなっていた[54]。これらの分析と評価は今後の調査を待たねばならないが、七世紀初頭前後は、前述の来目皇子の軍に代表されるように、新羅との関係を睨んで筑紫に倭軍が駐留していた。そして、宇佐や御原地域の画期もまた、この問題とも関連して七世紀初頭前後に求められる。そうであれば、九州古代の地域的展開には、ミヤケ制を基礎とした七世紀初頭前後の倭王権の当地での軍事行動が、大きな影響を与えていたことが推測される。この点については、今後あらためて考古学の成果も踏まえた検討を行いたいと思う。

註

（1）舘野和己「屯倉制の成立――その本質と時期」（『日本史研究』一九〇、一九七八年）、森公章「国造制と屯倉制」（『岩波講座 日本歴史』第二巻、岩波書店、二〇一四年）など。
（2）山尾幸久『筑紫君磐井の戦争』（新日本出版社、一九九九年）など。
（3）重藤輝行「宗像地域における古墳時代首長の対外交渉と沖ノ島祭祀」（『「宗像・沖ノ島と関連遺産群」研究報告』Ⅰ、「宗像・沖ノ島と関連遺産群」世界遺産推進会議編、二〇一一年）、白石太一郎「ヤマト王権と沖ノ島祭祀」（『「宗像・沖ノ島と関連遺産群」研究報告』Ⅰ、「宗像・沖ノ島と関連遺産群」世界遺産推進会議編、二〇一一年）、小田富士雄「沖ノ島祭祀遺跡の再検討2」（『「宗像・沖ノ島と関連遺産群」研究報告』Ⅱ―1、「宗像・沖ノ島と関連遺産群」世界遺産推進会議編、二〇一二年）、笹生衛「日本における古代祭祀研究と沖ノ島祭祀――主に祭祀遺跡研究の流れと沖ノ島祭祀遺跡の関係から」（『「宗像・沖ノ島と関連遺産群」研究報告』Ⅱ―1、「宗像・沖ノ島と関連遺産群」世界遺産推進会議編、二〇一二年）、大高広和「沖ノ島研究の現在」（『歴史評論』七七六、二〇一四年）。
（4）重藤輝行前掲註3論文。
（5）笹川進二郎「「糟屋屯倉」献上の政治史的考察――ミヤケ論研究序説」（『歴史学研究』五四六、一九八五年）。
（6）堀江潔「壱岐島の国造について――『先代旧事本紀』国造本紀伊吉嶋造条の評価と解釈をめぐって」（『古代壱岐島の世界』高志書院、二〇一二年）。
（7）笹川進二郎前掲註5論文。
（8）大高広和前掲註3論文参照。
（9）菱田哲郎「古墳時代の社会と豪族」（『岩波講座　日本歴史』第一巻、二〇一三年）。

(10) 森公章「交流史から見た沖ノ島祭祀」(『「宗像・沖ノ島と関連遺産群」研究報告』III、「宗像・沖ノ島と関連遺産群」世界遺産推進会議編、二〇一三年)。
(11) 久住猛雄「「博多湾貿易」の成立と解体——古墳時代初頭前後の対外交易機構」(『考古学研究』五三—四、二〇〇七年)、宮崎貴夫『原の辻遺跡』〈日本の遺跡32〉(同成社、二〇〇八年)。
(12) 重藤輝行前掲註3論文。
(13) 田中史生『国際交易の古代列島』二五—二七頁(角川選書、二〇一六年)。
(14) 西谷正「加耶地域と北部九州」(『九州歴史資料館開館十周年記念 大宰府古文化論叢』上、吉川弘文館、一九八三年)。
(15) 朴天秀『加耶と倭』(講談社選書メチエ、二〇〇七年)。
(16) 古墳時代中期の各地首長層の国際交流の特徴については、田中史生『倭国と渡来人』(吉川弘文館、二〇〇五年)参照。
(17) 田中史生「倭の五王の対外関係と支配体制」(『島根県古代文化センター研究論集』一四、二〇一五年)。
(18) 田中史生「倭の五王と列島支配」(『岩波講座 日本歴史』第一巻、岩波書店、二〇一三年)。
(19) 田中史生前掲註18論文。
(20) 白石太一郎前掲註3論文。
(21) 森公章前掲註10論文。
(22) 吉村武彦「倭国と大和王権」(『岩波講座　日本通史』第二巻、岩波書店、一九九三年)。
(23) 井上辰雄「地方豪族の歴史的性格——水間君をめぐる諸問題」(『日本歴史』二八〇、一九七一年)。
(24) 新川登亀男「宗像と宇佐」(『新版古代の日本』③〈九州・沖縄〉角川書店、一九九一)。
(25) 井上辰雄前掲註23論文。
(26) 新川登亀男前掲註24論文
(27) 加藤謙吉『秦氏とその民』(白水社、一九九八年)。
(28) 平野邦雄「秦氏の研究」(『史学雑誌』七〇—三・四、一九六一年)。
(29) 加藤謙吉前掲27論文。

(30) 佐伯有清『新撰姓氏録の研究』考證篇五（吉川弘文館、一九八三年）、直木孝次郎「国家形成と難波」（『古代を考える　難波』所収、吉川弘文館、一九九二年）。
(31) 柏原孝俊「干潟遺跡とその集落」（『小郡市史』第一巻、一九九六年）。
(32) 田中史生「ミヤケの渡来人と地域社会――西日本を中心に」（『日本歴史』六四六、二〇〇二年）。
(33) 新川登亀男前掲註24論文。
(34) 平川南「令制成立期前後の出挙木簡――福岡県小郡市井上薬師堂遺跡」（『古代地方木簡の研究』吉川弘文館、二〇〇三年）。
(35) 笹生衛『日本古代の祭祀考古学』第二部第三章（吉川弘文館、二〇一二年）。
(36) 平野邦雄前掲註28論文。
(37) 田中史生前掲註32論文。
(38) 森公章前掲註10論文。
(39) 舘野和己前掲註1論文。
(40) 井上辰雄「『ミヤケ制の政治史的意義』序説」（『歴史学研究』一六八、一九五四年）、舘野和己「ミヤケと国造」（『古代を考える　継体・欽明朝と仏教伝来』吉川弘文館、一九九九年）など。
(41) 笹川進二郎前掲註5論文。
(42) 石母田正『日本の古代国家』第四章第二節（岩波書店、一九七一年）、山尾幸久前掲註2書、仁藤敦史『古代王権と支配構造』第二編第三章（吉川弘文館、二〇一二年）など。
(43) 新川登亀男「首長の出現とヤマト王権」（『長崎県の歴史』山川出版社、一九九八年）、川口洋平「壱岐古墳群の歴史的意義――六・七世紀の「軍事ライン」と壱岐・対馬」（『古代壱岐島の世界』高志書院、二〇一二年）。
(44) 田中聡一郎「壱岐島における後・終末期古墳の動向」（『古代壱岐島の世界』高志書院、二〇一二年）。
(45) 倉住靖彦「大宰府の成立」（『新版古代の日本』③〈九州・沖縄〉角川書店、一九九一年）。
(46) 森公章前掲註1論文。
(47) 太宰府市史編纂委員会『太宰府市史・古代資料編』本文編六頁（太宰府市、二〇〇三年）。
(48) 松原弘宣『日本古代水上交通史の研究』第一編第一章（吉川弘文館、一九八五年）。

(49) 松原弘宣前掲註48論文、大樹「律令制下の交通制度」(『日本古代の交通・交流。情報』I、吉川弘文館、二〇一六年)。
(50) 舘野和己「畿内のミヤケ・ミタ」(『新版古代の日本』⑤〈近畿I〉角川書店、一九九二年)。
(51) 田中史生前掲註32論文。
(52) 仁藤敦史前掲註42論文。
(53) 松原弘宣前掲註48論文参照。
(54) 『国史跡指定記念企画展「船原古墳展」』(古賀市教育委員会、二〇一六年)。

角氏の氏族的性格とその王権奉仕
——両貫制という視点より見た

加藤謙吉

一　問題の所在

『古事記』孝元天皇段は、建(武)内宿禰の七人の男子の一人に木(紀)角宿禰の名を挙げ、「木臣・都奴臣・坂本臣之祖」とする。天武十三年(六八四)に紀(木)・角(都奴)・坂本三氏はそろって朝臣姓を賜わったが、『新撰姓氏録』(以下、『姓氏録』と略記)や井上頼圀撰の『紀氏家牒』[1]も同様に、三氏を紀角宿禰の後裔と記している。『姓氏録』によれば、紀角(都奴・都野)宿禰の後裔氏には、ほかに掃守田首・紀祝・紀部・紀辛梶臣・大家臣・丈部首がいる。ただこれらの諸氏はいずれもカバネが卑姓か無姓で、朝臣姓の氏は存在しない。紀辛梶臣・大家臣・掃守田首・丈部首の本貫地は和泉国であるが、[2]和泉国は坂本氏の本拠があった所であり、紀氏の勢力も紀伊から和泉に及んでいる。[3]したがってこれらの諸氏は、和泉国内での地域的な交流にもとづいて、紀氏や坂本氏と同族関係を結んだと推察することができる。紀祝や紀部は本来、紀氏の統属下にあったものが同族化したのであろう。

このように見ると、紀角宿禰後裔氏の主流をなすのは、紀・角・坂本三氏と解して間違いないが、孝元記の後裔系譜では都奴（角）臣の氏名が坂本臣よりも前に記され、天武紀十三年十一月条の朝臣賜姓五十二氏の記載順でも、六氏目の紀臣についで、三十四氏目が角臣、四十九氏目が坂本臣となっており、紀角宿禰後裔氏の中では角臣が二番目に位置している。

坂本臣は紀臣とともにマヘツキミに任ぜられ、六・七世紀の国政に参与した中央の在地土豪であり、推古紀十八年十月条にはマヘツキミの中でも特に有力な「四大夫（よたりのまへつきみ）」の一人として、坂本臣糠手（あらて）の名が見える。これに対して角臣は、天武朝頃から史料に中央官人としての活動が記されるようになるが、後述するように、もとは周防国都濃郡都濃郷を本拠とした地方出身の豪族であった。

天武紀の朝臣賜姓記事は、おおよその傾向として、天武朝段階における五十二氏の氏族的序列に沿う形で順に記されており、孝元記の系譜も同様に解して差し支えない。したがって七世紀後半から末期の時点で、角氏は紀角宿禰後裔氏の中で紀氏に次ぐ地位を占めていたと推測できる。八世紀以降は坂本氏も角氏も中央政界でそれほど目立った動きを示さなくなるが、天武朝頃までの政治力を比較すると、角氏より坂本氏の方が優位な立場にあった。

すると角氏の系譜に占める地位は、この氏が伝統的に保持した紀氏や王権との関わりにもとづくところが大きいと見るべきであろう。それを示唆するのが、紀角宿禰の祖名である。筆者はかつて建内宿禰の七男の一人である蘇我石川（蘇賀石河）宿禰の祖名が、後裔氏の蘇我氏のウヂ名（旧氏名）と蘇我氏の改名後の「石川」のウヂ名（新氏名）を接合して二次的に作られたことを指摘したが[4]、紀角宿禰の場合も、紀氏と角氏の両氏のウヂ名をあわせて祖名とした可能性が高いと思われる。この氏と紀氏が極めて堅固な関係で結びついていたことがうかがえるのである。

角氏は瀬戸内海の周防灘に面した臨海部を本拠とし、国造制の成立により「都怒国造」（『先代旧辞本紀』巻十「国造本紀」）に就任したと推察される（後述）。しかしその一方でこの氏はある時期以降、畿内にも拠点を構え、天武朝以降は、中央官人としての活動が史料に見られるようになる。

第一表　八・九世紀における角氏の中央官人としての活動

人名	事項
都努臣（朝臣）牛甘（牛飼）	（天武十三～十四）遣新羅小使・小山下、（同十四）東海使者・直広肆
角朝臣家主	（養老七）正六位上→従五位下、（天平四）遣新羅使、（同五）諸陵頭任官
都濃朝臣光弁（角朝臣広弁）	（天平二）大和国少掾・正七位上、（年月未詳）『万葉集』巻八・一六四一に「雪の梅の歌一首」収録
角（都努）朝臣道守	（天平二十）正六位上→従五位下、（天平宝字三）従五位下→従五位上
都努朝臣長殯	（天平神護二）伊賀目・正八位下
角（都努）朝臣筑紫麻呂	（延暦八）正六位上→従五位下、（同十五）内厩助任官・従五位下、（同十八）上総介任官・従五位下
角朝臣広江	（延暦八）後宮女官、従六位下→従五位下
都努朝臣福人	（承和七）左京亮任官・従五位下、（同八）周防守任官・従五位下、（同八）鋳銭司長官兼官・従五位下
都努朝臣清貞	（天安二・正月）正六位上→従五位下、（同五月）大監物任官・従五位下、（同六月）大蔵少輔任官・従五位下、（貞観四）図書頭任官・従五位下

第一表によれば、角氏の五位官人は六人（従五位下五人、従五位上一人）を数え、都努臣（朝臣）牛甘の直広肆も、位階制にスライドすると従五位下に相当する。神亀五年（七二八）の内・外階制の成立により、角氏は一旦は外階コースに区分されるが、天平十七・十八年（七四五～六）頃に内・外階制が変更されると、天平二十年の角朝臣道守の叙位の例に明らかなように、内階コースに組み込まれる。(5)角氏は貴族階級の末席に連なる中堅クラスの一族として、八・九世紀の中央政界に命脈を保っているのである。

注目すべきは都努朝臣福人が承和八年（八四一）正月に周防守に就任し、その翌月に鋳銭司長官を兼任していることである。周防国は長門国と並ぶ産銅地であり、天平二年（七三〇）には、周防国熊毛郡の牛嶋と吉敷郡の達理山の原銅を採鉱・冶金させて、長門の鋳銭司で鋳造する銭に充当させている。さらに弘仁九年（八一八）には長門国司を改編し鋳銭使としたが、『狩野文庫本類聚三代格』によれば、天長二年（八二五）四月にこれを廃止して周防国吉敷郡に鋳銭司を設けている。(6)

したがって周防守の都努朝臣福人が鋳銭司長官を兼任したのは、かかる鋳銭組織の改変にもとづくことが明らかであるが、周防守に任官した理由は、彼が周防国に勢力基盤を有する角氏の一族であったためではなかろうか。嘉承元年（八四八）には新たな銭貨として十三年ぶりに長年大宝が発行されるが、産銅から鋳銭に至る一連の工程を予め強化する必要から、あえて地元の有力豪族出身者を国守のポストに就けたと推察されるのである。

令制下の周防国諸郡の郡司の顔ぶれは、史料を欠くため実態は不明であるが、かつて都怒国造であった角氏の一族すべてが畿内に拠点を移したとは想像しがたい。八・九世紀の段階でもなお、周防の在地勢力としてこの氏が健在であった可能性は高いと見るべきであろう。福人の国守就任は、現地残留の角氏との連携を前提として実現したと理解すべきである。

筆者は地方豪族が中央と出身地の両所に居所を有し、その双方で王権に奉仕する形態（居住・出仕形態）を両貫制と名付け、このような形態が古代の地方豪族の間で恒常化していた事実を別稿で明らかにした(7)。角臣という豪族も両貫制のカテゴリーの中でその実態を把握することが可能と思われる。

以下、角氏が具体的にいかなる形で王権や同族の紀氏一族と関わり、どのような経緯で中央政界への進出を果たしたのかを検討することにしたい。

二　角臣と周防の諸国造

雄略紀九年三月条と同五月条は、新羅討伐に関する詳細な記事を掲げるが、その内容を略述すると次のようになる。

三月に天皇は紀小弓宿禰・蘇我韓子宿禰・大伴談連・小鹿火宿禰を将軍に任じ、新羅討伐を命じた。妻を亡くしたばかりの紀小弓は天皇に陳情して、身辺の世話をするため吉備上道采女大海を与えられた。新羅入りした小弓らは至る所で勝利を収めたが、敵は降伏せずに抗戦し、大伴談連と紀岡前来目連、談の従者の大伴連津麻呂が戦死を遂げ、大将軍の小弓も陣中で病没した。

五月になると、小弓の死を聞いて、子の紀大磐宿禰が新羅に赴き参戦。小鹿火宿禰が管轄していた兵馬・船官・諸小官を掌握して専権を振るった。これを怨んだ小鹿火宿禰が蘇我韓子宿禰に詐言し、韓子も大磐を憎むようになり、大磐を殺害しようとしたが、逆に殺されてしまう。采女の大海は小弓の喪に服するために帰国し、大連の大伴室屋の口添えにより、天皇の勅許を得て小弓を田身輪邑（和泉国日根郡淡輪）に葬った。

小鹿火宿禰も小弓の喪で帰国したが、ひとり角国（周防国都濃郡）に留まり、使者を大伴室屋のもとに遣わして、「これ以上紀卿（大磐）と一緒に朝廷にお仕えすることはできないので、このまま角国に居留したい」と願い出て許された。雄略紀九年五月条は最後を次のように結んでいる。

　是角臣等、初居二角国一。而名二角臣一、自レ此始也。

小鹿火宿禰の名は他に見えない。『古事記伝』(二十二之巻)は彼を紀小弓宿禰の子とするが、根拠が稀薄で、角臣の祖にあたる人物とみられること以外、その出自や続柄は不詳である。『古事記伝』はさらに続けて、紀氏や角氏の始祖の紀角宿禰の名は角国に因むことが明らかなのに、小鹿火宿禰の代に初めて角国に留まったように記すのは疑問であるとし、雄略紀は角宿禰を誤って小鹿火宿禰のこととしたか、あるいは角国が先祖所縁の地であったため、小鹿火がこの地に留まったのであろうと推量する。

しかし九年五月条の最後の部分の「初居二角国一」は、この氏の本来の拠点が角国にあり、後にこの氏が中央にも拠点を構えたと読み取ることのできる文言である。すなわち角氏が周防国都濃郡を本拠とした事実を前提とし、それを雄略朝の新羅討伐戦の話に結びつけて説明しようとしたものと解して差し支えないであろう。

「国造本紀」は周防国の国造として、大嶋国造・波久岐国造・周防国造・都怒国造の四国造の名を掲げるが、このうち都怒国造については、

　都怒国造。難波高津朝。紀臣同祖都怒足尼児男嶋足尼定二賜国造一。

と記し、紀臣と同祖で、都怒足尼(紀角宿禰)の後裔とする。度会延佳の『鼇頭旧事紀』は、傍点を付した「男嶋足尼」を「田鳥足尼」につくり、『続紀』延暦十年十二月丙申条に次のように記すことを、その傍証として挙げる。

　讃岐国寒川郡人外従五位下佐婆部首牛養等言、牛養等先祖、出レ自二紀田鳥宿禰一。田鳥宿禰之孫米多臣、難波高津宮御宇天皇御世、従二周芳国一遷二讃岐国一。然後、遂為二佐婆部首一。(中略)其牛養等居処、在二寒川郡岡田村一。臣望二岡田臣之姓一。於レ是、牛養等戸二十烟、依レ請賜レ之。外従五位下岡田臣牛養為二大学博士一。

「男」と「田」、「嶋（島）」と「鳥」は互いに誤りやすい字であり、「国造本紀」の伝写の過程で「田鳥」が「男嶋（島）」と記された可能性は確かに高いと見てよい。したがってどちらも紀角宿禰の子孫とされる都怒国造と角臣は、本来、同一の氏を指すと考えて間違いないであろう。

井上頼圀撰の『紀氏家牒』には「紀角宿祢児、白城宿祢」とあり、屋代弘賢総判『姓氏録校正』は、紀小弓宿禰に冠して「紀氏家牒、紀白城宿禰男」と記す。これによって『紀氏家牒』が角宿禰、白城宿禰、小弓宿禰の三人の続柄を祖父・父・子としていたことが分かるが、「国造本紀」は田鳥足尼を都怒足尼の子とするから、あるいは佐伯有清が説くように、小鹿火宿禰は紀角宿禰の孫で、田鳥宿禰の子にあたり、紀小弓宿禰とは従兄弟の間柄として捉えることができるかもしれない。(8)

しかし角臣が周防国を拠点とした地方の国造勢力である以上、紀氏との間に結ばれた同祖関係も、あくまで擬制的なものにすぎないと見るべきであろう。すなわち紀角宿禰の後裔氏族系譜が成立する段階で、両氏の祖にあたる人物が互いに兄弟や従兄弟に位置づけられ、系譜の中に取り込まれていったとみられる。角氏の祖は田鳥宿禰（『続紀』の「紀田鳥宿禰」の「紀」は二次的な表記）や小鹿火宿禰であり、彼等は本来紀氏一族とは別の角氏独自の祖の立場を占めていたと推察されるのである。

「国造本紀」に掲げる四国造のうち、波久岐国造は「波久岐」の古地名が周防国内には存在しない。応神紀二十二年九月条の吉備国分封記事には、鴨別（かもわけ）（笠臣の始祖）が封じられた「波区芸県（はくぎ）」の名を記すので、この地を波久岐国造の本拠とする説もあるが、「波区芸県」は吉備の地名で、ここを支配領域とした国造は「国造本紀」の笠臣国造であるから、従うことができない。

一方、『鼇頭旧事紀』は「波久岐可レ作二与之岐一。今周防国吉敷郡」と記し、「波久岐国造」を「与之岐（よしき）国造」の誤写とする。椹野（ふしの）川流域の吉敷郡地域は、四世紀終末期から七世紀にかけて集中的に古墳が築造されており、周防でも有数の在地勢力が存在した地域と推測される。[9] しかもこの地域は、他の三国造の想定支配領域（後述）からは外れる位置にある。したがって確定的とは言えないが、『黿頭旧事紀』の説にもとづき、この地を与之岐（吉敷）国造の本拠に比定して差し支えないであろう。

大嶋国造の本拠は、周防国大嶋郡である。令制下の大嶋郡は屋代・美敢・務理の三郷で構成され、屋代島を中心に浮島・笠佐島・沖家室島・情島などの島嶼群（周防大島諸島）より成る。平城宮や平城京出土の木簡によれば、大嶋郡の住人中最大多数を占めるのは凡海直・凡海・凡海部で、この郡の調の貢進品目はすべて塩である。大嶋郡に凡海部が設置され、その管掌伴造である凡海（部）直の支配のもとに、かつて塩や御贄を貢進していた事実が推量できる。木簡に見える大嶋郡の他の住人は、田部・日下部・弓刊（弓削）首・弓刊部・日奉（部）・宍人部・酒人部や、漢人部・平群部・佐伯部であり、中央の王権に奉仕するトモ・べや中央豪族配下のカキによって占められている。さらに田部の存在はこの地にミヤケが設置された事実を示唆するが、これらの事実を勘案すると、大嶋郡の一帯には畿内の勢力が強く浸透し、この地を治めた大嶋国造も、王権への隷属度が高く首長としての自立性に乏しい弱小勢力を想定すべきであろう。

かかる視点に立つと、大嶋国造に該当する氏族は、国造一般に付与される「直」のカバネを帯びた凡海直と解するのが妥当と思われる。大嶋郡地域には屋代島に後期の群集的な小古墳群があるものの、前方後円墳は存在せず、[10] 有力首長の奥津城にふさわしい墳墓は認められない。島嶼を支配領域とする大嶋国造は、王権密着型の特殊な国造と推察される。

次に周防国造は熊毛郡と玖珂郡に拠った国造であろう。『続日本紀』宝亀十年六月辛酉条には、

周防国周防郡人外従五位下周防凡直葦原之賤男公、自称二他戸皇子一、誑二惑百姓一。配二伊豆国一。

と記す。周防郡の郡名は他に見えないが、『和名抄』によれば熊毛郡に周防郷の郷名がある。[11] 周防郷の比定地は、

南北朝以来「小周防（こずおう）」の名で呼ばれた地域（現山口県光市・周南市（旧熊毛町））で、国名の周防はこの地名に由来するとみられる。周防凡直葦原は外従五位下の位階を有し、凡直国造の流れをくむ「周防凡直」を氏姓とするから、彼は熊毛郡（周防郡）の郡領を出す一族の出身で、まさに「国造本紀」の周防国造の後裔にあたろう。

玖珂郡は養老五年（七二一）に熊毛郡より分置された郡（『続日本紀』）で、熊毛郡とは本来、一体的な関係にあった。延喜八年（九〇八）の「周防国玖珂郡玖珂郷戸籍残簡」には戸主二人を含む五十四人の「周防凡直」姓の人名（他に「周防」・「凡」若干名）を掲げ、『東宝記』所収天暦八年（九五四）五月十五日付太政官符にも周防国玖珂郡伊宝郷戸主の「周防凡直実則」の名を記している。この氏は熊毛・玖珂両郡にわたって広汎に分布していたのであろう。

ただ山陽道・南海道諸国に特徴的に認められる凡直国造を、従来説かれていたように、[12]二次的に編成された大国造と解することには賛成できない。この点についてはすでに別稿[13]で論じたので簡単に述べると、大国造であるはずの凡直国造の後裔と、その支配下に組み込まれたはずの小国造の後裔との間に現実には政治的な勢力差が存在せず、大国造制を意図したものであったとすれば、凡直国造が山陽道・南海道地域にのみ偏在する理由も説明できない。

さらに凡直国造の氏姓は「国名＋凡＋直」と表記されており、「凡」（「大」）は、「山東漢大費直（東漢大直）」の用例と同じく、カバネ「直」にかかる美称的なものと理解すべきである。「凡直国造」が何らかの政治的意図にもとづいて創設された可能性は考慮すべきであろうが、実態的には他の国造との間に大きな差はなかったと思われる。周防凡直もまた熊毛地方（熊毛郡・玖珂郡）を支配領域とした周防国の小国造の一つと見て誤りないであろう。

かくして周防国六郡のうち、吉敷郡は与之岐国造（氏姓未詳）、大嶋郡は大嶋国造（凡海直）、熊毛郡と玖珂郡は周防国造（周防凡直）の支配するクニ（領域）であったと推察できる。残る都濃・佐波二郡のうち都濃郡が都怒国造（角臣）の本拠で、その支配下にあったことは言うまでもないが、佐波郡の場合も同様に考えて差し支えあるまい。前掲の『続日本紀』延暦十年十二月丙申条の佐婆部首牛養の言上によれば、紀田鳥宿禰の孫の米多臣が仁徳朝に周芳（周防）国より讃岐国に遷った後に佐婆部首を名乗ったとあるが、岸俊男が指摘するように[14]、これは前後が逆で、本来周防国の佐波郡内に居住していたために佐婆部首を称したと解すべきである。

佐波郡内には古代瀬戸内海航路の要津である佐婆津が存した。『豊後国風土記』に「周防国佐婆津」、景行紀十二年九月条に「周芳娑麼」、仲哀紀八年正月条に「周芳沙麼之浦」と見え[15]、景行天皇や仲哀天皇がこの津から船出して、豊前国の京都郡や豊後国の海部郡・国埼郡、筑前国の遠賀郡に渡ったと記している。さらに天平八年（七三六）発遣の遣新羅使一行も海路、「熊毛の浦」から「佐婆の海中（わたなか）」を経て豊前国下毛郡の「分間（わくま）の浦」に向かっている（『万葉集』巻十五）。佐婆津は周防灘・伊予灘航路の中心に位置する津であり、令制下には周防国府の国府津の役割を果たしたとみられる[16]。

佐婆部首の一族が、都怒国造に任ぜられた田鳥足尼（「国造本紀」）の後裔とされることは、都怒国造の勢力が都濃郡から佐波郡まで及んでいた事実を示唆しよう。ただそのように断定するにはなお疑問が残る。神功摂政前紀十二月辛亥条には、一説として仲哀天皇が筑紫の橿日宮に滞在中に、沙麼県主の祖の内避高国避高松屋種（うつひこくにひこまつやたね）に神が憑りつき、天皇に神託を下したと注記する。『住吉大社神代記』にも同様の話を掲げており、沙麼県主の「沙麼」は周防国のサバの地名にもとづくと見て間違いない。すると佐波郡にはこの県主の治める県が存在したことになるが、その場合、沙麼県主と都怒国造の関係をどのように理解するかが問題となる。

仲哀紀八年正月条は、岡県主の祖の熊鰐（わに）が天皇と神功皇后を「周防沙麼之浦」より筑前国遠賀郡の「岡水門（おかのみなと）」まで誘導したとし、「岡水門」や「洞海（くきのうみ）」（洞海湾）の一帯が、岡県主の支配領域（岡県）であったように記している。したがって佐婆津も同様に沙麼県主の管轄下にあったと見るのが妥当かもしれない。

しかし都怒国造が天武十三年に朝臣を賜姓された有力氏の角臣と同一の氏で、前述の雄略紀の所伝にうかがえるごとく、紀氏とともに対外的な軍事活動に従事した一族であるならば、瀬戸内海航路の要衝に位置し、海外派兵の中継基地的役割を果たしたとみられる沙婆津の管理者としては、都怒国造の方がふさわしいと見るべきであろう。たとえ沙麼県主の関与を認めるにしても、沙婆津の軍事的機能の強化に伴い、管理権が沙麼県主から都怒国造へと移動した可能性を想定すべきである。

周防国の諸国造の実態とその支配領域については、ほぼ以上のように概観することができる。次にこの点を踏まえて、角氏（都怒国造）の氏族的なあり方を検討することにしたい。

三　角氏をめぐる政治的環境と周防国の地域的特性

『防長風土注進案』[17]（原題名『風土注進案』、天保十二年長州藩編）第四巻「前山代宰判」の金峯村条には、「一　名所旧跡之事」として「須万」の地名を挙げ、「右往古は当地須々万・中須一郷にして文治・建久の比迄は紀ノ村と唱へ来候処…」と記し、都濃郡の須万・須々万・中須（いずれも現山口県周南市）の一帯が鎌倉時代初期まで「紀ノ村」の名で呼ばれており、さらにそこが角国（『和名抄』の都濃郡都濃郷）であったとする。

また同書第八巻「都濃宰判」は、須々万奥村（現周南市須々万奥）の小字名（「村内小名」）に「下角」の名を掲げ、「角宿禰住居之所を角と称し、村名ニ用ひ下角と号候由」と記している。「下角」の地名が存することは、「紀ノ村」の村名とあわせて注目され、『防長風土注進案』の指摘するように、これらの地が都濃郡都濃郷にあたり、角臣（都怒国造）の本拠地で、同時に紀氏の勢力が浸透した地域であったと推測することができるかもしれない。

ただ右の諸地域は、いずれも臨海部ではなく内陸部の山間・高原地帯に立地する。大和政権の対外交渉に関与

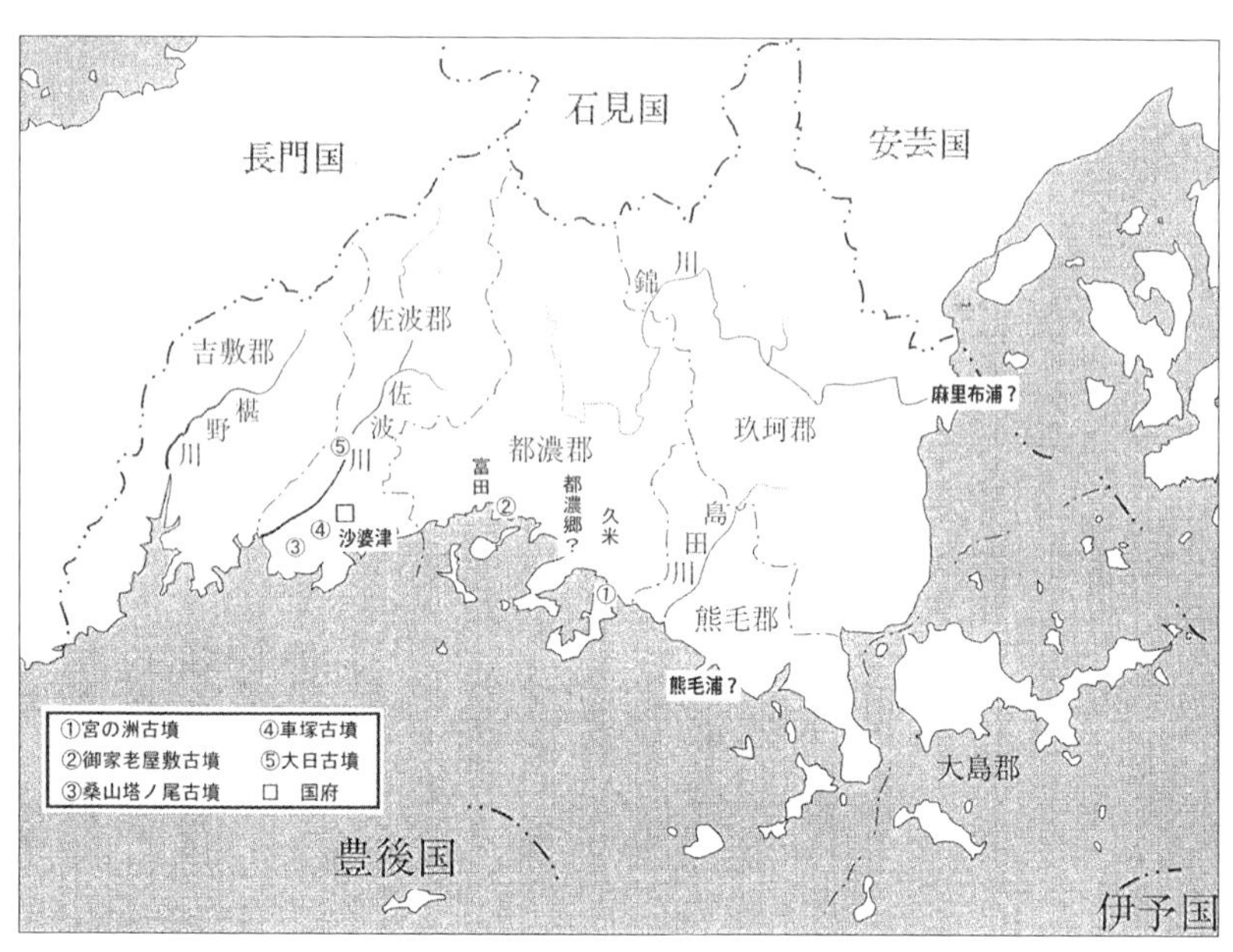

周防国略図（『日本古代史地名辞典』〔雄山閣、2007年〕の地図をもとに作成）

した紀氏や角氏が拠点を設けるには、いささかそぐわない場所であり、郡名と同一の都濃郷に令制下の郡家が置かれたとすれば、八木充が説くようによ うに、海岸線を通過する当時の山陽道（駅路）の沿道、すなわち『和名抄』の久米郷（現周南市〔旧徳山市〕久米付近）と富田郷（現周南市〔旧新南陽市〕富田付近）の間の東川流域辺りにその所在を求めるのが妥当であろう。(18)

前方後円墳を中心とする周防国の主要古墳の分布は、大半が瀬戸内海沿岸地域に集中し、畿内勢力との関連を持つ古墳の多いことが指摘されている。(19) 都濃郡内では、笠戸湾に突き出た砂洲に四世紀半ば、宮の洲古墳（現下松市東豊井）が出現するが、この古墳（消滅、墳形不詳）からは福岡県沖ノ島十八号遺跡と同笵の三角縁神獣鏡をはじめ、四面の舶載鏡が出土しており、副葬品の性格と照合すると、被葬者の首長は畿内の王権と密接に結びついていた事実が推量できる。

都濃郡には宮の洲古墳とほぼ同じ時期、徳山湾に浮かぶ竹島（周南市〔旧新南陽市〕）に御家老屋敷古墳（前方後円墳、墳長五六メートル）が築造されるが、この古墳からは二面の三角縁神獣鏡（うち一面は正始元年〔二四〇〕銘）と「劉氏作画像鏡」一面（いずれも中国三国時代の舶載鏡）が出土しており、出土鏡の同笵関係から、同様に被葬者が畿内の勢力の強い影響下に置かれていたことがうかがえる。

下松市の末武から豊井、周南市の久米にかけての一帯では、宮の洲古墳以後も六世紀初頭まで花岡（下村）・荒神山・天王森・耳取の諸古墳が断続的に造営されており、これらはこの地を治めた首長たちの奥津城とみられている。(20) 古墳の分布地域は、前述の推定にもとづくならば、都濃郷の東に隣接する久米郷の郷域に含まれる可能性が大で、御家老屋敷古墳の所在も富田郷（都濃郷の西に立地）内に比定することができる。すなわち都濃郡臨海部の右の諸郷を支配した首長勢力は、畿内の王権と結び、瀬戸内海航路を媒介として海外諸国と通じていたと推測されるのであり、それは後に角臣の系統へとつながる在地勢力と見て間違いないであろう。(21)

次に佐波郡に目を転じると、この地域には古墳時代前・中期の古墳が少なく、後期に入ってから集中的に古墳が出現するという傾向が認められる。江戸時代に撤去されたため墳形は不明であるが、六世紀前半の桑山塔ノ尾古墳（現防府市桑山）からは、蛇行状鉄器や金銅装飾履・銅鏡・馬具・挂甲など豊富な副葬品が出土している。防府市域にはほかにも車塚古墳（六世紀後半）や大日古墳（七世紀半ば〜後半）などの前方後円墳があり、片山古墳（六世紀半ば〜後半）も前方後円墳と推定される。このうち車塚古墳（復原全長五八メートル）は、前方部と後円部に複室構造から成る二基の横穴式石室を蔵し、大日古墳は奈良県高市郡明日香村の岩屋山古墳と類似の石室から成り、周防唯一の刳抜式家型石棺（竜山石製）を持つ。(22)

古墳の濃密な分布状況、内部の石室構造や副葬品の性格などに照らすと、六世紀以降、佐波郡の一帯が周防国の政治の中心を占めたことは疑いの余地がなく、この地にやがて国府が設けられるのもその結果と見ることができる。では六世紀以降、他地域に優越する首長墳を佐波郡に営んだのは、一体どのような勢力であったのか。

この地に四・五世紀の主要な古墳が存在しないということは、取りも直さず後期古墳の造営者が他から進出してきた可能性を示唆する。ただ車塚古墳の石室の複室構造は九州系の石室に特徴的なものであり、現防府市鋳物師町の鋳物師大師塚古墳（墳形不詳、円墳か？）の石室も同様である。一方、大日古墳は、都濃郡の古墳などと同じく畿内系であるから、石室構造という点に立てば佐波郡内の後期の首長墳の造営者にも異なる系統の者が併存したと見るべきかもしれない。しかし周防国最後の前方後円墳である大日古墳が、畿内政権の有力者の奥津城とみられる岩屋山古墳の石室に酷似する事実にもとづくならば、大日古墳の被葬者も当時すでに中央政界に一定の政治的地歩を築きつつあった角氏の一族にあたる現地の都怒国造家の首長などに比定するのがもっとも自然となろう。

したがって佐波郡に進出した勢力の中心は、隣接する都濃郡を本拠とした角臣（都怒国造）や、これと連携関係にあった中央の紀臣の勢力と理解しておきたい。進出の目的は、瀬戸内海の要津である沙婆津を掌握し、九州から朝鮮・中国へと向かう対外航路を畿内の王権が一元的に支配する体制を整えることにあったと思われる。

延喜八年の「周防国玖珂郡玖珂郷戸籍残簡」によれば、玖珂郡には紀臣と木（紀）部が存した。瀬戸内海地域の紀氏関係者の分布は、他にも阿波国の板野郡や讃岐国大内郡・苅田郡、伊予国越智郡、および周防灘を渡った豊前国上毛郡に認められ[23]、岸俊男が指摘するごとく、紀氏が四国側の讃岐沖から備後灘・来島瀬戸・周防の熊毛郡沖を経由して沙婆津に入り、九州へと向かう瀬戸内海航路を掌握していた事実が推測できる[24]。

大和政権のもとで「任那」問題を中心とする対外交渉任務にあたった渡来人に伽耶系の吉士集団があるが、かつて論じたように、紀臣や坂本臣の支配下にも日鷹吉士や坂本吉士と呼ばれる吉士集団が所属していた[25]。関門海峡を望む豊前国企救郡には鎌倉期以降の文書に「吉志」の地名が見え（現北九州市門司区）、古代の吉士集団の居住に因む名称と推察される。また地域的には内陸部に位置するが、筑前国穂浪郡にも十世紀の延長・天慶年間に郡司クラスの有力者として穂浪吉志の一族の者が存在し、同郡高田荘の預作人の中に紀常本の名も見える。(26)『和名抄』によれば、穂浪郡には堅磐(かたしま)郷があるが、雄略紀七年是歳条には

　遣二日鷹吉士堅磐固安銭一〈堅磐、此云二柯陀之波一〉使二共復命一。

との記事が見え、これは「日鷹吉士（欠名）と堅磐固安銭の二人を派遣して、共に復命をさせた」の意に取ることができる。「堅磐」は穂浪郡の堅磐郷を指し、固安銭は渡来間もない穂浪吉士の祖にあたる人物と解してよいと思われる。日鷹吉士とともに遣わされたとあること、十世紀の筑前国穂浪郡に紀氏の一族の者が居住していたことを勘案すると、穂浪吉士は日鷹吉士同様、紀氏系列下の吉士とみられ、安閑紀二年五月条に設置を記す「穂波屯倉」の管理などを担当した一族と解することができる。

　いずれにせよ、周防から海路、北九州へ向かうルートに沿って紀氏やその配下の吉士集団が展開していた事実が推察でき、大宝二年の「筑前国嶋郡川辺里戸籍」に名の見える宅蘇(たこそ)吉士（「宅蘇」のウヂ名は嶋（志摩）郡に隣接する怡土(いと)郡の託社(たこそ)郷の郷名に因み、嶋郡内にも「岐志」の地名が残る）もまた紀氏配下の吉士であった可能性があろう。

　ここで古代の周防各地域の住人の分布状況についてまとめてみよう。前述のように、八世紀の周防国大嶋郡には中央の王権に奉仕したトモやべ、畿内豪族配下のカキの流れを汲む住民が多数を占めていた。延喜八年の戸籍などにより周防国玖珂郡の玖珂・伊宝(いほ)（伊実(いきみ?)）・柞原(くはら)・由宇(ゆう)諸郷にも多数の居住者の存在が知られるが、その内訳を表示すると、次の通りである。

第二表　延喜八年の戸籍に見える玖珂郡住人

伴　伴部　靫負　久米直　榎本　秦　秦人　物部連　物部　采女　紀臣　木部　矢田部連　矢田部　越智直　宗我部
中臣　神人　漢　漢人　笠臣　葛木部　早良　早良部　味酒　味酒部　丈部　額田部　周防凡直　周防　凡　三宅真人
三宅（家）史　三宅（家）　椋椅部　日置　日置部　壬生　凡海部　高椅首　葛井　白猪　当麻　忍海首　山代臣
多々良公　常世　真上部　春米連　田部連　茨田連　日下部　宅部　品治　客人　出部　舎人　刑部　文　三乃　板持
和爾部　土師　犬上　三枝部　津　山田

都濃郡では、角臣（都怒国造）や紀臣、および『和名抄』の都濃郡久米郷の郷名から久米直の一族の分布（第二表により玖珂郡の住人に久米直のいたことが知られる）が推定できる以外は不詳である。

佐波郡には沙婆県主や角臣（前述）のほか、同郡牟礼（むれ）郷を本拠とした牟々礼（むむれ）公（君）・牟々礼直・辛人（からひと）、達良（たたら）郷を本拠とした達良（多々良）君（公）のいたことが、藤原宮跡・平城宮跡・周防国府跡より出土の木簡などから判明し、同郡の日置郷は第二表の日置・日置部の本拠地であろう。このほか推古紀十一年二月条に見える沙婆連（土師沙婆連）もこの地を拠点とした伴造とみられ、天平神護元年（七六五）に尾張益城（ましき）宿禰の氏姓を賜わった無姓（カバネ）の尾張氏も、佐波郡の居住者であった（『続日本紀』）。

最後に吉敷郡について見ると、佐波郡と同様、天平勝宝年間の同郡神前郷に辛人の居住が確認できる（『正倉院文書』）。辛人は「韓人」と同義で、朝鮮系渡来人を指すが、神前郷には平城宮跡出土の木簡により、阿曇（無姓）と阿曇部のいたことが知られ、さらに「長屋王家木簡」により、和銅元年（七〇八）の神前里の住人に蘇宜（蘇我）部の存在が知られる。

いま、これらの分布状況を通観すると、全体的な特徴として以下の諸点を指摘することができよう。第一に大和政権の対外交渉や軍事行動に従事した中央の在地土豪・伴造やその配下のトモ・ベ・カキが多いという事実である。これを氏族別に分類すると、次のようになる。

Ⅰ紀氏系＝紀臣・木部　Ⅱ蘇我氏系＝宗我部　Ⅲ中臣氏系＝中臣
Ⅳ大伴氏系＝伴・靫負・久米直・榎本・佐伯部　Ⅴ犬上氏系＝犬上
Ⅵ物部氏系＝物部連・物部・采女・矢田部・弓刊（削）首・弓削部
Ⅶ平群氏系＝平群部・早良・早良部・味酒部
Ⅷ阿曇氏系＝阿曇・阿曇部　Ⅸ土師氏系＝（土師）沙婆連

第二には渡来系の氏族や集団も少なからず認められる点である。

Ⅰ秦氏系＝秦・秦人
Ⅱ東漢氏系＝漢・漢人・漢人部・忍海首
Ⅲフミヒト（史部）系＝文・葛井・白猪・三宅（家）史・三宅（家）・板持・津・山田？
Ⅳその他＝多々良公・常世・客人・辛人

第三には、玖珂郡の住人に三宅（家）史や三宅（家）がおり、佐波郡の周防国府跡出土木簡にも「三家山公」の人名が見える（『木簡研究』第九号）ように、玖珂郡や佐波郡にミヤケが存在した形跡がうかがえることである。沙婆津の所在地を防府市三田尻付近に比定すると、三田尻の三田は「御田」の意に解することができ（御薗生翁甫『防長地名淵鑑』）、「三家山公」の木簡とあわせて、周防国府のある佐波郡の多々良から三田尻の辺りにかけてミヤケが存在した事実が推察される。同様に大嶋郡の田部、玖珂郡の田部連や春米連の存在も、周防の臨海部に複数のミヤケが設置された可能性を示唆しよう。

第四には大嶋郡の凡海直・凡海・凡海部、吉敷郡の阿曇・阿曇部のように、海人（漁撈者）集団より成るトモやべとその管掌伴造が存在することである。海人集団は有事には挟杪・水手となり、水軍に編成されて貴重な軍事力となった。この事実は第一から第三の点と密接に関連する。すなわち対外的な派兵が行われる際には周防臨海部の地域がその中継地点となり、中央の軍事氏族が一時的に駐屯し、現地で大量に兵士を動員する体制が整っていたとみられる。

ミヤケが設けられたのは、このような体制に即応するためで、設置の目的は王権直轄の軍事基地や渉外施設の機能を果たすことにあったのであろう。田部や舂米連の分布、御田（三田）の地名の存在により、ミヤケ内では稲穀の生産も行われたと推察されるが、むしろ農業経営は付随的なもので、本来の意義は瀬戸内海航路と直結する軍事・外交の拠点としての役割に求めるべきである。

六世紀半ばから後半に成立したフミヒトの組織は、文筆記録の任にあたり、東アジア諸国との外交交渉を担当させる目的で、渡来系有識者を結集して編成された集団組織であった。[27] 西文氏の管轄下に置かれたカワチノフミヒト（西史部）の活動が特に顕著であるが、彼等が分掌した職務の中には、ミヤケなど新たに設置された国家的施設に派遣されて、その運営や管理にあたることも含まれていた。

欽明朝に吉備の白猪屯倉に派遣された白猪史胆津の活動（『日本書紀』）はその典型的なケースであるが、第二のⅢに掲げたフミヒト系の諸氏はいずれもカワチノフミヒト系に属し、その中には白猪史（葛井連）の後裔とみられるものも存する。おそらく彼等は、軍事基地・渉外施設的性格を持つ周防のミヤケに派遣されたフミヒトの末裔と推断して誤りないであろう。

以上四点にわたって古代の周防国の住民の分布状況を分析した結果、この国の地域的特性の概要をある程度明らかにすることができた。それにより角臣をとりまく歴史的な環境がどのようなものであったかについても、自ずと見通しを立てることが可能となろう。

角臣の氏族的成長の原因は、大和政権の海外派兵に活躍した紀氏の軍事力の一翼を担ったこと、具体的にはこの氏が瀬戸内海航路の要衝である周防の都濃地方に勢力基盤を持つ在地土豪であったことに求めることができる。紀氏がこの地域に軍事的拠点を築いたことにより、紀氏と角氏との結び付きが生じ、やがてそれが擬制的な同族関係へと発展したと見てよいであろう。

問題はそのような関係が何時頃成立したかということであるが、一九八二年に和歌山県和歌山市の紀ノ川北岸の台地上で発見された東側五棟、西側二棟の総柱建物より成る鳴滝（なるたき）遺跡の倉庫群がそれを解く手がかりとなる。この倉庫群は紀ノ川から紀伊水門（きのみなと）を経て大阪湾・瀬戸内海へと通じる水上ルートと直結しており、対外的な兵站基地として、畿内政権の主導のもと、直接的には紀氏の前身勢力らの手によって建設された施設と推察することができる。(28)

三重・奈良両県の県境の山地に源を発する紀ノ川（吉野川）は、奈良県の吉野郡や五條市を経て和歌山県に入り、西流して和歌山市で紀伊水道に流入する。水量の豊富なこともあって古来、河川交通が盛んであり、薗田香融は五世紀後半～六世紀後半ごろまでの間、紀ノ川から瀬戸内海・北九州に至る水上ルートが、大和政権の対外戦略上、きわめて重要な位置を占めていた事実を指摘している。(29)

これに対して筆者は、紀ノ川を介した南大和や紀伊の在地土豪と朝鮮半島との交流は、葛城ソツヒコ伝承にうかがえるように、四世紀末にはすでに始まっており、強勢を誇った葛城の在地土豪（「葛城氏」）の滅亡後、軍事的伴造の大伴氏などを介入させることにより、王権が直接このルートを掌握するに至ったと推測した。(30)

紀氏とその前身勢力はこの間、一貫して対外交渉や海外派兵に関与しており、瀬戸内海沿岸や北九州諸地域への進出も比較的早い時期から行われたと推察される。雄略紀九年条の新羅討伐記事も、その個々の内容の信憑性はともかくとして、大筋においては五世紀後半から末の海外派兵の実情を伝えていると見ることができ、都濃地方に拠点を構えた紀氏の勢力が、現地の角氏の前身勢力と結び、互いに連携して朝鮮半島へ出兵するような状況が出来した事実を示すものと受け取ることができる。

角氏や紀氏の勢力が、沙婆津を擁する佐波郡地方へ進出する時期は、当地の古墳の出現状況とあわせると、国造制が成立し、角氏が都怒国造に任ぜられる六世紀に入ってからと見るのが妥当であろう。大和政権の対外戦略の拠点となる瀬戸内海の港津を直接管理下に置いたことにより、角氏の政治的地位は向上し、紀氏の同族として、やがて中央政界へと飛躍する機会を得たと推察されるのである。

註

（1）無窮会神習文庫『玉篚』七十三所収。一九五七年に田中卓が神習文庫において発見し、同年「『紀氏家牒』について」と題して、『日本上古史研究』一巻十号で全文を紹介。

（2）『姓氏録』は掃守田首の本系を右京皇別上と和泉国皇別の両条に掲げるが、『和泉国神名帳』和泉郡条に掃守田社の名が見えるので、この氏の本貫は和泉国和泉郡にあったと推察される。

（3）雄略紀十四年四月条には坂本臣の祖にあたる根使主が日根の地（和泉国日根郡）で誅殺されたとするが、坂本臣はその後も存続し、和泉国和泉郡坂本郷を本拠とした。紀臣は後述するように、紀ノ川河口部の紀伊国名草郡・海部郡の地から、国境を越えた和泉国日根郡の淡輪に至る地域を勢力圏とした豪族である。詳細はA加藤謙吉『吉士と西漢氏』（白水社、二〇〇一年）、同B「古代対外交渉と紀ノ川の水運」（『日本古代の地域と交流』所収、臨川書店、二〇一六年）。

（4）加藤謙吉『蘇我氏と大和王権』（吉川弘文館、一九八三年）。

（5）野村忠夫『律令官人制の研究』（吉川弘文館、一九六七年）。

（6）栄原永遠男『日本古代銭貨流通史の研究』（塙書房、一九九三年）。

（7）加藤謙吉「地方豪族の中央出仕形態と両貫制」（『日本古代の王権と地方』大和書房、二〇一五年、所収）。

（8）佐伯有清『新撰姓氏録の研究』考証篇第一（吉川弘文館、一九八一年）。

（9）A中村徹也「周防」（『前方後円墳集成』中国・四国編、山川出版社、一九九一年、所収）、B森田孝一「周防・長門」（『全国古墳編年集成』雄山閣、一九九五年、所収）。
（10）同右。
（11）吉田東伍『大日本地名辞書』第三巻は「周防郡とは熊毛の別号なるべし」とする。
（12）八木充『律令国家成立過程の研究』（塙書房、一九六八年）・「凡直国造とミヤケ」（『古代の地方史』二、朝倉書店、一九七七年、所収）、石母田正『日本の古代国家』（岩波書店、一九七一年）、吉田晶『日本古代国家成立史論』（東京大学出版会、一九七三年）。
（13）加藤謙吉「讃岐の国造勢力と因支首」（『東アジアの古代文化』一三二号、二〇〇七年）。
（14）岸俊男「紀氏に関する一試考」（同著『日本古代政治史研究』塙書房、一九六六年、所収）。
（15）雄略紀二十三年八月条にも「娑婆水門」が見えるが、これは備後国沼隈郡佐波（現広島県福山市）所在の港津の可能性が高い。
（16）松原弘宣「瀬戸内海の津」（『日本古代の運河と水上交通』八木書店、二〇一五年、所収）。
（17）山口県文書館編修（山口県立山口図書館、一九六二年）。
（18）『新南陽市史』第二編（新南陽市編纂委員会、一九八五年）。なお筆者は、旧稿（前掲注3B論文）において、都濃郷を通説に従って須万・須々万・中須の一帯に比定したが、立地条件より見て不適切とみられるので、訂正したい。
（19）前掲註9A（中村徹也執筆）。
（20）中村徹也『下松市史』通史編第三章（下松市史編纂委員会、一九八九年）。
（21）ただ中村徹也（前掲註9A）は、御家老屋敷古墳が瀬戸内海の要衝に位置すること、しかしその一方でこの古墳が島嶼に立地し、背後には狭隘な生産地しか存在しないことに着目し、被葬者は畿内勢力の意図に沿って配置された非在地系の首長ではなかったかと推測する。この説に従うならば、御家老屋敷古墳の被葬者には、前述の宮の洲古墳以下の諸古墳を築造した現地の首長勢力と緊密に連携しつつ、都濃郡地方に進出し、この地に拠点を構えた畿内の首長（おそらく紀氏の前身にあたるような）を想定するのが妥当かもしれない。
（22）『防府市史通史Ⅰ』・『同資料Ⅱ』（防府市史編纂委員会、二〇〇四年、大林達夫執筆）、前掲註9A・B、『山口

県史通史編　原始古代』（山口県、二〇〇八年、増野晋次執筆）。

（23）阿波国板野郡＝木部三名（延喜二年「板野郡田上郷戸籍」）、讃岐国大内郡＝紀六名（寛弘元年「讃岐国大内郡入野郷戸籍」）、讃岐国苅田郡＝苅田首安雄（賜姓紀朝臣）（『三代実録』貞観九年十一月二十日条）・「紀伊郷」（『和名抄』）、伊予国越智郡＝越智直広川ら五名賜姓紀朝臣（『続日本紀』延暦十年十二月甲午条）、豊前国上毛郡＝上毛郡擬大領紀乎麻呂（『続日本紀』天平十二年九月己酉条）。

（24）岸俊男、前掲註14論文。なお紀氏と同族の坂本臣の勢力も、讃岐国の大内・寒川・山田・鵜足・苅田の諸郡に及んだと推測される。

（25）加藤謙吉、前掲註3Aの書。

（26）天慶三年「笠小門治田売券案」・同「筑前国穂浪郡司解案」、同「筑前国観世音寺牒案」（『平安遺文』一巻二四六・二四八・二五〇号）。

（27）加藤謙吉『大和政権とフミヒト制』（吉川弘文館、二〇〇二年）。

（28）栄原永遠男『紀伊古代史研究』（思文閣出版、二〇〇四年）。

（29）薗田香融「古代海上交通と紀伊の水軍」（旧版『古代の日本』5畿内、角川書店、一九七〇年、所収）。

（30）加藤謙吉、前掲註3Bの書。

高麗王若光と武蔵国高麗郡

鈴木正信

はじめに

古代の日本列島には朝鮮半島の高句麗から到来した人々が多く存在した。彼らは居所を定められ、適地へ移住を命じられるなどして、各地において融合と再編成が進められた。そして、霊亀二年（七一六）には、東国に分散していた高麗人が集められ、武蔵国に高麗郡が設置された。郡域は同国入間郡の西南部が割かれたと見られ、現在の埼玉県日高市・飯能市一帯に比定される。(1) その故地には現在、高麗神社（埼玉県日高市新堀）が鎮座している。神職は古代より高麗氏が継承し、社伝によればその始祖は若光なる人物と伝えられる。しかし、後述するように、この若光は高句麗からの使節の一員として来日し、のちに高麗王姓を賜与されたことが古代の史料に見えるのみであり、それ以外の足跡は不明であった。

そこで、本稿では次の藤原宮出土木簡[2]を取り上げたい。この木簡には、

〔高麗カ〕
□□若光　(189)×(9)×4　081

と記されている。上下端・左右両辺いずれも原形を留めておらず、用途も不明であるが、三・四文字目は明確に「若光」と記されており、一・二文字目も「高麗」と判読できることから、前述の若光に関連するものであることは間違いない。この木簡は昭和五十五年（一九八〇）から翌年にかけて実施された第二九次調査ですでに出土していたが、管見の限り研究史の中では全く顧みられていなかった。[3]しかし、若光の実像に迫る手がかりを与えてくれるものとして、改めて注目に値する。以下では、この木簡に注意を払いながら、特に若光の氏姓と所在について考察を行うこととしたい。

一　高麗王姓賜与の意義

はじめに、若光に関するこれまでの理解を確認しておこう。この人物について記した古代の史料は、前述した木簡を除けば、次の二点のみである。まず、『日本書紀』天智五年（六六六）十月己未条には「高麗遣₂臣乙相奄鄒等₁進ₗ調。〈大使臣乙相奄鄒。副使達相遁、二位玄武若光等。〉」とあり、高句麗から派遣された使節の中に玄武若光なる人物が登場する。この使節は、天智四年（六六五）に唐が高句麗への征討を開始したことを受けて、国が存亡の危機にあることを日本（倭）に伝え、援軍を要請するために派遣されたと推測される。日本側に対して「臣」という表現が用いられていることからも、高句麗の緊迫した状況がうかがえる。しかし、その二年後の天智七年（六六八）には、唐・新羅連合軍の攻撃により平壌城が陥落し、高句麗は滅亡してしまった（『旧唐書』本紀第五　高宗・李治下　総章元年九月癸巳条、『日本書紀』天智七年十月条など）。高句麗の使節が帰国した際には、原則と

してそのことが記されるが（『日本書紀』斉明六年（六六〇）七月乙卯条など）、前述した使節に関してはそれが見えないことから、若光らは母国の滅亡によって帰国の機会を失い、そのまま日本に留まったと考えられる。

次に、『続日本紀』大宝三年（七〇三）四月乙未条には「従五位下高麗若光、賜二王姓一」とある。ここに登場する高麗若光は、前掲した玄武若光と同一人物と見られる。(4) 天智五年からは三十七年が経過しているが、来日時に若年であれば、大宝三年まで生存していても不自然ではない。乙相奄鄒・達相遁の消息は不明であるが、大宝三年までに日本で没したのであろう。従来はこの記事に関して、高麗若光は高句麗の王族に連なる氏族の出身であり、そのため王のカバネ、つまり高麗王という氏姓が与えられたと理解されてきた。(5)『日本書紀』天智五年十月己未条（前掲）で若光が冠している「玄武」は北の方角、黒の色彩を表すが、高句麗五部の一つである絶奴部は「北部」や「黒部」との別名を持つことから（『翰苑』注所引『高麗記』）、(6) 若光はこの絶奴部の出身と考えられる。(7) また、絶奴部は高句麗の王妃を出す氏族ともされている（『三国志』魏書東夷伝高句麗条）。詳細は不明であるが、若光が高句麗王族に連なる人物であった可能性は十分にある。少なくとも大宝三年の日本において、彼が高麗王姓を名乗るに相応しい出自を持つと見なされたことは認めてよいであろう。

この高麗王姓と同様、朝鮮半島で滅亡した国名をウジナとし、王をカバネとする氏姓としては、百済王姓が広く知られている。『続日本紀』天平神護二年（七六六）六月壬子条には「刑部卿従三位百済王敬福薨。其先者、出レ自二百済国義慈王一。高市岡本宮馭宇天皇御世、義慈王遣二其子豊璋王及禅広王一入侍。洎二于後岡本朝廷一、義慈王兵敗降レ唐。其臣佐平福信、尅復二社稷一、遠迎二豊璋一、紹二興絶統一。豊璋纂基之後、以レ譖横殺二福信一。唐兵聞レ之、復攻二州柔一。豊璋与二我救兵一拒之。救軍不レ利。豊璋駕レ船、遁二于高麗一。禅広因不レ帰レ国。藤原朝廷賜レ号曰二百済王一。卒贈二正広参一。子百済王昌成、幼年随レ父帰レ朝。先レ父而卒。飛鳥浄御原御世、贈二小紫一。子郎虞、奈良朝廷従四位下摂津亮。敬福者、即其第三子也。（略）」とある。これは百済王敬福の薨伝である。その伝えるところによれば、敬福の曾祖父に当たる禅広（禅広王）は、百済の義慈王の子であり、舒明朝に来日したが、母国が滅亡したために日本に留まり、持統朝に百済王姓を賜ったという。持統五年（六九一）には、禅広とその子らに飲食・衣裳が優賜され、その六日後には禅広に対して封戸が加増されていることから（『日本書紀』持統五年（六九一）正月己卯条・乙酉条）、百済王姓もこの一連の施策にともなって賜与されたと推定される。(8)

その意義について、田中史生は「日本の王権による「百済王権」の取り込み」を象徴したものであり、「亡命百済王族は官人化された化内民として新たに位置づけ直され、「百済王」という「百済王権」を象徴する呼称を姓に転化させて、日本王権の姓秩序に組み込むことによって、これまでの日本王権の中での「百済王権」の位置づけを律令法の枠組みで明確化しようとしたもの」と述べている。また、高麗王姓に関しては、百済王姓の出現が浄御原令の施行直後であるのに対し、高麗王姓の出現が大宝律令制定の直後であることや、『日本書紀』天智元年（六六二）四月条には「蓋高麗破、而属二日本一乎」とあり、高句麗が滅亡した後には日本に属すという意識が看取されることなどから、百済王姓の場合と同様、高麗王姓の賜与にも「高句麗王権」を日本の中に取り込んだことを象徴的に示す意図があったと論じている。(9)

この理解は、次の二点からも首肯できる。第一に、高句麗が滅亡した後、新羅は宝蔵王の子の安勝を高句麗王として冊封し、のちに報徳王に任命して、(10)旧百済領内の金馬渚にいわゆる小高句麗を再興した(11)（『三国史記』新羅本紀　文武王十年（六七〇）七月条・同十四年（六七四）九月条）。しかし、その六年後、新羅の文武王は自らの妹を安勝のもとに降嫁させ（同文武王二十年（六八〇）三月条）、さらに、安勝は新羅の第三等である蘇判の官位と、新羅王と同じ金姓を与えられ、金城（慶州）に移された（同神文王三年（六八三）十月条）。その翌年には、安勝の一族である大文が金馬渚で蜂起したが、ほどなくして鎮圧された（同神文王四年（六八四）十一月条）。こうして、十数年にわたり存続した小高句麗は完全に解体された。したがって、日本において高麗王姓が登場するのは、朝鮮半島で「高句麗王権」が消滅した後ということになる。

第二に、高麗王姓の賜与が実施された時期については、前述のとおり大宝律令の施行が一つの契機であったと思われるが、加えて注目されるのは、大宝三年正月に新羅使が来日し、閏四月に難波館で饗宴を受け、翌月に帰国していることである（『続日本紀』大宝三年正月辛未条・閏四月辛酉条・五月壬辰条）。高麗王姓の賜与は、まさにこの新羅使が日本に滞在中の四月に行われている。このことは、かつて小高句麗を国内に復興した新羅に対し、今度は日本が「高句麗王権」を取り込んだことを対外的にアピールする狙いがあったことをうかがわせる。[12] おそらく若光は新羅使の饗宴にも何らかの形で参加し、日本に取り込まれた「高句麗王権」を、その身をもって示す役目を担わされたのであろう。

このように、高麗王姓の賜与が日本による「高句麗王権」の取り込みを象徴的に示すために実施された蓋然性はたしかに高いと思われる。ただし、筆者はそれに加えて日本国内における高麗人の移民・移住との関連にも注目したい。日本は前述した小高句麗との間で互いに使節を交わしており（『日本書紀』天武十年（六八一）七月辛未条など）、小高句麗が解体される直前の天武十三年（六八四）にも、三輪引田君難波麻呂を大使とする使節が派遣され、翌年に帰国している（『同』天武十三年五月戊寅条・同十四年（六八五）九月癸亥条）。その帰国のわずか七日後には、化来した高麗人に対して賜禄が実施されていることから（『同』天武十四年九月庚午条）、この時の使節は小高句麗に関する情報収集を行い、[13] その解体を見届けた後、遺民を引き連れて帰国したと考えられる。[14] さらに同年二月には、高麗人を含む一四七人に対して叙爵が行われており（『同』天武十四年二月庚辰条）、持統元年（六八七）にも、高麗人を東国へ移住させて田地と稟（かて）を与えている（『同』持統元年三月己卯条）。高麗王姓の賜与はこうした政策と無関係に行われたわけではあるまい。加藤謙吉は、若光について「八世紀初頭の高句麗系渡来人の中で、長老的な存在として彼らを束ねる立場」にあり、「律令国家がそのような若光の立場を配慮し、これに一定の処遇を与えようとした」[15]と述べているが、的確な指摘である。つまり、絶奴部に出自を持ち、高句麗王族の血統に連なる（と見なされた）若光は、日本における高麗人の統率者として高麗王姓を賜与されたと考えられる。

以上を踏まえるならば、高麗王姓の創出・賜与には二つの側面があったと言える。すなわち、国外に対しては日本による「高句麗王権」の取り込みを象徴的に示す意図があり、一方、国内に対しては若光を高麗人の統率者として位置づけることで、列島における高麗人の融和と再編成を推進する意図があったと理解できる。

二　高麗王姓と王姓

さて、ここまで若光に賜与されたのは高麗王姓であるとの前提で論を進めてきたが、近年、この点に関しては異説が提出されている。すなわち、『続日本紀』大宝三年四月乙未条（前掲）には「賜二王姓一」とあり、「賜二高麗王姓一」とは記されていないこと（①）、高麗王姓を名乗る人物が若光以外に見えないこと（②）、高句麗での本姓と思われる王姓を日本でも名乗る氏族が存在すること（③）などから、高麗若光の「高麗」は「高句麗出身者であることを示す通称」であるとし、若光が賜姓されたのは高麗王姓ではなく、あくまでも王姓であり、「若光が通称の高麗から本姓の王姓に正式に復帰した」、あるいは「高句麗の王氏とは別族であった若光が、擬制的にその同族に列した」ため、「王氏の一員として日本で王姓を名乗ることが公認された」と見るのである[16]。この説は、従来の研究が無批判に高麗王姓の存在を想定してきたことに対して、警鐘を鳴らした点で重要である。ただし、現在与えられている手がかりからすれば、筆者は従来のように高麗王姓の存在を認めてよいと考えている。以下、①〜③の点を検証してみよう。

まず、①については、たとえば『続日本紀』大宝二年（七〇二）九月乙酉条に「従五位下出雲狛、賜二臣姓一」

とあり、『同』和銅六年（七一三）六月庚戌条にも「従七位上家原河内、正八位上家原大直、大初位上首名三人、並賜二連姓一」とある。これらのケースように、それまでカバネを持たなかった人物に対して新たにカバネが与えられる際には、ウジナを省略してカバネのみ記されることがある。若光の場合も、高麗というウジナを称し、カバネを持たなかったところに、新たに王のカバネが与えられ、ウジナは引き続き高麗を称したと見ることができる。従来はこのように理解してきたのであり、「賜二王姓一」とあるからといって、若光に賜与されたのが王姓であったと即断することはできない。

なお、同様に王のカバネを賜与された氏族としては、前述した百済王氏がおり、そのほかには肖奈王氏[17]が挙げられる。前者は『続日本紀』天平神護二年六月壬子条（前掲）に「賜レ号曰二百済王一」とあるが、禅広はこれ以前、百済での本姓によって「余禅広」（『日本書紀』持統五年（六九一）正月己卯条）と名乗っており、ウジナに百済を名乗っていなかったために、「王姓」ではなく、「百済王」と明記されたと考えられる。後者は『続日本紀』天平十九年（七四七）六月辛亥条に「正五位下肖奈福信、外正七位下肖奈大山、従八位上肖奈広山等八人、賜二肖奈王姓一」とある。この記事ではカバネが省略されているが、肖奈王氏は改姓前には肖奈公を名乗っていたことが知られる（『続日本紀』養老五年（七二一）正月甲戌条など）。肖奈とは高句麗五部の消奴部（涓奴部）に由来する名称であり、消奴部は高句麗の王を輩出した氏族であるともいう（『三国志』魏書東夷伝高句麗条）。肖奈王氏はのちに高麗朝臣へ改姓するが（『続日本紀』天平勝宝二年（七五〇）正月丙辰条）、左京に居住した高麗朝臣氏の系統は好台王の七世孫である延典王の後裔を称しており（『新撰姓氏録』左京諸蕃　高麗朝臣条）、若光の系統と同様、肖奈王氏も高句麗の王族に連なるという系譜を公認された氏族であった[18]。とするならば、天平十九年以前に肖奈公を称していた人々も、出自をたどれば高麗王姓を名乗り得る資格を有していたことになる。その肖奈公氏に対して「賜二王姓一」と記載すると、肖奈王姓を賜与された（本姓に由来する肖奈のウジナは変わらずに、王のカバネのみが与えられた）のか、高麗王姓が賜与された（新たに高麗のウジナと王のカバネが与えられた）のかが不明確になってしまう。そのため、意図的に「賜₂消奈王姓₁」と記されたと考えられる。このように、高麗王姓・百済王姓・肖奈王姓は賜与された状況がそれぞれ異なるのであり、史書の表記を一概に比較することはできない。

②についても、百済王・肖奈王両氏と比較してみよう。百済王姓は禅広一人に賜与されたように記されているが（『続日本紀』天平神護二年六月壬子条）、これ以前にも百済王昌成（『日本書紀』天武三年（六七四）正月庚申条）や、百済王良虞（『同』朱鳥元年（六八六）九月丁卯条）など、禅広のほかに百済王姓を名乗る人物が見られることから、百済王という呼称は早くからこの氏族の複数の人々が使用していたと考えられる。一方、肖奈王姓は肖奈公福信をはじめとする計八人に賜与されている（『続日本紀』天平十九年六月辛亥条）。それに対して、高麗王姓が賜与されたのは若光ただ一人であり（『同』大宝三年四月乙未条）、この氏姓を名乗り得る範囲が当初からかなり限られていた可能性がある。また、和銅六年（七一三）には、高句麗遺民と靺鞨を率いた大祚栄が唐へ入朝して渤海郡王に封じられ、渤海が建国された（『旧唐書』巻一九九下　渤海靺鞨伝、『新唐書』巻二一九　渤海伝）。神亀四年（七二七）以降、渤海から日本へ使節が到来するようになったが（『続日本紀』神亀四年九月庚寅条）、渤海は日本との外交において、渤海国王を「高麗国王」、渤海使を「高麗使」と表記し、高句麗の後身を自称していた[19]（『同』天平宝字三年（七五九）正月戊辰条など）。よって、渤海の朝貢を受け入れるようになると、日本にとって「高句麗王権」は化外に位置することになり、それまで「高句麗王権」を象徴していた高麗王姓は国内に存在し得なくなる[20]。高麗王姓が使用されなくなった背後には、こうした事情も想定しなければなるまい。つまり、高麗王姓を名乗る人物が若光以外に確認できないのは、賜姓の対象が百済王姓や肖奈王姓に比べてはじめから限定的であったことに加えて、日本と渤海との国交樹立により「高句麗王権」の取り込みを象徴する高麗王姓の存在意義が喪失したためと考えられる[21]。

最後に、③についてであるが、父系出自集団の呼称としての氏姓は、天智九年（六七〇）に作成された庚午年籍による定姓の段階で制度として成立したとされている。[22] 若光の来日以前には、高麗宮知（『日本書紀』大化元年（六四五）九月丁丑条）、高麗画師子麻呂（『同』斉明天皇五年（六五九）是歳条）、高麗加西溢（天寿国繡帳銘）など、高麗を冠する人物が知られるが、これらは定姓以前の事例であり、高句麗出身であることを示す通称と見てよい。しかし、若光の場合は来日時に「玄武」とあったのに対して（『同』天智五年（六六六）十月己未条）、大宝三年の時点では「高麗」を称しており（『同』大宝三年四月乙未条）、この間にウジナとして「高麗」を名乗ることを認められたと見られる。しかも、冒頭で紹介した藤原宮出土木簡にも「高麗」という文字が確認できる。この木簡が出土した遺構（SD一七〇）からは、中務省に関連する木簡（内舎人・勅使など）、大蔵省の被官に関連する木簡（漆部司・織部司など）、宮内省の被官に関連する木簡（大膳職・大炊寮・正親司・内膳司・造酒司・薗池司など）、宮城門の守衛に関連する木簡（山部門・建部門・多治比門・衛士など）が多く出土している。年代は天武十年（六八一）から和銅二年（七〇九）に及んでおり、とりわけ文武二年（六九八）以降に集中している。[23] よって、前述の藤原宮出土木簡は、七〇〇年前後の時期に上記の官司における何らかの職務に関連して作成・使用されたものと推定されるのであり、そうした木簡に使用されている「高麗」という呼称が単なる通称であったとは考えがたい。公の場で使用されるという意味において、それは正式なウジナであったと見なすべきであろう。

とするならば、高句麗での本姓から日本での居住地などに因む新しい氏姓へ改姓することはあっても、その逆は想定しがたい。実際に高句麗出身の氏族が改姓した例としては、王吉勝に新城連（『続日本紀』神亀元年（七二四）五月辛未条）、上部王虫麻呂に豊原連、後部王安成らに高里連、上部王弥夜大理らに豊原造（『同』天平宝字五年（七六一）三月庚子条）、前部虫麻呂に廣篠連（『同』神護景雲元年（七六七）三月庚午条）、後部石嶋ら六人に出水連（『同』宝亀七年（七七六）五月庚子条）、後部牛養らに田河造（『同』延暦八年（七八九）五月庚午条）、前部綱麻呂に安坂（『日本後紀』延暦十六年（七九七）三月癸卯条）、卦婁眞老らに須須岐、後部黒足らに豊岡、前部黒麻呂に村上、前部秋足に篠井、上部豊人らに玉川、下部文代らに清岡、高麗家繼・継楯らに御井、前部貞麻呂に朝治、上部色布知に玉井（『同』延暦十八年（七九九）十二月甲戌条）、東部黒麻呂に廣宗連（『同』弘仁二年（八一一）八月己丑条）をそれぞれ賜った例が知られるが、逆に王姓への改姓が認められた氏族は一例も確認できない。

さらに、前章で述べたように、若光は高麗人を統率する長老的な立場にあり、それゆえに賜姓が実施されたと考えられる。かりに王姓を名乗ることを追認・承認されたのであれば、高句麗出身のほかの氏族たちと若光を同列に扱うことになり、若光への賜姓自体が意味を持たなくなってしまう。高句麗出身の氏族はその大半が八世紀後半以降に改姓しているのに対し、若光への賜姓は最も早く、二番目の新城連より約二十年も先行して行われていることからしても、若光の改姓は高句麗出身のほかの氏族との差別化をはかるための措置であったと推察される。以上のことからすれば、若光に賜与されたのは王姓ではなく、やはり高麗王姓であったと理解しておくのが穏当であろう。

三　高麗王若光の所在

最後に、若光と武蔵国高麗郡の関係を検討したい。前述したように、『続日本紀』霊亀二年五月辛卯条には「以二駿河・甲斐・相摸・上総・下総・常陸・下野七国高麗人千七百九十九人一、遷二于武蔵国一、始置二高麗郡一焉」とあり、東国七ヶ国の高麗人一七九九人が武蔵国へ遷され、高麗郡が新たに設置されたことが見える。その目的に関しては、対外政策の一環としてとらえる説が注目されている。宮瀧交二は、高麗王姓の創出・賜与を「高句麗王権」の取り込みの象徴とする田中史生の説を「更に詳細に発展」させて、次のように論じている。すなわち、「日本が東アジア世界において唐に次ぐ地位を得るため」には、「既に滅亡した高句麗からの「帰化人」を日本が受け入れて支配しているという権力構造を構築し、唐に提示する」必要があり、「高句麗からの渡来人を集住させ、高句麗（高麗）の国名を冠した高麗郡が建郡された」とする。また、高句麗という「「蕃国」の人々を、中華皇帝である天皇が居住する「畿内」あるいはその周辺の諸国に住まわせることはできなかった」ため、「「蝦夷」という「夷狄」が暮らす「外国」に隣接する東国（坂東諸国）という、この当時の「日本」エリアの最北端の辺境の地に、彼らを服属・居住させているという構図を政策的に演出する必要があった」と述べている。[24] この説は、日本による「高句麗王権」の取り込みの象徴としての意義を、高麗王姓の創出・賜与だけでなく、高麗郡の設置にも敷衍しようとしたものと言える。

そこで、高麗王姓と高麗郡の関係に類似した事例として、百済王姓と摂津国百済郡を参照してみよう。かつて百済郡は天平九～十二年（七三七～七四〇）頃に成立したと見られていたが、[25] 霊亀元年（七一五）に作成されたと推定される平城宮出土木簡に[26]「百済郡」と記したものが発見されたことから、その成立は白村江の戦い以降、大量の百済人が亡命してきた時点にまでさかのぼる可能性が指摘されている。[27] そして、『日本書紀』天智三年（六六四）三月条には「以二百済王善光王等一、居二于難波一」とあり、百済王禅広（善光）を難波に住まわせたことが見える。この難波は実質的には百済郡（百済評）を指していよう。また、百済郡はのちに「欠郡」と称されるようになり、近世には完全に消滅してしまうが、それは百済王敬福が天平宝字二年（七五〇）に河内守を兼任し（『続日本紀』天平神護二年六月壬子条）、これを契機として百済王氏が本拠を河内国交野郡へ移したことが遠因とされている。[28] このように百済王氏を失った百済郡が消滅に向かうことからすれば、百済王氏が居していることが百済郡の「アイデンティティの象徴[29]」であったと言える。つまり、百済王姓の創出とそれを名乗る百済王氏の存在こそが日本による「百済王権」の取り込みを象徴しているのであり、かりにそうした意義を百済郡が有していたとしても、それは百済王氏の居住にともなう付随的なものであったと思われる。

とするならば、高麗郡の場合も高麗王若光の所在が問われなければならない。この点に関して先行研究では、若光は高麗郡に居したとする見方が主流であり、[30] 高麗神社でも若光は高麗郡設置にあたりその大領に任命され、この地に下向してきたと伝えている。[31] その根拠となっているのは、高麗神社所蔵『高麗氏系図』の記述である。系図の巻頭には「因レ之、従来貴賤相集、埋二屍城外一。且依二神国之例一、建二霊廟御殿後山一、崇二高麗明神一。郡中有レ凶、則祈レ之也。長子家重継レ世也。天平勝宝三辛卯、僧勝楽寂。弘仁与二其弟子聖雲一同、納二遺骨一。一宇草創、云二勝楽寺一。聖雲若光三子也」とあり、若光の没後、人々が集まってその遺体を埋葬して霊廟を建て、高麗明神として崇敬したという。この記述によるならば、若光は高麗郡に居したことになる。

ただし、現存する『高麗氏系図』は、正元元年（一二五九）に発生した火災により高麗氏が所蔵していた文書や宝物などが焼失したため、一族の古記録を調査して新たに作成されたものである（『同』永純尻付）。若光の時代からは五〇〇年以上が経過しており、その内容には後世の人々の解釈が入り込む余地がある。たとえば「明神」という表記が八世紀には見られないことや、[32] 高麗神社が「大宮号」を獲得し、高麗氏が「大宮司」を名乗るようになったのが十世紀後半であることから（『同』一豊尻付）、若光の霊廟が神社として整備され、高麗氏がその祭祀に関与するようになった時期は、実際は平安時代にまで降るとの見方もある。[33] 若光自身を祭神として高麗神社が創始されたという点についても、本来の祭神と高麗氏の祖先が後世に混同された可能性がある。[34] よって、『高麗氏系図』の記述をそのまま史実と見なすことはできない。

また、若光は大宝三年の時点で従五位下を有していた（『続日本紀』大宝三年四月乙未条）。叙位の時期は未詳であるが、天武十四年には高麗人らに爵位が与えられており（『日本書紀』天武十四年二月庚辰条）、若光もこの時に従五位下に叙されたと推測される。この従五位下は言うまでもなく内位であり、彼が中央に居していたことを示唆する。ちなみに、武蔵国の郡領で位階が分かるものを挙げるならば、豊島郡大領の大伴直宮足が外従五位下（平城宮出土木簡[35]、『続日本紀』神亀元年（七二四）二月壬子条）、足立郡大領の武蔵宿禰弟総が外従五位下（『同』延暦七年（七八八）六月辛丑条）、橘樹郡司（大領もしくは少領）の□□直名虫が外従七位下（天平勝宝八年（七五六）十一月「正倉院調布墨書銘」）[36]、男衾郡前大領の壬生吉志福正が外従八位上（『続日本後紀』承和十二年（八四五）三月己巳条）、秩父郡大領の橘朝臣某が従八位上（天暦三年（九四〇）三月「秩父郡司解」）[37]であり、これらの人物の位階は基本的に外位である。内位も一例あるが、十世紀の人物であり、位階も従五位下よりははるかに下である。少なくとも従五位下で郡司に任じられた人物は、管見の限り知られない。

さらに、ここで再び藤原宮出土木簡を振り返りたい。この木簡は前述のとおり七〇〇年前後に作成されたものであり、同じ遺構から出土する木簡の内容から推定するに、若光はこの時期に藤原京あるいはその周辺に居し、中務省・大蔵省・宮内省の職務や宮城門の守衛に何らかの形で従事していた可能性が高い。つまり、彼はもはや高句麗使節の生き残りではなく、日本での官途を歩みはじめていたことになる。とするならば、中央官人として従五位下を有していた人物が郡司に任命されることは想定しがたい。このように、若光が高麗郡の大領として赴任したという伝承にも積極的な根拠は存在しないのである。

そもそも高麗郡の設置が日本による「高句麗王権」の取り込みの象徴であるならば、百済王禅広を難波に住まわせたように、高麗王若光を高麗郡の地へ移住させたはずである。しかし、そうした記述が史書に見られないことは、高麗郡設置の意義が百済郡とは異なっていたことを示していると言える。以上のことからすれば、若光は中央に居していたと考えるのが妥当であり[38]、高麗郡との関係は後世の人々によって説かれるようになったものと理解される。したがって、高麗郡の設置は政治的・外交的な理念とはひとまず切り離して検討すべきであり[39]、日本による「高句麗王権」の取り込みの象徴とされたのは、あくまでも高麗王姓の創出とそれを賜与された高麗王氏、すなわち高麗王若光の存在であったと考えられる。

結語

若光は天智五年に高句麗から到来し、母国の滅亡によって日本に留まり、大宝三年に高麗王姓を賜与された。高麗王姓の創出・賜与には、日本による「高句麗王権」の取り込みを象徴的に示すと同時に、高句麗五部の絶奴部に出自を持ち、高句麗の王族に連なる（と見なされた）若光を高麗人の統率者として位置づけることで、列島における高麗人の融和と再編成を推進する意図があったと考えられる。若光が賜与されたのは王姓であったとする説もあるが、高麗王氏の人物が若光以外に見えないのは、高麗王姓の賜与対象が当初から限定的であったため、および渤海との国交開始により高麗王姓が象徴する「高句麗王権」が日本国内に存在し得なくなったためである。若光は七〇〇年頃に正式なウジナとして高麗を名乗っていたことが確認でき、王姓へ改姓した氏族がほかに知られないことからしても、彼が称したのは高麗王姓であったと理解される。

また、武蔵国高麗郡の設置に、日本による「高句麗王権」の取り込みを象徴的に示す意図があったとする見方も出されている。ただし、かりにそうであるならば、百済王禅広を難波（摂津国百済郡）へ移住させたように、高麗王若光を高麗郡へ移住させたはずであるが、そうした記述は史書に見えない。若光が高麗郡に居した根拠とされる『高麗氏系図』の記述にも、信を置くことは難しい。さらに、若光は藤原京内あるいはその周辺に居し、中務省・大蔵省・宮内省の職務や宮城門の守衛に従事していた可能性が高い。したがって、若光と高麗郡の関係は後世に説かれるようになったものであり、「高句麗王権」の取り込みの象徴とされたのは、あくまでも高麗王姓の創出・賜与であったと考えることができる。

以上、本稿では高麗王若光の氏姓と所在について考察を行った。依然として史料的制約は大きいが、先行研究が等閑視してきた藤原宮出土木簡に注目することで、若光の実像にこれまでよりも一歩近づくことができたと思われる。従来、高麗王姓や高麗郡の問題は、外交史や地域史の中で論じられることが多かった。もちろんそれは不可欠な議論であるが、本稿のように高麗王氏という一つの氏族や、若光という一人の人物に焦点を当てて、その足跡を掘り下げることも有効な方法であろう。古代における「日本」という枠組みは、列島内外の人々が衝突と融合を繰り返す中から立ち現れてきたものである。高麗王若光はまさにその過程を体現した存在であったと言える。

なお、本稿では詳論できなかったが、若光の伝承は後世に様々な変容を見せている。中世には、高句麗から相模国の大磯を経て高麗郡に到来した高麗大神和光なる人物が登場するが（『箱根山縁起幷序』）、そこには明らかに若光の人物像が投影されている。[40] 近世には若光が高麗郡大領に任命されたことが広く主張されるようになり（『高麗郡開田記』、『高麗大明神由緒書上』、『新編武蔵風土記稿』）、近代には高麗王氏と肖奈王氏の系譜を結合したものまで現れる（『百家系図稿』）。それらを事実と見ることはできないが、若光の伝承が形を変えて語り継がれてきたことは事実である。古代がどのような理解と再構築を経て、現代の我々へ歴史的・思想的につながっているのかをたどることも、重要な意義を持つと考える。

註

（1）吉田東伍『大日本地名辞書』六（冨山房、初版一九〇三年）など。

（2）『藤原宮木簡』三―一三一六。

（3）この木簡については、拙稿「武蔵国高麗郡の建郡と大神朝臣狛麻呂」（河野貴美子・王勇編『衝突と融合の東アジア文化史』勉誠出版、二〇一六年）で取り上げた。最近では、川尻秋生『古代の東国2　坂東の成立　飛鳥・奈良時代』（吉川弘文館、二〇一七年）が、この木簡を簡単に紹介している。

（4）原島礼二「渡来人の活躍」（埼玉県編『新編埼玉県史』通史編一、一九八七年）など。

（5）　原島礼二「渡来人の活躍」（前掲）など。
（6）　吉田光男「『翰苑』註所引「高麗記」について」（『朝鮮学報』八五、一九七七年）参照。
（7）　田中史生「王姓賜与と日本古代国家」（『日本古代国家の民族支配と渡来人』校倉書店、一九九七年、初出一九九四年）。
（8）　山尾幸久「「日本天皇」と華夷思想」（『古代の日朝関係』塙書房、一九八九年）など。
（9）　田中史生「王姓賜与と日本古代国家」（前掲）。
（10）　高句麗王は「本国王」、報徳王は「徳化王」に相当すると理解される。金子修一「唐代冊封制一班――周辺諸民族における「王」号と「国王」号」（『隋唐の国際秩序と東アジア』名著刊行会、二〇〇一年、初出一九八四年）、李成市「六～八世紀の東アジアと東アジア世界論」（大津透・桜井英治・藤井譲治・吉田裕・李成市編『岩波講座日本歴史』二、岩波書店、二〇一四年）など参照。
（11）　現在の韓国全羅北道益山市金馬面に比定される。
（12）　荒井秀規「渡来人（帰化人）の東国移配と高麗郡・新羅郡」（『古代東ユーラシア研究センター年報』一、二〇一五年）。
（13）　古畑徹「七世紀末から八世紀初にかけての新羅・唐関係」（『朝鮮学報』一〇七、一九八三年）、井上直樹「高句麗遺民と新羅」（『東洋史研究』七五―一、二〇一六年）。
（14）　村上四男「小高句麗国の滅亡」（『朝鮮古代史研究』開明書院、一九七八年、初出一九六六年）。
（15）　加藤謙吉「高麗若光と高麗福信」（『東アジアの中の韓日関係史』上、J&C、韓国、二〇一〇年）。
（16）　加藤謙吉「高麗若光と高麗福信」（前掲）。
（17）　従来は「背奈」と読まれてきたが、佐伯有清「背奈氏の氏称とその一族」（『新撰姓氏録の研究』拾遺編、吉川弘文館、二〇〇一年、初出一九九一年）により、「肖奈」が正しいことが明らかにされた。
（18）　好台王は高句麗第十九代の好太王を指しており、また、延典王は正しくは延興王とあったとする説がある（佐伯有清『新撰姓氏録の研究』考証編五（吉川弘文館、一九八三年）参照）。詳細は不明であるが、ここでは高麗朝臣氏の主張する系譜が公認され、『新撰姓氏録』に掲載されたという点を重視したい。
（19）　石井正敏「日渤交渉における渤海高句麗継承国意識について」（『日本渤海関係史の研究』吉川弘文館、二〇〇一年、初出一九七四年）、赤羽目匡由「八世紀における渤海の高句麗継承意識を巡って」（『渤海王国の政治と社会』吉川弘文館、二〇一一年）など。
(20) 田中史生「王姓賜与と日本古代国家」（前掲）。
(21) 青木和夫「軍王小考」（『日本律令国家論攷』岩波書店、一九九二年、初出一九八六年）、筧敏生「百済王姓の成立と日本古代帝国」（前掲）、田中史生「王姓賜与と日本古代国家」（前掲）。
(22) 加藤晃「我が国における姓の成立について」（坂本太郎博士古稀記念会編『続日本古代史論集』上、吉川弘文館、一九七二年）、須原祥二「「仕奉」と姓」（『古代地方制度形成過程の研究』吉川弘文館、二〇一一年、初出二〇〇三年）。
(23) 『藤原宮木簡』三　解説。
(24) 宮瀧交二「古代武蔵国高麗郡をめぐる研究の現状について」（野田嶺志編『地域のなかの古代史』岩田書院、二〇〇八年）。同「高麗郡の設置と渡来人」（『名栗の歴史』上、飯能市教育委員会、二〇〇八年）も参照。
(25) 吉田晶「地域史からみた古代難波」（難波宮址を守る会編『難波宮と日本古代国家』塙書房、一九七七年）。
(26) 『木簡研究』一一―一四頁―（七〇）。
(27) 森公章『白村江以後』（講談社、一九九八年）。なお、古市晃「摂津国百済郡の郡域と成立年代」（『大阪の歴史』五六、二〇〇〇年）は、百済郡の中心的存在であった百済寺・百済尼寺が七世紀中葉に創建されていることから、百済郡の成立もこの時期にまで遡る可能性を指摘している。たしかに、この時期から当該地域に百済人が集住し「百済郡（評）成立の条件はそなわっていた」ことは認められるが、実際に郡（評）として編成されていたかどうかの判断は慎重を期したい。
(28) 今井啓一「摂津国百済郡考」（前掲）など。
(29) 網伸也「考古学からみた百済王氏の動向」（舘野和己編『日本古代のみやこを探る』勉誠出版、二〇一五年）。
(30) 原島礼二「渡来人の活躍」（前掲）、宮瀧交二「古代武蔵国高麗郡をめぐる研究の現状について」（前掲）など。
(31) 高麗澄雄『高麗神社と高麗郷』（高麗神社社務所、一九三一年）。
(32) 「明神」の表記は『日本後紀』弘仁五年（八一四）九月戊子条に初見する。
(33) 新井孝重「古代高麗氏の存在形態」（『日本歴史』七四九、二〇一〇年）、加藤謙吉「高麗若光と高麗福信」（前掲)。

(34)　海部直氏が奉祭する籠神社(京都府宮津市)の祭神は、本来は豊受大神などであったが、平安時代以降に海部直氏の祖先神である彦火明命へ転換したと考えられる(義江明子「「児(子)」系譜にみる地位継承」(『日本古代系譜様式論』吉川弘文館、二〇〇〇年、初出一九八八年)、拙稿「『海部氏系図』の構成と成立過程」(『日本古代の氏族と系譜伝承』吉川弘文館、二〇一七年、初出二〇一五年))。高麗神社もこれと同様に、高麗氏の祖先である若光が後次的に祭神とされた可能性があろう。

(35)　『木簡研究』三三—九(一)。

(36)　松嶋順正『正倉院宝物銘文集成』(吉川弘文館、一九七八年)三一二頁。

(37)　『平安遺文』一一—二六二。

(38)　近江昌司「仲麻呂政権下の高麗朝臣福信」(林陸朗先生還暦記念会編『日本古代の政治と制度』続群書類従完成会、一九八五年)や、加藤謙吉「高麗若光と高麗福信」(前掲)も、若光が従五位下を有していることから中央に居したと推測している。ただし、本稿で取り上げた藤原宮出土木簡については触れていない。

(39)　高麗郡設置の背景としては、渡来人を集住させて開拓を進めるためとする説(今井啓一「帰化人の来往」(杉原荘介・竹内理三編『古代の日本』七、角川書店、一九七〇年)など)、渡来系の人々の生活・慣習を維持できる場として地域区画の形成と支配を認めたとする説(森公章「古代日本における在日外国人観小考」(『古代日本の対外認識と通交』吉川弘文館、一九九八年、初出一九九五年))などが出されている。筆者も以前、武蔵守の大神朝臣狛麻呂が一定の役割を果たしたことを指摘した(拙稿「武蔵国高麗郡の建郡と大神朝臣狛麻呂」(前掲))。高麗郡はこうした様々な要因が複合的に絡み合って成立したと考えられる。この点については別稿で詳論したい。

(40)　荒井秀規「古代相模の「渡来人」と「帰化人」」(『三浦古文化』四八、一九九〇年)、同「相模国余綾郡の誕生」『大磯町史』通史編六、二〇〇四年)。

附記　本稿は、科学研究費補助金若手研究(B)(課題番号一五K一六八三四)による研究成果の一部である。

平安初期における王権の多極構造

――皇位継承と王権内の女性の位相

仁藤智子

はじめに

奈良末から平安初期における移行期の王権が、安定的な統治支配と皇位継承を志向するなかで、「太上天皇」・「天皇」・「皇后」・「皇太子」の多極構造をとっていたことは周知の事実である。(1) 奈良末期、称徳天皇は皇太子を置かず、「天皇」一人で統治するということ強いられた。そこで、「法王」という宗教的な権威を導入することによって、従来とは異なる、新しい形の王権形成を目指したが、途上で頓挫した。(2) この混乱を収拾することを期待されて擁立された光仁天皇は、どのように王権構造を形成し、皇位を継承していこうとしたのであろうか。さらに、その後を継いだ桓武天皇は、四半世紀に及ぶ統治支配の中で、どのような王権を目指そうとしていたのであろうか。

本稿は、称徳天皇を最後に女帝が出現しなくなる過程において、王権がどのような多極構造を志向し、形成したのかを分析しようとするものである。特に、皇位継承プランとそれにかかわる王権内の女性に着目する。当該期は、男系王統のみによる、より血統を重視する皇位継承が確立した時期として高く評価されている。しかし、王権の重層的でかつ多極的な構造の中で、天皇の配偶者や娘――キサキや内親王――がどのような役割を果たし、男系王統による皇位継承を可能にしたのかについては、まだ議論の余地がある。光仁・桓武の目指した皇位継承の在り方を注視し、女帝の終焉とも絡めて、平安初期を論じる必要があろう。近年、深化してきたキサキや内親王の王権内での存在意義に関する研究成果を享受しながら[3]、王権内の女性の位相という視角から、光仁から仁明にいたる王権構造の変遷を追ってみたい。筆者は既に井上・酒人・朝原三代や橘嘉智子・正子二代について述べたことがある[4]。それらを踏まえながら、皇位継承と王権内における女性の存在意義という観点から、平安初期の王権の特質を明確にしようとするものである。

一　光仁の皇位継承プラン

⑴井上廃后と山部立太子

後継者を定めないまま称徳女帝が没したことを受けて擁立された白壁王は、そのまま「天皇」として即位したのではなく、称徳の「皇太子」として立てられ、その後に即位したことは注目される[5]。称徳天皇から光仁天皇へという「天皇」から「天皇」への権力移行ではなく、「立太子」というステップを踏んだところに、易姓革命を容認しない日本独自の王権のあり方が端的に見て取れる。

強力な権力基盤を持ちえない光仁という王権を支えるためには、多極をもつということは必須の措置であった。光仁天皇は、当初、図1のような「光仁天皇―井上皇后―他戸皇太子」という多極的な構造によって王権を維持しようとした。[6] 天智・天武双系を引く草壁・聖武系王統の井上は、立后されたことによって「内親王皇后」となった。所生子だけではなく、自身が女帝として即位できる可能性を有する存在である。[7] 光明皇后以来途絶えていた皇后として、「内親王皇后」が出現したことは重要である。すなわち、光仁擁立時に、脆弱な王権基盤を支えるために、大化前代の大后の系譜をひく「内親王皇后」が多極構造の一極を形成し、その所生である他戸が「皇太子」としてもう一極をなす構造が志向されたといえる。このことによって、井上・他戸を介して女系王統による皇位継承が規定路線となった。

しかし、別稿[8]でも述べたように、多極を持つ構造を持つことがかえって、「皇后―皇太子」によって天皇の権威・権力が脅かされる脅威となる矛盾を抱えることになった。宝亀三（七七二）年三月に、光仁天皇と井上皇后が対立するという形で矛盾が顕在化した時、光仁は廃后・廃太子を断行し、[9] 皇位継承プランを変更することを余儀なくされた。井上「女帝」の出現や「井上―他戸」という女系王統への移行の脅威を排除したのである。「内親王皇后」である井上廃后という措置が、結果としてその後の女系王統への皇位継承と女帝の出現への抑止力として働くことになった。

図1　光仁朝成立時の王権構造

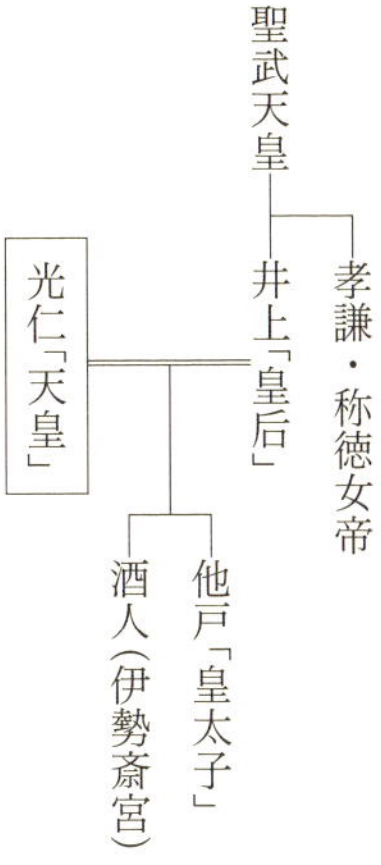

井上廃后・他戸廃太子事件以降、光仁だけではなく、支配層も「天皇―皇太子」の男系継承を強く意識し、志向するようになる。そのなかで光仁は、官人としてのキャリアを積み、支持層のある山部親王を立太子させる決断をする。[10]「光仁天皇―山部皇太子」という多極構造は、光仁が生前に譲位することによって、[11]「太上天皇―天皇」という構造へと転化し、権力の分有と王権の補完・輔弼を実

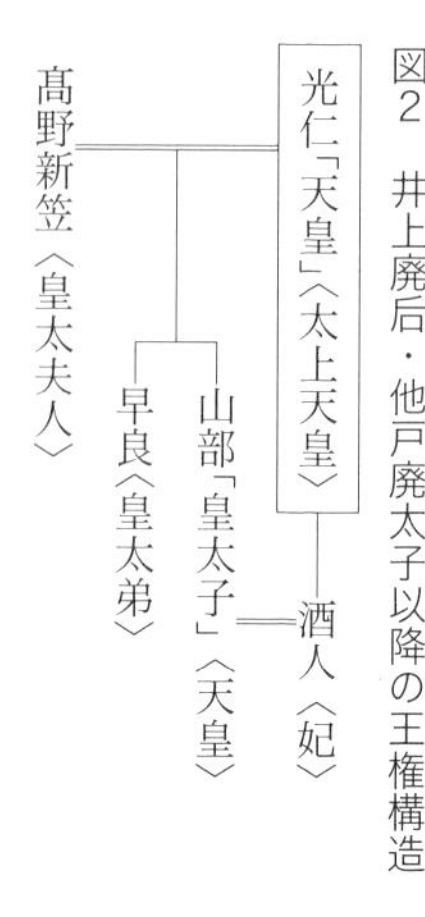

図2　井上廃后・他戸廃太子以降の王権構造

現させた。このように、女系王統を排除して、男系の父子による継承のみとする方向で、王権の強化を目指さざるを得なかったのである。(12)

その結果、光仁系王統の断絶を防ぐために、光仁は皇子早良を僧籍から還俗させて、山部の後継者「皇太弟」とし、(13)山部・早良の両統迭立を採用した。すでに山部は、井上廃后の遺児で、草壁系・聖武系王統を引く酒人内親王を後宮に迎えていた。光仁あるいは桓武の狙いとしては、ここに皇儲を担う世代の誕生を期したかったのであろう。(14)光仁は、桓武一統だけに依存するのではなく、やや強引に早良を加えることによって、図2にみえるような将来的に安定した両統迭立によるプランを模索したのだと考えられる。

(2)桓武の即位と氷上川継の変

安定的に皇位を継承させるために、光仁は生前に譲位を決行し、光仁は太上天皇となり、山部は即位して桓武天皇、早良は立太子し、「太上天皇―天皇―皇太弟」という多極構造が速やかにとられた。譲位に際して、光仁は古人の言葉を借りて「子を知るは親と云へり」いい、山部を「仁孝厚き王」として皇位にふさわしいと強調した。(15)これ以前から、桓武即位を予言するような、

おおみやに　ただにむかえる　やえのさか　いたくなふみそ　つちにはありとも(16)

という童謡が持て囃されていたと伝わる。光仁擁立時だけでなく今回も、皇位継承の正当性を童謡によって演出しなければならなかったのは異様である。(17)桓武天皇に対する反対勢力はまだ存在しており、その基盤は不安定であったことによるのであろう。

さらに桓武は、即位宣命にて生母である高野新笠に「皇太夫人」の称号を送り、藤原宮子の例に倣って中宮職を設置している。[18]

天応元（七八二）年十一月に、稗田親王の後を追うように光仁太上天皇が没すると、[19]「太上天皇―天皇―皇太弟」という多極構造が崩れた。諒闇のうちに年が明けると、王権の不安定さをつくように、桓武の皇位継承に対して燻ぶっていた不信任が突きつけられることになった。閏一月十日夜に、川継の資人であった大和乙人が宮中にて捕らえられたことに端を発し、氷上川継の謀反が発覚する。[20]川継は、恵美押勝の乱で今帝として擁立され敗死した塩焼王と聖武天皇皇女不破内親王の子である。川継の妻は、山部立太子に反対したためにその即位後大宰帥に左降された藤原浜成[21]の娘藤原法壱であった。事件に関係したものとして、次々に検挙されていき、母不破内親王や川継の姉妹、舅浜成やその子息継彦、山上船主、三方王とその室弓削女王、大伴家持、坂上苅田麻呂、伊勢老人、大原美気が処分された。[22]この騒動は、王権の多極的な構造の一角を担っていた光仁太上天皇の死という空白によって、「天皇―皇太弟」のみでは不安定で脆弱な王権であったことを端的に示しただけでなく、不破という女系王統が皇位を狙う事態を許した。この危機を持ちこたえた桓武は、「ポスト桓武」に備えて周到な計画を練る。それについて次章で詳細にみていきたい。

二　桓武の皇位継承プラン

(1)後宮の整備と子女の序列化

桓武は天平（七三七）年の生まれであり、父光仁天皇が即位したときには三十四才、異母弟他戸が廃太子されて自身が立太子した時には三十六才、さらに即位したときは四十五才になっていた。史料に見える桓武の皇子女と生母についてまとめたのが、表1である。父光仁が即位した時点で、史料上で確認できる桓武の所生子は多くない。桓武が一官吏として生活を送っていた時期の子供たちは、成人すると臣籍に降下させられたと思われる。[23]

他戸廃太子後の宝亀五（七七四）年には、第一皇子といわれる安殿親王が生まれている。[24] 藤原良継の娘乙牟漏が生んだ男子である。伊勢斎宮より帰京した異母妹である酒人内親王が、桓武との間に娘朝原を設けたのが宝亀十（七七九）年と考えられる。[25] 十一年にわたる光仁在位期に、桓武所生の親王・内親王として史料上認められるのはこの二例だけである。[26]

天応元（七八一）年に桓武が即位した後、急激に子女の誕生が増える。表1に見えるように、第三皇子と称される伊予親王（藤原吉子）や葛原親王（多治比真宗）に続き、延暦五（七八六）年には大伴親王（藤原旅子）、神野親王（藤原乙牟漏）が生まれる。

ちょうどこの時期に、別稿[27]で指摘したように、後宮のキサキにランク付けが行われる。桓武即位時に東宮妃から妃へ移行したのは、朝原を生んでいた酒人であったが、延暦二（七八三）年二月には、藤原乙牟漏と吉子が夫人に進んだ。[28] 二人とも藤原氏の父と有力な後宮の女官の母をもち、[29] 山部立太子後に男子を生んだ女性である。同日に夫人になったものの、乙牟漏は正三位、吉子は従三位と区別された。一か月余りのち、乙牟漏は妃酒人内親王を超えて立后され、皇后に昇りつめた。[30] 臣下である藤原氏出身の乙牟漏の立后は、「内親王皇后」であった井上立后とは全く違う意味合いを持っていた。すなわち、「臣下皇后」とは、王族以外の出身である自身は皇位を継承することはできず、その所生子のみが有資格者とされるキサキである。聖武朝の藤原光明子を嚆矢とする。桓武は皇位の安定的な継承のために、あえて「内親王皇后」ではなく「臣下皇后」を採択したのである。そこに井上廃后の教訓が生かされた。

乙牟漏立后の段階での後宮の序列は表2のとおりである。この乙牟漏の立后によって、「ポスト桓武」の最有

表1　桓武天皇のキサキと子女

最終后位	后名	父母	所生親王	所生内親王	生年	没年	備考
皇后	藤原乙牟漏	藤原良継	安殿親王		774	824	◇平城(806-09)
		阿倍古美奈	神野親王		786	842	◇嵯峨(809-23)
				高志内親王	789	809	淳和東宮妃▲ 823追贈皇后
妃	酒人内親王	光仁天皇		朝原内親王	779	817	伊勢斎宮▲ 平城妃　辞妃
		井上皇后					
夫人 (贈妃)	藤原旅子	藤原百川 藤原諸姉	大伴親王		786	840	◇淳和(823-33)
夫人	藤原吉子	藤原是公	伊予親王			807	
		蘇我麻都我か					
夫人	藤原小屎	藤原鷹取	万多親王		788	830	
		藤原人数か					
夫人	多治比真宗	多治比長野	葛原親王		786	853	
			佐味親王		793	825	
			賀陽親王		794	871	
			大野親王				
				因幡内親王		824	
				安濃内親王		841	
女御	橘常子	橘島田麻呂		大宅内親王		849	平城妃▲辞妃
女御	橘御井子	橘入居		賀楽内親王		874	
				菅原内親王		825	
	坂上又子	坂上苅田麻呂		高津内親王		841	嵯峨妃▲廃妃
	坂上春子	坂上田村麻呂	葛井親王		800	850	
				春日内親王		832	
	紀若子	紀舟守	明日香親王			834	
	藤原上子	藤原小黒麻呂		滋野内親王		857	
	藤原河子	藤原大継	仲野親王		792	867	
				安勅内親王		855	
				大井内親王		865	
				紀内親王	799	886	
				善原内親王		863	

終后位	后名	父母	所生親王	所生内親王	生年	没年	備考
	河上好	錦部春人	坂本親王		793	818	
	藤原東子	藤原種継		甘南備内親王	800	817	
	藤原平子	藤原乙叡		伊都内親王		861	
	中臣豊子	中臣大魚		布施内親王		812	
	百済王教仁	百済王武鏡	大田親王			808	
	百済王貞香	百済王教徳		駿河内親王	801	820	
	橘田村子	橘入居		池上内親王		868	
	多治比豊継		長岡岡成			848	787臣籍降下
	百済永継		良峯安世		785	830	
	因幡国造浄成女						

2　桓武初期における後宮と所生子の序列

後宮	皇后	藤原乙牟漏	妃	酒人内親王	夫人	藤原吉子
生子女		安殿親王				伊予親王
				朝原内親王		

＊夫人までを対象とする。

3　桓武朝における後宮と所生子の序列

<table>
<tr><th>後宮</th><th>皇后</th><th>藤原乙牟漏</th><th>妃</th><th>酒人内親王</th><th>追贈妃</th><th>藤原旅子</th><th>夫人</th><th>藤原吉子</th><th>藤原小屎</th><th>多治比真宗</th></tr>
<tr><td rowspan="6">生子女</td><td rowspan="6"></td><td>◎安殿親王</td><td rowspan="6"></td><td rowspan="4"></td><td rowspan="6"></td><td rowspan="4">大伴親王</td><td rowspan="6"></td><td rowspan="4">伊予親王</td><td rowspan="4">万多親王</td><td>葛原親王</td></tr>
<tr><td rowspan="3">神野親王</td><td>佐味親王</td></tr>
<tr><td>賀陽親王</td></tr>
<tr><td>大野親王</td></tr>
<tr><td rowspan="2">高志内親王</td><td rowspan="2">朝原内親王</td><td rowspan="2"></td><td rowspan="2"></td><td rowspan="2"></td><td>因幡内親王</td></tr>
<tr><td>安濃内親王</td></tr>
</table>

力後継者として、安殿親王の地位が固まったと考えられる。延暦四年には、乙牟漏の居所である皇后宮に赤雀が出現し、祥瑞とされた。[31] これは「臣下皇后」である乙牟漏の権威付けであると同時に、その所生子である安殿親王が「皇后の子」として正当性を示めすことを意図したものと思われる。そこに、藤原種継射殺事件に端を発して、早良廃太子が起きた。[32]「天皇」と「皇太弟」が対立するという構図で、王権の多極構造に矛盾と葛藤が生じたのである。これを機に、桓武は安殿立太子に踏み切った。[33] 皇太弟を皇后の子である皇太子に替えることによって、「天皇―臣下皇后―皇太子」という安定した多極構造で、政界の動揺を抑えて王権を立て直そうとした。

この段階で、桓武皇子のなかで親王は安殿と伊予しかいなかったものと思われるが、その直後、桓武の後宮は出産ラッシュに沸いた。乙牟漏が神野を、旅子が大伴を、多治比真宗が葛原を生んでおり、一気に親王が増えた。それに続くように、藤原小屎が万多親王を、乙牟漏が高志内親王を出産した。こうして、この数年で「ポスト桓武」の候補者は増え、後宮の地位にも若干の変化が生まれた。延暦五年には、藤原旅子が夫人になった。延暦七年五月に没した旅子が妃に追号されると、[34] 妃以上のランクは固定された。夫人以下も多少の異動はあったものの、早くに伊予親王を生んだ吉子のほかに、七八六年生まれの葛原親王を筆頭とする四男二女に恵まれた真宗、七八八年生まれの万多親王を持つ小屎が加わり固定された。表3に最終的な序列を示したので、その変化を表2と比べてほしい。

このように桓武の後宮においては、「皇后」を頂点としてキサキの序列化が進み、それが所生子の序列にも連動していく。親王・内親王の生年による順位よりも、生母の序列が優先されるようになり、[35]「天皇―（臣下皇后）―皇太子」という多極構造が維持されたまま、「ポスト桓武」が準備された。

図3　桓武子女の近親婚

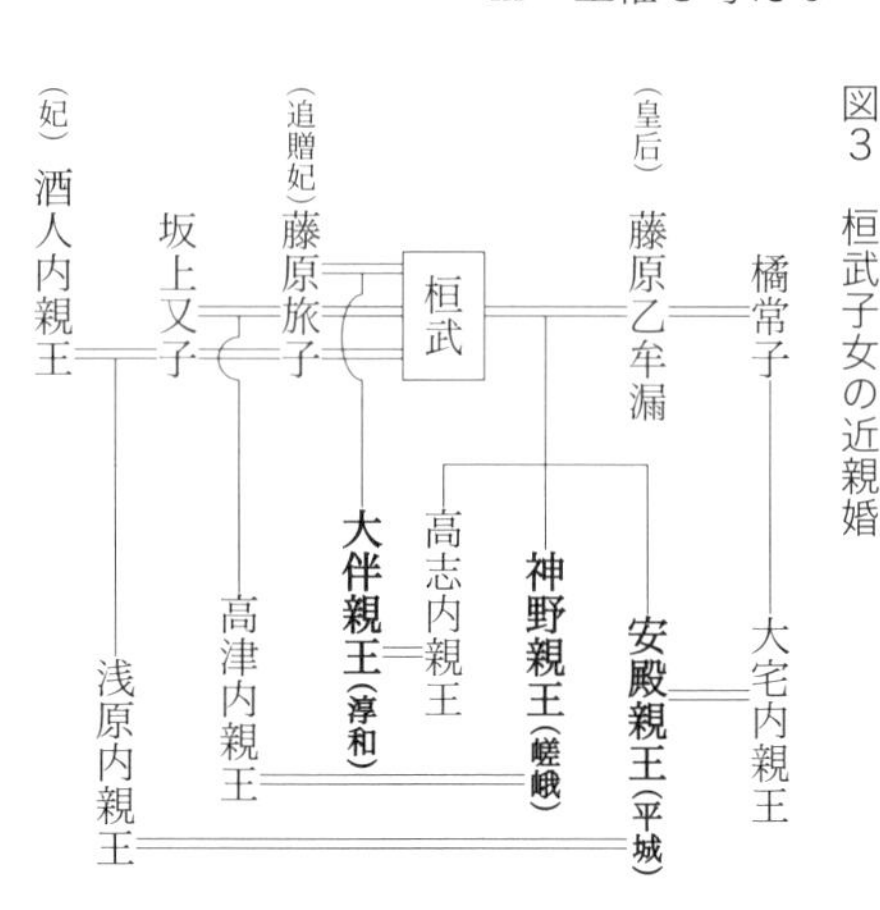

(2)「ポスト桓武」と近親婚

桓武の数多い親王の中で、桓武の後継者として「ポスト桓武」を担うのは、キサキの序列化に伴って、生母が皇后あるいは妃である親王に限定された。具体的には「皇后の子」である安殿と同母弟神野、死後に妃を追贈された旅子の子大伴の三名である。図3に見えるように、この三親王だけが、桓武皇女である異母姉妹が配されてことが証左であろう。

皇太子安殿親王には、内親王の中で年長の朝原内親王が配された。朝原内親王は、母酒人、祖母井上と三代続けて伊勢斎宮を務めており、草壁・聖武系王統を引く唯一の存在であった。(36) 酒人を後宮に迎えた桓武も、娘朝原の血統の尊貴性を重視し、異母兄である安殿親王と婚姻させたと考えられる。(37) それだけではなく、安殿には橘島田麻呂の娘橘常子(38)との間に設けた大宅内親王も配している。(39) 神野親王のもとには、異母妹高津内親王が配されている。高津内親王の母は、坂上苅田麻呂の娘坂上又子（全子）である。大伴親王には、安殿・神野の同母妹である高志内親王が配された。以上のように、安殿には二人の桓武皇女、神野と大伴には一人の皇女が、次世代の皇嗣を期待されて配されたと考えられる。(40)

しかし、伊予には配されていないことに留意したい。伊予親王は桓武の度重なる行幸を受け、鍾愛の皇子といわれている。しかし、現実には、異母姉妹との婚姻が許されたのは三親王だけで、許されていない伊予親王は皇位継承構想から外れた存在であったとみなされる。桓武の皇位継承プランは、あくまでも子女間での近親婚が許された安殿・神野・大伴親王による三統迭立であったと考えられる。

このような近親婚による王統の拡大と強化を図ったのは、桓武だけではない。欽明や天武も、新たな王統を創出する際には近親婚を積極的に推し進め、王族内から大后が選出された。しかし、近親婚による王統の純化と強化は、大王の没後、大后による女帝の出現を生み出すことになった。近年、大化前代の大后は実質的な権力を保有せず、皇太子制成立の橋渡しに過ぎなかったという議論もある。[41] しかしながら、多数のキサキの中から「王族大后」に立てられたこと自体が、推古、皇極・斉明や持統と元明という女帝登場の前提になっていることは否定できない。そう考えると、王統の純化と強化を目的とした近親婚は、結果として「王族大后」や「内親王皇后」から女帝を輩出しうる両刃の剣でもあったと評せることができる。

女帝と女系王統への皇位継承を忌避しようとした桓武も、自身は「臣下皇后」をとりながらも、後継者には近親婚を強いることによって同じ轍を踏むことになった。桓武皇女でありながら、異母兄弟である安殿・神野・大伴と婚姻させられた四人の内親王――朝原・高志・高津・大宅――は、「女帝の可能性」を内包する存在になったのである。そのような矛盾を抱えつつ、桓武は男系王統のみによる直系継承と迭立を第一義とすることによって、女帝や女系王統への皇位継承を抑えようとした。後宮の整備と序列化と表裏で推し進められた「ポスト桓武」の三統迭立は、その後どのように皇位継承に影響を与えていくのであろうか。

三　「ポスト」桓武の行方

(1)平城

安殿親王は、桓武の死没を受けて大同元（八〇六）年三月に踐祚、五月に即位して平城天皇となった。[42] その直後、故高野新笠を太皇太后に、故藤原乙牟漏を皇太后に奉じて、空位となった皇后に故東宮妃藤原帯子を追贈した。[43] 平城が意図的にしたのか、この追贈により事実上の皇后不在であるにもかかわらず皇后位は埋まった。「内親王皇后」は拒否されて桓武皇女たちは妃に甘んじなければならなかった。しかも、桓武の意向を受けて入内した朝原・大宅内親王は、子供を生むことなく、平城との間に子女をもうけたキサキはみな宮人であり、平城の後宮は表4のようになった。弘仁三年五月には、朝原と大宅は揃って妃を辞している。[44]

「内親王皇后」も立てず、王統を引く親王のいないなか三統迭立の論理が優先されて、平城天皇即位時に嵯峨が皇太弟に立てられた。平城天皇は、太上天皇が不在で、皇后も事実上空位であるために、「天皇（兄）―皇太弟（弟）」という同世代の二極での政権運営を強いられた。補完・補強する王権構造を有しない平城の王権は不安定であり、皇太弟嵯峨への譲位という形で短命に終わる。[45]

(2)嵯峨

嵯峨が即位すると皇太子に立てられたのが、伊勢継子が生んだ平城第三皇子高丘親王であった。[46] 当初の嵯峨は、「平城太上天皇―天皇―高丘皇太子」という血縁的に疎外された天皇であり、藤原薬子を筆頭とする女官組織も平城にあった。それを輔弼するために蔵人頭など新しい官僚に依存しなければならなかった。そのため復位と平城還都を目論む平城太上天皇と嵯峨天皇という両者が対立すると、「二所朝廷」という政治的な混乱状態を生じることになる。[47] 政変を鎮圧した嵯峨天皇は、変後の動揺を最小限に抑えて早急に混乱した政治や社会を安定させなければならなかった。そのような状況下で、次世代へむけての方策がとられる。桓武のプランを遵守して、廃太子された高丘親王に変わって、同年の異母兄弟大伴親王を皇太弟とした。[48]

平城太上天皇は存在するものの平城宮に押し込められた状態であり、嵯峨天皇を輔弼するために皇后の冊立が急がれた。桓武皇女である高津内親王は、大同四年六月に妃に立てられていた。[49] 嵯峨との間には、業良親王と業子内親王の一男一女に恵まれ、桓武のプランどおり、ことは進んだかのように見えた。しかし、その詳細は不明であるが、高津は廃妃された。[50]

その後始末が済むのを待って、弘仁六年になって「臣下皇后」橘嘉智子が冊立された。[51] これによって、「(平城太上天皇)―嵯峨天皇―大伴皇太弟」という同世代兄弟による、不安定で重層的な構造に、「臣下皇后」という嵯峨王権にとって安全な補完極が加わることになった。橘嘉智子は「臣下皇后」であったため、自らが皇位を継承することはできずに所生子のみが有資格者になるという点でも、「内親王皇后」より安定した王権構造が構築できた。

高津が廃妃されたために、「内親王皇后」は実現せず、夫人以上の所生子は、表5の示すように橘嘉智子の産んだ子だけとなった。子たくさんで知られた嵯峨であったが、「親王宣下」「内親王宣下」が確立し、[52] それを受けられない下位生母の子女には源氏賜姓して臣籍に降下し、所生子の中に明確な序列を作り上げた。「ポスト淳和」は、「皇后の子」である正良親王が立てられることとなった。平城王統が皇位継承から外れたので、嵯峨と淳和の両統迭立という形になるが、「臣下皇后」である橘嘉智子の冊立によって、安全な補完極を得ただけでなく「皇后の子」という次世代への礎もできたのでる。

(3)淳和

淳和の後宮については前稿で述べたので、[53] 詳細はそちらに譲りたい。表6を参照してほしい。早い段階で、桓武の肝入りによって平城・嵯峨天皇の同母妹である高志内親王が大伴のもとに入内しており、恒世王を筆頭に一男三女を設けていた。大同四（八〇九）年に高志が没すると、[54] 大伴親王の後宮には、恒世以外の男子がいない状態となる。そこで、嵯峨天皇は女御百済慶命との間に生まれて臣籍降下した源定を、淳和の猶子として迎えさせた。[55]

<table>
<tr><th>宮人</th><th>伊勢継子</th><th>葛井藤子</th><th>紀魚員</th></tr>
<tr><td rowspan="5"></td><td>◎高岳親王</td><td rowspan="2">阿保親王</td><td rowspan="2"></td></tr>
<tr><td>巨勢親王</td></tr>
<tr><td>上毛野内親王</td><td rowspan="3"></td><td rowspan="3">叡努内親王</td></tr>
<tr><td>石上内親王</td></tr>
<tr><td>大原内親王</td></tr>
</table>

<table>
<tr><th>大原清子</th><th>百済王貴命</th><th>高階河子</th><th>交野女王</th><th>文屋文子</th></tr>
<tr><td rowspan="2"></td><td>基良親王</td><td rowspan="2"></td><td rowspan="2"></td><td rowspan="2"></td></tr>
<tr><td>忠良親王</td></tr>
<tr><td rowspan="2">仁子内親王</td><td rowspan="2">基子内親王</td><td rowspan="2">宗子内親王</td><td rowspan="2">有智子内親王</td><td>純子内親王</td></tr>
<tr><td>斉子内親王</td></tr>
</table>

<table>
<tr><th>尚蔵</th><th>緒継女王</th><th>大中臣安子</th><th>大野鷹子</th><th>橘船子</th><th>多治比池子</th><th>清原春子</th><th>藤原潔子</th></tr>
<tr><td rowspan="2"></td><td rowspan="2">なし</td><td>良貞親王</td><td></td><td></td><td></td><td></td><td rowspan="2">なし</td></tr>
<tr><td></td><td>寛子内親王</td><td>崇子内親王</td><td>同子内親王</td><td>明子内親王</td></tr>
</table>

表4　平城朝の後宮における序列

後宮	贈皇后	藤原帯子	妃	朝原内親王	大宅内親王	不明	藤原縄主女	藤原薬子
所生子女		なし		なし	なし		なし	なし

＊史料上確認できるすべてのキサキと所生子を対象とした。

表5　嵯峨朝の後宮と所生子の序列

<table>
<tr><th>後宮</th><th>皇后</th><th>橘嘉智子</th><th>（廃妃）</th><th>高津内親王</th><th>妃</th><th>多治比高子</th><th>夫人</th><th>藤原緒夏</th><th>女御</th></tr>
<tr><td rowspan="7">所生子女</td><td rowspan="7"></td><td>正良親王</td><td rowspan="7"></td><td rowspan="2">業良親王</td><td rowspan="7"></td><td rowspan="7">なし</td><td rowspan="7"></td><td rowspan="7">なし</td><td rowspan="7"></td></tr>
<tr><td>秀良親王</td></tr>
<tr><td>正子内親王</td><td rowspan="5">業子内親王</td></tr>
<tr><td>秀子内親王</td></tr>
<tr><td>俊子内親王</td></tr>
<tr><td>繁子内親王</td></tr>
<tr><td>芳子内親王</td></tr>
</table>

＊所生子が親王・内親王宣下を受けているキサキを対象とした。

表6　淳和朝の後宮と所生子女の序列

<table>
<tr><th>後宮</th><th>皇后</th><th>正子内親王</th><th>贈皇后</th><th>高志内親王</th><th>妃</th><th>なし</th><th>女御</th><th>橘氏子</th><th>永原原姫</th></tr>
<tr><td rowspan="6">所生子女</td><td rowspan="6"></td><td>恒貞親王</td><td rowspan="6"></td><td rowspan="3">恒世親王</td><td rowspan="6"></td><td rowspan="6"></td><td rowspan="6"></td><td rowspan="6">なし</td><td rowspan="6">なし</td></tr>
<tr><td>恒統親王</td></tr>
<tr><td>基貞親王</td></tr>
<tr><td rowspan="3"></td><td>氏子内親王</td></tr>
<tr><td>有子内親王</td></tr>
<tr><td>貞子内親王</td></tr>
</table>

＊史料上確認できるすべてのキサキと所生子を対象とした。

病弱な恒世王への備えと考えられていたと思われる。さらに、嵯峨は「皇后の子」である正子内親王を大伴に入内させた。[56]

淳和が即位すると、両統迭立に基づいて、「皇后の子」であった嵯峨皇子の正良親王が立太子した。[57] 故高志が皇后に追贈されていたにも関わらず、天長四（八二三）年には恒貞を生んでいた正子が立后された。[58] 井上以来半世紀ぶりに「内親王皇后」が出現したことになる。こうして、「嵯峨太上天皇―橘嘉智子皇太后―淳和天皇―正子皇后―正良皇太子」という重層的でかつ多極構造が形成された。すなわち、平安初期の王権が王統の迭立と多極構造を志向した結果、きわめて複雑で重層的な構造が出現することになったのである。嵯峨は、「皇后の子」である正子内親王を淳和に入内・立后させ、さらに「皇后の子」正良親王を立太子させることによって、女系と男系による双方からの王統支配を実現させた。また天長七（八二六）年に正道王を残して恒世親王が没すると、[59] 皇太后であった橘嘉智子の立場は強くなる。

その一方で、正子が男子を産んで立后されることによって、「皇后の子」である所生子だけでなく、「内親王皇后」として自身も即位できる「女帝の可能性」を内包する存在が再び出現した。嵯峨皇女にして淳和皇后でもある正子は、平安初期の皇位継承におけるターニングポイントになった。

(4)仁明

在位十年余りで淳和が皇太子正良に譲位して、仁明天皇が即位した。[60] その皇太子には最終的に「内親王皇后の子」恒貞親王が立てられ、[61] 嵯峨と淳和による両統迭立は果たされた。その結果、王権構造は、図4のような平安初期最大の重層的で多極構造をとるに至った。[62]

複雑で、重層的な王権内の秩序を可視化するために、前稿で述べたようにこの時期に朝覲行幸などの王権儀礼が成立してくる。[63] 光仁以降、安定的に皇位継承するためにとられた王権の多極構造はここまで膨張したが、その矛盾が淳和と嵯峨両太上天皇の死という「太上天皇」の空白期に露呈する。承和九（八四二）年に起きた承和の変である。ここで着目したいのが、皇太子恒貞の立ち位置である。嵯峨と仁明、淳和と恒貞と見れば、父子関係に基づく男系王統による両統迭立になる。しかし、「橘嘉智子太皇太后―正子皇太后―仁明天皇―恒貞皇太子」という多極の中で、嵯峨を起点に見れば、「太皇太后―天皇」という男系王統と、「皇太后―皇太子」という双系かつ女系王統が並存することになった。いわば、「内親王皇后」正子の存在によって、仁明という男系王統への継承となるか、恒貞という女系王統への継承となるか、皇位継承は大きな分岐点に立つことになった。

この政変によって、皇太子であった淳和皇子の恒貞は廃太子され、仁明皇子の道康親王が立太子した。[64] 恒貞の廃太子は、光仁天皇以降模索されてきた両統あるいは三統迭立という皇位継承プランの破綻を意味するだけでなく、「内親王皇后」正子の女帝への可能性や女系王統への皇位継承が潰えたという点で注目に価する。井上に続き再び、女系王統への継承は拒まれたのである。

女帝と女帝王統への継承を阻まれた正子は三后制を利用して、「臣下皇后」の冊立を阻み、その後一世紀にわたる皇后空位の時代を迎えることになった。「皇后→皇太后→太皇太后」という三后制が、皇后空位によって「皇太夫人→皇太后→太皇太后」と変質し、天皇の「妻」であることより、天皇の「母」であることが后位にとって重要となっていく。[65] 後宮の序列は皇后がなくなったために、「女御」「更衣」その他となり、令制にある「妃」も消滅していく。「皇后の子」が存在しないために皇位継承に際して、皇太后の「後見」とい

図4　仁明朝初期における王権構造

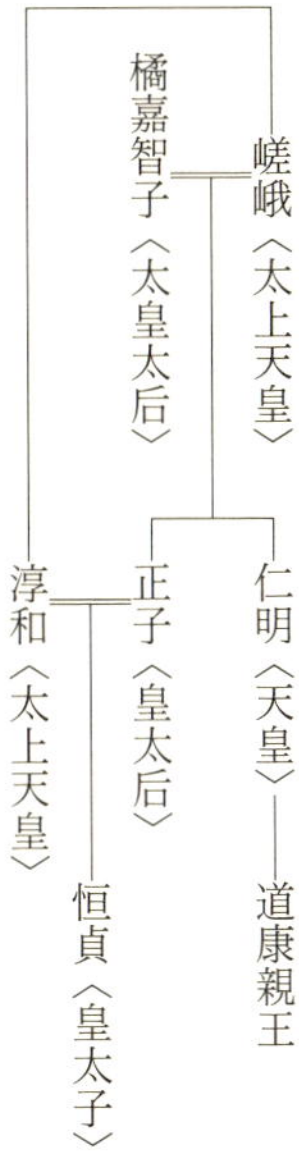

嵯峨〈太上天皇〉
橘嘉智子〈太皇太后〉
仁明〈天皇〉―道康親王
正子〈皇太后〉
淳和〈太上天皇〉
恒貞〈皇太子〉

う論理が生ずるようになっていく。

以上みてきたように、平安初期において、多極構造を強力に補完・輔弼するために「内親王皇后」として冊立された井上と正子が、廃后と政変によってその資格を剝奪された。また、両統・三統迭立を余儀なくされた天皇たちは、安定的な皇位継承を志向して、斎王経験者である酒人・朝原母娘をはじめとして、高津・高志姉妹を「内親王皇后」として冊立せず、あえて「臣下皇后」を選択した。さらに、後宮におけるキサキの地位の整備に連動する形で、「皇后の子」を頂点として所生子の序列が形成された。このような変化の結果として、女帝の出現をみず、終焉したと評価することができるのではないだろうか。

おわりに

「天皇」一人が統治することを余儀なくされた称徳女帝の不安定な王権がもたらした政治的混乱を収拾するために、光仁以降の王権は、「太上天皇」「皇太子」「皇后」によって王権を補完・輔弼する多極構造を求められた。その変遷は図5にまとめてみた。皇位継承という観点から、この時期の王権の多極構造の特質をまとめると次のようになる。

光仁は、強力な政治基盤を有さないために、「天皇―皇后―皇太子」という多極構造を構築することで政局の安定を図ろうとした(①)。しかし、「内親王皇后」であった井上の廃后が大きな画期となり、女帝と女系王統への王位継承を忌避し、「太上天皇―天皇―皇太子」という直系の男系王統のみによる皇位継承を指向していく(②)。早良親王廃太子事件(③)、平城上皇の変(④)、承和の変(⑤〜⑦)によって、「天皇―皇太弟」という同世代での迭立は政争の激化を促すものとして周知されるようになった。また、迭立によって生じた多極的で重層

図5　王権の多極構造の変化

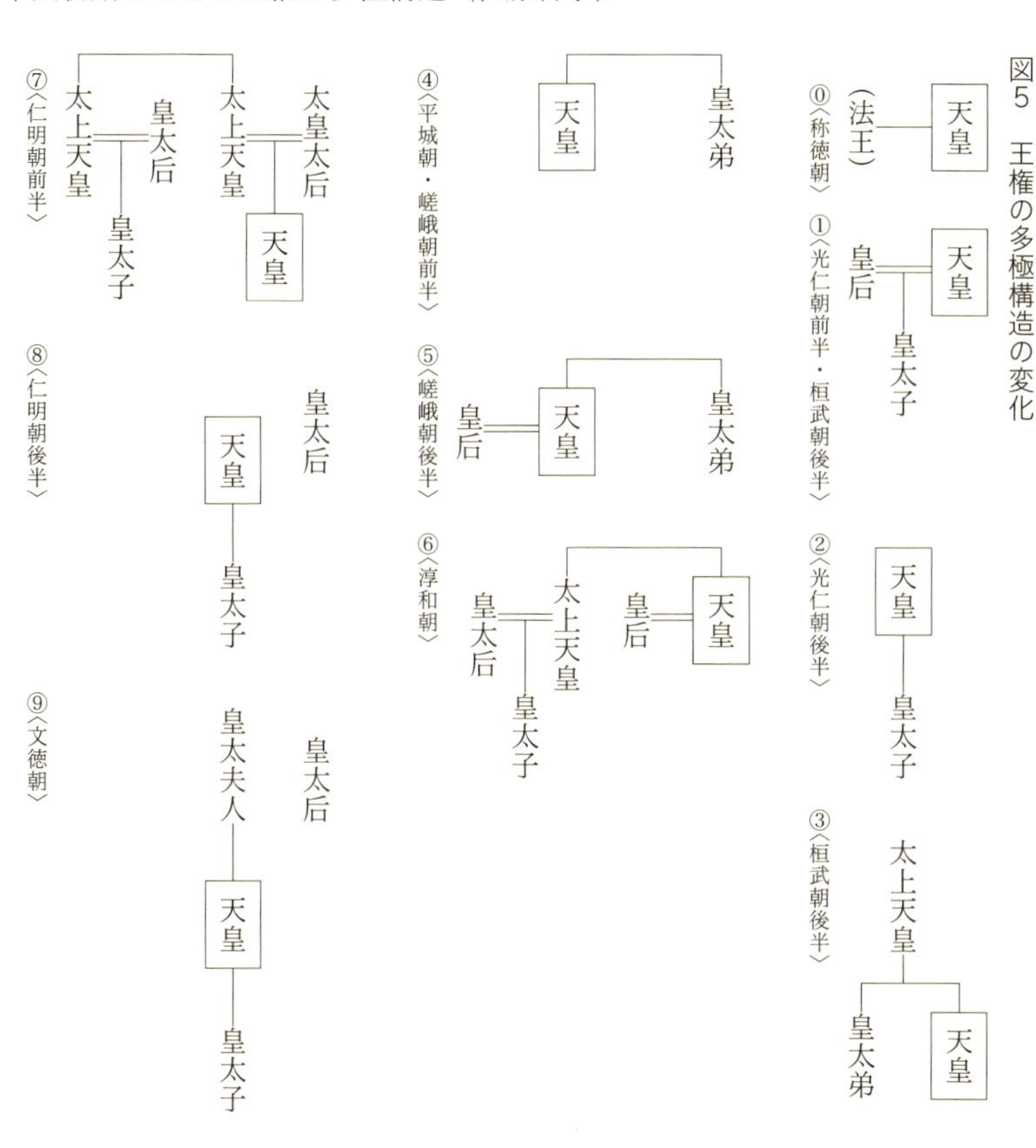

的な王権構造の出現による政治的混乱を避けるために、仁明朝以降、兄弟継承や王統の迭立は敬遠され、父系王統のみによる父子継承が尊重されるようになる（⑧⑨）。

　桓武による近親婚は、王権の純化と強化をもたらしたが、その一方で、女帝の可能性を有する内親王のキサキを輩出することとなった。その中で、桓武・平城・嵯峨は、「内親王皇后」をとらずに「臣下皇后」を冊立した。合わせて後宮の整備によるキサキの序列化を推し進め、「皇后の子」を頂点とする所生子の序列が行われた。

　三后制の整備と確立の中で、「内親王皇后」である正子が女帝ではなく、皇太后として王権内に影響力を持つようになる（⑧）。

その後、皇后空位の時代（⑨）が一世紀続き、后位は変質を遂げて女帝の出現は途絶えた。

このように、男系王統にのみよる安定的な皇位継承のための皇太子を常置し、その制度を充実させたことは、「天皇」を支える王権の多極構造における極の一つとして、「皇太子」が当該期に重要な役割を担ったことを示している。しかし一方で、当該期には廃太子が相次いでおり、皇太子の地位がいまだ脆弱であったことも露呈してもいる。この七十余年の間に、他戸・早良・高岳・恒貞の四人の廃太子が出たことを重く捉えるべきであろう。後宮における序列化は、三后制を成立させ、さらに下位に「女御」「更衣」など新たな階層を必要とした。王権の多極構造の一角として後宮の居住形態と合わせて整理していく必要があろう。

皇位継承とその中で王権の女性が果たした役割を軸に考察してきた。大まかな枠組みの提示にとどまり、各論の深化不足に忸怩たる思いが残る。論じ残したことも少なくないが、この試論が平安初期の王権の多極構造の分析に対する一つの問題提起となり、議論がより活発になることを祈って、擱筆したい。

註

（1）荒木敏夫「王権論の現在――日本古代を中心として」（『歴史評論』五六四号、一九九七年）で、王権研究の課題として提唱されてから、さまざまな角度からのアプローチがなされている。そのなかで、早い段階から王権の極を構成する太上天皇については議論されている。近年では、中野渡俊治「平安初期の太上天皇」（『花園史学』三一号、二〇一〇年）等がある。皇太子・皇后についても、岸俊男「光明立后の史的意義」をはじめとして個別研究は蓄積がある。女帝については研究が進化しており、義江明子「古代女帝論の過去と現在」（『岩波講座　天皇と王権を考える』七所収、岩波書店、二〇〇二年）、同「女帝論」（『古代王権論』所収、岩波書店、二〇一一年）、荒木敏夫・佐藤長門・仁藤敦史「座談会　日本史の論点・争点　古代女帝研究の現在」（『日本歴史』七九六号、二〇一四年）に、現状と課題が述べられている。

（2）勝浦令子『孝謙・称徳天皇』（ミネルヴァ書房、二〇一六年）。

（3）当該期のキサキや内親王に関する主要な研究としては、春名宏昭「平安時代の后位」（『東京大学日本史学研究室紀要』四、二〇〇〇年）、安田政彦『平安時代皇親の研究』（吉川弘文館、一九九八年）、文殊正子「『内親王』号について」（『古代文化』三八―一〇、一九八六年）、西野悠紀子「古代――皇女が天皇になった時代」（『歴史のなかの皇女たち』所収、小学館、二〇〇二年）、服藤早苗「平安時代――王朝を支えた皇女」（『歴史のなかの皇女たち』所収、小学館、二〇〇二年）、中林隆之「嵯峨王権論」（大阪市立大学日本史学会『市大日本史』一〇、二〇〇七年）、瀧浪貞子「伊勢斎王制の創始」（『王朝文学と斎宮・斎院』所収、竹林舎、二〇〇九年）、一文字昭子「酒人内親王」（『王朝文学と斎宮・斎院』所収、竹林舎、二〇〇九年）、中村みどり「平安初期における内親王入内の意義について」（『京都女子大学大学院文研究科研究紀要：史学編』十二、二〇一三年）、所京子『斎王研究の史的展開』（勉誠出版、二〇一七年）などがある。大きな傾向として、皇親としての内親王を対象とした研究、伊勢斎宮や賀茂斎院など特定の役割を担った皇女に対しての研究、キサキの変質や変化についての研究に大別できる。

（4）拙稿A「平安初期における后位の変質過程をめぐって――王権内の序列化とその可視化」（『国士舘人文学』六号、二〇一六年）、拙稿B「女帝の終焉――井上・酒人・朝原三代と皇位継承――」（『日本歴史』八三七号、二〇一八年）。以下、拙稿A、Bと示す。

（5）『続日本紀』宝亀元年八月辛卯条。

（6）『続日本紀』宝亀元年十一月甲子条、宝亀二年正月辛巳条。宝亀元年十月に光仁天皇は即位すると、十一月に井上内親王を立后し、翌年正月に他戸親王を皇太子に立てた。

（7）拙稿Aにおいて、古代における女帝の条件を三点掲げた。

王族の出身であること（大王や天皇の娘）

大王や天皇のキサキとして共同統治の経験者であること

未婚ではあるが、統治者としての教育を積んでいること

②の女帝は「皇太后型の天皇」であり、推古、皇極・斉明、持統、元明がそれにあたる③としては、元正、孝謙・称徳があげられる。井上は、このうち、①と②の条件を満たす。さらに、拙稿Bでは、令制下において、内

親王で冊立された皇后を「内親王皇后」と呼び、その初例として井上内親王を数えた。それに対立する概念として、王族以外の出身による皇后を「臣下皇后」とし、光明皇后をその嚆矢とした。「内親王皇后」は、大化前代の「大后」の系譜を引き、先述の①と②の条件を兼ね備えた女帝になりうる可能性を持つ。

（8）拙稿Bを参照。

（9）『続日本紀』宝亀三年三月癸未条、同年五月乙巳条。

（10）『続日本紀』宝亀四年正月戊寅条。角田文衛「宝亀三年の廃后廃太子事件」（『律令国家の展開』所収、一九六五年）は、最も早く注目した研究として重要である。榎村寛之「元・斎王井上内親王廃后事件と八世紀王権の転成」（『国立歴史民俗博物館研究報告』一三四号、二〇〇七年）は斎宮研究からの新見地として注目されよう。

（11）『続日本紀』天応元年四月辛卯条。

（12）拙稿Bを参照。

（13）『続日本紀』天応元年四月壬辰条。

（14）中村みどり前掲註3論文。

（15）『続日本紀』天応元年四月辛卯条に見える譲位宣命。

（16）『日本後紀』大同元年四月庚子条。似た童謡は、『日本霊異記』下巻三十八話に見える。これによれば、「やえのさか」は「山部の坂」となっている。天皇の居所である大宮に直結する山部の坂の土を踏みつけるな（後に天皇になる人だから）」という意である。

（17）『続日本紀』光仁即位前紀に、「葛城の前なるや　豊浦寺の西なるや　おしとど　としとど桜井に白璧しずくや　よき璧しずくや　おしとど　としとど　然すれば　国ぞ昌えるるや　おしとど　としとど」という童謡がはやり、桜井は井上内親王のことで　白璧は白壁王のことであると解されている。同様の話は、前述の『日本霊異記』にみえる。

（18）『続日本紀』天応元年四月癸卯、五月乙亥条。桓武天皇が高野新笠の高揚によって、皇統意識を形成したことは、仁藤敦史「桓武の皇統意識と氏の再編」（『国立歴史民俗博物館研究報告』一三四号、二〇〇七年）を参照。

（19）『続日本紀』天応元年十二月辛丑条、同月丁未条。

（20）『続日本紀』延暦元年閏正月甲子、丁酉、辛丑、壬寅条等。

(21) 佐藤信「藤原浜成とその時代」（『歌経標式　注釈と研究』所収、桜楓社、一九九三年）、前掲註3中林隆之論文、および拙稿Aを参照。

(22) この事件については、天武系王統による皇位奪還を狙ったものであるとか、桓武の挑発によって不安分子が一網打尽にされたものであるとか評価が分かれる。古くは林陸朗「県犬養家の姉妹をめぐって」（『上代政治社会の研究』所収、吉川弘文館、一九六九年、初出一九六一年）、阿部猛「天応二年の氷上川継事件」（『平安前期政治史の研究』所収、高科書店、一九九〇年、初版は一九七四年大原新生社）、亀田隆之「氷上川継事件に関する一考察」（『人文論究』四一号、一九九一年）など、近年では木本好信「氷上川継ぐ事件と藤原浜成」（『甲子園短期大学文化情報学科研究報告』一号、二〇〇六年）がある。

(23) 多治比豊継との子長岡岡成がその例で、延暦六年（七八七）に長岡姓を与えられている。

(24) 史料上に桓武の第〇子、第△女という表記が散見するが、矛盾することも多い。これは実際の生まれ順と、山部立太子後に誕生した順が混在するためだと思われる。正史としては、基本的には山部立太子後の安殿を第一子、朝原を第一女とする立場をとる。それ以前の子女の記事が極端に少なく、隠蔽しようとする傾向が感じられる。

(25) 『日本後紀』平城即位前紀。

(26) 『日本紀略』天長六年年八月丁卯条ほか。

(27) 拙稿Aを参照。

(28) 『続日本紀』延暦二年二月甲寅条。

(29) 乙牟漏は藤原式家の出身で、父は光仁朝の内大臣良継であるが既に亡かったが、母は光仁朝以来、後宮十二司をまとめていた尚侍兼尚蔵阿倍古美奈であった。吉子は南家の出身で、父は敏腕で鳴らしている右大臣是公、母は蘇我麻都我といわれ、雄友は兄にあたる。

(30) 『続日本紀』延暦二年四月甲子条。

(31) 『続日本紀』延暦四年五月癸丑条など。

(32) 『続日本紀』延暦四年九月乙卯条、十月庚午条。

(33) 『続日本紀』延暦四年十一月丁巳条。

(34) 『続日本紀』延暦七年五月辛亥条。

(35) 桓武の後宮において夫人に続く形で「女御」という地位が見えるが、呼称を含め実質的な地位として内実を持つようになるのは、嵯峨朝以降のことと考えられる。玉井力「女御・更衣制度の成立」(『名古屋大学文学部研究論集』五十六号、一九七二年)。

(36) 拙稿Bを参照。中村みどり前掲註3論文では、井上を「皇統を繋ぐ役割」と評価している。瀧浪貞子前掲註3論文など。

(37) 拙稿B参照。延暦十五年七月に無品から三品に叙品されているので、この前後に斎宮を解かれて帰京したものと思われる。同年十二月には桓武天皇が京中巡幸にさいして、朝原親王第に行幸したとある。翌十六年には献物の記事が二件みえ(『日本後紀』延暦十六年二月甲戌条、『類聚国史』巻一六五、雀項、延暦十六年六月辛酉条・『日本紀略』同日条)、この前後に安殿との婚姻が行われたと推測できる。

(38) 『日本紀略』弘仁八年八月戊午朔条に見える橘常子の薨伝には没年三十歳と見える。これが正しければ、常子は延暦六年前後の誕生となり、その娘大宅内親王も桓武末年の出生となる。同じく安殿の後宮に入った朝原内親王と大宅内親王は、異母姉妹とはいえ親子ほどの年の差があったことになる。

(39) 二内親王を平城に嫁した桓武の皇位継承に対する強い意志については、春名宏昭『人物叢書　平城天皇』(吉川弘文館、二〇〇九年)で既に指摘されている。

(40) この点については、前掲註3中林隆之論文では、桓武の積極的な意志というより、平城の要請によると解されている。

(41) 遠藤みどり「〈大后制〉の再検討」(『日本古代の女帝と譲位』所収、塙書房、二〇一五年、初出は二〇一一年)。

(42) 『日本後紀』大同元年三月辛巳条。

(43) 『日本後紀』大同元年六月辛丑条。この日、外祖父母である藤原良継と安倍古美奈に追贈・贈位がなされている。帯子は延暦十三年五月に病没したことが、『続日本紀』同年五月己亥条に見える。藤原百川の娘で、一連の措置は式家に対するものと思われる。また、『日本紀略』弘仁八年五月己酉条に、帯子を国忌から外している。

(44) 『日本後紀』弘仁三年五月癸酉条、同癸未条。朝原は二品、大宅は四品であった。その後、朝原は弘仁八年四月に没。大宅は天長五年十一月に出家入道したが、嘉祥に年二月に没した。

(45) 『日本紀略』大同四年四月戊寅、戊子条。

(46)『日本紀略』大同四年四月己丑条。『続日本後紀』承和二年正月壬子条や『三代実録』元慶五年十月十三日戊子条等によれば、高丘親王は第三皇子であった。第一皇子は阿保親王で、『続日本後紀』承和九年十月壬午条に見える薨伝によれば、延暦十一年の生まれである。阿保親王は、平城上皇の変において大宰権帥に左遷され、さらに、承和の変においては密告したと記録されている。『古今和歌集目録』などによれば、阿保親王の妻は、桓武皇女伊都内親王であったとされる。

(47)『日本後紀』大同四年九月丁未条の宣命にみえる。仁藤敦史「太上天皇制の展開」（『古代王権と官僚制』所収、臨川書店、初出一九九六年）など。

(48)『日本後紀』大同四年九月庚戌条。

(49)『日本紀略』大同四年六月丁亥条。延暦二十年に大宅内親王や高志内親王とともに加笄されており、その直後に入内したものと考えられる。

(50)『続日本後紀』承和八年四月丁巳条。

(51)『日本後紀』弘仁六年七月壬午条。橘嘉智子は『日本紀略』大同四年六月丁亥条によれば、多治比高子とともに夫人とされていた。橘嘉智子立后と同時に、高子は妃に、藤原緒夏は夫人なっている。

(52)『類聚三代格』弘仁五年五月八日詔。

(53)拙稿Aを参照。

(54)『日本紀略』大同四年五月壬辰条。

(55)『三代実録』貞観五年正月三日条。拙稿Aを参照。

(56)中村みどり前掲註3論文では、正子を父・兄の外戚系統と夫・子の系統を母系によってつなぐ役割を果たしたと評している。内親王の入内自体が、皇位に直結する問題ではなく、入内した内親王が皇后に冊立されるか否かが大きな問題であると認識している。

(57)『続日本後紀』仁明即位前紀、および『日本紀略』弘仁十四年四月壬寅条。

(58)高志内親王の追号は弘仁十四年六月のことで、『日本紀略』同年六月己丑条に見える。正子の立后は『同』天長四年二月己未条。このあたりの事情については、拙稿Aを参照。

(59)『日本紀略』天長三年五月丁卯条。恒世親王の遺児正道王は、仁明天皇の猷子となっていたことが、『続日本後紀』承和四年八月丁巳条の薨伝から知られる。

(60)『続日本後紀』天長十年二月乙酉、丙戌条。

(61)『続日本後紀』天長十年二月丁亥、三月戊子条。

(62)『続日本後紀』天長十年三月己丑条。淳和に太上天皇、皇太后橘嘉智子に太皇太后、皇后正子に皇太后の尊号が奉上された。

(63)拙稿Aを参照。

(64)『続日本後紀』承和九年七月己酉、乙卯、八月乙丑(ママ)、条など。

(65)拙稿Aを参照。文徳天皇の生母藤原順子は、「皇后」になることなく、「皇太夫人」から「皇太后」へとされ、これが慣例となった。延長元年(九二三)に藤原穏子が中宮に冊立されるまで、立后はなかった。

Ⅳ　制度を解く

『隋書』倭国伝の「八十戸」

——北康宏氏の所説にふれて

篠川　賢

はじめに

『隋書』倭国伝には、当時（七世紀初めころ）の倭国の地方支配組織について述べた次のような記事がある。

有二軍尼一百二十人一、猶二中国牧宰一。八十戸置二一伊尼翼一、如二今里長一也。十伊尼翼属二一軍尼一。

「軍尼」は「クニ」という和語を漢字の音を借りて表記したもので、国造（クニノミヤツコ）を指し、「伊尼翼」（「翼」は「冀」の誤りか）は「イナキ」を表記したもので、稲置を指すとみるのがふつうである。また、この記事の信憑性については、ある程度事実に基づく記述ではあるが、そこには当時の倭王権による自国の制度を整ったものと主張するための誇張や理想が反映されている可能性が高く、そのまま事実の伝えとみることはできないとするのが一般的な見方であるといえよう。(1) とくに「伊尼冀」（稲置）の管する「八十戸」については、毛利憲一氏による一定の信憑性を認める見解は示されているもの[2]の、実数とみなされることはほとんどなかったといってよい。

しかし近年、北康宏氏によって、この「八十戸」を実数として積極的に評価し、国造制下の「八十戸編成」の存在を主張する見解が提示されたのである[3]。北氏は、「大化」以前の国造部内の地域編成には〔A〕稲置――公戸系と、〔B〕地方伴造（ミヤケ）――王権直属部民系の二系統があり、〔A〕では八十戸編成、〔B〕では「三十戸」単位の六十戸編成が行われていたとし、「大化」の時点では、これらが公的制度と認識されていたが、それとは別の範疇として捉えられていた〔C〕王族・臣連伴造（ミヤケ・ヤケ）――子代・豪族部曲系の地域編成があり、これは〔B〕と同様六十戸編成であったとするのである。北氏は〔A〕を「国造稲置系統における八十戸編成」、〔B〕〔C〕を「ミヤケ系統における六十戸編成」と呼んでいる。

北氏の見解は、「改新詔」の立郡規定の数値をいかに解釈するかという問題を出発点とし、それは旧来の六十戸編成・八十戸編成をそのまま一里に見立てて設定した「換算数値」であると解釈してこそ矛盾なく理解できるとするのであり、その解釈を大きな論拠としている。氏の論考は、国造制の成立過程の問題にも及び、それについても新見解を示した極めて斬新かつ刺激的・魅力的な論考である。

国造制の問題に取り組んできた筆者としては、本来は、北氏の論考に接した段階で、直ちにそれを受けての私見を提示するべきあった。本稿は、遅ればせながら、その責めを塞ごうとするものである。

一　「大化」以前の「三十戸」単位

まず、北氏が「大化」以前には〔B〕・〔C〕の系統、すなわち地方伴造の管掌下に置かれた王権直属部民と、王族・臣連伴造の所有する子代・部曲において、「三十戸」単位の六十戸編成がなされていたとする点を取りあげたい。この点について、北氏が論拠としてあげた史料は、次の六点である。

(1)「改新詔」の仕丁徴発規定
(2)戸令為里条に関する集解諸説や「義解」
(3)『常陸国風土記』行方郡条の立郡記事
(4)『播磨国風土記』揖保郡越部里条
(5)「改新詔」の立郡規定
(6)禄令食封条

(5)・(6)は八十戸編成の論拠ともされる史料であり、第二節・三節で取りあげることとし、ここでは(1)〜(4)について検討したい。

(1)の仕丁徴発規定は次のとおりである。

凡仕丁者、改㆘旧毎㆓卅戸㆒一人㆖、以㆓一人㆒充㆑廝也。而毎㆓五十戸㆒一人、以㆓一人㆒充㆑廝。以充㆓諸司㆒。以㆓五十戸㆒、充㆓仕丁一人之粮㆒。一戸庸布一丈二尺、庸米五斗。

この規定にみえる「以㆓一人㆒充㆑廝」という割注は、北氏も説くとおり、賦役令仕丁条の「凡仕丁者、毎㆓五十戸㆒二人。以㆓一人㆒充㆓廝丁㆒。」に基づいて作文したための挿入であり、この条の割注としては文意が通らない。「改新詔」のこの規定は、旧来三〇戸に一人という割合で徴発してきた仕丁（上番者）を、五〇戸に一人という割合に改めるというものであり、その仕丁の粮には五〇戸から納入される分の「庸布・庸米」を充てるというのであって、賦役令の「毎㆓五十戸㆒二人。以㆓一人㆒充㆓廝丁㆒。」とは、その内容を異にするものである。(4)

北氏は、旧ミヤケ系統において六十戸編成が行われていたとするならば、この規定は、「六十戸のうちの三十戸から一人ずつ差点し、計二人のうちの一人を仕丁に、一人を廝にする」という意味に解釈できると述べる。たしかに、六十戸編成を前提として考えるならば、そのような解釈も可能ではであろう。しかし、この規定自体からは、以前には三〇戸に一人の割合で「仕丁」（上番者）が徴発されていたということが知られるのみであり、六十戸編成を推定することはできない。

次に、(2)の集解諸説と「義解」（『令集解』戸令為里条）について取りあげたい。

謂、若満二六十戸一者、割二十戸一立二一里一、置二長一人一。其不レ満二十家一者、隷二入大村一、不レ須二別置一也。釈云、師説云、若満二六十戸一者、割二十戸一立二一里一、置二長一人一。或説、為二二分一、各以二卅戸一為レ里者、非也。何者、為下以二五十戸一為上レ里故。唐令見レ文。跡云、所レ乗戸十戸以上、別置二里長一。不レ満二十戸一者、寄二附大村里一也。朱云、里者如レ郷也。於レ里無二地之多少限一也。古記云、若有二六十戸一者、為二二分一、各以二卅戸一為レ里也。

北氏は、ここで「六十戸」という纏まりがあった場合について繰り返し議論されているのは、かつて「六十戸」編成が行われていたことを示すとするのである。しかし、「古記」を除く諸説や「義解」においては、五十戸一里を前提に、五十戸を超えた部分が十戸以上の場合は別に里を立て、十戸未満はそのままにするというのであり、問題とされている戸数は一〇である。「古記」は、戸が六十戸になれば二分して三十戸ずつの里を立てるというのであるから、それらの議論とは異なるが、この「古記」からも、かつての三十戸編成の存在を推測することはできても、六十戸編成を導くのは困難である。

次に、(3)の行方郡条の立郡（評）記事を取りあげよう。

古老曰、難波長柄豊前大宮馭宇天皇之世、癸丑年、茨城国造小乙下壬生連麿、那珂国造大建壬生直夫子等、請二惣領高向大夫、中臣幡織田大夫等一、割二茨城地八里、那珂地四里、合七百余戸一、別置二郡家一。

傍点部は、諸本に欠けている部分であり、通常「那珂地七里」と復元されている。北氏は、『常陸国風土記』行方郡条に「立項」され、『倭名類聚抄』の郷名に続いていく里数は一二里であるとし、「那珂地四里」と復元するのである。筆者もこの点に異論はない。(5) 北氏も指摘されるとおり、「那珂地七里」は五十戸一里制を前提とした復元であり、八十七＝一五、一五×五〇戸＝七五〇戸という五〇戸もの端数を、「七百余戸」というのは不自然である。

「那珂地四里」と復元できるとすると、一二里で「七百余戸」ということになり、各里が同じ戸数で編成されていたとするならば、一里六十戸（一二×六〇＝七二〇）という数値が得られる。北氏は、立郡（評）申請者の二人が「壬生連」「壬生直」という壬生部の伴造の氏姓を持つことから、行方評は「壬生部を核にして設定された評、「壬生部の支配の及ぶ地域を評に設定した例」であるとし、これを、ミヤケ系統における六十戸編成の論拠とするのである。

しかし、立評申請者の二人が壬生部の伴造であるからといって、行方地域の人々のすべてが壬生部、あるいは北氏のいう〔B〕〔C〕系統に編成されていたとみるのは疑問であろう。また、「七百余戸」という数値は、信太郡の立郡（評）記事（『釈日本紀』巻十所引逸文）にも「分二筑波茨城郡七百戸一」とあることからすると、実数ではない可能性も否定できない。

かつて筆者は、この点について、『常陸国風土記』の立郡記事にいう「里」「戸」は風土記編纂当時の里・戸数を示すとして、常陸地方においては当時なお五十戸一里制が整備されていなかったと述べたが、(6) その後、立郡（評）記事にいう里・戸数は立評時（孝徳朝段階）の数を指すとみてよいと考えを改めた。(7) 行方郡立郡（評）記事の八里＋四里＝「七百余戸」は、立評時においては五十戸一里制がいまだ整備されていなかったことを示すとみるのが妥当であろう。

次に、(4)の揖保郡越部里条についてである。

> 越部里。旧名皇子代里。土中中。所㆔以号㆓皇子代㆒者、勾宮天皇之世、寵人但馬君小津、蒙㆑寵賜㆑姓、為㆓皇子代君㆒而造㆓三宅於此村㆒、令㆓仕奉㆒之。故曰㆓皇子代村㆒。後至㆘上野大夫結㆓卅戸㆒之時㆖、改号㆓越部里㆒。一云、自㆓但馬国三宅㆒越来、故号㆓越部村㆒。

ここにいう「上野大夫」は、同じ『播磨国風土記』の飾磨郡少川里条に「庚寅年、上大夫為㆑宰之時、改為㆓小川里㆒」とある「上大夫」と同一人であり、「結㆓卅戸㆒之時」というのは、飾磨郡少川里にいう「庚寅年」すなわち持統四年（六九〇）を指すとするのが一般的解釈である。これに対して北氏は、大化以前にも国宰制が存在したとみるならば、[8]「結㆓卅戸㆒之時」は舒明二年（六三〇）の庚寅年に比定してもかまわないとし、越部里条は、「舒明朝に六十戸編成のミヤケを仕丁差点基準に従って三十戸＋三十戸に内部編成しなおした」という意味で理解できるとするのである。しかしこの場合も、ミヤケ系統における六十戸編成の存在を前提とすればそのような意味に解することも可能であるということにすぎないのであり、この記事自体から、「大化」以前の六十戸編成を導くことは困難である。

この記事は、通説に従い、持統四年の「庚寅年」段階の記事として読むべきであり、この段階においても、なお三十戸単位の編戸がなされる場合のあったことを示す史料として読むべきであろう。

要するに、(1)〜(4)の史料からは、「大化」以前における「三十戸」単位の存在、「大化」以後における「五十戸編成」と併存する「三十戸編成」の存在を推測することはできても、「大化」以前の「六十戸編成」を推測するのは難しいといえるのである。

表1　改新詔立郡規定にみられる既存の秩序の擦り合せ（北康宏氏作成）

ミヤケ系領域	郡の等級	国造稲置系領域
60戸×40里＝2400戸〔旧大郡〕	大郡	
	中郡	80戸×30里以下＝2400戸以下 ↑ 80戸×10里〔旧稲置〕＝800戸 ↑ 80戸×4里以上＝320戸以上
60戸×4里＝240戸〔旧小郡〕	中郡	
	小郡	80戸×3里＝240戸

二　「改新詔」の立郡規定

「改新詔」にいう郡の等級規定は、次のとおりである。

凡郡、以二四十里一為二大郡一、三十里以下四里以上為二中郡一、三里為二小郡一。

ここには、戸令定郡条「凡郡、以二廿里以下十六里以上為二大郡一、十二里以上為二上郡一、八里以上為二中郡一、四里以上為二下郡一、二里以上為二小郡二」に基づく文飾の施されていることは明らかであるが、内容的には両者の間に大きな違いがあり、評制施行にあたって定められた実際の数値とみてよいであろう。

北氏は、この等級規定について、「①なぜ三十里から四里までという大きな幅に中郡を当てる不均衡な分割がなされているのか、換言すれば、四十里と三里だけをなぜ特別枠として設定したのか、②全体が4と3とを基本数として組み立てられていることの意味は何か、③「四十里以下」となっておらず、三十九里から三十一里までの間が空いているのはなぜか、このような点については未だ十分な説明がなされていない」と指摘したうえで、この規定の数値は、旧来の六十戸編成・八十戸編成をそのまま一里に見立てて設定した「換算数値」とみてこそ十全に理解されるとするのである。

すなわち、六十戸編成のミヤケには現実に大小二つの規格があり、大は六〇戸×四〇里＝二四〇〇戸、小（標準的ミヤケ）は六〇戸×四里＝二四〇戸であり、これに基づいて、まずはミヤケ系の郡を二等級に分ける。そして八十戸編成の国造稲置系を、ミヤケ系の郡よりも下位の存在として、この二四〇〇戸と二四〇戸の間に位置付けると、三十里（八〇戸×三〇里＝二四〇〇戸）から三里（八〇戸×三里＝二四〇戸）となる。このような擦り合わせによって、大郡は四〇里、中郡は三〇里以下四里、小郡は三里という等級が定められたと解釈するのである（表1参照）。

たしかに、よく考えられた解釈といえようが、疑問点も多い。まず、ミヤケには現実に大小の規格があり、大は二四〇〇戸、小は二四〇戸規模で、小ミヤケが標準ミヤケであったとする点である。北氏は、標準ミヤケが二四〇戸であったことを示す史料として、孝徳紀大化二年三月壬午条の「皇太子奏」をあげるが、北氏の「皇太子奏」についての解釈は疑問であると思う。

「皇太子奏」によれば、孝徳天皇の「群臣連及伴造国造所有、昔在天皇日所置子代入部、皇子等私有御名入部、皇祖大兄御名入部、謂㆓彦人大兄㆒也。及其屯倉、猶如㆓古代㆒、而置以不」という諮問に対し、中大兄皇子は「別以㆓入部及所封民㆒、簡㆓充仕丁㆒、従㆓前処分㆒。自余以外、恐㆓私駆役㆒。故献㆓入部五百廿四口、屯倉一百八十一所㆒」と答えたというのである。ここにみえる「入部五百廿四口」、「屯倉一百八十一所」という数値について、北氏は、標準的ミヤケを二四〇戸とすると一ミヤケ（六十戸編成）から徴発される仕丁（入部）は四人であり、ミヤケ一八一×四人で七二四人となる、この人数は「五百廿四口」と端数が一致する、これは偶然ではなく、「五百廿四口」は「七百廿四口」の誤記である可能性が高いとし、これが認められれば、「皇太子奏」は一ミヤケ二四〇戸であったことを示す史料になるとするのである。

しかし、「皇太子奏」において中大兄の述べていることは、自らのもとに現に上番している「入部」（自らが所有する御名代である全国各地に設置された刑部からの上番者）(9)のうち、「改新詔」の規定に従って五〇戸に一人の割合で徴発した場合の人数と、「所封民」（皇太子としての中大兄に対して賜与された壬生部か、あるいは御名代の廃止にともなって賜与されることになる「食封」(10)のいずれかと解釈される）からやはり五〇戸一人の割合で徴発する仕丁の人数を合わせた分は、そのまま自らのもとで使役するが、それ以外の「入部」(仕丁)は献上するというのであり、その献上する人数が五二四口ということである。[11] したがって、献上される「入部」の数と、中大兄の所有する「屯倉」(全国各地に設置された刑部をそれぞれの地において管掌する地方伴造のミヤケ)の数は対応しないのである。また献上するミヤケの数は、中大兄が所有する御名代(刑部)のミヤケのすべてと解すべきであるから、「一百八十一」という数は実数ではなく「大変多くの」という意味で使用されているという可能性も否定できない。

次に、北氏が、ミヤケ系の郡は国造稲置系の郡の上位に位置付けられたする点も、その理由が不明瞭である。国造稲置系の管掌するのが「公戸」と認識されていたとするならば、むしろこちらの方が上位に位置付けられてよいようにも思われる。

そして、「以㆓四十里㆒為㆓大郡㆒」という表現についても、やはり通説のとおり、「以下」が省略されているとみるか、あるいはそのままでも「四十里から三十一里」の意味で書かれているとみるのが妥当であろう。「改新詔」の立郡規定は、当時の詔をそのまま載せたというようなものではなく、あくまで孝徳紀編者によって書かれた文章である。したがって、まずは孝徳紀編者がどのような意味で書いたのかを考えなければならないのであり、「以㆓四十里㆒為㆓大郡㆒」は、「四十里以下三十一里以上を大郡とする」の意味、「三里為㆓小郡㆒」というのも、「三里以下を小郡とする」の意味で書かれた表現とみるのが妥当といえよう。

「改新詔」の立郡規定が、戸令定郡条に比べて、各差の大きい、かつ大まかな規定になっていることについては、当時、現実に存在した各地域の秩序には様々な規模があり、それをそのまま認める(利用する)形で評が立てられた(立てざるを得なかった)ためとみてよいであろう。稲置の管掌下にあった人々も、地方伴造の管掌下の人々も、いずれも個々に世帯をなし、集落を形成して生活していたと推定されるが、その現実に存在した個々の世帯が「戸」であり、[12] 一稲置、一地方伴造のもとの「戸」の数は実に様々であったとみるべきであろう。三十戸ごとに一人の仕丁（上番者）というのも、入部（上番者）を徴発するための目安であり、各ミヤケにおいて一律に「三十戸」単位の編成が行われていたことを示すものではないと考えられる。

一方北氏は、評は五十戸編成を実現していく主体であったと主張するのであるが、この点は重要な指摘であり、事実そうであったと考えられる。ただそれは、立評時に存在していた旧来の六十戸編成・八十戸編成を擦り合わせていくというのではなく、個々にばらばらの数であった稲置や地方伴造の管掌下の人々の世帯（「戸」）数を、評家（コホリノミヤケ）のもとに五十戸単位に編成していく作業であったと考えられるのである。

三　大宝令の食封規定

大宝令の禄令食封条によれば、位封は、正一位三〇〇戸、従一位に二六〇戸、正二位に二〇〇戸、従二位に一七〇戸、正三位に一三〇戸、従三位に一〇〇戸と定められている。

北氏は、その戸数差が三〇（及びその倍数である六〇）・四〇であることに注目し、この戸数差が五〇を基準とする数に是正されるのは慶雲三年（七〇六）二月十六日格（『令集解』禄令食封条「古記」所引）においてであり、このことは、大宝令制定前後までは、三十戸・四十戸の枠組みが残存したことを示すものであるとするのである（表2参照）。すなわち、食封は部曲に替わるものであり、現実の利害が絡む対象であるから、机上の計算による戸数ではなく、実在の里に基づく支給と考えられるとし、支給当初の「改新詔」（「賜二食封大夫以上一、各有レ差」）段階では、旧来の六十戸編成・八十戸編成に基づく支給が行われたのであり、その残存が禄令食封条に示されているというのである。

しかし、北氏のいう部曲は六十戸編成であったはずであり、食封規定に示された四〇戸という差を、かつての

表２　「禄令」の位封規定と「慶雲三年二月十六日格」の位封規定との比較
（北康宏氏作成）

	正一位	従一位	正二位	従二位	正三位	従三位	正四位	従四位
禄令10食封条	300	260	200	170	130	100	位禄	位禄
（戸数差）	（40）	（60）	（30）	（40）	（30）			
慶雲三年格	600	500	350	300	250	200	100	80
（戸数差）	（100）	（150）	（50）	（50）	（50）	（100）	（20）	

八十戸編成（国造稲置系統の編成）の残存とみることはできないであろう。これまで取りあげてきた史料と同様、大宝令の食封規定からも、かつての三十戸編成の存在は推測できても、八十戸編成を推測することは難しいのである。

一方、三十戸編成が行われていたことは、『日本書紀』『続日本紀』に記された天武六年（六七七）以降文武四年（七〇〇）までの賜封記事からも推測することができる。天武六年五月甲子条に百済人率母に三〇戸、同十年正月辛巳条に境部連石積に六〇戸、同十四年十月癸酉条に百済僧常輝に三〇戸、朱鳥元年（六八六）六月丙申条に法忍・義照に各三〇戸、持統七年（六九三）三月甲午条に上村主百済に三〇戸、文武四年八月丁卯条に船連秦勝に三〇戸とあるのがそれである。またこの間の記事には、持統五年正月乙酉条に布勢御主人と大伴御行に八〇戸、持統十年十一月戊申条に大官寺の弁通に四〇戸とあるように、八〇戸・四〇戸の賜封も行われているが、これについては、かつての八十戸編成の残存とみるよりは、評制施行後、五十戸編成が命じられたものの現実にはなお三十戸編成も行われていたというなかでの、五十戸編成と三十戸編成が組み合わされた場合の数値とみたほうがよいであろう。朱鳥元年以降の賜封記事においては、五〇戸単位（五〇およびその倍数）の賜与が一般的であることはいうまでもあるまい。

ところで、北氏は、国造稲置系の八十戸編成について、次のようにも述べている。

第一段階の古い国造制において国造が人格的主従関係（トモ的関係）を結んでいた一定数の県主（十稲置程度）の支配領域が、八十戸で編成されていたのではないか。

そして、この八十戸制が第二段階に至ってもなお、国造の権力が直接的に及ぶ範囲として他の秩序と併存・存続し、エダチの徴発や国造軍編成の際にはその中核となったのであろう。

北氏は、国造制には、「別（ワケ）」を媒介とした宗教的かつ族制的な秩序をもって構成された、もしくはそういった虚構観念を利用して構成された〈プレ国造制〉と称すべき国造制の第一段階」と、「大化前代のミコトモチ制の成立に触発されて部内支配を実現する〈国司国造制〉と称すべき国造制の第二段階」があったとするのであり、第一段階の国造制は、ワケの下向という触媒を介して国造の地位を得た有力県主が、周辺の諸県主を稲置と位置付けて作った族制的秩序であり、五世紀に成立した秩序であるとしている[13]。

しかし、北氏のいう国造制の第一段階すなわち五世紀の段階において、国造―稲置の配下にあった人々が、一律に八十戸で編成されていたとは考え難いであろう。北氏自身も、その段階の秩序を族制的秩序としているのである。江田船山古墳出土の大刀銘によれば、ワカタケル大王に典曹人として奉事したムリテは、自らの統治の安泰を銘文に祈念しているのであり、ワカタケル大王の支配権はムリテの統治範囲内には及んでいないと考えられる。このような段階で、国造―稲置―八十戸という整然とした支配制度の存在を考えることには、やはり無理があるといえよう。

四　『隋書』倭国伝の「八十戸」

「はじめに」にも述べたとおり、これまでは『隋書』の「八十戸」を実数として評価することはほとんど行われてこなかったのであり、倭王権の側が、隋の側に、自らの地方組織を整ったものと主張するため、一二〇人の国造の存在と、一国造のもとに一〇稲置、一稲置に八〇戸という数値を伝えたと解釈するのがふつうであった。

ただ、国造の一二〇人については、『先代旧事本紀』の「国造本紀」に一三〇ほどの国造名がみえることとの対応から事実に基づく数字とみなされてきたのである。[14]

このようななかで、毛利憲一氏は、「八十戸」を実在の編成単位とみてよいとの見解を提示し、およそ次のように述べている。

(1)『隋書』倭国伝には、倭国の戸数を「十万」ほどとする記述があり、[15] それは、一二〇×一〇×八〇戸=九六〇〇〇戸と近似する数字であるが、従来は、これらの数は倭国全体の戸数としては少なすぎるとして、その信憑性を認めてこなかった。しかし、稲置が管掌した「戸」は、ミヤケの田地を耕作した田部を編成したものであり、それは倭王権の直轄支配下の人々のみを指した戸数とみるべきであり、「国」内部には、実際にはそれ以外の支配系統(諸豪族の「私的」支配)も存在していた。したがって、九六〇〇〇戸という戸数は、少なすぎるということにはならない。

(2)「八十戸」については、『日本書紀』欽明元年八月条に秦人の戸数を総数七〇五三戸とし、『新撰姓氏録』山城国諸蕃秦忌寸条に雄略朝の秦民を九二部一八六七〇人とすることから、一部=約二〇二人=約七六・七戸=約八〇戸という数値が得られる。このことからすると、稲置の管掌した田部が八〇戸編成であったとみることに無理はない。

(1)については、妥当な見解であるといえよう。毛利氏が、稲置の管掌下にあったのは田部の集団であり、「国」内部にはほかの支配系統も存在したとする点は、筆者も同様に考えている。[16] したがって、一二〇×一〇×八〇=九六〇〇〇戸という数値が倭国全体の戸数としては少なすぎるという理由で、信憑性がないとすることには問題がある。ただ、だからといって、直ちに『隋書』の数値が実数を伝えているということにはならない。

(2)については、いくつかの疑問点があげられる。まず、『日本書紀』と『新撰姓氏録』という異なる史料にみえる数値、しかも欽明朝と雄略朝という異なる時代の数値に基づく計算である点である。また、その計算から得られた約二〇二人＝約八〇戸という数値に従うと、一戸の平均人数が三人にも満たないという不自然な人数になってしまう点もあげられる。さらに、『新撰姓氏録』には、九二部の秦民が一部ごとに同じ人数であったとは書かれていないのであり、一部＝約二〇二人という計算は、一部ごとの人数を同じと仮定したうえでの計算という点も問題である。

なお、毛利氏は、「一つの〈国〉に一〇人の稲置が画一的に統属していたかどうかは不明であるが、総計としての一〇万戸にはある程度の信憑性を認めて良いのではなかろうか」とも述べている。これによれば、『隋書』の「戸可二十万一」という記述は、「軍尼一百二十人」「八十戸置二一伊尼翼一」「十伊尼翼属二一軍尼一」という情報とは別の情報に基づく数値と解しているようにも思われるが、「十万」というのは、一二〇×一〇×八〇戸＝九六〇〇〇〇戸という計算に基づいて、『隋書』の編者が記した数字である可能性が高いと思う。

ただ、「十万」が別の情報によって記された数字であったとするならば、逆にこの数字から、一二〇×一〇×八〇戸という計算式が作られたという可能性も考えられる。すなわち、倭国の戸数は一〇万戸ほどという情報と、倭国の地方支配組織は一二〇人の「軍尼」のもとにそれぞれ複数の「伊尼翼」が属し、一人の「伊尼翼」は複数の戸を管掌する組織である、といった程度の情報とを合わせて、「八十戸置二一伊尼翼一」「十伊尼翼属二一軍尼一」という数字が机上で作成されたという可能性である。そして、このような可能性を想定する場合、『隋書』は、その倭国を、狭い意味での「倭（倭国）」と認識しているとみなければならない。広い意味での「倭」（倭国全体）の戸数を「戸可二十万一」とするような現実離れした情報を、隋の側に伝えた（あるいは隋の側でそのような情報を得た）とは考え難いからである。

『隋書』倭国伝においては、「倭（倭国）」は、倭人の居住する地域全域を指す広い範囲と、のちの「畿内」地域に相当する程度の狭い範囲の二通りの意味で使われており、前者は、『魏志倭人伝』の記述に基づく冒頭の国境についての記事や、倭の自然環境を述べた部分に阿蘇山が登場することなどによく示されている。後者は、「自二竹斯国一以東、皆附二庸於倭一」という場合の「倭」がそれであり、これによれば、北九州から大阪湾に至る瀬戸内海沿岸の諸国は、倭に従属はしているが倭とは異なる国と認識されているのである。

一二〇人の「軍尼」（国造）というのは、実際には九州・中国・四国地域における国造を含めた人数（広い意味での倭国全体の国造）であるが、この倭の側からの情報を、隋では狭い意味での倭国の支配組織と誤解したうえで、「戸可二十万一」という別の情報に対応させ、「八十戸置二一伊尼翼一」「十伊尼翼属二一軍尼一」という数字を机上で作成したという可能性である。この可能性を想定した場合も、一〇万戸ほどでは少なすぎるという疑問は生じないであろう。

一方、九六〇〇〇戸＝約一〇万戸という数値が倭国全体の戸数としては少なすぎるという問題については、「八十戸」というのは、倭の側で「沢山の戸」の意味で伝えたのを、『隋書』において実数として記されたとする見方も示されている。[17] 筆者も、それが妥当ではないかと述べたことがあり、[18] 今でも最も可能性の高い説明であると考えている。しかし、右に述べたような、隋の側で誤解したうえで作成した数字とする説明も否定できないと思うのである。ただいずれにしても、「八十戸」を実数とみることは難しいのであり、稲置の管掌下にあった人々（田部）が、現実として、一律に八〇戸に編成されていたというようなことは考え難いのである。

『隋書』倭国伝の「八十戸」については、毛利氏・北氏の見解が提示されてもなお孤立した史料といえるのであり、その信憑性を認めることはできないと考える。

註

（1）井上光貞「国県制の存否について」（『井上光貞著作集』第一巻、岩波書店、一九八五年、所収。初出は一九六〇年）。石母田正『日本の古代国家』（岩波書店、一九七一年）。吉田晶「凡河内直氏と国造制」（同『日本古代国家成立史論』東京大学出版会、一九七三年、所収）。山尾幸久『日本国家の形成』（岩波書店、一九七七年）など参照。筆者もまたそのように考えている。拙著『日本古代国造制の研究』（吉川弘文館、一九九六年。以下『拙著』と略記する）第一編第二章「記紀の国造関係記事の検討」。

（2）毛利憲一「六・七世紀の地方支配――「国」の歴史的位置――」（『日本史研究』五二三、二〇〇六年）。なお、毛利氏の見解については、本稿の第四節で取りあげることにしたい。

（3）北康宏「国造制と大化改新――大化前代の支配構造――」（同『日本古代君主制成立史の研究』塙書房、二〇一七年、所収。初出は二〇一一年）。

（4）この「改新詔」の仕丁規定の内容については、近年、「里」表記に遡る「五十戸」表記の木簡の出土例が増えていること、孝徳紀大化二年三月壬午条の「皇太子奏」の内容から、それ以前に仕丁規定が定められていたと考えられること、「皇太子奏」は孝徳天皇の諮問を受けての中大兄皇子の奏答であり孝徳朝当時のものとみて間違いないことなどから、その信憑性を認めてよいと考えられる。

（5）拙稿「律令制成立期の地方支配――『常陸国風土記』の建郡（評）記事をとおして」（佐伯有清編『日本古代史論考』吉川弘文館、一九八〇年）。

（6）同右。

（7）『拙著』第三編第二章「『常陸国風土記』の建郡（評）記事と国造」。

（8）北氏は、孝徳紀に描かれた大化の諸改革は、八月と三月とを基準としたサイクルで組み立てられているとし、皇極紀二年十月己酉条の国司発遣記事、推古紀十二年四月戊申条の「憲法十七条」十二日の「国司国造」、安閑紀元年四月朔条の伊甚国造の上京記事などを論拠に、「遅くとも七世紀初頭の推古朝までには、八月に国司が発遣され、複数の国造領域を跨ぐ任国に駐在、国造を率いて「部内」を巡行し、翌年二月末には国造らと共に上京・朝集するというサイクルをもつ〈国司国造制〉と称すべき制度が確立していたと考えられる」と述べている。本稿においては、北氏のこの見解に立ち入ることはできないが、筆者は、「国司」（国宰）制が成立するのは天武朝の国境画定事業によって令制国が成立した段階のことであり、天智朝の庚午年籍作成を契機に、常置のミコトモチ（宰）が派遣されるようになったが、それ以前のミコトモチは、特定の任務を帯びた臨時の派遣官であったと考えている。『拙著』第二編第四章「国宰制の成立と国造」。

（9）薗田香融「皇祖大兄御名入部について」（同『日本古代財政史の研究』塙書房、一九八一年、所収。初出は一九六八年）。

（10）この場合の「食封」は、中大兄の所有していた御名代（刑部）のすべてに相当する額ではなく、その一部が食封として賜与されたものと考えられる。

（11）「皇太子奏」についての筆者の解釈は、拙稿「「大化改新」と部民制」（篠川賢・大川原竜一・鈴木正信編著『国造制・部民制の研究』八木書店、二〇一七年、所収）参照。

（12）孝徳紀大化二年三月辛巳条の「東国国司詔（第三詔）」には、国司らの「犯」の一つとして、「於百姓中、毎㆑戸求索」ということがあげられているが、この「東国国司詔」にいう「戸」が、まさにここにいう「戸」に相当すると考えられる。

（13）北氏は、「県主」について、本来は「王権によって認知された地方・地域の首長」といった広い意味で用いられた概念であるとしている。またそうであるならば、北氏のいう〈プレ国造制〉は、この県主層が地域における重層的・族制的関係を持って王権に従属する秩序ということになり、それをことさら国造制の第一段階とする必要はないであろう。北氏も、「国造」「稲置」の呼称がその段階で成立していたか否かの議論はしておらず、国造制の第二段階〈国司国造制〉が成立することによって、旧来の国造は「くにのみやつこ」として認定されていくと述べている。

（14）なお、『宋書』倭国伝にみえる倭王武の上表文に「東征㆓毛人㆒五十五国、西服㆓衆夷㆒六十六国」とみえることから、この五五＋六六＝一二一という数値も、一二〇人を実数とする論拠にあげられることがある。しかしこれは、続いて「渡平㆓海北㆒九十五国」と記されることに明らかなように、誇張・文飾のために用いられた数字であり、論拠にはならない。

（15）『隋書』倭国伝には、倭国（倭人）の習俗を述べた部分の一節に、「其王、朝会必陳㆓設儀仗㆒、奏㆓其国楽㆒。戸可㆓十万㆒」との記述がみえる。「其王」は倭王、「其国」は倭国を指すのは明らかであり、これによれば、倭国には一〇万ほどの戸があったことになる。

(16)『拙著』第三編第一章「国造制の内部構造」。

(17) 角林文雄「大化の屯倉廃止」(同『日本古代の政治と経済』吉川弘文館、一九八九年、所収。初出は一九八一年)。

(18)『拙著』三六〇頁注(28)。

律令官人制と古代の東北

十川陽一

はじめに

律令国家の支配体制を支える律令官人制は、野村忠夫氏の整理によれば、官（律令制支配機構におけるポスト）、職（その職掌・職務内容）、位（天皇の下で〝人を等級づける〟もの）の三つの要素によって構成される。[1] そしてこれらのうち、基本的な秩序となるのは位階であり、有位者を官職に就けることによって、臣下を支配者層として編成する構造であった。[2] ただし官人制が地方末端まで展開する一方、在地社会においては位階の上下に左右されない伝統的秩序が存在したとみられる。[3] こうした見解を踏まえ筆者は、全国的には官職を中心に受容され、位階への需要は原則として低い傾向にあったと論じたことがある。[4] 換言すれば、国家による位階を中心とした編成原理と、地域における官職への需要という点では齟齬がありつつも、全体としては官人制が受け入れられてゆくものと指摘できる。このように律令官人制は、国家と社会の接点を考える上で重要な視点となるものである。

ところで、地方における需要を考える場合、対象地域をある程度限定した地域的な視点も不可欠である。本稿では、特に東北地方に注目して、国家と社会の関係について検討を加えたい。古代の東北に関する研究史の流れなどについては鈴木拓也氏や渕原智幸氏の整理を参照されたいが[5]、律令国家の東北地方への進出は、古代国家の展開のみならず東北の地域社会にも大きな影響を与えたといえる。その中で官人制と関わっては、国造制などの前段階を経ずに律令制的支配が展開した地域を含んでいることから[6]、地域社会が律令制を受け入れてゆく様子を直接的に見出しやすい地域であると予察される。

以下、八世紀を中心とした陸奥・出羽における官人制の展開について、他地方との差異の析出を出発点として、古代の東北がいかに中央との接点を持とうとしたか、検討を加えることとする。なお古代史に限らず、東北地方の研究に関わっては、入間田宣夫氏が指摘されるように、どの時代においても東北を「中央国家による征服や開発、ないしは救済の対象として」、中央国家との二項対立において把握される場合が多い[7]、という問題点が挙げられる。本稿ではこの点にも留意しながら検討を進めたい。

一　古代の東北における官人制展開の様相

七世紀以来、蝦夷は古代国家との政治的関係を持ち、城柵の設置・建郡、朝貢・交易、当土安置・中国移配などの形で支配を受けることとなる[8]。また、継起的に軍事行動が行われた地域であるがゆえに、軍功に伴う勲位・位階の授与や、勲位を媒介とした位階の拡大なども窺うことができる[9]。このように、城柵・郡の設置に伴って官職が展開し、朝貢・軍事行動などに伴って位階が展開したことが明らかにされてきた。本章ではこれら諸先学の成果を踏まえつつ、古代の東北における官人制展開の様相を整理したい。

（一）位階と朝貢

まず、少し煩雑になるが、延暦年間以前の記事から、東北地方における個人名が確認できる有位者を管見の限り挙げておきたい（↓は昇叙、授は授位。それ以外は現有位階とする）。

①持統三年（六八九）正月丙辰　陸奥国優嶂曇郡　城養蝦夷　脂利古（務大肆）【書紀】
②養老四年（七二〇）正月丙子　諸君鞍男（渡嶋津軽津司・従七位上）【続紀】
③天平勝宝四年（七五二）六月壬辰　君子部和気・遠田小捄・遠田君金夜（外正六位下↓外従五位下）【続紀】
④天平勝宝五年六月丁丑　陸奥国牡鹿郡人　丸子牛麻呂（外正六位下）・丸子豊嶋（正七位上）【続紀】
⑤天平勝宝五年八月癸巳　陸奥国人　丸子嶋足（大初位下）【続紀】
⑥天平神護元年（七六五）十二月己亥　道嶋宿禰三山（従六位下↓外従五位下）【続紀】
⑦天平神護二年十二月辛亥　陸奥国人　名取公龍麿（正六位上）【続紀】
⑧神護景雲元年（七六七）十二月甲申　道嶋宿禰嶋足（正四位上・陸奥国大国造。道嶋宿禰三山（従五位上・国造）【続紀】
⑨神護景雲三年三月辛巳　陸奥国人六十二名（詳細略。外少初位上〜外正六位上）【続紀】
⑩神護景雲三年四月甲辰　陸奥国行方郡人　下毛野公田主（外正七位下）【続紀】
⑪神護景雲三年十一月己丑　陸奥国牡鹿郡俘囚　大伴部押人（外少初位上勲七等）【続紀】
⑫宝亀二年（七七一）十一月癸巳　陸奥国桃生郡人　牡鹿連猪手（外従七位下）【続紀】
⑬宝亀九年六月庚子　吉弥侯伊佐西古（外正六位上↓外従五位下）、伊治公呰麻呂（夷第二等↓外従五位下）【続紀】
⑭宝亀十一年三月丁亥　陸奥国上治郡　伊治公呰麻呂（大領・外従五位下）【続紀】
⑮延暦四年（七八五）二月壬申　陸奥国小田郡　丸子部勝麻呂（大領・正六位上↓外従五位下）【続紀】
⑯延暦九年五月庚午　陸奥国遠田郡　遠田公押人（郡領・外正八位上勲八等）【続紀】

⑰延暦十年九月癸亥　陸奥国安積郡　阿倍安積臣継守（大領・外正八位上↓外従五位下）【続紀】

⑱延暦十一年十月癸未朔　陸奥国俘囚　吉弥侯部真麻呂・大伴部宿奈麻呂（授外従五位下）。【類史巻一九〇】

⑲延暦十一年十一月甲寅　陸奥夷俘　爾散南公阿波蘇・宇漢米公隠賀（授爵一等）、俘囚　吉弥侯部荒嶋（授外従五位下）【類史巻一九〇】

⑳延暦十五年十一月壬辰　上毛野朝臣益成・吉弥侯部弓取・巨勢部楯分・大伴部広椅・尾張連大食（外正六位上↓外従五位下）【後紀】

㉑延暦十八年三月戊甲　陸奥国柴田郡人　大伴部人根（外少初位下）【後紀】

㉒延暦二十一年十二月庚寅　道嶋宿禰御楯（鎮守軍監外従五位下、陸奥大国造）【類史巻一九】

㉓延暦二十三年正月辛卯　浦田臣史閫儺（夷第一等↓外従五位下）【後紀】

これらのうち、官職等（便宜的に国造も含めた）が確認できる部分については傍線を付したが、その数があまり多くないことが見て取られよう。特に⑨では、紙幅の関係から詳細は割愛したが、多くの人名が挙げられている記事にも関わらず郡司等の官職は見出せない。これらが何らかの形で官職を経て位階を得た者である可能性もないわけではないが、蝦夷や俘囚とされる人々も位階を有し（①⑪）あるいは授位されていること（⑱⑲）などからすれば、東北地方において、官職よりも位階が優先的に展開している可能性が高い。

古代の東北における位階は、叙位が懐柔策として重要であったこと[10]、蝦夷への叙位は陸奥国司の職掌として行われたこと[11]、三十八年戦争後の叙位は蝦夷の私的武力の利用[12]あるいは朝貢饗給への参加に伴うものであったこと[13]など、支配の展開におけるツールの一つであった。この点が「はじめに」で述べた一般的な地方の動向と異なる、古代東北の特徴を理解するための重要な要素であろう。

東北地方と古代国家の関係における大きな画期は斉明朝の遠征であるが、『日本書紀』斉明元年（六五五）七月己卯条に、「柵養蝦夷九人・津刈蝦夷六人」に冠二階を授けたとあり、基本的な構造として城柵の設置と位の授与による蝦夷の取り込みが図られたと想定される。この時期には、斉明四年から六年にわたる三年三度の遠征が行われ、蝦夷との接触が一層活発化していったが、[14]こうした直接的支配が展開する初期段階において位階が重要な意味を持ったことが、その後に位階が優先して展開する背景となったものと予想される。すなわち、他地域にみられる律令以前における国造への任命や、律令制下においても郡司任用後に初叙を行う選叙令13郡司条の規定等のように、在地首長の存在をポストによって承認するのではなく、当初から位階という身分指標を与えて秩序に組み込んだことが大きかったと考えられる。

また、蝦夷の朝貢は、伊藤循氏が整理される通り、中央の朝庭・地方における王権の直轄的施設（プレ国府・諸柵など）・蝦夷の本拠地に置かれた政所などへ朝貢させ、王権と各地の蝦夷集団との間に個別の関係を設定したものとみられる。[15]こうした朝貢の場では、『続日本紀』宝亀三年（七七二）正月丁酉条と同四年正月庚辰条に、都での元日朝賀に参列した陸奥・出羽の蝦夷に対して叙位が行われていることなどからも窺えるように、八世紀においても位階の授受が行われる場でもあった。

ところでこの陸奥・出羽蝦夷入朝が二年連続記録された翌年の、宝亀五年正月庚申条に「詔、停二蝦夷俘囚入朝一」と、唐突に蝦夷・俘囚の入朝が停止されたことが見える。この入朝停止の四日前にあたる正月丙辰に、出羽の蝦夷・俘囚のみを朝堂で饗宴したことがみえることなどから、当時不安定であった陸奥国の情勢に[16]対応する拠点として、特に出羽の蝦夷・俘囚との君臣関係の確認が図られたものと想定される。[17]このように考えれば、朝貢して叙位の対象となる者とは、基本的に律令国家に従い、その下での働きを期待される者であったといえる。

このように、初期段階での授位と朝貢によって接触が開始され、その後も国家に従う者に対して位階を与える方針の下、東北地方における官人制が展開していったことが改めて確認できよう。

（二）支配の展開と叙位

前節で触れたような朝貢による位階獲得が存在する一方、古代の東北では律令国家による征夷とそれに対する蝦夷社会の反乱による戦乱が多発したことなどから、それらにおける軍功などによって位階を獲得するケースも多かったとみられる。

たとえば『続日本紀』養老七年（七二三）九月己卯条では、

出羽国司正六位上多治比真人家主言、蝦夷等惣五十二人、功効已顕、酬賞未レ霑。仰レ頭引レ領、久望二天恩一。伏惟、芳餌之末、必繫二深淵之魚一、重禄之下、必致二忠節之臣一。今夷狄愚闇、始趨二奔命一。久不二撫慰一、恐二解散。仍具レ状請レ裁。有レ勅、随二彼勲績一、並加二賞爵一。

と、「勲績」に対する褒賞として「賞爵」を急いで与えるよう、出羽国司からの上申が行われている。軍功による勲位の授与が議論されたものとみられるが、このことは、叙勲などが現実的に褒賞としての意味を有していたことを示そう。勲位は軍功に伴うものであって通常の位階とは異なるが、勲位を得た者が、官職や続労を経て位階を得るなど官人化してゆくことは別に述べたとおりである。[18] 東北地方においても、蝦夷・俘囚の帯勲者三二例のうち、帯勲から外位を授与された者が九例、勲位・外位の併帯が七例と、勲位を媒介に位階が与えられる傾向を見て取ることができる。[19] すなわち、軍功によって勲位が与えられることにより、間接的に位階も拡大していったものと理解される。

こうした中、功に対して直接位階を与える事例もみえる。たとえば、『続日本紀』神護景雲元年（七六七）十月辛卯条には、伊治城造営関係者への叙位の中で、「蝦夷俘囚等、臨レ事有レ効、応二叙位一者、鎮守将軍並宜下随レ労簡二定等第一奏聞上」と、功績のある蝦夷・俘囚の叙位対象者も報告されている。このように軍事行動やそれに伴う造営事業を行う中で、東北地方における有位者が着実に増加していったことが想定される。

こうした位階に対する需要については次章で改めて論じたいが、これらの叙位によって有位者は拡大したようで、八世紀の末には外散位の増加が顕著になったことが確認できる。『弘仁格抄』式部下64には、

応レ給レ考陸奥国外散位参仟拾参千人一　延暦十八年十二月十日

と、八世紀末の陸奥国において、散位となった者が三〇一三人存在したことが知られる。散位は官職にない有位者であり、外散位は諸国人の散位を指すと考えるが、[20]ともあれ位階のみ有する人物が相当数存在したことになる。また、この官符本文の逸文とみられる天理図書館本『河海抄』巻十二、藤裏葉所引、延暦十八年（七九九）十二月十日官符には、

太政官符

応レ給レ考陸奥国外散位三（千脱カ）十三人事

疑（ママ）郡司廿八人、白河・菊多剗宰（守カ）六十人、〈自余略之〉

右、真（直）二国府一外散位等如レ件者、宜二承知、依レ件給一レ考。

延暦十八年十二月十日

とあって、これらが擬任郡司・剗守といった得考の色、[21]すなわち官職に準じるポストに編成されていたことが確認される。また「直二国府一外散位」とあるが、『続日本紀』養老二年（七一八）四月癸酉条に、

太政官処分、凡主政・主帳者、官之判補、出身灼然。而以レ理解レ任、更従二白丁一。前労徒廃、後苦実多。於レ義商量、其違二道理一。宜下依二出身之法一、雖レ解二見任一、猶上二国府一、令レ続中其労上。（後略）

と、解任後の主政・主帳の、国府での上番・続労を認める措置が取られたように、国府は地方における散位の上番機関であった。すなわち延暦十八年には、陸奥国府で上番・続労していた外散位たちを擬任郡司や剗守のポストに再編したとみられ、国府を中心とした官人身分の編成が展開していたことも見て取ることができる。

　このように陸奥・出羽両国を通じて、位階を中心に官人制が展開した様子が跡付けられた。『類聚三代格』巻七、郡司事、大同元年（八〇六）十月十二日官符には、陸奥・出羽における擬任郡司・軍毅の認可がみえ、官職にある官人の増加傾向も窺える。さらに、大同四年五月十一日には陸奥国の軍団大少毅・主帳の、弘仁五年（八一四）正月十五日には出羽国の軍団大少毅の、それぞれ職田が設置されており、(22)ポストにともなう待遇も整備されていった様子が確認できる。

　以上本章では、古代の東北において基本的に位階が官職に先行して与えられる場合が多かったことを指摘した。そしてその位階は、国家に対して朝貢する者、功績のあった者・功績を期待される者に対して与えられるものであった。また、位階を得たものを、擬任郡司・剗守などの官職に准じるポストへと編成していった様子も窺えるように、位階を基準とした国家的な官人制の展開が確認できることを論じた。

二　古代の陸奥・出羽における位階

　前章のように理解すると、位階による身分編成に基づいて官職が与えられるという、律令国家の編成原理に則って官人制が展開するようにも見える。ただそうした中にあっても、蝦夷社会を含む東北地方における官人制へのニーズが存在したことは注意されるべきであろう。たとえば蝦夷社会は交易などを通じて律令制支配機構と結びつき、律令制下での権威を求める構造であったとの指摘がある。(23)また別稿でも述べたように、特に出羽国では渡嶋との交易拠点であったことなど、根本的に交流が基調となる地域であり、交易と関わる朝貢への参加資格として位階を受容する傾向が強かったとみられる。(24)本章では、古代の陸奥・出羽における位階のあり方と、東北における人々の需要について検討を加え、国家と地域社会の接点を考えてゆきたい。

（一）陸奥・出羽における叙位主体

古代の陸奥・出羽における位階のあり方を考えるにあたり、まず両国における叙位の主体について検討したい。『類聚国史』巻一九〇、俘囚、大同二年（八〇七）三月丁酉条には、

> 制、夷俘之位、必加二有功一。而陸奥国司、遷〔選カ〕二出夷俘一、或授二位階一、或補二村長一。寔繁有レ徒、其費無レ極。自今以後、不レ得二輙授一。若有二功効灼然、酬賞無レ已者一、按察使処分、然後叙補。不レ得二国司輙行一。

と、陸奥国司が、蝦夷に対する叙位などをたやすく行うことがないよう制されている。鈴木拓也氏はこの記事に基づき、陸奥・出羽における夷禄の支給粮が増加する宝亀五年（七七四）以降、蝦夷への叙位が陸奥国司の職掌となったものとされ、[25] 平野卓司氏も、征夷政策の進行上、叙位が懐柔策として重要であったとされている。[26] ただこうした理解に対しては、河原梓水氏により、現地官人が授与可能であったのは位階の前段階の爵位である蝦夷爵[27]のみであり、位階の授与に際しては中央への奏聞があったとみるべきとの批判もなされている。[28]

陸奥国における叙位の実態を明確に示す史料は管見の限り見当たらないが、参考に『続日本後紀』承和八年（八四一）三月癸酉条で、陸奥国司の褒挙によって、柴田郡権大領外従六位下勲七等阿倍陸奥臣豊主、黒川郡大領外従六位下勲八等靫伴連黒成、江刺郡擬大領外従八位下勲八等上毛野胆沢公毛人らに対して外従五位下の位が借叙されていることに注目してみたい。このうち、靫伴連黒成は、承和十年十一月己亥に、公勤によって従五位下に叙されたことが確認できる。こうした借位から正規の位階を与えられることについては、『類聚三代格』巻六、位禄季禄時服馬料事、天長二年（八二五）七月八日官符において、

> 太政官符
> 　応レ賜下借二叙五位一郡領位禄上事
> 絹三疋　綿三屯　調布廿端　庸布卌段

右、太政官去年八月廿日下二式部省符一偁、検二正三位行中納言兼右近衛大将陸奥出羽按察使良岑朝臣安世奏状一偁、郡領者、今之県令也。親レ民行レ化、実在二斯人一。時澆俗薄、称レ格者希。伏望、善政為三国司所二挙申一者、借二授栄級一、令レ足二自展一、然後、考績依レ実与奪者。依レ奏者。左大臣宣、奉レ勅、宜下且賜二件禄一使中自勧励上。但位田資人幷子蔭、不レ在二此限一。

天長二年七月八日

と、借位の授与と、治績による与奪が制されたことに基づくものとみられる。このような事例は、既に郡司となっている者への叙位であり、またそもそも国司の挙によることが制された格であるため、通常の叙位についても直ちに敷衍できるかは問題もあるが、後に与奪する借位であっても中央への挙が行われている点からすれば、かえって中央への上申は原則的に行われていたのではないかとも思わせる。

ただ、叙位に際しての上申が行われているとしても、国司による叙位の制限が繰り返し制されている事実は動かない。そこで注意されるのが、『令集解』選叙令1応叙条令釈一云所引、大宝元年（七〇一）十二月七日処分に、

大宝元年十二月七日処分、陸奥・越後国者、其首長一二人集。但筑紫不レ在二集限一。

とあるような措置が取られていた点である。叙位に際しては、選叙令1応叙条に「其応レ叙人、本司量レ程、申送集レ省。」とあるように、令の原則では全員が式部省へ参向する必要があったが、陸奥・越後と筑紫については、早くも八世紀初頭に手続が簡略化されていたことが確認される。また、筑紫は一切上京の必要がないとされているのに対し、当時の北辺である陸奥と越後は代表の首長一～二名のみ召集という形式を取っていることは、特に蝦夷の服属を確認する必要もあったことを意味するものと考えておきたい。

同様のことは、蔭子孫の出身手続にも見て取ることができる。『延喜式』式部上247諸国蔭子孫条には、

凡陸奥・出羽・大宰管内諸国蔭子孫・位子、雖レ不レ向レ省、聴レ預二出身一。

と、陸奥・出羽における蔭子孫は、式部省への参向なしに出身が可能とされている。本条においても、大宝元年処分と同様に大宰府も含まれており、基本的には遠方の国々に対する手続の省略を規定したものとみられる。ただ陸奥・出羽の蔭子孫については、内容は不明なものの、『弘仁格抄』式部上70「一、大宰・陸奥・出羽等国蔭子孫叙位事　延暦十九年十二月十九日」と、延暦十九年（八〇〇）に陸奥・出羽の蔭子孫の叙位に関する格が出されたことが確認され、この頃には何らかの改正を加えるべき問題が生じていたことが窺える。有位者の増加に伴って、延暦十九年ごろ特に陸奥・出羽国内の蔭子孫の処遇に関する問題が顕在化し、最終的に式部上247の規定へと展開したものと理解しておきたい。

叙位と蔭子孫の出身手続を以上のように理解すれば、陸奥・出羽における官人制が、両国における事情を踏まえつつ、遠方である両国内である程度完結するよう整備されていったと考えられる。位階はあくまでも国家から与えられるものであり、叙位に際しての手続として陸奥・出羽からの中央への上申は行われていたものと想定してよいように思われる。しかし、そうした手続の問題とは別に、陸奥・出羽の位階や官人身分は、両国内で完結するものであるという性格が実質的には強かったため、国司の裁量に拠るところが大きくなっていったものと推定したい。

（二）陸奥の豪族と位階

前節のように理解すると、陸奥・出羽における位階については、中央との関係もさることながら、両国内での意味を理解する必要があるものと考える。この点について、陸奥の豪族の動向から考えたい。

まず、著名な陸奥の豪族として、道嶋嶋足について触れておく。嶋足は、天平勝宝五年（七五三）八月癸巳条で、丸子より牡鹿連に改賜姓されたことがみえる。そして天平宝字八年（七六四）九月乙巳には、仲麻呂の乱に際し、訓儒麻呂を射殺した功によって将曹従七位上から従四位下へ昇叙された。その後、同年十月癸未には授刀少将従四位下兼相模守となり、天平神護元年（七六五）二月丙寅には近衛員外中将などを歴任し、さらに年月不明ながら、道嶋宿禰を賜姓されているなど、中央での活動が目立つ人物である。

　ただし嶋足は、神護景雲三年（七六九）三月辛巳条には、陸奥大国造として、陸奥国人六二名の改賜姓を申請しており、宝亀元年（七七〇）八月己亥条では、賊地へ逃還した宇漢迷公宇屈波宇らについて、現地で虚実を検問するなど、陸奥国と関った活動を継続した様子も窺える。また同族とみられる者に、陸奥国造で大掾、鎮守軍監などを経た道嶋三山や、牡鹿郡大領の道嶋大楯の存在もみえるなど、在地との強固なパイプが存在したことを窺わせる。(29) 道嶋宿禰は、嶋足の出仕によって官人として勢力を拡大した氏族であり、律令国家との接点によって在地の権力が形成される一例という評価が当を得ていよう。(30)

　さて、この嶋足の同族かともみられる大楯であるが、その存在がクローズアップされるのは『続日本紀』宝亀十一年（七八〇）三月丁亥条の、伊治呰麻呂の乱についての記載である。

　陸奥国上治郡大領外従五位下伊治公呰麻呂反。率二徒衆一殺二按察使参議従四位下紀朝臣広純於伊治城一。（中略）伊治呰麻呂、本〔大〕是夷俘之種也。初縁レ事有レ嫌。而呰麻呂匿レ怨、陽媚事之。広純甚信用、殊不レ介レ意。①又牡鹿郡大領道嶋本楯、毎凌二侮呰麻呂一、以二夷俘一遇焉。呰麻呂深銜レ之。時広純建レ議造二覺鼈柵一。以遠二戍候一。因率二俘軍一入、大楯・呰麻呂並従。至レ是呰麻呂自為二内応一、唱二誘俘軍一而反。先殺二大楯一、率レ衆囲二按察使広純一、攻而害之。②独呼二介大伴宿禰真綱一開二囲一角一而出。護送二多賀城一。（後略）

呰麻呂による按察使・紀広純殺害の背景として、傍線①に道嶋大楯が伊治呰麻呂を日常的に凌侮していたことがみえるように、陸奥の豪族間の対立が内在していたことが知られる。対立の構造について、かつて井上光貞氏は大楯と呰麻呂の双方を蝦夷出身とみて、長期にわたって律令国家に帰服していたという伝統的権威に依拠した大楯と、新たに律令国家に服した呰麻呂の間に生じた確執によるものと理解されたが[31]、近年では、非蝦夷系で比較的近い時期に東国から移された氏族である道嶋大楯と、蝦夷系の伊治呰麻呂との対立構造であるとみる向きが有力である[32]。

ところで一連の流れの中では、傍線②にみえるように、呰麻呂は介の大伴真綱を逃がしていると見える点が注意される。すなわち呰麻呂は、紀広純や道嶋大楯に対する反感は抱いていたとはいえ、陸奥介の大伴真綱との間には比較的良好な関係を構築していた可能性も考えられる[33]。何よりも呰麻呂自身が、宝亀九年（七七八）六月庚子に征戦に功ありとして夷第二等から外従五位下に叙されており、律令国家に合力して地位を得た存在である。これらの点に鑑みれば、豪族間の対立が存在する中で、それぞれが律令国家との接点を模索していったとみられ、そうした過程で各自の優位性を高めるために、位階も受容されていったものとみておきたい。

以上、本章での検討を整理しておく。陸奥・出羽における位階は、両国内部における完結性を有していたことが窺える。そしてその背景には、位階の獲得による、在地での権勢確立という志向があったものとみられよう。すなわち、あくまでも在地での活動に重点があり、そのために位階を受容していたと考えられる。そして前述のように、陸奥・出羽国の叙位や蔭子孫の出身について、早い段階から都への参向を不要としている点からすれば、国家の側もこうした需要を理解した上で官人制を展開していったものとみられる。

おわりに

本稿の論点は各章末に整理したので繰り返さないが、東北において位階が重要な意味を持ったことは、按察使の位階からも推定される。『類聚三代格』巻五、定官員幷官位事、弘仁三年（八一二）正月二十六日官奏には、

太政官謹奏
応レ増二陸奥出羽両国按察使位階一事
右謹検二案内一、去養老五年六月十日奏、用二件官品一准二正五位上一。尓来流行以至二今日一。臣等商量、方面之任、威風所レ存。夷囚之侶、瞻仰是頼。然則職重階軽、管大勢少。伏望、増二階品一為二従四位下官一、将下優二辺守一且鎮中物情上。臣等商量具レ件如レ前。伏聴二天裁一、謹以申聞。謹奏。聞。
弘仁三年正月廿六日

と、威風をもって支配を円滑に行うべく、正五位上から従四位下の官に格上げすると述べられているように、陸奥・出羽に赴任する官人が高い位階を有することは、律令国家の支配を展開する上で重要な意味を持っていた。すなわち九世紀初頭の東北の人々が、位階の身分指標としての意味を十分に理解していたことを示そう。

官人制の中での位階は、官制などに比して実施が比較的容易であったとの指摘があるが、(34) そうした位階制の性質と、東北地方における需要が一致することにより、律令制的支配の展開をみたものといえよう。

本稿では、国家と人々の接点や、地域社会に国家が与えた影響を考える上で、律令官人制が重要な視点となるとの理解に立って検討を進めてきた。雑駁な考察に終始したが、律令国家の展開や支配領域の拡大だけではなく地域からの需要にも目を向けることで、国家と東北地方との軋轢以外の側面も積極的に評価できることを改めて確認し、小稿を閉じたい。

註

（1）　野村忠夫「概論」（『官人制論』雄山閣、一九七五年）。

（2）石母田正「古代官僚制」（『石母田正著作集第三巻　日本の古代国家』（岩波書店、一九八九年、初出一九七三年）。
（3）川原秀夫「律令位階制と在地社会」（『国史学』一二一、一九八三年）。
（4）十川陽一「律令官人制の展開と地方支配」（『歴史学研究』九三七、二〇一五年）。
（5）鈴木拓也『古代東北の支配構造』（吉川弘文館、一九九八年）、渕原智幸『平安期東北支配の研究』（塙書房、二〇一三年）。
（6）東北地方において国造制が施行されたのは、会津地方を除く福島県域と阿武隈川河口以南の宮城県南端の地域である（今泉隆雄「古代史の舞台　東北」、『古代国家の東北辺境支配』吉川弘文館、二〇一五年、初出二〇〇六年）。
（7）入間田宣夫「総論　東北史の枠組を捉え直す」（安達宏昭・河西晃祐編『講座東北の歴史　第一巻　争いと人の移動』（清文堂、二〇一三年）。
（8）熊田亮介「蝦夷と古代国家」（『古代国家と東北』吉川弘文館、二〇〇三年、初出一九九二年）。
（9）野村忠夫「律令勲位制の一考察」（『律令官人制の研究　増訂版』吉川弘文館、一九七〇年、初出一九六六年）、十川陽一「地方における律令官人制の展開と受容――勲位を中心に」（三田古代史研究会編『法制と社会の古代史』慶應義塾大学出版会、二〇一五年）。
（10）平野卓治「日本古代における位階と「蝦夷」」（『国学院大学大学院紀要　文学研究科』一八、一九八七年）。
（11）鈴木拓也「陸奥・出羽の調庸と蝦夷の饗給」（『古代東北の支配構造』吉川弘文館、一九九八年、初出一九九六年）。この点については、第二章も参照されたい。
（12）熊谷公男「九世紀奥郡騒乱の歴史的意義」（虎尾俊哉編『律令国家の地方支配』吉川弘文館、一九九五年）。
（13）窪田大介「九世紀の奥郡騒乱」（蝦夷研究会編『古代蝦夷と律令国家』高志書院、二〇〇四年）。
（14）この時期の遠征については、熊谷公男「阿倍比羅夫遠征に関する基礎的考察」（高橋富雄編『東北古代史の研究』吉川弘文館、一九八六年）を参照。
（15）伊藤循「古代国家の蝦夷支配」（水野祐監修・鈴木靖民編『古代蝦夷の世界と交流　古代王権と交流1』、名著出版、一九九六年）。

(16)　今泉隆雄「蝦夷の朝貢と饗給」(今泉氏前掲註6書、初出一九八六年)、新野直吉『古代東北の兵乱』吉川弘文館、一九八九年)。
(17)　十川陽一「律令国家と出羽国——地域的特質についての基礎的考察」(『山形大学歴史・地理・人類学論集』一八、二〇一七年)。
(18)　十川前掲註9論文。
(19)　野村氏前掲註9論文。
(20)　十川陽一「大宝令制下の外散位について」(『ヒストリア』二三四、二〇一二年)。
(21)　森公章「外散位に関する諸問題——律令地方支配機構内での位置を中心に」(『在庁官人と武士の生成』吉川弘文館、二〇一三年。初出一九九二年)。
(22)　『類聚三代格』巻十五、職田位田公廨田事。
(23)　鐘江宏之「蝦夷社会と交流」(鈴木拓也編『三十八年戦争と蝦夷政策の転換』吉川弘文館、二〇一六年)。
(24)　十川前掲註17論文。
(25)　鈴木拓也「陸奥・出羽の調庸と蝦夷の饗給」(『古代東北の支配構造』吉川弘文館、一九九八年、初出一九九六年)。
(26)　平野卓治「日本古代における位階と「蝦夷」」(『国学院大学大学院紀要　文学研究科』第一八輯、一九八七年)。
(27)　蝦夷爵は、第一等〜第六等まで設定され、位階の前段階として与えられた爵位と理解されている(野村氏前掲註9論文、平野氏前掲註26論文)。『続日本紀』宝亀九年六月庚子条「外正六位上吉弥侯伊佐西古、第二等伊治公呰麻呂」、『類聚国史』俘囚、延暦十一年(七九二)十一月「夷俘爾散南公阿波蘇・宇漢米公隠賀」(同条で「蝦夷」とも)に「爵第一等」、「俘囚吉弥侯部荒嶋」に「外従五位下」など、蝦夷は蝦夷爵、俘囚は位階と明確な区別がなされている。
(28)　河原梓水「蝦夷・俘囚への叙位——蝦夷爵制の再検討を中心に」(『日本史研究』五八九、二〇一一年)。
(29)　道嶋宿禰の陸奥との関係は、少なくとも延暦十五年(七九六)十一月辛卯に赤龍が京貫されるまでは、継続した可能性が考えられる。
(30)　井上光貞「陸奥の族長、道嶋宿禰について」(『井上光貞著作集第一巻　日本古代国家の研究』岩波書店、一九八五年、初出一九五六年）。

(31) 井上氏前掲註30論文。

(32) 伊藤玄三「道嶋宿禰一族についての一考察」（前掲註14高橋編『東北古代史の研究』）、熊谷公男「古代東北の豪族」（須藤隆・今泉隆雄・坪井潔足編『新版　古代の日本9　東北・北海道』、角川書店、一九九二年）、同「道嶋氏の起源とその発展」（石巻市史編さん委員会編『石巻の歴史　第六巻　特別史編』石巻市、一九九二年）。

(33) 新野直吉『古代東北史』（歴史春秋社、一九八六年）は、呰麻呂と真綱が日ごろ親しかった可能性を想定する。ただ一方では、傍線②部を「独唯介大伴宿禰真綱開㆓囲一角㆒而出、獲㆑退㆓多賀城㆒」と校訂し、真綱が事力で脱出したと読み得る可能性も古くから指摘されている。議論の詳細は、木本好信「伊治呰麻呂の反乱について」（『奈良時代の人びとと政争』おうふう、二〇〇三年）を参照されたいが、本文で後略とした部分に、

　其城久年国司治所、兵器・粮蓄不㆑可㆓勝計㆒。城下百姓競入欲㆑保㆓城中㆒、而介真綱、掾石川浄足、潜出㆓後門㆒而走。百姓遂無㆑所㆑拠、一時散去。後数日、賊徒乃至、争取㆓府庫之物㆒。尽㆑重而去。其所㆑遺者放㆑火而焼焉。

とあるように、呰麻呂は後に多賀城における略奪と焼き討ちをしており、傍線②のように読むとわざわざ逃がした真綱のいる多賀城を攻撃した理由が分からない、といった状況も論拠の一つとされる。ただし上記の校訂は現時点で意改の範疇を出るものではなく、かつ呰麻呂による焼き討ちは、真綱や掾・石川浄足が逃亡して百姓らも散り去り、もぬけの空になった多賀城に対して行われたものであって真綱への攻撃の意思があったかも不明である。これらのことから、呰麻呂と真綱の間の良好な関係を想定しておきたい。

(34) 坂本太郎『坂本太郎著作集第一巻　古代の日本』（吉川弘文館、一九八九年）。

附記　本稿は、平成二十九年度科学研究費補助金（若手研究B）「平安時代の在地秩序と律令官人制に関する基礎的研究」による成果の一部である。

九世紀の仕丁制と日功

堀部　猛

序

古代日本の律令国家の租税制度のうち、労働力を収取する力役は、本貫のある国で編成される雑徭や軍団兵士と、都城に上番して中央官司のもとに編成される仕丁や衛士などに大別される。後者のなかでも仕丁は、徴発される人的規模も大きく、都城や寺院などの造営現場から、官司内での日常業務までその編成先も多様であり、国家機構の運営に果たした歴史的役割は決して小さくない。法制史料に加え、正倉院文書や木簡などは仕丁の労働や就役中の生活に関する具体的な側面まで描き出すことを可能とし、今日まで多くの研究が重ねられてきた。

一方で、木簡や文書などの一次史料に乏しい九世紀以降の仕丁制となると、単なる衰退論に回収されてきたきらいがある。制度面での衰退を端的に示すものと評価されてきたのが日功である。日功とは、仕丁や衛士ら役丁が就役しなかった場合に銭で代納するものであり、「日功」ないしは「日功銭」などの名称で九世紀以降の史料に登場する。

鈴木貫孝「仕丁制度の研究」[1]は、日功について論じた早い成果であるが、日功を「仕丁の徴集が既に行きつまった結果の最後の手段」と位置づけ、仕丁制度の変質・衰退と評価する。彌永貞三「仕丁の研究」[2]も、銭による代納が公認されるようになったことを大きな変化と評し、これにより仕丁制が衰微したとの理解を示す。鈴木氏が日功を仕丁制の変質の結果と捉えるのに対し、彌永氏が日功による代納により仕丁制は衰微したと捉えており、両者の見解は微妙に異なるものの、日功をもって仕丁制の衰退を説明する点では同じである。

右のように理解されてきた仕丁の日功に関しては、なお論究すべき点が残されており、さらなる検討が必要であると考える。一つは、養物との関わりであろう。在役中の仕丁や衛士には出身の郷里より資養のために銭や物品が送られるが、身役に代わり日功を納める場合、養物はどのように扱われるようになるのか。養物も含めた総合的な検討が求められる。また、日功という制度がどのような論理に支えられて平安時代に展開したのか、という点も十分に明らかにされているとは言いがたい。あらためて、日功や養物の徴収がどのようになされているのかを検討し、平安前期の仕丁制の変容について考察することが小稿の課題である。

一　日功について

仕丁や衛士などの役丁の徴発に関して、どのような場合に日功が発生するのか、そのことをよく伝えているのが次の昌泰元年（八九八）の太政官符である。[3]

太政官符

応レ令四本府検二納分三行衛士功銭養物一事

右得二出雲国解一偁、管諸郡司解偁、衛士是身役者也、須三自参上各尽二年役一、而此国頃年戸口衰弊、無レ人二差充一、或雖レ有二其身一不レ堪二見役一、或聞レ黠二其役一、率レ類逃散、仍専当郡司相二替彼身一、弁二済日功養物一、而衛士等所レ直之官非レ一、勘納之所各異、爰専当郡司、所レ参之處、彼此有レ数、拘二泮一處一、空経二数旬一、去レ国千里、受二責一身一、郡司艱難無レ過レ斯焉、望請、言二上此由一、令下勘二納本府一弁中行處々上者、国司覆審、所レ申不レ虚、望請、官裁、所レ進功銭養物、被レ収二一府一、即令二分行一者、権大納言正三位兼行右近衛大将民部卿中宮大夫菅原朝臣道真宣、依レ請、自余諸国亦宜レ准レ此、但左右馬寮不レ在二此限一、

昌泰元年六月十六日

まず出雲国内の郡司の解として、戸口が衰弊し、衛士に充てる人がおらず、たとえ徴発する人がいても差点すると聞けば逃散してしまい、専当郡司が「日功養物」を弁済していることが述べられる。官符の事書や、郡司の解を受けた出雲国司の解では、「日功」が「功銭」と表記されている。この郡司解より、日功とは逃亡などで役に就くことができず、徴発すべき人数に欠員を生じてしまった場合に欠功分を銭で支払うものであることがわかる。専当郡司が「彼の身に相替り」弁済すると述べており、本来日功は就役しなかった本人に支払い義務があるようである。

日功とともに郡司が弁済する「養物」とは、在役中の衛士や仕丁の資養物として郷里より送られるものである。ここでは衛士が実役に就かないにもかかわらず、養物の負担が発生している点に留意しておきたい。

この官符で出雲国の郡司が訴えるのは、日功・養物を本人に代わって弁済していることではない。日功と養物の納入先が多く、専当郡司の負担が大きいことを問題としている。そこで、「本府」すなわち衛士を所管する左右衛門府にまとめて納め、そこからそれぞれの就役予定先に分配する方式に改めるよう求め、認められている。

ここから、日功と養物は、元来個々の就役先に納入されるものであることもうかがえる。

衛士ばかりでなく仕丁も同じように日功が課せられたことが、次の『延喜式』の条文よりわかる。

凡諸司仕丁逃走死去者、毎レ季勘録頒二下諸国一、其替人来、即配二本司一、但逃走者、准二当時法一徴二其日功一、

右の民部式上65仕丁逃死条は、[4]各官司に配属された仕丁が逃走・死去した際、出身の国にその旨を伝達し、替りの人が貢進されたら民部省が配属すること、そして逃走の場合は「日功」を徴収することを定めている。本人の意志で身役の義務から逃れ、欠功を生じさせたがゆえに、欠勤日数分の対価として日功の支払いが求められるのであろう。

次に、日功の初見史料についてみておこう。それは、次の『日本三代実録』貞観七年（八六五）三月十三日条である。

制、諸司諸衛府仕丁衛士日功、収二長年銭廿文一、

短い記事ながら、この制は日功をめぐる基本的な問題に重要な示唆を与える。一つは日功という制度の成立、もう一つは日功の額についてである。まずは、成立に関する問題から検討しよう。

ここでいう「長年銭」とは、嘉祥元年（八四八）初鋳の長年大宝を指す。貞観七年の時点ではすでに饒益神宝（貞観元年初鋳）が新たに発行されており、長年大宝は旧銭となっていた。つまり、この貞観七年の制は旧銭の回収措置として定められたものであり、日功の徴収はこれよりも前に始まっていたと理解されなければならない。

日功という制度が開始された時期は特定できないが、八世紀中葉まで遡ることはないように思われる。例えば、天平宝字五年（七六一）十二月二十三日付けの「甲斐国司解」は、逃亡した仕丁漢人部町代の替りを貢上するよう命じた仁部省符に対して、同郷の漢人部千代を貢上することを上申している。[5]本人の上京に際して提出された解であろう。もし、この時点で日功徴収が確立しているのであれば、仁部省符で逃亡によって生じた欠功分の日

功銭の支払いを命じるか、あるいは解文のなかで日功銭の進上について触れられていてもよさそうであるが、そうした内容とはなっていない。消極的な理由ではあるが、この時点では日功徴収の制度は確立していなかった可能性が大きい。日功の初見史料が貞観七年まで下ることを踏まえれば、やはり九世紀になって制度として確立したとみるのが穏当であろう。

　次に、徴収される日功の額について検討しよう。古代では、新たに発行される銭貨は、旧銭の十倍の公定価値が付けられる。饒益神宝の鋳造を定めた詔でも、旧銭（長年大宝）との交換価値を「一以当㆓旧之十㆒」としている。[6] 貞観七年の制では「長年銭廿文」とあるので、日功の額はその十分の一にあたる二文が一日あたりの基準であったと推測される。一日二文という額は、傜銭に同じである。八世紀の傜銭は正丁一人一二〇文であり、これを雑傜日数六十日で割ると同じく一日あたり二文となる。[7] 日功もこうした当時の一般的な労働価値基準に則していることを確認しておきたい。また、一日あたりの額で示されることも、「日ごとの功銭」という日功の性格をよく示している。

　では、具体的に日功や養物はどのように課せられていたのだろうか。節を改めて、東大寺の封戸関係史料から、その実態的側面を中心に考察を進めたい。

二　東大寺の封戸と仕丁

　上級貴族や寺社に対して賜与される封戸からは、調・庸・田租を収取するほか、仕丁も徴発される。平安時代、封戸から仕丁の日功や養物の徴収がなされていたことを示す史料が残されている。一つは寛平年間（八八九～八九八）の「東大寺諸国封物来納帳」[8]、もう一つは天暦四年（九五〇）十一月二十日付の「東大寺封戸庄園幷寺用雑物目録」[9]である。東大寺の封戸は、この頃、仏聖僧の供養に充てる上政所分の一八〇〇戸と、堂塔精舎の修理営造に充てる下政所分の九〇〇戸に分かれていた。[10]寛平・天暦いずれも上政所分である十五カ国の封戸が負担する物品と数量、そして仕丁について記載する。

「諸国封物来納　寛平年中日記之」と書き始める寛平年間の「東大寺諸国封物来納帳」（以下、「封物来納帳」と略記）は、大和国が負担する大仏供白米と油をまず挙げ、続けて伊賀国以下十五カ国の封戸からの収入を書き上げる。一例として、美濃国の項を左掲する。

美濃国
「合」銭九十一貫七百七十六文
卌二貫五百六十文　調絹廿八疋二丈二尺五寸代、別疋一貫五百文、
卌貫文　租穀四百斛直、別斗十文、
九貫二百十六文　仕丁四人日功料沽収
米卅二斛七斗　庸米
油一斗七升五合　中男作物

銭・米・油の順でその負担額を記載し、調や田租など対応する品目と数量を挙げる。天暦四年の「東大寺封戸庄園幷寺用雑物目録」（以下、「雑物目録」と略記する）などによれば、美濃国には大野郡と方県郡にそれぞれ五十戸の封戸があり、[11]計一〇〇戸分の封戸収入を書き上げている。他の国も同様に銭と米をおもに挙げ、他に中男作物である油と紙、若狭国の場合は特産品である塩が加わる。

この「封物来納帳」については、天暦四年の「雑物目録」とともに、これまでも竹内理三氏・脇田晴子氏・勝山清次氏ら[12]によって詳細な分析がなされてきた。特に勝山氏は、この「封物来納帳」より、九世紀末頃の東大寺

表1　「東大寺諸国封物来納帳」にみる日功

国名	仕丁の人数	日功の額	一人あたりの日功額	天暦4年封戸数	養米
伊賀国	2人	4貫608文	2304文	100戸(4人)	10斛7斗 (仕丁2人)
近江国	3人	6貫912文	2304文	150戸(6人)	12斛8斗4升 (仕丁3人)
美濃国	4人	9貫216文	2304文	100戸(4人)	
駿河国	4人	9貫216文	2304文	100戸(4人)	
下野国	10人	23貫40文	2304文	250戸(10人)	
若狭国	2人	4貫608文	2304文	50戸(2人)	
越中国	6人	13貫824文	2304文	150戸(6人)	
越後国	8人	18貫432文	2304文	200戸(8人)	
丹後国	2人	4貫608文	2304文	50戸(2人)	
播磨国	2人	4貫608文	2304文	50戸(2人)	
紀伊国	—	—	—	50戸(2人)	
阿波国	4人	9貫216文	2304文	100戸(4人)	
讃岐国	6人	13貫824文	2304文	150戸(6人)	
伊予国	8人	18貫432文	2304文	200戸(8人)	
土左国	4人	9貫216文	2304文	100戸(4人)	

＊「天暦４年封戸数」とは、天暦４年「東大寺封戸庄園幷寺用雑物目録」に記される封戸数。カッコ内はその封戸数に応じて徴発される仕丁の人数。

封戸の特徴として、負担封物の定額化、特定の国から紙や油、塩を確保しようとする最小限度の現物納入制の維持、一方で銭貨を媒介とした封物代納制の広範な展開、という三点を抽出している。

しかしながら、従来の研究では、調庸などの物品の納入形態がおもな分析対象となっており、仕丁役に関しては特段検討が加えられることはなかった。日功や養物の具体的な賦課のあり方を探るべく、「封物来納帳」に記される日功の額などをまとめたのが表1である。

まずは、日功の額から検討しよう。美濃国の項で「九貫二百十六文　仕丁四人日功料沽収」と記されるように、納めるべき日功の総額と、その内容として仕丁の人数を記載する形式をとっている。各国の日功額を仕丁の人数で割ると、伊賀国の項に「別人二貫三百四文」とある通り、一人あたり二三〇四文で統一されていることがわかる。[13] この額はどのように算出されているのだろうか。

前節で検討したように、日功とは「日ごとの功銭」の意であり、一日あたりの額でも示されることから、二三〇四文という額も一日あたりの額に一年分[14]の日数を乗じたものであると考えられる。日数の算出に関して参考となるのは、天暦四年の「雑物目録」の冒頭部分の記載である。封戸からの収入を記した総計部分では、白米や大豆などの品目・数量とともに、仕丁の人数について次のように記載する。

仕丁七十二人

六十人見役（十六カ）

五十六人国未到

日功銭百十八貫九百卌四文人別二貫百廿四文

封戸の数に応じて徴発できる仕丁の総数七十二人のうち、十六人が「見役」すなわち実役に就く者、「国未到」の五十六人が身役の代わりに日功銭を納める者になる。日功銭は一人あたり二一二四文であり、「封物来納帳」より一八〇文少ないことが注目される。一年間の日数は、古代では閏月の有無で異なってくる。閏月のない年であれば、三五四日であることが多い。これに六を乗じると、ちょうど二一二四となる。つまり、一日あたりの日功額六文×三五四日という計算で、「人別二貫百廿四文」が算出されたと理解できる。

一方、寛平年間の「封物来納帳」については、日功額二三〇四文を同じく六で割ると三八四日となる。三八四日とは閏月のある年の一年間の日数であり、それに一日六文を乗じて納入すべき日功の額を算出していると考えられる。「寛平年中」で閏月があり、かつ総日数が三八四日となるのは、寛平五年と八年である。[15] おそらくは、このいずれかの年の封戸からの収入予定額を記載したものと推測される。

一日あたりの日功が六文というのは、先に『日本三代実録』貞観七年三月十三日条より導き出した一日二文よりも多い。貞観七年以降に日功額が全体に増えたのか、あるいは東大寺の封戸の場合高い功銭が課せられたのか、比較する史料がなく、留保せざるを得ない。延喜民部式上65条が「准二当時法一徴二其日功一」とするように、「当時法」によって日功の額は変化しうるものであったと理解しておきたい。

さて、右のように閏月のある年の年間日数で仕丁の日功額が算出されていることは、先行研究では注意が払われてこなかったが、「封物来納帳」の性格を考えるうえで重要なポイントであろう。すなわち、いずれの年にも通用しうる標準的な封戸収入の基準を示したものというよりは、特定の年の収入予定額を具体的に記したものとみられるからである。したがって、その内容は実相を踏まえて作成された可能性が大きい。

日功に関する表記が国よって異なることも、こうした本帳の性格に通じるものであろう。前掲の通り美濃国は「日功料沽収」であるが、「仕丁三人日功料」(近江)、「仕丁四人日功料沽直」(駿河)、「仕丁六人日功銭沽収」(越中)、「仕丁八人料沽収」(越後)、「仕丁四人日功沽直」(阿波)など、様々な表記がなされている。統一的な表記がとられていないことは、過去の収納に際して各国が東大寺に提出した文書などをもとにしていると考えられる。

以上のような理解に立てば、仕丁の「養米」が伊賀国と近江国にしか見えないことも改めて注目される。両国の封戸数と仕丁の人数について詳しくみてみよう。

「封物来納帳」には各国の仕丁の人数は記されるが、封戸数は記されていない。そこで、天暦四年の「雑物目録」に記される封戸数と比べてみると、大半が令の規定通り五十戸あたり二人の仕丁が計上されていることがわかる。[16]ただし、伊賀国と近江国はいささか異なる。封戸一〇〇戸が置かれた伊賀国からは仕丁四人の徴発が可能であり、他国の記載に準じれば四人分の日功料を計上するところだが、「仕丁二人日功料」として「銭四貫六百八文」のみを挙げる。近江国も同様で、一五〇戸の封戸が置かれながら、半分の三人の日功料しか計上していない。両国に共通するのは、仕丁の養米についての記載があることである。伊賀国が二人、近江国が三人分の養米を記載しており、その数と日功を計上している仕丁の数を合計すると、徴発可能な仕丁の全人数となる。すなわち、伊賀と近江の場合、半数は日功銭を支払う代銭納、半数は実役に就く者であり、後者の分にのみ養米を計上していることになる。

以上のように、寛平年間の「封物来納帳」では、近江と伊賀という比較的京に近い二つの国のみから仕丁の実役での徴発を計上し、養米は実役に就く者の分だけ東大寺に納めることになっている。

ここでの養米とは、就役する仕丁に対し、出身の郷里より送られる資養物を指す。出身地から資養物を送ることは七世紀まで遡る可能性が大きいが(17)、制度としての直接の淵源は「向レ京衛士仕丁、免二其房雑徭一、以供二当身資養一」と定める養老二年（七一八）四月二十八日格（『令集解』賦役令38仕丁条古記所引）に求めることができる。これが、「国養」「養物」という名で衛士・仕丁一人あたり六〇〇文の定額で支給する方式で定着したことが、八世紀の文書や木簡から確認できる。櫛木謙周氏が詳論するように、この国養物六〇〇文という定額は徭銭一二〇文の五丁分にあたる(18)。貞観六年に雑徭日数が三十日から二十日に改定されると、一人あたりの徭分が減少し、養物もその分だけ減少するため、雑徭を負担する「副丁」が五人から七人半に改定され(19)、次の延喜民部式上66養物条に至る。

凡衛士仕丁養物者、随二郷所出一、正丁七人半、惣所レ輸徭分稲一百五十束、准二当土沽価一交二易軽物一及舂レ米、所レ得之数専入二正身一、（女丁亦同、）其検納之事、委二各本司、本家一、皆附二貢調使一、申二送省一、（但衛士各送二本府一、）其逃人資物、各給二替人一、若無二替人一者入レ官、諸家封戸仕丁者、不レ論二逃否一、皆給二主家一、

この条文では、雑徭相当分を「徭分稲一百五十束」とするが、雑徭一人二十日で計算しているので、一日あたりの雑徭分は一人稲一束となる。これを交易して「軽物」にするか、米にして京に送り、「正身」に入れることを定めている。「正身」とは、在役中の衛士・仕丁本人を指す。八世紀の養銭付札木簡には、資養の対象である

衛士や仕丁の個人名が記されることからもわかるように、養物はあくまで在役中の衛士・仕丁個人に属するもので、配属先の官司や封主の家を通じて本人に渡されるものであった。

　右のことを踏まえれば、寛平年間の「封物来納帳」が、実役に就く伊賀国と近江国の仕丁に対してのみ養物を計上していることは、養物の本来的な性格に適っていると理解できる。日功を支払い、実役に就かない仕丁の場合、そもそも資養する必要が生じないため、養物を計上しないのである。しかし、かかる原則は、天暦四年の「雑物目録」では踏襲されていない。節を改めて、「雑物目録」の検討に移ろう。

三　封戸の仕丁と養物

　天暦四年十一月二十日付けの「東大寺封戸庄園幷寺用雑物目録」は、表題の通り封戸と庄園からの収入の部と、支出にあたる「寺用」の部からなる。冒頭に、封戸からの収入を米や稲、大豆などの品目ごとにその合計数で示す。仕丁に関しては、前節で引いたように、「仕丁七十二人」と合計数を示し、「見役」「国未到」に分けてその内訳を記している。「見役」が実役に就く仕丁、「国未到」が実役に就かずに日功銭を納める分を意味する。日功銭は一人あたり「二貫百二十四文」で、「国未到」の人数分を計上している。

　この総計部に次いで、国別の記載になる。なお、予めことわっておくと、国別記載での仕丁の合計数は総計部と同じであるが、内訳は「見役」十一人、「国未到」六十一人で、総計部より五人の増減がある。その理由は詳らかでない。ここでは、伊賀国の項について左掲する。

伊賀国百戸
調糸百九十一絇　七十絇七両二分、阿拝郡六十戸料、百廿絇七両二分、伊賀郡卌戸料　代米九十五斛五斗

庸米五十一斛三斗　〔十八斛九斗、阿拝郡料、卅二斛四斗、伊賀郡料、〕

（租）祖白米八十斛五斗八升八合九夕　〔卅九石六斗八升三合七夕三撮阿拝郡、卅石九斗五合一夕七撮伊賀郡、〕　定九十四石九斗八合九夕「二合精代」

中男作物胡麻油一斗六升一合　〔五升六合、阿拝郡、一斗五合、伊賀郡、〕「代一升充五束之」

仕丁四人　〔二人見役、二人国未到、〕〔日功銭四貫二百卌八文、「以米充、升別十文弁之」養米廿二斛五斗、人別五石六斗二升五合、〕

調・庸・田租・中男作物・仕丁の順で封戸からの収入を記す。調であれば、まず調糸の負担額をあげ、続けて代わりに納める代米を記している。この点は、先の「封物来納帳」とは順序が逆になっている。勝山清次氏が述べるように、調糸の負担額を記した部分が封物負担の古い姿を示したものであり、代米は相対的に新しい姿を示しているとみてよい。ある時点での収入と支出の実態を記したものというよりは、東大寺上政所の収支のプランを書き上げたものとみる勝山氏の理解が妥当であろう。

仕丁に関する記載に戻ろう。右の伊賀国の場合、封戸は一〇〇戸なので、徴発可能な仕丁は四人となる。内訳は、「見役」が二人、「国未到」が二人である。「日功銭四貫二百卌八文」は、総計部の「人別二貫百二十四文」に照らして、「国未到」の二人分であることがわかる。

やや注意を要するのは、その下の「以米充、升別十文弁之」という異筆での朱書である。一升あたり十文換算で、日功を米で納める旨が記されている。この朱書は、天暦四年よりも後に書き加えられたもので、現実の封物納入とズレがあったことから記載されたと勝山氏は想定する。(20)同じような朱書は近江国にもある。日功を米で納める両国は、いずれも米の輸送に便のある近国であり、それだけにこの朱書が実際の納入状況を反映していることを思わせる。

続いて養物の検討に移る。伊賀国の項では、日功銭と並んで「養米廿二斛五斗」と書かれる。その下の人別の表記から、この養米が四人分であることがわかる。先述の通り、伊賀国から徴発できる仕丁は四人で、そのうち実役に就くのは二人であるが、養米は実役に就かずに日功で代納する二人の分まで支払うようになっている。「雑物目録」を通覧すると、養米に関しては全て人別表記があり、伊賀国と同様に「見役」「国未到」の別にかかわらず、仕丁の人数分の養米を計上している。[21] このことは、養物を絹などの繊維製品で納める場合も変らない。[22] 天暦四年の「雑物目録」では、実役の有無にかかわらず、仕丁全員分の養物を計上していることが大きな特徴である。

この点は、寛平年間の「封物来納帳」とは、きわめて対照的である。前節で検討したように、「封物来納帳」では実役に就く伊賀国と近江国の仕丁に対してのみ養物を計上している。逆に言えば、日功を支払い、実役に就かない仕丁の場合、資養する必要が生じないため、養物を計上していないのである。それが、天暦四年の「雑物目録」では、一律に仕丁の人数分の養物を計上するように変わっている。このことは、上京した仕丁を資養するために出身の郷里が送るという養物本来の性格が後退し、封主の収入へと転換したことを示している。

その転換の時期は、いつ頃に求められるのだろうか。ここで、昌泰元年六月十六日太政官符（『類聚三代格』巻一八）に立ち戻る必要があろう。第一節で検討したように、同官符では戸口が衰弊し、衛士に充てる者がいないことから、出雲国の郡司が「専当郡司相二替彼身一、弁二済日功養物一」と述べている。「衛士是身役者也」という認識を示したうえで、京での任務に就けない者の分として日功と養物を納める。そのあり方は、天暦四年の「雑物目録」に近い。少なくとも衛士に関しては、昌泰元年よりも前に日功とともに養物も徴収するようになったと考えられる。

一方、東大寺の封戸の仕丁は、「封物来納帳」が示すように、寛平五年ないし八年の段階では、まだ養物の一律徴収には至っていない。しかし、衛士と仕丁の養物の量や納入手続き、未進があった場合の措置は同じである

（延喜民部式上66条、延喜主税式上9養物未進条）。多少の時期差があった可能性もあるが、仕丁についても九世紀末、寛平年間の後半から昌泰年間にかけて、役に就かなかった者の養物も一律に納められるようになったと推測される。

養物は、出身の郷里が所定の人数分（延喜民部式上66条では「正丁七人半」）の雑徭をもって負担し、在京する役丁本人に渡されることになっている。しかし、それは国郡司や官司機構が媒介となってはじめて実現する。徴収と京進は出身地の国郡司が担い、配属先の官司や封主のもとに送られる。[23]それを「本司、本家」が検納し（延喜民部式上66条）、未進があれば「本司、本家」から主計寮に報告される（延喜主税式上9条）。未進が主税寮に報告され、国司の責任が問われるように、その手続きは調庸のそれに同じである。

仕丁が配属された機関においても、届けられた養物がそのまま本人に渡るとは限らない。封戸の仕丁の養物は、延喜民部式上66条に「不﹅論﹆逃否﹅、皆給﹆主家﹅」とされている。養物は国から届けられるものの、実態としては「主家」すなわち封主の家が仕丁を資養するあり方であったのだろう。養物が収入へと転換する素地は、養物という制度そのものにあるといえる。

四　平安前期における仕丁編成の変容

労役現場から逃亡したり、当初から就役しない場合に、労働の対価として日功を支払うことの源流はどこに求められるのであろうか。彌永貞三氏は、養老三年に設置された按察使への仕丁支給に注目する。[24]氏はこれを「仕丁の資課を納れて按察使の待遇としたもの」、つまり仕丁役相当分の銭などによる代納と理解し、ここに日功制の萌芽を想定された。しかしながら、地方官に対する仕丁の支給は大宰府官人にも例があり、[25]按察使のもとで仕丁が実役に服することを前提とした措置であった可能性が大きい。

むしろ、日功という制度を支える論理に着目したい。それは、逃亡した奴婢などを使役した際にその日数分の賠償を求める事例の存在である。例えば、『続日本紀』文武二年（六九八）七月乙丑条には、次のような措置が見える。

以㆔公私奴婢、亡㆓匿民間㆒、或有㆔容止不㆓肯顕告㆒、於㆑是始制㆓笞法㆒、令㆑償㆓其功㆒、

奴婢を引き留めて労働させた者などを笞罪に処するとともに、本主に対してその功を償わせることを定めている。具体的には、労働させた日数分を対価に換算して支払わせるものであろう。

九世紀の例であるが、飛騨工や駅子にも同様の事例が認められる。弘仁五年（八一四）の太政官符では[26]、逃亡した飛騨工を引き入れて雇傭した場合、「雇役之家処㆓杖一百㆒、計㆘自㆓来日㆒一人之功㆖、日別徴㆓新銭一百文㆒、令㆑送㆓彼後家㆒」としている。日に新銭一〇〇文という額は多分に懲罰的意味合いが濃いが、それでも飛騨工が来た日を起点に「一人之功」を計算して償わせる方法が採られていることは注目してよい。逃亡した駅子を引きとめ匿った者についても、飛騨工の例に准じて「容止主人一人、日別令㆑輸㆓稲一束㆒、即送㆓本国㆒」との措置が嘉祥三年にとられている[27]。稲一束は正丁の一功分、すなわち一日あたりの公定の労賃であり、銭に換算すると二文にあたる[28]。

以上の通り、奴婢や飛騨工、駅子らが逃亡などにより本来の労役現場から離れ、他所で使役された場合、使役した側がその日数に応じて補償することは、七世紀末から九世紀にかけて行われていた。まさしく「令㆑償㆓其功㆒」という観念が、広く古代にあったことがうかがえる。衛士・仕丁の日功のように、本来義務づけられた労役に就かず、身役の代わりに銭で支払うという方式も、右の補償の論理がその基底にあると考えられる。

ただし、右のような事例はあくまで逃亡した際の措置として定められたもので、当初から就役しないことを是

認している訳ではない。義務づけられた労役に服する代わりに銭を納めることが可能であったものは、事力や京の雑徭など、[29]八世紀にあってはきわめて限られている。造都・造営事業が連綿と続く八世紀は、労働力として仕丁や衛士への需要が高く、身役を原則とすることが厳密に守られていたのであろう。

そのことを示すように、延暦二十四年（八〇五）、造営事業などに苦しむ人々の救弊策として公卿らにより上奏されたのが、仕丁一二八一人の停却と衛士の定員削減であった（『日本後紀』同年十二月壬寅条）。同日条のいわゆる徳政相論により造都事業が中止されたことで、仕丁に対する需要も変化したと推測される。また、大同期には官司の統廃合も進められた。身役に代わり日功銭を納めるという方式の導入には、こうした九世紀初頭の政策変更が少なからず影響を及ぼしている。

また、仕丁制がもつ構造にも目を向けるべきであろう。鷺森浩幸氏は、天平宝字年間の造石山寺所における労働力編成についての精緻な分析から、仕丁は民部省が各官司に配属し、個々の官司はそれを受動的に受けるにすぎず、必要に応じて柔軟に調達することが困難な固定的な労働力であったことを明らかかされている。[30]各官司にとっては、時々の繁閑に応じて主体的に編成できない構造であるゆえに、日功によって仕丁の弾力的な編成が可能となったのではないだろうか。

日功制が導入された後も、仕丁の徴発は続く。例えば、日功が初めて史料上に登場する貞観七年の十二月には、「遠辞ニ郷国一、苦ニ役京都一」する仕丁と衛士が、前年に定められた雑徭日数の減少に連動して養物が減ることがないよう請願している。[31]仕丁の徴発が行き詰まったために日功制が導入されたというような理解が妥当でないことはここからも確認できる。様々なケースが想定されるものの、日功による代銭納とするか実役で徴発するかは、仕丁が配属される官司や封主の側の裁量で決められることもあったと考える。

貞観七年以前に日功制が導入されていた仕丁制は、九世紀末頃に更なる変更が加えられた。前節で指摘したように、実役に就かない仕丁の養物も一律に徴収するようになったのである。昌泰元年の太政官符で郡司が上申するように、実際に役丁の徴発が次第に困難になったことが背景にあろうが、より本質的には義務付けられた労役を銭で代納する日功制の導入によって力役のいわば得分化が促進されたことが大きな要因であろう。

『延喜式』の条文に「凡衛士、仕丁日功養物未進者」（主税式上9条）などとあることから、就役しない場合の日功と養物の徴収が同時進行的に始まったかのような印象を受けるが、そこには時期差があったことが重要である。日功という制度は九世紀中葉以前に始まるが、八世紀からあった養物は、在役中の役丁を資養するという固有の目的があったため、日功制導入以後も従来通りの形で存続した。このことは、前述した貞観七年十二月の衛士・仕丁の請願からもうかがうことができる。九世紀末に至り、長い伝統をもつ養物本来の性格が後退し、一律に養物が課せられるようになったことは、力役である仕丁役が配属先の官司や封主の収入へと変貌したことを示している。ここに、仕丁制の大きな転換点を見出すことができる。

結語

これまであまり正面から論じられることのなかった九世紀の仕丁制の変容に関して、日功と養物を軸に考察してきた。従来、九世紀になって初めて登場する「日功」から仕丁制の衰退が説明されてきたが、徴発―編成という次元でみれば、日功をもって制度としての衰退と断ずるのは一面的であり、個々の官司にとっては仕丁の弾力的編成を可能にした点も評価すべきであろう。労働力を収取する力役として機能した仕丁制にとっての大きな転換点となったのは、九世紀末頃に始まる養物の一律徴収である。これをもって、配属される官司や、封戸を所有する貴族・寺院にとって仕丁は収入の一つへと転換していった。

九世紀になって現れる日功や養物の一律徴収も、その実現には仕丁の点定と官司等への配属が依然としてなされていることが前提となる。延喜民部式上61仕丁条によれば、「大替」と呼ばれる三年一替の交替の年にあたり、民部省は前年の四月に点定すべき人数を勘録して太政官に上申し、その後、各国に省符を下して仕丁を点定させる。民部省から太政官への上申に対し、太政官はその旨を了承する官符を民部省に下すことになるが、その実例と思しき康保三年（九六六）の民部省宛ての官符が『類聚符宣抄』に収められている。[32] 民部省からの「来年当二大替一、仍可三點貢二之状、依レ例申送如レ件」という解を受けて、仕丁一六九六人、仕女九一人を点貢することを太政官は民部省に命じている。この仕丁・仕女の多くが実役に就かず、日功と養物の徴収がなされたと推測されるが、それは仕丁を点定する一連の政務が維持されてはじめて実現することもまた留意されなければならない。

註

（1）鈴木貫孝「仕丁制度の研究（上）（中）（下）」（『史観』二四、二五、二六・二七、一九四〇、四一年）。
（2）彌永貞三「仕丁の研究」（『日本古代社会経済史研究』岩波書店、一九八〇年、初出は一九五一年）。
（3）『類聚三代格』巻一八、昌泰元年六月十六日太政官符。
（4）『延喜式』の条文番号と条文名は、虎尾俊哉編『訳注日本史料　延喜式』上巻（集英社、二〇〇〇年）に拠る。
（5）『大日本古文書（編年）』四巻五二三・五二四頁。この甲斐国司解については、櫛木謙周「律令制人民支配と労働力編成」（『日本古代労働力編成の研究』塙書房、一九九六年、初出は一九七九年）、鷺森浩幸「天平宝字六年石山寺造営における人事システム」（『日本史研究』三五四、一九九二年）参照。なお、このとき替りに貢上された仕丁漢人部千代も、天平宝字六年に逃亡している（『大日本古文書（編年）』五巻三二七頁）。
（6）『日本三代実録』貞観元年四月二十八日条。
（7）青木和夫「計帳と徭銭」（『日本律令国家論攷』岩波書店、一九九二年、初出は一九六二年）。

（8）『平安遺文』一八三号、『大日本古文書　東大寺文書之一（東南院文書之一）』三八〇号。
（9）『平安遺文』二五七号、『大日本古文書　東大寺文書之二（東南院文書之二）』五四五号。
（10）竹内理三『日本上代寺院経済史の研究』（竹内理三著作集第二巻、一九九九年、一一四頁、初出は一九三四年）によれば、東大寺の封戸からの収入の用途を定めた天平宝字四年の議定（『続日本紀』同年七月庚戌条ほか）に見える「供養三宝幷常住僧分二千戸」の封戸数が減じたものが上政所分、同じく「営造修理塔寺精舎分一千戸」の封戸数が減じたものが下政所分であるとする。
（11）『東大寺要録』巻第六（封戸水田章第八）所収のいわゆる「東大寺封戸勘記」にも二一カ国に及ぶ上政所分と下政所分の封戸二七〇〇戸からの仕丁も含めた収入が載せられる。各国の封戸の施入時期などは、竹内理三註10著書に詳しい。
（12）竹内理三註10著書。脇田晴子『日本中世商業発達史の研究』第一章第一節「封戸経済の崩壊」（御茶の水書房、一九六九年）。勝山清次「封戸制の再編と解体」（『日本史研究』一九四、一九七八年）。
（13）彌永貞三註2論文は、「前者（前後の文脈からすると、寛平年間の「封物来納帳」を指す：筆者注）にあってはそれ程詳しい内容を示していないが、仕丁の見役せる率は大体同様と考えられ、日功銭は近江、駿河の両国が少し多いのを例外とし、二一二四文平均となっている」と指摘するが、計算その他に誤りがある。表1に示したように、近江・駿河も含めて二三〇四文で統一されている。ちなみに、天暦四年の「雑物目録」も一人あたりの日功額は二一二四文で統一されており、額が異なる国はない。なお、彌永氏は「雑物目録」の封戸数の総計を一九〇〇戸、差発されるべき仕丁の総数を七六人とするが、これも封戸数一八〇〇戸、仕丁七二人の誤りである。
（14）封戸は律令税制に基づく制度であり、単年度決済を原則とする。ゆえに、この寛平の「封物来納帳」、天暦四年の「雑物目録」いずれも一年分の収入を示したものであり、仕丁の日功の額も一年分を計上したとみてよい。このことは、一連の東大寺の封戸関連文書でも確認できる。例えば、寛徳二年（一〇四五）若狭国宛ての東大寺の返抄案では、「封丁弐人」分の養米と「功銭」四貫六〇八文すなわち一人あたり二三〇四文の日功銭をあげ、「右封戸調庸雑物、当年料所進、検納如件」とする（『平安遺文』六二六号、『大日本古文書　東大寺文書之一（東南院文書之一）』二六三号）。
（15）内田正男『日本暦日原典（第四版）』（雄山閣出版、一九九四年）、ならびに古川麒一郎・岡田芳朗・伊東和彦・大谷光男編『日本暦日総覧 具注暦篇古代中期4』（本の友社、一九九六年）を参照した。なお、寛平二年にも閏月があるが、この年の総日数は三八三日である。また、寛平十年（四月に改元して昌泰元年）も総日数は三八四日となるが、この年が「寛平年中」と表記されるとは考えにくいため除外した。

(16) 五十戸の封戸が置かれる紀伊国は、「封物来納帳」では調・庸・中男作物分の銭を記載しながら、仕丁に関する記載を欠く。天暦四年の「雑物目録」が仕丁二人分の日功と養物を記載していることと比べると不審であり、脱漏の可能性も考えられる。

(17) 市大樹「石神遺跡北方域の性格と木簡」（『飛鳥藤原木簡の研究』塙書房、二〇一〇年）。

(18) 櫛木謙周「律令制下における役丁資養制度」（『日本古代労働力編成の研究』塙書房、一九九六年、初出は一九八四年）。なお、国養物六〇〇文が五丁分の雑徭に相当することは、『政事要略』巻五九、弘仁十（十一カ）年二月二十三日民部省符に「右衛士仕丁、離土在京、以免調庸、更充食粮、兼給副丁五人、以為遠資」とあるように、このとき既に「副丁」として五人分の雑徭が衛士・仕丁に充てられていたことからわかる。

(19) 『政事要略』巻五九、貞観十年十一月十六日民部省符。

(20) 勝山清次註12論文は、この朱書が応和二年（九六二）から永延二年（九八八）までの間に書き込まれたものと指摘する。

(21) 土左国は四人分（「見役」一人、「国未到」三人）、伊予国は八人分（「見役」二人、「国未到」六人）の養米を計上するが、人別の数量と合計数は合致しない。「雑物目録」は、総じて計算の合わない箇所が散見する。

(22) 例えば、阿波国の項で「養絹十疋」とのみ記されるように、繊維製品では人別記載を欠くものもある。しかし、他国の例からこれが何人分の養物であるのか導き出すことが可能である。丹後国と播磨国は、ともに実役に就かない仕丁二名を計上し、「養絹五疋」と記す。人別表記こそないが、一人あたりの養絹は二・五疋となる。阿波国の「養絹十疋」も、これと同じく一人あたり二・五疋の四人分とみてよいだろう。

(23) 櫛木謙周氏は、仕丁の国養物を民部省が集中的に管理し、直接支給したと論じている（註18論文）。しかし、この見解には従い得ない。延喜民部式上66条は、「其検納之事、委各本司、本家、皆附貢調使、申送省」としている。あくまで国養物の検納は本司・本家が行い、その検納の状況が民部省に報告される。民部省が集中管理するのであれば、貢調使から民部省に報告する必要はないだろう。この条文が示す国養物の納入手続きは、他の式文とも整合する。延喜主税式上9条は、養物の未進は本司・本家から移文で主計寮に報告すると定めている。縫殿式も、膂力婦や仕女の養物は縫殿寮が勘納することを定める（23膂力養物条・29仕女養物条）。これらの式文は、櫛木氏の想定する民部省の集中管理方式とは相容れない内容をもつ。第一節で引用した昌泰元年六月十六日太政官符（『類聚三代格』巻一八）でも、衛士が勤務する官司が分散しているため、その納入に伴う負担が大きいことが述べられ、衛士を所管する左右衛門府にまとめて納入する方式に改めるよう上申し、認められている。出身の郷里が送る養物は勤務する個々の官司ごとに納める方式こそ、本来のあり方であったことがうかがえる。あくまで仕丁・衛士個人のものであるゆえ、こうした方式がとられていたのであろう。

櫛木氏が論拠にあげるのは、天平宝字六年の造石山寺所と奉写大般若経所の仕丁に関する文書である。造石山寺所や奉写大般若経所が、仕丁の名と本貫地をあげ、国養物の申請を行っている。そこには、櫛木氏が注目するように「請己等国養物、欲向省家」という仕丁の申状が引かれている（『大日本古文書（編年）』一五巻一七〇頁など）。確かに仕丁が民部省に出向き、養物を受け取るように読めるが、同じような内容をもつ文書（案文）は複数あり、定型的な書式に則って書かれたものであることにも留意する必要がある。いずれも仕丁らの申状を引き、仕丁を向かわせたいところだが、繁忙のため別に使を派遣するという内容をもつ。この書式は国養物ばかりでなく月養物の申請でも用いられている（『大日本古文書（編年）』一五巻二〇六頁、同巻二一五頁）。私見では、月養物こそ庸を財源に民部省から出給されるものであり、国養物が届かない場合、月養物に準じてその旨を上申しているに過ぎないとみるべきであろう。国養物を各所に届けるのは各国の使であるが、それが届かない場合、造東大寺司－造石山寺所がそのことを申し出ることのできる官司は、民部省をおいて他にない。文書は、そうした関係性を反映しているのであり、『延喜式』に見える国養物の納入とその管理のあり方は、基本的に天平宝字期まで遡るとみてよい。

(24)『続日本紀』養老五年六月乙酉条。
(25)『続日本紀』天平八年五月丙申条。
(26)『類聚三代格』巻二十、承和元年四月二十五日太政官符所引弘仁五年五月二十一日太政官符。
(27)『類聚三代格』巻十八、嘉祥三年五月二十八日太政官符。
(28) 大規模な労働力編成には、多種多様な労役を統一的な基準で評価する体系が必要である。労働力は「功」として算定され、養老六年以後は一功二文となり、以後継承されてゆく。栄原永遠男「和同開珎の誕生」（『日本古代銭貨流通史の研究』塙書房、一九九三年、初出は一九七五年）、櫛木謙周「日本古代の「労働価値」基準」（『日本古代労働力編成の研究』塙書房、一九九六年）参照。

(29) 事力を役せずに銭で代納させる場合は、「一月卅銭」とすることが養老五年に定められた（『続日本紀』同年六月乙酉条）。京の雑徭は、天平五年（七三三）の「右京計帳」に、一人あたりの徭銭の額が記されている。ただし、同計帳には「已身役申」「依身役申銭不輸」（『大日本古文書（編年）』一巻四九〇頁・四九三頁）などの表記も見える。一律に銭納に切り替わったのではなく、賦役令の規定の通り身役が基本であったこともまた注意しておきたい。

(30) 鷺森浩幸註5論文。

(31) 『日本三代実録』貞観七年十二月十七日条。

(32) 『類聚符宣抄』巻七、康保三年閏八月二日太政官符。

外交文書開封にみる政治文化

浜田久美子

はじめに

古代日本に外国からの使者が来着すると、来朝理由と所持品（とりわけ外交文書の有無）を確認して中央政府に報告するのが、来着地における重要な任務であった。それが明確にわかるのが、次に挙げる新羅使金蘭蓀らへの対応を大宰府に命じた勅である。

【史料A】『続日本紀』宝亀十年（七七九）十月乙巳（九日）

勅㆓大宰府㆒、新羅使蘭蓀等、遠渉㆓滄波㆒、賀㆑正貢㆑調。其諸蕃入朝、国有㆓恒例㆒。雖㆑有㆓通状㆒、更宜㆓反復㆒。a府宜㆘承知研㆓問来朝之由㆒、幷責㆗表函㆖。b如有㆑表者、准㆓渤海蕃例㆒、写㆑案進上、其本者却付㆓使人㆒。c凡所㆑有消息、駅伝奏上。

その内容は、a新羅使に来朝理由を問い、表函を求めること、bもし上表があれば「渤海蕃例」に準じて写しを作成して進上し、表の現物は使者に戻すこと、c得た情報は駅伝で奏上することの三点である。表は臣下が皇帝に出す書式であるが、新羅王からの表が八世紀以降日本にもたらされたことがわかる史料はなく、結局今回も表は持参されなかった[1]。このためbは行われなかったが、「准二渤海蕃例一」の文言からは、上表文を開封し写しを進上することがすでに渤海使に対して行われていたと理解できる。

石井正敏氏はこの「渤海蕃例」が、宝亀二年（七七一）に来日した渤海使壱万福が入京後に渤海王の文書（君主間文書）の無礼を指摘され自ら改ざんしたことを受け、その後来日した宝亀四年の渤海使烏須弗の時より行われるようになったと考察した[2]。また、河内春人氏は、外交文書の無礼に拠る賓礼の中断は王権の権威失墜につながるため、君主間文書を事前に開封するようになったと石井説を補強した[3]。しかし、外交儀礼の最重要品である君主間文書は、唐、渤海、日本のいずれの国でも封函され[4]、本来は来着国司が安易に開封すべきものではないはずである。すでに別稿で、八・九世紀の大宰府では、原則大宰府宛の文書以外は開封しないことを考察した[5]。唐代においても州県での君主間文書の開封に言及した研究はほとんどなく[6]、日本で天皇宛の外交文書を国司が開封するのが恒例であったなら、そのような政治文化を生み出した背景を究明する必要がある。小稿では、来着地における君主間文書の開封実態を確認することから始めたい。

一 「渤海蕃例」をめぐって

史料A「渤海蕃例」の内容を確認すべく、それ以前の渤海使来着記事を分析したい。

（一）宝亀十年（七七九）

最初に史料Aの直前に出羽に来着した渤海人と鉄利人の例をみていきたい。

【史料B】『続日本紀』

①宝亀十年九月庚辰（十四日）条

勅、渤海及鉄利三百五十九人、慕ㇾ化入朝、在二出羽国一。宜二依ㇾ例給ㇾ之。但来使軽微、不ㇾ足ㇾ為ㇾ賓。今欲二遣ㇾ使給ㇾ饗自ㇾ彼放還一。其駕来船、若有二損壊一、亦宜二修造一。帰ㇾ蕃之日、勿ㇾ令二留滞一。

②宝亀十年十一月乙亥（九日）条

勅二検校渤海人使一、押領高洋粥等、進表無礼、宜ㇾ勿ㇾ令ㇾ進。又不ㇾ就二筑紫一、巧ㇾ言求ㇾ便。宜下加二勘当一、勿ㇾ令中更然上。

①が渤海・鉄利人の来着を報告した出羽国に対して出された勅、②が検校使（検校渤海人使）に出された勅である。このほか①の後の九月二十七日には出羽国のほか関係諸国に常陸調絁や相模庸綿、陸奥税布などを渤海・鉄利人の禄に充て、希望があれば今年の留滞を許すよう勅が出され、②の翌日の十一月十日には鉄利人と席次を争う渤海人への対応を示す太政官処分が出されている。また、十二月二十二日には船が壊れて帰国できないとの高洋粥（弼）からの要請を受け、船九隻を与え帰国させることが許可されている。

①にみえる「今欲二遣ㇾ使給ㇾ饗自ㇾ彼放還一」の「使」は検校使を指し、①（九月十四日）以降に出羽国に派遣されたことになる。一行の滞在地が出羽国のどこであるかは不明だが、『延喜主計式』上では、出羽国への行程は「上卌七日、下廿四日、海路五十二日」であるため、検校使の到着は約二十四日以上を経た十月上旬から中旬頃であり、②は出羽国にいる検校使に対して出された勅とみられる。

①の勅では、事前に出羽国から渤海人らの来着情報を得て「来使軽微、不ㇾ足ㇾ為ㇾ賓」の判断を下したことに

なる。類似の表現は天平宝字四年（七六〇）の新羅使金貞巻来日時にもみえる。金貞巻は近年の新羅の日本への無礼に対し、「細旨を知らず」と回答したため「使人軽微、不レ足二賓待一」とされ、大宰府より放還された。[7] 今回の渤海・鉄利人が「軽微」とされた根拠は何であろうか。

②は検校使が十月に出羽に到着した後、渤海・鉄利人の状況を報告し、それを受けての指示とみられる。[8] ②で高洋粥らの表が無礼なので天皇への奏上は不要とされているから、すでに検校使が表の内容を太政官に報告したものとみられる。しかし、①の時点では高洋粥の表の存在は触れられていない。このため、来着の第一報を伝えた出羽国では、表の存在を認識していなかったと考えらえる。

では、高洋粥の進上した表は渤海王の文書なのであろうか。直近の宝亀二年や宝亀四年の例をみても、渤海王の文書は函に入られており、[9] 出羽国司が見逃すとも考え難い。推測の域を出ないが、高洋粥の表は高洋粥個人からの上表であったのではないか。[10] 渤海・鉄利人一行が「軽微」とみなされた一因には君主間文書がなかったことが挙げられよう。「軽微」とされた扱いに対する高洋粥の意見が「表」とされたのかもしれない。②の「巧レ言求レ便」もこの高洋粥の上表の内容に対する評価であろう。また、検校使が高洋粥の表を進上したのは出羽国滞在中の十月中とみられるが、十月九日勅（史料A）の「渤海蕃例」より後日の可能性が高いため、「渤海蕃例」が高洋粥の表文の開封を指しているとは考えられない。

(二) 宝亀九年（七七八）

高洋粥以前の渤海使を遡ると、宝亀九年九月に送高麗使高麗殿嗣を送り越前国坂井郡三国湊に来着した渤海使張仙寿らがいる。張仙寿は入京後の方物献上時に「渤海国王言」を奏上し、それによれば宝亀八年に渤海使史都蒙を送った高麗殿嗣が「遠夷之境」に漂着し、船が破損して帰れないので、船二艘を造り張仙寿らに送らせたという。(11)光仁天皇から「璽書」が送られたがその内容は史料に見えず、渤海王の文書の存在は不明である。仮に文書が存在しても、来着地での開封を判断する材料はなく、この時の「渤海蕃例」の実態は不明である。

(三) 宝亀七年(七七六)

前項でみた高麗殿嗣は宝亀七年に来着した渤海使史都蒙の送使であった。史都蒙ら一八七人は、光仁天皇の即位を祝い、渤海王大欽茂の王妃の喪を知らせるために来日したが、「比レ着二我岸一、忽遭二悪風一、柁折帆落、漂没者多。計二其全存一、僅有二卌六人一」という状況で越前国加賀郡に安置された。(12)史都蒙らは宝亀四年に出された北路来朝の禁(後掲史料Cのf)を守らなかったことを責められるが、北路でなく対馬を目指した結果漂流したことを告げ、生存者四十六人全員での入京が許された。

方物献上時には、張仙寿の時と同様、渤海国王の言が奏上されている。(13)日本からは慰労詔書が出されているが、その内容には渤海王の文書の存在がわかる記述はない。遭難により君主間文書を紛失したかもしれないが、一方で渤海王の文書を口頭で奏上したとも考えられ、君主間文書が存在していないとは言い切れない。したがって、今回も来着地での文書の開封を判断する材料はなく、「渤海蕃例」の実態は不明である。

(四) 宝亀四年(七七三)

来着地での君主間文書の開封が問題になるのが、次に挙げる宝亀四年来日の渤海使烏須弗の事例である。

【史料C】『続日本紀』宝亀四年六月丙辰(十二日)・戊辰(二十四日)条

丙辰、能登国言、「渤海国使烏須弗等乗船一艘、来二着部下一。差レ使勘問、烏須弗報レ書曰、『渤海日本、久来好隣、往来朝聘、如レ兄如レ弟。近年日本使内雄等、住二渤海国一、学二問音声一、却二返本国一。今経二十年一、未レ報二安否一。由レ是、差二大使壱万福等一、遣二向日本国一、擬二於朝参一。稍経二四年一、未レ返二本国一。更差二大使烏須弗等卌人一、面奉二詔旨一。更無二余事一。所レ附進物及表書、並在二船内一』」。戊辰、遣レ使、宣二告渤海使烏須弗一曰、「太政官処分、d前使壱万福等所レ進表詞驕慢。故告二知其状一、罷去已畢。而今能登国司言、『渤海国使烏須弗等所レ進表函、違レ例無礼』者。由レ是、不レ召二朝廷一、返二却本郷一。e但表函違レ例者、非二使等之過一也。渉レ海遠来、事須二憐矜一。仍賜二禄并路粮一放還。f又渤海使、取二此道一来朝者、承前禁断。自レ今以後、宜下依二旧例一、従二筑紫道一来朝上」。

丙辰条の中心は能登国司の尋問に答えた「烏須弗報書」である。「所レ附進物及表書、並在二船内一」の「表書」が渤海王の文書と考えられる。能登国司からの報告を受け、戊辰条では太政官処分を告げる使者が派遣される。処分の内容は、d宝亀二年の渤海使壱万福の進上した「表詞」は驕慢だったが、能登国司の報告では、今回烏須弗が持参した「表函」も無礼なので、入京させず帰国させる。eただし「表函」の違例は使者の過ちではないので禄と路粮を賜って放還する。f以後、渤海使は大宰府から来朝するように、という三点である。

fについては別稿で論じたため[14]ここでは取り上げない。dについて、壱万福進上の「表詞」は渤海王の文書の文言を指すが[15]、違例とされた烏須弗持参の「表函」については、表が入っている函の違例とみて、能登国司は表を開封していないとする見解がある[16]。一方、冒頭で紹介した石井正敏氏のように、「表函」を「表」と同様の意味で解釈すれば、能登国司が渤海王の文書を開封して内容を報告していることになり、史料Aの「渤海蕃例」に該当する。

著者は石井説に従い、能登国司が渤海王の書を開封したと解釈した[17]。『延喜内記式』に「凡賜二渤海国一勅書函、臘上書二封字一。函上頭書二中務省三字一」とあるように、日本では函書の文字は「封」と「中務省」のみである。渤海の表函の書式は不明だが、函書に内容の詳細を伝える文字が書かれているとは考え難く、函書が違例でも、最終的には本文を確認し総合的に判断する必要が生じるだろう。中央で文書本文を確認しないまま帰国させてしまうとは思えない。

能登国で渤海王の書を開封した理由は石井説のとおり壱万福の件であろう。詳細にみれば、壱万福は宝亀二年十二月末に入京し、宝亀三年の元日朝賀に参加、正月三日には天皇に方物を献上する儀礼が行われた。『大唐開元礼』賓礼では方物とともに表文が献上される「皇帝受蕃使表及幣」儀が規定されており、本来はこの儀礼で渤海王の書も献上されるはずである。しかし、表の内容が「違例無礼」で受け取れないことになり、さらには信物も返却されることになった。[18] すでに方物献上の儀式が行われてからの返却は外交儀礼上の失態であり、律令国家は重く受け止め再発防止策として、次に来た渤海使烏須弗らに対しては、事前に外交文書の内容を確認してから入京させる方法を選んだものと考えられる。

以上、史料Aの「渤海蕃例」が石井説同様、宝亀四年の烏須弗来日時の例を指すと考えたが、これは史料Cの解釈でしかなく、明らかに国司が君主間文書を開封している記事を、史料Aの「渤海蕃例」以前に見つけることができなかった。「渤海蕃例」は、表文を写して進上することであるが、それが来着国司の行うべき行為で、かつ恒例であるとまでは言っていない。この点を強調しておきたい。

（五）「渤海蕃例」その後

来着国司が渤海王啓を開封している初見は、次に挙げる天長五年（八二八）の史料である。

【史料D】『類聚三代格』巻十八

太政官符

一　応〻宛二客徒供給一事

大使副使日各二束五把　　　判官録事日各二束

史生訳語医師天文生日各一束五把　首領以下日各一束三把

右得㆓但馬国解㆒稱、「渤海使政堂左允王文矩等一百人、去年十二月廿九日到着。仍遣㆓国博士正八位下林朝臣遠雄㆒勘㆓事由㆒、并問㆓違期之過㆒。文矩等申云、『為㆑言㆓大唐淄青節度康志曀交通之事㆒、入㆓覲天庭㆒。違期之程、逃㆑罪無㆑由。又擬㆓却帰㆒、船破粮絶。望請、陳㆓貴府㆒、舟楫相済』者。且安㆓置郡家㆒、且給㆓粮米㆒」者。違期之過、不㆑可㆑不㆑責、宜㆘彼食法減㆓半恒数㆒、以㆓白米㆒宛㆗生粮㆖者、所㆑定如件。

一　応㆑修㆓理船㆒事（略）

一　応㆑禁㆓交関㆒事（略）

一　応㆑写㆓取進上啓牒㆒事

右、g蕃客来朝之日、所㆑着宰吏、先開㆓封函㆒、細勘㆓其由㆒。若違㆓故実㆒、随即還却、不㆑労㆓言上㆒。h而承前之例、待㆓朝使到㆒、乃開㆓啓函㆒。i理不㆑可㆑然。宜㆓国司開見写取進㆑之。

以前、中納言兼左近衛大将従三位行民部卿清原真人夏野宣、如㆑右。

天長五年正月二日[19]

【史料E】『類聚国史』一九四渤海　天長五年二月己丑（二日）条

但馬国司、写㆓渤海王啓・中台省牒案㆒進上。

史料Dは天長四年十二月に違期入朝で来日した渤海使王文矩らへの対応を来着地但馬国に示した太政官符である。但馬国博士は来朝理由を尋ね、その結果を中央に報告しているが、四条目より、渤海使が啓牒（王啓と中台省牒）を持参していることも報告したとみられる。そこで太政官が開封を命じ（史料D）、但馬国司が啓牒案（写し）を進上した（史料E）。すなわち、但馬国司は来朝理由の尋問と所持品の調査と結果の報告は自発的に行ったが、啓牒の開封は中央からの命令を受けて初めて行っているのである。

しかし、史料D四条目のgは、来着地の国司が外交文書を開封して事情を聴取して故実と違えばそのまま帰国させてよいという「原則」部分、hは朝使（中央からの使者）が派遣されて初めて「啓函」が開封されるという「現状」部分とされる。[20] 前述のとおりgの「原則」のうち国司による外交文書開封が行われた史料は、僅かに史料Cの宝亀四年の一例が解釈上確認できたのみである。また、hの朝使が開封するという現状についても確かめる必要がある。以下、朝使の派遣についてみていきたい。

二　存問使による外交文書の開封

（一）存問使の派遣

渤海の外交文書に中台省牒が加わり、王啓とともに来着地で開封される例が散見されるようになるのは、承和八年（八四一）の渤海使来日時からである。開封主体は、いずれも次にみるように中央から派遣された存問使である。

【史料F】

①『続日本後紀』承和九年（八四二）三月辛丑（六日）条

存問兼領渤海客使式部大丞正六位上小野朝臣恒柯・少内記従六位上豊階公安人等上奏、勘二問客徒等文幷渤海王所レ上啓案、幷中台省牒案等文一。其啓状曰、（下略）。

②『続日本後紀』嘉祥二年（八四九）三月戊辰（十四日）条

遣二能登国一存問渤海客使少内記県犬養大宿祢貞守等、馳駅奏二上客徒等将来啓牒案一。彼国王啓曰、（下略）。

③『日本三代実録』貞観三年（八六一）五月廿一日条
宣㆓告存問兼領渤海客使但馬権介正六位上藤原朝臣春景、幷出雲国司等㆒云、渤海国使李居正、違㆓先皇制㆒、輙以弔来。亦令㆑看㆓啓案㆒、違例多端。事須㆘責㆓其軽慢㆒、自㆑彼却還㆖。然而如聞、居正位在㆓公卿㆒、齢過㆓懸車㆒、才綺交新、猶有㆑可㆑愛。因欲㆘特加㆓優恤㆒以聴㆗入京㆖。而頃者炎旱連㆑日、有㆑妨㆓農時㆒。慮㆓夫路次㆒更以停止。又王啓幷信物等不㆑可㆓更収㆒、須㆑進㆓上中台省牒㆒。（下略）
④『日本三代実録』貞観十四年（八七二）四月十三日条
存問渤海客使少外記大春日朝臣安守等、開㆓大使楊成規所㆑齎啓牒函㆒、詰㆓問違例之由㆒問答状、及記㆘録安守等向㆓加賀国㆒途中消息㆖、馳駅奏上。
⑤『日本三代実録』元慶元年（八七七）四月十八日条
存問兼領渤海客使少外記大春日朝臣安名等、写㆓渤海国王啓幷中台省牒㆒、馳駅上奏。王啓曰、（下略）。

『延喜太政官式』蕃客条には、蕃客入朝時には存問使が派遣され、入京が決まれば引率の領客使を兼ねることがみえる。①②④の渤海使は入京しており、②④の存問使も後に領客使を兼任している。③は「炎旱連㆑日、有㆑妨㆓農時㆒」以下の理由で、⑤は違期入朝などを理由にそれぞれ来着地から放還されている。
①②⑤では存問使の啓牒案進上と合わせて啓牒本文も記録されている。③には啓牒本文はみえないが、「令㆑看㆓啓案㆒、違例多端」とあるため来着地で王啓が写され進上されたことがわかる。④にも啓牒本文はないが存問使による啓牒の違例詰問の問答状が進上されており、啓牒が開封されたとみられる。存問使による詰問は、①②でも確認できる。[21] すでに、天長五年の太政官符（前掲史料D）のh部分に、朝使を待ち啓函が開封される現状がみえるので、このような存問使の任務は天長五年には慣例化していたことになる。
では、存問使による君主間文書の開封はいつから行われていたのだろうか。そこで弘仁十年（八一九）の次の

史料をみてみたい。内容から段落を三つに分けた。

【史料G】『類聚国史』巻一九四　弘仁十年十一月甲午（廿日）条

⑥渤海国遣レ使献二方物一。上レ啓曰、「仁秀啓、仲秋已涼、伏惟天皇、起居万福、即此仁秀蒙レ恩。慕感徳等廻到、伏奉二書問一（中略）謹遣二文籍院述作郎李承英一、齎レ啓入覲、兼令二申謝一。有二少土物一、謹録二別状一。伏垂二昭亮一幸甚。雲海路遥、未レ期二拝展一。謹奉レ啓」。

⑦問二承英等一曰、「慕感徳等、還去之日、無レ賜二勅書一。今検二所レ上之啓一云、『伏奉二書問一』、言非二其実一、理宜二返却一。但啓詞不レ失二恭敬一。仍宥二其過一、特加二優遇一」。

⑧承英等頓首言、「臣小国賎臣、唯罪是待。而日月廻レ光、雲雨施レ沢。寒木逢レ春、涸鱗得レ水。戴荷之至、不レ知二舞踏一」。

⑥には弘仁十年の渤海使李承英らの来日と王啓本文が、⑦⑧には李承英との問答の内容が記されている。この記事を入京後の内容とみることもできるが、渤海使は宮中儀礼参加の直前に入京することが多く[22]、十一月二十日以前の入京は早すぎる。ここでは、十一月二十日は来着地からの報告が中央に届いた日と考え、⑦に「今検二所レ上之啓一云」とあるので、来着地で王啓が開封され、それをもとに李承英らへの尋問が行われたと考えたい。前回の渤海使慕感徳らの経緯を踏まえた詰問や「啓詞」の評価からは、尋問者が近年の渤海対応に精通し、かつ外交文書の表現にも詳しい人物であると考えられる。

【表】は渤海使来着に派遣された存問使の一覧である。存問使には内記・外記・直講が任命されることが多いが、この理由は、「外記や直講は明経道の専門家が多く任じられ、内記には紀伝道の専門家が多く任じられたように、九世紀以降は中国の古典や思想・倫理に関する専門知識を有する官人が派遣されるようになった」と指摘される[23]。単に外交文書を写すのでなく、史料Gのように内容に踏み込んだ判断が求められたためであろう。史料

【表】存問使一覧

派遣年	存問使	その後の主要官職	出典
神亀四（七二七）	不明		続紀
天平勝宝四（七五二）	左大史坂上老人	山背介	続紀
弘仁五（八一四）	少内記*1滋野貞主 巨勢識人	式部大輔・参議・宮内卿	文華
承和八（八四一）	式部大丞小野恒柯 少外記山代氏益 少内記豊階安人*2	大宰少弐・播磨守 勘解由次官・越中介 大学頭・刑部大輔・都講	続後紀
嘉祥二（八四九）	少内記縣犬養貞守 直講山口西成	散位頭・駿河守 助教・大和介・紀伊介	続後紀
天安三（八五九）	大内記安倍清行 直講苅田（紀）安雄	大宰少弐・右中弁・讃岐守 主計頭・武蔵守・鋳銭長官	続後紀
貞観三（八六一）	散位*3藤原春景	権左中弁・木工頭・式部大輔	三実
貞観十四（八七二）	直講美努清名 少外記大春日安守	勘解由次官	三実
貞観十九（八七七）	少外記大春日安名 前讃岐掾占部（中原）月雄	大外記 直講・助教・大学博士	三実
元慶七（八八三）	少外記大蔵善行 式部少丞高階茂範	勘解由次官・民部大輔・但馬守 式部大丞・下野守	三実
寛平四（八九二）	少内記藤原菅根 大学大允小野良弼	文章博士・式部大輔・参議	紀略
寛平七（八九五）	備中権掾三統理平 明法得業生中原岳	文章博士・式部大輔	紀略 略記
延喜八（九〇八）	大内記藤原博文 直講仮大学権允秦維興	文章博士・民部大輔 助教・大学博士	紀略 略記

延喜十九（九一九）	式部少丞橘惟親 直講依知秦広助		紀略 略記
延長七（九二九）	不明		紀略 略記

＊1　弘仁六年正月には大内記
＊2　表には、貞観十四年の少内記菅原道真など存問使任命後に辞退した場合は掲載しなかったが、山代氏益の後任とみられる豊階安人は氏益の辞退記事がないため両名を掲げた。
＊3　散位として領客使（のちに「存問兼領渤海客使」）に任じられた後、但馬権介を仮称することになった。

出典　続紀→続日本紀　文華→文華秀麗集　続後紀→続日本後紀　三実→日本三代実録
　　　紀略→日本紀略　略記→扶桑略記

Gの弘仁十年には存問使派遣記事はないものの、来着地での対応者は国司ではなく存問使とみるべきであろう。

嵯峨朝には五度も渤海使が入京しており、その頻度は最も多い。嵯峨朝において存問使の記述がみえるのは、『文華秀麗集』巻上の「春日餞三野柱史奉レ使存二問渤海客一」と題する巨勢識人の詩である。この詩は弘仁五年（八一四）に渤海使王孝廉らが来日した際に読まれた漢詩のひとつで、詩題より「野柱史」（内記の唐名）滋野貞主が存問使とわかる。この時の渤海使は日本を出航後、暴風に遭い再び日本に戻るが、大使王孝廉は病没し、翌弘仁七年五月に出航地で二度目の慰労詔書を得て帰国の途に着く。「春日」を詠んだ上記の詩は二度目の慰労詔書を渡すため出港地に派遣された存問使で、弘仁五年九月末の最初の来着時に派遣された存問使は、『文華秀麗集』巻下の「和下滋内史奉レ使遠行観二野焼一之作上」の詩題にみえる「滋内史」滋野貞主と、ともに臘月（十二月）に遠行して野焼を見ている詩の作者巨勢識人の二人と考えられる(24)。

このときの王啓本文は記録に残らず、また滋野貞主や巨勢識人が王啓を開封したことを示す史料はない。しかし、勅撰漢詩集（凌雲集・文華秀麗集・経国集）の入集数は、嵯峨天皇の九十七首に次いで、滋野貞主が三十三首で二位、三位の小野岑守三十首に次いで巨勢識人が二十四首で四位であり、両者が優れた文人であったことがわかる。四六駢儷体の難解な渤海王啓を理解し、違例を詰問する存問使には適任であろう。(25)

（二）外交記録の整備

嵯峨朝には外交記録の整備が積極的に行われたことが次に挙げる史料からわかる。

【史料H】『類聚符宣抄』第六　⑨文譜　⑩外記職掌　⑪雑例

⑨応レ検二収使司所レ進文記一事

右、被二右大臣宣一称、凡厥文記本備二遵行一。若有二失錯一、何足二准拠一。而今掌客文記錯誤者多。此是、外記不レ加二検察一所レ致也。自今以後、諸使文記、宜二細披検而後収置一、即彼収帳録二検人名一。若有二失錯一随レ事科附。

弘仁六年正月廿三日　　大外記豊宗宿祢廣人奉

⑩応二御所記録庶事外記内記共預一事

右、被二右大臣宣一称、依レ令、外記掌下勘二詔奏一及検中出稽失上、内記掌レ造二詔勅及御所記録一。拠レ此而所レ掌稍異、挙レ綱而論、事合二相通一。何者、内裏行事、大臣所レ預、至レ有二稽失一、誰能検出。若御所録事、外記共預、則内裏儀式、豈致二違失一。自今以後、御所儀例、外記同録、以備二顧問一。如不二遵奉一、彼此有レ違、預レ事之人、解二却見任一。事縁二勅語一、不レ得二疎漏一者。今録二宣旨一、立為二恒例一。

弘仁六年正月廿三日　　参議従三位行左大弁兼備前守秋篠朝臣安人奉

⑪中納言兼左近衛大将藤原朝臣宣、奉レ勅、自今以後、渤海使者来着消息、所在国司言上之日、宜下参議以

上共会案二検承前記文一、預定中供客諸事及執事人等上。不レ得三臨時屢奏二漏失之状一者。宜二外記等存レ意挙聞一。

弘仁九年四月五日　　大外記船連湊守奉

⑨⑩の日付弘仁六年正月二十三日は、渤海使王孝廉らが出京した翌日であり、渤海使迎接と関係する内容と思われる。⑨は外記による諸使文記の検察を記したもので、錯誤が多いとされる「掌客文記」は、『延喜太政官式』蕃客条にみえる掌客使であり、「諸使文記」には存問使の文記も含まれるであろう。⑩は外記に御所での儀式の記録が共有されることを記したもので、渤海使への儀礼の記録も共有されたことになる。⑪は弘仁九年に出されたものであるが、渤海使の来着が報告されると、参議以上がこれまでの外交記録をもとに迎接諸事や担当者を決定していたことが知られる。その人選に漏れがないように、外記が推挙して天皇に奏上することを記したものである。すなわち、渤海使への外交儀礼に必要な先例として外交記録が整備されたのである。

弘仁十一年撰進の『弘仁格式』序には、

其朝会之礼、蕃客之儀、頃年之間、随レ宜改易、至三於有二事例一、具存二記文一、今之所レ撰、且以略諸。

とあり、「朝会の礼」「蕃客の儀」を記録した「記文」が整備されていたことが知られるが、これらの記文は外記日記が中心とされるため、(26) 弘仁年間の儀式整備の基盤が外記日記の充実であったといえるだろう。

賓礼でもてなすのか否かという外交儀礼の内容を決定するのが外交文書の内容である。すでに酒寄雅志氏が「渤海使が来着すると渤海王啓とともに中台省牒の案文を京進させ、すでに文殿に保管されている王啓・中台省牒との対比、つまり先例を勘申することが太政官の史の重要な職務」と指摘するが、(27) 外記・史と同等の職務遂行能力を持つ存問使(28)が来着地で開封すれば、入京後の儀礼の判断材料となる外交文書をいち早く現物から書写でき、先例との比較ができる。専使存問使による来着地での外交文書開封は、頻繁に渤海使が入京する嵯峨朝の外交儀礼整備の過程で確立された体制といえよう。

（三）藤原緒嗣の渤海外交

来着地での外交文書の開封が存問使の任務として嵯峨朝に形成されたことをみたが、では、天長五年の但馬国司による啓牒の開封（史料D・E）をどのように理解したらよいのであろうか。

淳和朝には弘仁十四年（八二三）、天長二（八二五）、天長四（八二七）の三度渤海使が来日するが、入京したのは在唐学問僧霊仙の表物を持参した天長二年の高承祖ら一例であり、残りの二例は来着地から放還されている。天長元年の渤海使高貞泰帰国時には一紀一貢が示され(29)、渤海使が頻繁に入京した嵯峨朝からの大きな外交政策の転換となる。この背後に、経費削減を推進する右大臣藤原緒嗣の存在がある。

天長二年の渤海使高承祖らの入京に反対する藤原緒嗣の上表(30)では、霊仙の表物を理由に違期入朝する渤海使は「実是商旅、不レ足二隣客一」として、「頃年旱疫相仍」「臨二農要一、弊多二逓送一、人疫二差役一、税損二供給一」「民憂未レ息、天災難レ滅」という民政的な理由から入京停止を訴える。緒嗣は後に「天長之初、上二意見一之日奏言、省二不要之官一、断二文華之費一」とも上表しており、嵯峨朝の頻繁な文遊による損費を批判するが(31)、これには渤海使迎接の出費も含まれるだろう。

淳和朝には渤海使来日時に一度も存問使が派遣されていない。弘仁十四年は「雪深」「往還不通」を理由に加賀国司が存問を行い、天長二年は大内記布留高庭が領客使となるが出雲国介を仮授して、国司として渤海使に応対している(32)。このことは、存問使派遣に係る緒嗣の経費削減策と思われ、天長五年に国司に啓牒の開封を命じたのもそのためと考えられる。史料Dのgで国書による開封を「原則」とした理由を推測すれば、宝亀四年の能登国司による開封（史料C）が緒嗣の父百川を中心とする藤原式家体制における政策であったからかもしれない。

したがって、来着国司による君主間文書の開封は慣例化されたものではなく、宝亀年間と天長年間のそれぞれの外交方針のなかでみられた一時的な措置と言える。宝亀初年の藤原式家体制が藤原仲麻呂の政治的手腕による渤海外交からの方針転換を図ったことはすでに指摘したとおりであるが、(33) 緒嗣による嵯峨朝の渤海外交からの方針転換も百川を意識してのことかもしれない。

（四）展望――桓武朝の転換

最後に、存問使による君主間文書の開封が桓武朝に見出せるか、展望を述べたい。

桓武朝には外交文書の来着地での開封がわかる史料はない。しかし、延暦十四年（七九五）十一月に出羽国に来着した呂定琳らが進上した王啓は、「有司執奏、勝宝以前、数度之啓、頗存二体制一、詞義可レ観。今検二定琳所レ上之啓一、首尾不レ慥、既違二旧義一」と評価された。(34) また、呂定琳帰国時には送渤海使御長広岳らが派遣され、延暦十五年十月に広岳らは嵩璘の啓を持参して帰国した。王啓には、使者の人数と派遣間隔を決めるにあたり、派遣間隔は「任二聴彼裁一」と記されていた。これを受けて次のような群臣による上表が行われた。

【史料Ⅰ】『日本後紀』延暦十五年十月壬申（十五日）条

先レ是、j渤海国王所レ上書疏、体無二定例一、詞多二不遜一。k今所レ上之啓、首尾不レ失レ礼、誠款見二乎詞一。群臣上表奉レ賀曰、「臣神等言、（中略）近者、送渤海客使御長広岳等廻来。伏見二彼国所レ上啓一、辞義温恭、情礼可レ観。悔二中間之迷図一、復二先祖之遺跡一。况復縁レ山浮レ海、不レ顧二往還之路難一、克レ己改レ過、始請二朝貢之年限一。与二夫白環西貢、楛矢東来一。豈可二同レ日而道一哉。臣等幸忝二周行一、得レ逢二殊慶一。不レ任二鳧藻之至一、謹詣レ闕奉レ表以聞。（下略）

jでは、従来の渤海王啓が「体」（体裁）と「詞」（文章）の両面から否定的に評価されており、これは前述の延暦十四年の評価（勝宝以前、数度之啓、頗存二体制一、詞義可レ観）と同義とみられる。kにあるように今回の王啓が失礼なく、詞も心が込められているので、群臣の上表では「辞義温恭、情礼可レ観」と評価された。(35)

この群臣上表は神王により奏上されているが、延暦十四年以降の桓武朝の廟堂は、右大臣神王や大納言壱志濃王らの皇親グループをブレーンに、和家麻呂のような渡来系の天皇の外戚や、菅野真道や秋篠安人、坂上田村麻呂などの渡来系・縁戚の寵臣グループにより構成され、その性格は「天皇の権威に依存することにおいてのみ、彼等の地位が確保される」とされる。[36] この数か月後に出された『続日本紀』編纂の菅野真道、秋篠安人らによる上表[37]には、

…伏惟天皇陛下、徳光二四乳一、道契二八眉一。握二明鏡一以惣二万機一、懐二神珠一以臨二九域一。遂使下仁被二渤海之北一、貊種帰レ心、威振二日河之東一、毛狄屏上レ息…。

とみえ、桓武の徳が渤海全土に行きわたるという表現は、渤海が使者の派遣間隔を委ねてきた延暦十五年啓に基づくものであろう。菅野真道も秋篠安人も『続日本紀』の編者であり、真道は少内記や東宮学士、皇太子学士などを、安人は少内記、大外記などを経験している。桓武の権威強化のための王啓解釈は、いわば文人貴族の政治手法とみられ、嵯峨朝の存問使による外交文書開封につながる政治文化の萌芽とみなせるのではないか。

おわりに

以上、君主間文書の来着地での開封は、外交儀礼の先例として外交記録の整備が強化された嵯峨朝において、専使存問使の派遣に拠る開封という体制が形成されたことを考察した。存問使は外記の職務遂行能力を有する者として、四六駢儷体の難解な外交文書の解釈を得意とする文人官僚から選ばれた。

一方、来着国司が君主間文書を確実に開封したのは天長五年（史料E）の一例のみであり、太政官符（史料D）を踏まえての対応であった。解釈上能登国司による開封が想定できる宝亀四年（史料C）と合わせても僅かに二

例にすぎない。このため、来着国司の君主間文書の開封は中央からの命令を受けて例外的に行われた措置であり、国司が自発的に君主間文書を開封する権限はなかったとみられる。宝亀十年に新羅王の上表があれば写しを作成して進上するよう大宰府に命じた勅（史料A）にみえる「渤海蕃例」は、渤海使来着時に国司による君主間文書の開封が常例であったことを示すものではなく、宝亀四年に行われた一度限りの事例を称したものと考えられる。

最後に、小稿では存問使を外記相当の能力を有するとみる中野高行氏の論に基づき考察したが、外記と存問使の関係はさらに追及すべき問題と考える。外記については、大外記高丘比良麻呂が恵美押勝が私的に太政官印を用いて兵力を増員したことを知り孝謙上皇に密告し、[38]嵯峨朝においても、平城上皇方の外記局にいた大外記上毛野穎人が、上皇の乱を嵯峨天皇に知らせている。[39]この二度の外記による政変密告は、外記の政治的地位を上昇させたと考えることはできないだろうか。展望でみた桓武朝の廟堂構成にみる文人官僚の進出とあわせて今後の課題である。

註

（1）『続日本紀』宝亀十一年二月庚戌（十五日）条。
（2）石井正敏「大宰府の外交機能と外交文書」（『日本渤海関係史の研究』吉川弘文館、二〇〇一年、初出は一九七〇年）。
（3）河内春人「新羅使迎接の歴史的展開」（『ヒストリア』一七〇、二〇〇〇年）。
（4）「（総論）日本古代の外交文書」（鈴木靖民・金子修一・石見清裕・浜田久美子編『訳註日本古代の外交文書』八木書店、二〇一四年）。
（5）浜田久美子「大宰府における外交文書調査――「国書開封権」研究の現在」（『ヒストリア』二六二、二〇一七年）。

（6）中村裕一『唐代制勅研究』（汲古書院、一九九一年、三二七頁）では、『唐会要』巻二六の開元七年三月勅にみえる「胡書進表、並令二西蕃所由州府一繙訖封進」を、西域諸国の進表は州府で開封して点検する意で理解するが、石井正敏「光仁・桓武朝の日本と渤海」（前掲註2著書所収、初出は一九九五年）注（6）では、この例が漢字以外の文書の翻訳を示す特例で、唐でも原則は来着地での君主間文書の開封が厳禁されていたとする。唐代における来着地での君主間文書の開封事例については、今後も調査していきたい。

（7）『続日本紀』天平宝字四年九月癸卯（十六日）条。

（8）元慶の乱の際には出羽からの飛駅上奏が十二・十三日程度で到達しており（熊田亮介「元慶の乱関係史料の再検討」『古代国家と東北』吉川弘文館、二〇〇三年、初出は一九八六年）、ここでも出羽国の検校使からの飛駅上奏を受けて②十一月九日の勅が出されたとみられる。

（9）『続日本紀』宝亀三年正月丁酉（十六日）条に「万福等言、夫為レ臣之道、不レ違二君命一。是以、不レ誤二封函一、輙用奉進。今為二違例一、返二却表函一。万福等実深憂慄…」とある。宝亀四年の「表函」については後掲史料C参照。

（10）外国使節個人からの上表は、新羅使金福護が新羅王の死を伝えた表文がある（『続日本紀』大宝三年閏四月朔条）。河内春人前掲註3論文参照。

（11）『続日本紀』宝亀十年正月丙午（五日）条。

（12）『続日本紀』宝亀七年十二月乙巳（二十二日）条。

（13）『続日本紀』宝亀八年四月癸卯（二十二日）条。

（14）浜田久美子「日本渤海関係史——宝亀年間の北路来朝問題への展望」（『アジア遊学』二一四、勉誠出版、二〇一七年）。

（15）『続日本紀』宝亀三年正月丁酉（十六日）条に「先レ是、責三問渤海王表無礼於壱万福二」とあり、二月己卯（二十八日）条の日本からの慰労詔書に「今省二来書一、頓改二父道一、日下不レ注二官品・姓名一、書尾虚陳二天孫僭号一」とある。

（16）中西正和「新羅使・渤海使の来朝と大宰府——大宰府の外交的機能について」（『古代史の研究』八、一九九〇年）。

（17）浜田久美子前掲註5論文。

（18）『続日本紀』宝亀三年正月丁酉（十六日）、庚子（十九日）条。

（19）渤海使来着が報告されるのが正月十七日であるため、太政官符の日付「正月二日」は「正月二十日」の誤りとされる（石井正敏「大宰府・縁海国司と外交文書」（前掲註2著書、初出は一九九一年）。

（20）石井正敏前掲註19論文。なお、石井はgの「随即還却」の対象を渤海使と理解し、小稿もこの解釈に従うが、中西正和「渤海使の来朝と天長五年正月二日官符」（『ヒストリア』一五九、一九九八年）、今泉隆雄「秋田城と渤海使」（『古代国家の東北辺境支配』吉川弘文館、二〇一五年）では、還却されるのは外交文書で、文書が先例と異なれば使者に返却して報告しなくてもよいと理解している。

（21）『続日本後紀』承和九年三月甲子（廿九日）条、嘉祥二年三月乙亥（廿一日）条。

（22）第一回渤海使は神亀四年（七二七）十二月二十日入京、神亀五年正月三日の朝賀に参加、第二回渤海使は天平十一年（七三九）十月二十七日に入京し、十二月十日に拝朝しているが、これは同行の遣唐使平群広成の十一月三日の拝朝に合わせた入京であり例外といえよう。九世紀には天長三年（八二六）五月八日入京、五月十二日叙位、承和九年（八四二）三月二十七日入京、四月二日方物献上、嘉祥二年（八四九）四月二十八日入京、五月二日方物献上などいずれも宮中儀礼の直前での入京が知られる。

（23）中野高行「日本古代における外国使節処遇の決定主体」（『日本古代の外交制度史』岩田書院、二〇〇八年、初出は一九九七年）。

（24）井実充史「滋野貞主「春日奉使入渤海客館」」（『アジア遊学』六四、二〇〇四年）、浜田久美子「弘仁六年の渤海使」（『日本古代の外交儀礼と渤海』同成社、二〇一一年、初出は二〇〇六年）。

（25）『経国集』の序を草し、嵯峨天皇の側近として活躍した滋野貞主は、嘉祥年間に大宰府官吏の衰退を嘆き、大宰府が「諸蕃之輻輳・中外之関門」なので、「有徳為レ帥、才良為二監典一、若無二其人一、選二取弁官式部一」と上表している（『日本文徳天皇実録』仁寿二年二月乙巳条）。弁官と式部官人が外交実務に必要であるという考えには、存問使として外交で活躍した経験も踏まえられているであろう。

（26）西本昌弘「儀式記文と外記日記――『弘仁格式』序の再検討」（『日本古代儀礼成立史の研究』塙書房、一九九七年、初出は一九八七年）では、『権記』や『政事要略』に引用される延暦九年（七九〇）の外記記文や外記日記の存在から、延暦九年頃には元日節会や蕃客入朝などの儀礼の詳細が記録されていた外記日記が作成されていたとする。

(27) 酒寄雅志「渤海国中台省牒の基礎的研究」（『渤海と古代の日本』校倉書房、二〇〇一年、初出は一九八五年）。

(28) 中野高行「八・九世紀における外記の特質」（前掲註23著書所収、初出は一九八七年）は、外交に関わった外記が多いことについて、外記になる前や外記辞職後に外交に携わる者もいるため、「外記なので外交に携わる」のではなく、「外記の職務を遂行する能力を有している者なので外交に携わる」傾向があると指摘する。

(29)『類聚三代格』巻十八、天長元年六月廿日太政官符。

(30)『類聚国史』巻一九四、天長三年三月戊辰朔条。

(31)『続日本後紀』承和四年十二月丁酉（八日）条、後藤昭雄「宮廷詩人と律令官人と――嵯峨朝文壇の基盤」（『平安朝漢文学論考』補訂版、勉誠出版、二〇〇五年、初出は一九七九年）。

(32)『類聚国史』巻一九四、弘仁十四年十二月戊子（八日）、天長二年十二月辛丑（三日）、乙巳（七日）条。

(33) 浜田久美子「藤原仲麻呂と渤海――遣唐使藤原清河の帰国策をめぐって」（『法政史学』八三、二〇一五年）。

(34)『類聚国史』巻一九三、延暦十五年五月丁未（十七日）条。

(35) なお、上表の趣旨は渤海王が来朝年限の裁定を委ねてきた事実から桓武の徳を称えることにある。石井正敏前掲註6論文でも「慶賀すべき最大の理由は、渤海が姿勢を低くして〈始メテ朝貢ノ年限〉の裁定を求めてきたことにある」とし、背景に「尋ねる諸侯と裁定する覇者・天子という関係が存在」し、桓武の朝廷が諸侯と天子の関係を嵩璘と桓武にあてはめて理解する。

(36) 林陸朗「桓武朝廟堂の構成とその特徴」（『桓武朝論』雄山閣、一九九四年、初出は一九六九年）。

(37)『日本後紀』延暦十六年二月己巳（十三日）条。

(38)『続日本紀』天平宝字八年九月壬子（十八日）条。

(39)『日本後紀』弘仁元年九月戊申（十一日）条。

V　人間の歴史を問う

「聖徳太子」の名号について

仁藤敦史

はじめに

近年「聖徳太子」非実在説が提起されるようになったこともあり、[1] 多く伝えられる「聖徳太子」の名号のうち、生前にさかのぼって使用されたことが明らかとされていた事例についても、近年ではその真偽をめぐる議論が活発となっている。古くは家永三郎により、『古事記』の「上宮之廐戸豊聡耳命」などをはじめとして、二十数例の用例をあげ、分類すると十一種に区分されるという指摘がなされている。[2] すなわち、廐戸・豊聡耳・八耳・上宮・聖王・法王(皇)・法大王(法王大王)・法主王・聖徳・仏子勝鬘・斑鳩太子の十一タイプである。

まず、最も著名な「聖徳太子」の称号については、聖徳は明らかに生前の実名ではなく死後の諡号であり、太子号も皇太子制は推古期には確立していないことから、[3] 同時代的名号としては除外される。これらの名号のうち実名に近いものについては、これまで「廐戸」が最も有力視され、教科書にも「廐戸皇子」または「廐戸王」と記載されてきた。[4] 聖王以下の記載については、讃美的な漢語的称号であり、実名というより一般的な名称であることから、上宮・廐戸・豊聡耳（八耳）の三者についての検討が中心となってきた。けれども近年では、比較的有力とされた三者の名号についても原伝承とは切り離し、異なる解釈を下すという意味で懐疑的な見解が多くなっている。[5] 以下では、これらの名号のうちいずれが生前から用いられた可能性が高いのかを検討したい。

一　聖徳太子

まず「聖徳太子」については、少なくとも『日本書紀』には使用されておらず、七五一年に成立した最古の漢詩集『懐風藻』の序文に初めて用いられた称号であることはつとに指摘されている。そこには神武や応神と並記されて「逮二乎聖徳太子一、設レ爵分レ官、肇制二礼義一」とあり、官爵や礼儀を制定した偉人として語られる。ただし、『令集解』公式令平出条所引の天皇謚の注釈には、大宝令に対しての注釈である「古記」に謚の例として「上宮太子」を「聖徳王」という例示が示されているように、死後の称号として「聖徳」が用いられたことが確認できる。

『令集解』公式令平出条

謂。謚者。累二生時之行迹一。為二死後之称号一。即経二緯天地一為レ文。撥レ乱反レ正謂二為レ武之類也。……古記云。問。天皇謚。未レ知。謚。答。天皇崩後。據二其行迹一。文武備者。称二大行一之類。一云。上宮太子称二聖徳王一之類。

反対に言えば、「上宮」が生前に用いられていた名号の可能性を示唆する。

「聖徳」の号に限れば、「丙午年」すなわち慶雲三年（七〇六）の年代が記された「法起寺塔露盤銘」に「聖徳皇」の用字がある。長屋王家木簡に「長屋皇子宮」だけでなく「長屋皇宮」の事例があるように[6]、「ミコ」の和訓を前提に「王」と「皇」は通用したと考えられる[7]。

聖徳王―『播磨国風土記』『法王帝説』『令集解』
聖徳皇―「法起寺塔露盤銘」
法王　―『法王帝説』「法隆寺資財帳」
法皇　―「法隆寺金堂釈迦三尊像」
上宮王―『法華経義疏』・『勝鬘経義疏』
上宮皇―『維摩経義疏』
聖王　―「法隆寺薬師像銘」・『法王帝説』
聖皇　―『日本書紀』

「聖徳王」と「聖徳皇」、「法王」と「法皇」、「上宮王」と「上宮皇」、「聖王」と「聖皇」の関係は、「王」と「皇」の通用として理解され、『法王帝説』では「聖徳王」と「法王」のように「王」字が共通して用いられ、さらに比較的古い金石文に「皇」字が用いられているので、「王」から「皇」という単純な新旧関係ではないと考えられ、東野治之氏が指摘されるように尊敬の程度により微妙に区別されて通用したと推定される。

「聖徳」を含む複合的な名号については、以下の用例がある。

「東宮聖徳」（『日本書紀』敏達五年条）
「豊聡耳聖徳」（同用明元年紀）
「厩戸豊聡耳聖徳法王」「上宮聖徳法王」「聖徳法王」「東宮聖徳王」「聖徳王」（『法王帝説』）
「聖徳王」（『播磨国風土記』印南郡条）

「上宮聖徳皇子」（『伊予国風土記』逸文）

「上宮太子聖徳皇」（「法起寺塔露盤銘」）

その形式は「聖徳王」「聖徳法王」を基本として、東宮が付された「東宮聖徳」「東宮聖徳王」と、基本的な名号である「豊聡耳」「上宮」あるいは「厩戸」を付加した「豊聡耳聖徳」「厩戸豊聡耳聖徳法王」あるいは「上宮聖徳法王」「上宮聖徳皇子」「上宮太子称徳皇」のタイプが確認される。死後の称号として「聖徳」が創出され、皇太子を意味する後事的な東宮とセット関係にあることは、新しい名称として旧来の「豊聡耳」「上宮」「厩戸」などに付加されたものと考えられる。死後の称号として「聖徳」が用いられたことは確かであるが、遅くとも『日本書紀』の成立段階には「聖徳」号は用いられていたことが確認される。

「聖徳太子」以前の名称と考えられる「上宮厩戸豊聡耳太子」のいわれについては以下のように説明される。

『日本書紀』推古元年四月己卯条

立二厩戸豊聡耳皇子一為二皇太子一。仍録摂政、以二万機一悉委焉。橘豊日天皇第二子也。A母皇后曰二穴穂部間人皇女一。皇后懐妊開胎之日、巡二行禁中一監二察諸司一。至二于馬官一、乃当二厩戸一、而不レ労忽産之。B生而能言、有二聖智一。及レ壮、一聞二十人訴一、以勿レ失能弁、兼知二未然一。且習二内教於高麗僧恵慈一、学二外典於博士覚哿一、並悉達矣。C父天皇愛之、令レ居二宮南上殿一。故称二其名一謂二上宮厩戸豊聡耳太子一。

Aは厩戸、Bは豊聡耳、Cは上宮についてのそれぞれ起源伝承となっており、冒頭の皇太子任命と合わせて、「上宮厩戸豊聡耳太子」の名前を解説する構成になっている。

一方、用明元年条には「厩戸皇子」の別名として、「豊耳聡聖徳」「豊聡耳法大王」「法主王」の三つが見える。

『日本書紀』用明元年正月壬子朔条

立二穴穂部間人皇女一為二皇后一。是生二四男一。其一曰二厩戸皇子一。〈更名豊耳聡聖徳。或名二豊聡耳法大王一。或云二法主王一〉是皇子初居二上宮一、後移二斑鳩一。於二豊御食炊屋姫天皇世一、位二居東宮一。総二摂万機一、行二天皇事一。語見二豊御食炊屋姫天皇紀一。其二曰二来目皇子一、其三曰二殖栗皇子一。其四曰二茨田皇子一。立二蘇我大臣稲目宿禰女石寸名一為レ嬪。是生二田目皇子一。〈更名豊浦皇子。〉葛城直磐村女広子生二一男一女一。男曰二麻呂子皇子一、此当麻公之先也。女曰二酢香手姫皇女一、歴二三代一以奉二日神一。

記載の順番を尊重するならば、廐戸皇子が本来的な名前で、別名たる「豊耳聡聖徳」や「豊聡耳法大王」「法主王」は比較的新しい別名ということになる。

さらに、『日本書紀』の記載に先行するのが『古事記』用明段である。

弟、橘豊日命、坐二池辺宮一、治二天下一三歳。此天皇、娶二稲目宿禰大臣之女、意富芸多志比売一、生御子、多米王。【一柱】又、娶二庶妹間人穴太部王一、生御子、上宮之廐戸豊聡耳命。次久米王。次植栗王。次茨田王。【四柱】

他の王子とは異なり「上宮之廐戸豊聡耳命」とあるように、「豊聡耳」と「命」という尊称がすでに『日本書紀』以前から記されている。『日本書紀』のような名号のいわれについての記載はまだないが、すでに『古事記』において「上宮・廐戸・豊聡耳」という三要素が並記されていることは留意される。虚構説が強調する『日本書紀』段階における潤色との想定以前から、少なくとも名号自体は存在していたことが確認される。『古事記』と『日本書紀』の差異を重視するならば、名号が先行しており、そのいわれを説明するために伝承的な話が後に付加されたとの道筋を確認することができる。

なお、「皇子命」の表記は『日本書紀』にも見えている。

『日本書紀』推古二十九年二月癸巳条

半夜廐戸豊聡耳皇子命薨二于斑鳩宮一。

『日本書紀』で「命」や「尊」が用いられるのは、高市皇子や草壁皇子のみであり、理想的な皇太子像を描く目的があったとの指摘がある。(8)推古紀における称号が、続柄記載と死去時をのぞけば、基本的に「皇太子」の表記に統一されていることも、このことと関係すると考えられる。

以下では、『記紀』に共通する「上宮・廐戸・豊聡耳」の名号を検討する。

二　上宮

まず「上宮」号の由来については、『日本書紀』などに父の用明天皇の王宮の南に建てられた皇子宮の名称にちなむと伝える。(9)

『日本書紀』用明元年正月壬子朔条（前掲）

其一曰二廐戸皇子一。〈更名豊耳聡聖徳。或名二豊聡耳法大王一。或云二法主王一〉是皇子初居二上宮一、後移二斑鳩一。

『日本書紀』推古元年四月己卯条（前掲）

父天皇愛之、令レ居二宮南上殿一。故称二其名一謂二上宮廐戸豊聡耳太子一。

『法王帝説』

池辺天皇、其太子聖徳王、甚愛二念之一、令レ住二宮南上大殿一、故号二上宮王一也

本居宣長が「大宮の南に別に上宮と云宮の有て、其は殊に上れるやむごとなき宮なりし故に、上宮とは称けられたるなるべし。かくて其名後まで残りて、其の地名となれるなり。書紀此御巻に「初居二上宮一、後移二斑鳩一」とあるは、既に地名となれる後を以て初へ及ぼして云るなり。さて此地名今に遺りて、十市郡に上宮村あり（池辺古の地に近し）。宇閇能美夜と呼ふなり、然れば此御名も然訓べきなり」（『古事記伝』四十四）と論じ、桜井市の上

宮に比定して以来、当所に比定するのが通説的な位置を占めている。

喜田貞吉が、中国の宮殿の制は常に北を上とし南を下とするのに対して、用明の宮殿においては宮南の地が高所にあったから、上宮の名がつけられたと推測するように、[10] 桜井市の上宮付近は南が高い丘陵地形になっていることも傍証となる。また、一九八八年から一九九〇年の発掘において、桜井市南部の上之宮からは推古期と推測される時期に、四面廂建物や楼閣状の立派な建物跡や石組みを備えた庭園遺構が出土しており（上之宮遺跡）、聖徳太子の上宮の可能性も指摘されている。[11] さらに、この遺跡からは八つに分かれた「別□〔金カ〕塗銀□其項□頭刀十口」（一八三×一八×二）と記された木簡も出土しており、[12] 金銀の装飾がなされた刀が十口とあり、『東大寺献物帳』にみえる装飾太刀の数が二十口ほどであったこと比較しても、王族が住む宮殿の一部であった可能性は高い。[13]

上之宮以外にも、『扶桑略記』や『聖徳太子伝暦』が坂田寺に比定し、『上宮太子拾遺記』は橘寺に比定するが、すでに本居宣長が批判するように磐余の池辺宮との関係では明らかに遠すぎるので後世の付会であろう（橘寺説は用明の名号橘豊日からの連想、または生誕地との混同か）。

近年では、斑鳩宮が本来的に上宮との説が新川登亀男氏により提起されている。[14] すなわち、上宮を登場させる『書紀』の記事には、聖徳太子が斑鳩で亡くなる時の記事と、聖徳太子の没後の斑鳩宮や、その遺族集団に関する記事に集中するという著しい特徴が有る。このことから、むしろ斑鳩宮を上宮と呼んだ可能性がきわめて高いとする。

しかしながら、「上宮」号が亡くなった以降に頻出することは、先述したように推古紀における称号が、続柄記載と死去時をのぞけば、基本的に「皇太子」の表記に統一されていることによる。[15]「廐戸」号や「豊聡耳」号も基本的に同様な傾向が指摘できるので、「上宮」号のみを否定することはむずかしい。皇子の名称として直接

「上宮」という宮号が用いられている点が特異であり、反対に「斑鳩太子」や「斑鳩宮王」の使用がないとの指摘があるように、[16]「斑鳩宮」とは等値できない名号としての内容を有している。さらに、斑鳩宮の別称とするだけでは「上宮」号のいわれが不明になる点も問題であり、「上宮」号の出現頻度のみでは斑鳩宮に限定する根拠は弱いと考えられる。[17]

なお、「上宮」号を漢籍や仏典由来とするのはすでに批判があるように宮号としては一般的でなく、斑鳩寺との位置関係とする説も、前後関係が逆であり、寺を中心とする点も従いにくい。[18]

反対に『日本書紀』用明元年紀に「是皇子初居二上宮一、後移二斑鳩一」とあるのを尊重すれば、明瞭に上宮と斑鳩宮が異なる存在であり、本来は別な場所に所在したことを示している。[19]近年明らかになった高市皇子から長屋王への「北宮」号の継承事例を参照するならば、[20]斑鳩宮の山背王への伝領を象徴するものとして「上宮王」の名称が使用されたと位置付けるべきではないか。[21]「癸未年(六二三)」の年紀がある法隆寺金堂釈迦如来像後背銘文にも「上宮法皇」とあることを尊重すれば、廐戸王の逝去以後から使用されていた古い名号と考えられる。

「上宮王」号の継承は、廐戸王子にはじまり山背大兄王と舂米女王の夫妻に独占的に引き継がれている。異母兄妹近親婚の事例は敏達系王族にも同様に見られるように、「上宮王家」家産の分割を防ぎ、有力な王位継承者としての実力を維持する政略結婚の意味があったと考えられる。「支配」・「経営」、そして「所有・相続」の拠点・単位として位置づけられた特殊な王族の「ヤケ」である「宮」の安定的な継承のため、「上宮」号は「北宮」号と同様に経営単位を象徴する特殊な記号的意味を含意するものであった。

先述したように「上宮太子」に対して、死後に「聖徳王」と追号したという「古記」の記載や、太子死後に、その一族に対しても用いられたことを重視すれば、少なくとも生前からの特殊な称号である可能性が高いのではないか。

宮号は普通、地名か人名あるいは宮の景観にちなむもので、『万葉集』に施基皇子の宮を継承したと考えられる聖武天皇の離宮を「高円の野の上の宮」（四五〇六番歌）・「高円の尾の上の宮」（四五〇七番歌）と表記していることから考えれば、上宮についての起源伝承の方が宮名のいわれとしては自然である。[22] 履中の磐余稚桜宮のように氏族伝承として起源を語っている事例もある（『日本書紀』履中三年十一月辛未条）。忍坂宮のような宮号は名代・子代との関連で語られることが多いが、上宮は北宮のように、歴史的段階を異にする名跡として起源伝承が付されたものと想定される。

上宮の比定地を桜井市南部の上之宮とする場合には、用明天皇の池辺宮および磐余池の位置が問題となる。橘豊日命（用明天皇）は池辺宮で天下を治めたとあり（古事記用明段）、磐余に宮をつくり、池辺双槻宮と称したともある（用明即位前紀）。宮号は、磐余池のほとりに槻の木が並び立つ場所があったことに由来する。また磐余池は市師池とも称され、履中天皇や本牟智和気王が舟遊びをしたと伝承される。これらの宮や池は、「和名抄」に見える十市郡池上郷内に比定される。

磐余池の比定地については香具山東北麓の橿原市東池尻町付近に比定する和田萃氏の説が通説化しているが、[23] 渡里恒信氏による批判が妥当であり、桜井市谷・阿倍付近に比定できる。[24] その主要な根拠とされるのは池上郷の位置を示す天平宝字五年の「大和国十市郡池上郷屋地売券」に記載された郷の東を限る「朱雀路」は、[25] 東大寺の立場から書かれたものであるので、『続日本紀』天平十六年十二月丙申条に燃灯一万坏をおこなったとある「金鍾寺及朱雀路」と同様に東大寺から南に延びる上ツ道を示すと考えられること、[26] 池辺宮の比定地についての伝承として「長門里」（文安五年（一四四八）成立『太子伝玉林抄』）・「長門邑」（享保十九年（一七三四）成立『大和志』）とするものがあり、桜井市谷の小字「長門」に比定されること、などである。上ツ道と中ツ道の中間に「百済大寺」（『日本書紀』舒明十一年七月条）と想定される吉備池廃寺が発掘により確認されたことにより、和田説の磐余池は「百済池」（『古事記』応神段）の可能性が高まった。桜井市谷・阿倍付近に宮と池が比定できれば上之宮遺跡のある上宮はその東南丘陵部に位置し、伝承とは矛盾しない。

以上の考察によれば「上宮」号は、宮殿名称から派生し地名化するとともに、上宮王が移住した「斑鳩宮」およびその経済的権益や政治的地位を象徴するものとして一族に対しても二次的に用いられたと考える。

三　廐戸

「廐戸」号の由来については、キリスト教・地名・午年・廐坂宮・養育氏族名（廐戸部・馬屋戸・額田部）・中国伝承由来など、多様な説が提起されている。

『日本書紀』推古元年四月己卯条（前掲）

母皇后曰二穴穂部間人皇女一。皇后懐妊開胎之日、巡二行禁中一監二察諸司一。至二于馬官一、乃当二廐戸一、而不レ労忽産之。

『法王帝説』

池辺天皇后、穴太部間人王、出二於廐戸一之時　忽産二坐上宮王一。

まず廐戸の名称の由来について古くは久米邦武が「聖徳太子実録（原題は上宮太子実録）」において、「廐戸を馬屋戸となす説は早く帝説書紀よりあり、……救世主耶蘇基督とするに相似たり。……当時の僧都等が其事を耳食りたるを種となして構造したるにてあるべし」と述べている。僧都らがキリスト降誕説を伝聞して太子の伝記に付会したと推測したことは著名である。(27)

これに対して、前之園亮一氏は、怪を志した『捜神記』に見える車庫の軒下で生まれたので車子と命名された話、同じく『捜神後記』に見える郡太守の息子で馬子という名前の若者が廏舎の中で生活している話、などが馬の飼育に従事する氏族（間人連や額田部湯坐連ら）に伝えられたことが廏戸王の名前の由来に影響しているのではないかとする。[28]

こうした説は、中国からのキリスト教などの直接の影響を示す史料が他に存在しないので、直ちには従いにくい。

さらに午年にちなむとの説は、長沼賢海によるもので『法王帝説』に、

上宮聖徳法王。又云二法主王一、甲午年産、壬午年二月廿二日薨逝也生四十九年。

とあることを根拠とする。[29]これによれば敏達天皇の三年、午年に誕生したことになる。

確かに岸俊男によれば、干支にちなむ命名法が八世紀の戸籍には存在したことが確認されるが、[30]佐伯有清が指摘するように推古期にさかのぼり、王族に対して午年にちなむ馬関係の名前、とりわけ廏を付した確実な事例は確認されていないことがこの場合には問題となるので、[31]生年干支にちなむとすることはむずかしいと考えられる。

近年注目されているのは、新川登亀男氏による廏が学問の教育と受容の場であったとする解釈である。[32]『懐風藻』の序文に「百済入朝して、龍編を馬廏に啓き」とあるように、『日本書紀』応神十五年八月丁卯条には、廏において経典を講義したとある。

百済王遣二阿直岐一、貢二良馬二匹一。即養二於軽坂上廏一。因以二以阿直岐一令二掌飼一。故号二其養レ馬之処一曰二廏坂一也。阿直岐亦能読二経典一。即太子菟道稚郎子師焉。

廏戸王の名前は、こうした成長教育環境に由来すると説くのである。馬匹文化が推古期において大きな影響を与えていたことは事実であり首肯される、さらに王族子弟の教育に寺院とともに馬飼育技術者がおおきな役割を果たしていたことも可能性が高い。[33]しかし、状況証拠としては理解されるが、廏戸との直接の関係は媒介する氏

族名や地名が不明確なため、間接的な議論に留まっている。

古市晃氏は、さらにこの議論を進めて、「ウマヤト」の「ト」と「サカ」が同義として通用することを指摘し、廐戸王が設置した王宮の名前に基づくとして廐坂宮にちなむと推定する。[34] しかしながら、廐戸王と非蘇我系の田村皇子が使用した廐坂宮を直接に結ぶ伝承は存在せず、「ト」と「サカ」とは、『古事記』垂仁段の「木戸」（紀ノ川）のように入り口ではあるが坂とは異なる事例が存在するという批判も存在する。[35] ただし、戸が交通上の要所を示す場合があることは継承すべき論点と思われる。

従来の議論において、議論が必ずしも深化しない原因としては、当時の王族の名前が資養氏族か地名にちなむとする例が多いにもかかわらず、確実な「廐戸」を称する氏族名や地名が確認されないことにあった。

従来の議論は、氏族名として「廐戸部」「廐部」のような部民的存在を想定していたが、[36] これを示す資料は少なくとも存在しない。そこで地名としての「廐戸」を探し、鎌倉期成立の『上宮太子拾遺記』第一「太子御誕生之地」に引用された「明一伝云、……謂橘尼寺、是其宮処矣文。而橘寺東南之辺相承田地文書于レ今有二廐戸之号一。此又眼前良証也」という記載や、『太子伝古今目録抄』に「一井事。有云。橘寺巽方ニ有廐戸垣内ト云処也。坂田寺側也。件垣内。北方へ行四町許。有レ井。号二太子宇夫湯井一。于今在レ之取レ之。云云」などの記載により、「上宮」比定地と同様に橘寺説や坂田寺説が提起されている。[37] 橘寺説は、先述したように用明の名号橘豊日からの連想であろう。「橘寺東南之辺相承田地文書」に見える「廐戸垣内」も古代にまでさかのぼるかは確実ではなく、太子信仰における虚構として考えることもできる。[38]

このように、廐戸については地名としても氏族名としても適切な事例を見つけることができないことが大きな研究上の障害となっている。

廐戸の語義を考える場合、『元興寺縁起』には「馬屋門」「馬屋戸」の異なる表記もあり、「元興寺露盤銘」に

「有麻移刀」の訓があり、濁音でないことが確認される。さらに『上宮聖徳法王帝説』に聖徳太子の娘に「馬屋古女王」がおり、「上宮記」逸文や『聖徳太子伝暦』には「馬屋女王」とも表記されている。「廐」は「馬屋」と通用し、「戸」は「門」「古」とも表記されたと推測される。「ト」と訓まれたことは確かだが、「戸」「古」の表記からは「コ」の訓みも可能となる。

井上薫の指摘を参考とすれば、王族の名前には他戸（オサベ）親王、道祖（フナド）王という名称がある。[39] 他戸は訳語で外国語の通訳を担当した渡来系氏族にちなむ。道祖の訓は特殊であるが、旅の安全を守る道祖神（どうそじん）の異称が、船戸神（ふなどのかみ）、八衢神（やちまたのかみ）、塞神（さいのかみ）とも呼ばれたことからすれば、交通に関係した渡来系氏族の名前にちなむものと考えられる。[40] ちなみに、兵部省配下の主船司には品部として「船戸」百戸が存在する。

一方、岸俊男によれば、[41]「べ」と訓まれた「戸」の字を含む氏族として「飛鳥戸」など十七氏族をあげ、これら氏族の多くが渡来系であることを指摘した。これらの事例で注目されるのは用明との関係で「橘戸」、道祖王との関係で「道祖戸」、他戸親王との関係で「他戸」らの氏族が確認されることである。岸俊男も想定するように他戸親王や道祖王が、これらの渡来系氏族を養育氏族とした可能性は高いと考えられる。倭国における高度な馬匹文化が百済経由であることは、『日本書紀』応神紀の阿直岐伝承により確認される。「廐戸」という氏族名は史料に確認されていないが、廐戸王も「某戸」の事例の一つとして渡来系の「廐（馬屋）戸」に資養されたとする推定も可能と思われる。「道祖戸」の事例を参考とするならば、廐戸とは飼育の馬飼部とは異なる、交通的な役割を担当した可能性が考えられる。

廐戸王が「馬官」で誕生したことは伝承的であるが、推古期に「馬司」は存在していた。『続日本紀』天平神護元年五月庚戌条

播磨守従四位上日下部宿禰子麻呂等言、部下賀古郡人外従七位下馬養造人上款云、人上先祖吉備都彦之苗裔、上道臣息長借鎌、於二難波高津朝庭一、家二居播磨国賀古郡印南野一焉。其六世之孫牟射志、以二能養一レ馬、仕二上宮太子一、被レ任二馬司一。因レ斯。庚午年造レ籍之日、誤編二馬養造一。伏願、取二居地之名一。賜二印南野臣之姓一。国司覆審、所レ申有レ実。許レ之。

これによれば、播磨国賀古郡印南野に居住する馬養造人上の先祖上道牟射志は、能く馬を養うことができたので、厩戸皇子に仕え、馬司に任ぜられたとある。その後、庚午年籍を作成するにあたり、誤って馬養造にされたので、天平神護元年に至り居地をとって印南野臣を名乗ることを願い出て許されている。牟射志は厩戸王の舎人として「斑鳩宮」に仕え、馬飼の職掌に従事していた。宮の周辺に馬を飼う施設が存在したことは、山背大兄王らが入鹿らに攻められて宮から脱出する時、「取馬骨、投置内寝」[42]とあることから推定できる。少なくとも鎌倉時代に遡る地名として「マツカサ」(馬司)の名が、「斑鳩宮」東北方面に存在する。はじめ馬司は磐余の池辺双槻宮周辺に存在したが、厩戸皇子の斑鳩遷宮に伴って移動し、彼の管理下に移ったのではなかろうか。そもそも厩戸の名義からすれば、彼を養育した氏族は馬司に関係した氏族であったと思われる。馬飼集団を束ねる馬司が上宮王家の家政機関内部に存在したことは、厩戸王の名義を考える前提となる。ちなみに、長屋王家にも「馬司(寮)」の存在が確認される[43]。

前述したように「厩戸」の氏族名はこれまで確認されないが、地名としての「厩(馬屋)戸」の事例は、平安期以降に散見される。

遠山美都男氏によれば[44]、寛元二年(一二四四)吉野金峰山世尊寺鐘銘に「大和国葛上郡字馬屋戸西辺田一段奉入立」とあり、大和国葛上郡に「馬屋戸」の地名が確認される(『鎌倉遺文』九―六三〇六号、同四五―五一三一九号)。梵鐘鋳造のために施入された田地の一部として記載されている。

さらに、確実ではないが先述したように『上宮太子拾遺記』には「橘寺東南之辺相承田地文書」に「廐戸垣内」の地名があったと伝承される。また井上薫によれば、『明月記』所引「後鳥羽院熊野御幸記」建仁元年（一二〇一）十月七日条および『民経記』所引「修明門院参詣記」承元元年（一二一〇）四月二三日条に見える和泉国の「廐戸王子」（現泉南市信達大苗代）の事例も紹介されている。ただしこれらは、いずれも鎌倉期に降るものであり、古代の地名として扱えるか疑問も提起されている。

さらに、平安期末期の事例を一例紹介するならば、元暦元年（一一八四）十月日の「僧寛全田地売券」に「馬屋戸橋本（端裏）」「紀伊国伊都郡名手御庄之内〈字馬屋戸〉」と見える（『平安遺文』八―四二一三号）。現在の紀ノ川市馬宿の地に比定され、「馬宿」と後には表記された。和泉国と紀伊国の「廐（馬屋）戸」の事例は、いずれも駅路に沿った交通的要地に位置している。このような場所に氏族としての「廐戸」が存在し、交通的役割を果たし、後に地名化した可能性が指摘できる。

律令制以前の交通制度については不明な点も多いが、『日本書紀』敏達十四年三月条には「海柘榴市亭」との表記が有り、「亭」を古訓では「ウマヤタチ」と訓むことから、横大路と山辺の道（下ツ道）の交差点である海柘榴市のチマタには馬を備えた駅的な施設が存在したことが推測されている。[45] 同様に先述した廐坂宮も下ツ道と横大路の交差点である軽のチマタに位置した。七世紀における、有間温湯や伊予道後温湯、紀伊牟婁の温湯などへの行幸記事は、一定程度の交通整備が前提である。廐がチマタのような交通的要地に置かれ、渡来系氏族としての廐戸氏がこれを管理していたとの想定も可能であろう。馬司のもとに、交通的な廐戸と飼育を担当する馬飼部が並列的に存在したことも想定される。断片的な記載からではあるが、馬官―廐戸・馬飼部の体制を前提とすれば、廐戸王の養育氏族として渡来系の廐戸氏を想定することは可能と思われる。

おわりに

以上、廐戸王の生前の名号として上宮（幼少時の宮号）と廐戸（養育氏族名）が用いられた可能性を指摘した。最後に、「豊聡耳」については、『法華経』法師功徳品に

その耳聡利なる故に、悉く能く分別して知らん。是の法華を持たん者は、未だ天耳を得ずと雖も、但、所生の耳を用うるに、功徳已に是の如くならん。

とあるように死後にその偉大さをしのび呼んだ称号と考える余地もある。

ただし、推古四年に近い時期に作成されたとされる『元興寺縁起』所載の「元興寺塔露盤銘」に「有麻移刀等巳刀弥々乃弥己等」などとすでにあり[46]、王名として耳や豊耳を用いた事例が多いことを尊重すれば[47]、「豊耳」「耳」が古いもので、これも生前の名前として扱うことができる。

近年の伝承と史実を断絶させる議論とは異なり、できるだけ同時代的において矛盾の少ない名号の起源を探求してみたが、推測に及ぶ部分が多く、ご批判をいただければ幸甚である。

註

（1）　大山誠一「〈聖徳太子〉研究の再検討」（『長屋王家木簡と金石文』吉川弘文館、一九九八年、初出一九九六年）、同『〈聖徳太子〉の誕生』（吉川弘文館、一九九九年）、同編『聖徳太子の真実』（平凡社、二〇〇三年）、同編『日本書紀の謎と聖徳太子』（平凡社、二〇一一年）。なお、「聖徳太子虚構説」に対する私見は、「聖徳太子は実在したのか」（『中学校 歴史のしおり』帝国書院、二〇〇五年）において、「奈良時代の前半には上宮太子を「聖徳」と称するのは死後に与える諡とする理解があり、さらに、慶雲三年（七〇六）以前に「聖徳皇」と呼ばれて

いたとする金石文もある。加えて『古事記』には没後の名前と考えられる「豊聡耳」の称号、および「王」号ではなく後に即位した王子にのみ与えられる「命」表記を含む「上宮の廐戸豊聡耳命」の記載があり、遅くとも『日本書紀』成立以前の天武朝までには偉人化が開始されていた」「『日本書紀』や法隆寺系以外の史料からも初期の太子信仰が確認され、法隆寺系史料のみを完全に否定することは無理がある」と指摘したことがある。

（2）家永三郎「聖徳太子御名号考」（『上代仏教思想史研究』畝傍書房、一九四二年）、同「聖徳太子御名号追考」（『歴史地理』八二―一、一九四三年）、同『上宮聖徳法王帝説の研究　増補版』（三省堂、一九七〇年、初版一九五一・五三年）。

（3）荒木敏夫『日本古代の皇太子』（吉川弘文館、一九八五年）。

（4）廐戸王という称号については、家永三郎「聖徳太子御名号考」（註2前掲書）が「廐戸王」の用法が古書に見えないことを指摘し、さらに石井公成『聖徳太子』（春秋社、二〇一六年）が強調するように史料用語ではなく、小倉豊文が推測した名前である（小倉豊文『増訂版　聖徳太子と太子信仰』綜芸社、一九七二年、初出一九六三年）。ただし、『古事記』などにみえる某王の名称例からすれば、廐戸王であった蓋然性は高い。

（5）新川登亀男『聖徳太子の歴史学』（講談社、二〇〇七年）、古市晃「聖徳太子の名号と王宮――上宮・豊聡耳・廐戸」（『日本歴史』七六八、二〇一二年）、大平聡『聖徳太子』（山川出版社、二〇一四年）。

（6）たとえば『平城京木簡一――長屋王家木簡』（奈良国立文化財研究所、一九九五年）の七七～七九号木簡に「長屋皇宮」の実例がある。

（7）東野治之「「長屋親王」考」（『長屋王家木簡の研究』塙書房、一九九六年）、同「長屋王家木簡からみた古代皇族の称号」（同前、初出一九九二年）。

（8）本間満「古代皇太子制度の一研究」（『日本古代皇太子制度の研究』雄山閣、二〇一四年、初出一九九八年）、同「古代の皇太子制度と廐戸皇子――聖徳太子研究をめぐって」（梅原猛他編『聖徳太子の実像と幻像』大和書房、二〇〇二年）。

（9）なお、家永三郎『上宮聖徳法王帝説の研究　増補版』（註2前掲書）では、「正倉院文書」にみえる「上宮万呂」の名前を根拠に氏族由来の可能性を指摘するが（『大日古』四―二六五・二七一・三五六頁）、正式には「上主村宮万呂」と推定され成立しない。

(10) 喜田貞吉「斑鳩宮と斑鳩寺とに関する考証」(『夢殿』第二冊、一九三一年)。
(11) 東野治之「上之宮遺跡と聖徳太子の上宮」(『大和古寺の研究』塙書房、二〇一一年、初出一九九三年)。宮本長二郎「聖徳太子建立の宮と寺」(『聖徳太子の世界』飛鳥資料館、一九八八年)は、建築史の立場から先進的な宮殿建築と評価する。
(12) 『木簡研究』一一、三四頁。
(13) 拙稿「飛鳥・藤原の都」(『木簡が語る古代史』上、吉川弘文館、一九九六年)。
(14) 新川登亀男『聖徳太子の歴史学』(講談社メチエ、二〇〇七年)一七・一八頁。
(15) 石井公成註4前掲書、五三頁。
(16) 東野治之校注『上宮聖徳法王帝説』(岩波文庫、二〇一三年)一二頁。
(17) 確かに、『日本書紀』皇極二年十一月丙子条には「斑鳩宮」を焼くことを「上宮」を焼くとも表現されているので、斑鳩宮を上宮とも称したことが確認されるが、本源的な用例とは限らず、上宮王たる厩戸皇子が居住したことによる二次的呼称の可能性が高い。
(18) 渡里恒信「上宮と厩戸」(『古代史の研究』一八、二〇一三年)。
(19) 渡里恒信註18前掲論文。大平聡『聖徳太子』(山川出版社、二〇一四年)。
(20) 拙稿「「長屋王家」の家産と家政機関について」(『国立歴史民俗博物館研究報告』一一三、二〇〇四年)。
(21) 拙稿「「斑鳩宮」の経営について」(『古代王権と都城』吉川弘文館、一九九八年、初出一九九〇年)。
(22) 同前。
(23) 和田萃「ヤマトと桜井」(『桜井市史』上、中公美術出版、一九七九年)。
(24) 渡里恒信註18前掲論文。
(25) 『大日古』四―五二〇頁。
(26) 東野治之前掲註11論文も、『山王院蔵書目録』の記載から池上郷は多武峯を含む寺川流域に比定する。
(27) 久米邦武「聖徳太子実録」(『久米邦武著作集』一、聖徳太子の研究、吉川弘文館、一九八八年、初出一九一九年)一八頁。
(28) 前之園亮一「厩戸皇子の名前と誕生伝承」(『共立女子短期大学文科紀要』五九、二〇一六年)。

(29) 長沼賢海『聖徳太子論攷』（平楽寺書店、一九七一年）一四五頁。ただし、『扶桑略記』によれば推古三十四年に七十六歳で薨去したとあるによれば、馬子の生年は欽明十二年辛未で、長沼説のように庚午ではなく、干支とは一致しない。
(30) 岸俊男「十二支と古代人名」（『日本古代籍帳の研究』塙書房、一九七三年、初出一九六〇年）。
(31) 佐伯有清「聖徳太子の実名「廐戸」への疑問」（梅原猛他編『聖徳太子の実像と幻像』大和書房、二〇〇二年）。
(32) 新川登亀男註14前掲書。
(33) 田中史生『倭国と渡来人』（吉川弘文館、二〇〇五年）。
(34) 古市晃註5前掲論文。
(35) 渡里恒信註18前掲論文。
(36) 家永三郎「聖徳太子御名号考」（註2前掲論文）。
(37) 坂本太郎『聖徳太子』（吉川弘文館、一九七九年）。
(38) 古市晃註5前掲論文。
(39) 井上薫「聖徳太子「異名」論」（『歴史読本』四一―二〇、一九九六年）。
(40) たとえば、『新撰姓氏録』右京諸蕃には百済系の「道祖史」が見える。
(41) 岸俊男「日本における「戸」の源流」（『日本古代籍帳の研究』塙書房、一九七三年、初出一九六四年）。
(42) 『日本書紀』皇極二年十一月丙子条。
(43) 『平城京木簡』一―二九四～二九九号。
(44) 遠山美都男『聖徳太子はなぜ天皇になれなかったのか』（角川ソフィア文庫、二〇〇〇年、初出一九九五年）一〇四頁。
(45) 千田稔「畿内」（『古代を考える古代道路』吉川弘文館、一九九六年）。
(46) 福山敏男「飛鳥寺の創立に関する研究」（『史学雑誌』四五―一〇、一九三四年）。
(47) 家永三郎註2前掲書、長沼賢海註29前掲書。

桓武朝の男女の別政策

小林茂文

はじめに

女性が社会から排除される根拠を検討する。女性排除の起源は不可知であるが、排除の維持は、性的に差異化された身体性に生物学や神話で正当性を賦与して性秩序の世界観を構築し、それが自然視されていることにあると考える。恣意的に構築された社会秩序を受け入れて自発的に行動するようになる。ピエール・ブルデューは、男性支配と女性従属にかかわる逆説的な論理（自発的に受け入れている論理）は、身体化された性向（ハビトゥス）によって受け入れられているとする。(1) 性差別を考える視座になる。

本稿では、律令国家が会集における「男女の別」を強調する政策を採用し、桓武朝以降に繰り返して法制化することで、男女の別が社会全般で進行する過程を検討する。男女共同労働も性別分業が次第に問題にされる。その区別意識は女性排除の契機となると考える。

「男女の別」政策は、官人を中心として風俗全般において天武朝から本格化する。その背景には、記紀神話にみられるセクシュアリティによる「男根主義」や『礼記』『易経』の論理により、天地の法則を適用して男女の別を社会の上下秩序に転位させるイデオロギーがある。これらの検討は別稿に譲ることとする。

伊集院葉子氏は、律令官僚制の時代になっても、後宮十二司の女官が男官とともに同一空間で共労しており、官僚制が女性「排除」を貫徹できずに「包摂」せざる得ない実態を詳述している。[2] 義江明子氏は、家父長制社会成立以前は、共同体において男女がペアで生産労働・経営・祭祀に携わっていたことを詳論している。[3] これらの研究により男女の平等性は長期間にわたって保たれていることが明らかになったが、逆になぜ排除・差別が進行しているかが不明になってしまう。家父長制成立以前に採用される「男女の別」政策にその契機を見出してみようと思う。

一　男女の別と女性認識

『続日本紀』慶雲三年（七〇六）三月丁巳条に載る詔に、「夫れ礼は、天地の経義、人倫の鎔範なり。道徳仁義は、礼に因りて弘まり、教訓正俗は、礼を待ちて成る。比者、諸司の容儀、多く礼儀に違へり。加以、男女別無くして、昼夜相会ふ」とある。問題とされているのは、官人の行動と男女の別がない昼夜の会集であり、『礼記』などを用いて、礼がなくなると、天地が生み出す自然の摂理（豊饒・政治）、道徳、綱紀風俗が乱れるとする。この詔は、『類聚三代格』巻十六山野藪澤江河池沼事では、「男女无別昼夜相期。淫奔之徒既同淇上」となっており、「淫奔」を招くと考えられている。『続日本紀』の同詔は続いて京城の穢臭を問題としているが、『類聚三代格』

にはその間に「又皇城都邑。四海之府。万国朝宗」とある。慶雲三年詔は全体として都城での事象を扱っており、「男女」は都城の男女のことであろう。「淫奔」は必ずしも性行為に限定されないが、『続日本紀』天平宝字三年（七五九）六月丙辰条は、官人選抜要件に五善と戒慎すべき五悪を挙げ、五悪のひとつである「淫」を「己が妻を愛まず、他の女を犯すことを喜ぶを淫とす」と解説している。会集における男女別なしの淫奔は、これらの性行動のことをいうのだろう。

西野悠紀子氏は、律令制の採用により儒教的秩序の確立が目標となり、長幼の序とともに男女の別を強調したが、再三強調されているように社会に浸透せず、体制破壊に繋がりかねない祭りなどでの行為が「男女無別、上下失序」を招くとして、禁止されているとする。[4] 儒教的秩序ではあるが、男女の別の政策は令制前からあるし、浸透しなかったから再三強調するのではない。次は桓武朝になって男女の別が強調されるようになっており、国家の政策として継続的に採用され、そこには女性認識をうかがえる。

律令国家は風俗全般において官人を中心に男女の別を制度化しており、都城でも天地の原理を根拠に問題とした。まず、公的世界において男女の別が政策として採用された。

関市令18在市条に「凡そ市に在りて興販せば、男女は坐別にせよ」とあり、獄令45婦人在禁条に「凡そ婦人禁に在らば、皆男夫と所別にせよ」とある。市鄽において男女別の店舗であることについて、考課令7最条の令義解や令集解の令釈や古記は「擾」を招かないためとし、さらに古記は「奸濫」を起こさないためとする。同一空間における男女の別である。この「擾」乱や「奸濫」は男女の別がなくなることで発生するが、『礼記』などの論理による理解であろう。

『礼記』郊特牲篇は、人の始まりに男女の別があり、礼儀が作られ万物が安定するとする。内則篇はあらゆる行動における男女の相違点を述べ、「七歳にして、男女席を同じくせず、食を共にせず」とする。したがって、楽記篇は「別男女」が大乱を防ぐ礼楽であり、「化、時ならざれば則ち生ぜず、男女弁無ければ則ち乱升る。天地の情なり」なのである。生物の化生は時期を逸すると失敗し、同様に男女の別に則った礼儀がなければ淫乱に陥るのである。これが天地の定めとする。男女の別は「男尊女卑」ではなく、家庭内では互いの愛情と敬意によって維持されていたとする理解があるが、(5)家庭と社会は別次元であり、社会構造や家庭制度において男女の性別による秩序が貫徹している。(6)

擾乱や姧濫の惹起の原因を、性的存在としての女に求めていると考える。律令は男女を別つ方向性にあるが、女に原因を求めていることを八世紀の僧尼対策に確認してみよう。

僧尼令には「男女の別」の語はないが、僧尼を分離することを規定している。11停婦人条「凡そ寺の僧房に婦人を停め、尼房に男夫を停めて、一宿以上経たらば、其の所由の人、十日苦使」。以下、異性を宿泊させた日数により苦役の軽重を規定する。宿泊させた俗人も罰せられる。12不得輙入尼寺条「凡そ僧は輙く尼寺に入ること得じ。尼は輙く僧寺に入ること得じ。其れ師主を観省、及び死病を看問ひ、斎戒、功徳、聴学すること有らば聴せ」。特別の場合を除いて、僧尼が互いに寺に入ることを禁じている。

女犯の破戒は常態であり、(7)尼の破戒も多かったと思われるが、後述する八世紀末から強調される「男女の別」の語はない。それ以前から女性が家を出て仏教集団と行動をともにしており、男女の別は守られていない。仏教においても「男女の別」が登場する八世紀末に転換があったと考えられ、八世紀代の男女政策を検討すればその異同が明らかになろう。

『続日本紀』養老元年（七一七）四月壬辰条は僧尼令による行動規制であり、「頃者、百姓、法律に乖き違ひて、恣にその情に任せ、髪を剪り鬢を髡りて、輙く道服を着る」状況を指摘し、特に小僧行基とその弟子たちが街衢で罪福を説いて「朋党」を構え、「詐りて聖道を称して、百姓を妖惑す。道俗擾乱して、四民業を棄つ」状況と、勝手な治療活動を糾弾している。「朋党」には行基集団の性格を考えると女性も含まれていたと思われるが、問題とされているのは四民の棄業である。課役負担の成人男子の減少が焦点となっている。

養老六年（七二二）七月己卯条の太政官奏も同様の状況を指摘して統制を図るが、養老元年詔と大きく相違する。前半は僧綱の職務の督励であり、後半は在京の僧尼の民衆布教を問題とする。後半では、徳化や教えは法規により、風俗の善導や教諭も道に則るべきであるのに、僧尼令や戒律を守らず、在京の僧尼が都裏の衆庶を誘い、内には仏教を汚し、外には皇猷（帝王の道）を傷つけ、「遂に人の妻子をして剃髪刻膚せしめ、動れば仏法と称して、輙く室家を離れしむ。綱紀に懲ること無く、親夫を顧みず」、「終には姧乱を挟めり」。

「姧乱」は養老元年詔にもあり性的なことに限定されず、また、男女双方に原因を求めているようであるが、「人の妻子」が「輙く室家を離れ」て「親夫を顧み」なくなることを特に問題にしている。この在京の僧尼は、行基集団も含んだ私度僧尼の集団のことと考えられる。女性が問題にされる理由は、綱紀を畏れず、家族を棄てて崩壊させることにあり、「姧乱」は集団行動にともなう女性を原因とする乱倫を含意している。同じ私度の規制であっても、男と女ではその理由が相違しているのである。女性を家と結びつける性別分業とセクシュアリティの認識により、集団における男女の別を設定している。また、性的存在とする女性認識はその後の男女の別政策に通底している。

勝浦令子氏は、女性の集団への参加が増加すると「聚宿」することによって「姧乱」が生じるとする偏見が現れる傾向が強く、家族道徳も崩壊すると認識されていたとする。(8) 性差による偏見を指摘できる。こうした認識は現在まで続くが、では「男女の別」が強調される平安時代初期における仏教の僧尼政策の変化とは何であろうか。

二　平安初期の仏教統制

『類聚国史』巻十八六僧尼雑制の延暦十四年（七九五）四月庚申条は、延暦四年（七八五）の制（『続日本紀』延暦四年五月己未条の勅）を改めて遵守すべき命令を伝える。延暦四年の制で、僧尼が勝手に檀越を定めて閭巷に出入りして仏験を誣称し愚民を詿誤しているので、外国へ追放するとしたが、守られておらず違犯がますます多く、これは修行ではなく「浮濫」であり、法門を穢すだけではなく国典を紊乱するものであるので、もう一度是正に努めよ、と。この「浮濫」は必ずしも性的なことに限定されないが、僧尼の村里への出入りは男女との接触機会を増やす。それが原因による「浮濫」であり、それぞれ長岡京・平安京遷都の翌年の規制であった。桓武天皇が都城での仏教に期待したものをうかがわせる。延暦十七年（七九八）七月乙亥条には、平城旧都には元来寺が多く「僧尼猥多。濫行屢聞」とある。僧尼の性の乱れは伝聞を特色とする。

『日本後紀』弘仁三年（八一二）四月癸卯条も同様に性の乱れを指摘するが、僧尼に関して「男女の別」と初めて表記され、また、男女の掌握について大きな変化が現れる。次のように述べる。僧尼の制は僧尼令に明文化されており、「男女之別、非無礼法」。ところが、近年僧尼が多く、戒律を守らず精進もしない「淫犯之徒屢聞」。また、「法会之時、懺悔之日、男女混雑、彼此無別、非礼之行、不可勝論、敗道傷俗莫甚於斯」、この弊害は懲粛しなければならず、京職・諸国に命じて禁断する。ひとりでも混入すれば処罰するが、病気や寺内の庶務により内に入ることは認めてもよい。ただし、連泊は禁止する。

僧尼も「男女の別」の「礼法」を守らず「淫犯」が聞こえ、法会の懺悔の日に「男女混雑」して「別」がなくなり「非礼」が数多く、仏道を敗り風俗を傷ることこれ以上のことはない。養老六年（七二二）の官奏にも法令により風俗を善導するとあったが、ここでは仏教の教えや風俗を敗傷する最大の原因として「男女の別」がなくなることを挙げる。

「男女」は僧尼や法会に集まる男女を指し、やはり性に関することは伝聞であり、偏見による「淫犯」判断である。男女の別の強調は、女性を性的な存在として認識するだけではなく、礼秩序に基づくように男女の優劣をもたらす。この間に変化があったのである。

この弘仁三年の太政官符は次のように変更される。『類聚三代格』巻三僧尼禁忌事の弘仁九年（八一八）五月二十九日太政官符「応許昼日男入尼寺女入僧寺事」は、五月二十八日官符で弘仁三年官符を引用しながら、士女が礼仏を慕っているが皇憲を畏れて寺へ行かなくなった現状を記し、白昼に限って出入りを自由にした。それでも緇徒が修行に励んでいても閭里に住んでいると「奸疑」を免れないとも述べる。どこまでも性の紊乱を問題としている。

法や風俗を乱す最大の原因は、後掲記事でも男女の別がなくなることである。国家が懼れていたものを示唆している。他の原因には、『日本後紀』弘仁三年（八一二）九月辛巳条の「妖言」や「狂言」が「敗法乱紀、莫甚於斯」とする史料くらいしかない。先の弘仁三年官符は仏教一般についてであり、諸国の男女の規制を問題にしているが、他の史料に記される特定の祭祀においては京・畿内での規制とする。

仏教をめぐる性の乱れはその後も終息することはない。『続日本後紀』承和四年（八三七）五月己巳条に、平安京に近い諸寺で住持が死に絶えて「淫濫屢聞」とある。「淫濫」の原因を男女が寺に入り込んだり住みつくことに求めているのだろうが、ここでも伝聞である。

『類聚三代格』巻三定額寺事の承和十四年（八四七）閏三月八日の太政官符「応令常住寺十禅師共検校寺家雑務幷糾正濫行事」は、常住寺について「件寺迫近皇城男女多濫」と記し、護国に努めるように命じている。北野にある常住寺は野寺ともいい、「野寺」の墨書土器が出土しており、七世紀後半の伽藍が確認される北野廃寺のことである。[9] 皇城に近接した寺院での男女の「多濫」は重大問題であった。『日本後紀』延暦十五年（七九五）十一月辛丑条によると、新銭の隆平永宝の流通開始のその日、伊勢神宮・加茂上下二社・松尾社へ奉納され、東大寺など七大寺と野寺に施入された。平安遷都二年目にあって京内の正規の寺院である東・西二寺は建立されておらず、両寺で安居が始まるのは、弘仁四年（八一三）正月癸酉条によると、その年の四月からであった。野寺は国家の宗教施設と同様の意義を持ち、桓武天皇の国家仏教政策を担った中心寺院のひとつであった。常住寺は平安京の護国の寺としての役割を果たしており、男女多濫が問題になるのは皇城に近接しているからだけではなく、桓武天皇以来の仏教政策にかかわるのではないかとの見通しが立つ。

牛山佳幸氏は、尼排除の段階を論じるなかで、男女の文言から明らかなように決して女性のみを拒絶しようとしたわけではなく、男女混雑を嫌う儒教的倫理によって禁圧しようとしたとする。[10] 勝浦令子氏は、僧尼令が僧と尼を区別するのは先の第11・12条と第6取童子条の三条だけであるように、僧を基本としつつ、尼と抵触しない限り同一の規定で処理していたとする。[11]「男女」とあるが、「男女の別」はセクシュアリティ言説に貫かれながら、儒教的倫理による礼秩序に基づく「別」であり、男を基準とした性差を意識しない平等性との理解は論理矛盾なのではないか。また、「男女の別」がなくなることを法や風紀を敗傷する最大の原因とする認識を看過すべきではないと考える。

男女の別は、藤原京においても『礼記』などを用いて求められており、それは平安京でも同様であるが、初期の平安京にあっては統治の具体的政策として継続的に採用されている点で大きく相違する。次に述べるように、礼制の理解の進展があり、それは桓武天皇になって初めてなしえたことであると考える。

三　桓武天皇の男女規制と祭り

男女を別つ政策は、桓武朝になり京・畿内の僧尼と信者を対象として課題となったが、国家儀礼としての祭りにも適用される。

祭りは古くから規制されるが、男女の混淆ゆえに規制されるようになるのは仏教と同時期である。『類聚国史』巻十雑祭の延暦十五年（七九六）三月庚戌条は、北辰を祀ることはすでに禁止されているが、「京畿吏民」は春秋の時期になると「家職忘業。相集其場。男女混殽。事難潔清」、かえって災いを招いており、止むを得ず北辰を祀る場合は人ごとに日を異にして会集しないようにせよと述べる。北辰祭は長寿を祈り北極星に御燈を捧げる祭りであり、渡来人に始まり、奈良時代には土着信仰と習合して全国の民衆に広がった。北辰は昊天上帝や天皇大帝と呼ばれる天帝の化現であり、北辰祭は平安初期に朝廷に採用された[12]。その採用時期は不明だが、九世紀には御燈を北山の霊厳寺に奉っており、桓武朝の採用と考えてよいのではないかと思う。

『日本後紀』延暦十八年（七九九）九月是月条によると、布勢内親王の斎王群行時に京畿百姓の北辰祭が禁止されたのを初見として、群行時には伊勢国までの経路にあたる国で禁止された（『延喜式』巻五斎宮）。『日本三代実録』貞観元年（八五九）九月三日条によると、大嘗祭の年にも禁止するようになった。その後、犬産穢や天皇諒闇などでも禁止されるが、伊勢神宮祭祀や大嘗祭という天皇祭祀にかかわる国家儀式において禁止するのは、天皇が北極星を独占することで天帝から認められた唯一の正統な統治者であることによる。

止むを得ず祀る場合を認めているように禁止は困難であった。禁止の理由は職務・家業を放棄して集まり、男女が混殽して「潔清」が保てないからである。男女の「潔清」とは性に関することであろう。法師も処罰されており、京・畿内の役人・民衆・法師すべての人々に広がっていた。人ごとに日を異ならせた会集の意味は、地位や身分だけではなく男女も別にして行なうということであろう。京・畿内で禁止される意味は後述する。
『類聚三代格』巻十九禁制事には祭祀や会集における規制がまとめられている。延暦十七年（七九八）十月四日の太政官符「禁制両京畿内夜祭歌儛事」は、夜祭の会飲は以前から禁止していたが、「酔乱」し「男女無別。上下失序。至有闘争間起淫奔相追。違法敗俗莫甚于茲」とし、今後は祭りを昼日に行なえとする。この夜祭の会飲は家々での会飲であり、主人と客の間の酔乱は「男女別くこと無く、上下序を失う」のである。闘争もままに起き「淫奔」が続いて起きる。法や風俗が乱れるのはこれ以上のことはないのである。飲酒し男女入り乱れた淫奔が特に問題となっている。京・畿内の夜祭についてのことであった。

男女混淆の禁止は特定の祭りだけではなく、すべての会集においてであった。延暦十六年（七九七）七月十一日の太政官符「禁断会集之時男女混雑事」は、「男女有別。礼典彝倫」であり、品類の差（身分の上下）がなければ名教（名目を正す教え、秩序を保つ儒教道徳）を明らかにすることはできない、愚闇の黎庶は礼儀を知らない、公私に会集し「男女混淆。敗俗傷風莫過斯甚」とする。男女の別は礼典の彝倫（いりん）（人として常に守るべき道理）であり、会集における男女の混淆は風俗を敗傷すること、これ以上のことはないのである。会集全般の場合は仏教と同様に、京・畿内に限った規制ではない。全国的である。

これに対して踏歌は国家儀礼であり、その規制は様相を異ならせる。天平神護二年（七六六）正月十四日の太政官符「禁断両京畿内踏歌事」で、以前から禁断していた里中の踏歌を改めて禁断した。この「踏歌」は民間に伝承されていた男女対歌の「歌垣」と習合したものであり、宮廷儀式の踏歌が禁止されたのではないが、『延喜式』巻四十一弾正台には「凡京都踏歌。一切禁断」とあり、京中の民間の踏歌は男女に限らず禁止されている。踏歌について論述することはできないが、先行研究によって次のようにまとめることができる。

『年中行事秘抄』正月十六日節会事の「踏歌」に「天武三年正月拝朝大極殿。詔男女無別。闇夜有踏歌事」と

ある。天武三年（六七四）に男女別なく闇夜に実施されたとあるが、歌垣と区別できない宮廷儀礼であり、天武朝に起源を求める伝承と考えられる。『日本書紀』持統天皇七年（六九三）正月丙午条の漢人らが奏した踏歌が嚆矢とされている。唐時代には宮廷でも民間でも男女の踏歌が夜間に行なわれていた。官製の歌垣は『続日本紀』宝亀元年（七七〇）三月辛卯条を最後に見えなくなり、天平年間（七二九〜四九）には宮廷儀礼化していた踏歌と同化したと考えられている。その踏歌は延暦年間（七八二〜八〇六）までは男女によって行なわれていたと思われるが、大同年間（八〇六〜一〇）に中絶し、弘仁年間（八一〇〜二四）からは内教坊の女性による女踏歌となって復活した。男踏歌は承和年間（八三四〜四八）に行なわれていたのを仁和五年（八八九）に復活させて新たに成立したが断片的であり、天元年間（九七八〜八三）を最後とした。[13]

踏歌は天皇賛美・宮都賛美の呪術的な歌舞であり、藤原京成立以後、住民が参加できた唯一の国家儀礼であり（後述するように大祓もいつからか参加できるようになった）、朱雀門に出御した天皇と官人を含む都の住民が一体化して、天皇支配の正当性が実体的に幻想された。踏歌が諸儀礼のなかで選ばれたのは、正月望日前後の宴の舞があり、唐の元宵観燈の諸儀礼のなかで踏歌が歌垣に類似しており、踏歌が正月の歌舞を唐風化するのに適していたからであろう。北辰祭・夜祭・会集・仏教については八世紀末に男女の別が強調されるが、踏歌の場合は不明である。延暦年間までは男女の踏歌があったようだ。そのころに規制されたのであろうか。弘仁年間には内教坊の女踏歌のみとなり、表現としてはないが「男女の別」の規制が始まった。天皇不予や諒闇でも踏歌や踏歌節会を行なうこともあり、その点でも天帝そのものを祀る北辰祭と相違している。他の儀礼でも男女の別が進行していたことが想像される。

平安京時代になると、特に京・畿内において男女の別規制が北辰祭から強調されるのは、天皇の支配の正当性に関連するのだろう。檀上寛氏によると、中国の天下の中心には必ず天子が存在し、その威徳の及ぶ範囲が天下であり、狭義には実効的支配にある中華・九州、広義には夷狄の地までも含む。本来は都ないしその近辺を指し、天朝（天子の朝廷）の主宰者の天子には正当性が要求され、儒教が正統思想となった以後は徳治とそれを実体化した種々の儀礼が重視された。倭の五王時代に生まれた天下観・天朝観は日本型華夷秩序に発展した。(14) したがって、中国と日本では相違するが、日本でも礼を制度や儀礼として具体化し、特に京・畿内で採用・整備した。

礼は『日本書紀』推古天皇十二年（六〇四）四月戊辰条の憲法十七条に見えている。「四に曰はく、群卿百寮、礼を以て本とせよ。其れ民を治むるが本、要ず礼に在り。上礼なきときは、下斉らず。下礼無きときは、必ず罪有り。是を以て、群臣礼有るときは、位の次乱れず。百姓礼有るときは、国家自づからに治る」。『藤氏家伝』「上巻　鎌足伝」には、天智天皇が中臣鎌足に対して「礼儀を撰述せしめ、律令を刊定せしめたまふ」とある。

礼制を本格的に唐から将来したのは吉備真備、導入したのは藤原仲麻呂とされている。宮地明子氏によると、憲法十七条は礼ではなく、律令編纂期の国制の指針を打ち出したものである。(15)『日本書紀』は中国の礼制を受容したことを明確化しておらず、大隅清陽氏が述べるように、日本では経学的な根拠としてではなく、現実的な制度・文物を支配者内部での政治的・身分的な上下関係を示すことに主眼を置いて導入した。(16) 天武朝の男女別の制度がその具体例である。ただし『礼記』のように男女別を言葉として強調してはいなかった。

しかし、礼は教学となり、奈良時代を通じてその思想は官人や民衆に教え込まれ理解も進んだ。少なくとも為政者にとっては統治の教学であった。職員令58弾正台条によると、弾正台は風俗を粛清し、京を中心として非違を正すことを任務としている。風俗は風土の気象が形成する習性や習慣や習俗のことであるが、令集解古記が「但此條。風俗之字訓者。法也。式也。国家之立法式紀正耳」とするように、官人の綱紀に限定して用いていた。令義解では習慣・風習・習性の本来の風俗一般の意味に拡大して使われており、「正之以礼教」とあり、風俗の粛正とは礼教で正すことである。『続日本紀』天平宝字元年（七五七）八月己亥条には、「上を安し民を治むるは、礼より善きは莫し。風を移し俗を易ふるは、楽より善きは莫し。礼楽興るは、惟り二寮に在り」とある。『孝経』広要道章を用いて、君主を安んじ民を治めるのは礼儀が最善であり、風俗を矯正するのは音楽が最善であり、それは式部省大学寮と治部省雅楽寮の仕事であった。拡大された概念としての風俗を敗傷する最大の原因は、平安京時代になると京・畿内において男女の別がなくなることとされた。

京・畿内が特に措定されるのは、天皇の徳治政治が実現される空間だからであり、祭りの儀礼、特に天皇統治の正当性を保証する祭りや寺院においては実現されるべきであった。抽象化すれば、若林幹夫氏が論じるように、都城は、自然律動の氏族共同体に対して、高度の規範性と構築性を持った存在として、普遍化された社会形式が支配する国家へと変貌する装置となる。[17]だから、男女の別規制を強化して礼秩序の基本としたのである。とするならば、風俗概念の変化や礼の理解の深化という理由以外にも、それを最初の都城の藤原京や平城京ではなく、平安京で、それも桓武天皇が採用した説明が必要になる。

内田和伸氏は、日本古代の都城は宇宙を象って造られ、宮殿は北極星付近の星座紫微宮であり、陰陽思想によって宇宙の森羅万象の調和を図る理想の天皇の宮殿として設計され、宇宙を都城に現した大極殿のなかに天日嗣の高御座が置かれるのは、北極星が日を司るからとする。[18]石上英一氏は、天と地の結節点は宮であり、その宮は天から降った神の子孫の天皇が君臨し、天皇が坐す高御座こそが宮の中心とする。[19]仁藤敦史氏も高天原との唯一の結節点が高御座とする。[20]

北極星信仰により「大極殿」や「紫宮」と命名されたが、太陽の子孫を自称する日本天皇は、天帝とは思想構造において相違すると考える。私見では、藤原京が成立すると、儀式は宮や飛鳥寺の西の槻の下などから大極殿や朝堂で民衆を排除して行なうようになり、都城は天下に向かう求心性を持ち天下そのものとなった。[21]樹木を伐り拓いて造営された宮は、大地の底から天上界まで柱や千木で高天原に繋がっており、高天原に由来する支配秩序の正当性を地上に神の宮として体現している。[22] 天皇権力は高天原に由来する宮に表象されるが、「天」は儒・仏・道教の思想を含むものの神祇を第一とした天神が秩序の根元であり、「天命」思想は部分的に採用されているに過ぎない。[23] 藤原宮の構造空間に陰陽思想による名称が採用されているが、そこに天皇の存在基盤があるのではない。また、天神に保証された支配の正当性は、高御座や宮や都城において実現されているに過ぎなかった。

宮の象徴である大極殿に関しては網伸也氏の論考が参考になる。藤原宮・平城宮では内裏の外郭のなかに包括されているが、長岡宮から分離する。ただし大極殿と朝堂院とは明確に区別されていたが、平安宮では大極殿が朝堂院に包括され、即位儀礼や元日朝賀などを行なうにあたり、出御した天皇と諸官人が同一空間を共有する国家的儀礼の場として機能した。[24] 天帝であるには平安京の天皇がふさわしいのである。

慶雲三年詔は、「男女別無く」の状況を、都城において礼秩序を乱すものとして糾弾した。天武朝における官人制や風俗を礼制で男女の区別をした段階とは相違しているが、ともに記紀神話が語る天神によって規範とされたセクシュアリティを基底にしていた。宮に体現される天皇支配の正当性は、礼思想と天神が規範とした男女の別を維持することで都城を理想の宮とすることに他ならなかった。男女の別が継続的に強調されることもなかった。

桓武天皇は、延暦十五年（七九六）、北辰祭を「男女混殽」を理由に京・畿内において禁断した。礼秩序による「男女の別」政策は、その後の国家的な儀礼における風俗敗傷の防止のためであり、徳治政治実現の最高規範となった。天皇制は桓武天皇から変質している。

桓武天皇の祭祀で特筆されるのは郊祀である。『続日本紀』延暦四年（七八五）十一月壬寅条と六年（七八七）十一月甲寅条に、長岡京南郊の河内国交野郡柏原で「天神」を祀るとある。郊祀は天子が冬至の日に天帝を祀る中国儀式であるが、日本で初めて実施された。昊天上帝と父光仁天皇を祀っている、親祭ではないなどの相違があるが、桓武天皇の皇統意識による易姓革命の反映であり、この天神は日本の神ではなく、天帝にその正統性の根拠を求めた。早川庄八氏は、即位宣命を分析し、奈良時代の天武系の諸天皇は即位の正当化に天命思想を都合よく利用したが、桓武天皇は天命思想を皇統一種を否定しない日本的なものとして採用して正当性としており、律令法の建前とする絶対的な権威と権力を合わせ持つ、中国的な皇帝を自覚的に追求しようとした最初の天皇ではなかったかとしている。(25)

八世紀の天皇の即位イデオロギーは個々の天皇で、特に女帝と男帝では相違するが(26)、それらの天皇と隔絶する桓武天皇は、天帝を祀る有徳の君主として努力して民衆に臨み、狭義の天下である中国の秩序を維持しようとする。天帝であろうとした桓武天皇は、徳治政治を実現しようとして理想の都である平安京において、礼秩序の基礎に風俗・綱紀の遵守を置き、「男女の別」の維持を最重要政策とした。男女の別の強調が北辰祭から始まるのも象徴的である。女性を性的存在とする認識を背景としながら、礼思想の教学的理解のうえに、京・畿内で行なわれる国家的儀礼・儀式において、次いで一般的な祭りや仏教に拡大して全国で、秩序維持の基本として男女の別を守ることで風俗・法を統制しようとした。

四　男女が参加する祭りの危険性

礼制一般では男女の別がなくなると風俗や法が敗傷し擾乱が発生するとされている。具体的事例に男女混淆の危険性を検討してみよう。

男女の別なく会集するだけでは規制されないが、国家は乱闘や擾乱に及ぶことを恐れる。『日本書紀』景行天皇十八年三月条には、天皇が筑紫国に巡猟し夷守（ひなもり）に至ったときに、石瀬河辺に「人衆聚集」とあり、「若賊乎」と疑う。人の聚集は疑心暗鬼にする。

『本朝世紀』正暦五年（九九四）五月十六日条によると、「狂夫」が左京三条の井戸水を飲めば疫癘を免れると言い出し、「都人士女」「男女」「貴賤」がこぞって汲んだ。「千万不尋妖言之真偽者也」と評される。疫病猖獗の不安にあって、真偽は問われず妖言が社会を動かしており、会集がより増幅する。国家は偶然が擾乱を惹起することを懼れる。

賀茂祭でみてみると、『政事要略』巻七十糾弾雑事十従者員数事の天延三年（九七五）三月一日太政官符は、斎宮の供奉官人の従者の員数を制限するものであるが、その理由が梟悪の士が「動致闘乱傷害。是尤雑人猥聚各争威権之所致也」。闘乱傷害が雑人の「猥聚」し威張り合うことから起きる。「猥聚」は妄りに集まることであり、雑然とするなかでの出来事であった。賀茂祭には暴力が横行している。会集して騎射することが禁止されており、『続日本紀』文武二年（六九八）三月辛巳条、大宝二年（七〇二）四月庚子条、『本朝月令』所引『類聚国史』神亀三年（七二六）三月条に見えている。そして『類聚三代格』巻一祭幷幣事の天平十年（七三八）四月二十二日勅「祭賀茂神之日会集人馬悉皆禁断任意聴祭」に「今より以後、意に任せて祭るを聴す。但し、祭祀の庭に闘乱せしめること勿れ」とあり、再び許可されたが、禁止の理由が闘乱にあったことがわかる。

『日本紀略』長元七年（一〇三四）四月二十日条によると、賀茂祭で斎王馨子の御輿に飛礫打ち（印地打ち）がされた。網野善彦氏によると、飛礫が史料に初出するのは十世紀末であり、神仏の所為として抑圧者に立ち向かう英雄視された行動であった。(27) 原始古代から存在するが、前儀である走り馬などが興奮を醸し出す祭りの雰囲気によるのであろうか、賀茂祭に頻出するのを初め、神輿の入洛や嗷訴（ごうそ）の際にはよく発生している。賀茂祭については三宅和朗氏の研究が参考になる。(28)

松尾祭についてであるが、長徳四年（九九八）四月十日条によると、田楽の最中に雑人らが合戦し、京人らが多く殺害された。放火もあった。京人らには男女が含まれていたのだろう。『中右記』嘉保三年（一〇九六）三月十六日条によると、住吉社神主津守国基が建立した大伽藍の供養に「当国他国結縁之輩数千成市、男女並肩、禅庭無隙」の状態のなかで、「老少男女数十人、自入池水夭亡了」とある。石清水八幡宮の臨時祭がこの死穢で延引された。松尾祭などの他の祭りも延引されている。混乱は集団入水自殺さえも招いている。会集の混乱が惹起するこうした狂気は枚挙に遑がなく、政府が最も警戒するところである。

祭りでは雑然とした雰囲気や気分の昂揚だけではなく、飲酒が擾乱を助長する。群飲は何度も規制されているが、『類聚三代格』巻十九禁制事の昌泰三年（九〇〇）四月二十五日太政官符「応重禁断諸司諸家所々人等饗宴群飲及諸祭使等饗事」は群飲の奔放を懲罰するが、「専以禁之。人情不楽。黙而縦之。奢淫尤甚」とも述べる。「之」は家や祭りにおける饗宴での群飲のことであるが、禁止すれば人情の楽しみを奪うし、かと言って黙認すれば奢淫が甚だしいと認識する。「奢」だけでは、延暦九年（七九〇）四月十六日太政官符「応禁断喫田夫魚酒事」が、雇傭する田夫（男女を含む）[29]への魚酒の供給を貧富の輩が競っていると、「百姓之弊莫甚於斯。於事商量深乖道理」になるとするように、播種に困難をきたし、家資を尽くす弊害が道理に乖背しているだけである。それに対し、「淫」は男女の会集によって発生し、性的放縦に及び、それは風俗を敗傷する。

祭りの酒に関し、貞観八年（八六六）正月二十三日太政官符「禁制諸司諸院諸家所々人焼尾荒鎮又責人求飲及臨時群飲事」は、官人の民間での群飲を規制する。祭りと治療用を例外として認めるが、「同悪」が集まり聖化を誹り、酔乱して闘諍に及ぶことを規制の理由とする。祭りの飲酒は、蕩尽に加え「淫」や国家への譏謗や闘争を惹起すると認識されている。

かつて男女の別と明記されていない史料も含めて祭りや宗教運動を取り上げて、次のように指摘した。宗教運動は個々の年中行事の祭りの習俗から始まりながら普遍性を獲得し、その世界像は国家の正当性を否定する。そこで政府は、祭りがもたらす「濫行」「酔乱」「男女無別。上下失序」「闘争」「違法敗俗」「不識礼儀」などの

「不畏朝憲」を理由に取り締まった、[30]と。民間の習俗を基盤とした祭りは思わぬ思想を獲得して国家を否定する運動へ発展し、それは習俗ゆえに規制し難いのだが、祭りがもたらす現象を羅列しただけであった。今ならば、男女の別に注目することで、礼秩序を民衆統治の基本として理想の天子になろうとした桓武天皇は、男女の別がなくなり淫奔や擾乱が生じて風俗や法を敗傷することを最も重視し、徳治を実現する政策として男女が一緒に集まることを禁止した、と考える。特に天子の理想空間である平安京・畿内で、国家儀礼において男女の別が強調された。

イブ＝マリー・ベルセは、反乱は祭りの習慣表現を借用して勃発することがあり根絶は困難である、ひとつの秩序である反秩序であり、無秩序ではないとする。[31]ジャン・デュヴィニョーは、祭りは「無」を生み出すが、偶然の破局を招く社会に対する恐怖となるとする。[32]祭りの混乱は社会の再生を目的とする反秩序でもある。連続する長期的な時間や空間（祭りの伝統や場）を偶然性が覆滅し、未知の世界（無秩序）を創出する可能性に注目したい。特に男女の別がなくなることがもたらす偶然性が危険視された。

五　男女の別が進行する

祭りには、「男女の別」が政策として規制されたのちにも、男女はともに参加している。祭りと男女の関係については、中国古代の祭祀を論じたM・グラネの説を踏まえたロジュ・カイヨワの著書が参考になる。男女の混合は自然界の混乱と無秩序をもたらすが、祭りでは男女が協力することで平常を冒瀆し、性的放埓・狂気は太古の生を再発見し、再生されて豊饒と繁栄をもたらすとする。[33]グラネの理解について本稿とのかかわりで一点だけ指摘すれば、礼儀が失われた混乱した時代になると祭祀において性的放縦を惹起し男女の別がなくなるとするが、[34]逆であろう。整然と実修される国家儀礼において、性を乱しかねない男女の会集が規制される所以である。

古代の中国では祭祀空間だけは男女の同席が認められた。『礼記』内則篇は、あらゆる生活行動に外（男）と内（女）の区別を立てるが、祭礼や喪葬のおりは男女が器物を受け渡しできるとする。ただし、女は篚（はこ）に受け取って直接受け渡しはしない。女は幼少時から女事（女の仕事）として祭祀を見て奉仕の仕方を学び、儀式で役立つようにならなければならない。祭統篇は祭祀の心得を述べる。夫婦が自らするものであり、「外内の官」（男女の職分）を分担して準備する。役割は相違していたのである。坊記篇は、孔子の言として、礼法では祭り以外で男女は盃を交わさず、こうして不義に陥ることを防いでいるとする。

日本では、桓武朝から天皇の徳治政治を実現するために会集や儀式における男女の別が強制された。特に国家的儀礼や儀式では中国的な「天」に支配の正当性を求めており、祭祀や儀礼のダイナミズムは失われている。猥雑性をどこまでも残す現実の祭りと齟齬するのであるが、規制は男女の規範を形成し、社会全般で男女の別が適用され進行する。

伊集院葉子氏は、女官制度になっても内侍司に代表されるように男官との共労が残ったことを論述するなかで、朝廷の年二回の大祓において男女参加の会集が制度化されていると指摘する。女官は男官との共労だけではなく、男官を指示・監理する仕組みがあり、令制前の遺制を踏襲して天皇に供奉しており、官僚機構が女官の「排除」を構想して出仕法や官位相当制においてその原則を敷いたが、排除しきれずに「包摂」して男官との共労関係が温存されたと述べる。[35]排除しきれず共労体制が温存されたことは指摘のとおりであるが、朝廷という同一空間で共労していても同じ職掌なのか、また、大祓においても同席だったのかは検討の余地がある。大祓を検討してみよう。

『続日本紀』養老五年（七二一）七月己酉条に、「文武の百官をして妻女・姉妹を率て、六月・十二月の晦の大祓の処に会えしむ」とある。神祇令18大祓条には「百官の男女、祓えの所に聚り集まれ」とあり、令集解穴記は、官人と里人の参加に関して、百官男女の聚集についてよくわからないとしたうえで、「男官女官之人、不限官人雑色及直丁、皆聚集。但里人進却任意耳」とする。官人は女性家族を同伴し、『続日本紀』大宝元年（七〇一）十二月癸丑条に、朝賀には五位以上の官人の婦人同席を記すように、大祓と元日儀には妻女の同行があったが、穴記は男女の官人であるならば雑色や直丁を問わずすべて参列すべきとしている。そしていつからか不明だが都市住民も参加が認められ同一空間に集まっている。

ただし、『延喜式』巻十九式部下大祓条によると、百官男女が朱雀門に会集するのであるが、役所ごとに決められた場所があり、女官は一か所にまとめられて壇上の西方が指定され、男官とは「斑幔」で隔てられていた。『貞観儀式』でもすでに確認できる。男と女の間には、いつからかは不明だが境界となる幕があったのである。この斑模様の幕は薄いが、厚い障害物となって男と女を隔てている。『万葉集』の七―一二九六は「譬喩歌」の最初の歌であるが、詠われる「斑の衣」は年頃になる女の譬えであり、女性を表象する。

大祓には男女百官だけではなく都市住民も参加できるが、朱雀門において男官は役所ごとに会集場所があるのに対して、女官はいつしか一か所に集められて幕で仕切られていた。男女の別政策が影響したと考える。同一空間に参加していても男女が同席していない事実は、朝廷という同一空間における共労においても、同一労働・同一給与とは限らないことを想定させる。出仕法・官位相当制・給与体系だけではなく、男女の別は男女間に不可視の壁を築いた。

『延喜式』巻四十一弾正台によると、その職掌のひとつに東西二寺の斎会日（四月八日と七月十五日）に、三等官の忠（じょう）以下が寺に行って非違を糾弾する任務があり、「糺衆僧及男女禁色幷男女交雑之類」をその具体例とする。禁色は身分にふさわしくない衣服であり検断の対象であるが、男女が同一空間に会集しても交雑は禁じられており、席を分けられていた。また、京中の非違や道橋・諸寺を調べるが、予め「便処」を定めて男女を会集させて検断している。この便処において男女が分けられていたかどうかは不明だが、その検断対象のひとつは「有悪女擾乱閭巷以不」であった。男の擾乱も調べられるが、「悪男」とはされていない。「悪女」は閭巷を擾乱する存在であり、検断内容は男女によって相違していた。

広瀬大忌祭や龍田風神祭も男女が集まるが、仕切る幕はなかったと考える。前者に関し『延喜式』巻八祝詞に「王たち・臣たち・百官人ども・倭国の六つの御県の刀禰、男女に至るまで、今年の某月某日、諸参出来て」とあり、後者もほぼ同文である。この百官人には、男女の小首長であり公に奉仕する刀禰と同様に男女が含まれるのだろう。稲の成熟を水害が損なわないように祈願する祭りであり、山口えり氏によると、両祭祀は天武四年（六七五）に国家の統制のもとで創出され、二つの祭祀が一対で祀られるのは、大和と河内・摂津を結ぶ水陸交通の要衝を掌握することにあった[37]。諸王を始め在地の祭祀権を有した有力者である刀禰[38]が参加しており、諸階層の人々が参加する点は大祓や東西二寺の斎会と同じであるが、平安京にとっての重要性は相違していた。平安京の時代にあっては交通上の意義は薄れており、男女の別政策が適用される理由はない。大祓は官人の罪穢消去を通じた官僚統制の儀式であり、十世紀後半には国家儀式としての意義を低下させるが[39]、『延喜式』の時代には規律ある統制が加えられ、男女の役人は截然と別けられて掌握されていた。意義により規制は相違した。

『政事要略』巻六十七糺弾雑事七男女衣服幷資用雑物の寛平六年（八九四）五月十二日官符は、「男女、別有り。礼敬し殊に著す。しかるに頃年上下惣て好みて車に乗る」とあり、「新制を施すに非ざれば、何ぞ弊風を改めんや」として、貴賤男女を論ぜず一切の乗車を禁止した。この強制策は翌年男の乗車が許可されることで変更されるが、男女の別による規制は乗車にまで及んだ。使用が普及していた女性の禁止はなかったと思われる。

同一空間にいても男女平等や対等の指標にはならないのである。職掌も同様である。

岡田精司氏は、伊勢神宮の物忌の童女の存在などから、女性と男性の神職の地位はほぼ対等であり、男女一組で祭祀にあたっていたとする。[40] 義江明子氏は、カモ祭りの玉依ヒコ・ヒメは御阿礼神事にアレヲトコ・ヲトメとして「祝奉仕」しており、完全に性対称的平等性を持っていたとする。[41] 清家章氏は、弥生時代後期後半から古墳時代前期にかけて女性首長が登場し、祭祀・政治一般の役割において違いはないと思われ、生産活動の統括も異なることがないとする。[42] 個々の問題点は措くとして、祭りの次第を明らかにすることは重要だが、祭りの空間には、そもそも地位の逆転をエネルギーとする祭りの性格からいって、性別を超えて会集しており、同一空間にいることから男女の平等性を直接主張することは不適切である。祭祀における男女の奉仕の内容は相違しており、ましてや、男女の別が強調される時代には官職の男女別職掌が問題にされる。

義江氏は、伊勢神宮の男女神職者の職掌を分析し、男性神職者が生鮮魚貝類の調理供進、女性神職者が炊飯・造酒と神衣（みそ）奉進を分掌していたことを明らかにした。[43] 日常生活における性別分業を反映した分掌である。日常性の雑駁さを捨象した非日常性における性別分業を象徴するが、両者の相違に留意することで排除の実態が明らかになるのではないか。

実際、祭りにおける役割は相違していた。祭りの重要な構成要素である酒宴には女性が奉仕した。『日本書紀』允恭天皇五年七月己丑条によると、男女が酒宴に参加しているが、采女が酒を給仕した。仁徳天皇三十年九月乙丑条では、皇后自ら御綱葉（みつなかしは）を採りに紀国へ行っている。カシハは酒を盛る木葉である。『古事記』応神天皇段では、髪長比売が豊明のために大御酒の柏を握らされて、太子（仁徳）に与えられた。新嘗祭の翌日の酒宴である。これらの事例は枚挙に遑がなく、皇后から采女まで、そして地方豪族層関連の女性たちが、酒宴において左手に觴（さかづき）を捧げて（『万葉集』一六―三八〇七左注）給仕するのが一般的であった。同一空間に参加していても女性特有の役割があった。性別分業は男女の地位の固定に繋がる契機となる。

「男女の別」が強調されると、官職においても女官と男官の職掌の「別」が問題にされるようになる。後宮職員令13膳司条は、後宮十二司の尚膳の職掌を食膳の「進食先嘗」とする。これは職員令46内膳司条の奉膳の職掌と同じである。そこで前者に関し、令集解朱説は「其別何。又進食先嘗者。若有先後何」と問い、「先後不見也。凡此司者。男官造了。進時共預知許歟何」と、膳司と内膳司の「別」と毒見をどちらが先にするのかを問題にしているように、相違が問題とされた。毒見は男官と女官がともに携わるが、調理は男官（典膳が中心）がすることに答えを見出している。穴記は膳司が「先嘗」をするとしている。伊集院葉子氏は、このことに関して男女共労を強調する一方で、そのあり方は一律ではなかったとするが、[44]その相違には十分注意を払うべきであろう。『日本書紀』景行天皇五十三年十月条において、膳臣の遠祖の磐鹿六鴈が天皇に白蛤の膾を調理して供進するように、調理は男の仕事であった。日常生活にあっては女性も調理をするが、獲物を配分する狩猟時代の名残を踏まえ、貝類の採取は女性がしていたと思われるが、男が調理する伝統があり、天皇への調理から女性を排除する性差別が進行していたのだろう。これを反映して、天皇への食膳奉仕において給仕は男女がしても、調理は男がしているのだろう。これは決して「自然的な」性別分業ではなく、構築された分業である。「別」を問うように、同一空間における共労であっても男女を別つ指標として認識されていた。

また、その食膳のひとつに酒醴（甘酒）があり、職員令47造酒司条によると造酒司が醸造し、令集解穴記に「女司来此司之倶造耳」とあるように、後宮の酒司が派遣されて醸造にあたる人々（男女か）を監督・指揮したらしい。後宮職員令14酒司条の令集解令釈には「醸酒事。与男官共預知之」とある。ところが13膳司条の令集解跡記に「酒司正造而已。供御之時。此司供奉耳」とあり、祭りの饗宴と同様に供進は女官の仕事であった。「倶に造る」「男官と共に預りて知」るとあるが、義江明子氏が指摘するように、供御に奉仕する酒司の宮人は造酒司での供御用造酒に立ち会っているだけなのだろう。[45]男女の別や違いが問題にされることで、女性排除の契機となると考える。

宮衛令1宮閤門条によると、官人の宮門と閤門の出入りには登録された門籍により使用できる門が定められるが（五位以上は自由）、出入りの便宜のために昼夜を通じて開けておく理門について規定する4開閉門条の令集解穴記は、「但男女別門出入同門出入之事。不分明也」としている。不分明としながら、男女が出入りする門の別を問題にしている。

これら令集解の各説によると、[46] 延暦十四年（七九五）までに成立した令釈や跡記は、性別分業に関して男官の仕事か女官の仕事かを問題にし始めている。成立が延暦十七年（七九八）ころの穴記や承和七年（八四〇）ころの朱説は、明瞭ではないとしながらも男女の別を問題にしている。性別分業は桓武天皇の男女の別政策により一層促進したといえる。歴史はこうしたことを繰り返して形成されるのだろう。

勝浦令子氏は、宮廷女性についてだが、共同労働の場合、関与する空間的な差異による性別分業もあったと考えられると述べている。[47] 性別分業では、同一空間における共同労働であってもその内部で職掌を異ならせており、男女共労を強調するだけではなく、その相違が女性排除の契機となる危険性に心を砕き、関心を払うべきであろう。

現実社会では男女の別を社会生活で貫徹することは困難である。思想を我がものとして獲得し男女同席を主張する女性も現れた。『日本霊異記』からは法会における男女同席が知られているが、下一九では、安居会に衆中に交って聴いていた尼を講師が、「何くの尼ぞ。濫しく交るは」と叱責した。尼は「仏は平等大悲なるが故に、一切衆生の為に、正教を流布したまふ。何の故にか我を制する」と主張した。講師が叱責したのは勝手に他人が交じっていたからではなく、尼だからであろう。尼は仏教の「平等大悲」「一切衆生」の思想から、男女を区別する矛盾を突いたのである。

おわりに

　セクシュアリティによる女性観は男女の別を意識させていたが、天武朝は風俗や官人制において制度として採用した。その系譜を引きながら仏教において男女の別によって女を家と結びつけることによる規制もあったが、桓武天皇は礼秩序により男女の別を徳治政治実現の根幹の政策として採用し規制を加えた。すると、男女の別は社会全般で進行する。男と女が概念化された時点から、その差異は性差として権力による差別を生み女性排除が始まると理解しているが、政策が繰り返して強調されることで理不尽な差別は、社会の隅々まで浸透すると考える。小さな差異にも敏感でありたい。

註

（1）ピエール・ブルデュー『男性支配』（坂本さやか・坂本浩也訳、藤原書店、二〇一七年、初出一九九八年）。

（2）伊集院葉子『日本古代女官の研究』（吉川弘文館、二〇一六年）。

（3）義江明子『日本古代女性史論』（吉川弘文館、二〇〇七年）。

（4）西野悠紀子「古代女性生活史の構造」（女性史総合研究会編『日本女性生活史　第1巻　原始・古代』東京大学出版会、一九九〇年）。

（5）任夢渓「『礼記』における女性観――儒教的女子教育の起点」（関西大学大学院『文化交渉　東アジア文化研究科院生論集』四、二〇一五年）。

（6）鄧小南「多種多様な社会生活」（原田信訳、袁行霈編『北京大学版　中国の文明　6　世界帝国としての文明下　隋唐――宋元期』潮出版社、二〇一五年）。

（7）疋田精俊「仏教における破戒僧の史的考察」（『大正大学研究紀要　佛教學部・文學部』六一、一九七五年）。

（8）勝浦令子「行基の活動における民衆参加の特質――都市住民と女性の参加をめぐって」（『日本古代の僧尼と社会』吉川弘文館、二〇〇〇年、初出一九八二年）。
（9）網伸也「広隆寺創建問題に関する考古学的私見」（滝口宏先生追悼考古学論集編集委員会・他編『古代探叢Ⅳ――滝口宏先生追悼考古学論集』早稲田大学出版部、一九九五年）。
（10）牛山佳幸「古代における尼と尼寺の消長」（『古代中世寺院組織の研究』吉川弘文館、一九九〇年、初出一九八四年）。
（11）勝浦令子「八世紀における僧と尼――僧尼の公的把握の構造的差異」（前掲註8書）初出一九九三年。
（12）小林茂文「藤原京の造営思想と天皇制」（『史学』七七―二・三、二〇〇八年）。
（13）荻美津夫「踏歌節会と踏歌の意義」（『古代中世音楽史の研究』吉川弘文館、二〇〇七年、初出一九八七年）。新田町義尚「踏歌的表現様式の象徴性について」（『神戸高専研究紀要』三五、一九九七年）。趙維平「奈良・平安時代における中国音楽の受容と変容――踏歌の場合」（『日本研究』四三、二〇一一年）。
（14）檀上寛『天下と天朝の中国史』（岩波書店、二〇一六年）。
（15）宮地明子「日本古代国家論――礼と法の日中比較より」（舘野和己・他編『古代日本の構造と原理』青木書店、二〇〇八年）。
（16）大隅清陽「礼と儒教思想」（上原真人・他編『列島の古代史　ひと・もの・こと　7　信仰と世界観』岩波書店、二〇〇六年）。
（17）若林幹夫「都市という社会」（『熱い都市　冷たい都市』弘文堂、一九九二年）。
（18）内田和伸「平城宮第一次大極殿院と高御座の設計思想」（前掲註15書）。
（19）石上英一「律令制と古代天皇支配による空間構成」（石上英一・他編『講座前近代の天皇　第4巻　統治的諸機能と天皇観』青木書店、一九九五年）。
（20）仁藤敦史「首都平城京――古代貴族の都鄙観念」（広瀬和雄・他編『古代王権の空間支配』青木書店、二〇〇三年）。
（21）小林茂文「郊外の誕生と王権祭祀――宮の大王、京の天皇」（『天皇制創出期のイデオロギー――女帝物語論』岩田書院、二〇〇六年、初出二〇〇三年）。

(22) 小林茂文「古代国家と樹木の記憶――国家に抗する社会」(早稲田中・高『早稲田――研究と実践』二八、二〇〇七年)。
(23) 小林茂文「藤原京の造営思想と天皇制」(前掲註12論文)。
(24) 網伸也「平安京の構造」(西山良平・他編『古代の都　3　恒久の都平安京』吉川弘文館、二〇一〇年)。
(25) 早川庄八「律令国家・王朝国家における天皇」(『天皇と古代国家』講談社、二〇〇〇年、初出一九八七年)。
(26) 小林茂文「宣命にみる即位イデオロギーの変容――八世紀前半の天皇制」「孝謙太上天皇の権力」(前掲註21書)。
(27) 網野善彦「中世の飛礫について」(『異形の王権』平凡社、一九八六年、初出一九八二年)。
(28) 三宅和朗『古代の神社と祭り』(吉川弘文館、二〇〇一年)。
(29) 義江明子「「田夫」「百姓」と里刀自――加賀郡牓示札における魚酒型労働の理解をめぐって」(前掲註3書)。
(30) 小林茂文「古代民衆宗教運動と祭りの習俗」(『民衆史研究』二五、一九八三年)。
(31) イブ＝マリー・ベルセ『祭りと叛乱　16～18世紀の民衆意識』(井上幸治監訳、新評論、一九八〇年、初出一九七八年)。
(32) ジャン・デュヴィニョー『無の贈与　祭りの意味するもの』(利光哲夫・他訳、東海大学出版会、一九八三年、初出一九七七年)。
(33) ロジュ・カイヨワ『改訳版　人間と聖なるもの』(塚原史・他訳、せりか書房、一九九四年、初出一九五〇年)。
(34) M・グラネ『中国古代の祭礼と歌謡』(内田智雄訳、平凡社、一九八九年、初出一九一九年)。
(35) 伊集院葉子「女性の「排除」と「包摂」――古代の権力システムのなかの女官」(総合女性史学会編『女性官僚の歴史　古代女官から現代キャリアまで』吉川弘文館、二〇一三年)。
(36) 義江明子「古代の家族と女性」(前掲註3書)初出一九九五年。
(37) 山口えり「広瀬大忌祭と龍田風神祭の成立と目的について」(『国立歴史民俗博物館研究報告』一四八、二〇〇八年)。
(38) 錦昭江「中世刀禰研究の前提」(『刀禰と中世村落』校倉書房、二〇〇二年)。
(39) 三宅和朗「古代大祓儀の基礎的考察」(『古代国家の神祇と祭祀』吉川弘文館、一九九五年、初出一九九〇年)。

(40) 岡田精司「宮廷巫女の実態」（『古代祭祀の史的研究』塙書房、一九九二年、初出一九八二年）。
(41) 義江明子「玉依ヒメの実像」（『日本古代の祭祀と女性』吉川弘文館、一九九六年、初出一九八九年）。
(42) 清家章「卑弥呼と女性首長の権能」（『卑弥呼と女性首長』学生社、二〇一五年）。
(43) 義江明子「伊勢神宮の男女神職者」（前掲註3書）初出一九九三年。
(44) 伊集院葉子「後宮職員令の構造と特質」（前掲註2書）。
(45) 義江明子「女丁の意義——律令国家支配と女性労働」（『日本古代女帝論』塙書房、二〇一七年、初出一九九七年）。
(46) 令集解の注釈書の成立時期については、荊木美行編『令集解私記の研究』（汲古書院、一九九七年）を参考にしている。
(47) 勝浦令子「古代宮廷女性組織と性別分業——宮人・巫女・尼の比較を通して」（前掲註8書）初出一九九五年。

古代の人々と化身

三宅和朗

はじめに

日本古代の人口について、澤田吾一氏は、奈良時代の良民を約五〇〇~六〇〇万人、これに賤民や遺漏人口を加えて、総人口を六〇〇~七〇〇万人と推定された[1]。これに対して、鎌田元一氏は、鹿の子C遺跡(茨城県石岡市)から出土した二点の人口史料を手がかりに、八世紀前半を四〇〇~五〇〇万人、奈良末から平安初期を約五四〇~五九〇万人と推計し、澤田説は奈良末から平安初期の人口であると考察された[2]。ただし、ここでいう人口とは、国家掌握の人口であることは留意しておかねばならない[3]。

ところで、本稿で考察してみたいのは、人口の対象となる人間の問題である。その場合の人間とは、生―死を基準とするものであろう。これは古代国家だけではなく、現代からしても当然といえる。しかしながら、次のような指摘や史料をもとにするならば、古代の人々が人間を生―死のみで理解していたとは、簡単にはいえないように思う。

第一として、池田弥三郎氏は「冠婚葬祭という語は、もちろん、中国の文献にでてくる語であって、それをいつの頃からか、日本人が借りて用いるようになったのであろう。…一人の人間の一生を考えてみると、その起点は『誕生』であるはずだが、なぜかこの四文字をもって表された、人生の四大行事の中には、誕生が加えられていない」(4)、「『万葉集』の中には、個人の誕生を歌った歌は一首もない。…誕生ということが、『万葉集』の作者たちの視野のそとにあったとしか言いようがない」(5)、「いくつかの『誕生』の中で、もっとも重大な意義を持ったものが、すなわち、『冠』をもって示された『誕生』であった」(6)と述べられた。そして、「『冠』こそ、『誕生』だったのだ」として、誕生が人間の生ではなかったとされている。

第二として、『今昔物語集』（以下、『今昔』と略す）二〇―四二は、大和国宇陀太郡の女人が心身を清め、山野に菜を摘むなどして、「自然ラ仙草ヲ食シテ、此ク仙ト成ケリ」という話であるが、「心直クシテ仙草ヲ食シツレバ、女也云ヘドモ仙ニ成テ、空ヲ飛ブ事如此シ」とある。このような女性は国家が掌握する人口ではどのように数えられたのであろうか。

第三として、第二と逆のケースが『今昔』一一―二四の久米仙人の話にある。即ち、久米仙人は「空ニ昇テ渡ル間、吉野河ノ辺ニ、若キ女衣ヲ洗テ立テリ。衣ヲ洗フトテ、女ノ肺脛マデ衣ヲ掻上タルニ、肺ノ白カリケルヲ見テ、久米心穢レテ、其女ノ前ニ落ヌ。其後、其女ヲ妻トシテ有リ。…其久米ノ仙、只人ニ成ニケルニ、馬ヲ売ケル渡シ文ニ、『前ノ仙、久米』トゾ書テ渡シケル」とあった。もともと空を飛んでいた久米仙人が洗濯女の股間を見て落下し、女を妻として「只人」になったというのである。ここから、久米仙人のように「只人」（普通の人）ではないものもいたこと、しかも生―死とは無関係に、突然、「只人」になるものもいたことが指摘される。

以上、池田氏の指摘と二説話から、古代の人々は、人間の存在を国家掌握の人口とは別次元に捉えていたことも窺えよう。しかし、かかる国家とは別の捉え方は上記に留まるものではなかった。それは異類の化身としての人間の存在である。章を改めて指摘しよう。

一　『今昔』の化身譚

人間以外の異類が人間に変身したり、その逆の関係の変身譚は『古事記』『日本書紀』にもある（後述）が、とくに『今昔』には数多くの変身譚が収められている。変身譚の分類としては林道江氏のものが有効であるが、本稿では、人間をめぐる化身を考察したいので、林説を参照して、以下のような基準で整理する。即ち、変身譚の中には、人間が後世に異類に転生する転生譚、前世に異類であったものが後世に人間に転生する前世譚がある。両者はともに人間の生―死に直接関わるので、ここでは除外し、『今昔』（本朝部）の化身譚の中で、異類が生―死とは無関係に人間に化身する場合（化身譚①）と、現世の人間が異類に化身する場合（化身譚②）について取り上げることとした。事例数としては①が多いので、まずは異類を基準に化身譚①を取り上げる。

なお、本稿で取り上げた『今昔』には典拠史料が多く、たとえば、前掲の『今昔』二〇―四二は『日本霊異記』上―一三が原拠であるが、化身譚としては両者に大差はないとみられる。そこで、逐一、原拠に遡って整理していないことをお断りしておく。

1　化身譚①

神

日本の神は姿形がないといわれるが、[8]時には人間の姿に化身して示現する場合があった。弘法大師は大和国宇智郡で「南山ノ犬飼」に、紀伊国界で「山人」に出会うが、それぞれ「高野ノ明神」「丹生ノ明神」の化身という（一一―二五）。智証大師（円珍）は三井寺再興に際して、「唐車ニ乗タル止事無キ人」に出会い、供の者に「三尾ノ明神」と教えられたが、円珍には「只人ニハ非ズ」と見えた（一一―二八）。越後国の国上山の塔建立を妨害しようとした雷神が童子となって空から神融聖人の前に落ちたという話（一二―一）がある。陸奥守平維叙に神社を再興してもらった神が庁官の夢に現れるが、その姿は「二三尺許リ有ル唐車ノ艶ズ微妙ク荘タルニ、乗リ給ヒタル人有リ」。その三・四年後にも同様なことが起きた（一九―三二）とあった。夢の中であるが、唐車の人はいずれも神の化身であった。

仏菩薩

観音菩薩は衆生済度のために三三の変化をする（『妙法蓮華経』第二五品）ことからも、様々な人間に変化する。行善の「高麗国」（高句麗）での渡河を助けて姿を消した老翁（一六―一）、清水寺に参詣していた貧窮女に陸奥守の子を見初めさせた嫗（一六―九）は、どちらも観音の化身で、薬師寺近辺の盲人を助けた二人も千手観音の化身（一六―二二）であった。さらに、清水寺の観音の使者が人に化身して、貧女は御帳を授かるが、それを用いた衣服で幸福を得た話（一六―三〇）、同じく僧に化身して、京の貧女の夢に現れ、京の貧女の夢に現れ、貧女は男（盗賊）から綾・絹などを得た話（一六―三三）もあった。恵胅が寺の薪一束を返済しなかった罪で役牛に転生したのを周知させたのは、「只人ト不思ヘズ」という僧に化身した観音であり、僧は「搔消ツ様ニ失ヌ」という話（二〇―二〇）、表題だけであるが、「十一面観音老翁に変じて山崎の橋柱に立つ語」（一六―四〇）も観音の化身譚であろう。

弥勒菩薩の化身譚では、円珍が教代和尚の付託を受けて三井寺を再興するが、教代は「人ノ夢ニハ、弥勒ニテナム見エ給フナル」（一一―二八）という話があった。

次に文殊の化身例としては、弘法大師が中国で出会った「弊衣ヲ着セル童子」（一一―九）、死後に中国皇子に生まれ変わったという山階寺の律師清範（一七―三八）、入宋した寂照の前に、湯屋で現れた「瘡カキテ穢気ナル事無限シ」、その後、「搔消ツ様ニ失ヌ」という女（一九―二）の話がある。

普賢菩薩に関しては、人々の夢に、仙久聖人は普賢菩薩の化身だというお告げがあり、仙久に結縁するものが多かったという話（一七―三九）が指摘される。

地蔵菩薩は小僧に化現するのが原則で（一七―三、一七―六、一七―一三）、それは夢の中でも同じであった（一七―七、一七―一〇、一七―一二、一七―一四、一七―一五）。他に、陸奥国で地蔵信仰を広めた蔵念は「地蔵菩薩ノ大悲ノ化現也」（一七―八）。伊豆大島に現れた修行僧蔵海に対して「『地蔵菩薩ノ衆生ヲ利益セムガ為ニ、変化シテ此ノ所ニ来リ給ヒタル也』トゾ人皆疑ヒケリ」（一七―一六）という。比叡山の僧の夢に現れた「頭青キ小僧ノ形チ端正ナル」は、姿形からして地蔵の化身であるまいか（一七―三三）。

また、鑑真は死後、三日間、頭が温かったので「第二地ノ菩薩」であったという話（一一―八）、中国に渡った弘法大師を珍賀は夢の中で「第三地ノ菩薩也」と人に告げられた話（一一―九）もある。

明王関係では、円珍が岩窟に籠って修行していると、不動明王の化身の「金ノ人」が現れたという話（一一―一二）、弘法大師と験比べをした修円は「只人ニハ非ジ」であり、軍荼利明王の化身という話（一四―四〇）がある。

天部の化身として、毘沙門天の例では、鞍馬寺の毘沙門天が雲林院の僧の祈願に感応し、稚児（女性）に化身して僧と契り、黄金を産んで「何チ行トモ不見エデ失ニケリ」という話（一七―四四）と、筑前国背振山の性空に仕え「掻消ツ様ニ失ヌ」とある、赤髪の童は毘沙門天の眷属という話があった（一二―三四）。貧乏な王族の女を救ったのは左京服部堂の吉祥天女像が変化した乳母だ（一七―四六）とあり、越前国の生江世経のもとに飯をもって現れた「実ニ美髪ナル女人」とは、世経が熱心に仕えていた吉祥天女の化身ともみられる（一七―四七）。また、一二―四〇では、金峰山で修行中の良算の前に美女が現れるが、良算は「十羅刹ノ中ノ皐諦女」と思った。一三―四では、良賢が給仕の美女に化身した羅刹女（黒歯・花歯）に愛欲の心を起したため、羅刹女は元の姿に戻り、良賢を人里に追放した。一三―四一では、持法聖人の命で十羅刹が童子になって持金聖人に食事を届けたという。

仏法を守護する神霊としての護法の化身では、丹波国で修行していた信誓阿闍梨の前に現れ「即チ不見ズ」という童子について、信誓は「天童」（護法童子）が下ってきたと思ったという話（一二―三七）、大風で住居を倒され下敷きになった平願が「強力ノ人」に助け出されたが、平願は護法童子の加護と思い尊んだという話（一三―一九）がある。

その他、仏の化身とされたのは、日本で宋の様子が分かったという円珍（一一―一二）、仏舎利を握って生まれ、「只人ニ非ザルカ」という丹生直茅上の子（一一―二）、法成寺建立の際に霊異を現した済信大僧正（一二―二二）の例があり、乞食僧の中にこそ「仏菩薩ノ化身ゾ在」（二〇―二六話末評）という記述もあった。

鬼・天狗・竜・霊

鬼の例としては、大安寺の商用で敦賀に出かけた帰途、「橘（楢）ノ磐島」を宇治橋で追いついた「男三人」は鬼の化身であった（二〇―一九）。

天狗・竜↓人間の化身では、震旦の天狗が「老法師ノ形ニ成テ」、比叡山の余慶律師に挑むが敗れた話（二〇―

二）、讃岐国万能池の竜が天狗（宮）にさらわれて洞窟に幽閉されたが、僧の水瓶の一滴の水で、竜は「忽ニ小童ノ形ト現ジテ」脱出した。その後、天宮が「荒法師ノ形ト成テ行ケルヲ」、荒法師は竜に蹴殺された話（二〇―一一）、大和国竜苑寺僧の法華経講説を、「人ノ形ト成テ」聴聞した竜が僧への報恩として大雨を降らせた話（一三―三三）がある。

霊関係では、東三条殿の南山を太った五位の男が歩くが、陰陽師はそれを「銅ノ器ノ精」と占った話（二七―六）がある。

動物

蛇の人間への化身例では、南山科で小蛇を助けた男が、小蛇の化身である一二・三歳の美しい女（竜王の娘）に出会い、池底の竜宮に案内された。帰還の際には池辺まで男を送り、女は「掻消ツ様ニ失ヌ」という話（一六―一五）、加賀国の下衆七人が沖合に漂着した島で「例ノ人ニハ非ヌ者」と思われる男（大蛇の化身）に出会い、大蛇に加勢して、攻撃してきた蜈を倒したという話（二六―九）がある。

狐→人間では、源雅通の家で、突然、「同形ナル乳母二人」が子供を取り合うが、雅通は「一人ハ定メテ狐ナドニコソハ有ラメ」と思い、大刀をひらめかして走りかかると、一人は「掻消ツ様ニ失ニケリ」。話末評に狐が化かしたのか、「物ノ霊ニヤ有ラム」とあった（二七―二九）。参川の御許が主人民部大夫頼清の命と偽った何者かにたぶらかされ、五歳の娘を草深い山科の荒野に捨て置かれたが、話末評に「此レヲ思フニ、狐ナドノ所為ニコソ有メレ」（二七―三一）とあった。また、表題だけであるが、「野干人の形と変じて僧を請ひて講師と為す語」（二〇―一四）もある。

以上の諸例から、『今昔』に登場する人間の中には、神・仏菩薩・鬼・天狗・竜・霊・動物の化身者もいた様子が知られる。もちろん、人々がそのように観念していたことに他ならない。

2　化身譚②

一方、現世において、人間も異類に化身することがあった。異類↓人間の例に比べて事例は少ないが、人間↓仏菩薩、人間↓動物、その他に区分して紹介しよう。

仏菩薩

比叡山大智房の房主が夢に金色の仏が屋根を葺く様を見、不思議に思って屋根の上を見上げると、念仏を唱える翁が檜皮を葺いており、金色の仏は翁の化身であることを知ったという話（一九―三七）がある。

仙人

人間が仙人になる例は先に二〇―四二の話をあげているが、その他に、役優婆塞が伊豆島に流罪になったが、「海ノ上ヲ走ル事陸ニ遊ブガ如ク也。山ノ峰ニ居テ、飛ブ事鳥ノ飛ブガ如シ也」という話（一一―三）、アヅミと久米が仙人になって「空ニ昇ニケリ」という話（一一―二四）、蓮寂が山林修行により仙人になったという話（一三―二）、陽勝が山中修行を経て空を飛ぶ神仙と化した話（一三―三）もある。

動物

理満聖人は、自分が死んで百千万の犬が死骸を食う夢を見たが、その際、「此レハ実ノ狗ニハ非ズ。此レ皆権ニ化セル所也。昔天竺ノ祇園精舎ニシテ仏ノ説法ヲ聞キシ輩也、今汝ニ結縁セムガ為ニ狗ト化セル也」という声が空にあったという話（一三―九）、三人の修行者が四国の辺地を巡っているうちに道に迷い、人家に立ち寄ったものの、僧形の主人のために二人は鞭打たれ馬にさせられたという話（三一―一四）がある。

なお、一五世紀後半の『道成寺縁起』には、紀伊国牟婁郡の女が熊野参詣の若い僧の違約に怒って大蛇に化し、若い僧を追いかける場面を、追いかける女が口から炎を吐きながら追いかける女へ、さらに大蛇へと変身していく様子が描写されている。人間↓異類への化身の図として貴重であるが、『道成寺縁起』に先行する『法華験記』下―一二九では、裏切られた女は「家に還りて隔る舎に入り、籠居して音なかりき。即ち五尋の大きな毒蛇の身と成りて、この僧を追ひ行けり」とあった。『今昔』一四―三では、女は「寝屋」に籠り「即チ死ヌ」、その後、毒蛇となって走っていくとして、どちらも『道成寺縁起』とは異なる。『今昔』の話は女の死後の転生譚であった。

その他

ここでは、『今昔』の一話中に、化身譚①と化身譚②の双方が見出される例を挙げておく。

第一は、一一―一一の話で、慈覚大師（円仁）が唐で廃仏に遭遇したため、堂の中で「新キ不動一体」になった。廃仏の使者がこれを見ると、「大師本ノ形ニ成テ在マス」とあるので、円仁↓「不動」（②）の後に、「不動」↓円仁の化身（①）があったことになる。

第二は、一三―四の話で、羅刹女は美女に化身して（①）、法空に対して山中での食事の世話をしていたが、法空のもとを訪れた良賢の悪心を見抜いて「本ノ忿怒・暴悪ノ形」となり、良賢を人里に追放した（②）。

第三は、三〇―一四の話で、男の妻が形見として弓一張を枕元に残して姿を消したのを、男は「此レハ若シ鬼神ナムドノ変化シタリケルニヤ」と恐れたが、その後、弓は「俄ニ白キ鳥ト成テ飛ビ出テ、遥ニ南ヲ指テ行ク」、紀伊国で「其ノ鳥、亦人ト成ニケリ」。男は「此ハ只者ニハ非ザリケリ」と思ったとある。妻↓弓↓白鳥↓人と三転する話であるが、前半は妻から弓を介して白鳥へという化身（②）、後半は白鳥↓人の化身（①）であろう。

3　化人・権者・権化・変化

右に列挙したように、人間には異類からの化身例（①）と、それに比べると極めて少数と見られる人間から異類へという化身例（②）があったが、それ以外にも化身の者であることが窺える人々がいた。それが化人・権者・権化・変化の者とされた人である。かかる人たちは何の化身であるか、とくに記されているわけではないが、これも具体例を『今昔』（本朝部）から拾っておく。

まず、化人（神仏の化身）の例では、一一―一三に東大寺建立の話があり、その末尾に天皇が心をこめて東大寺を供養した（大仏開眼）が、その際の講師は興福寺の隆尊律師で「其人ハ化人也ケリ」とあった。仏像を造ったのは化人だという話としては、生天子国の長元王の求めに応じて、童子が造った弥勒菩薩像について「化人ノ造奉ル仏ニ御マセバ糸貴シ」（一一―一五）。大官大寺の丈六釈迦像を造ったのは、天武天皇の夢に一人の僧が現れて、化人だと告げた（一一―一六）。唐招提寺の千手観音につき、「此ハ化人ノ造リ奉レル観音也ケリ」（一六―三九）とあった。かかる例からすると、造像者とは特別の存在であり、化人という意識があったのかもしれない。

一一―二二には、本元興寺の本堂に仏像をうまく収めた後、「掻消様ニ失ヌ」という翁に対して、化人だと皆承知したとあり、一二―一五には、大安寺西里の貧窮女が大安寺の丈六仏は「昔ノ霊山ノ生身ノ釈迦ト相好一モ不替給ズト化人ノ示シ給フ所也」と思い、仏前で祈った。一五―一八には、増祐聖人は臨終に際し、墓穴の中で念仏往生を遂げた際、寺の南で多くの念仏の声が聞こえたが、実際に念仏を唱えたものはおらず、話末評には念仏は「化人ノ所作」とわかり、寺の僧たちは皆尊んだ。二〇―四〇には、元興寺の義紹院が道中、馬上から乞食に衣服を恵んだところ、それを投げ返した乞食は「搔消ツ様ニ失ヌ」。その時、義紹院は乞食を「只者ニモ非ザリケリ。化人ノ在マシケル有ケリ」と思ったとある。

『今昔』では化人と類似する語句として、権者・権化の者と変化の者がある。このうち、前者では、三蔵の弟子たちの思いとして、三蔵が他国（日本）から渡来した道照の知徳行を知っているのは三蔵が「権者」に違いない。また、人々は「只人ニハ非ズ、権者也」といった（一一―四）。獄舎で次々と霊験を現す春朝に対して、人々は「道照和尚ハ権者也ケリトナム世ニ語リ伝ヘタルトヤ」（一三―一〇）。比叡山から幡磨国雪彦山に入って修行を重ねた玄常は「翔ヒ例ノ人ニ不似ズ」であり、「世ノ人聖人ヲ権化ノ者トゾ云ケル」（一三―二七）。長屋王が元興寺の大法会で乞食の沙弥を殴打したところ、沙弥は「忽ニ失ヌ」。話末評に僧を「恐可致キ也。其ノ中ニ権者身ヲ隠シテ、交リ給フト可知シ」（二〇―二七）。讃岐国満濃池は「然ル止事無キ権者ノ、人ヲ哀バムトテ、築給ヘル」（三一―二二）として、弘法大師を権者としている。

変化の者としては、三人が知られる。一人目は、囲碁の名手寛蓮を打ち破った女で、寛蓮は女のことを「人ニハ非デ変化ノ者ナルベシ」と思った。また、寛蓮と対局後、女は「家ニ人一人モ無シ」として急に姿を消したが、人々は「此ハ変化ノ者ナドノ来リケルナメリ」と疑った（二四―六）。二人目は、大和国で幻術を使って下衆たちから瓜を巻き上げた翁。翁が下衆の食べ残した瓜の種を拾い集めて植えると、たちどころに瓜が実をつけた、下衆たちは翁を「此ハ神ナドニヤ有ラム」と思ったが、下衆も翁に勧められて瓜を食べると、翁は「立テ去ヌ。行方ヲ不知ラズ」。すると、下衆の籠の中に瓜が一つもなくなっていたという話で、話末評に翁は「変化ノ者ナドニテモヤ有ケム」とあった（二八―四〇）。三人目は、京の盗賊団の女首領で、話末評に、女首領が急に姿を消しただけでなく、「其ノ家跡形モ無カリケレバ…蔵ノ有シ所ヲ行テ見レドモ、其レモ跡形モ無クテ…其ノ女ハ、変化ノ者ナドニテ有ケルニヤ」とある（二九―三）。

4　小結

以上、『今昔』（本朝部）から、現世における異類↓人間という化身譚①、人間↓異類という化身譚②、それに化人・権者・権化・変化の者とされた人たちの例まで列挙してみると、古代の人々がすべての人間を人間として観念していたとは認めがたいといえよう。人間に成りすましていた異類も含まれていたはずである。もっとも、かかる指摘は筆者が始めてではない。黒田日出男氏は、一四世紀初頭の『長谷雄草紙』に人造人間が出てくることをもとに、「中世の人びとは、女が産んだ大部分の普通の人びとと、神仏などが『化現』『化生』した人や『変化』の者、そして鬼や学者らの造った『人』の三種類の人を見ていたし、接していたことになる」[9]と指摘されていた。黒田説は卓見であろう。もちろん、化身の者たちが古代の人口全体のどの程度を占めていたのか、見当もつかない。ただ、確かにいえるのは、人口の増減の背景に化身もあったこと、すなわち、古代の人々は生―死だけで人間を捉えていたわけではないということである。この点をさらにはっきりさせるために、化身例を、化身が起きた時間帯――夜を中心に夕方から朝までと昼間との二区分――を基準に整理しておきたい[10]。

二　化身の時間

1　化身譚①

最初に、夕方から夜、そして朝に至る暗い時間帯の、異類↓人間の化身譚①であるが、『今昔』では当該例が最も多い。

神

神↓人間の化身例として、一一─三五は、藤原伊勢人の「夜」の夢に現れた老翁は「貴布祢ノ明神」の化身であったという話。一二─三六では、老僧の夢に、法輪寺で道命阿闍梨の誦経を聴聞する「止事無ク気高ク器量シキ人々」が堂の庭に坐っているが、老僧は従者に「金峰山ノ蔵王・熊野ノ権現・住吉ノ大明神・松尾ノ大明神」が「毎夜」来ていると教えられた。一三─三四は、天王寺僧道公が紀伊国の海辺で、「夜半許」に二・三〇騎の騎馬のものと翁との会話を聞いてしまうが、前者は行疫神、後者は道祖神の化身であった。一九─三三は、日頃、東三条の戌亥隅の神に対して僧が読経をしていたところ、ある「夕暮方」に神が二〇歳ほどの若い男に変身して僧を神木の上に案内した。三一─三四は、三輪山伝承で、神の化身である男が「夜々」、女のもとに通ってくる話（朝には男は小蛇に変身する）であるが、これは後に改めて取り上げる。

仏菩薩

薬師如来の化身としては、山城国の神奈比寺僧の「夜」の夢に老僧が現れたが、自ら「此ノ寺ノ薬師如来也」と宣したという話（一四─二五）がある。

観音菩薩の例では、周防国の判官代の夜の夢に、観音の化身の僧が現れ、敵に惨殺された判官代の命を身代わりになって救った（一六─三）。敦賀に住む貧女を観音の化身の「祖ノ仕ヒシ女ノ娘」が来て、貧女の相手の男に食事を届けるが、最初は「其朝テ」、二度目は「申時許」（午後四時）であった（一六─七）。自邸の堂内の観音が「申時」に隣の「富メル人ノ女」となって、身寄りのない郡司の娘を助けた（一六─八）。奈良の左京の貧女が穂積寺の千手観音に救済を祈ったところ、「夕暮方」に観音が「妹ノ形ト成テ」銭百貫を贈り貧女を救った（一六─一〇）。山城国久世郡の娘のもとを「初夜」に蛇（五位の姿）が訪ねてくるが、蟹は娘への報恩から「夜半」に蛇を殺す。その際、娘が観音品を誦していると、端正美麗の僧が現れて経文にすがるよう教えた。蟹満多寺縁起であるが、この僧は観音の化身とみてよいだろう（一六―一六）。備中国の賀陽良藤が狐に騙されて蔵の下で暮らすことになるが、良藤失踪の一三日後の「夕暮」に「観音ノ変ジ給ヘル」俗人が良藤を救出した（一六―一七）。近江国伊香郡の郡司が国司から和歌の下の句を付けるという難題を出されたが、「後夜」に石山寺観音の化身の女房に出会って、その助けで国司との賭けに勝った（一六―一八）。幡磨国の盗人の「夜」の夢に、観音が化した僧が現れ、処刑の矢を身代わりで受けると告げた（一六―二六）。青侍の「暁ヌル夜ノ夢」に長谷寺観音（または使者）の化身の僧が、寺の前で最初に手に触れたものは観音の賜りものだと告げた（一六―二八）。「日暮方」に男に死体（黄金）を運ぶよう命じた放免は長谷の「観音ノ変ジ給ケルニヤ、其レヲ不知ズ」（一六―二九）。京の貧女の「夜」の夢に清水寺観音の使者が僧になって現れ、黄金三両を授けた（一六―三一）。また、隠形の男の「暁方」の夢に六角堂観音が僧の姿になって現れ、最初に出会った者の言う通りにするよう告げた話（一六―三二）もある。

虚空蔵菩薩が女人に化身し、色欲を利用して比叡山の僧の修行を成就させる話（一七―三三）では、僧が女人の家をはじめて来訪するのが「日暮タレバ」で、女人の部屋に入るのが「夜深更テ」で、この後の僧の訪問時も同じであった。かかる時間帯に虚空蔵菩薩が女人に化身していたことになろう。また、比叡山僧長円の夢では「宿老ノ俗」が現れ、「五台山ノ文殊ノ眷属也。名ヲバ于闐王ト云フ」と名乗り、長円に結縁したいといった（一三―二一）とある。

地蔵菩薩→人間の例としては、西京の僧が生身の地蔵菩薩に出会いたいと諸国を巡歴し、ついに常陸国で地蔵の化身と思しき牛飼い童に出会う。「丑ノ時」（午前二時）頃、童が「掻消ツ様ニ失ヌ」というので、僧は「実ニ此レ地蔵ノ化身也ケリ」と知ったという話（一七―一）。紀用方という武者は地蔵を信仰していたが、夢告を受けた阿弥陀聖と「暁」に京の小路で出会い、阿弥陀聖から地蔵の化身と敬われたという話（一七―二）があった。

地蔵が小僧になって現れているのは「夜」の夢の中においても変わらない（一七―五、一七―九、一七―一一、一七―三二）。

天部関係では、藤原伊勢人の「夜」の夢に一五・六歳の童子が現れて「我レ、多聞天ノ侍者禅儞師童子也」と告げた（一一―三五）とある。吉祥天女では、信濃国の男が和泉国の血渟上山寺の吉祥天女像に愛欲の心を起こし、同像に「天女ニ似タラム女ヲ令得給ヘ」と願ったところ、（夜の）夢の中で「婚奉ル」。翌日、男が天女像を見ると、不浄のしみがついていたという話（一七―四五）が知られる。また、出雲国の法厳聖人に毎朝、食事を届けるべく、護法善神が「人ノ形ニ成テ来テ」という話（一三―三九）もあった。

鬼・天狗・霊

まず、鬼↓人間の例についてみると、一七―四三では、鞍馬寺の修行僧の前に、「夜半更テ、羅刹鬼、女ノ形ト成テ」現れたが、僧は毘沙門天の力で難を免れた。二〇―三七の話は、大和国十市郡の娘は、「夜半許」に「夜這フ人」に食われたが、女の両親は「此レ、鬼ノ人ニ変ジテ来テ噉ゼルカ、又神ノ嗔ヲ成テ、重テ祟ヲ成セルカ」と思った。二七―一三によると、近江国安義橋に「日モ山ノ葉近ク成テ」、美女に化した鬼が橋を馬に乗って渡ろうとした近江守の従者を襲った。その後、「日モ暮ニタリ」という時に、鬼が従者の「同腹ノ弟」に化けて従者の家に侵入したが、両場面でも最後に本性を現した鬼は「搔消ツ様ニ失ヌ」とあった。二七―一六では、正親大夫が京内の旧堂で女と密会したが、「夜中許」に堂の後ろから現れた女房に女は命を落とした。正親大夫は「鬼ノ住ケル所」に女と臥せたといっているので、女房は鬼の化身であろう。

天狗↓人間では、「夜」、尼天狗が「頭ニ帽子ヲ着タル尼」になって仁和寺の成真僧正の前に現れ、三衣筥を奪ったという話（二〇―五）が該当する。

霊関係では、元興寺僧道登が奈良坂山で髑髏を発見し、従者の童に木の上に置かせたところ、一二月晦日の「夕暮方」に死霊が人に化して、童に報恩した後、「其ノ人不見エズ成ヌ」（一九―三一）。川原院の旧主源融の霊が、「夜半許ニ」、翁に化身して新主の宇多院の前に示現したが、宇多院に一喝され、霊は「掻消ツ様ニ失ニケリ」（二七―二）。夏の頃、「夜々」、冷泉院の池の「水ノ精」が小翁に化して、人の顔をなでては池の汀で「掻消ツ様ニ失ニケリ」ということがあったが、小翁は「夜半」過ぎに「兵立タル者」に捕らえられた（二七―五）。近江国の生霊が「暁」に青みがかった着物を着た女房として京内に現われ、自分を捨てた民部大夫を殺した（二七―二〇）。夫の亡魂が「夜半許ニ」、生前同様、笛を吹きつつ、妻のもとを訪れ、「掻消ツ様ニ失ニケリ」（二七―二五）という。

動物

動物↓人間では、蛇・野猪・狐の話がある。蛇の例としては、僧雲浄が志摩国の海浜の洞窟に宿ると、「夜半許ニ」大毒蛇に襲われる。雲浄が法花経を読誦すると、「雨メ止ミ空ラ晴ヌ」。その時、「一ノ人」が現れ、罪業が消滅し、善心に立ち返ったといい、「掻消ツ様ニ失ヌ」（一三―一七）。信濃守の「夜」の夢に、蛇と鼠が宿敵関係にあることを知り、信濃守が法華経を書写して供養すると、蛇と鼠から化身した二人の男は忉利天に生まれたと告げた（一四―二）。前掲の蟹満多寺縁起の話であるが、娘のもとに「亥時」（午後一〇時）に門を叩く「五位」がおり、三日後の「初夜」に「前ノ五位来テ門ヲ叩ク」が、「五位」は蛇の化身であった（一六―一六）。

野猪の化身譚は二七―三六にある。西国から脚力として上京中の男が幡磨国印南野の粗末な小屋に宿った際、「夜打深更ル程ニ」葬送に遭遇する。墓の中から抜け出て男を襲ってきた「裸ナル人」を男は鬼かと思い、大刀で切り殺すと、大きな野猪であったというもの。

狐の話では、朱雀門前で若い男と狐の化身の美女と出会い、二人の共寝は「日暮レテ夜ニ入ヌレバ」、別離は「夜暁ヌレバ」「明ル日」とある。翌日、女は男の身代わりとして命を落とすが、女の正体は武徳殿の中で死んでいた若い狐であり、「明ル日」に男が武徳殿で出会った嫗（女の母）は女の死を告げて「掻消ツ様ニ失ヌ」（一四―五）。また、前に紹介したが、備中国の賀陽良藤を「夕暮方」に狐の化身である美女が誘惑する話（一六―一七）がある。三善清行が五条堀川の旧家を買い取り、引越しをする前に、単身、無住の旧家で一夜を明かすが、「夜半許」に「居長三尺許ノ女」や狐の首領と思しき翁が清行の前に現れた（二七―三一）。「夕暮方」、京の雑色男のもとに、前後して二人の同形の妻が帰宅したため、男は最初の妻を狐とみて捕らえたところ、狐は小便を引っ掛け、正体を現して逃げ去った（二七―三九）。仁和寺の東の高陽川の辺に、「夕暮方」、女童がおり、通行人の馬に乗せてもらっては狐になって逃げ去るということがあり、滝口の武士が狐を捕捉しようとしたが、狐の幻術に騙されて失敗。二度目に武士は用心して、散々に狐を痛めつけた上で逃がしてやった。話末評に「狐ハ人ノ形ト変ズル事ハ、昔ヨリ常ノ事也」とある（二七―四一）。二七―四三の話は、「九月ノ下ツ暗ノ比ナレバ、ツヽ暗ナルニ」平季武が、美濃国の渡に出没して川を渡るものを脅かす産女から幼児を奪い取って、国司の館に帰ってきた。話末評に、産女は「狐ノ、人謀ラムトテ為ル」と「女ノ、子産ムトテ死タルガ、霊ニ成タル」との二説があった。

2　化身譚②

今度は、夜の化身として、人間↓異類の例を扱うが、管見の限りでは『今昔』の中で二例しかない。

一つは、これまでも二度扱ってきた一六―一六（蟹満多寺縁起）で、「初夜」に「五位」が娘のもとにやってくるが、「五位」は女が倉の中に籠っているのを見て激怒し、「本ノ蛇ノ形ニ現ジテ」、尾で戸を叩いたが、蛇は蟹にはさみ殺されたという件。

もう一つは、二七―二二の話で、猟師の兄弟が「夜深更ルニ」、山中で鹿狩りを行う。その時、鬼が兄を食い殺そうと髻をつかみ上げたが、弟は兄の声を頼りに矢を射て、鬼の手を射切った。家に戻ると、その手は老婆のものであった。「此レハ、母ガ痛ウ老ヒ耄テ鬼ニ成テ、子ヲ食ムトテ付テ山ニ行タリケル也ケリ」とある。

3　昼間の化身譚①②

次に昼間の化身譚①として、昼間に化身していた例も含めてあげると、観音の例では、駿河国の沖合で、「巳ノ時許」（午前一〇時）から夜明けまで漂流した男が、観音像の化身の「枕上ニ有ツル人」によって救われた話（一六―二四）、信濃国の「□湯」（筑摩の湯）で、里人が明日、観音が現れるという夢を見たのと、「未時」（午後二時）に上野国の武者（王藤大主）が現れたのとが符合したため、武者は観音の化身とされ、王藤観音と呼ばれた話（一九―一一）がある。

天部の例では、仏蓮の前に十羅刹（黒歯・花歯）が二人の童となって身辺に奉仕し、仏蓮が死んで四九日後に「掻消ツ様ニ失ケリ」という話（一三―二二）が指摘される。

鬼・天狗・動物の例では、幡磨国で鬼が「藍摺ノ水干袴着タル男」に化けて門から侵入し、若い男から矢を射られると「掻消ツ様ニ失ニケリ」（二七―二三）とあった。本話には、男（鬼）が家の中に侵入してきた時間が記されているわけではないが、若い男が男に矢を射る様子を陰陽師はじめ「家ノ内ノ者共」が見ていることからして、昼間の化身例としてよいだろう。(11) また、京の若者が幻術の習得を願い、大峰寺の老僧のもとに「巳時許」（午前一〇時）に出向くが、約束を破って懐中に刀をしのばせていたため、老僧は「急ト失ヌ」「坊モ不見ズ」として、若者の望みが果たせなかったという話（二〇―九）がある。老僧は天狗の化身らしいが、昼間に老僧に化けていたことになる。三井寺に行った若い僧が昼寝の夢に若い女と交接したが、目覚めると蛇が口から精液を吐き出して死んでいた話（二九―四〇）があるが、これも昼間の蛇の化身譚とみられる。

満月かその前後の夜は、昼間ほどではないとしても、明るい。そのような時間帯の化身譚①としては、八月一七日の「夜」、「月キ極テ明シ」という中、宴の松原で男によって女が食い殺されたが、「此レハ、鬼ノ、人ノ形ト成テ此ノ女ヲ噉テケル也ケリ」と人々はいいあった（二七―八）、九月中旬の「月モ極ク明シ」夜、国守の任期を終えて入京し旧妻と一夜を共にした生侍であったが、翌朝に旧妻は白骨化した死体になっていた（二七―二四）。さらに、近衛舎人の播磨安高が、九月中旬、「月極ク明キニ」、平安宮内の宴の松原で一人の美女と出会うが、安高は狐の仕業と思い、刀で脅したところ、美女は小便をかけて狐と変じて逃げていった（二七―三八）という話がある。以上も昼間の話の仲間に入れておきたい。

なお、昼間の化身譚②としては、西京の鷹匠が、春の「日ウラヽカニテ」自らも雉になって妻子ともども鷹に殺される夢を見たことから、日頃の殺生を懺悔して出家した話（一九―八）があげられる。

4　小結

以上、現世での化身の諸例を、異類→人間の化身例と、人間→異類の例とに区分して取り上げた。本章での指摘をも踏まえて、古代の人間について、まとめておこう。

第一は、『今昔』において、化身の時間帯は夜の例が多いこと。夕方の例もあるが、夜を挟んで朝までの時間帯で、昼間の例は少ない。これは夕方から辺りが暗くなり、夜には人間の視野が狭まる。その分、人間の想像力が豊かになり、異類の活動も活発化することと関係しよう。しかも、かかる化身者は「掻消ツ様ニ失ヌ」というように突然、姿を消すことがある。[12]また、夜と朝との間には断絶があり、朝になれば異類は退場する[13]ものとみられる。

第二は、人間の生—死と異なる、化身による人口の変動が暗い時間帯に起きていたことである。とくに夜に異類が人間に変身する例が人間↓異類のケースに比して多いことを勘案すれば、古代では一日の内でも夜に人口が増加していたのではないだろうか。化身の時間はさほど長くはなかったとみられる。これまであげた事例の中で、化身の状態が一定期間にわたって継続したというのは、観音↓嫗（一六—九）と地蔵↓蔵念の「年来」（一七—八）などであるが、かかる話は概して少ない。

第三として、これまで『今昔』説話を扱ってきたことである。前述の通り、『今昔』には依拠史料も少なくないが、『今昔』に採用されなかった話もあった。たとえば、『日本霊異記』では、野干↓家室↓野干（上—二）、母狐↓祖母（中—四〇）、観音↓沙弥（下—一三、下—三八）があり、かかる話を『今昔』の事例に追加できるが、それでも、これまで指摘してきた論旨に変更を加える必要はあるまい。

第四として、天皇＝現人神の問題がある。現人神信仰は七世紀後半に高揚するが[14]、天皇は即位式で高御座に出御することにより、人間から現人神に化身するといえる。即位儀と同じ形で実施される元日朝賀儀では、天皇が大極殿出御の前に大極殿後房に入るのが辰一刻（午前七時）である（『内裏式』上、『儀式』六）ことから、即位式は昼間の儀式とみてよい。すなわち、天皇は昼間に現人神に化身するのであって、これは化身譚②に含まれる。化身譚②の例は少ないことからして、天皇＝現人神は特異な化身例であろう。しかも、即位後の天皇は在位期間中、現人神であり続け、その上、代々の天皇に継承されたという点でも、他に例をみない特異な化身であったことが留意される。

三　『古事記』『日本書紀』『風土記』における化身譚

前章まで『今昔』の化身譚を扱ってきたが、『古事記』『日本書紀』『風土記』に遡るとどうか。化身譚（①②）、夜の化身の順に検討してみたい。

化身譚①②

『古事記』における異類↓人間の事例（化身譚①）としては、神武東征に際し、神武が各地で国つ神が変身した「人」（槁根津日子・贄持之子・井氷鹿・石押分之子）の出迎えを受ける（神武記）。応神記には、天之日矛が床のそばに赤玉を置くと、赤玉は美しい女となり、天之日矛の妻となった。雄略記には、雄略一行が葛城山に登った時に、一言主之大神が天皇と同じ鹵簿で現れたという話があった。

『日本書紀』では、以下の話がある。即ち、神武即位前紀甲寅年一〇月丁巳条では、国神の珍彦（椎根津彦）が「一の漁人」となって天皇の先導をするとあり、神武記と共通する。意富加羅国の都怒我阿羅斯等が牛の代償に得た白石を寝室に置いておくと、美しい童女になったので、嫡妻としたところ「童女忽に失せぬ」とある（垂仁紀二年是歳条一云）が、これも右の応神記の話と類似する。景行一八年六月丙子条には、天皇が阿蘇国で阿蘇都彦・阿蘇都媛の二神に出会ったが、二神は「忽に人に化りて」、天皇のもとに参上したとある（『肥後国風土記』逸文にも同様の話が載る）。雄略四年二月条には、天皇が葛城山で狩猟をした際、一事主神の化身の長人に出会った。雄略七年是歳条には、吉備氏の弟君が天皇の命を受けて、百済に渡ると、「国神、老女と化為りて、忽然に路に逢へり」。雄略一三年八月条には、春日小野臣大樹が天皇の命で播磨国の文石小麻呂宅を焼いたところ、炎の中から白狗が飛び出して大樹臣を襲った。大樹臣が白狗を斬ると小麻呂になった。雄略二二年七月条には、丹波国の水江浦島子が釣りをした際、「遂に大亀を得たり。便ち女に化為る」（『丹後国風土記』逸文もほぼ同じ）。欽明五年一二月条には、越国の報告として、佐渡島の東の禹武邑の人が椎子の実を「灰の裏に著けて炮る。其の皮甲、二人に化成りて、…時を経て相闘ふ」。推古三五年二月条には「陸奥国に貉有りて人に化りて歌うたふ」とあった。『風土記』では、『豊後国風土記』日田郡条に、景行天皇が球磨贈於を征伐した時、日田郡に「神あり、名を久津媛と曰ふ。人と化為りて参迎へ、国の消息を弁へ申しき」。『肥前国風土記』高来郡条に、景行天皇が使者に「この郡の山」を見させると、「爰に人あり、迎へ来て曰はく、『僕はこの山の神、名は高来津座なり。…』といひき」とある。

次に、人間↓異類という化身譚②であるが、一例のみが見出される。即ち、『日本書紀』仁徳六〇年一〇月条に、天皇が白鳥陵の陵守を徴発しようとしたところ、「爰に陵守目杵、忽に白鹿に化りて走ぐ」とあった。

夜の化身

『古事記』においては、「夜半之時」に活玉依毗売のもとに「形姿威儀、時於比無し」という「壮夫」が到来し、ヒメは妊娠する。「壮夫」の正体をヒメが針と糸で探ると、「神の子」と分かった（崇神記）。口がきけない本牟智和気を垂仁天皇は出雲に遣わし、「一宿肥長比売を婚きたまひき。故、其の美人を竊に伺へ者蛇なりき。即ち見畏みて遁逃げたまふ」（垂仁記）。前者では神は「夜半之時」に「壮夫」に、後者でも「一宿」（夜中）に肥長比売は蛇に化身していたことになる。『日本書紀』では、崇神一〇年九月条に、大物主神は「常に昼は見えずして、夜のみ来ます」。倭迹迹日百襲姫命は夫（大物主神）に対して「明旦に仰ぎて美麗しき威儀を観たてまつらむと欲ふ」といい、「明くるを待ちて櫛笥を見れば、遂に美しき小蛇有り」。ヒメが驚き叫ぶと、「大神恥ぢて、忽に人の形に化り」、「大虚を践みて」御諸山に登っていったとある。前半は神↓夫の化身譚①で夜、後半は小蛇↓

人の化身譚①で朝に起きていたことになる。

『古事記』『日本書紀』の三輪山伝承と類似するのが、『肥前国風土記』松浦郡条で、任那に出立した大伴狭手彦を見送った弟日姫子のもとを「相分れて五日経ちし後、人あり、夜毎に来て、婦と共に寝ね、暁に至れば早に帰る」。その人の襴に麻糸をつないで、それに従って訪ねていくと、褶振の峰の沼の辺に横たわる蛇がいたという話。夜における蛇↓人への変身伝承であろう。また、『常陸国風土記』香島郡条に、那賀の寒田郎子と海上の安是の嬢女が嬥歌の会で語り合っていたところ、「俄かにして鶏鳴き狗吠えて、天暁け日明らかなり。…遂に人の見むことを愧ぢて、松の樹と化成る」とあった。これも朝における人↓異類の化身譚の仲間とみたい。同郡条に、「白鳥里…白鳥あり。天より飛び来り、僮女と化為りて、夕に上り朝に下る」として、石を拾って池の堤を築こうとするが、築いたり壊れたりで、堤が完成しなかったという伝承がある。これは、朝に僮女となって堤を築き、夕には白鳥となって天に昇ったとして、人と異類との変身を繰り返すが、その時間帯は「夕」と「朝」ということであろう。那賀郡条には、ヌカビメは「常に就りて求婚ひ、夜来りて昼去る」という人（蛇の化身）との間に小蛇を産んだという話もある。

以上、『古事記』『日本書紀』『風土記』の化身譚を取り上げた。『今昔』と比較すると、仏菩薩↓人間への化身例は見出せないものの、人間への化身というレベルでは、基本的に『今昔』と同じとみてよいだろう。とすれば、七・八世紀来、現世の人間の中に異類が変身したものがおり、それも夜に化身する例が少なくないことが注目される。この点を念頭に置けば、古代国家の掌握する人口とは別に、古代の人々の間では夜になると、人口が増えていたと観念されていたはずである。国家はかかる人間の異動を前提に、生─死という基準でのみ、人々を掌握しようとしていたのではないだろうか。

おわりに

本稿で指摘したことは各章毎にまとめてあるので、結論を繰り返すことはしない。最後に、なぜ、このようなテーマに取り組んだのか、その意図について釈明しておきたい。

哲学者の内山節氏は、人の命の軽さを問題にする。即ち、戦後になっても、世界各地で戦争・貧困はなくならず、人々の命が奪われていった。そして、「学校でも地域社会でも、私たちは何かに管理されていた。管理できるものくらいに軽いものとして人間を扱う社会がそこにはあった」[15]と指摘されている。人間の管理は古代の戸籍・計帳もそうであろうが、その典型に直近のマイナンバーがある。

二〇一五年秋、我が家にもマイナンバーが届けられた。総務省発行の案内には、「よりよい暮らしへ」『メリット』いっぱい」「とっても便利」「広がる使いみち」などのうたい文句が並んでいるが、マイナンバー制とは国民総背番号制に他ならない。一人一人はすべて一二桁の無意味な数字に置き換えられ、マイノリティはもとより、個人の存在も見えなくなり、国家から一元的に管理されることとなった。そうした時代であればこそ、古代の人々の想像力に立ち返って、改めて人間を見つめ直す時期にきているのではないか——そのような思いのもとで本稿を執筆した。

註

（1）澤田吾一『奈良朝時代民政経済の数的研究』（冨山房、一九二七年）一四三―三〇九頁。
（2）鎌田元一「日本古代の人口」（『律令公民制の研究』塙書房、二〇〇一年、初出一九八四年）。
（3）鎌田、前掲註2。

（4）池田弥三郎『万葉びとの一生』（講談社現代新書、一九七八年）一〇頁。
（5）池田、前掲註4、二〇頁。
（6）池田、前掲註4、二六頁。
（7）変身譚の分類については、林道江「動物変身譚の展開」（『平安文学研究』七二、一九八四年）一七四頁をもとに人間への化身を軸に整理した。なお、長野嘗一氏は、変身譚の類型として、人間と仮想のもの、人間と他の実在（鳥獣など）との間に変身するケースに分類された（「説話文学にあらわれた変身譚」『説話文学論考』笠間書院、一九八〇年）が、本稿では仮想のものと他の実在とを異類として一括した。
（8）岡田精司『新編神社の古代史』（学生社、二〇一一年、初出一九八五年）六頁。
（9）黒田日出男「中世の夜と鬼と身体感覚」（『歴史としての御伽草子』ぺりかん社、一九九六年）二一六頁。他に大喜直彦『神や仏に出会う時』（吉川弘文館、二〇一四年）八三―八五頁も参照。
（10）本章で取り上げた化身譚は化身の時間帯が記されていない例でもある。
（11）拙稿「古代の人々と不思議」（『古代の人々の心性と環境』吉川弘文館、二〇一六年）二八八―二八九頁。
（12）拙著『時間の古代史』（吉川弘文館、二〇一〇年）。
（13）益田勝実「黎明」（『益田勝実の仕事』二、ちくま学芸文庫、二〇〇六年、初出一九六六年）。
（14）神野志隆光「神と人」（『国語と国文学』六七―一一、一九九〇年）。
（15）内山節『いのちの場所』（岩波書店、二〇一五年）一〇八頁。

日本古代の国家と災害認識

山口えり

はじめに

どれほど科学技術が向上しても、人間の力では超えられないものがある。それが自然である。この数年の日本国内に限定しても、二〇一四年の広島豪雨土砂災害、二〇一五年九月の関東・東北豪雨、二〇一六年の熊本地震と大規模な自然災害がひっきりなしに起こり、そのたびに今後の対策が検討されている。二〇一一年の東日本大震災によって引き起こされた福島第一原子力発電所事故に鑑みれば、現在の科学力を以てしても、人間が自然を制御しきれないことは明らかである。

では、天候や地震等の自然現象に対する知識や技術が、現在のようになかったころ、人間はどのように自然とむきあってきたのだろうか。本稿では、古代において国家が自然とどのように対峙したのかについてみていきたい。

一　自然・自然現象の崇拝――神祇信仰の源流

自然は尊敬の対象でもあり、畏怖の存在でもあった。自然物・自然現象を崇拝する思想は、古代より世界各地で確認される。日本の場合は、磐座や山、樹木など特定の自然物に神が宿ると考えたり[1]、人の生死、穀物（稲作農耕の伝播以降は、特に稲）の生育や気象といった自然現象に「神」の存在を認める崇拝形態であった。自然は神の領有する世界であり、災害は神の祟りであると考えられた。自然・自然現象への信仰が、地域・血縁といった共同体毎に存在し、自然を司る神への儀式、つまり祭祀が行われていたことは考古学の成果から明らかになってきている。祭祀は、人間が神との誓約を再確認する機能を有していた。このような神に対する信仰の形が神祇信仰の源流と考えられる。

神祇信仰はしばしば神道と同義にとらえられる。神祇信仰・神道の用語を使い分けることは難しいが、自然・自然現象を崇拝する思想を表現する言葉をそもそも有していなかった当時の日本に生きた人々は、仏教の影響を受ける中で、自分たちの信じる天の神・地の祇を「神祇」と表現し、その信仰をやがて「神道」と称することを選択した[2]。「神道」という宗教の成立については様々な見解があり、その範囲は稲作農耕が始まった縄文・弥生時代から中世後期の十五世紀と広い。中世以降の複雑な教理の大系や道徳的意味合いを含んだ宗教となった点を重視し、「神道」を評価する立場にたてば、古代には神道はないという見解になろう[3]。本稿でも、古代における神祇への崇拝を行う宗教を「神道」とは呼称しない。しかし、だからといって、古代における神を信仰する宗教体系の存在自体を否定しているわけでは決してない。むしろ、今の「神道」に結びつく、宗教として形を整えた「神祇信仰」は古代からあったと考えている。古代における神祇への信仰と、現在の神道とには少なからず隔たりがある。神祇信仰・神道は、日本に「固有」の神信仰で太古から一貫している信仰形態であると受けとめる向きもあるが、それは、中世における伊勢神道・両部神道・吉田神道などの神道の立場からの神道理論の形成や、近世以来の国学の影響や、戦前・戦中の「国家神道」の影響下で生まれた先入観に基づくものである。神祇信仰・神道には、長い時代を経て継承されている面と変化している面とがあることに目をむける必要がある。

宗教という形を整えた「神祇信仰」の確たる存在は、天武・持統朝の七世紀末からであると考える。神祇信仰には、日本に古くからある自然・自然現象が神の存在を認める考えを基盤とした思想の他に、祖霊を崇拝する思想も重要な要素としてある。(4)これらが組み合わさり、現在の神道につながる神社の神への信仰が形成されたと考えている。

縄文時代には、すでに人間の力を超えた存在（＝霊）(5)が認識されて祭祀の対象となっていた。日本各地で見られる環状列石は太陽の運行を手がかりに時間や季節を知らせるものであったと推定される一方で、集落から独立して存在する環状列石は、集落と墓地とが切り離され、生者とは違う世界に存在する祖霊のための祭祀を行うようになったことを意味すると解釈される。土偶は、集団の祖霊のような存在を象徴し、また、母と子の血縁的紐帯を意識した表現物であるという見解もある。(6)このように縄文時代には、人間の生死を認識し、先祖の霊魂を祭る観念があったことが知られる。

縄文時代晩期から弥生時代になると、稲作の普及によって農耕の祭祀が行われるようになったが、これは自然を司る存在（＝カミ）に豊作を願い、また感謝する、自然のサイクルを意識したものであった。銅矛を用いた祭祀は、穀霊に災いをもたらす荒ぶる悪霊から武力で穀霊を守護する考えに基づくもの、銅鐸を用いた祭祀は、穀霊を地霊と交合せ、種籾に宿る穀霊が逃げないように繋ぎ止める考えに基づくものと、青銅器の分析から弥生時代の信仰を説明する研究もある。(7)荒ぶる霊の意識は、古代の神の重要な属性である「祟る」性格に結びつく。また、弥生時代の祭祀では、鳥と鹿が重視されるが、これらは農耕儀礼において重要な意味があったものとも言われる。[8]

この時代の農耕の祭祀として見落とせないのは、奈良県桜井市の纏向遺跡である。纏向遺跡は三世紀に始まる弥生時代末期から古墳時代前期にかけての集落遺跡であり、辻地区の祭祀土坑群では『延喜式』新嘗祭の原型に当たる儀礼が行われていたとも指摘されている。同じ辻地区内からは複数の掘立柱建物跡が検出されている。東西軸線上に一列に並び、塀や柵列に囲まれた計画的な建物群については、学界ではまだ統一的な見解はないが、これらの建物の配置は日神祭祀の可能性を示唆し、伊勢神宮との関係や『日本書紀』の崇神天皇の記事からの検討の結果、宗教的施設で祭儀を行うためのものであったとの指摘は説得的である。[9] 纏向遺跡はヤマト王権の発祥の地とも推定され、そのような場所に宗教施設が存在して祭祀を執行していたことは、今の神道につながる神祇信仰・神祇祭祀の成立の淵源として受けとめられよう。そこで祭られていた「カミ」は、元々は縄文時代の祖先崇拝で崇められた氏族組織の成員の先祖霊から出発したものと推測される。氏族制社会を基盤とする首長国段階の古墳時代には「カミ」は、その社会の秩序を担う存在として、統治と王権の正統性を保障する存在となっていた。『魏志倭人伝』における卑弥呼の「鬼道」はその一例であろう。このように「カミ」を祭って交信するシャーマンの性格を持つ首長がおり、政治と社会に関与していた。

各地域を統括した首長の中からやがて後の大王家となる首長が、地域全体の、そして日本の最高首長として権力を持つようになる。四世紀以降、前方後円墳は九州南部から東国にまでいたる幅広い地域に普及した。このことは、前方後円墳の出現期に、その形式の古墳が集中的に築かれた地域に所在する政権（ヤマト王権）に、多少の地域紛争はありながらも各地の勢力が参入し、日本国内の政治的経済的統一がなされたことを示すと推定される。前方後円墳の普及は、政治経済上の流通のみならず宗教上の結合も表徴する。前方後円墳には形状や埋葬設備、副葬品に明確な共通性があり、それはつまり、各共同体の首長の立場とその首長が行う祭祀の持つ意味に共通な要素があり、宗教的認識が共有されていたことを示す。[10]

六世紀後半から七世紀後半の一世紀は、隋や唐の登場による政治軍事的緊張にともなう、いわゆる「大化の改新」や、壬申の乱を経て、古代律令国家の建設が進んだ時期であった。首長による連合体制を完全に脱した律令国家形成過程期の天武・持統朝には、「カミ」は単なる崇拝の対象にとどまらず、国家を護持する宗教的権威を有する「神」になったと思われる。『日本書紀』皇極天皇四年（六四五）六月乙卯（十九日）条に「天皇、皇祖母尊、皇太子、於二大槻樹之下一、召二集群臣一盟曰、告二天神地祇一曰、天覆地載、帝道唯一、而末代澆薄、君臣失レ序」とみえ、天神地祇に「帝道は唯一なり」と君臣の秩序を守ることを誓わせた記事がある。他には『日本書紀』大化元年（六四五）七月庚辰（十四日）条で「蘇我石川麻呂大臣奏曰、先以祭二鎮神祇一、然後応レ議二政事一」と、まず神祇を祭ってから政事を議るべきとある。

これらの条文より、神祇面からの政治秩序の構築がうかがえるが、天武天皇の段階になると、さらに神祇制度の充実が進む。天武天皇は即位前の壬申の乱の時には、伊勢を遥拝し、神武天皇の山陵へ奉幣し、内乱を勝利に導くことに成功した。『日本書紀』天武天皇二年（六七三）十二月の「大嘗」は、即位の大嘗祭の初見記事にあたる。祈年祭も天武天皇の時代に創始されたとされる。自然の恵みに感謝する農耕儀礼を基とした祭祀形態が組織的に営まれるようになる。

制度面でも、太政官と神祇官による二官八省の律令制度の始まりや『飛鳥浄御原礼令』「神祇令」の編纂によって[11]、国家の神祇祭祀の整備は確認できる。制度は理念的であり、十分機能していなかったとする意見もある。しかし、神祇信仰は、この時点で神祇官という機関を持ち、奉幣という儀礼的実践によって神社という場で神を祭祀している。加えて、天皇を中心とした祭祀が祟りを未然に防ぐために行われるという機構も確立していたという学説も出されている。[12]記紀神話の神々は素朴な自然を司どる神ではなく、天皇家や氏族の始祖神として描かれた。

明治時代に活躍したイギリス人日本研究者であるウィリアム・ジョージ・アストンは、「神道」を世界の他の宗教と比較し、律令制度など政治基盤がある程度備わった「原始の段階から遙かに進んだ文明」の中でも、「神道」という「宗教」は未発達な面を残しているという特異な性質があると指摘している。[13] 近代の西洋人からみて、古代の神祇への信仰は「神道」という宗教であったとの評価が与えられている。

以上の事象より、宗教として形を整えた「神祇信仰」の存在を日本古代でも七世紀末より認めてよいものと考える。

二　仏教と陰陽道の登場

神祇信仰が日本固有の信仰形態として意識されたのは、六世紀に仏教が日本に伝来したことが大きい。仏教は、[14] 紀元前五世紀にインドで誕生し、四百年ほどかけて中国に伝わった。インドで発生した元々の仏教とは異なり、中国では大乗仏教に偏り、教理も中国特有の理解によったので独自の中国仏教が成立した。中国仏教は、朝鮮半島諸国には四世紀から五世紀にかけて伝わり、日本には六世紀半ばの欽明朝に百済より公伝された。もちろんそれ以前にも仏教は日本に流伝していたであろうが、仏教の日本社会全体への影響が顕著になるのはこれ以降である。神祇信仰との関係で言えば、それまで漠然としていた風の神や水の神といった神に、具体的な神名が付され、個性が次第に生まれるようになった。[15] 古代に作られた記紀神話の神々も、個性豊かな神として描写されるが、それには仏教の影響を指摘する研究もある。[16] また、寺院建築の影響で神を祀る神社が作られるようになったように神祇信仰の成立と仏教伝来は連動していた。

日本では、仏教の利点のうち、利益が分野を問わず広いことが受容の大きな契機となった。それまでの日本の祭祀は季節に応じた天候によって豊穣が得られることを目的とした自然を重視したものや祖霊を崇拝するといった、社会秩序を祈願するものであった。それに対して、仏教は病気救済という個人レベルの祈願にも応える宗教であった。当時の日本の人々は仏を「崇拝するもの」の一種として理解し、在来の神と同様に供物を捧げ、祈って願いを叶えてもらう崇拝対象として理解し受容していった。[17] その過程で従来から信仰されてきた在来の神の祭祀を仏教とは異なる信仰形態として理解したのである。

これまでは、仏教の伝来によって日本の神祇信仰が仏教と融合し、神仏を区別することなく信仰する状況が生まれた日本特有の現象が神仏習合であると説明されてきた。しかし、最近の研究によって、神仏習合現象は日本で独自に生まれたものではなく、中国から仏教と共に伝わってきたと解される。[18] ただし、中国の「神（しん）」と日本の「神（かみ）」については、混同しないよう注意する必要がある。なぜなら文字は同じ「神」でも、同じモノや現象を指しているとは限らないからであり、まだ十分な議論はなされていないと感じる。

日本では、八世紀初めから神宮寺が創建され、神前読経が行われ、神仏習合現象が確認された。苦悩する神が仏教に救いを求めて「神身離脱」し、仏教の力によって救われた神が仏教の守り神である「護法善神」となるという神仏習合の現象は、仏教側が持ち込んだ理論に基づいており、日本の神祇信仰から生まれた現象ではない。八世紀末から九世紀には中国より本迹思想がもたらされ、院政期には、ある神を特定の仏菩薩の「垂迹」であると解釈し、仏菩薩の方をその神の「本地」とする「本地垂迹説」が定着する。以後、神仏習合は理論化され、さらに展開していく。

だが、この「神身離脱」現象も、単純に中国からもたらされたものを受容したのではなく日本的変容が確認される。[19] 日本の「神身離脱」説話では、仏教教理にも関わる因果応報の概念や入滅についての語りはなく、神が苦しむことによって災害が起き、仏教的な儀礼を行うことによって災害を収束させて社会を安定化させる。このように日本で受容された仏教は、在来の神祇信仰の神が持つ「祟る」ことで災害を起こすという要素と共通しており、祟りの収束方法が在来の神を祭祀する方法ではなく、仏に依拠するという変化がみられる。ここにも神仏習合現象が見て取れる。日本の仏教は、鎮護国家を目的とした律令制度下の国家のものだけではなく、広く地方豪族や民衆にも受容され、日本列島の広い地域に主流的信仰形態として定着していった。

さらに神祇信仰と仏教に加えて、古代日本には陰陽道という信仰体系も出現した。近年の研究によって、陰陽道は、密教や道教、神祇信仰との交渉の中で、十世紀の日本で独自に成立したものであることが明らかになっている。[20] 陰陽道を構成する技術や思想は、仏教のように、五世紀から七世紀にかけて中国や朝鮮半島から伝来した。陰陽（陰陽五行説による占筮や吉兆の占いを掌る）、暦（造暦と日月蝕の予報を掌る）、天文（天文や気象の異変の観測を掌る）、漏刻（水時計の管理と時報を掌る）の知識は、律令制下では中務省被官の陰陽寮が担当し、それぞれに博士と学生、陰陽師、守辰丁などの職員が配された。陰陽寮の官人は技能官僚として位置付けられていたが、御霊信仰の発展と共に、陰陽寮は次第に、神祇官が担当していた職掌を取り入れ、占で「祟」の判定を出すようになった。当初は祟りに対しては神祇や仏教儀礼で対応していたが、次第に陰陽寮自身が道教の知識をも導入した技法で祭祀や祓を行うようになった。陰陽寮で呪術や祭祀を担当することは、陰陽寮の宗教的な性格の高まりを意味した。やがて平安時代中期には令制官職と関係なく、陰陽に関わる知識を有する呪術者が陰陽師という宗教者として認識され、重宝されるようになった。

陰陽道祭祀には、国家が主導で行ったものも史料からは一定以上の例数が確認できるが、神祇信仰や仏教によるものと比べるとその数は多くはない。例えば、陰陽道祭祀の「御本命」と祈願内容が同じである密教修法の本命供の方が実施頻度は高く、陰陽師による河臨祓でも延喜祝詞式大祓詞が使用され、仏教や神祇信仰と全く同等の役割を期待された信仰形態であったとはいえない。むしろ陰陽道の役割は、神祇官には立ち入れない摂関家などの貴族の個人的信仰の中にあった。日時や方角といった個人の日常的な吉凶の占いに重きが置かれる中、陰陽道に最も期待されたのは暦の知識であった。[21]暦は陰陽寮が毎年作成するものであり、暦には天体観測を元にした忌日が記載された。忌日は現代の我々の科学技術の知識からすれば迷信の域を出ないが、当時の人々にとっては天体の動きから計算された理論に裏付けされた科学であった。[22]

三　自然災害との向き合い方——祈雨儀礼を題材に

ここまで日本古代の信仰形態には習合の要素が認められながらも大きく三つ、神祇信仰・仏教・陰陽道があることをみてきた。それでは、それらの信仰形態が自然とどのようにむきあってきたのか、具体的に祈雨儀礼（雨を止める止雨儀礼も含む）をとりあげて検討していきたい。

六世紀末（いわゆる飛鳥時代）から十二世紀末（いわゆる院政期）までの六〇〇年の日本古代の祈雨儀礼を検討していくと、古代に国家主導で行われた祈雨儀礼は時間の流れとともに大きく変化している。祈雨儀礼が実施される状況は、旱魃あるいは降雨という異常気象が続き、それとともに社会的により大きな異常事態が発生する予測に満ちていた。祈雨儀礼は常に社会の構成員個々の生命の危機だけでなく、社会秩序の維持という目的も内在した行事として位置づけられ、祈雨儀礼は切迫した危機的状況の打開を使命としていた。国家による神祇祭祀には民衆は直接かかわらず、民衆の中には国家の管理する神祇と異なる神祇信仰があったという見解もあるが、[23]祈雨儀礼については、降雨あるいは止雨といった誰にでも明らかにその結果がわかるところにその特質がある。

六国史における最も古い祈雨儀礼の記事は『日本書紀』皇極天皇元年（六四二）七月から八月にかけての記事

である。まず、七月戊寅（二十五日）条では、

群臣相謂之曰、随二村々祝部所教一、或殺二牛馬一祭二諸社神一、或頻移レ市、或祷二河伯一、既無二所効一、蘇我大臣報曰、可三於寺々転二読大乗経典一、悔過如二仏所訟一、敬而祈レ雨、

と見え、様々な方法で祈雨を行ったが効果がないので、蘇我大臣蝦夷が仏教経典を転読することによって雨乞いを行うことを提案している。次の庚辰（二十七日）条では、

於二大寺南庭一厳二仏菩薩像與四天王像一、屈請二衆僧一、読二大雲経等一、于レ時、蘇我大臣手執二香鑪一、焼レ香発レ願、

と続き、蘇我氏主導で仏教による祈雨儀礼を行った様子が書かれる。翌日の辛巳（二十八日）条ではわずかながら雨が降ったことが記されている。しかし、壬午（二十九日）条では効果が不十分なまま仏教による祈雨儀礼を終了している。

そして、続く八月甲申朔条では、

天皇幸二南淵河上一、跪拝二四方一、仰レ天而祈、即雷大雨、遂雨五日、溥潤二天下一、或本云、五日連雨、九穀登熟、於レ是、天下百姓倶称万歳曰二至徳天皇一、

と、これまでの雨乞いでは効果がほとんどないので天皇自らが祈雨を行い、穀物の実りに十分な雨を降らせたところでこの一連の雨乞いは終了する。

第一段階の村の祝部による祈雨では効果が無く、第二段階の大臣による仏教による祈雨の効果は不十分で、最終段階の天皇による祈雨のみが成功に終わるという物語は、天皇の権威付けのための説話であるとも考えられ、この一連の雨乞いが史実であるとは考えにくい。こうしたことから、外来要素の強い第一、第二段階の祈雨ではなく、最終段階の天皇自らが祈雨を行うことこそが日本古来の雨乞い方法であったとする見解もある。しかし、古代に天皇が自ら祈雨を行った記録は、この皇極天皇の記事を除くと、桓武天皇と一条天皇の二例しかない。天

皇自らによる祈雨が伝統的な方法であるとは言えず、皇極天皇の雨乞い記事を、単純に天皇のレインメーカーとしての性格を示すものとしてとらえることは慎むべきである。

むしろ天皇を中心とした古代国家が祈雨を国の事業として行うようになったのは、天武・持統朝における七世紀末の律令制の整備期であったことが重要である。この時期には祥瑞災異思想が史書の編成に入り込み、天候に関する記事も増加した。本稿では、『日本書紀』の祈雨儀礼の最も古い記録は、天武天皇五年（六七六）の

是夏、大旱、遣二使四方一捧二幣帛一、祈二諸神祇一、亦請二諸僧尼一、祈二于三宝一、然不レ雨、由レ是五穀不レ登、百姓飢之、

と考える。その後も、天武紀・持統紀には祈雨の記事があり、それらを見ていくと、祈雨は毎年行われていたわけではなく雨が少ない年に臨時に行われていたと判断できる。また、神祇による祈雨儀礼には、律令で規定されたものもあり、四月と七月に行われる広瀬大忌祭と龍田風神祭は、水と風の順調を祈る恒例の祭祀であった。[24]『日本書紀』や『続日本紀』の記事では、「諸神」「諸社」「名山大川」に雨を祈っていたが、『続日本紀』文武天皇二年四月戊午（二十九日）条では吉野水分神に馬を奉って雨を祈ったことが見える。このように、祈雨の対象となった神名が史料から次第に明らかとなってくる。特に、紀ノ川（吉野川）の支流である高見川沿いに所在する大和国吉野の丹生川上社が雨乞いに特化した神として記録に残るようになる。その初見記事は、『続日本紀』天平宝字七年（七六三）五月庚午（二十八日）条

奉レ幣二帛于四畿内群神一、其丹生河上神者加二黒毛馬一、旱也、

である。『日本後紀』大同三年（八〇八）五月壬寅（二十一日）条以降は、「丹生川上雨師神」や単に「雨師神」と中国風な呼称となるも、その崇敬は平安遷都後にも変わらず、嵯峨天皇の時代以降は平安京に近い貴布禰社と共に祈雨神として崇められた。特にこの二社には、祈雨には黒馬、止雨には白馬が奉られた。

平安遷都以後、史料に見える祈雨儀礼の対象神社は、平安京の所在する山城国を中心に名前が具体的に挙げられるようになり、その数は次第に増えていく。『延喜式』臨時祭祈雨神祭条には、畿内の山城・大和・河内・和泉・摂津の五国の臨時の祈雨祭の対象社が国別に載る。この八十五座は、『日本三代実録』貞観元年（八五九）九月四日条と八日条で、祈雨（止雨）奉幣の対象となった神社とほぼ一致する。特に、九月四日条の対象となった、賀茂御祖・別雷・松尾・貴布禰・乙訓・稲荷は平安京近郊に位置し、これ以降、この組み合わせでの祈雨儀礼は重視されていたことが記録より明らかである。このような祈雨儀礼の行われ方は、王城鎮護の役割が神祇令による神祇祭祀から、平安京を中心とした新しい神祇制度へ移行したことを示し、幼帝が即位した貞観期は日本古代における一つの重要な局面であったことを意味する。同時期に陰陽道祭祀が国家祭祀として執り行われるようになったことも古代の大きな変化である。神祇による祈雨儀礼に話を戻すと、その後、記録上、増加した祈雨対象社は、十世紀後半には二十二社へと収斂される。

一方、仏教による祈雨儀礼は奈良時代までは記録上はわずかしか確認できない。『続日本紀』では、旱魃・長雨の結果としての凶作や飢饉、疫病、地震などの災害については、仏教への祈願が認められた。しかし、現状として発生している旱魃に対する祈雨、長雨に対する止雨の儀礼は神祇への祈願が必須となっており、仏事と相互補完の関係にはなかった。

この理由は、神祇祭祀が農耕と深くかかわっていたこと、また、神祇信仰が超自然的威力を有するカミに対する信仰から国家支配のイデオロギーとして形成されてきたものだからである。神祇令の祭祀の多くは農耕暦にそっていた。このような背景が、祈雨・止雨については神祇祈願が必須という状況に結びついていた。

しかし、そうした状況に変化が訪れる。平安時代になると、仏教による祈雨儀礼、中でも読経による祈雨儀礼が行われるようになる。その初見記事となるのが『日本紀略』大同四年（八〇九）七月丁未（三日）条の

遣下使於吉野山陵一、掃二除陵内一并読経上、以下亢旱累レ旬山陵為上祟也、

である。山陵前で読経することによって祟りによる旱魃に対する祈雨儀礼を行っている。

また、『日本紀略』弘仁八年（八一七）六月庚申（二日）条では

遣下律師伝灯大法師修円一於二室生山一祈雨上、

とあり、室生山のおそらく龍穴で祈雨が行われた初例記事がある。(25) 翌弘仁九年には諸大寺での仁王経の読経が催行され、これ以降、祈雨を目的とした読経が諸大寺で行われる。読経された経典のうち判明するものは、大半が大般若経であり、次に仁王経が続く。

天長四年（八二七）五月辛巳（二十一日）条は宮中での読経による祈雨の初見記事になる。これは天台宗の僧侶によることが多かった。貞観八年（八六六）六月九日壬午条では、旱魃対策として五畿七道諸国の諸神に、奉幣のみならず金剛般若経を転読するという神仏習合的な祈雨法も用いられる。祈雨の読経が行われる場所・対象の増加は、どんなに対応してもなかなか災害が止まないことへの試行錯誤の表れと解釈できる。

九世紀後半には読経とは異なる仏教祈雨儀礼が催行される。その中でも請雨経法の占める位置は大きい。請雨経法とは、請雨経という経典に依拠して行われた雨乞いの密教修法である。史料上確認できる最も早い請雨経法は『祈雨日記』に見える斉衡元年（八五四）のものである。六国史（『類聚国史』・『日本紀略』含む）の請雨経法の初見記事は、貞観十七年（八七五）六月十五日条で神泉苑で行われている。その後、請雨経法が行われた記録は一時期見えなくなるが、延喜年間以降にはまた催行される。このことは、空海以後、力を失っていた東密が勢力復活のために請雨経法を盛んに行うようになったためと説明される。加えて、十世紀になると一つの信仰形態となった陰陽道による五龍祭という祈雨儀礼も開始される。

請雨経法は東密が独占的に行う祈雨法として認識され、やがて十一世紀になると東密の僧、仁海が請雨経法を

行うようになる。確実な記録によれば仁海の行った請雨経法は七回で、全てを成功裡に収めている。その成功例の多さから当時「雨僧正」と呼称されるほどであった。仁海の行った請雨経法の支度や次第に残された資料から可能な限り復元していくと、仁海の請雨経法は請雨経の経典や壇法において記載されていないのにもかかわらず、請雨経法という仏教儀礼の中に、陰陽道という別の信仰形態の「五龍祭」という儀礼をも内包する特徴的なものであったことが明らかになった。[26] 自然災害に立ち向かう国家の姿勢の変換、別の表現をすれば、災害を起こした原因を国家がどうとらえるのかという認識の問題がここにみてとれる。

その後、実施の頻度が著しく低くなる祈雨儀礼もある。天暦八年（八八四）を境に、諸国の神社・寺院への祈雨儀礼が史料からは確認できなくなり、国家と地方との関係の変化を示唆する。

古代末期の十二世紀になると、祈雨を行う場所の特定化が進む。神祇儀礼の場合は、伊勢神宮や二十二社への祈雨奉幣がなくなることはなかったが、丹生川上社と貴布祢社への祈雨奉幣・奉馬の割合は高く絶えず続けられた。恒例の祭祀である広瀬大忌祭・龍田風神祭も南北朝期まではコンスタントに行われていたことが記録からわかる。仏教儀礼の場合は、神泉苑での請雨経法、その他、醍醐寺や龍穴における読経が祈雨儀礼として行われた。加えて、永保二年（一〇八二）からは神泉苑では蔵人による清掃という新たな祈雨儀礼が生まれた。[27] 祈雨霊場の性質が重視されるようになり、呪術性と合理主義とが共存する中世社会への移行の様相が浮かび上がる。

以上、日本古代の祈雨儀礼を概観してきた。祈雨儀礼には多様な宗教が関係し、奈良時代までは、基本的には神祇儀礼に限定していたのにもかかわらず、優先順位はありながらも次第に様々な宗教儀礼が行われるようになり、神祇信仰・仏教・陰陽道は相互に補完しあいながら作用していた。先行研究によれば、子の誕生や官位昇進を願う現世利益は神祇信仰や観音信仰（仏教）に、息災・延命など日々の安寧を願う現世利益は読経・密教修法（仏教）や陰陽道に、来世希求的祈願を浄土信仰（仏教）にと、日本古代では宗教は使い分けられていた。[28] しかし、祈雨については、役割分担されずに複合されていったのである。

四　災害認識の変遷

古代では旱害や水害が発生すると、まず祈雨儀礼が行われた。神社に奉幣したり、寺院で読経したりという対策を行っても効果が表れなかったと判断されると、その原因が求められた。このように、人間にふりかかる災害や不幸を解釈し、それに対処するための行動システムを災因論と呼ぶ。[29]本節では、災因について検討していきたい。結論から述べると、古代で災因を何と認識するのか、その動向を整理すると、史料の上では「不徳」から「祟」、そして「理運」へ移り変わる。

旱害・水害の原因が初めて言及されるのは『続日本紀』慶雲二年（七〇五）四月三日条である。天変地異は為政者の不徳失政による天譴とする天命災異思想を中国から取り入れたが、日本では王（天皇）が変わり得るとの思想をそのままの形で受け入れることはなく、天皇の「不徳」により災害が起きても、その責任を天皇が本質的に負うことはなかった。[30]

平安時代になると災害の原因は「祟」に求められるようになった。すでにみてきたように、災害を神の祟りとする思想は、平安期になって突如表れたわけではなく、古来から日本にあり、平安期以降に明確となった怨霊信仰の広がりとともに、ますます「祟」の概念がクローズアップされるようになったのであろう。その結果、祟りをなす山陵や神の慰撫のため、儀礼を行うことが重要となった。祈雨儀礼の種類は増加し、例えば神社に対しても読経を行うなど個別の宗教の枠組みを超えた複合的な儀礼も行われた。同時に、九世紀には火山噴火や天候不順などの自然災害が多く発生したため、災害を予め防ぐことに重点がおかれるようになった。そして、九世紀中葉以降には、災害の「予防」を主眼とした報告が陰陽寮から上申されるようになった。

だが、現在の科学の知識を以てすれば当然のことではあるが、「祟」を「予防」することは不可能であり、「不徳」と「祟」だけでは災異の発生は十分説明できなかった。そこで、陰陽道の技能・知識に裏付けされた「理運」に、災異の原因を求めるようになるのである。「理運」、つまり天体の運行という一定の原因があり、その結果として災異が起こるとの明解な論理は、平安貴族たちにとって説得力を持つものであった。災因は、特定の人や神などから、人の力の及ばない天体の動きへと変化した。

従来の研究では「理運」という語が注目されることはなかった。[31] 日本における「理運」の初見は『日本三代実録』貞観十七年（八七五）十一月十五日甲午条である。[32]

陰陽寮言、黄帝九宮経蕭吉九宮篇云、承二天之道一、因二人之情一、上占二三光一、下用二五行一、三神相合、名曰二三合一、所謂三神者、大歳、害気、太陰是也、（中略）三合之運、当レ在二明年一、経日、毒気流行、水旱摂并、苗稼傷残、火為レ殃、寇盗大起、兵喪疾疫競並起、実是雖レ当二五行之理運一、而弭レ災之術既在二祈禱一、夫禍福之応、譬猶二影響一、吉凶之変、慎与レ不レ慎也、当二此時一、人君修レ徳施レ仁、自然銷レ災致レ福、（以下略）

ここでは、「五行之理運」・「三合之理運」といった言葉をもって、災異の予告が行われる。五行や三合は、『五行大義』など、他の文献でも見られる用語である一方、「理運」は『五行大義』のみならず、『易経』・『周礼』・『天地瑞祥志』などにはみられない。もちろん「理運」という言葉自体が中国文献に全くみられないわけではない。中国王朝の正史での用例を検討すると、[33]「理運」とは、道理にかなっためぐりあわせや運であり、変革の因果関係を説明する語で、災因を示す用語としては使用されてはいなかった。

だが、貞観年間以降の古代日本では「理運」は、災因として、人の力ではどうしようもない、当然あるべきめぐりあわせといった意味合いで使用されている。元来、陰陽寮の用語で、このような性質を有するのは「三合歳」であった。三合歳とは、大歳・害気・太陰の「三神」が九宮のうちの坎宮で「相合」する歳のことを意味し、前掲の『日本三代実録』の条文によれば、『黄帝九宮経』と蕭吉「九宮篇」には、その歳には水害・旱害ならびに凶作、火災、盗難、争い、葬送、疾病が相次いで起こると見える。三合歳は、計算上、九年に一度訪れるが、災害は本来的には天体の運行とは関係ない。よって、「三合」に当たらない年にも当然、災異は起きた。

そこで「理運」を検討してみると、日本では三合歳に当たらない年に、災異が起きたことを説明するために、「理運」が使用されていたことが明らかになった。日本における「理運」は、中国における一般的な使用法とは異なり、貞観年間以降の陰陽道の隆盛と共にうみだされた日本独自の使用法であることが確認できた。

「理運」の重視と並行した陰陽道の発展は、五龍祭のような陰陽師による祈雨儀礼の増加だけでなく、災因をいかに特定するかという観点からも確認できる。本来、災因を特定するのは神祇官が中心で、その亀卜では、災異が祟によるものかどうかを判断していた。だが、貞観年間以降は、陰陽寮も災因を占うようになり、十世紀になると、『扶桑略記』裡書延喜九年（九〇九）六月九日条に次のようにみえる。

召二官寮一有二霖雨御卜一、官申云、巽大神依二汚穢一所レ致、寮申云、理運之上、艮方神社、巽方山陵加二其祟一、

このように陰陽寮も災因を「理運」以外に求め、神祇官の担当していた祟りにも言及するようになった。さらに『扶桑略記』裡書延喜十八年（九一八）八月二十日条では、

召レ寮卜二霖雨由一、乾方陵依二汚穢一所レ致云々、

と見え、ここでは、陰陽寮は災因について、「理運」には言及せずに、「祟」に求めている。陰陽寮の占筮の結果が、神祇官の独占事項であったはずの「祟」にまで及んでいる。陰陽寮による災因の特定は、天体の運行を読みとき「予防」を促すものであった段階から大きな変化がみられる。

こうした動きに伴い、神祇官も陰陽寮の「理運」を占いの結果に取り入れるようになる。

『本朝世紀』天慶二年（九三九）七月八日条に着目したい。

> 政、今日、太政大臣（藤原忠平）以二相職一被レ申二諸卿一云、旱魃猶甚、仏神祈祷似レ无二感応一、可レ被レ行二御卜并祈雨一云々、仍諸卿相定、召二官寮一、有二御卜事一、理運之由所レ申也、但南方幷未申方神社、或有二幣帛之思一、或依二汚穢気一所レ致也、又仏道祈祷可レ无二感応一、神社誓願可レ有レ応云々、仍除二先日奉幣諸社一之外十一社、明日可二奉幣一之由被レ定了、（木嶋、乙訓、水主、大雷、大和、平岡、恩智、河内、座摩、垂水、広田、長田、生田、摂津等社也、）

七月八日に先立って、祈雨のため、神祇への祈願のみならず、読経を行うといった仏教儀礼も行われていた。しかしながら、その効験が十分に感じられなかったため、うらなったところ、神祇官と陰陽寮は「理運之由」との結果が出たと報告した。南ならびに未申の方角にある神社が幣帛を求めているか、あるいは汚穢があるために旱魃が起きており、先日奉幣した神社以外の十一社に翌日九日に幣を奉ることが定められた。列挙された十一社は、大和・河内・摂津国にあり、平安京からみると、確かに南および西南に位置する。うらないの結果に従った対応をとったと理解できる。

本条文では、神祇官も陰陽寮もともに、同じ旱魃の災因を「理運」に求めている。これは神祇官が災因として「理運」をあげる一番早い例である。これ以降、『祈雨日記』応和三年（九六三）七月五日条では

> 被レ行二軒廊御卜一、官、理運之上、乾方天神祟、寮、理運之災、貴霊所レ加也

とみえ、神祇官単独の御卜の結果として「理運之上、（乾方天神）祟」という表現を用いて災因を説明する。本来神祇官がうらなってきた祟りという事象を起こしたのは、あるべきめぐりあわせである「理運」という前提条件があってのものだと解釈するようになる。このように神祇官も災因を「理運」に求めるようになり、「理運」の思想の定着がみてとれる。

災因は変遷し、「不徳」は史料から見られなくなり、その一方で「祟」と「理運」は合わせて認識されるよう

になる。しかしながら、災因を「理運」に求める場合でも、災異を防ぐには為政者の徳が重要であった。先に掲げた『日本三代実録』にも、「当二此時一、人君修レ徳施レ仁、自然銷レ災致レ福」と、人君が徳を修めて仁を施せば自然に災害は消えて福がくるとの指摘がある。統治者に徳が有り、仁政を施すことが、社会を安定化する政策として有効であった。この思考は貞観期で消えてしまうわけではなく、災因として「不徳」があげられていなくても、米・布・塩の頒布といった徳政的対応は災害時には見られた。為政者の「徳」を重視する認識そのものは、残っていたことがうかがえる。

前節でふれた僧仁海の神泉苑請雨経法は、経典の次第には記載されていないのにもかかわらず、仏教儀礼の中に陰陽道儀礼をも内包させた祈雨法であった。この特殊な祈雨法が出現したのは、寛仁二年（一〇一八）のことである。その前年の寛仁元年より天候不順が続いており、藤原実資の日記『小右記』寛仁元年七月七日には「今年有種々災、王化之不レ及歟、若是摂録之不徳歟」とあり、「不徳」が災因としてあがる。仁海が祈雨で活躍を始めた時期、「不徳」・「祟」・「理運」全ての災因が史料に表出する。そのような時だったからこそ、先例を重視する摂関期においても、儀礼の次第に大きな変化が生じることが可能で、社会もそれを受け入れる状況にあった。

むすびに

かつて丸山眞男は日本思想にはある原型となるもの――丸山はそれを「古層」と称した――があり、日本に特殊なその「古層」は、古代から一貫して日本にあるものと理解した。丸山の「古層」論によれば、日本には「遅くとも後期古墳時代から千数百年にわたって引き続き保持して来た」頑固な「等質性」がある。[34] この丸山の「古層」論には否定的な論調が多い。すでに本稿でもみてきたように、神祇信仰をはじめ仏教や陰陽道という宗教も、不変ではなかった。

古代における災害に対する認識も、その時々の歴史事象に影響を受けながら形成されてきた。古代の場合は、特に史料の制約の問題が多く、歴史の表からは隠れてしまった日本古代の思考を顕在化させ、思想がいかに形成されてきたのかを解明することは難しい。しかし、これまでの研究で日本列島に住む人々は様々な思想を柔軟に取り入れて、日本の思想として発展させてきたことは明らかである。一方、様々な影響を受けて積み重なりながらも消されることなく、日本にあり続けた思想もあった。古代に形成された災因の思考法は、中世・近世はもちろん、二〇一一年の東日本大震災を「神罰」と位置づける考えを持つ人がいたように、[35]現在にまで影響を与え続けているようにも見受けられる。

ともすれば古代史研究は、日本史の中の古い一時期を取り上げ、昔の出来事を明らかにする学問としてのみ受けとめられることもある。しかし、津田左右吉は「歴史の用は単に過去を過去として見るにはとどまらぬ。過去の生活は過ぎ去って跡なきものではなくして、現在の生活において、現在の生活の中に生きている。過去の姿がそのまま現在の生活の要素として在し、過去の生活の精神がそのまま現在にはたらいているというのではない。過去の生活から開展せられたものが現在の生活であるから、この意味において現在の生活に過去が生きているというのである。だから、過去を見ることは現在を見ることであり、現在を見ることによって、現在を如何に転化さすべきかを見ることができる」と述べている。[36]歴史研究には、現在、自分が生きている社会に対する何からの問題関心が、意識的にも、あるいは無意識のうちにも反映されており、古代におきた事実をどう考え、どのように認識するかは、今を生きる自分自身に託されているように思われる。

註

（1）自然物の全てに霊力を認めるアニミズムと異なり、日本では山や岩・木などの自然物を神として祭るのではなく、依り代として拝むという違いがある。

（2）「神道」の初見は『日本書紀』用明天皇紀にある「天皇信二仏法一尊二神道一」で、外来の宗教である仏教と区別し、日本の信仰を指す言葉として使用されている。「神道」という用語が『日本書紀』では仏教と区別する箇所でのみ使用されていることに着目したマーク・テーウェンは、「神道」を仏教を主体とした用語であると考える視点を提示している（Teeuwen Mark, "From Jindo to Shinto: A Concept Takes Shape." *Japanese Journal of Religious Studies* Vol29, 2002）。一方、「神道」とほぼ同意義とされる「神祇」については、『日本書紀』を通覧していくと、その初見は神武天皇即位前紀にあり、用例も少なくない。「神祇」については、律令用語である「天神地祇」の略称で、律令制度で認定された神のみを示すという見解もあるが、古代に、厳密に使い分けていたのか、あるいは律令制度で規定されない神をなんと呼称していたのかは、史料の制約があり不明である。

（3）伊藤聡『神道の形成と中世神話』（吉川弘文館、二〇一六年）。

（4）ここでいう祖霊崇拝には、戦前の皇国史観の中で重視された皇祖神崇拝と結合した「敬神崇祖」の観念は当然含まない。

（5）本稿で、日本の宗教構造について、縄文時代を「霊」、弥生・古墳時代を「カミ」、それ以降を「神」（あるいは神祇）と表現したのは、高橋龍三郎「霊（たま）からカミへ、カミから神へ」（新川登亀男編『仏教文明と世俗秩序』勉誠出版、二〇一五年）によるところが大きい。

（6）松本直子「縄文の思想から弥生の思想へ」（『日本思想史講座』巻一古代、ぺりかん社、二〇一二年）。

（7）寺沢薫『青銅器のマツリと政治社会』（吉川弘文館、二〇一〇年）。

（8）平林章仁『鹿と鳥の文化史』新装版（白水社、二〇一一年）。

（9）例えば、黒田龍二「建築史からみる纒向遺跡」（『芸林』六〇―一、二〇一一年）。

（10）神祇信仰の成立の淵源であるヤマト王権の神祭りについては、多くの研究があり、ここでは詳細な検討はできないが、天武・持統朝に突然、神観念が成立したのではなく、欽明朝にはヤマト王権の祭祀制度がある程度整備され、その形跡が延喜式祝詞からうかがえること、明らかな王族の血縁継承は欽明期以降であることから、六世紀半ばから加速度的に原初的な王権祭祀は進んだものと推測する。

(11)　飛鳥浄御原令施行後の持統天皇四年以降に、神祇令に定められた広瀬大忌祭、龍田風神祭が欠かさず行われていることから、私見では、飛鳥浄御原令には少なくとも神祇令の原型にあたるものは存在したと考える。

(12)　岡田莊司「天皇と神々の循環型祭祀体系」(『神道宗教』一九九・二〇〇合併号、二〇〇五年)。

(13)　ウィリアム・ジョージ・アストン『神道』(安田一郎訳、青土社、一九八八年)。

(14)　仏教については、『日本仏教の礎』(東アジア仏教史一一巻、佼正出版社、二〇一〇年)を主に参照した。

(15)　青木紀元『日本神話の基礎的考察』(風間書房、一九七〇年)。

(16)　末木文美士『日本仏教思想史論考』(大蔵出版、一九九三年)。

(17)　元々の仏教の大きな特性である個人救済の信仰や利他の精神、教義・教理への見識が重視されるようになるのは、七世紀末であろう。

(18)　吉田一彦「多度神宮寺と神仏習合――中国の神仏習合思想の受容をめぐって」(梅村喬編『古代王権と交流四　伊勢湾と古代の東海』名著出版、一九九六年)、北條勝貴「〈神仏習合〉言説の日本的展開――自然環境・祟り神・心身離脱」(『古代考古学フォーラム　古代の社会と環境　考古学からみた古代の環境問題――天災は人災か――資料集』帝京大学山梨文化財研究所・山梨県考古学協会、二〇〇三年)。

(19)　前掲註18北條論文、北條勝貴「古代日本の神仏信仰」(『国立歴史民俗博物館研究報告』一四八集、二〇〇八年)参照。

(20)　陰陽道の基礎的な先行研究として、次のものを代表的にあげる。中村璋八『日本陰陽道書の研究』(汲古書院、一九八五年)、岡田莊司「陰陽道祭祀の成立と展開」(『平安時代の国家と祭祀』続群書類従完成会、一九九四年)、山下克明『平安時代の宗教文化と陰陽道』(岩田書院、一九九六年)、同『平安時代陰陽道史研究』(思文閣出版、二〇一五年)、細井浩志「天文道と暦道――古代における成立の背景とその役割」・増尾伸一郎「陰陽道の形成と道教」(『陰陽道の講義』嵯峨野書店、二〇〇二年)、大江篤「「祟」の展開」(『日本古代の神と霊』臨川書店、二〇〇七年)、斎藤勵『王朝時代の陰陽道』(解説水口幹記、名著刊行会、二〇〇七年、初出一九一五年)、斎藤英喜『増補　陰陽道の神々』(佛教大学生涯学習機構、二〇一二年)。

(21)　三橋正「日本的信仰構造の成立――神仏関係論」(『平安時代の信仰と宗教儀礼』続群書類従完成会、二〇〇〇年）、同「日本的信仰構造の成立と陰陽道」（鈴木靖民編『古代日本の異文化交流』勉誠出版、二〇〇八年）、同「神仏関係の位相――神道の形成と仏教・陰陽道」（三橋正他編『「神仏習合」再考』勉誠出版、二〇一三年）。

(22) 神祇信仰（神道）や仏教のように、現在陰陽道が宗教として存在していないのは、陰陽道には、宗教として成り立つのに必要な基本要素である天体の動きに、超絶的ないし超越的観念が認めにくいという点もあげられよう。

(23) 笹生衛「東国神郡内における古代の神仏関係」（『日本古代の祭祀考古学』吉川弘文館、二〇一二年）。

(24) 広瀬龍田の祭祀の意義については、拙稿「広瀬大忌祭と龍田風神祭の成立に関する一試案――祝詞の検討を中心として」（『史観』一五八号、二〇〇八年）、広瀬大忌祭と龍田風神祭の成立と目的について」（『国立歴史民俗博物館研究報告』一四八集、二〇〇八年）で私見を述べた。

(25) 『西宮記』巻一二祈雨に「龍穴御読経」が祈雨法としてあがる。なお、龍穴は、現在の室生龍穴神社の奥宮に当たるとされるが、古代から神社があったかは不明である。

(26) 仁海の請雨経法については、拙稿「雨僧正仁海と請雨経法」（『東アジア文化環流』一―二号、二〇〇八年）、同「古代の祈雨儀礼――てるてる坊主の淵源」（水口幹記編『古代東アジアの「祈り」』森話社、二〇一四年）参照。

(27) ただし、その淵源は古く、『日本三代実録』貞観十七年六月二十三日甲戌条で神泉苑の池の水を決す、つまり池の水をなくす作業にあると思われる。

(28) 前掲註21参照。

(29) 長島信弘「解説」（エヴァンズ＝プリチャード原著・向井元子訳『ヌアー族の宗教』岩波書店、一九九五年）。

(30) 松本卓哉「律令国家における災異思想――その政治批判の要素の分析」（黛弘道編『古代王権と祭儀』吉川弘文館、一九九〇年）は、災異思想から政治批判の要素を抜き取った過程を説明する。

(31) 理運の先行研究は、籔元晶「古代国家の水旱に対する認識とその展開」（『雨乞い儀礼の成立と展開』岩田書院、二〇〇二年）のみである。籔氏は、「理運」とは「天体の運行を元にした巡り合わせによって生じる現象」とし、「天体の運行などを元にして予測をし、それによって起こる災害を「理運の災」とした」と指摘する。着目する史料や災害認識への視座が異なるも、本稿と重複する部分があり、参考となった。

(32) 新訂増補国史大系本を私見により校訂した。その根拠については拙稿「陰陽寮の三合歳算定法」（『日本歴史』

八三三号、二〇一七年一〇月）参照。

（33）　梁の僧祐編『弘明集』・陳の僧吉蔵撰『大乗玄論』・唐の僧澄観『大方広仏華厳随疏縁義鈔』といった中国の道教・仏教経典にみられることが判明したが、これについては後考を期したい。

（34）　丸山眞男「歴史意識の古層」（『丸山眞男集 第十巻』岩波書店、一九九六年）、「日本思想史における『古層』の問題」（『丸山眞男集 第十一巻』岩波書店、一九九六年）、「原型・古層・執拗低音」（『丸山眞男集　第十二巻』岩波書店、一九九六年）を参照。

（35）　二〇一一年三月十四日の首都圏連合に関する記者会見における石原慎太郎都知事（当時）の発言『津波をうまく利用して、我欲をうまく洗い流す必要がある。積年にたまった日本人の心の垢を。これはやっぱり天罰だと思う。』この発言の善悪、意図はともかく「天罰」という発想が物議をかもした。

（36）　津田左右吉「歴史の矛盾性」（今井修編『津田左右吉歴史論集』岩波書店、二〇〇六年）。

附記　本稿は、科学研究費補助金（日本学術振興会特別研究員奨励費15J40168）による研究成果の一部である。

Ⅵ　課題史を考える

応和宗論の再検討

石附敏幸

はじめに

応和三年（九六三）八月二十一日、村上天皇御経供養のための法華十講が清涼殿で開催された。その法会で行われた講論は、天台と南都の学匠が天皇・諸卿臨席のもと教義の優劣を競い合ったので、仏教史上「応和宗論」と呼ばれている。この宗論では特に叡山の良源（慈慧大師）が、「悉有仏性」の主張を掲げて舌鋒鋭く法相宗の論敵を説破し、法華一乗思想を顕揚した事件として捉えられているようである。例えば近年開催された良源に関する博物館展示でも、「応和三年（九六三）には、宮中の清涼殿において法華十講が行われ、南都の法蔵を論破するなど、その並外れた学識と弁舌によって名声を高めた」とその活躍ぶりが強調されている。[1]

しかし後掲のごとく、応和宗論に関しては興福寺僧仲算の活躍を強調する史料があり、天台・法相のいずれの立場にも偏せず、応和宗論を捉え直していく必要があろう。

本稿は、関係史料の信頼性を検討し、客観的な立場から仏教史上における応和宗論の意義を考察していくものである。

一　「応和宗論日記」について

応和宗論とよばれる法華十講での講論が、天台と法相が自宗の教義の優位を主張する論戦の場となったことは、「廿一日庚子、自今日於清涼殿、被転読法華経、読経終南北二京僧論議(義)」(『日本紀略』)、「□(今)年八月廿一日、清冷(ママ)殿法花八講始之、廿二日、天台法相宗論云々、暮座」(『大乗院日記目録』)などとあることから確かである。法会に組み込まれた論義は多分に形式化されたものであり、このように真剣勝負の舌戦が展開されるというのは極めて特異な事例であり、この法華十講開催の背景に特別な事情が存していたことが考えられる。

信頼し得る史料として、講論での良源の活躍を強調しているものに、没後四十六年後に成立した彼の伝記『慈慧大僧正伝』(『群書類従』第五輯所収)がある。それによると、法会二日目夕座の論義で導師法蔵(興福寺・法相宗)が「定性二乗不成仏之義」を弁舌流暢に宣揚したのに対し、問者覚慶(天台宗)が十分に論難できず、このときは聴衆の一員だった良源が問者を引き継いで天台の立場である皆成仏義について滔々と雄弁を揮い、天皇以下諸卿を感動させた。法蔵は「このままでは議論が深更に及ぶので、明日の朝座で決着をつけよう」と提案した。翌日(法会三日目)の朝座は良源が導師で、昨日同様朗々と自説を演説したが、それに対して法蔵は口をつぐんだままであった。良源は「昨日の夕座ではまだ理を尽くしていないとおっしゃったあなたがなぜ何も発言しないのか」と問うと、法蔵は「あなたの言は富楼那の弁説に等しい、どうしてそれに反論できようか」と答えたという。

『慈慧大僧正伝』は良源の事績を称賛する内容であるから、このような記述は当然かも知れないが、良源の活躍した法会第二・三日目のみを取り上げてその後の講論の展開を記さない点には、撰述者の〝作為〟を感じざるを得ない。さらに天台僧皇円により平安末期に編纂された『扶桑略記』になると「因茲、帝王公卿、殿上階下、悉仰一乗奥旨、称美天台幽致矣」と、法会が良源への激賞で終わったかのような記述にまとめられていくのである。

しかし『大日本仏教全書』興福寺叢書二収録の『応和宗論記並恩覚奏状』に収められている「応和宗論日記」には、法会第四日目の講論の展開が記載されており、これによれば、応和宗論は決して良源の活躍に終始した事件などではなかったことがわかる。即ち、第四日目朝座で問者を勤めた仲算（興福寺・法相宗）の弁舌が見事だったので、天皇からその日の夕座の問者も勤仕するよう命じられ、こうして宣旨による「重役」として問者となった仲算が良源の主張した「悉有仏性之文、三願四牒之証」を一つ一つ論難し、これに対して良源は目を怒らせて口をつぐむばかりだったという。参会の諸卿一同仲算の学識と能弁を称賛し、その夜天皇から酒杯を賜る栄誉に浴したという。

「応和宗論日記」は、法会が開催される経緯や出仕僧の名前、講論の推移など、内容が詳細かつ具体的であり、従来より応和宗論の理解のための基本史料として活用されてきた。『大日本仏教全書』（鈴木学術財団編）九八巻解題二の説明でも「本書は、その当時に記録したものか、後世の編集になるものか、不明であるが、記事の確実さからして、その当時の成立とする説もある。南都系の手によって筆録されたらしく、法相宗の勝としているが、天台宗の記録、たとえば皇円（～一一六九）の『扶桑略記』第二十六では、天台宗の勝としている」（田村芳朗氏執筆）とあり、平林盛氏も『人物叢書　良源』（吉川弘文館、一九七六年）で「法相宗側の立場によって書かれたもので、したがって法相宗の勝利で結んでおり、全体としてどこまで正確であるかはわからない。ただ法相宗に対立する良源の活躍が書かれており、良源の行動についてはかなりの程度信じてよいと考える」（新装版、七三頁）とされる。いずれも南都系の史料である可能性を留保しつつ、史料価値は高いようだという評価である。

「応和宗論日記」が南都寄りの立場で書かれているという可能性であるが、確かに『応和宗論記並恩覚奏状』の奥書には、慶安二年（一六四九）、興福寺福成院の学僧が「興福寺方、種々旧記」を調べているとき「従有方出来」し、それを書写したものだと述べているので、この写本が南都系であることは間違いないが、これに収める「応和宗論日記」の記載が南都法相宗に偏したものであるとはいえないと思う。全体に事実を淡々と述べている し、法会二日目三日目の良源の弁舌についても「良源釈経之間、感激無極、王公卿等、莫不悲泣」と称賛の辞を惜しまない。

仲算に関しては、他の史料で次のような霊験譚が記されている。

或記云、良源身子ノ才ヲ振、富楼那ノ弁ヲ吐クニ、南都ノ碩徳、義照・法蔵以下論難拠ヲ失フトコロニ、文範民部卿、氏寺仏法ノ陵遅ヲ傷テ、春日大明神ニ祈リ奉ラムタメニ、南都ニ下向、心中ニ祈念、大明神ハ法相擁護ノ神明ナリ、宗ノ隠没争カ痛ミヲホシメサヽラムヤ、サレハ参社ノ時最前ニアヒタラム輩ニ此事ヲ談スヘキナリト思テ、参社ノトキ馬場淀ニ一人ノ修学者ニアヘリ、松室ノ仲算ナリ、文範具ニ事ノ状ヲ示ストキ、可参洛ヨシ答フ、仍文範相共ニ夜陰ニ帰洛、爰ニ仲算浅薦タリトイヘトモ、進テ難問ヲ致ス、座挙テ称美、勅ニ云仲算重テ問者役ヲ勤ト也、文範氏ヲ思フ志シ、明神将ニ応アル歟也、

（『続教訓鈔』第十三冊、日本古典全集版）

これに類似した記載は『元亨釈書』（資治表六）にも記載されているが、藤原文範が春日明神に祈念し社頭で出会った仲算を宮中に連れてきたというのは、明らかに仲算の博覧と春日明神の法相擁護の霊験を賛美する南都系〝伝承〟であろう。しかし「応和宗論日記」にはこの霊験譚は全く語られていない。それどころか、仲算は法会に当初から招請された南都学僧十人の中に含まれている。

この講論は、途中で天台の良源の弁舌が脚光を浴びたものの、それを凌駕する法相宗の仲算の活躍で有終の美を飾ったというのが実情ではなかろうか。

『西宮記』（臨時一　御八講）は、

応和三八廿一、釈経、御読経、中算三度問者、（一度巡、一度人替、一度仰、）

と記しており、仲算を「三度問者」とするのは「二度」の勘違いとして、いずれにせよ応和宗論に関しては仲算の活躍のみ記し良源の事績は省略している。応和宗論で脚光を浴びた学僧が良源以上に仲算であったことは事実と考えてよいし、以上の点で、「応和宗論日記」を南都寄りの記載とみなしてしまうのは不適切ではなかろうか。

一方、『慈慧大僧正伝』や『扶桑略記』などの天台系文献が、良源の事績のみ記述するのは、良源が後に座主となって叡山中興の祖と仰がれたのに対し、仲算が四十代で夭折してしまった事実も影響していないだろうか[2]。

ここで「応和宗論日記」を引載する『応和宗論記並恩覚奏状』（以下『恩覚奏状』と略称）の史料的性格について概観しておきたい。

平安末期、天台宗内の山門・寺門の対立抗争は激化し、武力衝突へ発展する可能性も呈して朝廷を震撼させるに至った。応保二年（一一六二）閏二月、寺門の覚忠（前関白藤原忠通息）が天台座主に任じられたことに対し、山門衆徒が蜂起、座主更迭を朝廷に訴えた。即ち『百錬抄』応保二年条によると、

閏二月一日、権僧正覚忠（園城寺、大殿息、）補天台座主、延暦寺衆徒蜂起、仍覚忠進解状、以重愉（論）補之、七日、延暦寺衆徒不被召返覚忠宣旨者、可焼失園城寺之由訴之、被問人々、

とあり、摂関家出身の高僧を簡単に解任するわけにもいかず、また園城寺を焼き打ちするとの山門衆徒の威嚇にも抗しきれず、困惑した朝廷は傍線に示すように「人々の意見を募る」という手段に出たのである。応保二年四月の日付を持つ『恩覚奏状』が、この朝廷から投げかけられた諮問に応じたものであることは明らかであろう。

「恩覚奏状」は、その事書中に「訴覚忠僧正座主之職中、慈氏教為権宗、鑑真戒為小乗戒、二箇条謗法罪」とあるように、山門側の①法相宗を権教とし、②鑑真の将来した南都の戒律を小乗戒とみなす、二点の教学的誤謬を正すことを内容としていた。

②の戒律の問題が取り上げられているのは、

二条院御宇、応保二年閏二月、勅権僧正覚忠為天台座主、時山門抗奏状言、可被召返権僧正覚忠天台座主、兼又不可以園城寺衆徒、補任天台戒和上職也、覚忠座主五箇非拠、不経本寺階業、是一、超越上臈、是二、住別寺、是三、背智証遺誡違慈覚門徒、是四、受持南都小戒、不可為北嶺大戒之師、是五、又後三条院、以住山者可補座主之由被　宣下、可被停止智証門徒座主職、兼又二会講師、両寺灌頂阿闍梨、総持院阿闍梨八口、可為延暦寺進止云々、

閏二月廿二日　　　　献　奏状

（『寺門伝記補録』第十八「覚忠座主論事」）

というように。山門側の座主解任要求の一根拠に、寺門の覚忠が叡山の大乗戒を受戒しておらず、天台宗の戒和上に就く資格がないということが示されていたからである。

正暦四年（九九三）に慈覚門徒は智証門徒を山上から追放し、この応保二年までですでに一六〇年の歳月が経過し、戒律の問題はネックとなっていた。山内に立ち入れない智証門徒は大乗戒壇から排除されており、その多くは官僧資格を得るために南都東大寺の受戒で代行せざるを得なかった。

恩覚は奏状のはじめに「智証門人学法相権宗、捨円頓教文云事、甚以非穏便」と述べており、山門側が、「少戒」（小乗仏教の戒律）に依拠する智証門徒は、天台を捨て法相教学を学ぶ権教の徒に堕したと非難したのであろう。恩覚は①として南都法相宗が天台の下位に位置づけられるような権教ではないという意見を展開した。そして、その論を補強する証拠書類として「応和宗論日記」を引用したと考えられる。つまり官に提出された意見書

に添えて提出された具書ともいうべき文書であった。

この意見書を執筆した「法勝寺先学生伝燈法師位恩覚」は、その文章を通読しても相当な学識の持ち主と判断できるが、他の史料にはほとんど所見がない。『中右記』長承元年（一一三二）五月十四日条によると、季御読経五日目に行われた番論議の五番目が「恩覚興」と「尊基寺」の組み合わせになっていたことがわかり、彼が興福寺僧だったのは確かである。また永治元年（一一四一）の維摩会竪義として「穏覚　年五十六　臈四十五」（『維摩会講師研学竪義次第』）、「穏覚、五十七」（『三会定一記』）の名があがっており、これが恩覚と同人物とすれば、奏状を提出した応保二年には七十七、八歳というかなりの高齢となる。いずれにしても僧綱位など持たない無名の学僧であり、単独で朝廷にこのような意見書を提出したとは考え難い。

『大日本仏教全書』の翻刻では、『恩覚奏状』の末尾は次のようになっている。

　　応保二年四月日　　伝燈法師恩覚
　近衛殿共、　中殿共申、　六条摂政殿共申、普賢寺殿御父
二条院御位、　桂関白基実　長者御時也、
　　寺務伊豆僧正御房　恵信也、

写本の検討をしていないので明言はできないが、「近衛殿」「中殿」「六条摂政殿」いずれも基実の通称であり、「近衛殿とも、中殿とも申す、六条摂政殿とも申す」として「桂関白基実」に注記としてかかる文章だったのであろう。そして「寺務伊豆僧正御房　恵信也」と興福寺別当恵信の名を記しているのは注目して良い。もっとも恵信が「伊豆僧正」と呼ばれるのは、恵信が大衆と衝突して仁安二年（一一六七）に伊豆に流刑となって以降であろうから、『恩覚奏状』に記された「近衛殿…恵信也」の記載は奏状提出後の後世に書き込まれたものだろう。しかし別当恵信や藤氏長者の関与は当然予想されるべき事態である。

恵信は前関白忠通の子であり、覚忠とは異母兄弟の関係にある。応保二年段階では大殿忠通は存命中であり、恵信は父や藤氏長者基実の意向もあって、覚忠を側面から支援する立場にあったであろう。要するに『恩覚奏状』の提出には興福寺別当恵信とその背後の摂関家の支援があったと考えられる。よって奏状に添えられた「応和宗論日記」も朝廷の官庫に収められていた公文書を摂関家ルートで恩覚が入手したという可能性も否定はできない。それは憶測としても、興福寺別当や摂関家が関与した奏状であることは確実であろうから、添えられた具書＝「応和宗論日記」の出所や由来はいい加減なものではないと思う。

なお恵信は、名だたる学匠を多く抱える興福寺の中で、なぜ恩覚のような無名の僧を支援する必要があったのだろうか。山門との関係を悪化させないためには余り名の知れていない僧の方が好都合だったとの解釈も成り立とう。しかしむしろ次のような切実な事情が恵信にあったと考えたい。恵信は、別当就任以来興福寺大衆と激しく対立していた[3]。寺僧集団は恵信と距離を置き、恵信はその協力を得ることができなかったのではないか。『大日本仏教全書』興福寺叢書二には、『応和宗論記並恩覚奏状』の次に『興福寺僧綱大法師等奏状』なる史料を収めている。内容は、覚忠解任の事件の翌年、長寛元年（一一六三）五月の奏状と同年十一月の奏状からなっている。特に前者は「一謗東大寺具足戒為一向小乗戒逆罪不軽事」「一謗南都諸宗中同以応理円実教称権宗濫吹事」を訴えるもので、構成的に『恩覚奏状』と酷似しており、明らかにその影響を受けている。その文中には「応和三年秋八月、於清涼殿、被行臨時御読経之時、自他宗義、互以抗論、天台良源、才弁雖巧、山階中算、決択拉之、始自主上迄于群下、莫不含随喜感動、（後略）」「法相天台之争者、是在村上之御宇」と応和宗論を引き合いに出していることも注目されよう。しかし全般に『興福寺僧綱大法師等奏状』の論調は『恩覚奏状』よりきつく、山門を興福寺末寺となせというような過激な要求も掲げており、明らかに別当恵信を介さずに興福寺大衆の主張が生（なま）のまま朝廷にぶつけられたものと考えられる。恩覚と興福寺僧綱大法師等の二種の奏状が残されている事情は、南都寺院社会から疎外された別当恵信の苦しい立場を反映していると思うのである。

以上、「応和宗論日記」は朝廷への意見書に添えられた具書であり、証拠能力を期待されていた点、元来が公的記録であった可能性が高いのである。(4) 信頼性と内容の詳細さという点において、我々は「応和宗論日記」をこそ応和宗論考察の基礎文献に措定しなければならないのである。

二　応和宗論の歴史的意義

「応和宗論日記」の記載を天台・法相いずれの立場にも偏せず冷静に眺めた場合、応和宗論にはどのような歴史的意義を見い出せるであろうか。先ずは応和宗論の開催されるに至った経緯を「応和宗論日記」によって確認しておこう。

応和元年辛酉夏四月廿八日、叡岳良源、参清冷殿、蒙綸言之次奏達、六宗長者、特被付法相、不安之旨、密伺天気、非無許容、依之、良源、以同年五月十五日、相語華厳宗玄慶、三論宗壱定、欲経天奏、其消息状云、諸宗共出真如妙境、寧有優劣哉、然智鳳門葉、殊蒙賞翫、於六宗長官、不安之由、令奏之処、頗有許容、可早被経奏聞、良源敬白已上、諸宗依状、各経天奏、華厳宗奏状、以応和元年八月八日、付兵部卿親王、三論宗奏状、以同年十月三日、付治部卿源朝臣雅信、天台宗奏状、以同年十一月六日、付右近中将延光、至応和二年三月、被下宣旨於諸宗云、依申状如聞食、非無其理、但可依宗浅深歟、各進勘文耳、雖被下宣旨、不進勘文之間、至応和三年六月五日、重被下宣旨云、来十九日、御筆御経供養宜参勤、六月十九日延引、成七月十三日、亦七月十三日延引、至八月十一日、左中弁文範朝臣伝宣、左大臣宣奉勅、今月廿一日庚子、臨時於清冷殿、五箇日以廿口（僧カ）傳談法華経、令導師釈其義、

即ち、応和宗論が開催される端緒は、良源が村上天皇に「六宗長者を特に法相に付けらるるは安からず」との意見を奏上したことにあった。その具体的意味はあとで考察することにして、朝廷が興福寺法相宗に有利な政策をとったことに不満な良源が、護持僧の立場を利用して天皇に直接奏上したものであろう。良源は天皇が好意的な反応を示したことに自信を得て華厳・三論の学匠に書簡を送り、連携して各立場から意見書を朝廷に提出する手段に出た。連携しようとしたのは華厳宗の玄慶と三論宗の壱定であるという。玄慶は応和宗論にも出仕している東大寺の学僧である。律令時代の六宗の中心は東大寺華厳宗だったことからも、[5] 良源は興福寺法相宗の南都支配を打破するには東大寺華厳宗との連携を先ず第一に考えたのであろう。また事実上法相宗に包摂されていた感のある三論宗と連携することも重要だった。なお「応和宗論日記」には「三論宗壱定」とあるが、壱定は『三会定一記』天慶五年条などによると天徳元年（九五七）にすでに死去している。そのため同じ『三会定一記』天徳四年（九六〇）条に「講師壱和六十一興福寺法相宗」とある壱和の誤記とする『大日本史料』『人物叢書　良源』の説も一案ではあるが、それだと法相宗となってしまう。ここでは原文通りとし、良源は壱定の死去を知らずに書簡を送り、壱定の後継者の三論宗の僧が受け取ったと解しておく。

華厳・三論・天台の各立場からの意見書が提出され、それらが朝廷に正式に受理されたことで、良源の戦略は順調な滑り出しを見せたかにみえる。しかしこれ以後応和宗論に至るまでの状況は、良源にとって不利な推移をたどることになる。

朝廷は応和二年三月「宗の浅深」を判断するために諸宗に対して勘文の提出を命じた。しかし各宗からの勘文の撰進は難航したようである。これ以前の華厳・三論・天台からの意見書は、あくまで良源の目的に賛同する有志の意見書であり一宗を代表するものではない。この勘文は自宗の教義的優位を他宗との比較において論述して官に提出するものであろうから、一宗全体の意見をまとめ検討を重ねて完成に至るという相当な労力を要すると思われる。勘文はどの宗からも提出されなかった。連携の中心にあったはずの天台宗からも提出ができなかった点に、良源の天台内部における影響力の限界を察することができよう。朝廷側は、この問題を長引かせることを好まなかった。村上朝の政治を主導していた藤原師輔が天徳四年（九六〇）五月に没し、同年九月には史上初めて内裏が焼亡する事件が起こるなど、社会不安が広がっていた時期である。朝廷側は、良源によって引き起こされた問題を天皇・諸卿臨席のもとでの〝公開討論〟で即決させるという異例の措置をとった。確認しておきたいのは、応和宗論は朝廷の設定した問題解決の場であり、臨席した天皇・諸卿の判断に優劣を決定する権限が委ねられたことである。天皇・諸卿が、講論の場で交わされる教理問答を理解して即座にその成否を判断することは不可能であろう。発言者の雄弁さやその場の雰囲気に流された感情的な判断に堕してしまうのは必至であった。しかも講論は、「南都法相三論華厳三宗」対「北京天台宗」という構図となり、ここに良源が目指した、南都の一角の華厳や三論と連携していくという構想は破綻してしまった。しかも南都（主体は興福寺法相宗）と天台宗では宗論に参加する学僧の力量・地位に大きな差があり、朝廷主催の法会である以上参仕者人事は朝廷の意向が大きく働いているはずだから、[6]どうもこの宗論の設定自体に興福寺に有利な方向へ誘導しようとする朝廷の意図を感ずるのである。そのことは法会中にとられた次の措置にもみることができよう。

天皇は仲算に再度の問者を命じた際に、夕座の講論で「因明一条を加へ問ふべし」と命じたという。因明（仏教論理学）は南都法相宗における修学の根幹と位置づけられており、天台側は全く歯が立たない分野である。天皇のこの指示が南都側に有利な状況を作り出すことは明白であろう。しかしこの天皇の命を、南都側の観理が「因明は難解で公開の場で論義を賞味するには適さないので、因明の議論は取りやめるべきです」と意見を奏上し認められたという。律師観理（三論宗・東大寺東南院）は南都側で唯一興福寺と距離を置いて発言できる学匠であったようで、興福寺有利にことを誘導する政治権力に抗して天台との連携を保持しようとする最後の意地をみせたというべきであろうか。(7) しかし仲算の雄弁により応和宗論は興福寺法相宗の優位で終わったのである。

このような経緯をたどった応和宗論に、果たしてどのような意味があったのか。それについて考察するためにも、良源が当初から天皇に不満を表明していた、「六宗長者」を法相宗に申しつけたという施策とは具体的に何であったのかを明確にしておく必要があろう。

この点、「応和宗論日記」に依拠して講論に参加した諸僧の教学的立場を分析された上田晃圓氏が、良源が行動を起こした理由について、「というのは応和元年（九六一）四月二十八日に良源が清冷殿で村上天皇の綸旨を受けた後、次いで法相宗興福寺（別当は延空）が六宗の長者に付されたことに、良源が訴り奏達するに及んだことに起因があるからである」と、延空の別当就任の問題が関わっていることを指摘されたのは慧眼であろう。さらに上田氏は注で延空が応和元年に別当に就任していることは確かとしても、詳しい日付が伝わらないことに言及され、「月日が不明なのはこの応和宗論がもちあがり、「六宗の長者」の宣旨が延びたことによるため」とされる。(8)

ここで、別当就任の日付が伝わっていない理由についてはよくわからないが、良源が延空の興福寺別当就任に不満を持っていたという指摘はその通りであろう。実は私は、良源が応和元年四月に天皇に意見奏上を行った直接的な動機は、この延空の別当補任にあったと考える。そのことを確認するためには、良源の奏上と延空の別当就任の先後関係を確認する必要がある。しかし上田氏も指摘されるように、『興福寺別当次第』延空の項は「応和元年任、経七年」とし、『維摩会講師研学竪義次第』応和元年条も「律師延空」について「　月　日任別当、治六年」としており、総じてこれら後世に編纂された興福寺関係の補任次第では、延空に関しては、応和元年という就任年次のみ記載し、細かい日付は伝わっていないようである。しかし後述するように、その年月日は確定できる。それについて説明する前に、延空の別当就任がなぜ良源を憤慨させたのか考えてみよう。

延空の別当就任は、興福寺史上画期的な意味を有していた。即ち『維摩会講師研学竪義次第』応和元年条に

「律師延空（月　日任別当、治六年、蒙探題宣旨自今年寺家別当必兼之云々）」とあり、『三会定一記』応和元年条に「探題律師延空、別当兼探題始也」と注記されているように、このとき維摩会探題と興福寺別当の兼帯が初めて行われたのである。

維摩会は、元来藤原氏の私的な法要として創始されたが、しだいに公的性格を強め、講問論議や研学竪義が加わって、学僧の修学成果を披露する場となり、その役を遂行することが学僧としての階梯昇進に直結するいわば〝登竜門〟と位置づけられていった。(9) 維摩会竪義に及第した学僧は維摩会講師への切符を手にする。維摩会講師を勤め上げることは、宮中御斎会と薬師寺最勝会の講師を歴任するレール上に乗ることになり、これら三会の講師を勤め上げた学僧（三会已講）が順次僧綱に任じられていったのである。

平安初期、維摩会の開催場所は興福寺に固定され、同じ頃維摩会への請僧は六宗均等に行うべきことが定められていたが、実際の維摩会出仕僧の人選は興福寺あるいは藤原氏に有利に行われていったと考えられる。

維摩会の歴史上重要な出来事が、探題の設置である。「其竪義者、探題試之」（『延喜式』玄蕃寮、維摩会条）とあるように、探題は、学僧の登竜門としての研学竪義において竪者に論題を課し、及落を判定する重要な役職であり、いわば維摩会の最高統括者であり、教学を極めた碩徳が勤仕する栄誉ある地位であった。(10) 維摩会探題の史料的初見は『三会定一記』『維摩講師研学竪義次第』に、延喜十一年（九一一）に興福寺僧の律師増利が任命されたことを伝える記事であり、堀池春峰氏はこの記載には信憑性があるとされる。(11)

そして応和元年に探題が寺家別当を兼任し、それ以降別当と探題の兼任は通例化していく。維摩会の最高指導者で竪義者の簡定を行う探題を興福寺別当が独占することは、寺院社会における学僧の階梯昇進システムにおける興福寺の圧倒的優位を意味していた。

ここで、良源が村上天皇に奏上した内容と良源が玄慶・壱定らに書き送った内容を並べてみると、

○六宗長者、特被付法相、不安之旨、

○然智鳳門葉、殊蒙賞翫於六宗長官、不安之由、

と言うことになり、「六宗長者」は「六宗長官」、「法相」と「智鳳門葉」がそれぞれ同義であることは明らかである。智鳳は大宝三年（七〇三）に入唐して唯識思想を日本に伝えた（第三伝）学僧であり、「智鳳門葉」は法相宗の徒を指すが、ここでは興福寺法相宗を統轄する別当を指すと考えてよかろう。一方の「六宗長者（長官）」については、左の史料が参考となる。

太政官符

応正月御斎会及維摩等会均請六宗学僧事

右被右大臣宣偁、奉　勅、上件諸宗、各有所趣、欲興仏教、廃一不可、如聞、三論法相彼此角争、阿党朋肩、欲専己宗、更相抑屈、恐有所絶、自今以後、件等之会、宜均請諸宗勿聴偏阿周知諸寺分業竟学、

延暦廿一年正月十三日

（『類聚三代格』巻二、経論并法会請僧事）

これは、御斎会・維摩会へ出仕する学僧（竪者や聴衆、講師など）は六宗の学僧を機会均等で選任せよという原則であり、良源の主張のいわば根拠ともいうべき法令であろう。延喜年間に設置されたという探題は、この原則に従って学僧の器用を見極めて、竪者や聴衆に選任するという重要な役目を担っていたのである。そういった理念を踏まえて、良源は探題を「六宗長者（長官）」と呼んだのであろう(12)。

天台僧でありながら良源と興福寺維摩会には深い関係があった。『慈慧大僧正伝』によると、承平七年（九三七）十月、弱冠二十六歳の良源は維摩会の勅使房番論議で法相宗の学匠義昭を論破し脚光を浴びた。注目すべきはこの番論議開催の際の次のようなエピソードである。「学中英傑」と謳われた義昭は「自分は年臈ともに遙かに長じているのに、あんな若造（「少僧」）と対等に論義するなどできない」と述べたところ「学道之長」たる仁斆（にんこう）が「良公は当時の俊才、将来は必ず国宝となるべし」と義昭に耳うちして論義の実現となったという。この

「学道之長」とは何か。『維摩会講師研学竪義次第』承平四年（九三四）条に「律師仁斅三論宗 元興寺 十月日蒙探題宣」とあり『三会定一記』同年条に「探題律師仁斅、十月宣」とあるように、「学道之長」仁斅は維摩会探題だったのである。年齢戒臈や所属寺院などに関係なく個人の才能を重視して若輩の自分を推挽してくれた探題への恩義を、良源は終生忘れることがなかったであろう。

しかし応和元年、竪者の簡定など公平な立場にあらねばならない探題が、寺家の利益代表ともいうべき別当職を兼帯することとなった事態に、良源は憤ったのであろう。

それを確認するためにも、応和元年に探題延空が別当に就任した具体的日時を確定する必要がある。

時代は少し下るが、万寿二年（一〇二五）七月、新任の興福寺別当扶公は、すでに永昭（永照）に決定していた同年維摩会探題の地位を望み相論となった。このとき勧学院の記録など先例調査が行われ、『小右記』の記主藤原実資も「故殿（実頼）御記」を調べている（『小右記』万寿二年七月七日条）。実資がこの案件について家記の藤原実頼の日記を調べていることに注意しておきたい。さて「禅室」藤原道長の判断や扶公・永昭の内談によって、永昭は権別当となり、別当扶公が隔年の探題の宣旨を受けることに決着した。(13) その長者宣などの発給について述べる『小右記』万寿二年十月五日条の記載に注目したいのである。

興福寺別当事
五日癸丑、右頭中将顕基（源）下給、興福寺申請被以権少僧都永照補任寺家権別当職文、即呼遣右大弁重尹（藤原）下給、大弁云、今日関白被下、探題隔年幷諸供等宣旨、別当大僧（都）扶公、但探題者隔年、前日以少僧都永照被下探題宣旨、今日重被下隔年宣旨者、以次人下給別当宣旨事、見故殿応和元年四月十九日御記、

前述のように、「故殿」実頼の日記を調査していた実資は、そこに探題と別当を兼任した際の補任手続きに関する記事を見つけたのであろう。実資は「別当宣旨」（興福寺別当に補任する長者宣）については「故殿応和元年四月十九日御記」に見えると記載しているのである。これこそが延空の別当補任の日付であろう。これはまさに良

源が村上天皇に意見奏上した四月二十九日のわずか十日前の出来事なのである。

このように良源が憤慨し、その改善を求めたのは、維摩会探題と興福寺別当の兼任という体制であった。しかし応和宗論で興福寺法相宗の仲算が天皇や参列諸卿の激賞を浴びて「自爾以六宗長官、永留法相之宗、更不移他宗、兼被下法相宗可補権長者之宣旨」という結果に終わり、良源の当初の目論みは完全に粉砕されてしまったのである。

「六宗之長者（長官）」と興福寺別当の一体化は一層強化され、「シカレハスナハチ公家論談ノミキリニハ、興福寺ノ長官ヲモテ六宗ノ棟梁トシテ」（『続教訓鈔』第十三冊、日本古典全集版）というように興福寺別当に関しては南都仏教界の教学的指導者というイメージが固定化していくのである。[14]

さらに応和宗論の結果、興福寺に「権長者」つまり権別当の設置が許可されたことは重要な意義を有していよう。[15]『続教訓鈔』は「応和宗論日記」を土台に宗論を叙述するが、「爾シヨリコノカタ六宗ノ長官永ク法相宗ニトヽマリテ更ニ他宗ニウツラス、…アマサヘ権長官ヲサヘソヘヲカレテ、長官故障ノトキ其役ヲツトメ給ヘル事タメシナキホトノ事也」（『続教訓抄』第十三冊）という説明は的を射たものといえよう。権別当は別当に故障が生じた時に寺務を代行するという重要な機能を担った。[16]

さらに前述した万寿二年の扶公・永昭の相論を契機に、維摩会探題は専寺探題と他寺探題に分掌化され、別当が専寺探題、権別当が他寺探題を兼任する体制ができあがった。[17]こうして権別当は教学面でも別当に準ずる公的な地位を与えられた。中世の南都寺院社会で一乗院・大乗院の両院体制が確立する中、貴種は権別当を経ずに別当に直任するが、[18]凡僧でも有能な学僧は権別当に任じる道が確保され、[19]大雑把な傾向として貴種出身の別当と碩学の権別当が寺務組織のトップに並び立ち、[20]貴族性と学道重視のバランスのとれた南都寺院社会の伝統が保持されていくのである。

興福寺別当と探題の兼帯制の強化、権別当の設置など、応和宗論は先ず第一に興福寺の南都支配を強化する一契機となったのであり、宗論内での良源の活躍にのみ注目する立場は多分に近視眼的であり。僭越な言い方ながら「木を見て森を見ず」の誹りを免れないのではなかろうか。

おわりに

平林盛得氏の『人物叢書　良源』は、良源研究の基礎となる著作であり、その緻密な論証は歴史学徒の手本ともいい得るものであるが、しかし応和宗論に下された評価には従いがたい点があると思う。

…すでに良源は自分の目的を達していたのである。それはこの宗論に活躍することによって王朝公家の信頼を得るということである。師輔亡きあと、安子等への接触を保ちながら、特定の檀越を求めるというより、廟堂政治家達の広汎な支持を得ようとした。法相宗を完膚なきまでに論破することを目的としたものではなく、いわば名を挙げればよいのである。仲算の活躍を容認することにより列席の公卿達に、良源の才能の優越性と深追いしない融通性をも印象付けたとすれば、良源の意図は完全に達せられたことになる。

この宗論の成功は、叡山内部での良源の評価を高めるというプラスをもたらした。良源はそのことも計算に入れていたのかもしれない。ただこうした打算的な行動には批判がつきものである。（七七―八頁、傍点石附）

果たして傍点部のように、応和宗論は良源にとって目的を達成し成功をおさめた出来事だったのであろうか。良源が行動を起こした当初の意図は、維摩会における興福寺支配強化を阻止すること、言い換えれば学僧の階梯昇進システムの民主化にあった。そのために華厳・三論の学匠と連携を模索した。そこに名誉や立身出世を得ようというような〝打算〟は一切感じられない。学僧個人の修学を重視する寺院社会の伝統を死守せんとする止むに止まれぬ行動だったのではないか。しかし良源の意図は完全に粉砕された。仲算の論難に沈黙する良源の姿を「応和宗論日記」は「良源杜口、矚目而座」と表記するが、これは戦いに敗れた者の怒りと無念の表情であり、決して目的を達成した者の〝戦略的撤退〟などと解されるものではない。

以上、私は応和宗論を興福寺法相宗の勝利と捉え、別当・探題兼任制の強化、権別当の設置など興福寺が南都仏教界の盟主と化していく上で画期的な事件であったと考えるものである。しかしこれは良源の評価を貶めるものでは決してない。むしろ応和宗論に至る良源の一連の行動は、寺院社会の民主制を維持しようとする正義感に駆られたものであって、自己・自宗のための打算的な意図は感じられない。そして朝廷側が興福寺側に荷担するという不利な条件下で奮闘し、一介の護持僧が見事な弁説で興福寺法相宗に対抗して天台宗の存在感をアピールしたのである。試合結果は敗北でも良源のプレーは光っていたのである。良源の孤軍奮闘ぶりが衆目を集め、結果的に彼のその後の昇進につながり、ひいては天台宗の発展につながっていったことを否定するものではない。

また応和宗論を機に天台宗側は、維摩会の内部改革を諦め、南都三会の外部に北京三会を創出して天台の発展を目指していくのではないかとも考えられ、これも仏教史上の応和宗論の意義ではないかと憶測するが、その検証については今後の課題としたいと思う。

註

（1）二〇一七年に長浜市長浜城歴史博物館で開催された『相応と良源――湖北の天台文化』の図録、二〇頁。

（2）仲算については、尋尊の『大乗院日記目録』に「今年（康保三年）十月、仲算維摩会竪義」「同二年（安和）十月十九日、仲算入滅、四十二」とある。

（3）恵信と大衆の対立については、大山喬平「近衛家と南都一条院――『簡要類聚鈔』考」（『ゆるやかなカースト

社会・中世日本』校倉書房、二〇〇三年）、拙稿「興福寺別当と三度長者宣――寺家別当と大供別当」（大乗院文書を読む会編『興福寺大乗院旧蔵鎌倉期具注暦記』論考篇、岩田書院、二〇一八年刊行予定）参照。

（4）日蓮遺文に『念仏者令追放宣旨御教書集列五篇勘文状』（『昭和定本日蓮聖人遺文』二二五八頁）があり、鎌倉前期の専修念仏禁令を集成した史料集ともいうべきものがあるが、これは『立正安国論』を鎌倉幕府に上呈する際の参考文献として同時に幕府に提出されたものと考える説が有力である（山上弘道「宗祖遺文『念仏者令追放宣旨御教書集列五篇勘文状』とその周辺」『興風』第二一号、二〇〇九年）。「資料＋勘文」という構成は、『恩覚奏状』と類似し、本文書の性格を考える上で参考となろう。

（5）奈良時代における南都六宗の成立に関しては、新川登亀男「修多羅衆論」（『日本古代の対外交渉と仏教――アジアの中の政治文化』吉川弘文館、一九九九年、初出一九七八年）、鬼頭清明「南都六宗の再検討」（笹山晴生先生還暦記念会編『日本律令制論集』上、吉川弘文館、一九九三年）、山下有美「東大寺の花厳衆と六宗――古代寺院社会試論」（『正倉院文書研究』八、二〇〇二年）、堀裕「法会に刻まれた古代の記憶――大供と大修多羅衆」（『仏教史学研究』四六―一、二〇〇三年）など参照。なお延喜十四年に宇多法皇が、東大寺僧円超を介して六宗の章疏目録を進上させて『諸宗章疏録』（『大日本仏教全書』九五巻「目録部」一）が成立していることは、奈良時代の修学が華厳宗中心であった名残りと考えられよう。

（6）平林氏は『人物叢書　良源』の中で、宗論における南都と天台の人材の格差について、良源が横川の同志に限定して選出したメンバーだったことを想定されたが、勅会に出仕する学僧の人事を卑位の護持僧良源が決定できるはずもなく、この人材の格差は先ずは朝廷の意向が働いていると考えるべきであろう。

（7）法相宗学僧の修学と因明の関係については、高山有紀『中世興福寺維摩会の研究』（勉誠社、一九九七年）「講師の修学」参照。また観理の伝については、上田晃圓『日本上代における唯識の研究』（永田文昌堂、一九八五年）六頁参照。

（8）上田氏註7著書、一五・二七頁参照。

（9）維摩会と学僧の昇進システムの関係については、堀池春峰「維摩会と閑道の昇進」（『南都仏教史の研究』遺芳篇、法蔵館、二〇〇四年）、高山氏註7著書など参照。

（10）高山氏註7著書、第三部「探題と維摩会」参照。

(11) 堀池氏註9論文五一九頁参照。『春日権現験記絵』巻八第三話の「興福寺増利僧都は紀伊国名草郡の人也、…維摩会探題も此人のときよりはじまれりけりとなむ」の記載も根拠にあげられる。

(12) 「興福寺別当者六宗之長官」(『後深心院関白記』応安三年六月二十七日条)とあるように、後世「六宗長者(長官)」は興福寺別当を指す別称となる。これは勿論興福寺別当と維摩会探題の兼帯が原則化してからの意味である。応和宗論に至る過程をみても、良源が、興福寺別当が「六宗長者(長官)」であることを認めて発言しているとは思えない。

(13) この扶公と永昭の相論については、拙稿註3論文参照。

(14) なお「六宗之長者」に類似した興福寺別当の呼称に「顕宗長者」がある、平安末期以降密教が隆盛する中、興福寺を中心とする南都寺院は顕教を堅持する立場にアイデンティティーを見出したようである。村上源氏出身で後鳥羽院権力に密着する興福寺別当雅縁は、寺僧集団と対立することが多かったが、承元四年(一二一〇)の後鳥羽院熊野御幸で経供養導師をつとめたことを「顕宗長者勤此役初例、万人不甘心云々」(『承元四年大乗院信円具注暦記』五月二十二日条)と非難され、また建保六年(一二一八)にも順徳皇女を南都に居住させようとして大衆から「顕宗長者為宮御乳母之条、専寺之恥辱、他門之謗訕、何事如之」(『興福寺別当次第』雅縁〈第三度〉の項)と非難されている。

(15) 応和宗論後に正式に設置された興福寺権別当に誰が補任されたかであるが、『興福寺別当補任』は、初代権別当を助精已講とするが「天暦十年五月十日任」「天徳元年十二月十七日任」など補任時期に混乱がある。さらに応和元年の死去を記す一方で、康保三年死去説も記し、「若爾者、応和二、三、康保元、二、三、五箇年之間、別当職者歟、可尋之」などと所伝が錯綜して仮説すら導出するのが困難である。『尋尊御記』(旧平松家所蔵本、京大図書館HPにて画像配信)には「一 同(興福寺)権別当職事」として「村上天皇御宇応和三年已来云々、但文徳仁寿三年正叡法師、貞観十一年孝忠、天暦十年助精已講共以号権官歟」と記すのみで、応和三年に補任された権別当の名を記していない。

(16) 興福寺権別当の寺務執行については、拙稿註3論文参照。

(17) 専寺探題と他寺探題については、堀池氏註9論文、五二〇頁、高山氏註7著書、一九〇頁参照。

(18) 鈴木良一『大乗院寺社雑事記――ある門閥僧侶の没落の記録』(そしえて、一九八三年)一四頁参照。なお

『尋尊御記』（旧平松家所蔵本）にも「一両門跡任寺務次第条々近代執行趣／探題已上或未探題随意者也、不経権別当、上古一乗院恵信僧正為権別当、不吉例也、近来寺務事就　公武内々所望、閣権官令直任者也」と、伊豆流刑となった恵信を不吉の例として貴種は権別当を経ずに別当に直任される例であることを述べる。

（19）碩学として興福寺権別当となっている例として、因明の大家の菩提院蔵俊をあげることができる。蔵俊は巨勢氏という卑姓の出自ながら、最晩年の治承三年（一一七九）五月、七十六歳の高齢で興福寺権別当に就任、翌年九月に死去している。

（20）『民経記』安貞元年十二月十五日条の後堀河天皇春日行幸の勧賞の記事に「承勧賞事仰当座上卿、右府也、次上卿仰正・権別当、々々々等起座承之云々」とあり、また「寺司賞／別当僧正実尊補法務、権別当法印円玄以弟子律師経円補権少僧都」とあるように、別当・権別当ほぼ対等に行幸の賞の儀が執り行われている点に注目したい。公的な場でのこうした対等性が、寺院社会の門閥化の行き過ぎを制御し、南都社会独自の伝統形成に影響を与えた意義は無視できないと思う。

伊勢平氏と日宋貿易
――研究動向と史料の整理

森　公章

はじめに

日宋貿易に関する旧来の通説によれば、寛平度遣唐使計画の途絶・唐の滅亡（九〇七年）以降の平安中・後期の通交は「受動的貿易の展開」の時代と位置づけられ、平安末期の平氏政権に至って「能動的貿易の展開」が始まると目されている。[1] そこには宋と正規の国交を結ばない消極的な外交姿勢の朝廷・貴族に対して、新たな時代を切り開く武家の果断・革新性を評価するという傾向も相俟っていると思われる。

しかしながら、こうした日宋貿易像は現在では様々な点で見直し・再構築が進められており、宋商人（商客）の来航規制や日本人の海外渡航の制限の存在、「受動的貿易」を支える年紀制と渡海制については、その運用実態の解明により、当該期はむしろ日中関係がより日常的なものになっていく段階で、それに対応する現実的な応対方法を模索・推進する時期と見なされるようになっている。[2] また「受動的貿易の展開」から「能動的貿易の展開」につながる内的必然性として指摘されていた律令体制の衰退による大宰府の交易統括力低下や唐物への憧憬に基づく貴族・寺社の荘園内密貿易といった論点も、大きく修正された。即ち、大宰府による管理・統括は十二世紀前半くらいまでは維持されており、その後も博多を中心とする交易・宋商人の来航が続き、荘園内密貿易説は概ね否定されているのである。(3)

では、平氏政権を創成する伊勢平氏と日宋貿易の関係は如何であろうか。伊勢平氏隆盛の曩祖平正盛は、白河院皇女媞子内親王への六条院領伊賀国所領の寄進で脚光を浴び（『平安遺文』一三八二号永長二年（一〇九七）八月二十五日六条院領伊賀国山田村鞆田村田畠注文、時に隠岐守）、院の北面の武士、院近臣として台頭していく。ただ、『平家物語』巻四「南都牒状」には、「祖父正盛、蔵人五位の家に仕へて、諸国受領の鞭をとる。大蔵卿為房、賀州刺史のいにしへ、検非所に補し、修理大夫顕季、播磨太守たっし昔、厩別当職に任ず」とあり、この前後の時期の正盛は白河院近臣として名高い藤原為房が加賀守の時（寛治四年（一〇九〇）～七年任）、また北家魚名流末茂孫の藤原顕季が播磨守の時（嘉保元年（一〇九四）～康和三年（一一〇三）任）などに受領郎等として奉仕していたことがわかり、受領と受領郎等の上首者の中間的階層にあって、院近臣上層者との関係を足がかりに院近臣としての地歩を上昇していくものと目される。

正盛はその後因幡守として河内源氏の後継者源義親の追討で武名を揚げ（『殿暦』嘉承二年（一一〇七）十二月十九日・天仁元年（一一〇八）正月二十九日条、『中右記』天仁元年正月十九・二十六・二十九日条など）、但馬守（天仁元年～天永元年（一一一〇）任）、丹後守（天永元年～永久元年（一一一三）任）、備前守（永久元年～保安元年（一一二〇）任）、讃岐守（保安元年～二年）など大国受領を歴任し、院近臣受領の地位を確立している。(4) 特に八年間在任した備前国においては、平氏家人として知られる備前国の難波氏、備中国の妹尾氏などとのつながりを築く端緒になったものと思われ、在庁官人・有力武士との関係形成という点で大きな意味があった。(5)

a『長秋記』元永二年（一一一九）十二月二十七日条

今日仁和寺寛大助僧正、藤津庄司平清澄男直澄入洛云々。仍密々於㆓七条坊門河原㆒見物。申刻首渡〈付㆑桙付㆓赤比礼㆒、其名云㆓平直澄㆒〉、次降人三人、源常弘〈五位〉、一男某丸、件二人被㆑縛、但騎㆑馬、一人字紀権守〈直澄養父云々〉。於㆓常弘父子㆒者住所隠㆓居直澄㆒故云々。随兵百人、多是西海・南海名士也。於㆓四条河原㆒、検非違使等請㆓取首㆒云々。直澄父清澄、去年冬依㆓僧正勘当㆒、被㆑召㆓上京都㆒不㆓返遣㆒。替庄司遣㆓僧範誉㆒、々々下向、後禍事苛㆓責直澄㆒、々々随㆓主人命㆒敢無㆑抗。然間為㆓父粮料㆒米少々運上、而於㆑道押留三四度。因㆑之結㆓怨心㆒、搦㆓件範誉幷妻及従類㆒、放㆓海島㆒、不㆑授㆑食。又捕㆓同郎従五六人㆒切㆑首云々。依㆑之正盛蒙㆓追捕宣旨㆒、遣㆓郎従㆒搦得云々。後聞、正盛叙㆓一階㆒云々。

正盛は讃岐守在任中の保安二年頃に六十歳を過ぎた年齢くらいで死去したものと目されるが（生没年不詳）、備前守在任中には仁和寺領肥前国藤津庄司平清澄の子直澄追討に活躍しており、この時に「随兵百人、多是西海・南海名士也」と称されているので、西国の人々とのつながりを構築していたのであろう。以上の正盛については、加賀守藤原為房が京上の途次に敦賀津で宋人から名籍捧呈を得て、唐物入手に努めていた様子を実見していた可能性もあるが（『為房卿記』寛治五年（一〇九一）七月二十一日・閏七月二日条）、日宋貿易との関連は不明である。とすると、伊勢平氏と日宋貿易に関しては、やはり忠盛―清盛父子段階を精査していく必要がある。荘園内密貿易説に関わる忠盛による宋人周新船囲い込み（神崎庄事件）は勿論のこととして、清盛の日宋貿易への関与のあり方についても新たな視点が呈されており[6]、以下、小稿ではこの父子と日宋貿易をめぐる史料を私なりに整理・検討していくことにしたい。

一　平忠盛と神崎庄事件

仁平三年（一一五三）正月十五日に忠盛が死去した時、藤原頼長は「経二数国吏一、富累二巨万一、奴僕満レ国、武威軼レ人、然為レ人恭倹、未三嘗有二奢侈之行一、時人惜レ之」（『宇槐記抄』）と評しており、これは彼の人となりや生涯の一端を伝えるものである。忠盛には越前（保安元年（一一二〇）〜大治二年（一一二七）任）、備前（大治二年〜保延元年（一一三五）任）、美作（保延二年〜天養元年（一一四四）任）、尾張（天養元年〜久安元年（一一四五））、播磨（久安元年〜仁平元年二月辞任）などの受領履歴が知られ、生涯を通じて殆ど切れ目なく大国受領を歴任しており、早くに内昇殿を許され（天承二年（一一三二））、極位は正四位上刑部卿で、伊勢平氏を公卿まであと一歩というところまで引き上げた。頼長の評言のうち、「奴僕満レ国、武威軼レ人」に関しては、備前守時代の海賊追捕の様子が参照される。

b『朝野群載』巻十一大治四年（一一二九）三月検非違使移

検非違使移　山陽・南海両道国〈衙〉。欲レ被レ令三備前守忠盛朝臣搦二進海賊一事。右　院宣偁、如レ聞者、頃日海路之間、凶賊滋蔓、乗二数十艘之船一、浮二百万里之波一、或殺二略往反之旅客一、或却二奪公私之勝載一。積悪弥長、宿暴日成、寔惟諸国司等、各憚二驍勇一、無レ心二捉搦一之所レ致也。宜レ令三忠盛朝臣搦二進件輩一者。欲下被三早任二　院宣一、令上搦二進彼海賊一之状、依二別当宣一、移進如レ件。乞也衙察レ状。故移。（下略）

c『長秋記』保延元年（一一三五）四月八日条

晴。於二関白御宿所一、被レ定二海賊事一云々。（中略）大宮大夫師頼卿申云、前日、仰二国宰一、可レ令二各国武勇輩追罸㆒之由、宣下已畢者、国司各守㆓制符㆒、下㆓知国武勇士㆒、可㆑令㆓追罸㆒也、而未㆓件宣旨施行㆒歟。（中略）頭弁以㆓此旨㆒申㆓上皇㆒、仰云、追罸使可㆑然者。忠盛朝臣、源為義、此両人可㆑遣㆓何人㆒哉。諸卿多、忠盛西海有㆓々㆑勢之聞㆒、被㆓発遣㆒尤有㆑便歟。（下略）

d『長秋記』保延元年八月十九日条

忠盛朝臣虜㆓海賊七十人㆒、渡㆓検非違使盛道・資遠・季則・近安・元方㆒、於㆓河原㆒請㆓取十三人㆒也。於㆑残自㆓閑路㆒渡㆑是。天下人皆見物。日高禅師為㆓賊首㆒。此中多是非㆑賊、只以㆘非㆓忠盛家人㆒者㆖、号㆑賊虜進云々。

c・dの忠盛発遣に際しては、「遣㆓為義㆒者、路次国々自滅亡歟。忠盛朝臣且為㆓備前国司㆒可㆑有㆓便宜㆒也」ともあり（『中右記』保延元年四月八日条）、河内源氏の源為義との競合があったことが知られるが、「海賊首所々庄々住人者、被㆑仰㆓本所㆒、被㆓召進㆒由可㆑被㆑仰者」という見解が呈されており、dでも「此中多是非㆑賊、只以㆘非㆓忠盛家人㆒者㆖、号㆑賊虜進云々」と記されているような実情が存した。父正盛も任国であった備前守の地位に基づくbの山陽・南海両道が擁する瀬戸内海地域とともに、cにはaと共通する西海道方面への延伸が窺われ、正盛・忠盛父子が築いた平氏家人（武勇輩）の広がりが注目されるところである。

e『長秋記』長承二年（一一三三）八月十三日条

晴陰不定也。早朝帥中納言送㆑書云、大切可㆓示合㆒事出来、可㆓来向㆒、輦車可㆑下也者。仍午時許行向。云、鎮西唐人船来着、府官等任㆑例存問、随出㆓和市物㆒畢。其後備前守忠盛朝臣自成㆓下文㆒、号㆓院宣㆒、宋人周新船、為二神崎御庄領一不レ可レ経二問官一之由、所二下知一也。此事極無二面目一、欲レ訴二申院一也。其上書案可二書給一。不レ可レ振レ筆、唯和名書ニ天可候（作カ）也者。仍書二々案一。此次談二家中雑事一。（中略）抑宋人来着時、府官存問、早経二上奏一、安堵・廻却所レ従二宣旨一也。而可レ為二庄領一之由被二仰下一条、言語道断也。日本弊亡不レ足レ論、外朝恥更無レ顧。是非レ他、近臣如二猿犬一所レ為也。

そこで、鳥羽上皇・崇徳天皇治下で起きた神崎庄事件である。eは従来の通説では院領肥前国神崎庄に来着した周新船との交易を預所と目される平忠盛が独占しようとしたものと解されており、荘園内密貿易説、また平氏の日宋貿易への強い関心を示す論拠とされていた。しかし、近年では「はじめに」で触れた荘園内密貿易説の再検討の中で、eについても精緻な考察がなされており[7]、①周新船は大宰府官人の存問を経て、交易品である和市物を供出していたので、これは博多津での行為と目されること、②「庄領」は「庄家領掌」の意で、周新船の支配権・管理権が神崎庄にあることを述べるものであって、神崎庄の領域内、あるいは博多における神崎庄の倉敷地の存在を想定することなどの場所の問題とは無関係であること、③忠盛は大宰府の存問後、中央での安置・廻却の決定の間に介入したのであって、そこには周新との間に何からの唐物入手の契約が存したのではないかと考えられること、などは概ね支持すべき理解であると思われる。忠盛は有力な院近臣として、武力掌握・各地の通交とも関わる院御厩別当であり[8]、神崎庄預所としてあくまで院領の権益擁護のために尽力していたのである。但し、忠盛自身が積極的に日宋貿易に関与しようとしていたか否かは、なお検討の余地があろう[9]。

f『平安遺文』題跋篇六七五号阿彌陀経通賛疏巻下一帖奥書
件書等、予以二嘉保二年（一〇九五）孟冬下旬一、西府即会二宋人柳裕一、伝二語高麗王子義天一、誂二求極楽書彌陀行願相応経典章疏等一。其後、柳裕守レ約、以二永長二年（一〇九七）〈丁丑〉三月二十三日〈丁丑〉一、送下自二義天一所二伝得一彌陀極楽書等十三部二十巻上。別以二同五月二十三日亥時一、興福寺浄名院到来、懇誠相臻、情素自偕。仍以二彼木一已重新写。善種不レ朽、宿心爰成、欲レ為下自他法界、往二生極楽一之因縁上矣。康和四年（一一〇二）〈壬午〉四月二十三日未剋薬師寺西室大房書写畢。

g 弘賛法華伝二冊上巻・奥書（『大宰府太宰府天満宮史料』巻六）

（上巻・本奥書）弘賛法華伝者、宋人荘永・蘇景、依二予之勧一、且自二高麗国一所レ奉レ渡聖教百余巻内也。依二一本書一、為レ恐二散失一、勧二俊源法師一、先令レ書二写一本一矣。就レ中蘇景等帰朝之間、於二壱岐島一、遇二海賊乱起一、此伝上五巻入二海中一少湿損。雖レ然海賊等、或為二宋人一被レ害、或及レ島引被二搦取一、敢无二散失物一云々。宋人等云、偏依二聖教之威力一也云々。保安元年（一一二〇）七月五日於二大宰府一記之。大法師覚樹。此書本奥書有二此日記一。

h 『本朝続文粋』巻七「大宋商刧使曾周意返状」（藤原敦光作）

書札一函、披而閲レ之。想二漢土台嶽之遺塵一、仰二日域叡峯之雲崛一。雖レ為レ旅二客於一涯一、定有レ良二縁於二世一、同声相応、不二亦悦一乎。小僧謬以二愚蒙一、禾守二師跡一、荊渓寂寥之地、世事都捐、松戸幽邃之棲、方物安納、三衣素行レ在、什物不二外求一。所レ贈土宜、須二以廻却一、然而志已重、礼従レ宜。雖レ忤二雅懐一、以収領。抑着岸之後、久旁二羇心一、秋風悵望、馳レ思而已。沙金ム両、聊充二報酬一、盍表二其好一也。教命之旨、大概如レ斯。以状。大治三年（一一二八）八月　日。権律師法橋上人位。曾使頭旅亭。

i『台記』久安三年（一一四七）十一月十日条

（上略）伝聞、摂政献二孔雀・鸚鵡於法皇一。是西海庄所レ貢云々。

j『御室相承記』四高野御室

（上略）自レ院被レ進二鸚鵡一事。久安三年十一月廿日〈庚辰〉、被レ進レ之。杵嶋庄進二孔雀一事。久安四年三月廿七日乙酉、進レ之。仍令レ進　レ院。依二御召一也。而叡覧以後返給。仍賜二眞慶一了。

k『本朝世紀』久安四年閏六月五日条

内裏炎上之由、被レ行二大祓一。権中納言藤重通卿参二仗座一、先定二申日時一。次参議藤経定卿参二八省東廊一、行二大祓事一。抑去春比、大宰府博多津、宋朝商客渡二孔雀及鸚鵡於本朝一、即献二宇治入道大相国一。々々伝二献法皇一。又仁和寺法親王自二商客之手一伝二得孔雀一、同被レ献二法皇一。御覧之後、各被レ遣二返本所一。（下略）

宋商人の来航が頻繁になり、日宋間の通交方式が模索される十世紀末〜十一世紀前半の藤原道長執政期には、早くも周文裔・良史のように、藤原道長・頼通の二代に亘り摂関家とのつながりを確立しようとする者が現れ、こうした彼我の人脈形成は、十一世紀中葉〜後半の頼通執政期に様々な階層の人々に広がり、摂関家だけでなく、諸寺社、府官長や府官層などと商客との関係は複雑になっていく[10]。漢籍の学習に努めた藤原頼長が商客劉文冲に「要書目録」を渡し、「此書之中、若有レ所レ得、必可下付二李便一進上之旨、仰含了」と伝えたのは著名な事例であるが（『宇槐記抄』仁平元年（一一五一）九月二十四日条）、f・gは宋商人に依頼して高麗から経典を輸入する例で、興福寺僧など中央大寺院の者が参画する先蹤は既に存していた。h末尾の「教命之旨」は僧正仁実の意を体したものであることを示し、仁実は白河院養女（実父は藤原公実）・鳥羽天皇皇后の璋子の同母兄で、院とのつながりが深く、ここでは曾周意という商客との関係が窺われる。

iには摂政藤原忠通の西海庄（島津庄か）、jでは仁和寺領肥前国杵島庄からの孔雀などの献上が知られる。kにはまた、大宰府博多津の宋朝商客からの宇治入道大相国＝藤原忠実への同様の献上が記され、jも商客による貢上であったことがわかる。とすると、j、またiもやはり博多津を中心とする地での入手が目され、それぞれの荘園関係者から領主に奉献されたものと解するのがよいであろう。『源平盛衰記』巻十一「大臣所労事」には治承三年（一一七九）に重篤になった平重盛に関連して、「此間唐より目出き医師の渡て、今津に著て候ふなる」という情報が記されており、今津は博多と指呼の間にあって、仁和寺領怡土庄に所属する地であった。[11]このように日宋貿易には様々な人々が種々の立場で参画しており、忠盛もその一翼を担う存在としての位置づけを与えることができる。孔雀などは治天の君である院に伝献されており、[12]院が諸権門を統括する立場にあって、その院に奉仕する近臣として、西海の人々ともつながりを有する忠盛の役割が大きかったことはまちがいないが、e以外では忠盛が積極的に日宋貿易を推進しようとした様相は明証がない。したがって忠盛と日宋貿易の関係は、あくまでも院の意を体現する存在としての活動であったと考えておきたい。

二　平氏と大宰府

平氏が外交の最前線である大宰府との関係、管内諸勢力の掌握に努めるのは、やはり保元三年（一一五九）八月の清盛の大弐就任以降であろう。「はじめに」で触れたように、十二世紀においても大宰府の府支配や外交・交易上の統制は存続していた。『雲州消息』巻下末・鎮守都督書状には、

所レ贈綾錦已動二心機一。就レ中能言鸚鵡可レ謂二珍禽一。丹穴之鳳何以如レ之。抑旅船之間定乏二資粮一、烏米紅稲贈二于客館一。至便検領莫レ嫌二軽微一。良吏所レ求書籍、篇目惟多、聖朝盛崇二文章之道一、宋国絶二経典之文一哉。言不二羅褸一、可レ在二後信一。春暖加二摂理一者。以状。　月　日。鎮守都督。鄭十四客房。

とあり、府官長が宋商人と交流を有していた様子が窺われる。

『平家物語』巻一「我身栄花」には、「日本秋津島は、纔に六十六箇国、平家知行の国卅余国、既に半国を超えたり。其外庄園・田畠いくらといふ数を知らず」とあるように、平氏の権力基盤は知行国主となることによる在庁官人の家人化や荘園領主・預所として在地有力武士を預所・下司・地頭に登用することなどによって構築されていた。清盛は実務官人として手腕を有する藤原能盛を府目代として送り込み、宇佐宮造営を推進する中で、大宮司宇佐公通や拒捍使として起用された大蔵氏流武士団の人々（『続左丞抄』第三）、就中原田種直などと関係を結び、大宰府管内に勢力を伸ばしていく[13]。但し、源氏の反平氏蜂起が始まると、豊後の緒方氏や肥後の菊池氏は早速に反平家に転じており、平氏政権下にも肥前の日向通良や薩摩平氏の阿多権守平忠景のように平氏と対立する存在があり、勢威が盤石なものであった訳ではない。

清盛は永暦元年（一一六〇）十二月三十日に大弐を辞任し、その後は女婿の藤原成範（応保二年（一一六二）四月七日辞任）、清盛の姉妹を室とする藤原顕時（長寛二年（一一六四）正月一日辞任）など、平氏と親しい人々が府官長を歴任しており、二条・六条天皇の侍読・東宮学士である藤原永範の大弐兼帯を経て、仁安元年（一一六六）七月十五日に清盛の異母弟頼盛が大弐に任じられた。この間には特段の外交上の事案もなく、清盛を含めて、府官長が交易に意を注いだ様子は看取されない。府官長は保安年間から四十余年間も現地赴任しないのが慣例になっていたが、頼盛は異例の下向を行った（『百錬抄』仁安元年九月二十九日条罷申、『公卿補任』永万二年条尻付では十月八日に赴任）。頼盛は仁安二年四月十七日に召により上洛しており（『公卿補任』仁安二年条尻付）、実際に大宰府にいたのは半年程のことであるが、仁安三年に後白河法皇の逆鱗に触れて、頼盛・保盛父子が所帯の諸官を解却された時、「此外年来之間、漸々積悪、種々違勅、大嘗会之間、宰府所課一切対捍、九国支配非法訴条々、被ㇾ仰ニ禅閤一云々。世上作法雖ㇾ不ㇾ始ㇾ今、奉公之間、自他相存、猶可ニ跼蹐一者也」と非難されている（『兵範記』仁安三年十一月二十八日条）。

頼盛も宇佐宮造営を推進しており（『平安遺文』三四三八号仁安二年十月二十日大宰大弐庁宣案）、宇佐公通を権少弐に登用するなど（『吉記』治承三年四月十日条）、在地有勢者との関係維持を図っていた。但し、既に指摘されているように、伊勢平氏は必ずしも一枚岩ではなく、頼盛の池家は清盛の統制に反することもあった。[14] 平治の乱の際に頼盛の母池禅尼が源頼朝助命に尽力したこともあり、平氏西走後、頼盛は都に残り、頼朝の庇護下に入るが、平氏没官領からはずされた頼盛の家領目録には筑前国香椎庄・安富領、筑後国三原庄、肥後国球磨臼間野庄、また八条院領の筑前国宗像社・三ヶ庄、日向国国富庄など大宰府管内の所領が散見しており（『吾妻鏡』元暦元年四月六日条）、ここには「九国支配非法」と称される所以が反映されているのかもしれない。その他、上述の菊池・緒方氏蜂起の際に、「平家方人原田大夫種直相ニ催九州軍士二千騎一、遂合戦」（『吾妻鏡』養和元年二月二十九日条）とある原田種直は、頼盛の女婿であるとする史料も存する（『改正原田記』）。

―『仏祖統記』巻四十七孝宗・乾道三年（一一六七＝仁安二）

日本遣ㇾ使致ニ書四明郡庭一問ニ仏法大意一、乞集ニ名僧一、対ㇾ使発ㇾ函読ㇾ之。郡将大集、緇衣皆畏縮莫ニ敢応ㇾ命。棲心維那忻然而出。日本之書与ニ中国一同文、何足ㇾ為ㇾ疑。即揖ニ太守一褫ㇾ封疾、読以ㇾ爪掐ニ其紙七処一。読畢語ニ使人一曰、日本雖ㇾ欲ㇾ学ㇾ文不ㇾ無ニ疎繆一。遂一一為ㇾ析ㇾ之、使慚懼而退。守踊躍大喜曰、天下維那也。

m『栄西入唐縁起』

（上略）其年《仁安二年》冬十二月三日、辞二父母一赴二鎮西一、詣二宇佐宮一七日、遇二元三一。詣二肥後国阿蘇岳一。此処是八大龍王所居也。二七日修練祈三渡海無レ難、一々得二勝利一。二月八日達二博多唐房一。未二庸（唐カ）船解纜一之前、安楽寺・天神・竈門・法満・筥崎・香椎・住吉、如レ是霊社無レ不二経歴一。一々得二渡海之感応一。即四月三日解纜、同十八日放洋、廿四日就二明州之津一。東大寺勧進大和尚重源従二他船一入唐、於二明州一相視互流涙。同登二育王山一、見二釋尊舎利放光一、同詣二天台山一礼二生身羅漢一。臨二于帰朝之時一、源和尚同詣二育王山一、請二舎利殿修造之事一。即其年《仁安三年》同船帰朝。彼上人其時四十八、予廿八。（下略）

n太宰府博多津宋人刻石第一石

日本国太宰府博多津居／住弟子丁淵捨銭十貫文／砌路一丈功徳奉献三界／諸天十方聖本□上／代本命星官見生□□／四惣法界衆生同生佛／界者乾道三年四月日

頼盛の大宰府下向中の行事として、lに記された明州への遣使に注目したい。『愚昧記』仁安三年十二月十三日条には「又左大丞語、入唐上人事」とあり、左大丞は村上源氏の源雅頼（顕房の子雅兼の子）、入唐上人は重源に比定され、lの使者は僧侶と目されることから、mの記述と合せて、これは重源の第一回目の入宋を示し、後述の後白河法皇・平清盛と明州との通交につながる予備交渉がなされたのではないかと考えられている。(15) この重源の渡海を追う形で、翌年には栄西の入宋が行われており、禅宗の導入・宋僧の下での修行の必要性などから、成尋以来の渡海僧の時代の幕開けとなる。mでは栄西は博多唐房を頼りにしていたようであり、『興禅護国論』中・下にも「遇二両朝通事李徳昭一、聞伝言、有二禅宗一弘二宋朝一云々」、「両朝通事李徳昭、八十歳之時語曰、余昔二十有余歳、於₂東京₁見₂梵僧₁。下著₂単裙₁、上披₂袈裟₁。冬苦ㇾ寒而不ㇾ著₂余衣₁」などと、大唐通事から宋仏教の情報を得ていた様子が知られる。[16]

nにはまた、同時期に大宰府居住の中国人姓者が明州の某寺院の門前の礼拝路建設に際して石敷の路一丈を寄進して功徳をなしたことが知られる。同様の刻石は計三石があり、第二石には「日本国太宰府居住弟子張寧舎身砌路一丈」、第三石には「建州普城縣寄日本国孝男張公意捨銭十貫明州礼拝路一丈」と記されており、いずれも博多僑住の宋商人と目される人々の寄進行為を示すものと考えられる。[17]銭十貫はそれ程莫大な金額ではないが、これらは博多綱首と称される僑住宋商人の活動や本国とのつながりを反映するものであり、[18]l・mの渡海も彼らとの連携があって実現したのであろう。

但し、mの栄西入宋時には頼盛は都に召喚されており、栄西は今回の帰朝時に「以₂所ㇾ得天台新章疏三十余部六十巻₁呈₂座主明雲₁」とあるので（『元亨釈書』巻二釈栄西）、村上源氏出身で平氏とも親しかった天台座主明雲の延暦寺の後援によって渡海が可能になったと見るのがよいとされている（但し、第一回目の渡海前には「於ㇾ是門下侍郎平頼盛与ㇾ西厚、聞₂西之西遊₁、常遏₂行装₁、以ㇾ故未ㇾ遑ㇾ発」とあり、頼盛と栄西の関係が窺われる）。重源もまた、材木を産出する周防国を知行国とする村上源氏の源師行・有房父子とのつながりがあり、mに見える重源・栄西による明州阿育王山広利禅寺の舎利殿建立請負いとその実現には後白河法皇や当該期には法皇との関係が良好であった平清盛などの援助・主体的関与が不可欠であったという点にも留意せねばならない。[19]とすると、頼盛の大宰府での活動や交易との関係を過大に評価することはできず、むしろ後白河・清盛の国政掌握と対外政策の中での行為と位置づけるべきであり、その後の展開との関連の上にlの遣使の実像を探究することが必要になろう。

三　後白河・清盛と日宋「通交」

平清盛は宋人を畿内にまで呼び寄せ、後白河法皇との面見を実現したことで知られ、これも平氏と日宋貿易の関係を象徴するものと目されてきた。しかし、近年では継起する一連の「通交」はl・mによる阿育王山舎利殿の建立や後白河法皇の仏教的交流の意図を示すものであって、必ずしも宋との通交や平氏の貿易依存・振興を意味するものではないという見解が有力になっている。ここではこの点を史料を整理しながら敷衍してみたい。

o『文献通考』巻三二四　四裔一・倭　乾道五年（一一六九＝嘉応元）
附二明州綱首一進二貢方物一。

p『玉葉』嘉応二年（一一七〇）九月二十日条（『百錬抄』同日条も参照）
今日、城南寺競馬云々〈五番〉。其事了、法皇令レ向二入道大相国之福原山庄一給。是宋人来着為二叡覧一云云。我朝延喜以来未二曾有一事也。天魔之所レ為歟。

q『善隣国宝記』高倉院承安元年（一一七一）条（『元亨釈書』巻六釈覚阿も参照）
釈覚阿共二弟金慶一踰レ溟達二于杭都一。乃孝宗乾道七年也。遂参二霊隠仏海遠禅師一。阿帰朝后、安元之始附二船便一通二信于海一。

r—1『百錬抄』承安元年七月二十六日条

入道大相国進二羊五頭・麝一頭於院一。

r—2『百錬抄』承安元年十月条

近日、称二羊病一、貴賤上下煩二病患一。羊三頭在二仙洞一。人伝、承暦之比有二此事一。件羊返二却之一。

r—3『玉葉』承安二年（一一七二）九月十七日条

（上略）又語云、自二大宋国一供二物于法皇幷平相国入道一云々。其注文云、賜二日本国王一物色、送二太政大臣一物色云々。賜二国王一、頗奇恠。仍可レ被二返遣一歟、将可レ被二留置一歟、有二其儀一。然而事躰不可レ被レ返歟。又不レ可レ及二返牒一云々。異国定有レ所レ言歟。可レ恥々々。（下略）

r—4『玉葉』承安二年九月二十二日条

天晴、巳時許大外記頼業真人来。（中略）談二仰雑事一。其次頼業語云、自二大唐一有二供物一。献二国王一之物幷送二太政大臣一之物、有二差別一云々。其送文二通〈一通書云、賜二日本国王一、一通書云、送二日本国太政大臣一〉。此状尤奇恠。昔朱雀院御時、大唐贈二物于公家幷左右大臣一〈左大臣貞信公、右大臣仲平〉。於二公家御分一者、自二西府一被レ返了〈有二返牒一〉、左右大臣分留レ之〈各有二返牒一〉。其後一条院御時、異国供レ物。其牒状書二主上御名一〈但仁懐、書二聞違一歟〉。仍不レ及二沙汰一被レ返了。承暦之比、又有二此事一。其牒状書二レ廻二賜日本国一。因レ之殊有二沙汰一、両度被レ問二諸道一、遂経二両三年一被レ留了、時人謗レ之。今度供物非二彼国王一、明州刺史供物也。而其状奇恠也。尤可二返遣一。上古相互送レ使贈レ物、其牒状、自二大唐一ハ、天皇に送

上書、彼国王ヲハ天子ト書、自二我朝一ハ又送と書、相互無二差別一。而今度之所為不レ足レ言。而無音被レ留之条、異国定有レ所レ存歟。尤可レ悲事也云々。尤可レ然。（下略）

r―5『師守記』貞治六年（一三六七）五月九日条

（上略）承安二年秋宋朝牒状到来。状偁、大宋国明州□（沿カ）海制置使司牒日本国太政大臣、献方物於［　］又送二太政大臣一。［　］（同三年）二月入道太政大臣送二宋国一返牒状云、日本国沙門静海牒大宋国明州沿海制置使王。式部大輔永範卿草レ之、入道参議教長卿清書。太上天皇幷入道相国遣二答信物一。同四年二月五日入□（道）太政大臣〈清盛公〉遣二大宋国一返牒。作者式部大輔永範卿。是去年秋比大宋国牒状数通到来云々。
（下略）

s―1『百錬抄』承安三年（一一七三）三月三日条

大宋国有二貢物一。入道太政大臣可レ遣二返牒一之由、内々被二定仰一之。左大臣《経宗》所二計申一也。永範卿草レ之、入道教長卿可二清書一云々。

s―2『玉葉』承安三年（一一七三）三月十三日条

（上略）今日兼光語云、去年所レ有二沙汰一之異国之供物事、有二返牒一。永範卿草レ之、教長入道可二清書一云々。件状、只偏褒二進物之美麗珍重之由一云々。尚一筆可レ注下違二先例一之由上歟。宋朝定有レ所レ思歟。答進物等、法皇遣物〈蒔絵厨子一脚、納二色革三十枚一、同手箱一合、納二砂金百両一〉。入道相国遣物〈剣一腰、手箱一合、在二物具等一〉。件物等之躰、偏新儀歟。色革納二厨子一、頗以荒也。又武勇之具出二境外一、専不レ可レ然事也。如レ此大事、被レ問二人々一、殆可レ及二仗議一歟。又返牒状、以二法皇一称二太上天皇一。是又辞二尊号一入二仏陀之道一、豈称二上皇一哉、尤有二不審事一也、如何。保安返牒之草〈在良草レ之、清書定信也。件正本草也〉、取出令レ見。暫兼光退出了。

s―3『玉葉』承安三年三月二十二日条

(上略)自二去十四日一至二于廿日一、入道相国、於二福原一被レ修二護摩一云々。件之間日、宋朝送二使者一、入道不二合眼一、以レ人令レ逢之間、唐人大怒帰了云々。凡異朝与二我国一、頻以親昵、更々不レ被二甘心一事也。

s―4『宋会要輯稿』巻一九九冊蕃夷七之五二乾道九年(一一七三)五月二十五日条

枢密院言、沿海制置司津発綱首荘大椿・張守中、水軍使臣施閏・李忠、齎二到日本国回牒幷進貢方物等一、合行激犒。詔綱首各支銭五百貫、使臣三百貫。

t―1『宋史』日本国伝

(上略)淳熙二年(一一七五＝安元元)、倭船火児滕太明、殴二鄭作一死。詔械二太明一、付二其綱首一帰、治以二其国之法一。三年、風泊日本舟至二明州一、衆皆不レ得レ食、行乞至二臨安府一者、復二百余人一。詔人日給二銭五十文・米二升一、俟二其国舟至日一、遣帰。(下略)

t―2『嘉泰普燈録』巻二〇

(上略)淳熙乙未、与二其国僧統一、遣レ僧訊レ海、副以二水晶降魔杵及数珠一臂・彩扇二十事一、貯以二宝函一。(下略)

oは『宋史』日本国伝「乾道九年、始附二明州綱首一、以二方物一入貢」の繫年誤記で、s—4と同事と考えられるので、[20]措くことにすると、今回の「通交」はpの後白河・清盛と宋人の面見から始まるものである。十二世紀中葉以降には良質の古記録・年代記が欠如することもあって、eの周新以後には商客の個人名、宋商人来日の様態がわかる事例が殆ど見えなくなっており、pの宋人来航の詳細は不明とせねばならない。後白河・清盛が課題としていた阿育王山舎利殿建立の後援は、『平家物語』巻三「金渡」には「安元の比ほひ」、『延慶本平家物語』第二末「廿三 小松殿大国にて善を修し給事」では「去治承二年の春比」、『源平盛衰記』第十一「育王山送金事」でも同様の配列で、いずれも平重盛の事績として博多に到来した船頭妙典という者を介して、金の送付と供米田五百町の施入の話として語られている。しかし、舎利殿建立事業は嘉応元年〜安元元年までの期間と見るのがよく、この間重盛は承安元〜二年に院御厩別当になっているから、『平家物語』の記述は後白河法皇の意を体した活動と解すべきことが指摘されており、[21]この理解に従いたい。

その他、今回の宋人帰国に随伴して渡海したと目されるqの覚阿は、霊隠寺仏海禅師慧遠に師事し、承安三年に帰朝、[22]q・t—2に記されているように、安元元年には覚阿とその師園城寺長吏覚忠が僧を派遣して慧遠に物を贈っている。t—2下略部分には、「壬寅歳（一一八二）、王請住二持其国叡山寺一、復遣レ僧嗣レ書、時海已入滅矣」とあり、後白河法皇は慧遠を延暦寺の住持（天台座主）に迎えようとしたが、この時には慧遠が死去しており実現しなかったとある。覚阿の師覚忠は後白河の出家戒師であり（『玉葉』嘉応元年六月十七日条など）、覚阿の派遣や慧遠招聘計画には後白河—覚忠、就中法皇の仏教信仰が反映されているものと考えられる。[23]

u『山槐記』治承三年（一一七九）十二月十六日条

天晴。今暁東宮行二啓于外祖父入道太政大臣八条亭一。（中略）有二御送物一。摺本太平御覧〈此書総数三百巻也。

巻三帖裏レ之、不レ入レ筥。自二大宋国一送二禅門一、未レ渡二本朝一書也。後朱雀院儲君之時、万寿之比自二御堂一有二御送物一、摺本文選・文集云々。具見二経頼卿記一。蓋被レ追二彼例一也〉、裏蘇芳村濃浮線綾〈裏濃蘇芳打〉、以レ玉付二銀松枝一。権大夫取レ之〈置レ弓、猶可二取加一歟〉。（下略）

但し、pでは宋人の紹介は清盛が行っており、r—1の珍獣献上やuの『太平御覧』入手など、商客との交流や唐物の獲得には執政の実力者たる清盛の関与が必要であって、ここには後白河—清盛の連携が不可欠であった所以が窺われる。それ故にr—3〜5、s—2では宋側の献物は後白河と清盛双方に送られているのであり、後白河だけ、清盛の主導のみではない、後白河—清盛の一体的行為として位置づけるべきものと思われる。では、清盛はこの日宋「通交」に大きな関心を抱いていたのかと言えば、s—3には福原での護摩行を理由に、宋人と直接面会せず、代理人での対応で済ませたため、宋人が大いに怒って帰ったとあり、これを第一義としていた訳でもないようである。

r—3・4によると、宋側は「賜二日本国王一」という書式の文書を送付しており、日本朝廷、執政者との公的通交を企図していたと目される。r—4では大外記清原頼業は「今度供物非二彼国王一、明州刺史供物也」と看破していたことがわかるが、r—5・s—4に見えるように、今回の遣使主体は明州沿海制置使であり、綱首＝商客を介したものであるものの、この日本との通交は皇帝に報告・賞賜されているので、宋朝廷の方策を体現したものであったと解される。その背景としては、平氏による海賊取り締まりへの期待とする説もあるが[24]、清盛の大輪田泊築造や畿内への交易船到来例はこれよりも後の事象であるので、むしろ当時の国際情勢、南宋の対金政策（北宋皇帝の陵墓〔陵寝〕を含む河南地方の奪回と外交儀礼の問題〔金帝からの国書受領に際して、南宋皇帝が玉座を降りて北面して受け取る受書礼の改正〕）の一環として、日本との提携を模索したとする見解を支持するのがよいと思われる[25]。

しかしながら、日本側の対応は僧侶による仏教的交流を主としており、s—3の清盛の応対も、鋭敏な外交感覚とは程遠いものと評さねばならない。s—2では清盛が武器を送ったことが問題視されているが、剣一腰と手箱に入るだけの物具（鎧か）であって、大量の武器を供託して軍事的関係を樹立するような目的は見出せない。その意味では、「後白河・清盛政権の国際感覚はかなり見劣りするものであり、保守的な貴族にはない先進性を過剰に強調するには、いきすぎた評価なのではなかろうか」と位置づけるのが至当であろう。(26)

むすびにかえて

小稿では従来革新的と評価されてきた平氏政権と日宋貿易との関係について、平氏の貿易への関与、政権主体のあり方や通交目的から再検討を迫る近年の諸研究を整理して、私なりに史料との照合を試みた。全体的な見直しの視点として、平氏による大宰府を通じた日宋貿易の独占支配はなく、一元的な貿易管理制度や専売制の実施・貿易統制権の行使は看取できず、平氏一門は唐物の大口消費者ではあるが、日宋貿易を財政基盤としてはいないという指摘に要約される。(27)

v『山槐記』治承三年（一一七九）六月二十二日条（前太政大臣藤原忠雅の厳島参詣）

（上略）八日巳剋出二寺江一、至二于泥□一〈去二寺江一廿町許〉、令レ乗二御車一給。（中略）大相国又御乗船、別船也〈入道乗二唐船一〔　〕十二月左大臣被〔　〕〉、（下略）

W『山槐記』治承四年（一一八〇）十月十日条

天晴。向₂給地₁、見₂作事₁。自₂去十六日₁唐船着₂輪田泊₁、今日遣₂侍男₁令ᵣ交₂易薬種₁。

X『高倉院厳島御幸記』治承四年

（三月十七日）…福原より、「けふよき日とて、船にめしそむるべし」とて、唐のふねまいらせたり。まことにおどろおどろしく、絵に描きたるに違はず。唐人ぞつきてまいりたる。…（二十一日）…福原の入道は、唐の船にてぞ、海よりまいらるゝ。…唐の御船より鼓を三度うつ。もろもろの舟ども、はじめてこの声に湊を出づ。…

大輪田泊に唐船が到来したのは、清盛が治承三年政変で後白河法皇の院政を停止し、独裁的権力を掌握した時期の少し前のVと最晩年のW・Xのみであり、博多を越えるような貿易港創出の企図は窺われない。これらの「唐船」のうち、V・Xは瀬戸内海の山田・高砂・室・児島に停泊しており、外洋航行可能な宋船とは異なるもの、日本で作られた国内航行用、唐物の輸送・交易を担う「唐船」ではなかったかとする見解が呈されている。[28]とすると、Wに関しても、そうした博多からのコンテナ船の如きものであり、清盛は福原から瀬戸内海を経る国際交易ルートを開拓しようとしたことはなく、唐物輸入はあくまでも博多を窓口とし、そこから延伸する国内流通のネットワークを大輪田泊に導いたに過ぎないという理解になってくるのである。但し、Xに「まことにおどろおどろしく、絵に描きたるに違はず」とあるので、やはり「唐船」、ジャンク船と見るべきであるという見解も示されている。ただ、この見解でも大輪田泊整備は高倉上皇の厳島行幸に関係するものであって、国際交易云々を強調すべきではないという点では同様の評価が呈されていると言えよう。[29]

以上のように、伊勢平氏と日宋貿易の関係は多くの点で再構築の必要があり、もはや平氏政権の画期性や経済基盤としての交易への着目を過度に評価することは難しいと言わねばならない。最後に鎌倉期以降の公家と武家の外交のあり方を展望し、むすびに代えたい。

y―1『玉葉』建久二年（一一九一）二月十五日条

（上略）右大弁親雅持二来大宰府解一。宋人楊栄・陳七太等於二宋朝一致二狼藉一事也。留二府解一了。為レ付二職事一耳。

y―2『玉葉』建久二年二月十九日条（↓六月二十六日条・仗議）

（上略）宗頼朝臣来申云、太宰府解奏聞之処、可レ被二沙汰一云々。余仰云、先可レ問二例於官一者。此事宋朝商人楊栄幷陳七太等於二彼朝一依レ致二狼藉一、宋朝下二宣下一、自レ今以後和朝来客可二傳〔捕カ〕召一之由下知云々。此事大事也。仍件楊栄等可レ被レ処二重科一、達二宋朝之聞一之由、宰府進二解状一也。此事已大事也。早可レ被レ召二誡彼両船頭一也。而於二楊栄一者我朝所生者也、仍科断無レ疑。於二陳七太一者於二宋朝一所レ生云々。先例如レ此之者、自由不レ被二科断一歟云々。此等之子細依二不審一、先可レ問レ例之由所レ仰也。随二彼状一被レ問二人々一、可レ有二沙汰一歟。

z『百錬抄』安貞元年（一二二七）七月二十一日条

於二関白直盧一、有二議定事一。左大臣已下参入。去年対馬国悪徒等向二高麗国全羅州一、奪二取人物一、侵二陵住民一事、可レ報二由緒一之由牒送。太宰少弐資頼不レ経二上奏一、於二高麗国使前一捕二悪徒九十人一斬レ首、偸送二返牒云々。我朝之耻也。牒状無レ礼云々。

ｙとｚは対宋、対高麗と、対象国は異なるが、鎌倉時代の公家外交と武家外交の一端を教えてくれる。ｙでは生誕地の違いによる刑決権の所在が云々されており、これはｔ―１淳熙二年例の宋側の処置とも相応するもので、律令以来の国際的通則であったと思われる。[30]ｙではまた、藤原兼実は大宰府が日宋間の通交に支障が生じることを憂慮している点に留意しており、国際関係への目配りをふまえた上での判断をしていると解せられる。一方、ｚでは御家人である武藤資頼が朝廷に報じることなく、悪徒の処断と高麗への返牒送付を行ったとある。これは一旦の武断を示すものではあるが、国際関係上は「我朝之耻」になり、また高麗の牒状の無礼を糾問するという課題が等閑に付されたという問題が存した。こうした公家外交と武家外交の相違やその調整如何も検討課題であり、平氏政権に続く時期の日宋貿易の様態や僧侶の往来などにも材料が数多くあることを指摘し、[31]蕪雑な稿を終えることにしたい。

註

（1）森克己『新訂日宋貿易の研究』（国書刊行会、一九七五年）。

（2）拙稿「朱仁聡と周文裔・周良史――来日宋商人の様態と藤原道長の対外政策」（『東洋大学文学部紀要』史学科篇四〇、二〇一五年）。

（3）田島公「大宰府鴻臚館の終焉」（『日本史研究』三八九、一九九五年）、石井正敏ａ「肥前国神崎荘と日宋貿易」、ｂ「年未詳五月十四日付源頼朝袖判御教書について」（『高麗・宋元と日本』勉誠出版、二〇一七年）、山内晋次ａ「荘園内密貿易説に関する疑問」（『奈良平安期の日本とアジア』吉川弘文館、二〇〇三年）、ｂ「日宋貿易と「トウボウ」をめぐる覚書」（『東アジア海域叢書』一一、汲古書院、二〇一三年）、渡邊誠「大宰府の「唐坊」と地名の「トウボウ」（『平安時代貿易管理制度史の研究』思文閣出版、二〇一二年）など。なお、服部英雄「宗像大宮司と日宋貿易」（『境界からみた内と外』下巻、岩田書院、二〇〇八年）のように、なお密貿易説を支持するものもある。

（4）髙橋昌明『〔増補改訂〕清盛以前』（平凡社、二〇一一年）。

（5）拙稿「在庁官人と中央出仕」（『海南史学』五二、二〇一四年）。

（6）髙橋昌明『平家と六波羅幕府』（東京大学出版会、二〇一三年）、渡邊誠a「平安貴族の対外意識と異国牒状問題」（『歴史学研究』八二三、二〇〇七年）、b「後白河法皇の阿育王山舎利殿建立と重源・栄西」（『日本史研究』五七九、二〇一〇年）、c「後白河・清盛政権期における日宋交渉の舞台裏」（『芸備地方史研究』二八二、二〇一二年）、山内晋次「平氏と日宋貿易」（『神戸女子大学古典芸能研究センター紀要』六、二〇一二年）、シャルロッテ・フォン・ヴェアシュア「平清盛と唐船」（『日本歴史』七七九、二〇一三年）など。

（7）石井註3a論文。

（8）髙橋註4書二二三―二三六頁、木村真美子「中世の院御厩司について」（『学習院大学史料館紀要』一〇、一九九九年）、渡邊誠「十二世紀の日宋貿易と山門・八幡・院御厩」（註3書）など。

（9）石井註3a論文四六～四九頁は、積極的関与を否定する。なお、帥中納言は長承三年に非公式に入内し、後に鳥羽院皇后になる美福門院得子の父権中納言大宰権帥藤原長実（北家魚名流末茂孫、時に五十九歳。善勝寺流の家保の兄）で、彼は八月十九日に薨去するので、この件の顚末は未詳である。一方、大庭康時「博多綱首殺人事件」（『法哈噠』三、一九九四年）は、積極的関与を認める。

（10）拙稿「平安中・後期の対外関係とその展開過程」（『東洋大学文学部紀要』史学科篇四一、二〇一六年）。

（11）川添昭二「栄西と今津・誓願寺」（『日本歴史』三三二、一九七六年）。

（12）禽獣献上の意味合いについては、皆川雅樹「動物の贈答」（『日本古代王権と唐物交易』吉川弘文館、二〇一四年）を参照。

（13）飯田久雄「平氏と九州」（『荘園制と武家社会』吉川弘文館、一九六九年）、石井進「大宰府機構の変質と鎮西奉行の成立」（『日本中世国家の研究』岩波書店、一九七〇年）、正木喜三郎「大宰府領と平氏政権――大宰府目代藤原能盛考」（『大宰府領の研究』文献出版、一九九一年）など。

（14）田中大喜a「平氏の一門編成と惣官体制」（『日本歴史』六六一、二〇〇三年）、b「平頼盛小考」（『中世武士団構造の研究』校倉書房、二〇一一年）、元木泰雄「平重盛論」（『平安京とその時代』思文閣出版、二〇〇九年）など。

（15）榎本渉「明州に来た平家の使者」（『義経から一豊へ』勉誠出版、二〇〇六年）。

（16）大唐通事の役割については、拙稿「大唐通事張友信をめぐって」（『古代日本の対外認識と通交』吉川弘文館、一九九八年）、山内晋次『『香要抄』の宋海商史料をめぐって」（『アジア遊学』一三二、二〇一〇年）などを参照。

（17）森本朝子「博多居留宋人に関する新資料」（『Museum Kyushu』一九、一九八六年）、高倉洋彰「寧波市現存の太宰府博多津宋人刻石について」（『大宰府と観世音寺』海鳥社、一九九六年）など。

（18）林文理a「「博多綱首」関係史料」（『福岡市立博物館研究紀要』四、一九九四年）、b「博多綱首の歴史的位置」（『古代中世の社会と国家』清文堂出版、一九九八年）、大庭康時「博多綱首の時代」（『歴史学研究』七五六、二〇〇一年）など。

（19）渡邊註6b論文。なお、平清盛・頼盛の大弐就任による平氏の大宰府支配を過大評価すべきではないことについては、前田英之「平家政権の成立と宇佐宮領」（『平家政権と荘園制』吉川弘文館、二〇一七年）も参照。

（20）対外関係史総合年表編集委員会編『対外関係史総合年表』（吉川弘文館、一九九九年）一〇〇八頁補注。

（21）渡邊註6b論文。

（22）榎本渉a「日中・日朝僧侶往来年表（一一二七－一二五〇）」（『八－一七世紀の東アジア地域における人・物・情報の交流』上、科研報告書〈研究代表者・村井章介〉、二〇〇四年）、b『南宋・元代日中渡航僧伝記集成』（勉誠出版、二〇一三年）など。

（23）横内裕人「自己認識としての顕密体制と「東アジア」」（『日本中世の仏教と東アジア』塙書房、二〇〇八年）四二八～四二九頁。その他、日野開三郎「日宋関係史料としての「阿育王山妙智禅師塔銘」」（『岩井博士古稀記念典籍論集』一九六三年）が紹介する銘文の「日本国王閲二師偈語一、自言レ有レ所二発明一、至二遜国一以従二釈氏一、歳二修弟子礼一、辞幣甚恭、且以二良材一建二舎利殿一、器用精妙、荘厳無レ比」という記述も参考になる。

（24）髙橋昌明『平清盛 福原の夢』（講談社、二〇〇七年）一〇五－一〇七頁。

（25）渡邊註6c論文。

(26) 渡邊註6c論文三五頁。
(27) 山内註6論文。
(28) シャルロッテ・フォン・ヴェアシュア註6論文。
(29) 渡邊誠「平安・鎌倉期「唐船」考」（『九州史学』一七〇、二〇一五年）。
(30) 拙稿「古代日本における在地外国人観小考」（註16書）。
(31) 榎本渉a「「板渡の墨蹟」から見た日宋交流」（『東京大学日本史学研究室紀要』一二、二〇〇八年）、b「日本の墨蹟史料から見た南宋期の海上貿易」（『大阪市立大学東洋史論叢』別冊特集号、二〇〇九年）、c『僧侶と海商の東シナ海』（講談社、二〇一〇年）、中村翼a「鎌倉中期における日宋貿易の展開と幕府」（『史学雑誌』一一九の一〇、二〇一〇年）、b「鎌倉幕府の「唐船」関係法令の検討」（『鎌倉遺文研究』二五、二〇一〇年）、c「日元貿易期の海商と鎌倉・室町幕府」（『ヒストリア』二四一、二〇一三年）、大塚紀弘a「日本中世における北宋仏牙信仰の受容」、b「唐船貿易の変質と鎌倉幕府」（『日宋貿易と仏教文化』吉川弘文館、二〇一七年）、村井章介『日本中世の異文化接触』（東京大学出版会、二〇一三年）、村井章介編『東アジアのなかの建長寺』（勉誠出版、二〇一四年）、石井正敏『「武家外交」の誕生』（NHKブックス、二〇一三年）など。

国譲り神話の場所をめぐって

瀧音能之

一 問題の所在

「記・紀」の神話を通してみるならば、そこにはさまざまな意図がみえかくれする。そのため、個々の神話には各々の役割があり、意匠がこらされている。したがって、個々の神話はそれぞれに重要であるが、「記・紀」神話が究極的にめざすものが天皇家による日本列島支配の正統化であり、各々の神話はそのために体系的に作られ配置された神話群であることを考えるならば、国譲り神話から次の天孫降臨神話へいたる部分はきわめて重要であるということはいうまでもないことである。この部分は、オオクニヌシ神が作りあげた葦国中国、すなわち地上を高天原へ譲りわたし、それをうけて高天原からアマテラスの孫であるニニギが天降ってくるというものである。そして、ニニギの子孫から初代天皇とされる神武が誕生するわけであり、このことは、とりもなおさず天皇家が神代から地上の正統な支配者であるということを主張しているのに他ならない。

こうしたことからも国譲り神話、天孫降臨神話は、「記・紀」神話の中核的要素といってよいであろう。これらのうち、国譲り神話についていうならば、『古事記』と『日本書紀』とでは、細部においては相違がみられるものの大きくとらえるとひとつのパターンがあるように思われる。それは、アメノホヒ神・アメノワカヒコ神・タケミカズチ神・アメノトリフネ神・フツヌシ神といった神々が地上の出雲国の稲佐浜に天降りし、オオクニヌシ神（オオナムチ神）・コトシロヌシ神たちと交渉をおこなうというものである。『古事記』を例として図示すると、図1のようになる。ここで興味深いことは、高天原の神々の天降りした場所は、最後の交渉にあたった神々に関して記され、それは出雲国の伊耶佐小浜（五十田狭小汀）ということになる。この伊耶佐小浜は、現在、出雲大社の西に位置する稲佐浜のこととされる。あくまでも神話の上での話であるが、このことは、島根半島の西端において国譲りがなされたと認識されていたと考えられる。これはいいかえると、大和からの視点でいうと、出雲の西端で国譲りがおこなわれたといってよいであろう。

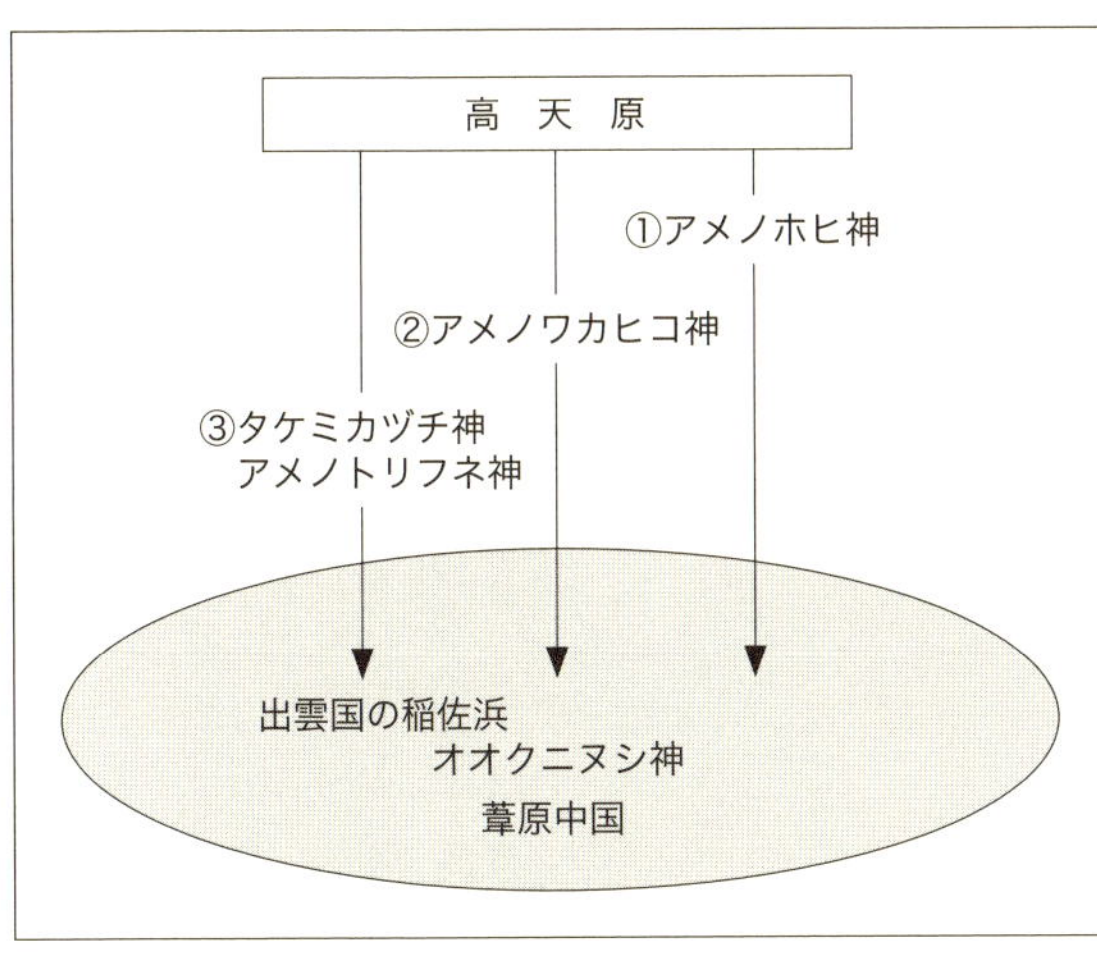

図1　『古事記』の国譲り神話

このように理解してよいとするならば、「記・紀」とほぼ同時期である八世紀の前半に編纂された『出雲国風土記』にみられる国譲り神話においても、出雲の西部で国譲りがおこなわれたと考えるのが自然である。ところが実際に『出雲国風土記』

をみるならば、出雲国の東部に位置し伯耆国との境にある長江山においてなされている。すなわち、出雲国の東端で国譲りがおこなわれていることになる。

「記・紀」神話の中で最も重要な位置を占めるもののひとつである国譲りに関して、「記・紀」とまったく異なる記述が『出雲国風土記』にみられるということをどのように解釈したらよいのであろうか。『出雲国風土記』が朝廷の要請によって編纂され、提出されたものであることを考慮にいれると、単純に出雲の独自性とか特殊性とかという論理でこの問題を処理することはできないと思われる。この点に着目してかつて私見を述べたこともあるが、主題としてとりあげたものではなかった。(1)

以下、これらのことをふまえて国譲りがなされた場所に注目して、「記・紀」および『出雲国風土記』にみられる国譲り神話の再検討をおこなうことにしたい。

二　「紀・紀」の国譲り神話

まず、「記・紀」にみられる国譲り神話についてとりあげることにする。『古事記』よると、アメノオシホミミ神が天浮橋まで天降りして、そこから地上の様子をうかがってそのカオスぶりを高天原へ報告する。それを受けて第一番目の交渉神としてアメノホヒ神が派遣されることになる。しかし、アメノホヒ神は地上へ天降りしたあと三年間にわたって高天原への復奏をしなかったとある。

そこで二番手として、アメノワカヒコ神が派遣されることになる。しかし、この神も地上へ降りるとオオクニヌシ神の娘であるシタテルヒメ神を妻にめとり八年間、復奏しなかった。しびれを切らした高天原から、ナキメが地上へ派遣され、復奏しない理由をアメノワカヒコ神に問いただしたところ、ナキメはアメノワカヒコ神によって射殺されてしまう。アメノワカヒコ神によるこうした一連の行動は、高天原の怒りをかうことになり、ついにはタカミムスヒ神によってアメノワカヒコ神は殺害されてしまう。

アメノホヒ神、アメノワカヒコ神らによる国譲りの交渉がうまくいかなかったため、三番目の交渉担当として選ばれたのがタケミカヅチ神であり、この神にアメノトリフネ神がそえられて地上へ天降りするということになる。その時の状況は次のようなものであった(2)。

是以、此二神降二到出雲國伊耶佐之小濱一而、（伊耶佐三字以レ音。）抜二十掬釼一、逆刺三立于二浪穂一趺二坐其劔前一、問二其大國主神一言、「天照大御神・高木神之命以、問使之。汝之宇志波祁流（此五字以レ音。）葦原中國者、我御子之所レ知國言依賜。故、汝心奈何。」。尓、答白之、「僕者不二得白一。我子八重言代主神、是可レ白。然、為二鳥遊・取魚一而、往二御大之前一、未二還来一。」。

すなわち、タケミカヅチ神とアメノトリフネ神の二神は出雲国の「伊耶佐之小濱」（稲佐浜）に天降りして、海上に十握剣を抜いて逆さに立て、その切先にあぐらをかいてオオクニヌシ神に国譲りについて問いただした。それに対して、オオクニヌシ神は、自らの返答はさけ、美保に行って留守であった子神であるコトシロヌシ神に答えをあずけてしまう。その後、コトシロヌシ神、さらにはタケミナカタ神の服従を経て、オオクニヌシ神による国譲りへと神話は展開していくことになる。

ここからも知れるように、国譲りの舞台とされるのは「伊耶佐之小濱」、すなわち、現在の稲佐浜である。稲佐浜は出雲大社の西方に位置する浜であり、海ということを意識するならば、出雲大社から最も近い浜といえる。つまり、『古事記』の国譲り神話においては、島根半島の西端が国譲りの舞台と認識されていたわけであり、位置的には大和からみて出雲の西端といってもよいであろう。

次に、『日本書紀』にみられる国譲り神話についてみていくことにする。『日本書紀』のこの部分は、本文の他に八個の一書によって構成されている。これらのうち、具体的に国譲りの内容について何らかの形で記述がみられるのは、本文・第一の一書・第二の一書・第六の一書の四箇所である。さらに、本稿の意図する「場所」という点に注目するならば、第六の一書にはその記載をみることができない。したがって、ここでは、『日本書紀』の本文と第一の一書・第二の一書とを対象とすることにする。

まず、該当する『日本書紀』本文はというと、初めからアメノホヒ神が地上へと派遣されている。そこには、『古事記』にあるようなアメノオシホミミ神による地上の視察というプロセスはみられない。地上へ天降りしたアメノホヒ神は、オオナムチ神（オオクニヌシ神）にとりこまれて、『古事記』と同様に三年たっても高天原に復命しなかった。そこで、今度はアメノホヒ神の子神であるオオソビノミクマノウシ神が派遣された。しかし、この神も父のアメノホヒ神に従って、高天原へ復命することはなかった。

アメノホヒ神父子が復命しなかったことを受けて、高天原はアメノワカヒコ神を天降りさせた。しかし、このアメノワカヒコ神も忠誠心に欠けており、『古事記』と同じようにウツシクニタマ神（オオクニヌシ神）の娘であるシタテルヒメ神を妻にして、葦原中国の支配者になろうとした。そして、ついに復命しなかった。そのため、やはり、タカミムスヒ神によって殺害されてしまう。

これらのことを経て、フツヌシ神とタケミカヅチ神の派遣ということになる。『日本書紀』をみると、[3]

是後高皇產靈尊更會二諸神一選下當レ遣二於葦原中國一者上。僉曰。磐裂（磐裂。此云二以簸娑窶一。）根裂神之子。磐筒男磐筒女所生之子經津（經津。此云二賦都一。）主神是將佳也。時有二天石窟所住神稜威雄走神之子甕速日神。甕速日神之子熯速日神。熯速日神之子武甕槌神一。此神進曰。豈唯經津主神獨為二丈夫一而吾非二丈夫一者哉。其辭氣慷慨。故以卽配二経津主神一令レ平二葦原中國一。二神於レ是降二到出雲國五十田狹之小汀一。則拔二十握劒一。倒植二於地一。踞二其鋒端一而問二大己貴神一曰。高皇產靈尊欲下降二皇孫一君中臨此地上。故先遣二我二神一駈除平定。汝意如何。當須避不。

時大己貴神封曰。當問二我子一然後將報。是時其子事代主神遊行在二於出雲國三穗（三穗。此云二美保一。）之碕一。以二釣魚一為レ樂。

となる。すなわち、タカミムスヒ神の要請を受けて、神々はフツヌシ神を地上へ派遣する神として推薦した。そのときタケミカヅチ神が進み出て、フツヌシ神のみが「丈夫」で私は「丈夫」ではないのでしょうか、と激しく抗議した。そこで、フツヌシ神にタケミカヅチ神をそえ、二神は「出雲国五十田狭之小汀」、すなわち、稲佐浜に天降りしたとある。

　五十田狭の小汀に降臨した二神は、十握剣を逆さに地上につき立てて切先にあぐらを組んでオオナムチ神に国譲りの是非を問いただす。二神が剣をつき立てる場所が五十田狭の小汀の大地となっていて、『古事記』の場合の浪の上とは異なっているが、ストーリー的にはほぼ同じといってよいであろう。これに対して、オオナムチ神は、やはり、自らが返答することなく、三穂（美保）碕にでかけていたコトシロヌシ神に判断を委ねてしまう。そして、コトシロヌシ神が国譲りに同意したのを受けてオオナムチ神も国譲りを承諾することになる。『古事記』には猛々しい神として姿をみせたタケミナカタ神は、『日本書紀』には一切、登場してこない。

　以上のことから知れるように、高天原から派遣された神々が天降りする場所については、『古事記』と同様である。すなわち、出雲国の西端ということができるのである。

　次に、『日本書紀』の一書をみていくことにしたい。まず、第一の一書では、アマテラス大神によって、アメノワカヒコ神が地上へ派遣されている。しかし、アメノワカヒコ神は、国神の娘を多く娶って、八年たっても復命しなかった。そのためアメノワカヒコ神は殺害されてしまう。その後、アマテラス大神は、アメノオシホミミ神を地上へ派遣することになる。しかし、アメノオシホミミ神は、天浮橋に立って、地上はまだカオスの状態で天降りすることはできないとして高天原へもどり、そのことを詳細に報告した。この部分は、『古事記』の記述と類似しているが、派遣される神の順番はまるで違っている。

このアメノオシホミミ神の復命を受けて、アマテラス大神は、タケミカヅチ神とフツヌシ神とを地上へ派遣することになる。『日本書紀』の該当部分をみるならば、(4)

故天照大神復遣二武甕槌神及經津主神一先行駈除。時二神降二到出雲一。便問二大己貴神一曰。汝將二此國一奉二天神一耶以不。對曰。吾兒事代主射鳥遨遊在二三津之碕一。今當問以報之。

とある。

ここから、タケミカヅチ神・フツヌシ神が天降ったのは出雲であることは知ることができるが、出雲のどこであるかについては記述がみられない。出雲へ降臨した二神は、オオナムチ神に国を譲るか否かについて問いただすが、やはり、オオナムチ神は曖昧な返答に終始する。すなわち、子神のコトシロヌシ神が「三津之碕」へ行っているので、この神にきいてから返答するというのである。ここにみえる三津碕に関しては、『出雲国風土記』の島根郡条に、(5)

御津浜　広二百八歩有二百姓之家一

とあり、御津浜の記載がみられる。現在、刊行されている『日本書紀』のこの箇所の注釈には、しばしば御津浜の指摘がなされている。美保も御津浜も『出雲国風土記』の島根郡に属していて、いずれも日本海に面している。その点は共通しているのであるが、美保が島根郡の東端に位置しているのに対して、御津浜は島根郡の西部に所在している。言葉を変えるならば、美保は現在の島根半島の東端にあたるが、御津浜は半島のほぼ中央部にある。また、『出雲国風土記』には、島根郡の条の神社一覧に御津社があったとされる。(6)この御津社についての詳細は不明であるが、御津浜の条に「百姓の家あり」と記載されていることを考慮するならば、御津浜に居住していた漁民たちの神社と思われる。しかし、ここにみられる御津社は、『出雲国風土記』によると、神祇官に登録されていない神社、すなわち、非神祇官社の扱いになっている。

こうしたことを考え合わせるならば、第一の一書にみられる三津碕を『出雲国風土記』に記載されている御津浜と関連づけて神話の舞台とする背景には、美保との地理的環境の類似性があるものと思われる。しかし、みてきたように、「記・紀」の国譲り神話における美保と御津とではあきらかに扱いに差がみられる。したがって、第一の一書にでてくる三津を『出雲国風土記』に記載されている御津浜と関連づけてとらえることには慎重にならざるをえない。

次いで、天降りの場所が記されている最後の所伝である第二の一書についてみることにする。これによると、天神がフツヌシ神とタケミカヅチ神とを葦原中国へ派遣したとある。二神は、出雲国の五十田狭の小汀に天降ってオオナムチ神に葦原中国を天神に譲るか否かを迫ることになる。(7)

天神遣二經津主神。武甕槌神一使レ平二定葦原中國一。時二神曰。天有二惡神一。名曰二天津甕星一。亦名天香香背男。請先誅二此神一。然後下撥二葦原中國一。是時齋主神號二齋之大人一。此神今在二乎東國檝取之地一也。既而二神降二到出雲五十田狹之小汀一。而問二大己貴神一曰。汝將以二此國一奉二天神一耶以不。

これがその部分である。すると、オオナムチ神は、意外な答えを返す。それは、フツヌシ神とタケミカヅチ神が地上へきたのはオオナムチ神に従うためではなかったのか、というものであった。つまり、オオナムチ神は国譲りに応じるどころか、逆に抗議するのである。フツヌシ神は仕方なく高天原へもどってこのことを報告するとタカミムスヒ神は二神を出雲へ返すと共にオオナムチ神に勅を下した。その内容は、現世の支配権は高天原へ譲り、オオナムチ神は幽界の神事に専念せよというものであった。そのための住居（出雲大社）などさまざまなものの整備も約束したのである。タカミムスヒ神からのこれら一連の配慮をうけてオオナムチ神は国譲りに同意することになる。ここには、他の所伝と異なってオオナムチ神の積極的な意志が表明されている。

以上、『古事記』『日本書紀』にみられる国譲り神話のうち、高天原から派遣される神々の降臨地についてとりあげてみた。これらを表にすると次のようになる（表1）。

表1　「記・紀」の国譲り神話

書名		国譲りの経過	天降り場所	葦原中国側の対応
『古事記』		◎アメノオシホミミ神の派遣→天浮橋からもどる ①アメノホヒ神の派遣 ②アメノワカヒコ神の派遣 ③タケミカヅチ神・アメノトリフネ神の派遣	出雲国の伊那佐の小浜	①コトシロヌシ神の承諾 ②タケミナカタ神の承諾 ③オオクニヌシ神の承諾
『日本書紀』	本文	①アメノホヒ神の派遣 ②オオソビノミクマノウシ神の派遣 ③アメノワカヒコ神の派遣 ④フツヌシ神・タケミカヅチ神の派遣	出雲国の五十田狭の小汀	①コトシロヌシ神の承諾 ②オオナムチ神の承諾
	第一の一書	①アメノワカヒコ神の派遣 ◎アメノオシホミミ神の派遣→天浮橋からもどる ②タケミカヅチ神・フツヌシ神の派遣	出雲	①コトシロヌシ神の承諾 ②オオナムチ神の承諾
	第二の一書	①フツヌシ神・タケミカヅチ神の派遣	出雲国の五十田狭の小汀	①オオナムチ神の抵抗 ②オオナムチ神の承諾 ③オオモノヌシ神・コトシロヌシ神の帰順
	第六の一書	アメノワカヒコ神の派遣		

この表からもわかるように、派遣神が天降りする場所は、出雲国、出雲国の伊耶佐の小浜、出雲国の五十田狭の小汀ということになる。すなわち、現在の稲佐浜がそれに相当する。つまり、「記・紀」の神話においては、国譲りは、出雲国の西端でおこなわれたと認識されていたと考えられる。稲佐浜は、出雲大社にもほど近く、国譲りの舞台としてはまさにふさわしいと思われる。しかし、「記・紀」とほぼ同時期に編纂された『出雲国風土記』では、稲佐浜とはまったく正反対といってよい場所で国譲りがなされている。このことについて節をあらためてみてみたい。

三　『出雲国風土記』にみえる国譲り神話

『出雲国風土記』は天平五年（七三三）に完成した地誌である。『日本書紀』からみて一三年後、『古事記』からは二一年後の成立である。『出雲国風土記』の編纂に際して、出雲国造をはじめとする編纂者たちは、「記・紀」の存在を知っていたか否かということについては、簡単にはいえないだろうが、知っていたと考えてもよいのではなかろうか。そのひとつの手段が、出雲国造による神賀詞奏上である。出雲国造が代替わりごとに朝廷に赴いて、天皇家の繁栄をことほいだとされるものであり、史料上、一五例が確認できる。[8]すなわち、霊亀二年（七一六）から天長三年（八三三）までで、まとめると表2にようになる。これらのうち、『出雲国風土記』が成立した天平五年（七三三）以前のものはというと、果安国造によるa、広島国造によるb・cの計三回の奏上を確認することができる。ちなみに、『出雲国風土記』の最高編纂者は出雲広島である。これらのことからも、出雲国造側が「記・紀」に関する情報をもっていても不思議ではないといえよう。

そうであればなおさら、『出雲国風土記』の内容が「記・紀」と相違するということは問題視されてよいであ

ろう。具体的に『出雲国風土記』の国譲り神話に該当する箇所をみてみると次のようになる。(9)

母理郷　郡家　東南卅九里一百九十歩　所レ造二天下一大神　大穴持命　越八口平賜而　還坐時　來二坐長江山一而詔　我造坐而　命國者　皇御孫命　平世所レ知依奉　但八雲立　出雲國者　我靜坐國　青垣山廻賜而　玉珍置賜而守詔　故云二文理一（神亀三年改二字母理一）

表2　出雲国造神賀詞奏上の事例

国造名	国造任命年月日	神賀詞奏上年月日
果安	708(和銅元)※	
		ⓐ716(霊亀2)2・10
広島	721(養老5)※	
		ⓑ724(神亀元)1・27 ⓒ726(神亀3)2・2
弟山	746(天平18)3・7	
		ⓓ750(天平勝宝2)2・4 ⓔ751(天平勝宝3)2・22
益方	764(天平宝字8)正・20	
		ⓕ767(神護景雲元)2・14 ⓖ768(神護景雲2)2・5
国上	773(宝亀4)9・8	
国成	782(延暦元)※	
		ⓗ785(延暦4)2・18 ⓘ786(延暦5)2・9
人長	790(延暦9)4・17	
		ⓙ795(延暦14)2・26
(姓名欠)		ⓚ801(延暦20)
門起	803(延暦22)※	
旅人	810(弘仁元)※	
		ⓛ811(弘仁2)3・27 ⓜ812(弘仁3)3・15
豊持	826(天長3)3・29	
		ⓝ830(天長7)4・2 ⓞ833(天長10)4・25

※印は『出雲国造系図』に拠る。

これは、意宇郡の母理郷の条であり、これによると、北陸の八口を平定したオオナモチ命、すなわちオオクニヌシ神が帰ってくる途中、長江山において国譲りをおこなったことになっている。オオクニヌシ神は、自分が造り支配している地上は皇御孫命に譲るということを宣言し、ただ出雲国のみは自分が鎮座する国であるとして青垣山をめぐらせて玉を置いて保持するとしている。「記・紀」の国譲りとはまったくといってよいほ

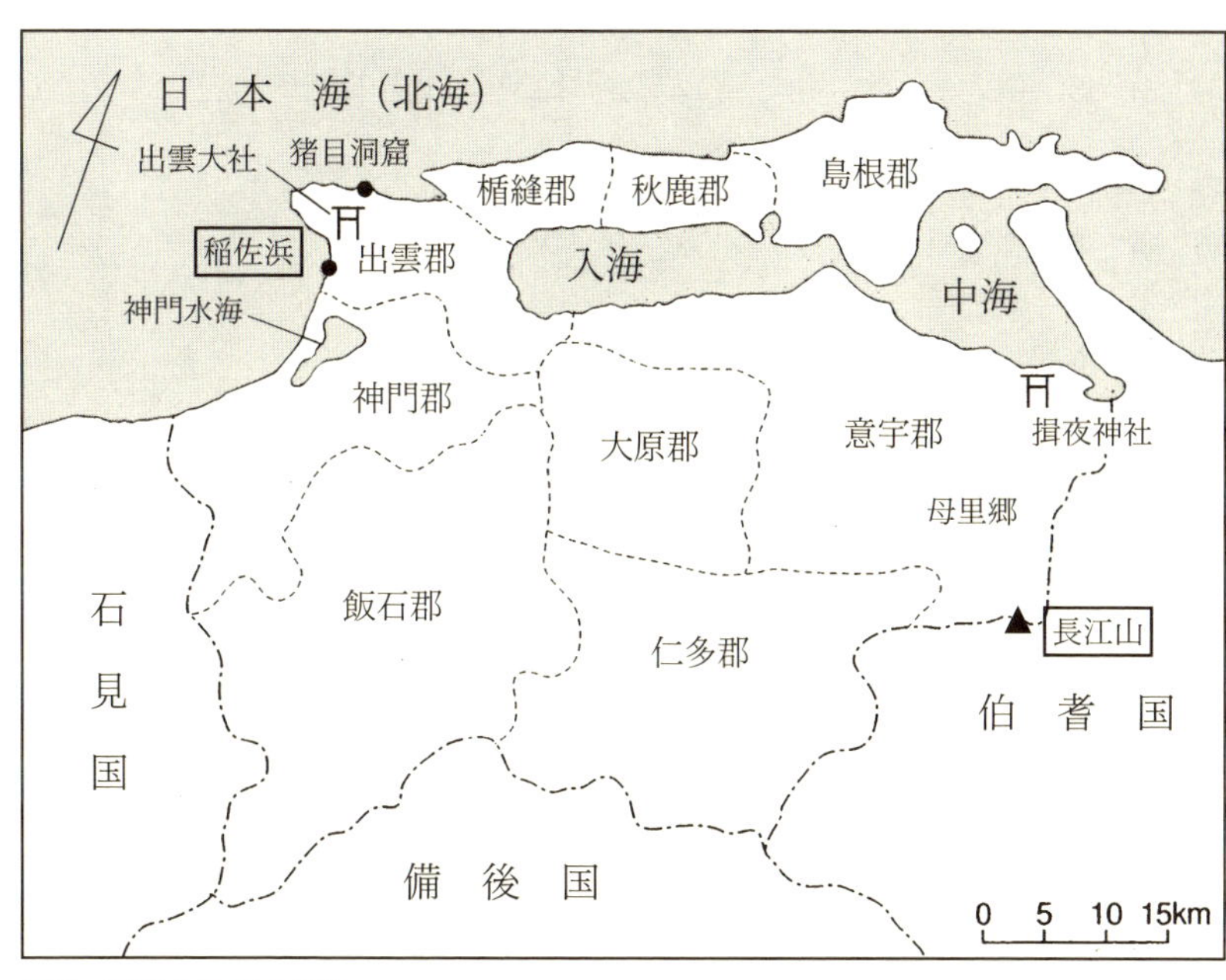

図2　国譲り神話の舞台

ど異なっている。

　まず何よりも国譲りをおこなう場所が母理郷の長江山という点が注目される。母理郷は出雲国の東部に位置しており、長江山は出雲国と伯耆国との境にある山とされている。加藤義成氏は、近世に作られた『出雲国風土記』の注釈書である『出雲風土記抄』を踏襲し、母理郷を伯太町の北部を除いたエリアとしている。[10] また、長江山に関しては、『出雲国風土記』の意宇郡の条に、[11]

　長江山　郡家東南五十里有水精

とあって、水精の産地とされている。

　長江山について、加藤義成氏は、やはり、『出雲風土記抄』を拠りどころとして、伯太町上小竹の国境にある鷹入山の東方の山を永江山といい、その東側の峠を永江峠といっているとしている。[12] 角川日本地名大辞典も基本的にはこれを踏襲して、伯太町の上小竹と鳥取県日南町との境界にある鷹入山の東方の山とし、この山を越えて伯耆へ行く道があり、長江こしと称すという説を紹介している。[13]　一方、日本歴史地名大系では、長江山について青垣山のこととする説を紹介し、青垣山を地元では長江ゾネ（ゾネは尾根のこと）という、としている。[14]　また近年、関和彦氏は、長江山に関して『出雲国風土記考』にみられる江尻村の山説を紹介し、さらに、そこにはこの山を越えて伯耆国へ通うルートがあり、長江こしというとあることも述べている。[15]

これらのことから知れるように、長江山をピンポイントで指すことは容易ではないが、出雲国と伯耆国との境の山ということはできよう。さらに、いつのころからかは明確にできないながらも、出雲国と伯耆国とを往来する道があったことも指摘することができる。このように、『出雲国風土記』では、出雲の東端で国譲りがなされていることが明らかである。しかも、オオナモチ神は国譲りには応じるが出雲国だけは譲らず、従来どおり自分が支配すると主張しているのである。こうした内容をもつ『出雲国風土記』が朝廷へ提出されたことは一般的に考えにくいのであるが、現実にはさし出されているのである。この現実をふまえるならば、「記・紀」にみられる国譲り神話と『出雲国風土記』の国譲り神話との間のギャップを埋める論理が『出雲国風土記』の編纂にあたった出雲国造側にあったと考えざるをえないのである。それについて次節で考えてみたい。

四　国譲り神話をめぐる「記・紀」と『出雲国風土記』との相違

みてきたように、「記・紀」の国譲り神話では、出雲の稲佐浜、すなわち、出雲の西端がその舞台になるのが一般的と考えられる。それに対して、『出雲国風土記』の場合、母理郷の長江山、すなわち、出雲の東端で国譲りがなされている。また、「記・紀」においては、最終的に葦原中国のすべての地域が高天原に譲られているのに対して、『出雲国風土記』では、出雲は国譲りの対象外とされている。こうした相違点をどのように解釈したらよいかは興味深い問題点と思われる。しかしながら、この点に関して定説といえるものはいまのところ提示されていないようにみうけられる。

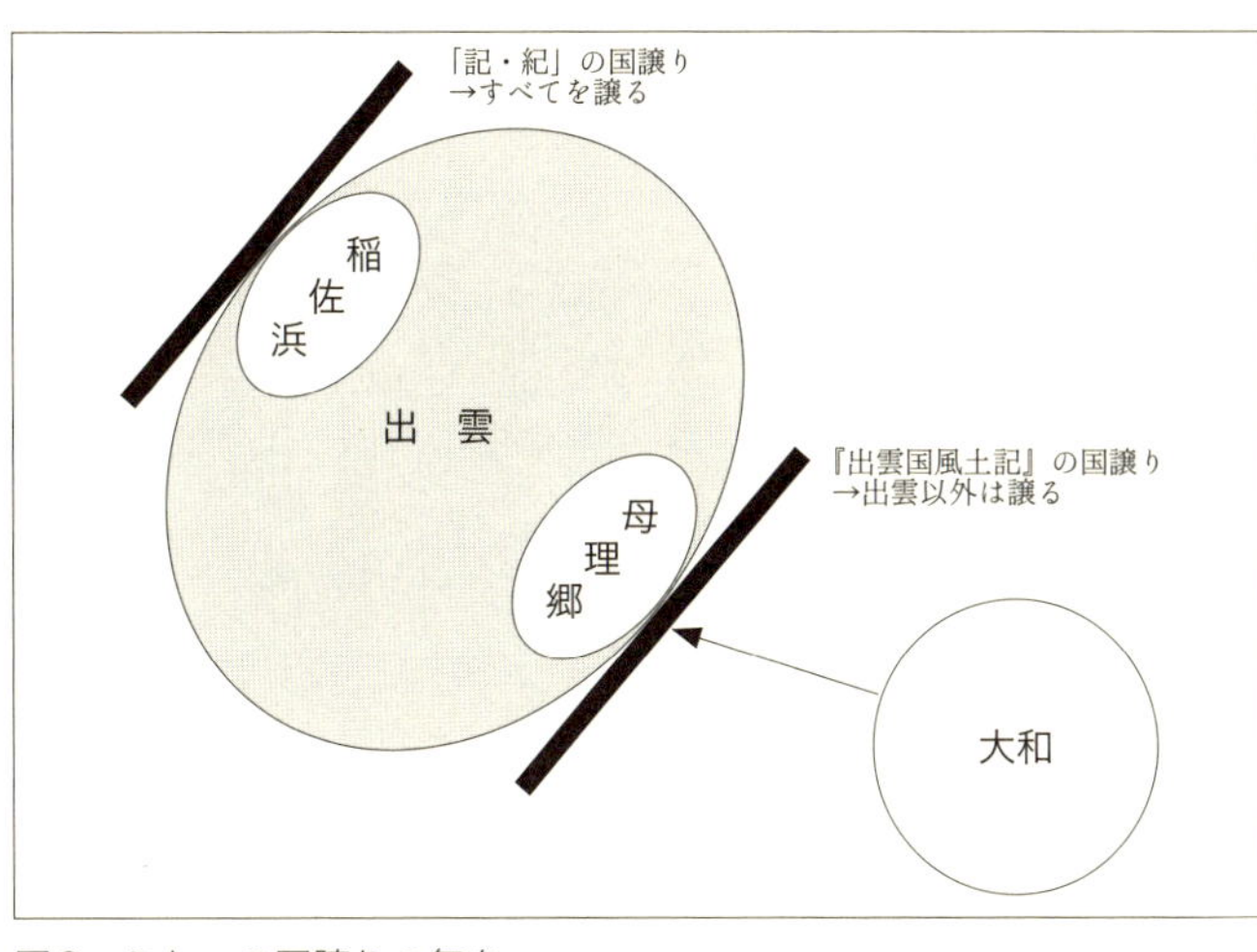

図3　ふたつの国譲りの舞台

この相違点を克服する手段としては、高天原と出雲（地上）という対立関係を、大和と出雲という視点に置き換えてみるとわかりやすいのではなかろうか。つまり、大和からの国譲りの要求に対して、「記・紀」の場合にはいうまでもなく出雲も含めて地上のすべてを国譲りするというのであるから、大和からみて出雲の一番奥の西部に位置する稲佐浜で国譲りがおこなわれるのである。一方、『出雲国風土記』では、出雲だけは譲らないというのであるから、大和からみて出雲の入口にあたる地域、すなわち東部の母理郷の長江山で国譲りが展開されることになる。この関係を図で示すと図3のようになる。

このように、「記・紀」と『出雲国風土記』の双方の内容を読みこむことによって、国譲り神話の舞台が出雲の東部と西部の二か所に存在することの合理性は理解することができると思われる。しかし、『出雲国風土記』が国譲りの舞台を東部に設定し、しかも国譲りの後も出雲だけは譲らないということに対しての論理については、いまだ保証されているとはいい難い。この点については、すでにみた『日本書紀』の国譲りに関する部分の第二の一書を再度、注目したい。フツヌシ神とタケミカズチ神の二神が出雲国の五十田狭の小汀に天降って、オオナムチ神に国譲りを迫ったところ、逆に抗議をうけることになる。このことを高天原へ報告したところ、タカミムスヒ神がオオナムチ神に勅を出してなだめて、あらためて国譲りに応じるように説得をするのであるが、その説得の条件が大変、興味深い。その箇所について具体的に史料をみるならば、(16)

大己貴神一曰。今者聞二汝所言一深有二其理一。故更條條而勅之。夫汝所治顯露之事。宣二是吾孫治一之。汝則可三以治二神事一。又汝應レ住二天日隅宮一者。今當供造即以二千尋栲縄一。結爲二百八十紉一。其造レ宮之制者。柱則高太。板則廣厚。又將田供佃。又爲二汝往來遊レ海之具一。高橋浮橋及天鳥船亦將供造。又於二天安河一亦造二打橋一。又供二造百八十縫之白楯一。又當二主汝祭祀一者天穂日命是也。

とある。ここでタカミムスヒ神がいっていることは、「顯露之事」すなわち地上の政治のことは天孫に譲るようにとのことである。そのかわり、「神事」つまり幽界の神事についてはオオナムチ神がつかさどることにするといっている。さらに、オオナムチ神の住居として天日隅宮（出雲大社）の建設や御領田・高橋・浮橋・天鳥船・天安河の橋・白楯なども作ると約束し、祭祀をつかさどるためにアメノホヒ神をあてることも認めている。

ここにみられるタカミムスヒ神の勅のなかで、注目しなければならないことは、国譲りとはすなわち現世の政治の譲渡にほかならない。つまり、幽界の神事に関しては国譲りの対象外ということになる。そして、その幽界の神事については、オオナムチ神が天日隅宮（出雲大社）においておこなってよいというのである。このタカミムスヒ神の勅をうけてオオナムチ神は次のように答えている。(17)

天神勅教慇二懃如此一。敢不レ從レ命乎。吾所レ治顯露事者。皇孫當レ治。吾將退治二幽事一。

当初は激しく抵抗していたオオナムチ神であるが、タカミムスヒ神の勅をきいて、すっかり和らぎ国譲りに応じ、現世のことについては皇孫が治め、幽事は自分が支配することを返答している。この返答は、とりようによっては、オオナムチ神によるダメ押しといってもよいであろう。すなわち、このタカミムスヒ神の勅は、国譲りの後も出雲大社に鎮座するオオナムチ神による幽界の統治を認めたことにほかならない。そして、このタカミムスヒ神の勅こそが、アメノホヒ神の子孫としてオオナムチ神に奉仕する出雲国造の論理になったのではなかろうか。

五 結語

「記・紀」と『出雲国風土記』とにみられる国譲り神話の内容の相違に注目して、その背景に何があるのかということを考えてみた。具体的には、「記・紀」では出雲の西端で国譲りがなされているのに対して、『出雲国風土記』では出雲の東端でおこなわれており、加えて国譲り後も出雲だけは譲らないと明言できるのは、いかなる理由があってのことなのか検討を試みた。その結果、『出雲国風土記』が東端で国譲りをおこなっているのは、国譲りの内容として地上は譲るが出雲は譲らないといっているのであるから、大和からみて出雲の入口、すなわち、東端が神話の舞台となるのは当然のことと結論づけるにいたった。

さらに、そうした「記・紀」と異なる国譲り神話を記載し、それを朝廷へ提出できた理由についても考えてみた。そして、その理由は「記・紀」の国譲り神話にあると考えた。具体的にいうと、『日本書紀』の国譲り神話の部分にみられる第二の一書の中で、タカミムスヒ神がオオナムチ神に出した勅が論拠になっているのではなかろうかとした。この神勅の中でタカミムスヒ神は、国譲りの対象を顕界に限定し、幽界の統治はオオナムチ神にまかせている。したがって、国譲りののちも幽界の支配は、出雲大社に鎮座するオオナムチ神にゆだねられたままということになる。このことから、出雲大社が所在する出雲地域は、オオナモチ神が支配する幽界という認識が生じてくるのではなかろうか。このように考えるならば、大和からみて出雲は国譲りの対象外となり、オオナモチ神の支配領域ということが可能になってくるように思われる。『出雲国風土記』にみられる国譲り神話は、こうした論理に支えられているといえるのではなかろうか。

註

(1) 瀧音能之「古事記と出雲の神話」(『中央史学』第三六号)。同「古代出雲の東と西二題」(『上代文字』第一一三号)。

(2) 西宮一民編『古事記』(桜楓社、一九八六年)七〇頁。

(3) 『日本書紀』巻二、神代下(天孫降臨)(新訂増補　国史大系、吉川弘文館、一九七一年)六二―六三頁。

(4) 右同書六九頁。

(5) 秋本吉郎校注『風土記』(日本古典文学大系、岩波書店、一九八九年)一五〇頁。

(6) 『出雲国風土記』の島根郡の神社列記の箇所については、神祇官社の部分は現在しているものの非神祇官社の部分は御津社も含めて欠落してしまっている。ただ、『出雲風土記抄』や『万葉緯本』の系統の写本だけが、非神祇官社までを列記した形をとっている。そうしたことの事情に関しては、加藤義成『修訂出雲国風土記参究』今井書店、一九八七年)に詳しい。

(7) 前掲註3、七二頁。

(8) 一五例について具体的にみるならば、次のようになる。

a 『続日本紀』靈亀二年(七一六)二月十日条

出雲国々造外正七位上出雲臣果安。斎竟奏㆓神賀事㆒。神祇大副中臣朝臣人足。以㆓其詞㆒奏聞。是日。百官斎焉。自㆓果安㆒至㆓祝部㆒。一百一十余人。進㆑位賜㆑禄各有㆑差。

b 『続日本紀』神亀元年(七二四)正月二十七日条

出雲国造外従七位下出雲臣広島奏㆓神賀辞㆒。

c『続日本紀』神亀三年（七二六）二月二日条
出雲国造従六位上出雲臣広島斎事畢。献二神社剣鏡幷白馬鵠等一。広島幷祝二人並進二位二階一。賜広島施廿疋。綿五十屯。布六十端一。自余祝部一百九十四人禄各有レ差。

d『続日本紀』天平勝宝二年（七五〇）二月四日条
天皇御二大安殿一。出雲国造外正六位上出雲臣弟山奏二神斎賀事一。授二弟山外従五位下一。自余祝部叙レ位有レ差。並賜二施綿一。亦各有レ差。

e『続日本紀』天平勝宝三年（七五一）二月二十二日条
出雲国造出雲臣弟山奏二神賀事一。進レ位賜レ物。

f『続日本紀』神護景雲元年（七六七）二月十四日条
幸二東院一。出雲国造従六位下出雲臣益方奏二神賀事一。仍授二益方外従五位下一。自余祝部等。叙レ位賜レ物有レ差。

g『続日本紀』神護景雲二年（七六八）二月五日条
出雲国々造外従五位下出雲臣益方奏二神賀事一。授二外従五位上一。賜二祝部男女百五十九人爵各一級一。禄亦有レ差。（後略）

h『続日本紀』延暦四年（七八五）二月十八日条
出雲国々造外正八位上出雲臣国成等奏二神賀事一。其儀如レ常。授二国成外従五位下一。自外祝等。進レ階各有レ差。

i『続日本紀』延暦五年（七八六）二月九日条
出雲国国造出雲臣国成等奏二神吉事一。其儀如レ常。賜二国成及祝部者一各有レ差。

j『類聚国史』巻十九、神祇十九、国造条〈延暦十四年（七九五）二月二十六〉
出雲国々造外正六位上出雲臣人長特授二外従五位上一。以下縁二還都一奏中神賀事上也。

k『類聚国史』巻十九、神祇十九、国造条〈延暦二十年（八〇一）閏正月十六日〉
出雲国々造外奏二神賀事一。

l『日本後紀』弘仁二年（八一一）三月二十七日条
出雲国造外従七位下出雲臣旅人授二外従五位下一。縁二神賀事一也。

m『日本後紀』弘仁三年（八一二）三月十五日条

御二大極殿一。出雲国造外従五位下出雲臣旅人奏二神賀辞一。幷有二献物一。賜レ禄如レ常。

n『類聚国史』巻十九、神祇十九、国造条〈天長七年（八三〇）四月二日条〉

皇帝御二大極殿一。覧二出雲国々造出雲臣豊持所レ献五種神宝。兼所レ出雑物一。還レ宮授二豊持従六位下一。

o『続日本後紀』天長十年（八三三）四月二十五日条

出雲国司率二国造出雲豊持等一奏二神寿一。幷献二白馬一疋。生雉一翼。高机四前。倉代物五十荷一。天皇御二大極殿一。受二其神寿一。

（9）前掲註5、一〇二頁。
（10）加藤義成『修訂出雲国風土記参究』（今井書店、一九八七年）八三頁。
（11）前掲註5、一一六頁。
（12）前掲註10、一五五頁。
（13）『島根県』（角川日本地名大辞典、角川書店、一九七九年）四七三頁。
（14）『島根県の地名』（日本歴史地名大系、平凡社、一九九五年）二四四頁。
（15）関和彦『出雲国風土記註論』（明石書店、二〇〇六年）五八頁。
（16）前掲註3、七二―七三頁。
（17）前掲註3、七三頁。

渋沢敬三と漁業史研究

亀谷弘明

一　はじめに

本論集のテーマは、「古代史の方法と意義」である。周知のように、古代史研究においても敗戦後は「戦後歴史学」と呼ばれる潮流に乗る優れた多くの研究が蓄積された。なお、二宮宏之によれば、「戦後歴史学」とは戦前の日本資本主義論争の遺産を受け継いで敗戦後に一斉に開花した社会科学的歴史学のことであるという(1)。

ところが、その「戦後歴史学」も一九五〇年代末には発想の硬直化と研究の閉塞感を生みつつあったが、一九八九年のベルリンの壁崩壊、さらに一九九一年のソ連の崩壊によって終焉した(2)。そして、一九九〇年代末～二〇〇〇年代初頭にかけて、ポスト構造主義の挑戦が始まり、いわゆる「言語論的転回」の洗礼が日本の歴史学界に激震を与えた。そこでは、「戦後歴史学」の理論的拠り所であるマルクス主義歴史学の言説の核をなすとされる社会構成体論そのものの再検討が行われたのである。

以上のような動向に対して、古代史ではその動向に正面から向き合ったうえで、「戦後歴史学」の理論的立場の反省と継承を模索した研究は、他分野と較べて少なかった。最近、田中禎昭がその著書『日本古代の年齢集団と地域社会』（吉川弘文館、二〇一五年）の序章でポスト「戦後古代史学」の方法を構築するために、生産・所有関係を経済的土台として社会・国家を構造的に把握する、マルクス主義的社会構成体論という「知の枠組み」そのものの理論的妥当性に改めて向き合い、検証していく必要があると述べている。

「戦後古代史学」において、一九七一年に刊行された石母田正『日本の古代国家』（岩波書店）は古代国家形成の国際的契機論とともに、在地首長制論を提起した画期的研究であるが、刊行当時より鬼頭清明の批判[3]があり、近年でも今津勝紀[4]の批判がある。また、鈴木靖民は文化人類学の新進化主義の成果を取り入れた独自の国家形成論を展開している[5]。ところが、古代史学界では石母田正の在地首長制論の影響が依然として大きい[6]。

一方、柳田民俗学とも呼ばれ、柳田国男が創始した民俗学（柳田はこれを一国民俗学と呼んだ）においても、一九七〇年代に福田アジオが柳田の方法論において主要な位置を占める全国規模で資料を集積して、それを類型化し比較するという重出立証法では歴史は明らかにできないとし、その方法に疑問を呈した[7]。それを受けて桜井徳太郎[8]は重出立証法を見直す研究をし、さらに宮田登[9]は地域民俗学を提唱した。

その後、福田アジオによれば、一九八〇年代以降の民俗学では重出立証法を用いることはなくなり、方法、認識に大きな転回があったが、重出立証法や周圏論に代わる新しい方法や認識を獲得していないという[10]。

そもそも柳田が民間伝承を中心とした資料を用いる民俗学を創めたのも、柳田が「国史と民俗学」（『定本柳田国男集』第二十四巻、筑摩書房、一九七〇年。初出四三年）で述べているように、文献史料は地方支配の必要から作成、保存されたものであり、人々の日常生活が記録されることがないからであった。

それに対して、歴史学においては、古島敏雄「民俗学と歴史学」（『歴史学研究』一四二、一九四九年）をはじめとして、民俗資料の資料性を問題として文献史料に代わりうるものではないとする傾向にあった。[11]

そのようななか一九八〇年代の「民俗学ブーム」により『日本民俗文化大系』（小学館、一九八二〜八七年）が刊行され、その編集・執筆陣に歴史学者も多く参加することとなった。また、網野善彦・塚本学・坪井洋文・宮田登編の雑誌『列島の文化史』では歴史学者と民俗学者との共同関係がみられる。ところが、二十一世紀に入り、民俗学では現在の事象から歴史認識を獲得する方法を再検討し、個別研究において事象を組み立てるための仮説を立てることが必要となり、その一方で歴史と絶縁する民俗学が主張されている。[12]

現在、歴史学、民俗学ともに「大思想」ともいうべき理論的拠り所がないまま、個別研究がなされているといっても過言ではない。

前述したように、古代史研究においては、最近、他の分野に遅れてようやく「戦後歴史学」の理論的立場の反省と継承が行われつつある。[13]

このエッセイでは、以上のようなポスト「戦後古代史学」の方法の構築のために、民間伝承を主要な資料として用いた民俗学のなかでは比較的歴史学の側に近く、文献史料も多用した渋沢敬三（一八九六〜一九六三）の業績について振り返ることにしたい。周知のように、渋沢敬三は渋沢栄一の孫であり、日本銀行総裁や大蔵大臣も歴任した実業家・政治家であり、日本列島の漁業史研究に大きな影響を与えた人物である。

二　渋沢敬三と私

まったくの私事で恐縮であるが、筆者が渋沢敬三という人とその業績に初めて触れたのは、早稲田大学教育学部在学中に伊豆半島の南端に位置する静岡県南伊豆町の祭祀遺跡の発掘調査に参加させていただいた頃であると記憶している。学部二、三年生の頃である。平城宮跡から出土した荷札木簡には、各地域から都に調や贄として貢進された物品とその負担者が記載されており、発掘に参加した遺跡の所在する伊豆国からは、調として堅魚（鰹）が貢進されたことが明らかになっている。たまたまその遺跡が伊豆半島の南端にあり、堅魚を煮たのではないかと推測されている堝型土器もその遺跡から出土し、伊豆国の堅魚荷札に興味を持っていたところ、発掘調査の責任者で、著名な民俗学者を父に持つある考古学者より、「式内魚名」「延喜式内水産神饌に関する考察若干」などの渋沢敬三の論文を紹介していただいた。そのなりゆきで卒業論文では伊豆・駿河・安房の荷札木簡から古代の海産物貢進について検討した。それ以来二十年、ガラパゴス的だが伊豆国の堅魚荷札にこだわっている。[14]

早稲田大学大学院の文学研究科に進学後、今はあるか知らないが、当時、修士一年のうち一人が民衆史研究会の委員になるという慣行があり、筆者が民衆史研究会の委員となった。そこでは、例会で近現代史も含めた他時代の研究にも触れることができ有意義であったが、特に研究会活動を通じて支配者のみならず民衆、海民への関心が高まった。

これもたまたまなのであるが（自分ながら行き当たり場当たりの半生だと思う）、NHKのテレビ講座で「宮本常一がみた日本」（佐野眞一、二〇〇〇年一～三月）を欠かさず視聴し、宮本常一の世界に引き込まれた。そして、その講座でも宮本のパトロンとして、また漁業史研究のパイオニアとして渋沢敬三が度々登場したが、これを機会に宮本常一『民俗学の旅』（講談社学術文庫版、一九九三年）、同『忘れられた日本人』（岩波文庫版、一九八四年）を読むなかで、敬三の業績を再認識した。おりしも、早稲田大学助手の任期終了後で将来への不安や、自身の研究の方向性を暗中模索しているところであり、宮本常一の著作に感銘を受けるとともに、渋沢・宮本の生き方や学問への姿勢を学んだ。当時、佐野眞一の業績もあって、渋沢・宮本が民俗学、歴史学、そして一般社会にも知られるようになりつつあり、横浜市歴史博物館でも、「屋根裏の博物館――実業家渋沢敬三が育てた民の学問」という展示を行なっていた（二〇〇二年十〜十一月）。

三　渋沢敬三――人と学問

渋沢敬三については、佐野眞一の諸著作により歴史学・民俗学のみならず一般社会にも広く知られるようになったし、去る二〇一三年は敬三の没後五十年にあたり、博物館を中心に多くの企画展やシンポジウムが行われたので、ここで改めて紹介するまでもないかもしれないが、簡単に触れておきたい。[15]

敬三は、渋沢栄一の孫で、篤二の長男である。栄一は、幕末徳川慶喜に仕えたことでも知られるが、日本の実業界の父である。父篤二の廃嫡により、敬三は渋沢家当主となる。親戚に法学者の穂積陳重、大蔵大臣や東京市長も勤めた阪谷芳郎がいた。敬三は一八九六年東京深川に生まれた。幼少期より生物学に関心を持ち、生物学者を志すが、父篤二の廃嫡や祖父栄一の懇願により生物学者への道は断念し、やむなく実業界に入ることになる。[16]

一九二一年に東京帝国大学経済学部を卒業し、横浜正金銀行に入行、登喜子と結婚する。この頃、邸宅の物置の二階部屋を標本室として、動植物、化石、郷土玩具などを収納し、アチック・ミューゼアム・ソサエティと名づけた。翌年、横浜正金銀行ロンドン支店に転任し、欧州各国の博物館を見学する。この経験がのちの実業史博物館などのさまざまな博物館の設立構想に影響を与えたと思われる。帰国後、一九二五年に第一銀行に入行する（翌年同行取締役に就任）。その後、一九三一年から一九四一年に第一銀行副頭取に就任するまでの期間が、敬三にとって研究の最も充実した期間であり、漁業史研究、民具研究の時期と位置づけられる。

一九三二年に敬三は栄一の看病による過労が原因で急性糖尿病となり、伊豆内浦で静養する。その際、大川家文書などを発見し、内浦漁民史料として整理する（後述）。また、一九三五年には足半研究も精力的に行なう。

ところが、一九四一年にやむなく第一銀行副頭取に就任し、戦中の一九四二年に日本銀行副総裁に就任、一九四四年に日銀総裁に就任するなど多忙を極め、研究も一頓挫する。戦後、幣原喜重郎内閣で大蔵大臣に就任する。そして、財閥解体を断行し、率先して自ら渋沢家の資産も明け渡したのである。

一九四六年には戦中の日銀総裁就任などが理由で、公職追放となった。そのため、アチック・ミューゼアムの財政も厳しくなったが、敬三にとっては、これまで銀行家や、政治家として制約のあった旅が自由に行なえることがうれしかったに違いない。この時期、各地の篤農家との交流も行なっている。この一九四六年以降の時期は「ニコ没」時代と位置づけられよう。

一九五三年に敬三は、国際電信電話株式会社社長に就任し、実業界に返り咲く。その後、一九六三年に東京虎ノ門共済病院で六十七歳の生涯を閉じる。

以上の敬三の六十七年の生涯は、渋沢家の当主であるという重圧との闘いであり、銀行家としての敬三は銀行業務の視察で各地を訪れただけでなく、週末に夜行列車で調査旅行に出ることも多かったという。その際、少しでも渋沢家の重圧から解放されたのであろうか。

四　学問の概要

渋沢敬三の学問の概要といっても、敬三自身の研究のみならずアチック同人に薦めた研究分野もあって、民俗学だけでなく、歴史学・漁業史・農業史・社会学・文化人類学にまで及ぶ広大な裾野を持つが、敢えてここでまとめるとすれば、民具研究、漁業史研究、博物館学となろう。その他、学問分野そのものではなく学問へのスタンス、パトロニズムとして、各地への調査旅行と共同研究、後進の育成、農民・漁民との交流が挙げられよう。

前述したように一九二一年頃、アチック・ミューゼアム・ソサエティを作る。そのメンバーでは、民具研究は藤木喜久麿・宮本馨太郎が中心となり、民具の収集も行なった。当初は「民具」ということばを用いず、「民俗品」と呼んでいた。『民具図譜』の刊行を目指すが挫折し、『民具問答集』第一輯（アチック・ミューゼアムノート第一号、一九三七年）を刊行する。また、同人とともに足半の研究を行なった。足半とはかかとのない履物のことで、中世の絵画資料にも散見される。各地に残る足半の調査を行ない、「所謂足半に就て（予報）」（『民族学研究』第一巻第四号・第二巻第一号、一九三五・三六年）を発表した。足半の実物にレントゲンを当てるなど調査方法もユニークであった。さらに研究、調査成果の発表の場として、『アチックマンスリー』を刊行した（一九三五～四〇年）。漁業史研究については後述したい。

次に各地への調査旅行、共同研究についてであるが、銀行業務の視察をはじめ日本各地を限無く回った（「旅譜と片影」『澁澤敬三著作集』第四巻、平凡社、一九九三年。以下著作集四のように略す）。また、海外へも横浜正金銀行ロンドン支店勤務で欧州を回った他、台湾、朝鮮、南米などを視察した（「南米通信」著作集四）。宮本常一が日本中を相当歩いたが、晩年まで海外へは行かなかったのと対照的である。九学会連合による対馬、能登などの総合調査も学際的研究の進展に寄与した。

敬三は、あくまで自身は銀行家であると考え、帰宅後に研究し、時には各地を歩いてきた宮本常一の話を聞き、それが深夜に及んだ。銀行業務の視察や休日の旅のスケジュールの過酷さは、「旅譜と片影」（前掲）から窺える。自身の研究は、仕事や渋沢家の重圧により制約されたため、後進の育成に熱心で研究資金の援助も惜しまなかった。敬三のもとには、多くのアチック同人が集った。主な同人を挙げると、

宮本常一（民俗学）、藤木喜久麿（民俗学）、宮本馨太郎（民俗学）、山口和雄（漁業史）、祝宮静（歴史学）、梶西

光速（塩業史）、桜田勝徳（民俗学、海民の研究）、戸谷敏之（農業史）、竹内利美（漁業史、村落研究）、宇野脩平（漁業史）、早川孝太郎（民俗学）

以上のようになる。その他、柳田国男のもとを去った人々も含まれ、例えば民族学の岡正雄がいた。このように、多様な分野の多くの同人が集ったが、敬三は実際に田畑を耕し、漁業を行なっていた農民、漁民との交流も行なった。ある意味で民俗学の宮本常一も周防大島の百姓であり、彼らと共通する面も含んでいたのかもしれない。瀬戸内海の漁民である進藤松司や秋田の農民である吉田三郎らとの交流がそれで、彼らに自らの記録を取ることを薦めた。その成果が進藤松司『安芸三津漁民手記』であり、吉田三郎『男鹿寒風山麓農民日録』である。このように、渋沢はそのままだと忘れられてしまう農民や漁民の生活を記録しようとした。ただ、柳田国男は「渋沢も残酷なことをする」といったという。その意は、ただでさえ厳しい労働条件のもとにある農民、漁民に寸暇をおしまず記録を書かせるのは酷だということになる。(17)

その他、敬三は実業史博物館（資料は国文学研究資料館に収蔵）、延喜式博物館、国立民族学博物館などの様々な博物館の設立を構想し、その中で一九七四年に国立民族学博物館の開館が実現する。

五　漁業史研究

前述したように敬三は、戦前の一九三一年から一九四一年にかけて精力的に漁業史研究を行なう。ここでは主な業績を取り上げたい。

まず、漁業史の基礎的な史料集として、『豆州内浦漁民史料』（四巻、一九三七〜三九年。アチック・ミューゼアム彙報として刊行。のち『日本常民生活資料叢書』第十五〜十七巻、三一書房、一九七二・三年に収む）が挙げられる。豆州内浦漁民史料は、伊豆内浦の網元（旧家）大川四郎左衛門所蔵の漁業関係史料で、戦国期から明治期までの膨大な古文書群であり、大川家に代々伝えられたものであって、一括性がある。敬三が栄一の看病過労のため急性糖尿病となり、三津で静養中にたまたま発見したものである。敬三は祝宮静らにその整理・研究をゆだね、古文書を東京の渋沢邸へ移す。そして、そこに漁業史研究室を開室する。この史料からは、鮪の建切網漁や、網元と網子の隷属性が強いといった伊豆内浦の漁業の特質が明らかとなり、漁業史研究上の一級史料といえる。現在、国文学研究資料館に移管されている。

次に漁法の研究として、『日本釣漁技術史小考』（角川書店、一九六二年。著作集二）を取り上げたい。本書は、日本学士院日本科学史刊行会『明治前日本漁業技術史』一九五九年のうち敬三の執筆部分を一書にしたものである。敬三は、既に戦前に脱稿していた。釣針・餌などを絵図なども取り上げて詳細に分析して、釣漁の変遷を追った。敬三は、釣漁の画期として、第一期は有史以来徳川前期で原初的釣具時期とし、第二期は徳川中期以後明治中期で釣具細部改良期とし、第三期は現在までで、釣獲力拡大時期とした。

敬三の漁業史研究の特色として、『延喜式』にみえる貢進魚、神饌の研究、そして、それらを包括する魚名の研究が挙げられる。

まず、「式内魚名」『季刊アチック』第一号、一九四〇年（のち宮本常一『日本民俗文化大系（3）澁澤敬三』講談社、一九七八年に収む。著作集二）を取り上げたい。本論文は、まず『延喜式』巻二十四主計上にみえる魚名の抽出を行ない、そのうえで年魚（アユ）、堅魚（カツヲ）などの個別の魚の貢進地を検討する。その結果、『延喜式』にみえる貢進魚は、『万葉集』などにみえる魚種に比べて種類が限られることを明らかにした。その理由は、中央における要求が特定地に特定魚を指定するため、式内魚として限定されるからだとした。さらに主計式の品目は楚割・腊・脯などの乾性品が多いことを明らかにした。この式内魚名の研究は、のちの敬三の魚名研究の基礎となるものであり、『延喜式』の貢進魚はあくまで中央の要求した魚であり、式内魚名のみの研究では限界があり、のちに魚名の集成を行なうことになるのかもしれない。そして、敬三は魚名の地域による差異、魚方言にも注目するようになる。

敬三の魚名研究として、『魚名に関する若干の考察』一九四三年（のち『日本魚名の研究』角川書店、一九五九年。著作集二）が挙げられ、膨大な魚名の集成としては、『日本魚名集覧』がある。前者は魚名の集成を踏まえたうえの考察で、『日本魚名集覧』第三部として刊行された。後者の『日本魚名集覧』の構成は、以下のようになる。

『日本魚名集覧』第一部（アチック・ミューゼアム、一九四二年）

『同』第二部（日本常民文化研究所、一九四四年、索引編）

『同』第三部（『魚名に関する若干の考察』日本常民文化研究所、一九四三年）

『日本魚名集覧』では、和学名一二三〇、魚方言一一八六八、古文献にみえる参考魚名三八二八を採録している。魚名について敬三は、「生物の一つである魚類の存在は自然現象である。之に反し魚名は人と魚との交渉の結果成立した社会的所産である」と述べている。[18] 魚名の分類については、まず標準魚名としからざるもの（通名または俗称）があるとする。これは和学名と魚方言とに言い換えられる。次に形式上の分類として、一次的魚名と二次的魚名があるとする。一次的魚名とは、タイ、コイ、アラ等一見意味の通じない魚名のことである。一方、二次的魚名とは、一次的魚名に形容詞が伴うものである。例えば、タイに対するマダイ、チダイ、キダイ、ヘダイなどである。

それに対して魚名の意味からみた分類として、自然状態を観察して命名せる魚名と社会事象または他の事物よりの連想を基とする魚名があるとする。前者として、（1）生息場所（2）形態（3）色彩（4）紋様（5）怪異・強大または可憐・細微（6）習性及び動作（7）発音其他（8）魚体の部分観察（9）季節（10）成長度合（11）性別を挙げる。後者として、（1）魚名の形態色彩等と他の事物との類似を認め譬喩的に命名せる魚名

（2）いわゆる民間信仰に関係ある魚名（3）伝説説話に関連ある魚名及び諧謔的渾名と認めらるべき魚名を挙げる。以上の魚名の分類には、ことばを重視した分類であるとともに、後述するように生物学の視点・方法の影響が大きい。

最後に「延喜式内水産神饌に関する考察若干」『小野武夫博士還暦記念論文集日本農業経済史』一九四九年（のち宮本常一『日本民俗文化大系（3）澁澤敬三』講談社、一九七八年に収む。著作集一）を取り上げたい。本論文では、まず『延喜式』の四時祭、臨時祭、各省祭にみえる神饌の水産物を抽出、作表する。そして、水産物以外も含めた食料品神饌全般の使用頻度を検討している。そのうえで『延喜式』に規定されている神饌には水産物が多いことを指摘している。特に鰒、堅魚、腊、海藻（ワカメ）、塩が主体で、神饌の基本型であるとしている。この論文の『延喜式』の神饌には水産物が多いという指摘は重要で、平城宮跡から出土している木簡の調や贄の品目に水産物が多いことに符合し、現在でも有効な説である。[19] ただ、神饌に鳥類の腊が含まれるのかという問題もあり、また敬三自身も述べているように米なども含めた全ての食料品がどのように神饌に用いられているかという問題は、引き続き検討すべき課題である。[20]

六　学問の特色

これまで長々と渋沢敬三の業績について紹介したが、その学問の特色をまとめるとすると、（1）民俗学のコンダクター（指揮者）（2）中心から一歩退く（3）生物学の視点・方法（4）基礎資料の収集・刊行となろう。（1）については、共同研究の重視とも言い換えられる。敬三は、多分野の人々が仲よき一群となり働く時、その総和が数学的以上の価値を示し、それは「ティームワークのハーモニアス・デヴェロープメント」であると述べている。[21]（2）について、敬三は研究の最先端に立つことの危うさを説き、常に「大事なことは主流にならぬことだ。傍流でよく状況を見ていくことだ。舞台で主役をつとめていると、多くのものを見落としてしまう。その見落とされたものの中に大事なものがある。それを見つけてゆくことだ」といっていたという。[22]また、敬三には柳田国男への遠慮のようなものがあり、「自分はシロウトだから」というのが口癖で、敬三は、自分はあくまで実業人であり、学者でないという自覚があった。[23]そして、柳田がやらないことを研究するという考えもあったと思われる。

（3）については、前述したように幼少期より生物学者を目指していたが、祖父栄一の懇願により実業家となり生物学者への道を断念する。なお、敬三には生物学者であり考古学者であるJ・ラボック（エーベリー卿）の影響が大きかったことが指摘されている（「我が尊敬するエーベリー卿の略伝と、卿の蟻・蜂に関する研究の一部について」著作集五）。また、民具の分類・形態観察には生物学（魚類）の分類の影響もある。さらに、魚名研究も方言の研究であるとともに、独自の魚名の分類を試みており、生物学の影響ともいえなくもない。（4）については、まず『民具問答集』、『豆州内浦漁民史料』の刊行が挙げられ、戦後に水産庁より委託された水産史料収集もその一つである。なお、この水産史料収集に参加したメンバーの中から民俗学者の河岡武春[24]や中世史家の網野善彦[25]らを輩出した。

七　まとめにかえて

以上、ポスト「戦後古代史学」の方法の構築のために、渋沢敬三の業績について振り返った。敬三の学問は、その生きた時代を反映して主として民具の全国規模の調査研究であった。しかし、『延喜式』をはじめとした文献史料や、絵画史料などの多様な史資料を用いており、歴史研究のために民俗学を行なったといえる。[26]

敬三の学問は、一九八二年に神奈川大学に移管された日本常民文化研究所がその漁業史研究を継承し、現在に至るまで漁村史料の調査や、漁業史研究を行っている。[27] また、敬三が豆州内浦漁民史料を発見した現在の沼津市では、沼津市史編さん委員会編『沼津市史』史料編漁村、一九九九年を刊行し、『豆州内浦漁民史料』以外の沼津市域に現存する漁村史料を翻刻、収録している。さらに、沼津市史編さん委員会編『沼津市史』通史編別編漁村、二〇〇七年は海辺の村々に焦点をあてた一地域の漁村史であって、全国でも例がなく特筆される。

現在、歴史学ではマルクス主義的歴史学、古代史研究では石母田正の在地首長制論以後の理論的枠組みがないまま研究が行われている。民俗学でも柳田国男の重出立証法や周圏論に代わる新たな方法が確立されていない。

そのようななか六節で触れた敬三の学問の特色のうち（1）民俗学のコンダクター（指揮者）＝共同研究、（4）基礎資料の収集・刊行は、日本常民文化研究所が継承しているといえる。ところが、（3）生物学の視点・方法は必ずしも十分に継承されているとはいえない。しいていえば、環境史が敬三の（3）を継承しているといえなくもない。

古代史研究でも、環境を視座にいれた研究はあるが、[28] 中世史と比較すると、環境史は遅れた分野である。中世の環境史は枚挙に暇がなく、歴史学と民俗学の共同もみられる。[29] そのなかでも琵琶湖のフナの生態や〝旬〟に注目し京都へのフナの貢上を論じた橋本道範の研究が注目される。[30]

日本古代史でも東アジアやユーラシアを視野に入れた研究が多いなかで、逆に同じ日本の中世史との研究の断絶がある。研究が細分化しているためでもあるが、研究者間の交流も含めた双方の情報共有が必要かと思われる。古代史では史料的制約もあるが、奈良・平安時代にも近江国からのフナの貢進はあった。中世史の橋本の研究を踏まえた古代のフナの貢進についての研究も今後の課題の一つである。[31]

以上、環境史、生物学の視点の重視を指摘してこの拙いエッセイを終えることとしたい。

註

（1）二宮宏之「戦後歴史学と社会史」『戦後歴史学再考』（青木書店、二〇〇〇年）。
（2）註1に同じ。
（3）鬼頭清明は、石母田が大化前代・律令国家の基礎をなす首長制の生産関係を総体的奴隷制としたが、それと原始共同体との連続性が重視され性格の差異が説明されていないと批判する（同「石母田正著『日本の古代国家』を読む」『日本古代史研究と国家論――その批判と視座』新日本出版社、一九九三年。初出七三年）。
（4）今津勝紀は、石母田やその後の首長制論で地域社会の内実が首長制であることを実証した研究はないとする（同『日本古代の税制と社会』塙書房、二〇一二年）。
（5）鈴木靖民『倭国史の展開と東アジア』（岩波書店、二〇一二年）。
（6）大津透「古代史への招待」（『岩波講座日本歴史』一、原始・古代一、二〇一三年）。
（7）福田アジオ「歴史学と民俗学」（『民俗学評論』八、一九七二年）。
（8）桜井徳太郎「「歴史民俗学」の構想――郷土における民俗像の史的復元」（『信濃』二四―八、九、一九七二年）。
（9）宮田登「地域民俗学への道」（『日本文化史学への提言』弘文堂、一九七五年）。
（10）福田アジオ「民俗学と歴史学――方法的反省」（『歴史と民俗』二七、二〇一一年）。
（11）その他に家永三郎「柳田史学論」（『日本の近代史学』日本評論新社、一九五七年、初出五〇年）。
（12）福田アジオの指摘（註10同前掲論文）。
（13）註4今津前掲書、田中禎昭『日本古代の年齢集団と地域社会』（吉川弘文館、二〇一五年）など。
（14）拙著『古代木簡と地域社会の研究』（校倉書房、二〇一一年）。
（15）渋沢史料館、国立民族学博物館、埼玉県立歴史と民俗の博物館などで、企画展が開催された。また、『歴史と民俗』三〇、二〇一四年が「渋沢敬三没後五〇年」という特集を企画した。なお、渋沢敬三記念事業の公式サイト（渋沢敬三アーカイブ）は以下のとおり。http://www.shibusawakeizo.jp
（16）由井常彦は敬三の生涯の親友、土屋喬雄が〝英邁な君子〟と称したように表面的には生育環境と経歴に恵まれながら自身の希求と周囲の期待との相克に生涯悩み、その克服が敬三の英邁にしてユニークな人格、「無為・無欲・自然」形成に帰結したとする（同「渋沢敬三の学問、思想と人格形成――前半生の研究」『歴史と民俗』三〇、二〇一四年）。
(17) 佐野眞一『旅する巨人――宮本常一と渋沢敬三』（文藝春秋社、一九九六年）一二三頁。
(18)『日本魚名集覧』第三部五頁。
(19) 一九八八・八九年の平城京左京三条二坊の邸宅跡とその北の東西溝の発掘調査で出土した長屋王家木簡と二条大路木簡にみえる調や贄の木簡を用いた海産物貢進の研究が一九九〇年代に多く発表された。例えば、樋口知志「二条大路木簡」と古代の食料品貢進制度」『木簡研究』一三、一九九一年があり、筆者も伊豆国・駿河国の堅魚木簡を中心として当該国の海産物貢進について検討した（註14前掲拙著）。その他の研究については、拙著第Ⅰ部第一章を参照。
(20) 古代の食料品の貢進物や神饌については、近年の研究として、註19樋口前掲論文の他、狩野久「古代における鰒の収取について」（『日本古代国家の展開』上、思文閣出版、一九九五年）、佐々木虔一「古代王権と貢納（『古代東国社会と交通』校倉書房、一九九五年）、蓑島栄紀「古代の「昆布」と北方社会――その実態と生産・交易」（『「もの」と交易の古代北方史』勉誠出版、二〇一五年。初出一三年）、三舟隆之「木簡に見える鮎の加工法」（『木簡研究』三五、二〇一三年）などがある。また、布も含めた諸国の産物を見通した櫛木謙周「律令制収取の特質とその歴史的前提――諸国の産物からの考察」（『京都府立大学学術報告』人文、第六八号、二〇一六年）が注目される。
(21)「アチック根元記」（著作集三）。
(22) 宮本常一『民俗学の旅』（講談社学術文庫版、一九九三年）九八頁。
(23) 佐野眞一、前掲註17書、一四一頁。
(24) 河岡武春『海の民――漁村の歴史と民俗』（平凡社、一九八七年）。
(25) 網野善彦『網野善彦著作集』全一九巻（岩波書店、二〇〇七～九年）。なお、網野の海民論については、拙稿「社会史研究と「海民」論」（『人民の歴史学』二〇〇、二〇一四年）で論じた。
(26) 福田アジオは、「民俗学は矛盾を抱えて登場した。現在の事象から過去の歴史を明らかにするという矛盾である」とし、現在の事象を資料とする歴史研究と述べている（註10同前掲論文）。
(27) フィールド調査、研究の他、神奈川大学日本常民文化研究所論集『歴史と民俗』一～三三、神奈川大学日本常民文化叢書一～七、神奈川大学日本常民文化研究所調査報告第九集～第二五集などの多くの刊行物を発行している（同研究所リーフレット参照）。また、ホームページも参照。http://jominken.kanagawa-u.ac.jp
(28) 例えば、平川南「古代史の新生——歴史学の閉塞と今日の課題」（『情況』一九九六年五月別冊）。
(29) 国立歴史民俗博物館『生業から見る日本史』（吉川弘文館、二〇〇八年）。
(30) 橋本道範『日本中世の環境と村落』（思文閣出版、二〇一五年）。
(31) 拙稿「三　木簡と税負担」（『熊谷市史』通史編上巻、第五章、二〇一八年刊行予定）。

参考文献

網野善彦「渋沢敬三の学問と生き方」（著作集三）
網野善彦・宮田登「対談渋沢敬三の仕事と意義」（『澁澤敬三著作集月報5』一九九三年）
小沢浩・宮沢誠一「歴史研究における民俗学と柳田学——最近の柳田国男研究に寄せて」（『歴史学研究』五六九、一九八七年）
佐野賢治「渋沢敬三の民具研究——柳田民俗学との対照から」（第十七回常民文化研究講座・日本民具学会第三八回大会基調講演）
佐野眞一『旅する巨人——宮本常一と渋沢敬三』（文藝春秋社、一九九六年）
同『渋沢家三代』（文春新書、一九九八年）
同『宮本常一が見た日本』（NHK人間大学テキスト、二〇〇〇年）
澁澤敬三『澁澤敬三著作集』（全五巻）（平凡社、一九九二～九三年）
二野瓶徳夫「日本漁業史研究の先覚者」（著作集二）
福田アジオ「初期柳田国男の研究と現代民俗学」（『思想』七四七、一九八六年）
宮本常一『日本民俗文化大系（3）澁澤敬三』（講談社、一九七八年）
山口徹「渋沢敬三を再評価するために」（著作集五）
横浜市歴史博物館・神奈川大学日本常民文化研究所編『屋根裏の博物館——実業家渋沢敬三が育てた民の学問』（横

浜市歴史博物館、二〇〇二年）
『歴史と民俗』三〇、「特集　渋沢敬三没後五〇年」、二〇一四年
「座談会　現代社会と民俗学」（谷川健一・鹿野政直・安丸良夫・宮田登）（『日本民俗文化大系月報』一二、一九八六年）
「座談会　渋沢敬三と日本常民文化研究所（河岡武春・二野瓶徳夫・丹羽邦男・山口和雄・山口徹・司会網野善彦）」（『歴史と民俗』一、平凡社、一九八六年）

附記　小稿は二〇〇六年一月十五日に早稲田大学文学部で開かれた環境／文化研究会での口頭報告を文章化したものである。研究会に参加された諸氏には貴重なご意見をいただいたが、諸般の事情で発表が遅れた。なお、一節と七節は今回追加した。

Ⅶ　歴史を開示する

古代地方史研究の課題
――新潟県を例として

浅井勝利

はじめに

古代史を学ぶ者には自明であるが、この時代を文献史学的に解明しようとすることは極めて困難である。その残された史料の少なさが他の時代に比してあまりに少ないことに起因する。また、ごく少数残された史料とて、ほとんどが当時の中央政権の中枢にいるいわゆる都人の手になるものであり、地方の実態を知るにはかなりのバイアスがかかったものであることは避けられない。

試しに『新潟県史』資料編を確認すると、古代については一冊（六四二ページ）のみに対して、中世編では三冊（二五四六ページ）とその差は歴然である。[1] また、『鎌倉遺文』全五一冊、『平安遺文』全一五冊に対して、『寧楽遺文』はたったの三冊のみである。[2] かろうじて古代には正倉院文書という膨大な資料群はあるものの、これとて地方史を網羅すべき内容とはいいがたいのである。

一　少ない史料を補うもの

このような少ない史料から組み立てられる歴史は、いきおい薄い内容か、あるいは推測に推測を重ねた脆い論証に陥る危険と隣り合わせであることもやむを得ない。

近年では、文献史料のみに頼るのではなく、他の周辺諸科学、例えば考古学、地理学、民俗学、社会学等を積極的に導入し、あるいは最新のコンピュータの技術を援用することも増えてきている。もちろんこれらはどの時代の研究にも有用ではあるが、とりわけ古代史にあってはその有用性は他の時代に勝るといえるであろう。

中でも、古代史と考古学の協働による効果が一番発揮されているのが、出土文字資料の分野である。出土文字資料は、遺跡から出土した遺物に書かれた文字を歴史資料として研究対象とするものである。具体的には、木簡、墨書土器、漆紙文書などがよく知られているが、この他にも文字の記された遺物としては印章、紡錘車、瓦等が文字資料を提供してくれる。

出土文字資料は都城で最も多く出土しているわけだが、前述の理由から地方でこそその重要性は高まる。新潟県（越後国）は、その地理的条件から木簡の出土の多い土地である。すなわち、大小河川や潟湖などの多い低湿地が広がる地域に古代遺跡が広がるため、水漬けの条件が木製品である木簡の保存に適するという好条件を有しているためである。二〇〇三年現在での新潟県内出土木簡は、中世木簡も含め五五遺跡四〇九点を数え、[3]その後も増加している。地方で木簡の多く出土するのは、国府・郡家などの官衙遺跡であり、東北日本にあっては、これに城柵遺跡が加わる。ところが、新潟県においては、明確に官衙と特定できる遺跡は現在までに確認されていない。このため、木簡等を出土した遺跡はそれ以外に官衙的要素を持つか否かにかかわらず、官衙関連遺跡と評価されることも多い。

このように数少ない史料をもとに組み立てられる古代地方史というものは、未解明なことが多すぎて、きわめてわかりにくいものとなってしまっている。

二　古代史への関心の薄さ

古代というのは、その歴史に地方色の出にくい時代でもある。律令体制は、法による中央集権的な統治を目指したのであるから当然である。また、一部を除いて固有名詞の登場しない時代でもある。これは残された史料が中央に限定されていることによるもので、登場する人物はほとんどの場合都の貴族たちである。地方で活動した人々の息吹はなかなか感じられない。勢い、教科書なども中央視点の古代史になり、地方では直接自分たちには縁がないと考えながらもそれらをなぞって学習するだけになってしまいがちである。

多くの人々は自らの生まれ暮らした地域の歴史について関心を持つものである。それが、古代にあっては奈良や京都中心の歴史のみでその好奇心を満足させられてきたのが従来の古代の歴史のあり方ではないだろうか。これでは自らのアイデンティティとしての歴史の中に古代を位置付けることは難しいであろう。

三　古代史、とりわけ地域史には固有名詞の人名が登場してこない

歴史に親しむうえで、「人物」というものは、最も手っ取り早いきっかけを与えてくれるものではないだろう

か。様々な歴史事象の中に登場する有名人、例えば歴代天皇や、源平争乱での源義経、戦国時代の上杉謙信、はたまた藤原定家や松尾芭蕉のような文化人は、彼らの功績と共に多くの人々の知るところとなっている。

ところが、これらの固有名詞で語られる人物は中世以降に活躍したか、古代の場合は都で生活した人（＝貴族）のみにほぼ限定されてしまう。古代の地方で活躍した個人名など、誰一人として挙げることができないというのが普通ではないか。これは、とりもなおさず、最初に述べたような史料の残存の問題が大きく影響している。唯一の例外は陸奥蝦夷のアテルイ（阿弖流為）かと思われるが[4]、これとて大和政権の征夷の過程でかろうじて記録された名に過ぎず、その活動はあくまで中央との関係でしか語られない。

新潟県で地元の歴史に個人の名前が登場するのは、おそらく古代最末期から中世にかけての、城氏一族が最古ではないだろうか。なかでも、板額御前などは、地元胎内市では知らない人はないほどの知名度である。このように、全国区では名が知られていなくても、地元に密着した個人については、特別な親近感を持って受け入れられるのが地方の特徴であろう。そのため、例えば地域では学校教育にも使えるような副読本が作られそれら〝有名人〟を顕彰するような教育がなされることも珍しくない[5]。

四　現代の生活とのかかわりが感じられにくい

古代史はビジュアルとして認識しにくい。テレビのドラマやドキュメンタリー、あるいは映画などで取り上げられる戦国時代や江戸時代の様子であれば、いつの間にか意識の中にその時代の雰囲気といえるようなものが刷り込まれている人が多いであろうが、古代の場合にはドラマの主題になることもなく、ビジュアル化されることもまれなため、一般の人にはなじみにくいのではないか。これは現代に限ったことではなく、近世においても、歴史的なテーマを扱った通俗的な草紙類、浮世絵、芝居等のテーマとして古代が登場することは極めてまれで、多くは中世以降、源平争乱や戦国時代等が主要なテーマとして人口に膾炙してきたのであり、世間の常識として誰もがこれらのエピソードの一つや二つは知っていたと考えられる。唯一の例外は源氏物語であろうが、どちらかというと一部のパロディを除けば、それほど庶民に広く普及していたとまではいえないであろうし、物語の舞台は、都の他は光源氏の一時滞在先である須磨明石程度の範囲に限られる。

筆者が勤務する新潟県立歴史博物館では、企画展ごとに来場者アンケートを実施している。その中では、将来どのような企画展の開催を希望するかを問う設問がある。これらを見ると、概ね古代への関心は低いことがわかる。さらに、古代をテーマとした企画展においても、希望テーマとして古代が挙げられることは稀である。例えば、筆者が企画した古代に関する企画展におけるアンケート結果を見ても、古代をテーマとした企画展開催への期待は極めて少ないという結果が出ている。(6) 企画展での任意のアンケートということで、回答者の母体は当該企画展のテーマに関心を持つ層が主体になっていると考えられ、そのテーマに近い希望が挙げられてしかるべきだと考えたいところであるが、実際の結果はそうはならないのである。古代の企画展を見に来た人でも、もう古代をテーマにした展示はうんざりだということであろうか。

五　教科書的事項との齟齬

多くの人が、歴史的知識を獲得する第一歩となるのが学校教育であろう。だが、その学校教育でも郷土の古代史というのは概ね蔑ろになっていると言わざるを得ない。教科書で教えられる古代史は、あくまで都を中心とした政治史、生活や文化であって、地方色の入り込む余地はほとんど与えられていない。かつてある義務教育教員と話をしたときに、その方から「え？　新潟県にも古墳ってあるんですか？」と驚かれたことがある。彼の認識では、古墳というものは教科書に載っている大仙陵古墳や誉田山古墳のような巨大な前方後円墳のことを指すのであって、地方にある小規模な円墳などは古墳という目で見ていないのである。同じように、時代を代表する遺跡は教科書に載っている例えば、弥生時代なら板付や登呂、吉野ヶ里となる。幸い新潟県にあっては縄文時代については豊富な遺跡・遺物を有する地域であるため、教科書に載るレベルの知名度のある遺跡・遺物には事欠かないため、このような現象は起こらない。むしろ、教科書以上に深い学習が身近でできる地域でもある。

逆に中世以降であれば、歴史を転換するような大きな事件は列島各地で起きていることが教科書からも読み取れる。例えば、戦国時代などはその好例である。各地に割拠する大名などは各地域のアイデンティティを醸成する格好の歴史事項と言えよう。あるいは、フィクション・ノンフィクションの別なく様々なメディアで取り上げられている。このように、多くの人にとっては古代は他の時代と比較しても、同じ日本列島の中でありながら、どこか遠い自分たちとは無縁の世界での出来事のようにしか意識されていないのであろう。

六　地方の歴史は一様ではない

教科書的な理解では、古代律令国家においては、地方は七道制と国郡里制により、律令制特有の同質性をもって整然と統治されていたかのように記述されているのが一般的であろう。しかし、少なくとも越後国は他の国々と異なる特性を持っている。それは職員令大国条にみられる国司の職掌として、

　其陸奥出羽越後等国兼知饗給、征討、斥候、

のごとき、蝦夷に接する辺要国としての特殊性である。もちろん、教科書には征夷についての記述はあるものの、

それはあくまで中央政府としての征夷であって、征討される側の地方の状況について説明するものではない。同じく古代の佐渡国についても同様にその特殊性に触れる記述はほとんど見られない。佐渡国が注目されるのは古くても承久の乱における順徳上皇の配流地として程度であろう。

七　地域の博物館と古代史

近年では、大学などの高等教育研究機関も社会人向けのプログラムなどを用意したり[7]、大学博物館を公開したり、とりわけ地方の大学では地域研究を積極的に取り入れるなどしたりしている[8]。しかしながら、一般の人々にとって大学というところは相変わらず敷居が高いと言わざるを得ない。その点、地域の郷土博物館や資料館は、義務教育の中で訪れる機会も多く、実際学習指導要領でもその活用を積極的に進めるように推奨されているように[9]、幼少時から馴染みのあるところである。そもそも、博物館は社会教育法や博物館法で社会教育施設として教育的配慮のもとに、「土地の事情を考慮し、…学校教育を援助し得るように」留意することが求められているのである[10]。そこで期待されるのが、地域に密着した博物館の役割である。

新潟県において、おそらく最初で最大の古代越後に関する博物館の展示は、筆者の勤める新潟県立歴史博物館において平成十六年度に開催された「越後佐渡の古代ロマン」展であった。これは数年前から国内の研究者多数と共に共同研究を続けようやく同年に開催にこぎつけた企画展であった[11]。ところが、この年十月二十六日に新潟県中越地域を中心に発生した中越大震災による被害のため、十月十六日の開幕からわずか七日間のみの公開、観覧者数一三三三名のみで休止に追い込まれ、以後再開されることなく中止となった[12]。

自然災害によるとはいえ、一般の県民に地域の古代史を広く周知する貴重な機会を逸したことは悔やまれる。

その後、この規模での古代に関する企画展は県内では開催されておらず、今後も同規模の展示は財政上の理由などもあって難しいのではないかと考えられるためなおさらである。

博物館においては、常設・企画の展示以外にも講座や講演会、各種体験プログラムなどの普及活動で地域の人々に気軽に高水準の歴史研究成果に触れる機会を提供している。地方の博物館では、そのテーマの多くは地域に密着した題材が選ばれることが多い。体験的なプログラムなどでは、親子連れなど低年齢層の参加もみられるが、講座などの参加者の多くは、年配のおそらく会社などをリタイアした後も向学心に満ち満ちた年齢層が主であり、若年層の参加が比較的少ない傾向がある。逆に、学校活動の一環で団体見学などに訪れる児童は多い。

地方の博物館で展示できる歴史資料というものは極めて限定的にならざるを得ない。最初に述べたように、古代史における歴史資料の絶対的な少なさと、たとえ存在したとしてもいわゆる〝一点物〟の資料ゆえ、おいそれとは入手や展示が叶わないのが通常である。例えば、地域の歴史を伝える数少ない資料である正倉院文書などは、常設はもちろん、一時的に展示することもほぼ不可能である。かろうじてレプリカで展示されるというのが一般的であろうが、それとて高価な複製費用や、他館から借用するとしてもそのための経費を考えるとどこの博物館でも対応できるというものではない。中世以降のように大量の古文書が残されているわけではなく、万が一市場に出回ったとしても購入しようにも古代にかかわる資料は高額である。現在新潟県内に存在する奈良平安時代の文書は、おそらく二点、そのうち越後国に直接関するものは一点あるのみである(13)。そもそも、それぞれの地方の古代を明らかにする文献史料というものはほぼ存在しないし、今後も新出資料というものは期待できない。既存の資料のレプリカで補うことも可能ではあるが、経費の負担は重い。

唯一の頼みが発掘によって得られる遺物となってくる。中でも、出土文字資料は一般の遺物に比べても歴史を物語るストーリー性に富んでいるという点で博物館の歴史展示向きの資料ではないかと考えられる。もちろん、きわめて難解な内容を含むもの、それ以前に内容の理解に苦しむものについては、古代史研究者であるところの学芸員の研究に裏打ちされた見せ方の工夫が必須ではある。また、展示手法的にも出土文字資料は様々な困難を持つ資料である。まず、長期間土中にあったことなどからそこに書かれた文字は極めて判別しにくいものが多い。さらに地方の出土文字資料の特徴であるが、書かれたものが文字として認識しがたいもの、記された意図の判然としないものも墨書土器を中心に多数存在することである。これらには適切な演示、解説等、学習者が理解しやすい環境を整える必要がある。

このように、博物館で展示できる古代史にかかわる資料というものはかなり限られる。

八　古代史の普及事業

新潟県では、平成二十四年度に県教育委員会が国庫補助を得て「越後国域確定一三〇〇年記念事業」を実施した。これは、和銅元年（七〇八）に越後国に新設された出羽郡が[14]、和銅五年（七一二）に出羽国として分立し[15]、その後明治維新まで続く越後国の国域が確定した時から数えて平成二十四年が一三〇〇年目にあたることに由来した事業である。事業の核は県内各地を九回にわたって巡回するリレー講演会であったが、この他にも遺跡ウォーキング、体験学習、また埋蔵文化財センターの企画展示など多くの人が気軽に参加できるプログラムが用意された。講演会や企画展では新潟県の古代に関する最新の情報が提供され、県民への古代に関する知的欲求の喚起に大いに役立ったと考えられる[16]。

しかしながら、この越後国域確定一三〇〇年と銘打った事業も、二年目は同じ事業名ながら、弥生古墳時代をテーマとした考古学中心の事業として開催された[17]。直接的な契機である奈良時代の歴史だけでは、二年間の継続に堪えなかったということであろうが、地方における古代史の状況を反映した結果と言えなくもない。

九　地方の古代史研究者は何をなすべきか

ここまで述べてきたように、地方の古代史というものは、とかくそこに住む人々からは遠いところに存在してきたのがこれまでのあり方だったのである。しかしこのままでよいわけはない。現在の生活は近代の、その近代は近世の、近世は中世の歴史があってこそ成り立っているのであって、その中世でも古代の歴史なしには成立しないのである。地域の歴史の土台には古代史があることを無視することはできない。

そこで、地方の古代史研究者は何をなすべきか。第一義的には研究を深化させることであるが、それだけでは歴史学を追求する意味は薄い。やはり、研究の成果を社会に還元して初めて歴史学を学ぶ意味があるのである。とりわけ、地方ではこれまで述べてきたように、様々な困難を抱えているのであり、これらの困難を克服し、研究成果を地域社会に還元することが地方の古代史研究者のなすべき責務と考える。そのためには、わかりやすさと身近さが鍵となるのではないか。具体的には、歴史に詳しくない一般の人びとが興味を持てるような素材を提供すること。前提として、難解な専門用語を用いず、複雑な歴史事象であっても可能な限り嚙み砕いて説明するようにすることが必要である。また、学校教育との連携を意識することでまずは教員層への啓発を進めることである。とりわけ義務教育教員では、教科専門的に学ぶ場が限られているのであって、これらを補う役割を担わなければならない。教科書記載のレベルから、少しでも脱却できるようなフォローができれば、学校での教育活動にも幅が出るのではないかと期待できる。さらに、直接的に児童生徒に対して古代史に興味を持てるような動機付けをできる機会を持つこと。そのためには、適切な素材の発見やその提供方法の開発が必要となる。現代の生活や社会に密着した事項であれば、なおよい。近年、漫画やゲームなどのサブカルチャーをきっかけに、歴史研究者が従来は思いもしなかったようなブームが様々な歴史事象で巻き起こることもあるので[18]、いつかは古代史ブーム、しかも地域色の強い古代史を取り巻くブームが起きる可能性も皆無ではないことに期待したい。

おわりに

以上、地方で古代史を研究する上での困難とその対応を、筆者が現在おかれた環境などをベースに考察した。対応としては現実には難しいものもあるが、これらを初めから放棄してしまったのでは、古代史を地方で担う理由がなくなり、その存在価値を自ら断ってしまうことにもつながりかねないのである。地方にあるからこそ、より高い志を持つことが求められるのではないだろうか。

註

（1）『新潟県史』（新潟県）。

（2）竹内理三編『寧楽遺文』（東京堂出版、一九四三～一九四四年）。同編『平安遺文』（東京堂出版、一九四七～一九八〇年）、同編『鎌倉遺文』（東京堂出版、一九七一～一九九五年）。

（3）小林昌二『前近代の潟湖河川交通と遺跡立地の地域史的研究』科学研究費補助金基盤研究A―2平成一四年度研究経過報告書（課題番号12301017）平成一五年三月。

（4）アテルイ（阿弖流為）が岩手県胆沢地方の巣伏で大和政権の大軍と戦った延暦八年（七八九）の戦から一二〇〇年にあたる平成元年に当時の水沢市においてアテルイ王一二〇〇年祭として開催された諸行事から、平成三年（一九九一）にはアテルイを顕彰する会が結成され、従来の大和政権からの視点である賊徒としてではなく、地元の英雄としてのアテルイ像を復権させる活動が続いている。

（5）例えば、板額会事務局編『板額御前物語』（板額会事務局、二〇一二年）のようなもの。また、当地では板額御前を主としたさまざまな行事が催されている。

（6）新潟県立歴史博物館平成二四年度冬季企画展「古代の越後国古志郡――八幡林遺跡出土木簡とその時代」（平成二四年一二月二二日〜平成二五年三月一〇日）における来場者アンケートでは、回答数一七六に対し、今後期待する企画展のテーマとして明確に古代にかかわるものを挙げたのはわずかに三名に過ぎなかった。

（7）例えば、新潟大学では、地域社会に生涯学習の機会を提供することを目的として新潟大学公開講座を開催したり、学生向けに開設している通常の授業を地域住民に開放する新潟大学市民開宝授業を実施している。また、新潟国際情報大学では、本校キャンパスとは離れた街中にエクステンションセンターを設けて公開講座や講演会を開催している。

（8）例えば、新潟大学人文学部における地域文化連携センターや社会・地域文化学プログラム等。

（9）平成二〇年三月・二一年三月の『小学校学習指導要領』には社会科の項目に「博物館や郷土資料館等の施設の活用を図るとともに、身近な地域及び国土の遺跡や文化財などの観察や調査を取り入れるようにすること」とあり、『中学校学習指導要領』にも社会科に「博物館、郷土資料館などの施設を見学・調査したりするなどして具体的に学ぶことができるようにすること」、『高等学校学習指導要領』日本史Bでも「地域の文化遺産、博物館や資料館の調査・見学などを取り入れるよう工夫すること」の一文が盛り込まれている。これらは平成二七年三月改訂学習指導要領でも同様である。

（10）社会教育法第九条、博物館法第三条等。

（11）新潟県立歴史博物館編『越後佐渡の古代ロマン』（新潟県立歴史博物館、二〇一六年）。

（12）この中越地震における博物館の被害や対応などについては、『新潟県立歴史博物館研究紀要』第八号（二〇〇六年）の「特集　新潟県中越大震災」に詳しい。

（13）新潟県内に現存する奈良平安期の越後佐渡関係文書としては、康平二年（一〇五九）の年紀を持つ「越後国石井庄寄人庄子解」（新潟県立歴史博物館所蔵）が唯一である。なお、もう一点は寛弘二年（一〇〇五）「散位藤原為賢公験紛失状」（糸魚川市所蔵）であるが、こちらは山城国に所在する荘園に関する文書で越後とは無関係である。前者については、皆川寛一『正倉院文書と古代中性史料の研究』（吉川弘文館、二〇一二年）が詳しい。

(14)『続日本紀』和銅元年九月丙戌条。

(15)『続日本紀』和銅五年九月己丑条。

(16) 新潟県教育委員会編『平成二四年度　越後国域確定一三〇〇年記念事業　記録集』（新潟県教育委員会、二〇一四年三月）。

(17) 新潟県教育委員会編『平成二五年度　越後国域確定一三〇〇年記念事業　記録集』（新潟県教育委員会、二〇一五年三月）。

(18) 例えば、戦国武将をキャラクターとしたゲーム「戦国ＢＡＳＡＢＡ」（カプコン、二〇〇五年）からのいわゆる歴女を中心とした戦国武将キャラクターブームや、刀剣を擬人化したゲーム「刀剣乱舞」（ＤＭＭゲームズ、ニトロプラス、二〇一六年）からの刀剣ブーム等。

現代社会における地域社会史研究の意義と課題

傳田伊史

はじめに

高度情報化社会といわれる現代社会では、私たちの身のまわりに多種多様な情報があふれ、しかもその膨大な情報量は、加速度的に増大し続けているといってよい状況にある。マスメディアの発達やＩＣＴ（情報通信技術）の進展によって、私たちはそれらの情報をより簡便な形で入手し、利用することが可能となっている。しかし一方で、過剰な情報やイメージを消費するなかで、それらを消化しきれない人間が貧しい判断力や想像力しか手にすることができず、個としての自己を見失う「象徴の貧困」が進展しているともいわれる(1)。

歴史学研究さらにはそれを包摂する人文学研究が扱う情報、あるいはその学問的営為によって生み出される新たな情報もまた、総じていえばそれら現代社会における情報の一部を構成するものである。本稿は歴史学研究が対象とする歴史資料とそれが保持する情報、ここではこれを歴史的情報とよぶが、それらが現代社会においてもつ意味について、主として地域社会との関わりを中心に論じるものである。

一 歴史資料と歴史的情報

歴史学研究では、人間が生成したモノあるいは記録の類を分析し、そこから得られた客観的な情報をもとに、それらを生み出した人間社会について復元的に考察するという作業が行われる。したがって、本稿で扱う歴史的情報を定義的に捉えるために、まず歴史的情報が保持されているところの歴史資料について確認しておきたい。

「文化財保護法」(2)は、その第三条で「文化財がわが国の歴史、文化等の正しい理解のため欠くことのできないものであり、且つ、将来の文化の向上発展の基礎をなすものである」と述べている。また第二条では文化財の定義として、有形文化財、無形文化財、民俗文化財、記念物、文化的景観、伝統的建造物群をあげている。このうち有形文化財について「建造物、絵画、彫刻、工芸品、書跡、典籍、古文書その他の有形の文化的所産で我が国にとつて歴史上又は芸術上価値の高いもの（これらのものと一体をなしてその価値を形成している土地その他の物件を含む。）並びに考古資料及びその他の学術上価値の高い歴史資料（以下「有形文化財」という。）」と規定し、ここに歴史資料という語がみえる。これは、同法の一九七五年（昭和五十）の改正により、新たな分野として設けられたものので、同年に改定された国宝及び重要文化財指定基準によれば(3)、以下の四つの基準が示されている。

一　政治、経済、社会、文化、科学技術等我が国の歴史上の各分野における重要な事象に関する遺品のうち学術的価値の特に高いもの

二　我が国の歴史上重要な人物に関する遺品のうち学術的価値の特に高いもの

三　我が国の歴史上重要な事象又は人物に関する遺品で歴史的又は系統的にまとまつて伝存し、学術的価値の高いもの

四　渡来品で我が国の歴史上意義が深く、かつ、学術的価値の特に高いもの

同基準では、歴史資料のほかに絵画・彫刻、工芸品、書跡・典籍、古文書、考古資料が部として分けられているが、これらの絵画・彫刻以下の部に分かちがたいものを文化財の概念として規定するために設定されたものが歴史資料である。このため歴史資料のなかには、単品としては絵画・彫刻以下のそれぞれの部に分類することができるものも含まれている。たとえば歴史資料としてはじめて国宝に指定された慶長遣欧使節関係資料は、支倉常長が欧州から持ち帰った遺品で、常長がローマでうけたローマ市公民権証書（羊皮紙）や油彩の肖像画、当時のローマ教皇の肖像画、キリスト教の祭具などからなる。一九六六年（昭和四十一）に「絵画の部」の重要文化財に指定されていたが、上述の文化財保護法改正にともなって「歴史資料の部」に移され、その後、二〇〇一年（平成十三）に国宝指定となったものである。

また、上述した国宝及び重要文化財指定基準の歴史資料についての一がいう「政治、経済、社会、文化、科学技術等我が国の歴史上の各分野における重要な事象に関する遺品」という基準は、絵画・彫刻以下の部に分類される文化財すべてについてあてはめることができる。もちろん、重要文化財や国宝の指定は、各部それぞれに規定されている固有の基準にしたがって施行されるものである。しかし、指定という枠、すなわち重要であるか否か、あるいは価値が高いか否かという観点をはずせば、歴史資料の定義のなかに、絵画・彫刻以下の部に分類される文化財すべてを包摂することが可能である。その意味で、建造物を含め文化財保護法がいう有形文化財のすべては広義の歴史資料と考えることができるのであり、さらには、「政治、経済、社会、文化、科学技術等我が国の歴史上の各分野における事象」に関わるという観点に立てば、その広義の歴史資料のなかに、文化財保護法

第二条に定義されている無形文化財以下の各文化財をも含めて考えることが可能であろう。したがって、文化財であるこの広義の歴史資料とは、政治、経済、社会、文化、科学技術等の歴史上の各分野における事象に関する情報を保持するものであり、本稿ではそれらの情報を歴史的情報とよぶこととする。(4)

さて、ここまで歴史資料と歴史的情報の定義について、文化財保護法を中心に考えたが、近年、これらについては新たな社会的意味が付されることになったと考える。二〇〇九年（平成二十一）に成立した「公文書等の管理に関する法律」の第一条は、(5)同法の目的について次のように規定する。

この法律は、国及び独立行政法人等の諸活動や歴史的事実の記録である公文書等が、健全な民主主義の根幹を支える国民共有の知的資源として、主権者である国民が主体的に利用し得るものであることにかんがみ、国民主権の理念にのっとり、公文書等の管理に関する基本的事項を定めること等により、行政文書等の適正な管理、歴史公文書等の適切な保存及び利用等を図り、もって行政が適正かつ効率的に運営されるようにするとともに、国及び独立行政法人等の有するその諸活動を現在及び将来の国民に説明する責務が全うされるようにすることを目的とする。

ここでいわれるように、公文書管理法は国の行政機関およびそれに準ずる法人が作成した公文書等を適性に保存、管理、利用するために制定されたものである。同法によって、公文書等の定義がより明確に規定され、また作成・保存・移管・利用といった公文書のライフサイクル全体を視野に入れた法的整備がなされた。もちろん、この公文書管理法は国に関わる公文書等を主とする法であるが、同法第三十四条が地方公共団体による法の趣旨にのっとった施策の努力を規定しているように、国の機関以外の公文書等に対しても大きな影響を与えるものである。

ここで注目したいのは、同法第二条第六項が「この法律において「歴史公文書等」とは、歴史資料として重要な公文書その他の文書をいう。」と規定し、文化保護法のところで述べた「歴史資料」が条文中に用いられている点である。「歴史資料」という語は、公文書管理法に先行して制定された「公文書館法」の条文にみえ、(6)同様に公文書管理法の公布にあわせて改正される前の「国立公文書館法」の条文中にも用いられていた。(7)これらの法条文では、ほぼ「歴史資料として重要な公文書等」という表記のなかで用いられている。ここでいう「公文書等」とは、公文書館法第二条に「国又は地方公共団体が保管する公文書その他の記録（現用のものを除く。）」と規定されており、さらに同条がいう「公文書その他の記録」とは公務員がその職務を遂行する過程で作成する記録である公文書とそれ以外のすべての文書と解される。(8)したがって、公文書館法がいう「歴史資料として重要な公文書等」とは、歴史資料として重要な国又は地方公共団体が保管するすべての文書（現用のものを除く。）ということになる。

これに対して、公文書管理法の第二条第六項がいう「公文書その他の文書」は、公文書館法第二条の「公文書その他の記録」と同様に公文書とそれ以外のすべての文書と解されるが、公文書管理法第二条第六項が公文書館法第二条と異なるのは、所有がどこであるか、あるいは現用・非現用であるかを問わない点である。(9)これは「歴史資料」として重要な文書は、公文書館法の「公文書等」だけでなく、現用文書である行政文書、法人文書、あるいは私文書などのなかにも存在するということであり、「歴史公文書等」とは、すなわち「歴史資料として重要なすべての文書」ということになる。法条文上では何をもって「歴史資料として重要」とするかという点については必ずしも明らかではない。しかし、少なくとも「歴史資料として重要」であるということは、歴史的事象を明らかにしようとするときに、重要な価値を有する資料であるということは、ほぼ異論がないものと思われる。

この「歴史資料として重要」な文書、すなわち公文書管理法がいう「歴史公文書等」が、文化財保護法がいう歴史資料に含まれるものであることは論をまたない。国の重要文化財に指定されている歴史資料には、国立公文書館保管の「公文録（図表共）並索引」をはじめとして、山口県、京都府、群馬県、東京府・東京市、埼玉県の各行政文書があり、これらは国や地方公共団体が保管（所有）する公文書館法がいう「公文書等」に該当するものである。そのほかに法人や個人が所有する文書も少なくない。指定文化財の範囲を都道府県や市町村によるものに広げれば、指定文化財である「歴史公文書等」は相当数にのぼるものと思われる。そもそも文化財の概念には、所有者や現用・非現用による区分は存在しない。建造物の例でいえば、公的建築であろうが、私的建築であろうが、あるいは住居として日常的に用いられている建築であろうが、そうでない建築であろうが、いずれも文化財としての調査研究や指定の対象となり得る。公文書管理法は「歴史公文書等」という新しい概念を用いて、文化財の概念と同様に所有や現用・非現用の区別なく、すべての文書のなかに「歴史資料として重要」な文書を位置付けた点に意義がある。[10] また同時に、同法第二条第六項がいう「公文書その他の文書」、すなわち歴史的に重要なすべての文書が文化財保護法にいう歴史資料に含まれることからすれば、[11] 公文書管理法の制定によって、公文書に限らず前述した広義の歴史資料すべてが、同法第一条がいう目的のために保存、管理、利用されなければならない対象となったと考えることができる。

前掲の文化財保護法第三条は、文化財について「わが国の歴史、文化等の正しい理解のため欠くことのできないものであり、且つ、将来の文化の向上発展の基礎をなすもの」とする。しかし、公文書管理法制定以後の文化財、すなわち広義の歴史資料には、公文書管理法第一条がいう「健全な民主主義の根幹を支える国民共有の知的資源として、主権者である国民が主体的に利用し得るもの」という性格が法的に新たに加えられたと考える。歴史資料についてのこの新しい捉え方は、現代社会の変化に沿ったものであるといえる。

二〇一〇年に政府が策定した高度情報化社会における新たな情報通信技術戦略は、国民主権の社会を確立することを主眼としており、その基本認識は「政府・提供者が主導する社会から納税者・消費者である国民が主導する社会への転換には、徹底的な情報公開による透明性の向上が必要であり、そのために情報通信技術が果たす役割は大きい。国民が主導する社会では、市民レベルでの知識・情報の共有が行われ、新たな「知識情報社会」への転換が実現し、国民の暮らしの質を飛躍的に向上させることができる。」というものである。[12]この認識はいわゆる新しい人権といわれる「知る権利」を保障することにもつながるものであるといえよう。公文書管理法や「行政機関の保有する情報の公開に関する法律」[13]の制定にみられるように、現代の高度情報化社会においては、こうした認識が重要であることが広く認知されるようになってきているといってよい。したがって歴史資料とそれが保持する歴史的情報についても「民主主義の根幹を支える国民共有の知的資源」であり、総体的な「国民の暮らしの質」を向上させることができるものであるということがより積極的に認識される必要があると考える。

二　現代社会と地域社会史

前節では歴史資料とそれが保持する歴史的情報が、市民によって共有されるべき知的資源としてこれからの社会において位置付けられるべきものであることを述べた。この点についてもう少し踏み込んで、私たちそれぞれが個として属する集団によって構成される社会において、それらが文化という一面だけではなく、経済的にも政治的にも現代社会のあらゆる面において重要な意味をもつものであることについて述べていきたい。

現代社会についてスティグレールは次のように分析する。ハイパーインダストリアル社会（自己破壊的になってしまった資本主義社会）に至った現代では、個人は労働においては完全に科学的な組織化と管理をうけ、まったく標準化された作業を行う。同時に、消費においても、テレビのような文化産業が流通させるマーケティングの手法に基づいた文化コンテンツを通してコントロールをうけ、時間の管理とハイパー・マス化が進行する。個は群れとなって行動し、個体化の機会が奪われていく。その結果、自分に固有の「欲望」を表現し構成していくための象徴的リソースである「生のエネルギー」を失っていく。これが、今という時代の「象徴の貧困」であり、それが意味するのは、知的な生の成果（概念、思想、定理、知識）や感覚的な生の成果（芸術、熟練、風俗）であるシンボル（象徴）を生み出す力が貧窮状態に陥ったことに由来する個体化の衰退である。そして「象徴の貧困」すなわち個体化の衰退が広まった現状は、象徴的なものの瓦解、すなわち欲望の瓦解を引き起こし、それは言い換えれば、厳密な意味での社会的なものの崩壊、つまり全面的な戦争状態へと至る。[14]

絶え間ない技術の進歩によってもたらされた高度情報化社会のなかで私たちが感じる「生きづらさ」や、世界を覆おうとしている民主主義の危機ともいうべき深刻な状況をみるとき、このスティグレールの分析は、現代社会の現状を歴史的かつ論理的に極めて高い蓋然性をもって説明していると考える。心的にも集団的にも個体化が衰退していくことは、自分は生きているのだという存在感覚を失わせ、自分たちが社会に属しているとはもう感じていない多くの人びとの群れを生み出す。一方で、個体化や特異化の衰退によって、それを対象とする欲望が人びとから失われていくことにより、マスメディアは欲望ではなく、衝動に訴えかけるようになる。人びとの群れはマスメディアがもたらすそれらの同一化、規格化された情報を同時間的に自分のものとすることで、次第に同調性を高め、価値観や感覚さらには記憶を共有し、ますます同じものを求めるようになっていく。このような状況が進行するなかでは必然的に「例外者」の破壊（排除）という事態が生じてくることになる。[15]「象徴の貧困」がもたらすこのような社会では、シニシズムやニヒリズムが広く深く浸潤して、理性や理念はないがしろにされる。現代社会の現状はまさにここに述べるとおりの状況が進行しているといえよう。

このような状況に立ち向かい、「象徴の貧困」を克服し、個を取り戻すためにはどうしたらよいのであろうか。スティグレールは、個人が心的レベルで個として成立する、すなわち個体化するためには、集団のなかで個としての主体を形成する必要があると述べている。個は集団に属することによって、何世代にもわたる経験の蓄積から生まれた過去の遺産である集団的な歴史を継承し、そこから自らの特異性に基づいて必要なものを汲みだしそれを取り入れることで構成される。したがって集団は、個体化の過程で欠かすことのできない役割を果たしている。[16]

スティグレールはこの集団のことを、社会を作るために必要な同じ感性を持つ人びとである「われわれ」とよぶが、その集団が構成する社会、つまり個体化の過程に必要な具体的な場として、ここでは地域社会というものを考えたい。地域社会といっても、それにはさまざまなレベルがあり、それらが相互に関係性を有しながら重層的に存在しているものであるが、私たちが日常的に再生産の営為を展開している範囲の地域社会が個体化の過程に関してとくに重要であると考える。その理由は、現代社会の構造的変化は地域社会の変容という形で日常生活のなかに先鋭的に立ちあらわれてくるからである。もう一つの理由は、トクヴィルやブライスの言を持ち出すまでもなく、そのレベルの地域社会が民主主義にとって非常に重要な役割を担うべき場であることによる。[17]

しかし、現状は個体化の過程の場となるべき地域社会自体の衰退が進行している。「グローバル化」や「少子高齢化」は、地域産業の衰退、地域共同体の変貌・消失といった地域社会の深刻な変容をもたらしている。また、スティグレールの言葉を借りて表現すれば、市場に組み込まれた地域社会は、その集団的特異性を奪われ、市場の判断基準によって作り上げられた人為的なものによって自らを特異化（集団的個体化）しようとし、結果として自己像を失っていく、こうした状況が全国各地でみられる。

このような現状のなかでまず求められるのは、地域社会において何世代にもわたって営まれてきた再生産の経験の蓄積、すなわちその地域社会の過去の遺産である歴史を明らかにすることではないだろうか。市場に完全に組み込まれた判断基準や市場の要請ではない地域社会の歴史性を豊かにすることによって、地域社会の特異（唯一性を確認し、その自己像を取り戻すことが可能となる。そしてその集団的個体化の過程を回復した地域社会では、個人が個として成立するために必要なそこから取り入れるべき歴史の多様性が増し、それによって自らの特異性を発揮する可能性も広がることになる。そしてそうした作業の結果として地域社会の集団的な歴史を継承し、その歴史のなかに個である自分の姿を認めることで、個の「特異化」すなわち「個体化」が可能となるはずである。

また、集団を構成する個は、他の個と集団的な歴史を共有し、自らそこに加わり、変えていく主体である。その関わり方は個別的であり他の個とは違う特異なものとなる。政治はこの共有制と個々の特異性に基づくものである。個々の特異性から生じる利害の衝突を越えていかに全体として互いに我慢し、いかに共にあるか、共に生きるかを知り、次の世代にその遺産を引き渡すことが政治の課題である。[18] したがって、地域社会の歴史を明らかにし、その歴史性を豊かにすることによって個体化の過程を回復することは、個々の特異性をもってそれをいかに共有するかという私たちの、その政治的課題に対する取り組み方を鍛える上でも重要であるといえる。

そして地域社会の経験の蓄積である過去の遺産である集団的な歴史、これは具体的には集団に属する個が生み出し集団に共有されるようになったシンボル（象徴）すべてであると理解するが、これこそが上述した広義の歴史資料およびそれが保持する歴史的情報であると考える。それを分析し、地域社会を構成する集団とさらにそれを構成する個の個体化の歴史を復元し明らかにする役割を中心的に担うのが歴史学、なかでも歴史学としての地域社会研究（以下本稿では、これを地域社会史研究と表現する）なのではないだろうか。その意味で地域社会史研究と、それによって明らかにされるものは極めて今日的な意義をもつものであると考える。

三　地域社会史研究の方法と課題

地域社会史研究は、地域社会に関わるシンボル（象徴）、すなわち広義の歴史資料すべてを対象としなければならない。そもそも地域社会史研究とは、人びとの生活の営み（再生産の営為）にとって意味のある空間的広がりをもつものとして地域を捉え、その一定の特性によって区分される地域を限定し、実証的な手続きによって当該地域の歴史性、すなわちその歴史的な特性と主体性を明らかにすることである。そこで具体的に実施されるべきなのは、当該地域の自然的立地条件に規定され、居住域、生産域、墓域などで構成される景観を明らかにすることと、当該地域における政治的・経済的諸関係を含む人間生活の諸相を明らかにすることである。したがって、過去からひき続いて存在しているものや残存しているものすべてが対象となる。[19]

また、歴史学研究の基本は伝統的に文献実証主義であるが、国家のレベルより狭い範囲、領域を限定する地域社会史研究においては、一般的には地域社会の時空間を過去にさかのぼればさかのぼるほど残存する文献資料は減少しその制約は大きくなる。一方で、地域での開発行為などにともない、考古学的な遺構・遺物に代表される地域社会に関わる非文献資料やその記録は増加しつつある。その意味でも地域社会史研究においては、広義の歴史資料すべてを対象としなければならない必然性があるといえよう。[20]

上述したように、これらの広義の歴史資料には有形、無形さまざまなものがあり、また有形のものにはさまざまな材質、形状のものがある。そして、それらの歴史資料が保持する情報は、その分析の視点を原子・分子のミクロのレベルから、宇宙といったマクロのレベルまで設定することができるという意味において無限の広がりをもつ。したがって、地域社会史研究がその対象とする地域社会において実のある歴史像を獲得するためには、伝統的に文献実証主義を研究の基本としてきた歴史学の方法に限定されるのではなく、必然的に考古学、地理学、社会学、人類学、あるいは自然科学の諸学など、あらゆる分野の研究の方法や成果を取り入れることが重要である。さらに理想をいえば、地域社会史研究はそれら諸学による総合的な調査研究として行われるべきものである。

そのような地域社会の調査研究とその分析によって、地域社会に関する膨大な情報が得られることを前提にした場合、地域社会史研究がその第一義としてなさなければならないのは、特異化（集団的個体化）の過程で獲得される地域社会の特異（唯一）性についての答え、あるいは「私たちの地域・地域社会とは何であるか」といういわば地域社会のアイデンティティともいうべき問題に対する答えを用意することではない。膨大な情報を地域社会の歴史的情報として位置付け、地域社会の人びとがその問題に主体的に取り組むことを可能とするために、その歴史的情報を提供していくことである。

スティグレールがいうところのシンボル（象徴）は、集団を構成する個によって共時的に共有されるとともに歴史的（通時的）に共有されるものであるので、歴史資料が保持する歴史的情報も、それらの一つ一つが単独で存在するのではなく、一見何の関連性もないようにみえる場合でも、他の歴史的情報との何らかの関連性を有している。しかし、地域社会に関する情報が膨大であればあるほどその歴史的情報としての関連性はみえにくくなる。膨大な情報が提供され、複雑化すると、情報間の結びつきのなかから特定の結びつきを抽出することが困難になるからである。さまざまな視点で、情報の海のなかからその分子であるところの歴史的情報をすくい上げ、関連する歴史的情報同士を結びつけることが必要であり、そのような作業過程を経ることによって、はじめて歴史的情報は地域社会に生きる人びとが主体的に利用する、すなわち自らの特異性に基づいて必要なものを汲みだしそれを取り入れる対象としての知的財産となり得るのである。しかし、地域社会の一般の人びと自身が歴史的情報同士の関連性を新たに見出し把握することは事実上極めて難しいといわざるをえない。そのためには、歴史的情報についての知識とそれを扱うための技術を有した専門家が必要であり、そしてそれこそが地域社会史研究とそれに携わる者に求められる役割・機能であると考える。

この役割・機能のうち、これまでの地域社会史研究では、それが包摂されるところの歴史学研究と同様に、調査研究や分析に主眼が置かれてきた。たとえば、自治体史の編纂などを通じて行われた地域社会史研究では、歴史資料の収集、調査、分析、そしてその成果の出版あるいは講演を行うのが主であった。しかし、これらの役割・機能を現代の高度情報化社会における情報サービスとして捉えたときに、これまでの地域社会史研究のそれは極めて不十分であったといわざるを得ない。

情報サービスは大きくテクニカルサービス（間接的サービス）とパブリックサービス（直接的サービス）に分けられる。このうち前者はパブリックサービスを行う前提として必要不可欠な基本的業務である資料の収集、組織化、保存など利用者（ここでいう利用者とは地域社会の人びと）にとって間接的なみえにくいサービスである。後者は資料提供サービス、情報要求に対応する情報サービス、教育・文化・広報活動など利用者に対して直接的に行われるみえるサービスである。情報サービスは両者の活動がともに機能することで遂行される。[21] これまでの地域社会史研究で行われてきた歴史資料の収集、調査、分析はテクニカルサービスの、その成果の出版や講演はパブリックサービスの一部である。このうちとくに不十分であったのはパブリックサービスの部分である。

上述したように、現在の歴史資料や歴史的情報には「民主主義の根幹を支える国民共有の知的資源」という性格が加えられていると考えられる。したがって、利用者を待ち受けるような受動的なパブリックサービスだけでは、情報サービスとして「知識・情報の共有」を進めて新たな「知識情報社会」への転換を実現するという使命を果すことにおいて十分ではない。より総合的で、能動的なパブリックサービスを実施する必要がある。従来の地域社会史研究にはこの情報サービスとしての視点がほとんど欠けていたと思われる。

高度情報化社会においては多様な情報要求がなされると予測されるが、パブリックサービスのすべての要素を含み得るものとして、それに幅広く対応していく可能性を有しているのは、現時点では展示とデジタルアーカイブである。この点については別に論じたことがあるので詳細は省くが、とくにデジタルアーカイブの場合は、提供者と利用者との間に情報を伝達再生するシステムが必要であるという制約要因はあるが、展示の場合における時間や空間、あるいは資料そのものの劣化・汚損などといった物理的制約をある程度克服することが可能である。歴史学研究においても諸所において各種データベースの形で構築されているデジタルデータの有用性については、もはや広く認知されているといってよいであろう。また、展示やデジタルアーカイブは結果としてテクニカルサービスを深化させていくことにもつながる。[22]

もちろん、情報サービスとして展示やデジタルアーカイブを実施するためには、少なからぬ労力と費用が必要であり、地域社会史研究を志向する個人が地域社会に必要なそれを十分に行うのは事実上不可能に近い。情報サービスとしてそれを実施する主体は自治体や法人といった組織であろう。しかし、たとえ個人であったとしても、地域社会史研究に携わろうとする場合には、そうした組織との連携を図りながら、地域社会に関わる歴史的情報を情報サービスとして積極的に地域社会に提供していくことを視野に入れておく必要がある。増加・蓄積されていく歴史的情報と、それを分析することによって復元される地域社会を構成する集団およびそれを構成する個の個体化の歴史を、対象となる地域社会に常に還元していく場を構築しなければならない。そしてそれはその地域社会の特異（唯一）性、あるいはアイデンティティを地域社会の人びとに対して問いかけていく作業でもある。地域社会史研究においては、それこそが最も重視されるべき課題であると考える。

おわりに

本稿では歴史学研究が対象とする歴史資料およびそれが保持する歴史的情報の本質と、それらによって地域社会の歴史を明らかにしようとする地域社会史研究について、とくに現代社会との関わりを中心に考察してきた。これまで論じてきたことをまとめると以下のとおりである。「歴史資料」は文化財保護法第二条に規定されるが、この歴史資料は指定という枠をはずせば文化財保護法がいう有形文化財のすべてを包摂するものであり、さらには文化財保護法第二条に定義される無形文化財以下の各文化財をも含めて考えることが可能である。そしてこれを広義の歴史資料と考え、具体的には政治、経済、社会、文化、科学技術等の歴史上の各分野における事象に関する情報を保持する資料であり、それが保持する情報が歴史的情報であると定義する。

また、二〇〇九年の公文書管理法の制定により、歴史的に重要とみなされるすべての文書が文化財保護法にいう歴史資料として位置付けられることになった。このことから公文書に限らず広義の歴史資料すべてが、同法第一条がいう目的のために保存、管理、利用されなければならない対象となり、歴史資料の「健全な民主主義の根幹を支える国民共有の知的資源として、主権者である国民が主体的に利用し得るもの」という性格が、あらためて明確にされることになったと考える。

その現代社会は、スティグレールの分析によれば「象徴の貧困」すなわち個体化の衰退が広まっている。このような状況に立ち向かい、「象徴の貧困」を克服し、個を取り戻すためには、地域社会における集団的な歴史を明らかにし、地域社会を構成する集団に属する個がその歴史を継承することで個の「特異化」、「個体化」を可能とすることが必要である。そしてシンボル（象徴）である歴史資料とそれが保持する歴史的情報を分析し、地域社会を構成する集団と個の個体化の歴史を明らかにする役割を中心的に担うのが地域社会史研究の今日的な意義である。

それを実践するために地域社会史研究は、地域社会に関わるシンボル（象徴）、すなわち広義の歴史資料すべてを対象としなければならない。またそのことにより、必然的にあらゆる分野の研究の方法や成果を取り入れることが重要となる。そして地域社会の調査研究とその分析によって得られた膨大な情報を地域社会の歴史的情報として位置付け、地域社会の人びとがそれに主体的に取り組む（利用する）ことを可能とするために提供していかなければならない。地域社会史研究の成果を地域社会に常に還元していくための情報サービスの場を構築することが、地域社会史研究において最も重視されるべき課題である。

本稿は、かねてから自らに提示してきた地域社会史研究の今日的な意義とは何であるかという命題について考えをまとめたものである。「象徴の貧困」といわれるような現代社会の構造的疲弊化あるいは機能不全化ともいうべき状況に対して、歴史学研究としての地域社会史研究がそれを克服する力となり得るのかという点が、本稿について検証されるべき最も枢要な論点であると考える。大方の御叱正、御教示を賜れば幸甚である。

註

（1）ベルナール・スティグレール著、ガブリエル・メランベルジェ、メランベルジェ眞紀訳『象徴の貧困1――ハイパーインダストリアル時代』（新評論、二〇〇六年）。

（2）昭和二十五年五月三十日法律第二一四号、最終改正：平成二十六年六月十三日法律第六九号。以下、文化財保護法と表記する。

（3）昭和二十六年文化財保護委員会告示第二号（国宝及び重要文化財指定基準並びに特別史跡名勝天然記念物及び史跡名勝天然記念物指定基準）。

（4）本稿では、国宝及び重要文化財指定基準の歴史資料の二以下に該当する遺品・渡来品についても、広義には一がいう「政治、経済、社会、文化、科学技術等我が国の歴史上の各分野における重要な事象に関する遺品」に含まれるものと考える。

（5）平成二十一年七月一日法律第六六号、最終改正：平成二十八年十一月二十八日法律第八九号。以下、公文書管理法と表記する。

（6）昭和六十二年十二月十五日法律第一一五号、最終改正：平成十一年十二月二十二日法律第一六一号。以下、公文書館法と表記する。「歴史資料」の語は第一条、第三条、第四条第一項・第二項にみえる。

（7）平成十一年六月二十三日法律第七九号。以下、国立公文書館法と表記する。「歴史資料」の語は第一条、第四条、第十一条、第十五条に用いられていたが、「歴史資料として重要な公文書等」の部分は、公文書管理法の公布とともに、同法に定義される「特定歴史公文書等」または「歴史公文書等」におきかえられた（平成二十一年七月一日法律第六六号）。

（8）宇賀克也『逐条解説　公文書等の管理に関する法律』第一法規、二〇〇九年、四九頁。

（9）宇賀前掲註9書、四九頁。

（10）拙稿「歴史資料の利用・公開の実践と課題――長野県立歴史館所蔵文書の展示を中心に」（『長野県立歴史館研究紀要』一八、二〇一二年）。

（11）既に述べたように、歴史資料は、文化財として絵画、彫刻、工芸品、書跡・典籍、古文書のほか科学技術・産業技術資料などさまざまな材質、形状のものを含む複合的かつ広範な分野である。これは歴史的事象や人物の全体像を明らかにしようとする場合に、それに関わる歴史的情報にはさまざまなものがあり、それらをできうる限り総体としてとらえようとしなければならないことからすれば当然であるといえる。歴史学研究の基本が伝統的に文献実証主義であることは否めないが、研究の対象となる資料群には、文書のほかにこれらの非文献資料といわれるものが混在している事例がむしろ多いのが実際である。したがって、公文書管理法の第二条第六項がいう文書が主として文献資料を想定しているとしても、現実にはそこに非文献資料も含まれる。

（12）高度情報通信ネットワーク社会推進戦略本部『新たな情報通信技術戦略』二〇一〇年。総務省『平成二十二年版　情報通信白書』二〇一〇年。

(13)　平成十一年五月十四日法律第四二号、最終改正：平成二十八年五月二十七日法律第五一号。
(14)　スティグレール前掲註1書。同著、逸見龍生訳「欲望、文化産業、個人」（『ル・モンド・ディプロマティーク』二〇〇四年六月号）。
(15)　前掲註14。
(16)　前掲註14。
(17)　富永茂樹『トクヴィル 現代へのまなざし』（岩波書店、二〇一〇年）。
(18)　前掲註14。
(19)　木村礎「日本村落史を考える」（『日本村落史講座』一、雄山閣出版、一九九二年）。同「村落史研究の方法―景観と生活」（『木村礎著作集』VI、名著出版、一九九六年、初出は一九九四年）。同「郷土史・地方史・地域史研究の歴史と課題」（『木村礎著作集』IV、名著出版、一九九七年、初出は一九九四年）。
(20)　拙稿「地域における古代史研究をめぐって」（『歴史学研究』七〇三、一九九七年）。同『古代信濃の地域社会構造』序章・終章、同成社、二〇一七年）。
(21)　渋谷嘉彦編『改訂　情報サービス概説』（樹村房、二〇〇四年）。高山正也編『改訂　図書館サービス論』（樹村房、二〇〇五年）。
(22)　拙稿前掲註10論文。

附記　本稿は、註20に掲げた二〇一七年刊行の拙著の著述作業とほぼ同時に執筆を進めたものである。本稿で述べたことのなかには拙著と重なる部分もあるが、主として現代社会に視点を据えて論じた結果として、古代史に直截関わる論考とすることができなかった。拙著は、地域社会の研究の試みとしてこれまで続けてきた古代信濃の地域社会に関する論考をまとめたものであり、古代の地域社会を対象とする研究方法や課題についてはその中で具体的に述べたつもりである。本稿とともに拙著をあわせて御高覧いただければ幸甚である。

古代史研究におけるデジタルアーカイブの活用

――黒川春村校訂「尾張国解文」の各種写本を事例として

藤原秀之

はじめに

近年、歴史資料（以下、史料とする）を保存・管理し、利用・公開に供している各機関による史料の電子化には目覚ましいものがあり、その多くはＷＥＢ上で公開され、活用されている。そうしたいわゆる「デジタルアーカイブ」[1]をいかに有効に活用できるか、またアーカイブを作成する側からすれば、いかに有用な情報をアーカイブを通じて発信できるか、という点が歴史学研究にとっても重要な課題となっており、研究成果そのもののＷＥＢ上での公開も徐々にではあるが進んでいる。学術雑誌に掲載された論文の電子化として、第一に大学等の研究機関がそれぞれに構築を進める「機関リポジトリ」が存在する。多くの場合、リポジトリに収載された論文は特別な手続き、課金を伴わない、いわゆるオープンアクセスとなっており、CiNiiArticles[2]の検索結果から直接閲覧、ダウンロードできるようになっているものもある。また学会等が刊行する雑誌については、国立情報学研究所が一九九七年に開始した電子図書館（NII-ELS）計画により電子化が進み、十八年間で歴史学も含むあらゆる分野の四四四の学会、一四一九種の雑誌、合わせて三九一万点の論文の電子化がなされた。(3)

こうした動きは人文学研究全般で進められ、「デジタル人文学（Digital Humanities, DH）」として様々な議論が展開されており、歴史学研究も、「デジタル人文学」という流れの中で、いかに情報を収集し、また自ら発信してゆくか、という点が大きなテーマとなってきている。(4)

本稿では特に日本古代史研究（以下、単に古代史研究という）の場で、「史料」の電子化とその活用がどのように進んでいるか、具体的な事例をもとに検証するものである。

そもそも、歴史学研究において、「史料」をいかに取り扱うかということが研究の基本にあることは言うまでもない。とりわけ文献史学では、論拠とする「史料」が信頼に足りうるかどうか、という点が重要となってくる。その場合、「史料」原本にあたることができればより確実な考証が可能となるが、しかし、原本にあたることが容易な場合ばかりとは限らない。特に古代史研究では「史料」そのものの絶対数が少ないことに加え、(5)その稀少性から原本の利用（閲覧）が制限されていることもしばしばであり、そのような時はさまざまな「原本代替資料」を活用することになる。(6)原本代替資料としては、翻刻や現代語訳、写真版（影印）、マイクロ資料（多くがモノクロ）、電子資料（特定の媒体に保存されたもの）、デジタルアーカイブなどが想起され、これらはそれを使う者（研究者）の目的や、資料の取り扱い技術・経験に応じて使い分けられるべきであるが、実際にはそうとばかりは言えない状況にあることは、よく知られている。(7)古代史の場合、資料の全体量に比して活字化されているものが多く、かつ前述のように同時代の原本に触れる機会が少ないため、必然的に研究にあたって活字化された史料を活用することが多くなっていた。ところが近年、史料論、古文書学の進展にともない、古代史研究においてもかつてのように活字資料に依存するのではなく、各種写本の校合、さらには中世以後の写本の享受についても研究が進んできている。その際、最終的にはそれぞれの史料原本にあたることは当然であるが、事前の準備として、原本所蔵機関が用意した様々な「代替資料」を活用する場合もある。だとすれば、前述のように原本利用（閲覧）の機会が制限されやすい古代史研究はもっとも「史料」の電子化の恩恵、影響をうけやすい分野であると言えるかもしれない。古代史研究においてはデジタルアーカイブに代表されるさまざまな原本代替資料を有効に活用し、その上で原本調査にあたるという手続きが、至極当然のこととして求められているのである。

そこでここからは、古代史研究の場で電子化された様々な資料がどのように活用しうるか、具体的には、実際の資料調査にあたってデジタルアーカイブ等に収載された画像やそれ以外の情報を確認したうえで原本確認をおこなうという手順の有効性について、事例をあげて考えてゆくこととする。

一　黒川本尾張国解文について

今回事例として取り上げるのは、早稲田大学図書館が二〇一〇年、新たに収蔵した「校訂尾張國解文」[8]（以下、早大本とする）をはじめとした「尾張国解文」の近世における写本である。[9]「尾張国解文」の近世写本には複数の系統があるが、そのうち早大本も含めた数本は黒川春村の識語を持っており、[10]これは春村が尾張国解文について複数の写本を校合し、数次の改稿を加えながら自らの見解を示したもので、すでに明治大学図書館が所蔵する春村の自筆稿本（以下、明大本とする）に基づいた詳細な研究がある。[11]今回は黒川春村校訂「尾張国解文」（以下、総称として「黒川本」と称する）について、稿本と複数の写本を比較・検討してゆくが、その際原本を参照することはもちろんだが、それぞれの所蔵機関が公開するマイクロ資料やデジタルアーカイブといった各種の原本代替資料に収載された画像をあわせて活用してゆく。それにより、古代史（あるいは古代史研究史の）研究におけるデジタルアーカイブ活用の可能性と、現在公開されているデジタルアーカイブの課題について言及したい。

「尾張国解文」の諸本については鎌倉期の古写本三本[12]と、それらを底本とした江戸後期から近代にかけて作成された写本が知られている。[13]その中でも黒川本は後の尾張国解文研究が多く参考としていることからも「尾張国解文研究史上の画期をなす写本」[14]だとされ、複数の写本が存在する。

黒川本のうち黒川春村自筆稿本（明大本）は前述のように明治大学図書館が所蔵しており、同館のオンライン目録（WebOPAC）で「尾張国解文」とタイトル検索すると、一行目に図書として「永祚元年尾張國解文」（黒川春村写、一八五七）と表示される。標題をクリックすると、書誌情報の詳細と、原本の所蔵情報が表示されるのに加え、「電子資料」として全冊の画像を収録したデジタルアーカイブの情報もあわせて確認できる。この電子資料は、同館がマイクロフィルム（モノクロ）から電子化したもので、学外からでも全文の画像をみることができる。[15]ただ、マイクロからの電子化のため、墨色（朱墨等）の判別がつかず、また画像の解像度も、本文を読むだけなら対応できるが、割書等細かい情報を得られるほどではない。明大本については他に全文を紹介した原本代替資料は見当たらないことから、最終的には原本を確認する必要があるが、まずは公開されているデジタル画像と書誌情報からその内容を確認しておく。なお、書誌情報については原則として項目名ともOPAC表記のままだが、各項目の順序や漢数字への変更等、縦書にするにあたり改めた部分もある（以下、他写本についても同様に表記した）。

○「永祚元年尾張国解文」（明治大学図書館所蔵—明大本）（図版1）

〈標題および責任表示〉永祚元年尾張國解文

〈出版・頒布事項〉［書写地不明］、黒川春村写、安政四（一八五七）

〈形態事項〉四九丁、二八㎝

〈その他の標題〉その他のタイトル＝尾張國郡司百姓等解
〈注記〉書名は表紙よりとる　書外題
〈注記〉巻頭書名＝尾張國郡司百姓等解
〈注記〉書型＝大本（二七・六×二〇・四㎝）
〈注記〉眞福寺本（正中二年鈔本）と西方寺本（文和二年鈔本）を対校して写したもの　黒川春村の識語あり
〈注記〉表紙見返しに「永祚元年　一条天皇」の朱書きあり
〈注記〉印記は『黒川真頼蔵書』、『黒川真道蔵書』、『黒川真頼』とあり
〈学情ＩＤ〉BA47643391
〈本文言語コード〉日本語
〈著者標目リンク〉黒川　春村（一七九九―一八六六）
〈分類標目〉NDC9＝210.36
〈件名標目等〉日本―歴史―平安時代―史料、尾張国
〈配置場所〉中央貴重書庫
〈請求記号〉092.5/36/H（帯出不可）
（なお標題、著者標目、件名標目にカナの読みが付されている）

以上のように書誌情報は古典籍資料の書誌としてひととおりの内容を持ち、[16]加えて分類と件名を付与している点は注目される。[17]また「学情ＩＤ」、すなわち国立情報学研究所の書誌番号を持っていることから、明治大学図書館のＯＰＡＣからだけではなく、CiNiiBooksを通して他機関の蔵書との統合検索の対象となっていることがわかる。

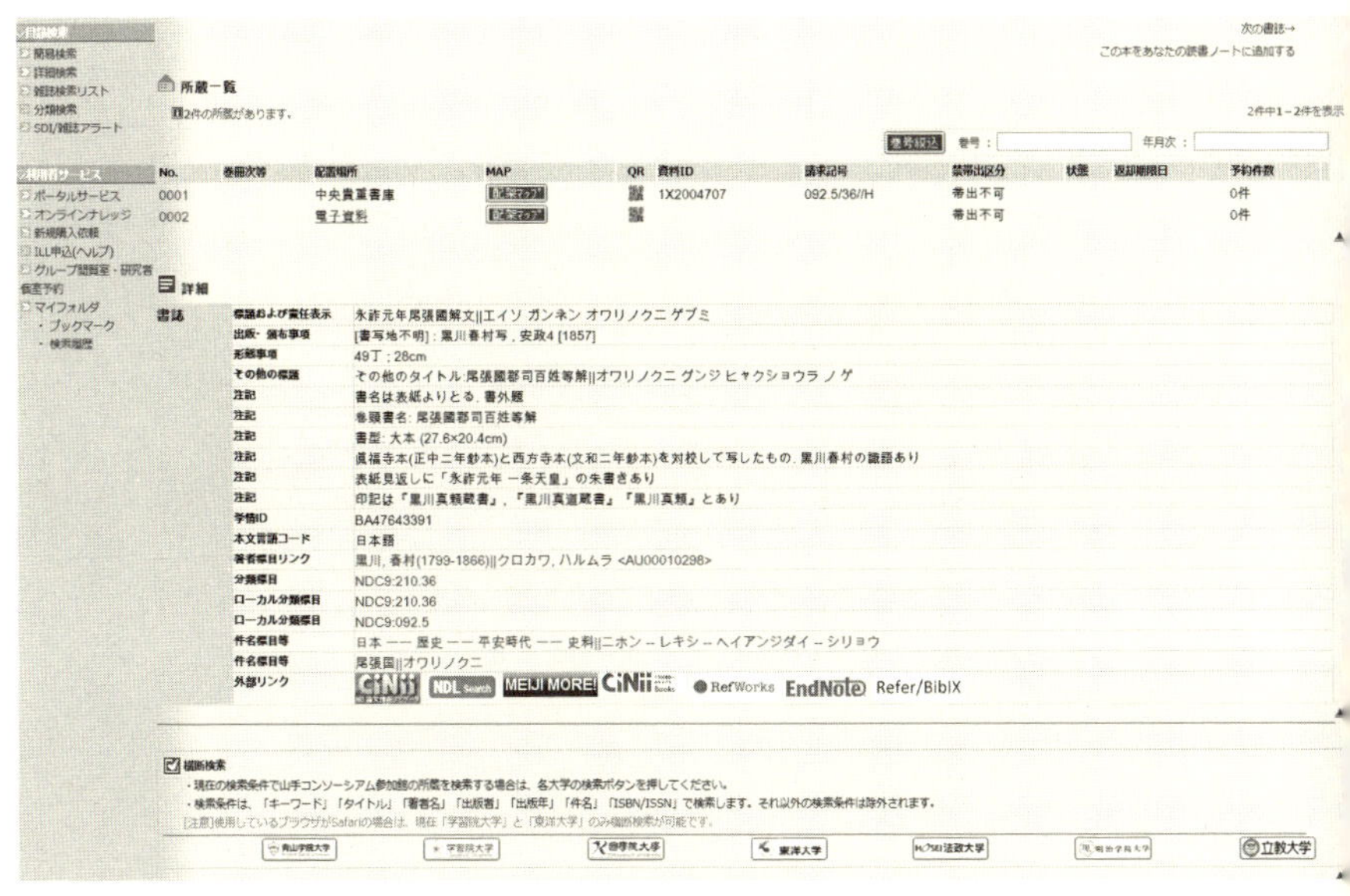

図版１　明治大学図書館WebOPAC「永祚元年尾張國解文」詳細書誌データ

さて、ここからは公開されているデジタル画像から読み取れる情報を追加してみよう。冒頭の画像から、刷毛目の残る渋引き表紙であるらしいことがわかり、全体に若干の虫損も認められる。さらに、OPAC書誌にも記され黒川家旧蔵書であることを象徴する黒川真頼、黒川真道の蔵書印も確認できる。他にも複数の印があるので、以下にまとめておく（丁数はいずれも墨付部分）。

「黒川真頼蔵書」（長方印）、「黒川真頼」（小丸印）＝一丁表右下

「黒川真道蔵書」（長方印）＝一丁表（真頼印の左）、巻末（墨付四九丁裏）左下

「明大図書館」（長方印）＝一丁表（真頼印の上）

「明治大学図書館之印」（方印）＝表紙見返

他に明治大学図書館の受入印と思われる「明治大学／附属図書館／昭和31.4.26／200470」の丸印（末尾数字のみナンバリング）がある。さらにこれら蔵書印関連とは別に、「地方」という丸印が表紙に捺されていることがわかるが、これもまた黒川家蔵書を特徴づける

印で、同家所蔵資料の分類印である。[18]
ただ、これ以上となると解像度の問題もあり、あまり多くを得ることは難しい。そこで、あらためて原本を確認し、情報を追加してみよう。
マイクロ画像と大きく異なるのは、マイクロ撮影後に修補が行われている点であり、虫損はすべて塞がれ、料紙全面に裏打ちがなされたため、若干全体が厚くなっているようである。修補前と同じく袋綴（四ツ目綴）で、金茶色の新しい細糸二本で綴じられており、[19]表紙はマイクロで確認できたとおり刷毛目の残る渋引き表紙で、見返と墨付料紙の間にあらたに遊紙一丁を加えている。後見返前にも遊紙が挿入されており、それも含めると全体で五一丁となっている。また蔵書印はすべて朱印（明治大学受入印の末尾数字は藍色ナンバリング）だが、真頼の長方印の朱のみかなり赤みが強い。墨色については、ＯＰＡＣでも指摘されている見返の書入「永祚元年　一条天皇」のほか、解文本文の頭注も朱であり、さらに本文中の書入はほとんどが墨だが、書入れ時期に違いがあるようにも見え、一部の書入は藍色である。[20]こうした細かい物理的な違いは原本によってはじめて知ることができる情報である。
続いて全体の構成を確認しておくと、
1、黒川春村識（安政四年十一月一日）（図版2）
2、解文本文（冒頭十四行は文和二年本、以降巻末まで真福寺本による）
3、黒川春村再識（安政四年十一月九日）
以上、大きく三つの部分からなっていることがわかる。識語、解文本文ともに大量の修正や注（割注・頭注）が付されているが、ここで早大本はじめ他の黒川本と比較するため、識語部分の内容を略述しておこう。[21]
まず1（十一月一日識語）だが、こちらは解文成立の背景となる藤原元命の出自にはじまり、尾張国守任官とそ

こでの苛政と解文提出から免官に至る流れが簡略に示されている。その上で

　いかて此のふミ梓にのほせて弘く天の下につたへてしかな

（以下、他写本も含めて引用に際しては原本によった。ただし修正部分は修正後の形のみ記し、一部読点を補い、字体は新字に統一した）

とあることから、本書に上梓の予定があったことがわかる。春村は、塙忠宝を[22]中心とした和学講談所の国学者グループに属していたが、そこでは『群書類従』と並行して六国史や『西宮記』、『政事要略』等の史書、典籍の刊行を進めていたという[23]。そうした史書刊行の流れの中で、春村の「尾張国解文」も刊行の予定があったのかもしれないが、実際には刊本として伝わっているものは知られていない。

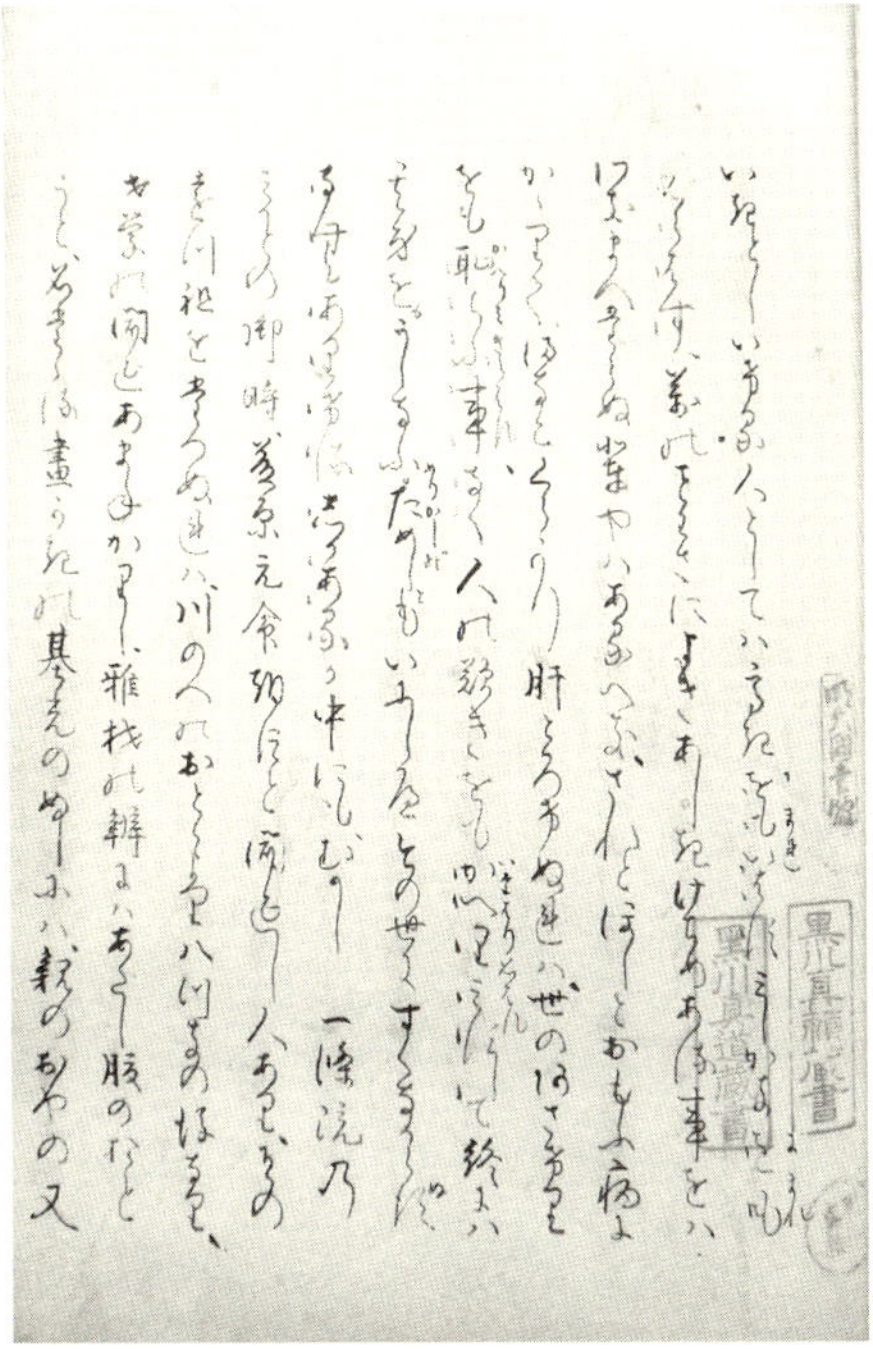

3（十一月九日識語）は、冒頭で本写本の成立について、

　此尾張国の永祚元年の解状ハ同国真福寺の珍蔵にして、正中二年の鈔本といへり、嚮に我影写の本を得、その後また一本を得しかハ、比校して秘蔵せしかと、惜むらくハ巻首十四行闕てあらねハ（中略）近ころはからす又一本を得たり、此本ハ同国海東郡中一色村西方寺の所蔵、文和二年の鈔本を宝永六年に写せりといふ本なり、

図版2　明大本：黒川春村識冒頭部分

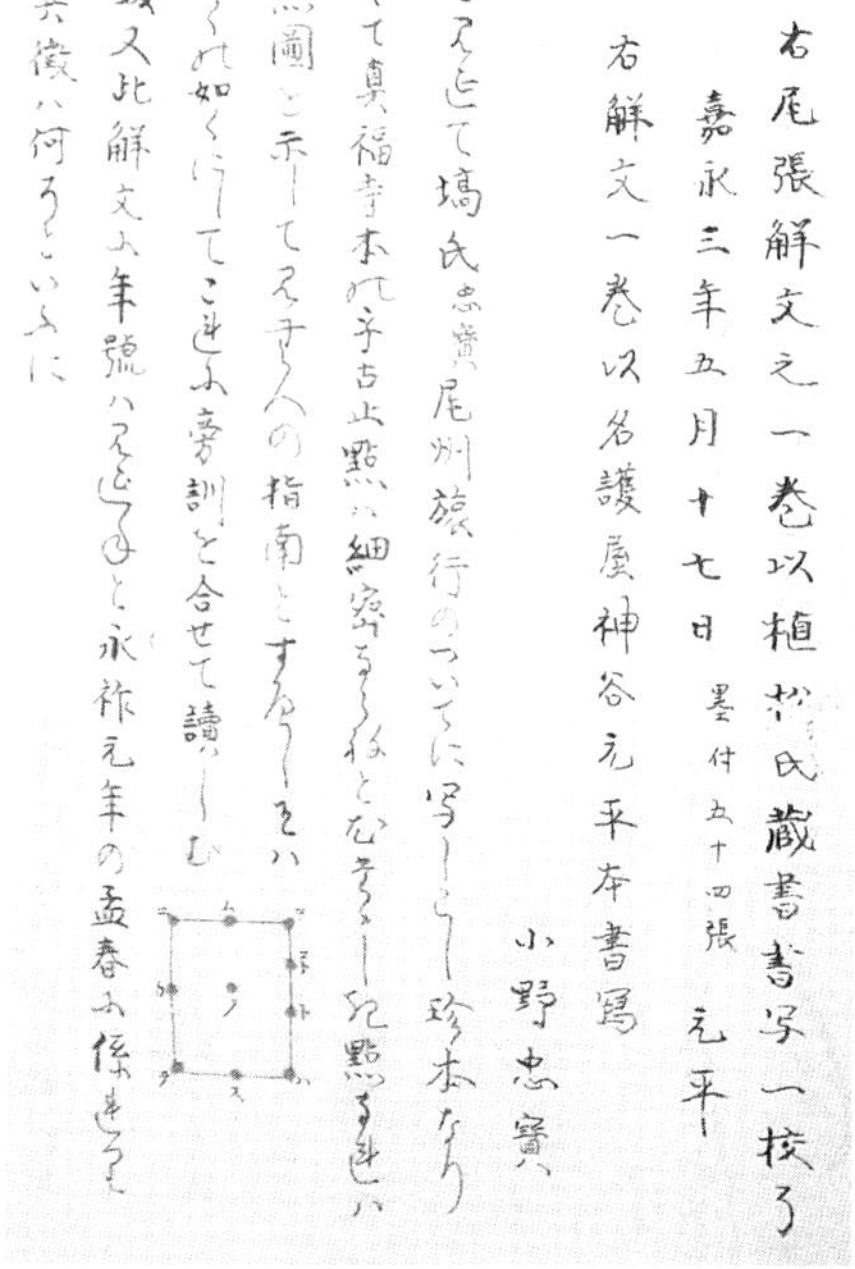

図版３　明大本：神谷元平・塙忠宝奥書部分

とし、かねて真福寺本の写本を所持していた春村がその欠落部分（巻首十四行）を新たに入手した西方寺本で補って作成したものであることを述べている。なお、校合に用いた西方寺本については、西方寺照誉示無霊徹の宝永六年（一七〇九）自序「得古書序」と奥書を全文引用した後に、二種の本奥書を書写している。すなわち、

右尾張解文之一巻以植松氏蔵書書写一校了、
嘉永三年五月十七日　墨付五十四張
元平
右解文一巻以名護屋神谷元平本書写
小野忠宝(24)

というもので、さらに続けて「塙氏忠宝尾州旅行のついてに写しこし珍本なり」とある（図版３）。この二種の本奥書については後に詳述する。

そこからは以下のように解文そのものの内容に関する記述となっている。

①真福寺本の訓点について

真福寺本の乎古止点ハ細密ならねと尤たゝしき点なれハ、点図を示して見む人の指南とすへしことハかく

の如くにして、これに旁訓を合せて読しむとして、図入で説明している。

②解文成立年について

「扨又此解文に年号ハ見えねと、永祚元年の孟春に係れり」と、解文成立年を永祚元年（九八九）一月と推定し[25]、その理由として『日本紀略』永祚元年二月五日条（尾張国百姓愁訴）、『北山抄』巻九　古今定功過例（尾張守元命の行状）、『小右記』永祚元年四月五日「今日有叙位・除目、云々、尾張守文信（元命朝臣依百姓愁停任）」などの史料をあげているが、『北山抄』は本文中ではなく頭注として示されている。

③元命系譜

元命について『尊卑分脉』の藤原房前五男魚名の流れをくむ中宮亮高房の五男・智泉（トシミツ）から元命、さらにはその孫の代までの系図を引用した上で、「かの高名の画師基光も此元命朝臣の曾孫にて、其他親族にも有名の人々も多きをひとり此朝臣のミハよからぬ名にたち、後の世までも嘲りを残せり」としている[26]。

④その後の元命

尾張国守解任後の元命について、『地蔵菩薩霊験記』巻七にある「終ニハ餓死シタリ」との説を、『日本紀略』長徳元年四月二十四日庚子条に「散位元命」としてその名が見えていることをあげ、「長徳元年ハ永祚元年より六年の後にて、当時もなほおほやけにつかへられしにこそあれ」として「霊験記の妄説なり」と否定している。

⑤元命の読みかた

モトナカ（西方本寺本傍訓）、モトヨシ（霊験記）など複数存在することを示し「詳ならす」、「後世よりは決め難き事にこそあれ」と結論を出していない。

以上のように巻末の識語は春村による解文の解題とでも言うべき内容となっている。その際、『日本紀略』の文章を複数引用しているが、これもまた前述の和学講談所を中心とした春村の交友関係が大きく影響していると思われる。(27) おそらくそうしたメンバーの間では「尾張国解文」に関する情報が共有され、その結果として、春村の自筆稿本を元にして早大本など複数の写本が作成されることとなったと考えることもできよう。そこで、続いて早稲田大学図書館が所蔵する黒川春村校訂「尾張国解文」について検証することとする。

まず早稲田大学図書館が公開するオンライン蔵書目録（WINE）の情報から見てみよう。WINEのタイトル検索は「前方一致検索」なので正確な標題を冒頭から入力しないと検索できない。そこで、キーワード検索により「尾張国解文」を探すと「古典籍」として次の資料を見つけることができる。

○「校訂尾張国解文」（早稲田大学図書館所蔵―早大本）（図版4）

〈タイトル〉校訂尾張國解文［書写資料］／黒川春村［校］
〈出版事項〉写、［書写年不明］
〈形態〉一冊、二八cm
〈注記〉書名は題簽による　序・小口書＝尾張國解文
　　跋に「安政六年己未四月廿四日借得尾州藩臣奥田主馬義雄所蔵摸本加再校了」とあり
　　和装
〈別著者等〉黒川　春村（一七九九―一八六六）
〈配架場所〉中央図書館四階貴重書庫
〈請求記号〉リ〇五　一五六七四（館内利用のみ）
（なおタイトル、出版事項、別著者等にはカナとローマ字の読みが付されている）

Waseda University Library Catalog　RefWorks

最初に戻る　予　約　保　存　MARC表示　別検索語

タイトル　校訂尾張国解文　早稲田大学 全コレクション　検索

Record:　Prev Next

タイトル　校訂尾張國解文 [書写資料] / 黒川春村 [校]
コウテイ オワリノクニ ゲブミ [ショシャ シリョウ]
kōtei owarinokuni gebumi [shosha shiryō]

出版事項　写, [書写年不明]
シャ
sha

リンク情報:

画像情報

配架場所	請求記号	現況
中央 4F貴重書庫	リ05 15674	館内利用のみ

形態　1冊 ; 28cm

注記　書名は題簽による 序・小口書:尾張國解文
跋に「安政六年己未四月廿四日借得尾州藩臣奥田主馬義雄所蔵模本加再校了」とあり
和装

別著者等　黒川 春村, 1799-1866
クロカワ, ハルムラ, 1799-1866
kurokawa, harumura, 1799-1866

Record:　Prev Next

最初に戻る　予　約　保　存　MARC表示　別検索語

図版４　早稲田大学図書館WINE「校訂尾張國解文」詳細書誌データ

書誌情報としては明大本と近い内容だが、項目名の表記は一致しておらず、分類、件名も付与されていない。またCiNiiBooksに収録されていないため(28)、そこからの統合検索は不可能である。さらにＷＩＮＥの書誌・所蔵情報は世界最大の書誌ユーティリティであるＯＣＬＣにデータ提供されているが、古典籍については未収録である(29)。結果として早大本を探すにはＷＩＮＥを直接検索するしか方法がないかとも思われるが、実際には別の手段が用意されている。それが、早稲田大学図書館が構築を進める「古典籍総合データベース」（以下、古典籍ＤＢ）である。ここではＷＩＮＥ上の古典籍の書誌のうち画像情報を持つものを抽出して公開しており(30)、書誌データはGoogle等の一般の検索エンジンで索引化されているので、外部からのアクセスも容易である。また全文のカラー精細画像が公開されており、多くの情報を得られるため、研究の内容によっては原本に拠らずとも、その目的を達することができる(31)。なお、ＷＩＮＥの請求記号部分に「画像情報」とある部分をクリックすることでも古典籍ＤＢの画像を見ることができる。続いては古典籍

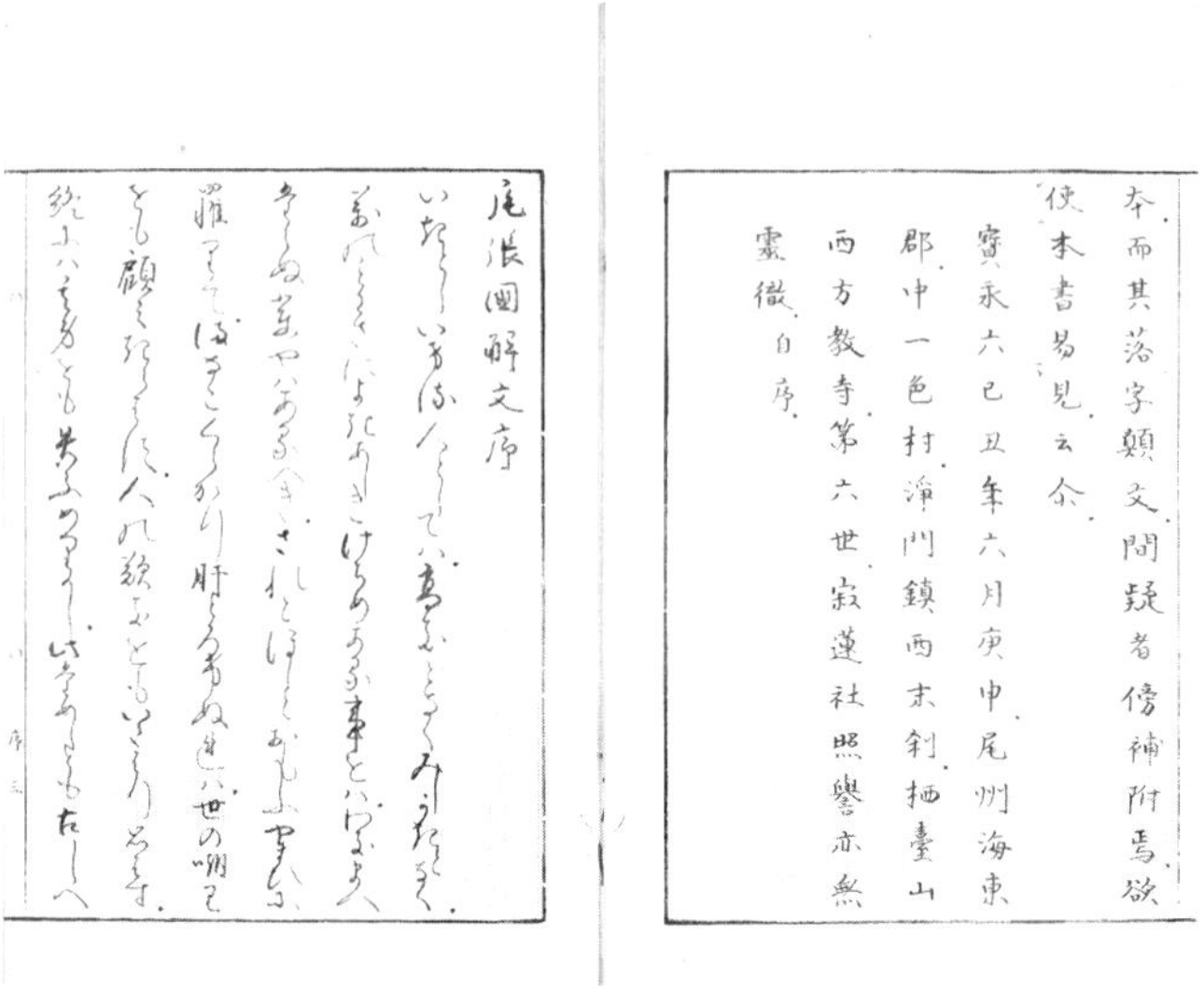

図版５　早大本：黒川春村序冒頭部分

DBを活用して、早大本に関するさらなる情報を確認してみよう（図版5）。

〈丁数〉五四丁

〈丁付〉各丁の表、柱の下部に以下の様な丁付がある。

一～五丁＝序一～序五、六丁＝凡例、七丁＝なし（扉）、八～四九丁＝一～卌二、五〇～五四丁＝跋一～跋五。

〈形態〉袋綴（四ツ目綴）。墨書題簽を貼付。

〈料紙〉無罫で匡郭のみを刷った料紙を使用。版心に二箇所の「〇」がある。

〈本文〉本文墨書。また頭注とその枠も墨書。

〈序〉①霊徹「得古書序」（宝永六年六月庚申）

②黒川春村「尾張国解文序」（安政四年十一月一日）

〈印記〉「早稲田文庫」（朱方印、一丁表）

〈巻末識語〉①黒川春村再識（欠年月日）

②安政六年（一八五九）四月二十四日

巻頭の序文は右のように二つの部分からなっており、冒頭に明大本では黒川春村の識語中に含まれていた「得古書序」（宝永六年、霊徹自序）が独立してあげられている。それに続く形で、春村の言葉が「尾張国解文序」として挙がっており、日付は安政四年十一月一日で明大本の巻頭の識語と同一であり、内容としてはおおむね一致するが、

1、かな書きの部分が漢字表記となっている

2、修正部分が修正後の形、あるいはさらに別の表記となっている

3、末尾の署名部分が「藤原春村識」（明大本）ではなく、「藤原春村」となっている

など、字句の異同が多く見られる。特に末尾近く明大本では推敲を重ねた後が見られるが、早大本では明大本の最終形とも違った形で文章を結んでいる。

序に続いて「凡例」があり、尾張国真福寺所蔵の正中二年写本の写本、それも縮写であることを述べ、「童蒙ニモ読易カルヘク微細ニ仮字ヲ施」してあること、さらには西方寺本との考異を加えていることなどを示しているが、点図も含めてこうした記述は明大本ではほぼ巻末の識語に含まれている内容である。

この後、扉、解文本文があるが、明大本と同じく冒頭十四行を西方寺本で補い、その後は正中二年の奥書まで含めて真福寺本を忠実に筆写している。

最後に「黒川春村再識」として明大本巻末と同様に春村の識語が記されているが、明大本とは内容に相違があり、

図版６　早大本：神谷元平・塙忠宝奥書部分(元平奥書の冒頭、明大本で「尾張解文」となっていた部分が「尾張国解文」となっている)。

巻末の記年もない。以下、巻末識語について詳しく見てゆくことにしよう。

まず正中二年の真福寺本奥書に続けて「西方寺本奥書云」として、明大本にもあった宝永六年照誉、嘉永三年神谷元平、塙忠宝の奥書がある（図版6）。さらに

> 此尾張国の解文ハ本国真福寺の珍蔵にして正中二年の鈔本といへり、嚮に摸写の一本を得しかは、（中略）近ころ和学講談所の塙のあるしか彼国に旅行のついてにゆくりなく写し得つとて、又一本をなんもてかへられたる、（中略）さて此を獲て原本に合せミるに、かの巻首の文またく備はり、

として写本成立の背景を記しているが、その文章は前述の明大本とは異なっていることがわかる。その後は、明大本と同じく『日本紀略』、『北山抄』、『小右記』の記事から解文提出年について考察しているが、この部分について明大本、早大本の間に大きな違いがある。一つは『北山抄』について頭注ではなく本文中に明示している点であり、もう一つが、明大本では「永祚元年の孟春に係れり」としたものを「永祚元年二月に係れり」と、成立時期をわずかではあるが変更している点である。この一ヶ月の違いについて早大本では『小右記』の記事、すなわち永祚元年四月の除目における元命の後任国司任命記事に続けて「新任の国司こそハ四月五日に受領せられたれ、前司の停任ハ是よりも先にて既に二三月の間なりしなるへし」とし、元命の免官を後任任官に先立つ二、三月の間のことだとする見解を示している。

その後の元命系譜や免官後の元命についての記述は明大本と共通で、前述のように記年はないが「黒川春村再識」の言葉を信じるならば、本写本の内容は明大本成立後にあらためて春村が私見を追加、変更したものと考えることができよう。

ただ、書写者については未詳であり、黒川家の蔵書印、分類印もないことから黒川家の旧蔵本とは考えにくい。そして何と言っても本写本を特徴づけているのは末尾に追記されている安政六年四月の再校識語である。そこに

は、一部WINEデータにもあるが、

安政六年己未四月廿四日借得尾州藩臣奥田主馬義雄所蔵摸本加再校了、但原本巻首所捺印章如左云々、

「尾張国大須宝生院経蔵図書寺社官府点検之印」（朱方印写）

とあり、さらなる校合が加えられたことが明らかとなっている（図版7）。この識語と示された人名については、後述する別写本（国会本②）との関係で詳しく述べることとしたい。

以上、早大本の内容を古典籍DBの画像によって確認してきた。これ以外にも紙質、墨色、印影等、従来であれば原物に拠っていた情報もある程度は得ることができる。もちろん詳細情報を必要とする写本の比較検討の場合には細かい大きさや料紙の状態など、原本確認の必要はある。すなわち

〈大きさ〉二七・三×一八・八cm

〈料紙〉匡郭の天地は二〇・五cm、界高十九・四cm、行幅一・〇cm。

といった情報は原本から得られる情報となる。ただ、極端なことを言えば、料紙、法量といった物理的な部分を除き、史料の本文に関する情報は、ほぼすべて古典籍DBから入手できるため、原本を確認するのは、そうした詳細を確認した後でよいこととなる。これにより、原本閲覧の機会を減らしつつ、資料調査の成果をあげるという、所蔵機関、利用者双方にとっての有益な情報提供が可能となっている。

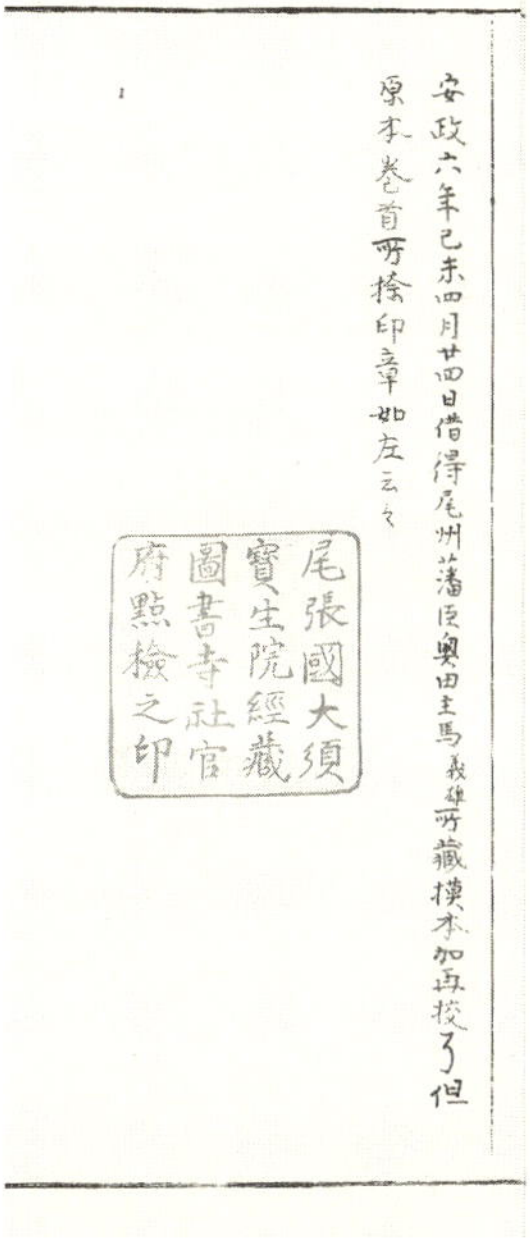

図版7　早大本再校識語

尾張国解文の各種写本については、これまでに古写本から近世以降のものまでおおよその調査が進んでいるが、続いて早大本と同じ内容を持つ国会図書館所蔵本（以下国会本①とする）について確認しておきたい。

本写本については、既存の研究でも触れられており、以前は黒川本研究の基本資料とされていたが、明大本の存在があきらかになった現在では、その系統の写本の一つとして取り扱うのが妥当であろう。ただ、前述の明大本と早大本の比較で明らかなように、実際には構成、内容ともに明大本とは相違があり、単純な「写本」ということではない。そこであらためて早大本との比較をしつつ、詳細を見ておくこととする。

国会図書館所蔵の古典籍については国会図書館ＯＰＡＣ（NDL-OPAC）[32]および、他機関の所蔵資料やデジタルコンテンツとの統合検索プラットフォームである国会図書館サーチ（ＮＤＬサーチ）に情報があるが、残念ながら本写本の画像はいまだ収載されていないので[33]、ここでも公開されている書誌情報から確認しておこう。

国会図書館の資料に限定するため、NDL-OPACで「尾張国解文」を検索すると「和古書」として二件の「尾張国解文」がヒットするが、そのうちの一件が国会本①である[34]。

○尾張国解文（国立国会図書館所蔵―国会本①）（図版８）

〈タイトル〉尾張國解文

〈出版事項〉［――――］［写］

〈形態／付属資料〉一冊　二七㎝

〈装丁〉和装

〈注記〉書名は扉による

　凡例、宝永六年霊徹序、安政四年藤原春村序、春村跋、安政六年再校識語あり

〈他タイトル〉尾張国郡司百姓等解文

尾張国守元命朝臣誅求解文
〈資料種別〉和古書・漢籍［書写資料］
〈本文の言語〉jpn
〈非統制件名〉文書
〈請求記号〉二〇五―一一六
〈原本代替記号〉YD―古―三三〇一（マイクロフィルム）
〈所蔵場所ごと〉東京　古典籍資料室
（なおタイトルにカナの読みが付されている）

ここで特徴的なのは「原本代替記号」としてマイクロフィルムの請求記号を載せている部分である。これにより利用目的によっては原本によらずマイクロの利用を促すことが可能となっている。ただ「黒川春村」を著者標目としていないため、春村の名を「著者標目」として持つ明大本・早大本とは、統合検索が実現したとしてもそこからの検索結果では一致しないことになる。

また、前述のように国会本①は早大本と同一の内容を持っているのだが、この書誌事項を見ただけではにわかにはその判別がつかない。そこでマイクロフィルムや原本によって早大本との類似点、相違点を確認してみよう。まず、マイクロフィルムから得られる情報は、

〈外題〉尾張國解文　全
〈冊数〉一冊（五四丁）
〈丁付〉各丁の表、柱の下部に以下の様な丁付がある。
一～五丁＝序一～序五、六丁＝凡例、七丁＝なし（扉）、八～四九丁＝一～卌二、五〇～五四丁＝跋

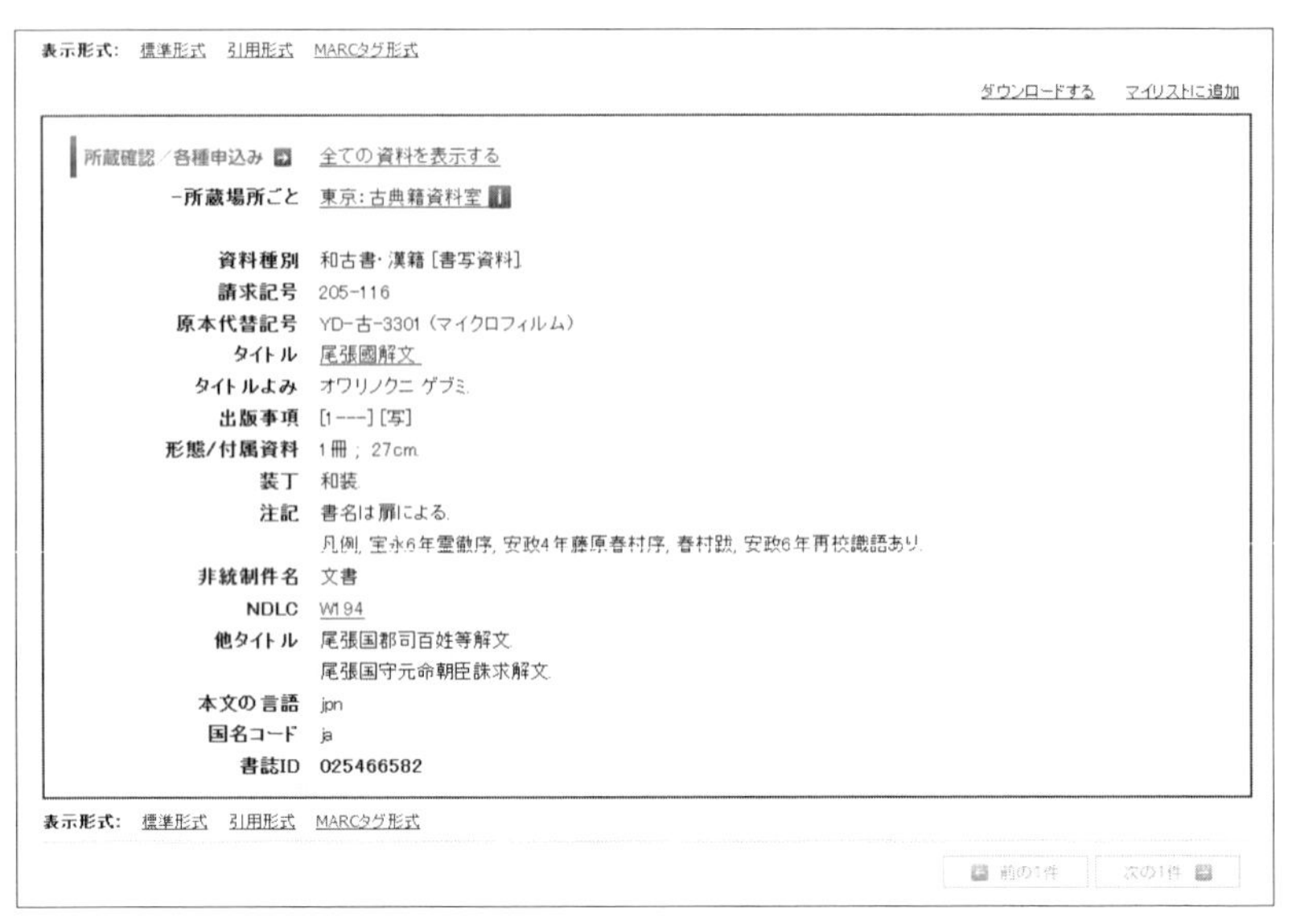

表示形式: 標準形式 引用形式 MARCタグ形式

ダウンロードする マイリストに追加

所蔵確認/各種申込み 全ての資料を表示する

-所蔵場所ごと	東京:古典籍資料室
資料種別	和古書・漢籍 [書写資料]
請求記号	205-116
原本代替記号	YD-古-3301 (マイクロフィルム)
タイトル	尾張國解文
タイトルよみ	オワリノクニ ゲブミ.
出版事項	[1---] [写]
形態/付属資料	1冊 ; 27cm.
装丁	和装.
注記	書名は扉による. 凡例, 宝永6年霊徹序, 安政4年藤原春村序, 春村跋, 安政6年再校識語あり.
非統制件名	文書
NDLC	W194
他タイトル	尾張国郡司百姓等解文 尾張国守元命朝臣誅求解文.
本文の言語	jpn
国名コード	ja
書誌ID	025466582

表示形式: 標準形式 引用形式 MARCタグ形式

前の1件 次の1件

図版8 国立国会図書館NDL-OPAC「尾張國解文」詳細書誌データ

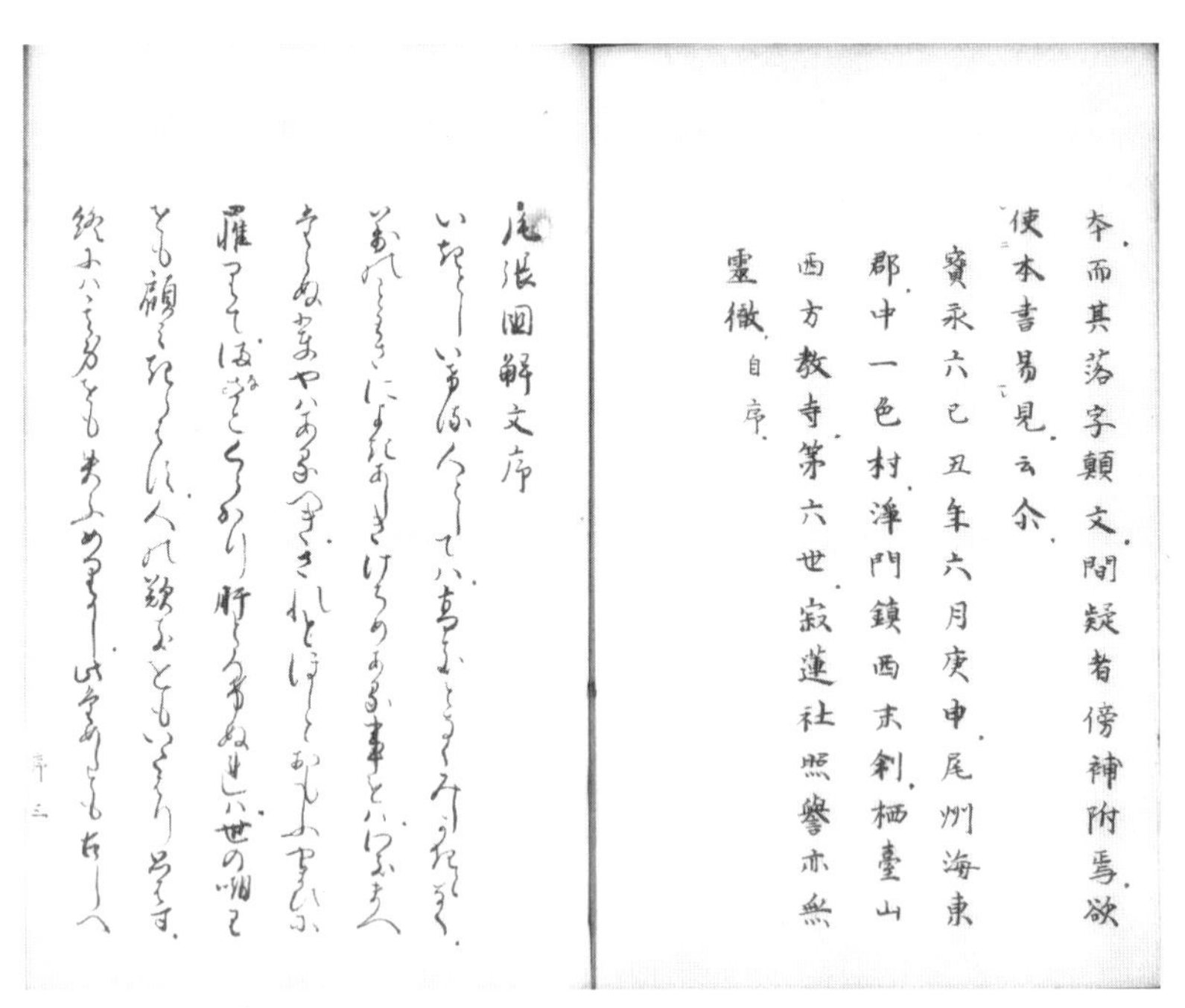

本而其落字頗文間疑者傍補附焉欲
使本書易見云尓
寶永六己丑年六月庚申尾州海東
郡中一色村凖門鎮西末剣栖臺山
西方教寺第六世寂蓮社照譽亦無
靈徹自序

尾張国解文序

図版9 国会本①:黒川春村序冒頭部分

一～跋五。ただし、三九丁は丁付を欠いている。

〈印記〉「帝國圖書館蔵」（朱方印）

さらに原本を確認し、情報を追加する（図版9）。

〈大きさ〉二六・四×一八・七㎝

〈形態〉袋綴（四ツ目綴）。元表紙は白厚紙卍繋紋表紙、その上に肌色表紙（エンボス「帝国図書館蔵」）を付し、そこに墨書題簽を貼付。

〈本文〉本文、頭注ともに墨書。

早大本と比較すると、国会本①には匡郭、および頭注の枠がないが、序、解文本文、注の内容も同一であり、各丁の字配りも一致していることがわかる。さらに字体も近いものがあり、国会本①の修正箇所が早大本では修正済であることから、両者の前後関係で言えば、早大本は国会本①か、その写からの転写本と想定することができる。また、早大本と同様に安政六年の再校識語を持ち、黒川家旧蔵を示す蔵書印、分類印もないことから、国会本①も黒川家に所蔵されていたことがなかったものと推測され、書写者についても明らかではない。

以上、早大本と国会本①について、書誌データ、原本代替資料（マイクロ、古典籍ＤＢ）、さらには原本によって比較してきた。

ここで、国会図書館が所蔵するもう一つの「尾張国解文」（国会本②）について確認しておこう。NDL-OPACの検索で国会本①とともに表示されたもう一件の和古書で、これは国会図書館が亀田侯吉基金による購入本の一つとして一九四三年に受け入れたものである。[35] 従来の「尾張国解文」研究では注目されていないが、黒川本、特に国会本①、早大本の成立に重要な役割を果たしている一本と思われるので、その概要を紹介しておこう。

まずNDL-OPACによる書誌情報は以下のとおりとなっている。

○尾張国解文（国立国会図書館蔵・亀田文庫本—国会本②）

〈タイトル〉尾張国解文
〈出版事項〉芽垣内義雄写、安政六
〈形態〉一冊　二七㎝
〈装丁〉和装
〈注記〉印記=亀田文庫、芽垣内蔵書
〈他タイトル〉尾張国郡司百姓等解文
　尾張国守元命朝臣誅求解文
〈資料種別〉和古書・漢籍
〈本文の言語〉jpn
〈非統制件名〉文書
〈請求記号〉特一〇〇〇—十四
〈原本代替記号〉YD—古—六〇九一（マイクロフィルム）
〈所蔵場所ごと〉東京　古典籍資料室

また、マイクロフィルムによって、次の情報が明らかになった。

〈外題〉尾張國解文（書名は外題による）
〈冊数〉一冊（五〇丁）
〈印記〉「要齋蔵書」（朱長方印）、「芽垣内蔵書」（朱長方印）以上二顆、一丁表、「亀田文庫」（朱長方印）、「帝國圖書館蔵」（朱長方印）以上二顆、二丁表。これらのほかに帝国図書館の昭和十八年購入印（二丁表）

がある。

〈奥書〉

右尾張国解文一巻以大須宝生院所蔵正中二年之古写本使筆耕摸写之了　筆耕　梶原昭豊

水野吉祐　鳥居勝質　大橋真清　青木董之　等也

安政乙未正月（己、六年・一八五九）　芽垣内義雄

さらに原本を確認することで、

〈形態〉袋綴（五ツ目綴）、全丁に間紙を挿入してある。簀の目の残る浅葱色表紙。

〈大きさ〉二六・八×一九・二㎝

〈本文〉文中の圏点は朱丸。全体の墨色はほぼ一様で、料紙も同一。本文は真福寺本を字体も含めて摸写しているが、微妙に筆跡が異なることから、ほぼ同時期に複数の人物によって筆写されたものと考えられる。

解文本文の内容は、巻頭を欠くいわゆる真福寺本の写本である。一丁めには真福寺本の巻頭に捺された大須宝生院の検印のみが描かれ、実際の本文は第二丁からはじまっており、真福寺本[36]と比較したとき、字体、字配りまでほぼ忠実に摸写したものとなっている。[37]なお、蔵書印「要齋蔵書」はＯＰＡＣの書誌情報には反映されていなかったが、尾張藩の儒学者であった細野要齋[38]のもので、奥書にある「芽垣内義雄」とは、国会本①、早大本の巻末識語にある「奥田義雄」その人である。[39]奥田は「大凡国書にして通読せられざるものなく珍書に接すれば直に写字生をして写さ[40]せたとも言われた収書家で、国会本②が奥書にあるように奥田が「筆耕」を用いて書写し、所有していたものであるならば、それは国会本①、早大本が対校に用いた写本だと考えてよいだろう。また筆耕として挙げられた人々のうち「水野吉祐」については、手掛かりがある。すなわち、黒川本尾張国解文にも収載

されている神谷元平[41]の本奥書に「右尾張国解文之一巻以植松氏蔵書書写一校了墨付五十四張　執筆水野吉裕」とある部分の「水野吉裕」と同一人物ではないだろうか。神谷元平、奥田義雄はともに植松茂岳[42]のもとで国学を学んだ、いわば同門であり、その両者が所持していた「尾張国解文」は水野吉裕（祐）という同じ人物によって書写されたということになる。植松茂岳を中心とした名古屋の国学者グループの間で共通の研究資料として「尾張国解文」の写本が複数作成され、その書写活動は水野吉裕ら複数の「筆耕」によって支えられていたと考えることが可能であろう。さらに国会本①、早大本の奥書には安政六年四月に再校したとあるので、奥田義雄所蔵本（国会本②）の成立後、時をおかずに国会本①、あるいはそのもととなる写本が作成されたことになる。

つまり、塙忠宝が尾張国を訪れ真福寺の古写本をはじめ尾張国解文の写本調査を行い、江戸に戻った忠宝からその情報を得た黒川春村が写本を作成し（明大本）、時を同じくして尾張国内でも、植松茂岳を中心とした研究グループによる解文研究と写本作成が進展、さらにその成果である奥田義雄本が春村の元にもたらされ、追加修正する形であらたな写本（国会本①、さらには早大本）が作成されることとなった、ということではないだろうか。だとすれば、尾張国解文の写本の広がりは、尾張と江戸の国学者たちをつなぐ存在だったと言えるだろう。

二　デジタルアーカイブの将来と古代史研究

ここまで古代史研究におけるデジタルアーカイブの活用について、黒川本「尾張国解文」の写本を比較検討することで、具体的な検証を試みてきた。黒川春村自筆稿本である明大本と、その系譜に連なる国会本①、早大本について、それぞれの原本にあたらずにどこまで情報が得られるか、その上で原本を閲覧するメリットを確認してきた。それによって明らかになったのは、古書、貴重書の目録情報がオンラインで容易に検索できるようになったことで、その存在が明らかになりやすくなり誰もが原本にアクセスしやすくなったこと、また精細な画像が公開されることで、原本から得られるひととおりの情報が確認でき、文字情報はもちろん、墨色、筆勢など、従来原本からしか得られなかったような情報までおおよそ比較検討が可能となっていること、一方では提供されている情報の質、量によっては、最終的には原本確認が必要となり、アクセスの利便性が向上したことと相俟って従来以上に原本への負荷が増大する可能性もあることがあきらかとなった。[43] その上で、やはり情報検索の利便性を考えた場合、デジタルアーカイブ間はもちろん、関係文献、本文データベースなどとの統合検索の実現が急務であることも自明となった。

海外に目を転じたとき、貴重資料を含めた統合検索プラットフォームとして、ヨーロッパであればEuropeana[44]、北米であればDPLA[45]、HathiTrust[46]などが知られているが、日本国内ではいまだそうした統合データベースは成立していない。ただ統合検索のためには共通のプラットフォームと書誌情報、メタデータの平準化[47]が必須であることは言うまでもない。また、図書館、文書館といった「文献史料」に力点がおかれがちな機関だけでなく、美術館、博物館等、博物資料を扱うアーカイブとの連携も必須となろう。[48] いまだ国内機関の足並みが揃っているとは言い難いが、そんな中で課題解決の一案として示されているのが、国立国会図書館の「ジャパン・サーチ」プロジェクトかもしれない。現在国会図書館では国立国会図書館サーチ（ＮＤＬサーチ）として、自館のＯＰＡＣはもちろん、約一〇〇のデータベースと連携し、一億二千万件におよぶメタデータを収載するまでに成長している。[49] 今後さらに「ジャパン・サーチ」としてより広範囲なデータ収集と公開を進めてゆくなかで日本版のEuropeanaともいうべき統合プラットフォームに成長してゆく可能性がある。一方で国文学研究資料館が進める「日本語の歴史的典籍の国際共同研究ネットワーク構築計画」[50]のように古典籍に特化したツールの開発も進んでいる。

そして現在注目されているのが「画像へのアクセスを標準化し相互運用性を確保するための国際的なコミュニ

ティ活動」International Image Interoperability Framework（IIIF）である。[51]二〇一七年十月にはデジタルアーカイブ学会などによる「IIIF Japan シンポジウム――デジタルアーカイブにおける画像公開の新潮流」が開催され[52]、他にも関連の研究会、ワークショップなどが各地で開催されている。前述の国文学研究資料館のプロジェクトにおいても「日本語古典籍データセット」としてＩＩＩＦのビューワーを採用するなど、実用化に向けた動きが活発化している。こうした国際的なルールづくりが進展することで、近い将来日本の古典籍（所蔵機関は国内外の別は問わない）の統合検索、利用が推進してゆくことが期待されている。

いずれの場合でも求められるのは、

一、提供される画像の精度の向上

二、アクセス制限の撤廃

三、メタデータの平準化

四、統合検索の推進

というところだろう。画像に関しては、提供する機関によってカラー、モノクロの違いはもとより、画像の精粗に大きな違いがある。モノクロ画像の場合、多くがマイクロ資料からの電子化であり、それはアーカイブ構築にかかる費用を考えれば、やむを得ない部分もあろうが、しかし、実際に利用する側からすれば、せっかくＷＥＢ上で画像を見ることができても影印本とかわらぬ、あるいはそれ以下の水準の画像では興ざめであり、なんと言っても史料としての活用に限界がある。またカラーで公開されていても、拡大機能がなく、細かい文字が判読できない場合もある。これもまた利用者にとってはストレス以外の何物でもない。それと同様にアクセスできても精細画像まで行き着けないケースもある。多くが所蔵機関（大学等）に所属する者限定で精細画像へのアクセスを可能としているようである。これらのケースは、利用者にとってのストレスというだけでなく、資料保存の観点からも実は弊害がある。[53] 以前は資料を探す（検索）という行為と利用（閲覧）は一体のもので、ある程度の研究レベルに達して初めて資料の検索が可能となり、その段階まで行けば利用者（研究者）自身の経験値も上がっており、多くの場合資料の取り扱いもそれなりにできていたものだが、今は違う。誰でも、いつでも、どこからでも情報にはアクセスできる。その上で画像情報に足りない部分があるとなれば、当然原本の利用を希望することになる。そこに必然性があれば利用を認めることとなり、前述のような、いわば心得の無い利用者による破壊が待っていないとは限らない。さまざまな考え方はあろうが、やはりデジタルアーカイブとして画像公開をするのであれば、精細画像を無制限で[54]、というのが原則となろう。

またメタデータの平準化については、アーカイブ作成の担当者がどういった理念で構築を進めているか、という点が問題となる。これについては「深さと広さのバランスを勘案したメタデータの付与」が必要であり、「全体量とスケジュール、さらに実際に資料画像を届けるというデジタル化の成果のゴールを見据えて、本当に必要なメタデータは何か、を徹底しておく必要がある。広くアクセス出来るようにするのを優先して、リッチなデータは本当に必要とする外部の専門家などが補足すれば良い、という割り切りが重要となる」[55]との見解があるが、まさにそのとおりであり、そのようにして作成されたデータは、そもそも形式が共通のものである以上、統合検索については共通のプラットフォームに情報を提供しさえすれば容易に可能となろう。事実、現在進んでいる統合検索機能は、そうしたデータ仕様の平準化によってなされているものである。より高度な、また専門性の高い検索要求に応えようとすればするほど、検索項目やキーとなる用語もあわせて専門性の高いものとなり、それは言い換えれば、ピンポイントでの検索には対応しやすいが、類似の他資料を広範囲にわたって検索するにはあまり適当ではなく、アーカイブ作成にかかるコストも高くなってゆく。特に精細画像を伴い、利用者が画像情報から多くを得られるデジタルアーカイブの場合は、より広い需要に応えられるようなデータの構成とすべきだろう。

簡略に見えるデータでも、一通りの書誌情報を持つことで、専門的な需要にも十分応えられよう。

歴史資料のデジタルアーカイブは、世界的にはもちろん、日本国内ですら網羅的なものとはなりえていない。今はまだデータの蓄積と公開を進めるという段階を終えていないのが実情であろう。だとすれば、あまりに専門性の高い情報を付与したデータベース構築を検討するより、誰もが容易に検索でき、さらには画像データの活用も可能なアーカイブ作成を優先すべきであろう。そうしたアーカイブが古代史研究を飛躍的に推進することは間違いない。

註

（1）ここでは当初から電子媒体として生成されたいわゆる「ボーン・デジタル」の資料ではなく、既存の記録媒体、史料の場合多くは紙媒体により生成されたものを、何らかの手段で電子的な媒体に変換し（電子化）、WEB上に公開しているものを指すこととする。具体的には史料原本を電子化したものや、史料のテキストデータ（翻刻）を公開しているものなどがある。デジタルアーカイブという用語については、古賀崇が海外での事例（Digital Archives）を踏まえ、日本国内でどのように使われているか検証している。①古賀崇「日本の「デジタル・アーカイブ」はガラパゴスか？　諸外国の関連概念との比較と検証」（アートドキュメンテーション学会第八回秋季研究発表会〈発表五〉、二〇一五年。概要が『アートドキュメンテーション通信』一〇八、二〇一六年に掲載されている）。②同「総論　日本におけるデジタルアーカイブのゆくえを探る　国際的な動向を踏まえた、「より深い利用」に向けての展望」、『情報の科学と技術』六七（二）（二〇一七年）。

（2）CiNii（NII学術情報ナビゲータ）は、国立情報学研究所（NII）が公開する論文・図書・雑誌・博士論文などの学術情報を検索するためのデータベース・サービスであり（https://support.nii.ac.jp/ja/cinii/cinii_outline）、日本の学術論文を検索するCiNii Articles、大学図書館等の機関が所蔵する図書を横断検索するためのCiNii Books、博士論文検索用のCiNii Dissertationsが主要な検索機能である。ただ、いずれもすべての学術誌、図書を網羅しているわけではないので、その他のデータベースや個別の蔵書目録等を合わせて活用する必要がある。

（3）NII-ELSは二〇一七年三月末をもって終了した（「電子図書館〈NII-ELS〉の事業終了について」、国立情報学研究所電子図書館ホームページ、http://www.nii.ac.jp/nels_soc/about/）。二〇一四年に各学会にあてて、サービス終了とJ-STAGE等の他サービスへの移行を促す通知があったようだが、大学等からの補助を受けず、独自に運営する学会にとって、バックナンバーも含めて電子化を進めるには難しい部分も多く、各学会が万全な対応がとれたとは言い難い（和田敦彦「学会誌電子化・公開の明暗――NII-ELSの事業終了を視野に」、『リポート笠間』五七、二〇一四年）。学術情報の電子化を進める上で、NII-ELSの終了の打撃は大きい。

（4）日本史研究においては二〇一〇年一月に雑誌『日本歴史』七四〇号が「日本史研究とデータベース」の特集を組み、それぞれの時代史研究でのデータベース（WEB上のものに限らない）活用について報告をまとめており、古代史研究については小口雅史が「日本古代史研究のためのオンライン・データベース」と題して当時公開されていたデータベースについて紹介、検証している。また、勉誠出版は二〇一四年に『DHjp』一～四を刊行、ここではDHに関する課題と展望がまとめられている。さらに日本デジタルヒューマニティーズ学会（JADH）は二〇一二年にDH国際学会連合（Alliance of Digital Humanities Organizations：ADHO）に正式に加盟、DH研究、発展、連携の場として国際的にその活動を展開している（同会ホームページ参照、https://www.jadh.org/）。

（5）「古い時代の場合には、木簡などの新出出土資料を除けば、史料の絶対数が限られている」（後藤真「歴史学研究のためのデジタル・アーカイブ――情報発見のために必要なものとは」、『カレントアウェアネス』三一六〈CA一七九三〉、二〇一三年）。そのため多くの場合、活字化された情報、たとえば『新訂増補国史大系』、『大日本古記録』、『大日本古文書』、『寧楽遺文』、『平安遺文』などを活用することとなる。

（6）原本代替資料の役割については拙稿「大学図書館における複製資料の役割――原本代替資料の将来像」（『玻璃彩』十一、二〇一四年）参照。

（7）研究者として多くの実績を重ねていても、必ずしも史料の取り扱いに習熟している者ばかりではない事例については、佐々木利和が自身の体験とともに論じている（佐々木利和「歴史と記録・記憶を後世に伝える――古い博物館員のくりごと」、『情報の科学と技術』六六（四）、二〇一六年）。また、利用者の技術に応じた代替資料の提供については、前掲註6拙稿も併せて参照されたい。

（8）二〇一〇年十一月開催の東京古典会「平成二二年度古典籍展観大入札会」に出品され、早稲田大学図書館が落札したものである（同会編刊『古典籍展観大入札会目録』二〇一〇年参照）。蔵書印等旧蔵関係を示す情報はなく、これ以前の来歴については未詳である。

（9）「尾張国郡司百姓等解文」、「尾張国申文」などとも称されるが、本稿では特定の史料の名称の場合をのぞき「尾張国解文」と称する。

（10）一七九九―一八六六、江戸時代後期の国学者。伴信友、塙忠宝、山崎知雄ら多くの学者と交流し、学風はもっぱら考証を重んじ、忠宝との縁で和学講談所による六国史や律令等の調査、校訂作業にもかかわり、また須坂藩主堀直格の蔵書「花廼家文庫」の屋代弘賢旧蔵書を整理して『池底叢書要目』を編纂したことでも知られる（『国史大辞典』吉川弘文館、ジャパンナレッジ版）。

（11）①渡辺滋「『尾張国解文』享受の諸形態――未紹介の黒川春村自筆稿本の位置づけを中心に」（『日本歴史』六三三、二〇〇一年）、②同「黒川春村の『尾張国解文』研究――近世国学者による古代史研究の一例として」（『図書の譜――明治大学図書館紀要』五、二〇〇一年）。

（12）「尾張国解文」については提出時（永延二、九八八年）の原本は残っておらず、古写本三点を含む複数の写本が知られている。古写本には現在、早稲田大学図書館所蔵弘安四年（一二八一）本、東京大学史料編纂所所蔵応長元年（一三一一）本、真福寺宝生院所蔵正中二年（一三二五）本の三本があり、これらについては、諸本間の異動や写本の系譜とともに解文本文の内容について、経済史、地域史など歴史学的見地からの研究が進んできたが、近年では国語学の分野からの研究が積極的に進められている。加藤大鶴『中世漢語声点資料による画像付きデータベース』では、「尾張国解文」の古写本三本の全文を文字単位で解析し、声点、仮名による詳細なデータベースを公開している（http://gassan.t-bunkyo.ac.jp/kango-shouten/）。

（13）梅村喬「尾張国解文諸本の基礎的研究――近世近代写本を中心として」（『日本歴史』三八一、一九八〇年）。

（14）前掲註13梅村論文、『新修稲沢市史』資料編三〈尾張国解文〉（同書編纂会、一九八〇年）。「真福寺本系写本と西方寺系写本とによって、尾張国解文の完全な校訂本を作成する意図をもち、（中略）「尾張国解文」研究の先駆ともいえるものである」（『新修稲沢市史』三九九頁）。ただし、黒川本について後述の国会図書館所蔵本（国会本①）によって論じている。

(15) 明治大学図書館では、「貴重書画像データベース」として、所蔵する貴重書約三〇〇タイトルについてマイクロフィルムに撮影し、さらにそれを電子化して公開している（同館ホームページ「貴重書画像データベース」より、http://www.lib.meiji.ac.jp/search/valuables/index.html）。明治大学図書館における所蔵資料の電子化構想は一九九〇年代後半から徐々に実現されてきている。中村正也「電子図書館の実現にむけての資料の電子化」（『図書の譜――明治大学図書館紀要』四、二〇〇〇年）。

(16) 和古書の目録作成については、国立国会図書館が二〇一二年一月にその原則を示している。①国立国会図書館『国立国会図書館収集・書誌調整課書誌調整係「日本目録規則一九八七年版改訂三版」和古書適用細則』（二〇一二年一月）について」（http://warp.da.ndl.go.jp/info:ndljp/pid/9484238/www.ndl.go.jp/jp/library/data/wakosho201201.pdf）および、②沢崎京子「国立国会図書館における和古書書誌データ作成」（国文学研究資料館平成二十七年度日本古典籍講習会、https://www.nijl.ac.jp/pages/event/seminar/images/H27-kotenseki12.pdf）参照。

(17) 一般に古典籍の場合NDC（日本十進分類法）やNDLSH（国立国会図書館件名標目）が付与されることはない。その大きな理由として、「現実問題として、古典籍は古典籍独自の分類体系でなければ意味をなさず、件名も同様という判断によっている」（松下眞也「古典籍総合データベースの構築と展開」、『早稲田大学図書館紀要』五三、二〇〇六年）。そのため、一般の図書に付与されるNDCやNDLSHは付与されず、かわりに各館独自の分類や件名（キーワード）が付与されているケースもある（前掲註16②参照）。

(18) 黒川家の蔵書、いわゆる「黒川文庫」については三二冊の「書冊目録」が今日遺されている。それぞれ「一、地理」、「三、伝記」のように内容別に分類した目録であり、総点数は三一分類で一四七八四部、四七七五七冊である。「地方」はそのうち十三冊目で、その中に「永祚元年尾張国解文　春村書入本」の存在を確認できる。黒川文庫は関東大震災による土蔵崩壊とその後の一部蔵書売却、さらには敗戦後の一九四六年にはすべての蔵書が売却され、複数の機関や個人の収蔵するところとなり、その全容を把握することは困難になってしまったが、それでも現在、約四七〇〇点、一二〇〇〇冊余の所在が判明している（柴田光彦編『黒川文庫目録』本文編、青裳堂書店、二〇〇〇年）。このうち明治大学には、「尾張国解文」のほかにも「黒川家旧蔵書」として徳川家関係、儀式、制度、地方、経済、銭貨など四九〇〇冊が中央図書館（一部は明治大学博物館）に収蔵されているという（飯澤文夫「「明治大学図書館の収書に関する基本方針」に基づく特色ある資料群」、『図書の譜――明治大学図書館紀要』二号、一九九八年）。

（19）冊子全体のノドの部分がきつく一部の字句が読みにくいが、元の綴じ穴部分で修補後も綴じてあるためと思われる。

（20）明大本の書入れ時期の違いについて、墨色だけから厳密に判断するのは難しい。

（21）春村識語については渡辺滋により全文の翻刻が紹介されている（前掲註11②論文）ので、そちらを併せて参照する必要がある。

（22）一八〇七～一八六二、江戸時代末の国学者。和学講談所を創設し、『群書類従』、六国史、律令等の刊行を進めた塙保己一（一七四六～一八二一）の子として生まれ、父を継いで和学講談所御用掛として経営を統括した（『国史大辞典』吉川弘文館、ジャパンナレッジ版）。

（23）前掲註11②渡辺論文による。特に山崎知雄の『日本紀略』は「当時の同所の研究水準の高さを示すものであ」った。

（24）ここで小野忠宝の名を用いているが、これは父・塙保己一が元は荻野姓で平安時代の参議小野篁の末裔とされたことから、この名を用いたと思われる。塙忠宝が尾張国で作成した写本は、「和学講談所本（和本）」として知られ、「尾張国解文」研究でも重要な位置を占めており、現在国立公文書館内閣文庫に収蔵されている（請求番号・一六〇―〇〇七七、資料名・「尾張国郡司百姓等解」）。また、全文の精細画像も公開されており、今回はその画像によって内容の確認をおこなった（国立公文書館デジタルアーカイブ、https://www.digital.archives.go.jp/）。

（25）実際に解文が提出されたのは、古写本の中で唯一提出年月日を有する早稲田大学図書館所蔵本によって、前年の九八八年（永延二）十一月八日であったことが明らかとなっている。

（26）基光との関係は識語1でも「名たゝる画かきの基光ぬしにハ親のおやの又おやになんあたれる」とある。藤原基光は、『尊卑分脈』に「絵師」「従五位上、内匠頭」と記されている平安時代後期の画家で、奈良興福寺に住み春日基光と言われた。『尊卑文脈』（新訂増補国史大系）第二篇、二八三頁、『日本人名大辞典』（講談社、ジャパンナレッジ版）参照。

（27）前掲註11②渡辺論文参照。特に渡辺も指摘しているが、山崎知雄（一七九八～一八六一）が刊行した『日本紀略』の頭注で春村の解文について言及している点は彼らの交流を考えるうえでも重要である。

（28）早稲田大学図書館の資料でCiNiiの収録対象となっているのは逐次刊行物、いわゆる雑誌のみで、図書は古典籍に限らずすべて対象外となっている。

（29）ＯＣＬＣ（Online Computer Library Center, Inc.）は世界一七〇の国と地域、七二〇〇〇以上の機関が参加する「世界最大の書誌ユーティリティ」である（「ＯＣＬＣの概要」、紀伊國屋書店 http://www.kinokuniya.co.jp/03f/oclc/oclctop.htm）。

（30）ＷＩＮＥ上の古典籍書誌には資料の状態や著作権等の関係から撮影が保留されているものがある。画像撮影が完了したものから古典籍ＤＢにデータを移行しているが、その際、請求記号（早稲田大学独自分類）から自動発生させたキーワード（尾張国解文の場合は、「古典籍、歴史――日本史（通史・時代史・地方史）」）を追加している。

（31）古典籍総合データベースは、早稲田大学図書館が所蔵するすべての古典籍（ここでいう古典籍には、①江戸時代以前に出版・書写された文献資料、②清朝以前に出版・書写された漢籍、及び同時代の韓本、③日本の古代から近代に至る一次資料――文書・書簡・原稿・拓本　等、さらには江戸時代の蘭学者が研究資料として収集したものをはじめ、若干の洋書を含んでいる）について、その書誌情報と全文の画像情報をＷＥＢ上に公開しているものである。二〇〇五年の公開開始以来、古文書や拓本と言った一次資料を多数含む、あらゆる時代の古書、貴重書について、そのフルテキストの精細なカラー画像を制限なく公開していることから、国内外に多くの利用者を持つに至っている。なお、画像の利用については別途手続きが必要な場合がある。「画像データの利用について」(http://www.wul.waseda.ac.jp/kotenseki/about.html#riyou)参照。また、古典籍ＤＢの公開の経緯から、展望については拙稿「資料保存の一助としてのデジタルアーカイブ――早稲田大学図書館古典籍総合データベースの事例を通じて」（『大学図書館研究』八九、二〇一〇年）参照。もちろん、古典籍ＤＢにも限界はあり、その部分においては原本から情報を得ることが必須となる。

（32）国会図書館では二〇一八年一月からNDL-OPACに代わる情報検索申込オンラインサービスとして「国立国会図書館オンライン」を公開することとなった（同館ホームページによる）。ただ、本稿作成時（二〇一七年五月）は移行前であり、画像利用（図版８）についてもNDL-OPACで許可を得ているので、本稿ではNDL-OPACの画面により論を進めてゆくこととする。

（33）　国会図書館はかねて自館が所蔵する貴重書や近代刊行書の電子化はもとより、他機関が作成したデジタルコンテンツとの統合検索も進めており、その成果は「国立国会図書館デジタルコレクション」として公開されている（http://dl.ndl.go.jp/ja/intro.html#idx2-1-1　および http://dl.ndl.go.jp/、同館『インターネットを通じて資料の宝庫へ』http://www.ndl.go.jp/jp/aboutus/dlib/project/pdf/digitized_contents.pdf 参照）。公開画像の多くはカラーの精細画像であり、拡大、ダウンロードも可能で、代替資料としてはじゅうぶんに使用に耐えうるものとなっている（マイクロフィルムを電子化しているものも含まれるが、そうしたものも順次カラー撮影が進められているようである）。ただ国会本①についてはいまだデジタル化が済んでおらず、WEB上で全文を確認することはできない。前掲註14の『新修稲沢市史』でも紹介されているが、写真図版が収録されているは巻頭と巻末附近のみである。さらに前掲註11の渡辺氏の論考でも明大本との比較で触れられている程度なので、詳細の検討は難しい。その場合、やはり所蔵機関を訪ねて調査を進めることとなる。今回はマイクロフィルムと原本、さらには本写本の巻頭と巻末部分が『稲沢市史』（前掲註14）に収載されているのでそれらによって詳細を確認した。

（34）　以下の書誌事項は、標記こそ異なるが明治大学ＯＰＡＣや早稲田大学のＷＩＮＥと同じように立項されていることがわかる。こうした点の一致が、統合検索にとって重要であることは言を俟たないが、いずれは項目名やその定義をより明確に統一してゆくことや、写本の系統に関するリンク情報などについても持つ必要があろう。

（35）　国会図書館には二つの「亀田文庫」が収蔵されている。一つが一九四九～五四年に購入した国学者、亀田次郎のコレクション約六九〇〇冊であり、今一つが本写本を含む亀田候吉基金による購入資料七九三冊である（前掲註16②参照）。

（36）　真福寺本は前掲註14『稲沢市史』に全文が収載されている。

（37）　奥田義雄所蔵本については、すでにその存在を梅村喬が指摘しており、「奥田本は、真福寺本の少なくとも臨写本であった可能性がある」（前掲註13）と述べている。

（38）　一八一一～一八七八。尾張藩の儒学者で、嘉永六年（一八五三）、藩校である明倫堂の「典籍」となり、一度辞職するも明治元年（一八六八）、教授として復職し、藩主・徳川義宜の「侍読」となった。『国書人名辞典』四（岩波書店、一九九八年）、および『日本人名大辞典』（講談社、ジャパンナレッジ版）参照。

（39）　奥田常雄（つねかつ）（一八三五～一八六二、一八六三とも）、はじめ義雄（よしかつ）と名乗り、文久元年（一八六一）に常雄と改める。芽垣内（または芽子垣内）と号す。尾張藩士で、植松茂岳らに師事し、国学、和歌を学び、書物収集にも熱心であった。①『国書人名辞典』一（岩波書店、一九九三年）、②『常雄遺稾』（芽子垣内、一九一五年）参照。

(40) 前掲註39②書参照。

(41) 一八一三〜一八八七、永平とも名乗る。名古屋で味噌溜製造業を営み、植松茂岳、本居春庭のもとで国学を修め、藤島神社の祀官となった。『国書人名辞典』一（岩波書店、一九九三年）。

(42) 一七九四〜一八七六、尾張藩士、国学者。本居宣長門下の植松有信の養子となり国学を学ぶ。有信の死後は本居大平に師事、その後藩校・明倫堂に出仕し、国学を講じた。『国書人名辞典』一（岩波書店、一九九三年）、『国史大辞典』吉川弘文館、ジャパンナレッジ版）。

(43) 利便性の向上が初心者だけでなく、研究者でありながら資料が扱えない者の利用を喚起し、かえって危うい状況を作っている点はすでに佐々木が指摘している（前掲註7参照）。

(44) Europeanaは、欧州連合（EU）各国が所蔵、公開するデジタル・コンテンツを統合検索可能とするポータルサイトである。主として欧州委員会（EC）の予算でEuropeana Foundationにより運営されている（時実象一「欧州の文化遺産を統合するEuropeana」（『カレントアウェアネス』三二六、二〇一五年）。二〇一七年四月一〇日現在、五四〇〇万件を超えるデータが収集されている（http://www.europeana.eu/portal/en）。

(45) 米国デジタル公共図書館。「米国各地の図書館・博物館・文書館等が有するデジタルコンテンツのメタデータを集約し、制約なく市民に提供する一大事業」（塩崎亮、佐藤健人、安藤大輝「米国デジタル公共図書館（DPLA）の過去・現在・未来」、『カレントアウェアネス』三二五、二〇一五年）で、一六〇〇万点以上の資料を収載している（https://dp.la/）。

(46) アメリカ大学図書館を中心とした書籍アーカイブ（時実象一「大学図書館書籍アーカイブHathiTrust」、『情報管理』五七（八）、二〇一四年）https://www.hathitrust.org/。

(47) 「情報資源を効果的に識別・記述・探索するために、その特徴を記述したデータ」で「目録などのデータや各種の識別データと本質的に同じ」ものとされる（『図書館情報学用語辞典』、ジャパンナレッジ版）。

(48) たとえば文化庁が運営する『文化遺産オンライン』（登録館数九七六館、作品登録件数一二三四〇九件、二〇一七年三月二三日現在、http://bunka.nii.ac.jp/）、国立四博物館の国宝、重要文化財を紹介するe国宝（http://www.

emuseum.jp/）などがある。また、奈良国立文化財研究所と東京大学史料編纂所による『電子くずし字字典データベース』『木簡画像データベース・木簡字典』は、異なるデータベースの連携事例として注目される。

（49）小澤弘太「国立国会図書館サーチのこれまで、そして今後の発展」（http://www.ndl.go.jp/jp/event/events/lff2016_forum_search1.pdf）参照。

（50）国文学研究資料館ホームページ参照（https://www.nijl.ac.jp/pages/cijproject/）。

（51）「IIIFを用いた高品質／高精細の画像公開と利用事例」（人文学オープンデータ共同利用ホームページ）参照（http://codh.rois.ac.jp/iiif/）。

（52）http://iiif.jp/2017tokyo_sympo。

（53）前掲註6拙稿参照。

（54）画像の利用にあたり、申請を求めることは、有償・無償は別として画像の利用状況を把握する上では許されるのではないか（前掲註30の早稲田大学図書館古典籍DBの事例参照）。ただ著作権の保護期間が切れ「パブリックドメイン」となった資料（古典籍の多くはその対象となりうる）の取り扱いについては、より自由な活用にむけた議論もあり、さらに検討を続けてゆく必要があろう。「シェアに向けて　全国美術館アンケートから」上・下（『朝日新聞』二〇一七年五月三日・四日、朝刊）参照。

（55）福島幸宏「歴史資料のデジタル化とオープンデータ化の実際と理念」（『情報の科学と技術』六五（十二）、二〇一五年）。そこから先は利用者（個人・機関）自身による研究成果として発信することになるが、そうした資料に関する付加情報ともいえる研究成果については、デジタルアーカイブを構築する側が、発表の場を提供することも必要となろう。具体的な付加情報の提供方法については前掲註30拙稿参照。

古代史研究と教育のいま

――座学からアクティヴ・ラーニングへ

井上　亘

一　研究と教育の断絶

二〇一七年二月、文部科学省（以下「文科省」と略す）が新しい学習指導要領（案）を公表した。小学校社会（第6学年）の「内容の取扱い」に「聖徳太子（厩戸王）」とあり、中学校社会（歴史的分野）の「内容の取扱い」に「厩戸王（聖徳太子）」とあって[1]、すでに高等学校日本史の教科書で行われていた表記が、ついに義務教育にも及んだかと注目を浴びた。ところが一ヶ月後、文科省は指導要領案に対する意見公募の結果を公表し、右の表記は最終案で「聖徳太子」に落ち着いた[2]。

私は「聖徳太子はいなかった」と主張する学説を批判してきた[3]。だから「聖徳太子」が守られたと喜んでいるわけではない。むしろ小中学校ではずっと「聖徳太子」のままであったことに驚いた。あれほど学界を騒がせた学説に、教育行政や現場が全く反応せず、今になってドタバタする滑稽さは、かえって研究と教育の現場の無縁を際立たせている。

いま小中学校はブラック企業のようだといわれる。教員は現場で孤立し、待遇を守ってくれるはずの労働組合も機能していない。だから、文科省のいいなり、教育委員会のいいなり、校長・教頭のいいなり、先輩教師のいいなりで、少子化のなか子どもの指導と学級経営に苦しみ、保護者の対応に心を砕き、部活動の引率に休日を費やし、地域の行事にも動員される。それでも三十人学級の一人ひとりに愛情を注ぎ、教材開発に励んで少しでもよい授業を求められる。こんな何重苦もの試練を受けている教員に、世間は同情しない。かつて医者と先生の言うことは絶対だったからであろうか。ブラック企業の社員の自殺は国会をも動かしたのに、新任教師の自殺はほとんど報道もされない。

一方、研究者の側も厳しい状況にある。一九九一年の大学審議会による答申「大学院の量的整備について」で大学院の規模を拡張し、修士・博士を大幅に増やす方針が出されて以降、理系の方面では一定の成果があったもの(4)の、文系ではバブル経済崩壊後の長びく不況と就職氷河期のさなか、行き場を失って路頭に迷うポスドクが大量発生し（かくいう私はその第一世代でもある）、二〇〇三年には当時の東京都知事による都立大問題が勃発して(5)、文学部不要論が社会を席巻した。

日本古代史について言えば、同じ二〇〇三年施行の学習指導要領で高校日本史が選択制となったのを境に(6)、古代史の知識の低下が顕著となる一方、子どもの「歴史ばなれ」が進行するなか、教師にとって古代史は最も教えにくい単元といわれる。そうした不人気を反映してか、大学の古代史講座は減少の一途をたどり（団塊世代の引退期をへても古代史の公募は全然出ない）、もはや古代史を志す若者も育たなくなっている(7)。

このような現状において古代史研究者を断罪することはやや酷に過ぎるようだが、研究と教育の断絶は、やはり研究者に責任があるといわねばなるまい。もとより本稿で両者を円満に結びつける秘策や特効薬を出せるわけではないが、この問題を提起し継続的に議論する材料を出してみたいと思う。

二　「百年の計」の現在

私は中国の大学で十年間、日本古代史や日本語を教えてきて、二〇一六年の春に帰国し、教育学部に勤務することになった。そこで見たものは、教育現場の「座学からアクティヴ・ラーニングへ」の大合唱と、行政主導による愛国教育の急速な進展およびその無批判な受け入れであった。

文科省は「アクティヴ・ラーニング」なるものの定義を明確にしていないが[8]、それが「座学」の対義語であることは明らかである。具体的には「調べ学習」「問題解決型学習」「グループ学習」「体験型学習」など、机に貼りついて先生の授業を聴くだけの「座学」とは異なる「アクティヴ」な学習ということらしい。その意味でこれは戦後いわれてきた「詰め込み教育」と「ゆとり教育」との対立の、新しい表現といってもよい。

現行の二〇〇八年告示の学習指導要領は、およそ次のような外圧を受けて作られた。

ＯＥＣＤ（経済協力開発機構）のＰＩＳＡ調査など各種の調査からは、我が国の児童生徒については、例えば、①思考力・判断力・表現力等を問う読解力や記述式問題、知識・技能を活用する問題に課題、②読解力で成績分布の分散が拡大しており、その背景には家庭での学習時間などの学習意欲、学習習慣・生活習慣に課題、③自分への自信の欠如や自らの将来への不安、体力の低下といった課題が見られるところである。

このような点から特に「思考力・判断力・表現力等の育成」と「学習意欲の向上や学習習慣の確立」を重視した指導法が随所に盛り込まれると同時に、「ゆとり教育」で批判を受けた学力低下に対応して「基礎的・基本的

な知識・技能の習得」がうたわれている。(9)

ちなみに、二〇一七年三月に告示された新しい指導要領では、全ての教科にわたって、「①知識及び技能、②思考力、判断力、表現力等、③学びに向かう力、人間性等の3つの柱で再整理」されている。(10)

さて、文科省のいう「思考力・判断力・表現力等の育成」を、教育現場ではどのように行っているのだろうか。そこで私は勤務校の学生にアンケートをとってみた。私の勤務校（常葉大学）がある静岡県は東を関東・首都圏に接し、西は中部・名古屋へ連なり、北を甲信地方と山が隔てて、そこから注ぐ川がひらいた扇状地に町が東西にわたって点在する地域がら、その各地から学生が集まる私立大学とて、あまり地域性に左右されない結果が出るだろうと予想していたが、一・三・四年次の受講生約二〇〇人にどんな授業を受けてきたかを聞いたところ、やはり対応はバラバラであった。アクティヴ・ラーニングに積極的な先生と、そうでない先生が共存する。静岡県は教育委員会の力が強い全国有数の文教県であるから、この結果は全国的にみても、教育現場の情況をよく反映していると思われる。

ではなぜそうなるのか。ここで教育社会学なら量的研究なる統計処理をすべきところだが、私は門外漢らしく違う角度から考えてみると、要するにどうすればよいのか、わからないのであろう。そもそも指導要領改訂の動機となったPISA調査は、明らかに欧米のスタンダードから課題を突きつけている。教師が制御する十人前後の教室で学生が自由に発言し、対立する問題を正・反、役柄を交代しながら討論したり、パワーポイントを駆使して雄弁に報告するといった訓練を、日本人はそもそもやっていない。やったこともないことを教えることはできない。当たり前のことではないか。二〇〇二年に「ゆとり教育」が施行されたとき、私はこれをやるなら全教員を速やかに欧米へ派遣して、その指導方法を研修させるべきだと思ったが、今からでも遅くない。まず十人学級を実現して、教員を増やし、「思考力・判断力・表現力等の育成」方法を実修させるべきであろう。(11)

しかしそうやっても欧米に勝てるかはまた別問題である。単なる猿まねに終わる可能性もある。そもそも「座学」はそんなに無意味なのであろうか。

日本の教育史を紐解けば、江戸後期に全国に展開した寺子屋教育が基礎となり、[12] 明治八年の段階で全国二万四千もの小学校が設置されて、[13] 近代的な初等教育が普及した結果、日本はアジアで唯一独立を守り「近代化」に成功した国家と目された。[14] また戦後、高度経済成長を果たして日本を世界第二位の経済大国に押し上げたのは他でもない、「詰め込み教育」が育てたサラリーマンたちであった。その意味で日本の教育は「座学」で成功したといえる。それが高水準の均質な人材を輩出し、かつ建前と本音を使い分けて空気をよく読み、何事も角が立たぬよう丸く収めて「和を以て貴しと為す」という、日本人の集団主義の形成に寄与してきたからであろう。個の力は弱いが、結束すれば勝てる (all for one, one for all)。それが日本人の強みではないのか。私は寡聞にして「座学を捨てていいのか」という議論を聞いたことがない。[15]

教育は「百年の計」といわれる。将来の日本をどこへもってゆこうとするのか。この点に関する文科省の弁は次のとおりである。[16]

二一世紀は、新しい知識・情報・技術が政治・経済・文化をはじめ社会のあらゆる領域での活動の基盤として飛躍的に重要性を増す、いわゆる「知識基盤社会」の時代であると言われている。このような知識基盤社会化やグローバル化は、アイディアなど知識そのものや人材をめぐる国際競争を加速させる一方で、異なる文化や文明との共存や国際協力の必要性を増大させている。このような状況において、確かな学力、豊かな心、健やかな体の調和を重視する「生きる力」をはぐくむことがますます重要になっている。　（傍点井上）

私はまた寡聞にして「知識基盤社会」という言葉がどこから出てきたのかも知らないが、中教審の初等中等教育分科会は二〇〇七年十月、「現行学習指導要領の理念」という配付資料のなかで、その言葉の中身を、例えば、①知識には国境がなく、グローバル化が一層進む、②知識は日進月歩であり、競争と技術革新が絶え間なく生まれる、③知識の進展は旧来のパラダイムの転換を伴うことが多く、幅広い知識と柔軟な思考力に基づく判断が一層重要になる、④性別や年齢を問わず参画することが促進される、などを挙げることができる。と説明する。(17) これは明らかに「グローバル化」が百年つづくとの認識に依拠している。

いま世界はグローバリゼーションという開く力とリージョナリズムやナショナリズムという閉じる力が拮抗して綱引きを始めている。かつてアメリカ一国支配によるグローバル・スタンダードが世界を席巻し、これに対抗してEUが団結し、極東でも東アジア共同体構想が持ち上がった（結局それは歴史認識問題とリーマン・ショックで立ち消えになったが）。そのなかで日本は「グローバル化」に活路を見出し、そこへ向けて人材を投下するべく、「思考力・判断力・表現力等の育成」方針を定めた。ところが今やアメリカ自身がそのスタンダードを翻してアメリカ第一主義を掲げ、グローバリゼーションはその軸足を失った。ブレグジット、フランス大統領選、一帯一路など、この綱引きが今後どうなるかは不透明だが、パクス・アメリカーナのもとで展開した「グローバル化」と一体の「知識基盤社会」という理念が今後も堅持されるのか、われわれは注視すべきであろう。

三　「美しい国、日本」

「教え児を再び戦場に送るな」とは一九五一年一月、日本教職員組合（以下「日教組」と略す）の中央委員会で掲げられたスローガンであるが、(18) その政治的な含意はともかく、戦時中お国のためと子どもを育てて戦場に送り出し、戦後その教科書を真っ黒に塗られた教師の無念は今も決して忘れてはならないだろう。(19) 一九七二年にいち早く「学校五日制」と「ゆとりある教育」を提起するなど、トップダウン方式の文部行政に対して、教育現場からボトムアップ方式で対抗してきたという日教組の活動も一九九五年の「歴史的和解」をへて、いわゆる国旗国歌法の制定（一九九九年）を機に沈静化し、日本社会党とともにその歴史的役割を終えた観がある。そこへ教育基本法および教育三法の改訂が断行された。

二十一世紀の幕開けとともに続いてきた小泉政権のあとを受けて、二〇〇六年九月に安倍晋三内閣が発足すると、「美しい国、日本」というスローガンをひっさげて教育基本法の改訂に着手し、その年の内にこれを成立させた。翌年には学校教育法など、いわゆる教育三法の改訂をも実現したが、閣僚の不祥事が相次ぎ、夏の参院選での惨敗からねじれ国会への対応に苦慮したあげく、半ば政権を投げ出す形で総辞職した。

安倍内閣の発足はちょうど私が中国に渡った直後で、こうもあっさり教育基本法が変えられたことに仰天した。当時騒がれたのは改訂第二条「教育の目標」第五項に、[20]

伝統と文化を尊重し、それらをはぐくんできた我が国と郷土を愛するとともに、他国を尊重し、国際社会の平和と発展に寄与する態度を養うこと。

とあるのが「愛国教育」だとして批判されたわけだが、いま見ると、この考えは、

社会生活についての基礎的理解を図り、我が国の国土と歴史に対する理解と愛情を育て、民主的、平和的な国家・社会の形成者として必要な公民的資質の基礎を養う。

という一九七七年の指導要領からみえ始めており、[21] 國體の護持と顕彰を期する戦後保守の思想がついに教育基本法のうえに所を得て、その悲願がここに達成されたことを知る。それと同時に、第五項の後半にいう「国際社会の平和と発展に寄与する」の文言は当時さかんに言われた「普通の国家」論、ひいては改憲論をにおわせる表現といえ、書き換えられた基本法前文の「公共の精神」が戦前の全体主義を喚起すると言われたこととも呼応する。[22]

それと当時あまり言われなかったことで、いま気になることは、改訂基本法が「教員」（第九条）と「家庭教

育」（第十条）の条文を新設した点である。

第九条　法律に定める学校の教員は、自己の崇高な使命を深く自覚し、絶えず研究と修養に励み、その職責の遂行に努めなければならない。

2　前項の教員については、その使命と職責の重要性にかんがみ、その身分は尊重され、待遇の適正が期せられるとともに、養成と研修の充実が図られなければならない。

この改訂九条は旧六条「学校教育」第二項「法律に定める学校の教員は、全体の奉仕者であって、自己の使命を自覚し、その職責の遂行に努めなければならない。このためには、教員の身分は、尊重され、その待遇の適正が、期せられなければならない。」を改訂したものであるが、わざわざ「崇高な使命を深く」と書き足し、「研究と修養」および「養成と研修」を義務づけている。これは国家による教員の管理・支配ともいわれよう。

第十条　父母その他の保護者は、子の教育について第一義的責任を有するものであって、生活のために必要な習慣を身に付けさせるとともに、自立心を育成し、心身の調和のとれた発達を図るよう努めるものとする。

2　国及び地方公共団体は、家庭教育の自主性を尊重しつつ、保護者に対する学習の機会及び情報の提供その他の家庭教育を支援するために必要な施策を講ずるよう努めなければならない。

ここでは保護者を教育者として位置づけるとともに、国家が家庭教育を指導するものと定められている。これは一見、先に「家庭での学習時間などの学習意欲、学習習慣・生活習慣に課題」ありとした問題に対処したものともみえるが、「家庭教育の自主性を尊重しつつ、保護者に対する学習」を世話するというところに、国家が教育をテコに家庭へ介入する意図を感じさせる。それは戦前の「家族国家」論を容易に喚起する。

文部省が昭和十二年に二十万部発行した『國體の本義』第一「大日本國體」三「臣節」に、「我が國は一大家族國家であつて、皇室は臣民の宗家にましまし、國家生活の中心であらせられる」とあり、「國民の生活の基本が家にあり、家が自然的情愛を本とした訓練精進の道場たることを示してゐる」とある。[23] 改訂基本法では、その「訓練精進」を国家が指導すると言っているようにもとれるのである。

『國體の本義』では、家と国とが「忠孝一本」の思想で結ばれる。

抑々我が國は皇室を宗家とし奉り、天皇を古今に亙る中心と仰ぐ君民一體の一大家族國家である。故に國家の繁榮に盡くすことは、即ち天皇の御榮えに奉仕することであり、天皇に忠を盡くし奉ることは、即ち國を愛し國の隆昌を圖ることに外ならぬ。忠君なくして愛國はなく、愛國なくして忠君はない。

我が國に於ては、孝は極めて大切な道である。孝は家を地盤として發生するが、これを大にしては國を以てその根柢とする。孝は、直接には親に對するものであるが、更に天皇に對し奉る關係に於て、忠のなかに成り立つ。

我が國に於ては忠を離れて孝は存せず、孝は忠をその根本としてゐる。國體に基づく忠孝一本の道理がこゝに美しく輝いてゐる。

支那の如きも孝道を重んじて、孝は百行の本といひ、又印度に於ても父母の恩を説いてゐるが、その孝道は、國に連なり、國を基とするものではない。孝は東洋道德の特色であるが、それが更に忠と一つとなるところに、我が國の道德の特色があり、世界にその類例を見ないものとなつてゐる。

まことに忠孝一本は、我が國體の精華であつて、國民道德の要諦である。

つまり、父母に対する孝を君主に対する忠に帰一させるわけだが、この思想はもともと儒家のものである。『孝経』に「君子の親に事うるや孝、故に忠、君に移すべし」といい、[24] 四書の一つ『大学』に修身・斉家・治国・平天下をいうのがそれで、[25] 家族国家論の基軸はまさしくここにあるといってよい。

この家族国家論はさらに「和」の思想、すなわち全体主義へと展開する。[26]

即ち我が國の和は、各自その特質を發揮し、葛藤と切磋琢磨とを通じてよく一に歸するところの大和である。特性あり、葛藤あるによつて、この和は益々偉大となり、その内容は豐富となる。又これによつて個性は彌々伸長せられ、特質は美しきを致し、而も同時に全體の發展隆昌を齎すのである。

この論理は「臣節」の「忠は、國民各自が常時その分を竭くし、忠實にその職務を勵むことによつて實現せられる」というくだりと相照合して理解すべきであろう。したがってこの思想においては、西洋の個人主義が徹底的に排撃される。(27)

天皇と臣民との關係は、固より權力服從の人爲的關係ではなく、また封建道德に於ける主從の關係の如きものでもない。それは分を通じて本源に立ち、分を全うして本源を顯すのである。天皇と臣民との關係を、單に支配服從・權利義務の如き相對的關係と解する思想は、個人主義的思考に立脚して、すべてのものを對等な人格關係と見る合理主義的考へ方である。

ここにこの思想が現代のわれわれの良識と異なる所以が明記されている。(28)

さて、教育基本法改訂から國體の話を引き出したのは他でもない、最近「生前退位」をめぐって日本会議の副会長が次のような発言をしたと報道されたからである。(29)

天皇の生前御退位を可とする如き前例を今敢えて作る事は、事実上の破壊に繋がるのではないかとの危惧は深刻である。

なぜ生前退位が國體の破壊につながるのか。そもそも生前退位（譲位）が否定されたのは、明治二十年（一八八七）三月の高輪会議においてであった。そこで伊藤博文は、

天皇ノ終身大位ニ當ルハ勿論ナリ。又一タヒ踐祚シ玉ヒタル以上ハ隨意ニ其位ヲ遜レ玉フノ理ナシ。

と断じ、これに井上毅が、

至尊ト雖、人類ナレハ、其欲セサル時ハ何時ニテモ其位ヨリ去ルヲ得ヘシ。

と反論したが、柳原前光が伊藤に従って譲位の条文を撤回したという。(30) なんとこれが枢密院を通過して明治の皇室典範第十条となり、そのまま現在の皇室典範に受け継がれている。

ではなぜ「天皇ノ終身大位ニ當ルハ勿論」なのか。その理由は丸山真男がすでに明らかに述べている。(31) 翌明治二十一年六月、枢密院の憲法草案審議において伊藤博文が「此原案ヲ起草シタル大意」を述べて、

今憲法ノ制定セラルヽニ方テハ先ツ我國ノ機軸ヲ求メ、我國ノ機軸ハ何ナリヤト云フ事ヲ確定セサルヘカラス。機軸ナクシテ政治ヲ人民ノ妄議ニ任ス時ハ、政其統紀ヲ失ヒ、國家亦タ随テ廢亡ス。……抑、歐洲ニ於テハ憲法政治ノ萌セル事千餘年、獨リ人民ノ此制度ニ習熟セルノミナラス、又タ宗教ナル者アリテ之カ機軸ヲ為シ、深ク人心ニ浸潤シテ、人心此ニ歸一セリ。然ルニ我國ニ在テハ宗教ナル者其力微弱ニシテ、一モ國家ノ機軸タルヘキモノナシ。（傍点ママ、以下同）

といい、「我國ニ在テ機軸トスヘキハ、獨リ皇室アルノミ。是ヲ以テ此憲法草案ニ於テハ專ラ意ヲ此點ニ用ヒ、君憲ヲ尊重シテ成ルヘク之ヲ束縛セサラン事ヲ勉メリ」と説明したのを引いて、丸山は皇室＝天皇が「国家秩序の中核」に据えられると同時に「精神的機軸」となり、「ヨーロッパ文化千年にわたる『機軸』をなして来たキリスト教の精神的代用品をも兼ねるという巨大な使命が託された」と述べた。つまり近代日本では国民国家の形成過程において、天皇が国家統合のコアとなった。それゆえ「天皇ノ終身大位ニ當ルハ勿論」なのであり、(32) その意味で天皇は「人類」としての人権を否定されたままともいえる。

昭和二十一年（一九四六）公布の日本国憲法と翌二十二年公布の教育基本法がセットであるように、明治二十二年公布の大日本帝国憲法と翌二十三年発布の教育勅語もまたセットの関係にある。最近、教育勅語について、森友学園で幼稚園児に暗誦させていたとか、「憲法や教育基本法等に反しないような形で教材として用いること

までは否定されることではない」という閣議決定が出されて（二〇一七年三月三十一日）、大きな問題になっているが、その問題点とは、よく引き合いに出される「一旦緩急アレハ、義勇公ニ奉シ、以テ天壌無窮ノ皇運ヲ扶翼スヘシ」というくだりもさることながら、

我カ臣民、克ク忠ニ克ク孝ニ、億兆心ヲ一ニシテ、世々厥ノ美ヲ濟セルハ、此レ我カ國體ノ精華ニシテ、教育ノ淵源亦實ニ此ニ存ス。（傍点井上、以下同）

といい、天皇をして「朕爾臣民ト倶ニ拳々服膺シテ、咸其德ヲ一ニセンコトヲ庶幾フ」といわしめた点にあると思う。すなわち、明治憲法で天皇を国民統合のコアとした政府は、この教育勅語において「億兆心ヲ一ニ」することを期し、そこに「教育ノ淵源」を置いた。ここで教育は国家主義の道具と化したわけである。[33]

私は中国の友人から「日本の前近代で政治権力が一番強かった時代はいつか」と聞かれ、答えに窮したことがあった。中国に移って以来、その中央集権の強大さを実感し、日本の政治権力はなんと弱いことかと思っていたからである。そこで社会科学院から日本の民族と宗教について寄稿を求められたのを機に、この問題を通史的に考えてみた。[34]そこでは古代の在地首長制、中世の公領荘園制、近世の三百諸侯と「中央政府の支配が地方の末端まで貫徹した時代がほとんどないこと」を指摘し、それが近代の国民国家により一変したことを述べた。伊藤がいうように、近代まで日本には人心を帰一させる機軸がなかったのである。だから教育勅語に臣民が「克ク忠ニ克ク孝ニ、億兆心ヲ一ニシテ、世々厥ノ美ヲ濟セル」というような史実はない。それが恰も史実であるかのように見せたのは「教育」だったのである。[35]

私は右の拙文を次のように結んだ。「現在、日本人は愛国心に乏しい反面、排外意識が強いとされる。二〇〇五年の国連人権委員会の勧告は後者の存在を裏づけ、二〇〇七年の安倍内閣による教育三法改訂は主に前者に対する措置であった。しかし天皇制国家の神話が愛国心を産み出し、急速な国民統合が排外主義をもたらしたとい

う歴史的見地に立つ時、我々はこの日本人の歪んだ心理を正しく理解することができるであろう。」

文中の「国連」云々は部落・アイヌ・沖縄・在日コリアンなどに対する差別是正を勧告したいわゆるディエン報告をいい、[36] また「二〇〇七年」云々は前年の教育基本法に訂すべきだが、私はこの文章を書いた二〇一〇年に「日本人は愛国心に乏しい」と思っていた。ところがその六年後に帰国してみると、日本人の多くは「右傾化」して愛国者になっていた。

教育基本法を変えた本人は、二〇一二年に今度は「アベノミクス」をひっさげて首相に返り咲いたが、そこからわずか四年でこうなったのであろうか。確かに「安倍政権にひれ伏す日本のメディア」の影響は大きいだろう。[37] しかし、テレビに外国人を出して日本の素晴らしさをいくら褒めさせても、日本人はなにも変わっていない。相変わらず内向的で、コミュニケーションが下手で、英語もできない。日本が戦後成功したとき、日本人は自分をダメだと思っていたはずである。そういう謙虚さは日本人の美徳だと思う。

「教育」がそういうダメなところを矯正しつつ、改訂基本法と改憲論がセットになり、若者が愛国心をもって全体主義に走るような未来が来ないことを祈るばかりであるが、[38] 実際いまの日本には閉じる力が強く働いて、外がなくなりつつあるように思われる。外がないから、窓を開けて風を通すこともできない。閉塞して、息苦しい。それが社会やその縮図である教室にも充満して、ヘイトやいじめがはびこる。私が帰国して感じる違和感はここにあるらしい。これは日本ではない、と。

四　教育現場からみた古代史

以上のような教育の現状分析をふまえて、次に古代史が教育現場でどう教えられているのかを確認し、そこへ研究側がどう関わってゆくべきかを考える基礎を固めておきたい。

(1)学習指導要領にみる日本古代史

初等中等教育における社会科の構想のなかで、小学校の社会科は一～二年生の生活科をふまえ、三～四年生では地域学習(市区町村から都道府県へ)、五年生で地理、六年生で歴史と公民の内容を学習する。これはつまり足もとから社会を学ぶ仕組みで、三～四年生は「地域社会に対する誇りと愛情を育て」、五年生は「国土に対する愛情を育て」、六年生は「国を愛する心情を育てる」という念の入りようである。これは『大学』の修身(道徳)・斉家(生活・地域)・治国(国土・国家)の基軸に沿って愛国心を育てるプログラムといえる。[39]

中学校では歴史を三年間学ぶ一方、地理を一～二年次、公民を三年次に学ぶ。ここでは歴史の目標に「我が国の歴史に対する愛情を深め」とあり、公民に「自国を愛し」とある。あらためて、義務教育の社会科が愛国教育に占める重要性に注意すべきであろう。[40]

高等学校の社会は地理歴史と公民に分かれ、地歴は世界史A・Bのうち一科目、並びに日本史A・Bおよび地理A・Bから一科目を必修とし、公民は現代社会または倫理・政治経済を必修とする。[41] なお、高校の指導要領に愛国文言はない。

以上の学習課程において、日本古代史がどう扱われているかをみてゆくと、まず小学校では「人物の働きや代表的な文化遺産を中心に」調べ学習を行うという人物・文物重視の方針を定めたうえで、

ア　狩猟・採集や農耕の生活、古墳について調べ、大和朝廷による国土の統一の様子が分かること。その際、神話・伝承を調べ、国の形成に関する考え方などに関心をもつこと。

イ　大陸文化の摂取、大化の改新、大仏造営の様子、貴族の生活について調べ、天皇を中心とした政治が確

立されたことや日本風の文化が起こったことが分かること。

とする。ここにみる「調べる」「分かる」「関心をもつ」が小学校の歴史学習の内容であり、昭和の指導要領には「理解」と「関心」しかなかったが、平成元年から「調べる」が加えられたらしい。これが二〇一七年公示の新指導要領では「理解」と「関心」のみに戻っており、「調べる」が落ちている。(42)そして末尾の（シ）に「遺跡や文化財、地図や年表などの資料で調べ、まとめること」とだけいう。学ぶべき知識を全て調べさせるのは無理だという現場の声が上がっていたのだろうか。小学校の歴史については、平成の調べ学習は後退したらしい。

なお、ここで「大仏造営」を取り上げるのは『解説』によると、大化改新で「天皇中心の新しい国づくりを目指した」のを受けて、「天皇を中心にしてつくられた新しい国家の政治が都だけでなく全国にも及んだことが分かるようにする」ためだという（七六頁）。古代天皇制が遺した最も偉大なモニュメントと考えられているらしい。

つぎに中学校では、冒頭に「歴史のとらえ方」という単元を置き、そこで（ア）人物・事件の調査・思考を通して「歴史を学ぶ意欲を高め」、（イ）地域の調べ学習を通して歴史を具体的に学ぶ方法を身につけつつ、（ウ）「時代を大観し表現する活動を通して、各時代の特色をとらえさせる」としたうえで、「古代までの日本」を次のように学習する。

ア　世界の古代文明や宗教のおこり、日本列島における農耕の広まりと生活の変化や当時の人々の信仰、大和朝廷による統一と東アジアとのかかわりなどを通して、世界の各地で文明が築かれ、東アジアの文明の影響を受けながら我が国で国家が形成されていったことを理解させる。

イ　律令国家の確立に至るまでの過程、摂関政治などを通して、大陸の文物や制度を積極的に取り入れながら国家の仕組みが整えられ、その後、天皇や貴族の政治が展開したことを理解させる。

ウ　仏教の伝来とその影響、仮名文字の成立などを通して、国際的な要素をもった文化が栄え、後に文化の国風化が進んだことを理解させる。

ここには「理解」すべき知識しかみえないが、下文の「内容の取扱い」において（ア）基礎知識の重点的配置、（イ）問題解決型学習、（ウ）文物の重視、（エ）地理・公民との関連づけ、（オ）人物重視、（カ）民俗・考古学の援用や博物館などの活用といった具体的なアクティヴ・ラーニングの方法を定めている。そして「世界の古代文明や宗教」「農耕」「大和朝廷」「律令国家」などで取り上げるべき内容をあげるとともに、「神話・伝承などの学習を通して、当時の人々の信仰やものの見方などに気付かせるよう留意する」というように「気づき学習」を推奨する。

これが二〇一七年の新指導要領では例によって①知識及び技能、②思考力・判断力・表現力等に分けつつ、現行とほぼ同じ内容を定めるが、小学校で後退した「調べ学習」重視の項目を新設し（「内容の取扱い」イ）、また「律令国家の形成」の単元で、

なお、「聖徳太子の政治」を取り上げる際には、聖徳太子が古事記や日本書紀においては「厩戸皇子」などと表記され、後に「聖徳太子」と称されるようになったことに触れること。

という但し書きがついている。これは二月告示の案にはなかった一文で、本稿冒頭に紹介した意見公募を受けてつけ足されたことが明らかである。

そして高等学校の日本史Bでは、高校歴史共通の「歴史的思考力」の養成を掲げつつ、「原始・古代の日本と東アジア」では（ア）「歴史と資料」として「資料に基づいて歴史が叙述されていること」など、歴史学の基本を述べたうえで、

イ　日本文化の黎明と古代国家の形成

旧石器文化、縄文文化及び弥生文化の時代を経て、我が国において国家が形成され律令体制が確立する過

程、隋・唐など東アジア世界との関係、古墳文化、天平文化に着目して、古代国家の形成と展開、文化の特色とその成立の背景について考察させる。

とする（ウ「古代国家の推移と社会の変化」は武士の台頭など「中世社会の萌芽」を扱う）。

高校の日本史教科書になじんだ目には、たったこれだけなのかと驚く内容だが、「内容の取扱い」をみても、（ウ）図録の活用や博物館などの調べ学習を「取り入れるよう工夫する」というように、(43)座学優位の色彩が濃い。確かに、あの教科書の分量でアクティヴ・ラーニングをやるのは不可能に近く、(44)これが二〇一八年公示予定の新指導要領で「歴史総合」の導入とともにどうなるのか、いま現場と出版社は固唾を呑んで見守っているであろう。

なお、高校日本史では中学まで用いてきた「大和朝廷」「律令国家」が「古代国家」に統一され、(45)「神話・伝承」の学習もない。ただ「内容の取扱い」（エ）に「我が国の伝統と文化」がみえ、（オ）に「地域社会」の尊重が盛り込まれているにすぎない。

こうして見てくると、小中学校と高等学校の課程には断絶があり、後者はわれわれ研究者の立場に近いといえるが、中学までのアクティヴ・ラーニングが高校でいきなり座学となって戸惑う生徒も少なくない。というのも、義務教育の日本史は人物・文物重視で一貫しており、(46)「歴史を学ぶ意欲を高める」効果が認められる一方、いわゆる大学受験御用達の山川『詳説日本史』や『日本史用語集』などには政治・経済・社会の制度に関する用語が多く、内容があまりにかけ離れている。しかも人物・事件史や文化史は戦後実証史学が捨象した分野でもあり、(47)いわば研究側から手放したものが義務教育の目玉になっている。

他方、指導要領が短いということは教師の自由裁量に任されているということである。かつて指導法と評価法は教育現場の聖域とされたが、日教組の衰退もあって、義務教育の指導要領は改訂するごとに詳しくなっており、成績評価も指導要領をもとに「社会的事象への関心・意欲・態度」「社会的な思考・判断」「資料活用の技能・表現」「社会的事象についての知識・理解」の各項目（新指導要領の三つの柱に対応）について実施されている。[48] 新指導要領にいうアクティヴ・ラーニングと新しいカリキュラム・マネジメントの両輪は、さらに教師の指導と評価の自由を奪い去るであろう。[49] いまや教育現場に聖域はない。

以上の学習指導要領をめぐる考察をふまえ、つぎに義務教育で使われている教科書を取り上げ、古代史がどのように扱われているのかを見ておこう。

（2）教科書にみる日本古代史

結論からいえば、小中学校の歴史教科書は学習指導要領の内容をほぼ忠実になぞる形で作られている。「ゆとり教育」とともに大きくなった教科書は、いわゆるユニバーサル・デザインにより見やすく、学びやすい紙面となり、見開き二ページで大体授業一コマ分の内容を盛り込む。あたかも弁当箱のように、中央下に本文を置き、その上と左右に図表を配置する。つまり昔の教科書と図録を一つにした形で、ソバに薬味を入れて食べるように（ごはんとおかず、でもよいが）、教師は図表を使いながら本文を解説する。だから図表を使えないと、子どもにソバだけ食わせることになり、はなはだマズイ授業になる。

小学校の歴史教科書は「社会6上」と題し、[50] 指導要領の「古代までの日本」ア・イの内容をそのまま「国づくりへの歩み」「大陸に学んだ国づくり」（教出）などと二つの単元とする。一つめの原始の単元は各社ともまず縄文ムラと弥生ムラの大きな想像図を掲げ、代表的な遺跡を取り上げて解説する。縄文は全社揃って三内丸山遺跡を、弥生は登呂遺跡（教出・日文）・板付遺跡（東書）・菜畑遺跡（光村）を取り上げて、「ムラからクニへ」では吉野ヶ里遺跡、「古墳」も大仙古墳とともに古墳築造の想像図などを揃って掲げる。[51]

これらの遺跡は博物館や公式ホームページ上で学習プログラムなどを公開しているところが多いから、教師はそうした情報をもとに「調べ学習」や適切な発問による「気づき学習」、調べた情報を話し合ってまとめる「グループ学習」などの形で授業を構成する。ところが、例えば三内丸山の巨大な掘立柱建物を見れば、これはなんだと子どもは思うだろう。また、古墳の築造図を見て、ここで働いている人たちはなんなのかときいてくる子もいるだろう。それら「予想外」の疑問は実に考古学や古代史研究の本質的な問題へとつらなる。[52]遺跡を使ったアクティヴ・ラーニングは常に研究の最前線へと飛び出す危険をはらんでいる。これは大変結構なことではあるが、社会だけでなく、ほかの教科も教えなくてはならないクラス担当制の小学校教師としては、どう対処すればよいか困るところであろう。

二つめの古代の単元は「天皇中心の国づくり」として聖徳太子と大化改新・平城京などを取り上げ、大仏造営と正倉院宝物、国風文化と展開する点は各社同じである。ここでも図表には国宝・重文・世界遺産や荷札木簡、博物館の復元模型やその展示に使われている各種データの一覧表が多数盛り込まれていて、これを使いこなすには博物館の展示を解説する学芸員のスキルが求められる。それがないと子どもにソバだけ食わせることになり、古代史はつまらないと思われてしまう。一番簡単なのは学者や学芸員が解説したビデオを流すことだが、それでは「ICTの活用」にはなっても、アクティヴ・ラーニング「主体的で協働的な深い学び」にはならない。今度は文物という「生もの」が現場を苛むのである（それゆえにか、授業で教科書を使わない教師も多いときく）。

中学校については、比較的大きなシェアを誇る東京書籍の歴史教科書を取り上げると、[53]まず第一章に指導要領の「歴史のとらえ方」に対応する内容を掲げ、人物・文物を通して小学校の内容をふり返ったあと、第二章に「古代までの日本」ア・イ・ウに対応する三節を置く。紙面の構成は小学校と同じだが、本文が長く、図表のスペースが小さい。内容は高等学校のそれを簡略にした印象で、図表も精選されて、本文の添え物というか、一般書の図版の入れ方とあまり大差なく、小学校のように本文とは別物とされていない。

例えば「聖徳太子の政治改革」のページを開くと、中央下の本文は「聖徳太子の政治」と「飛鳥文化」に分かれ、前者は六世紀の半島情勢、国造の反乱、蘇我・物部氏の対立に続いて「この争いを和らげるために女性の推古天皇が即位」し、「聖徳太子（厩戸皇子）が摂政になり」、「大王（天皇）を中心とする政治制度を整えようとし」た。「家柄にとらわれず、才能や功績のある人物を、役人に取り立てようと」冠位十二階を制定し、十七条憲法でその「役人の心構えを示し」た。そこへ隋が南北朝を統一したので、「東アジアでの立場を有利にし、隋の進んだ制度や文化を取り入れようと」遣隋使を派遣した。そして「飛鳥文化」では仏教公伝、「古墳から寺へ」と述べて、法隆寺の紹介で終わる。

この本文の左側に十七条憲法の抜粋があり、上に法隆寺や伝聖徳太子像の図版と皇室・蘇我氏関係系図を置いて、右側に法隆寺金堂壁画と釈迦如来像をアジャンタ石窟の壁画や龍門石窟の石仏と並べ、広隆寺と韓国の弥勒菩薩像を比較する図版を右下に置く。これらは渡来人の技術をもとに中国南北朝・インド・西アジアの影響を述べる本文と対応する。

右の内容を高校の『詳説日本史B』（山川・日B三〇一）と対照すると、例えば、冠位十二階について「氏族単位の王権組織を再編成しようとした」というように（三五頁）、説明が詳しくなってはいるが、出している内容は飛鳥に「大王宮が集中」したという点を除くと全く同じである。むろん他社の教科書をみると叙述内容に違いがあり（日文など）、図版も冠位を色で示したり（自由・育鵬社）、憲法全条を紹介したり（育鵬社）、「日出処天子」の国書を掲げたり（日文・帝国）、煬帝の絵を入れたり（教出）と各社出入はあるが、総じて中学校の歴史教科書は小学校よりも高校のそれに近いといってよい。

中学から教科担当制になる社会科教員は、だから簡単な高校日本史を教えればよいわけである。各社とも「調べ学習」の方法を随所に紹介しているが、聖徳太子について調べるにせよ、遣唐使について調べるにせよ、それはつまり教科書に書いていない、余計なことを調べることになる（この場合の「余計」とは定期試験や高校受験に必要ないという意味である）。先にアクティヴ・ラーニングの先生と座学の先生が共存するというアンケートを紹介したが、それは指導要領を重視するか、教科書に沿って授業を組み立てるかの違いに起因することがわかるだろう。中学教師は小学校教師よりも教科の理解が深いのだから、中学でこそアクティヴ・ラーニングをやるべきなのに、学力低下を恐れてか、そこまでは徹底しきれていない。このちぐはぐな印象は、教員免許のあり方にも由来する。高校社会が地歴と公民に分かれてからも、中学社会と併願する学生は多いから、中学と高校は大体同じレベルの教員が担当しており、教える内容が共通している方が都合がよいのであろう。

最後に、記紀神話の取扱いについてまとめておく。小学校の教科書では例外なくヤマトタケルのクマソ・エミシ征討の物語を取り上げ、「真実ではない」と断ったうえで、当時の人々の考えを知る手がかりになると、指導要領の文言そのままに書いてある。

ところが中学校の歴史教科書になると、少し情況が変わってくる。天平文化の記紀編纂にふれて図版一つ分の扱い（日文）や半ページのみ（帝国）という教科書もあるが、他は軒並み授業一コマ分、見開き二ページの扱いになっており、なかには四ページという教科書もある（自由社）。神話学的な紹介や民俗・神楽への言及など、取り上げ方は区々であるが、国生みから天孫降臨までを紹介するものも多く、これがまさか戦前の神話教育へ先祖返りすることはなかろうが[54]、基本的に指導要領の意に沿う方向で作られている。

五　古代史研究と教育現場——結びにかえて

以上、アクティヴ・ラーニングから教育基本法、学習指導要領と歴史教科書というように、現代教育の主要な論点（問題点）について考察してきた。最後に研究者がこれにどう関わるべきかについて卑見を述べたい。

まず、座学かアクティヴ・ラーニングかという議論はともかく、後者への傾斜はもはや止められないだろう。問題は、ゆとりとかアクティヴ・ラーニングを進める時に必ず頭をもたげる「学力」とはなにかを定義し直すことである。それは成績評価と一体のもので、その評価は最終的に大学の出入り口へとつながっている（究極には卒業後の進路にもつながるが、ここでは問わない）。いま文科省で「高大接続」が議論されているが[55]、それは高校・大学の教育改革と大学入試改革のいわゆる三本柱の礎石として、これまで聖域であった（義務教育を含む）成績評価方法の抜本的改革を企図している。ここをいいようにやられると、三本柱を突っ込まれて、高校どころか大学まで一呑みされてしまう。それはつまり「大学教育の自律性を尊重しつつ」その内容に対する指導を国家が行うことを意味する。そこへすでに実現した高校に加え、大学教育まで無償化されたら目も当てられない。

文科省のいう欧米スタンダードのアクティヴ・ラーニングは一見「伝統・文化」の重視とともに和魂洋才・日体西用、よくバランスがとれているようにみえるが、前者は「外圧」を受けて短期的展望のもとに打ち出した方針にすぎないともいえるし（事実「ゆとり教育」は撤回された）、後者に至っては戦後、糊が剝がれて亀裂が入った国民統合を愛国教育で再び糊づけしているようにしか見えない。しかもその進展たるや信じがたい速さで、われわれが口を開けている間に、良識の府も陥落してしまうかもしれない。われわれは早急に、社会や世界に送り出す人材の能力、すなわち二十一世紀の日本の知性・学力を「百年の計」として議論し、これを定義して文科省の「生きる力」などに対置する必要がある。

また、研究者は教育現場に参与すべきである。本文でもふれたが、いま博物館はそれを積極的にやっている。もともと文科省や地方自治体の管轄ということもあるが、博物館の活用を規定する指導要領に沿って、展示や教育活動を充実させている（そのせいで保管・修復が行き届かない弊害も出ているようだが）。おかげで「生もの」で歴史や文化を学ぶ環境が整いつつある。はっきりいって、何もやっていないのは研究者だけである。子どもに訴えかけるのはやはり人物・事件史と文化史であるが、前者は学界の隅に追いやられ、後者に至っては学科再編をへて今や「日本語・日本文化学科」すなわち国語・国文学の副業となり果てた。制度史を研究して高校教科書に載せる時代はもう終わりにしないといけない。それはまた「人文学の復興」ということにもつながってゆくのではないかと思う。

すでに紙幅を大きく超えた。ここに述べたことが今後の議論の題材となれば幸いである。

註

（1）この指導要領案はe-Gov（電子政府）ホームページ「パブリックコメント」の「全ての案件」で案件番号「185000878」を検索して出たリンクを開き、「意見公募時の画面」を開いてダウンロードする。

（2）文部科学省ホームページ「平成二八年度の報道発表」平成二十九年三月三十一日より。

（3）拙稿「十七条憲法と聖徳太子」（『偽りの日本古代史』所収。同成社、二〇一四年）、同「津田左右吉の十七条憲法解釈と戦後歴史学」（『津田左右吉とアジアの人文学』二号、二〇一六年）。

（4）中央教育審議会（以下「中教審」）大学分科会「未来を牽引する大学院教育改革」（審議まとめ）の「1．大学院教育の改革の進捗状況と大学院を巡る国内外の情勢」（文科省ホームページ）より。

（5）岡本順治「都立大学人文学部文学5専攻の崩壊」（首大非就任者の会ホームページ）。

（6）平成十年度「高等学校学習指導要領」総則（国立教育政策研究所ホームページ「検索・閲覧」欄「学習指導要領データベース」より）。以下、平成十九年度以前の指導要領の引用は当データベースによる。

（7）拙著『古代官僚制と遣唐使の時代』（同成社、二〇一六年）あとがき参照。

（8）二〇一五年八月の教育課程企画特別部会の論点整理には「課題の発見・解決に向けた主体的・協働的な学び（いわゆる「アクティブ・ラーニング」）」とある（一七頁、文科省ホームページ）。その補足資料5をみると、アクティブ・ラーニングはほぼ万能薬に近い、完成された指導法として紹介されている。但し最近は「アクティブ・ラーニング」の使用を避け、専ら「主体的で協同的な深い学び」などと言っている。

（9）文科省『中学校学習指導要領解説　社会編』（日本文教出版、改訂版二〇一四年）一頁。『小学校学習指導要領解説　社会編』（東洋館出版社、増補版二〇一五年）、『高等学校学習指導要領解説　地理歴史編』（教育出版、改訂版二〇一四年）、『高等学校学習指導要領解説　公民編』（同上、改訂版二〇一四年）も全く同じ。以下、現行の学習指導要領の引用はこれらによる（文科省ホームページからもダウンロード可能）。また引用にあたり、縦書きの書式に表記を改めた。なお、「ＰＩＳＡ調査」とは学習到達度調査のことである。国立教育政策研究所ホームページ（http://www.nier.go.jp/kokusai/pisa/）参照。

（10）文科省ホームページ「新学習指導要領（平成二九年三月公示）」欄「改訂のポイント」。実際、全教科の全ての単元にわたって「次のような知識及び技能を身に付けること」と「次のような思考力、判断力、表現力等を身に付けること」などと書いてある。

（11）十人学級はともかく、文科省は現在、教師の増員や教材開発のための待遇改善に取り組む一方で（前掲「教育課程企画特別部会論点整理」二四―二六頁）、教員免許の「再課程認定」などを通じて、教育学部の師範学校化ともいうべき管理強化を進めている。

（12）石川謙『日本庶民教育史』（玉川大学出版部・教育の名著、一九七二年）。

（13）文部省『学制百年史』（帝国地方行政学会、一九七二年）一九三頁。『学制百年史』は文科省ホームページ「白書」欄からも閲覧可能。ちなみに現在（二〇一五年）の小学校の数は二万六〇一校である（同ホームページ『文部科学統計要覧（平成二八年版）』より）。

（14）Ｒ・Ｐ・ドーア『江戸時代の教育』（岩波書店、一九七〇年）第十章「遺産」。

（15）むろん「知識・技能」の習得は推奨されているが、こうした知識は最近「カード作り」などの調べ学習の形で習得させる。私がいうのは「座学」方式を廃してよいのかという懸念である。最近、スマホの普及などを受けて、文科省などは「知識ではなく、レシピを教えろ」と現場の教員を指導しているそうだが、知識がなければ、討論などの「協同的な深い学び」はできないし、「気づき」もない（外国で暮らすとよくわかることだが、自分の頭の中にない単語はそもそも聞き取れない）。むしろ知識を具体的に解説し、知識と知識を関連づける思考を開示する方が、子どもの「思考力・判断力」の育成に資するだろう。これはいわゆるカリスマ教師論ではなく、高いレベルの教員を養成して座学の質を高めつつ、「学習意欲」や「表現力」の方面でアクティヴラーニングを活用するという、ごく普通の議論である。

(16) 前掲『中学校学習指導要領解説 社会編』一頁。すなわち現行学習指導要領の理念「生きる力」の表明である。

(17) 中教審・初等中等教育分科会（第五十五回）・教育課程部会（第四期第十三回）合同会議議事録・配付資料（http://www.mext.go.jp/b_menu/shingi/chukyo/chukyo3/siryo/07102505/003.htm）。

(18) 日本教職員組合『日教組20年史』（労働旬報社、一九六七年）一六四―五頁。このあたりは朝鮮半島情勢をめぐって「戦争に巻き込まれる」危機のさなかにあり、われわれも身につまされる思いがする。

(19) 二〇一七年三月に日本学術会議がホームページ上に掲げた「軍事的安全保障研究に関する声明」は、戦争に協力した先輩科学者の無念を忘れないという意思表明として受け取るべきであろう。「戦争を語り継ぐ」とは本来そうした営為を指すのではなかろうか。

(20) 「改正前後の教育基本法の比較」（文科省ホームページ「教育基本法ってどんな法律？」欄）。

(21) 小学校社会「目標」（註6参照）傍点井上。但し中学校社会「目標」には「広い視野に立って、我が国の国土と歴史に対する理解を深め」とのみあって、一九七七年の学習指導要領が過渡的な形態をとどめていることがわかる。なお、文科省の資料「学習指導要領の変遷」ではこの点にふれず、平成元年度の改訂（昭和六十二年答申）において「国際理解を深め、我が国の文化と伝統を尊重する態度の育成を重視する」と述べるにすぎない（同ホームページ「学習指導要領とは何か」欄）。

(22) なお、一九四七年の教育基本法第一条に掲げる「国家及び社会の形成者」とは、同年施行の日本国憲法にうたう主権在民を言い換えた表現と思われるが、これが改訂基本法ではその第二条第三項に「公共の精神に基づき、主体的に社会の形成に参画し、その発展に寄与する態度を養う」とあって、国民主権の意識が後退しているように見られる点も非常に問題である。

(23) 文部省『國體の本義』（内閣印刷局、一九三七年）三二―四九頁。断らぬ限り、以下の引用も同じ。なお、本書は国立国会図書館デジタルコレクションで閲覧可能である（http://dl.ndl.go.jp/）。

(24) 武内義雄『孝経・曾子』（岩波文庫、一九四〇年）三二頁。さればこそ唐の玄宗は『孝経』に注し、藤原仲麻呂は『孝経』を家ごとに誦習させたのであろう。但し普通の感覚からいって、孝を忠に移すことはありえても、忠を孝に移すことはありえない。戦前教育の宗教性がここに根づいている。

(25) 島田虔次『大学・中庸 上』（朝日新聞社、一九七八年）六二頁。いわゆる八条目で、修身の前に格物・致知・誠意・正心が立つ。ちなみに『國體の本義』は臣節のあと「まこと」の心を説く。

(26) 前掲『國體の本義』第一「大日本國體」四「和と『まこと』」五一頁。なお、この「和」の思想は、尾藤正英のいう「役」の思想と対照して理解されるべきであろう。尾藤『江戸時代とはなにか』（岩波書店、一九九二年）序説参照。

(27) 前掲『國體の本義』「臣節」三五頁。この他、緒言・結語および本文の随所に個人主義批判がくり返し展開されている。

(28) もちろん小学校では「国民としての権利及び義務」を教えている（前掲『学習指導要領解説 社会編』八九頁）。但し平成元年度以降「天皇についての理解と敬愛の念を深める」ともいう（同九一頁）。

(29) 産経新聞二〇一六年七月十六日付、小堀桂一郎（東大名誉教授）のコメント。日本会議については、菅野完『日本会議の研究』（扶桑社新書、二〇一六年）参照。

(30) 奥平康弘「明治皇室典範に関する一研究――「天皇の退位」をめぐって」（『神奈川法学』三六巻二号、二〇〇三年）一七七頁。

(31) 丸山真男『日本の思想』（岩波新書、一九六一年）二八―三一頁。また、衆憲資二七号「明治憲法と日本国憲法に関する基礎的資料」（衆議院ホームページ「憲法調査会関係資料」）参照。

(32) 生前退位については私も二〇一六年の夏に新華社の週刊誌『瞭望東方』の取材を受けて、中国人に誤解されぬよう、天皇の退位表明が直接政府を動かす憲法違反の可能性を避けるため、世論の支持を待って、政府が特例法の形で処理するだろうとの見通しを述べたが（http://www.lwdf.cn/article_2554_1.html）、そこでなぜ特例法なのかは敢えて説明しなかった。この問題は、日本国憲法第一条に「日本国民統合の象徴」と定める象徴天皇制の意味を問い直すことにつながるからである。

(33) 教育勅語発布に至る経緯については山住正己『教育の体系』（岩波書店「日本近代思想大系6」、一九九〇年）解説、五〇三頁以下。

（34）拙稿「日本──国家・宗教・民族」（『中国社会科学報』第一一七期、二〇一〇年八月。のち人民日報電子版http://theory.people.com.cn/GB/12560697.htmlなどに（無断）転載、また拙著『虚偽的「日本」』社会科学文献出版社、二〇一二年に収録。以上、中文）。

（35）前掲『國體の本義』第二「國史に於ける國體の顯現」参照。敗戦後、GHQは修身・国史・地理の三教科を廃止し、代わってデューイのプランに基づく新しい社会科が発足した（原田智仁『社会科教育のフロンティア』第一章。保育出版社、二〇一〇年）。

（36）ディエン報告はNGO反差別国際運動（IMADR）のホームページ「資料館」から閲覧可能。

（37）マーティン・ファクラー『安倍政権にひれ伏す日本のメディア』（双葉社、二〇一六年）。

（38）森友学園は安倍教育政策の結晶ともいうべく、かれの思想に形を与えたものであったのに、あろうことか、それをかれ自身が壊してしまった。もはやそこに本人のこだわりはないのかもしれない。むしろアベノミクスのもたらす好景気が、若者層の現実肯定感を引き出して急速な保守化を促しており、ここへ安倍教育政策を「忖度」した教育行政の働きかけが作用してゆくことに、重大な危惧を感じる。

（39）平成元年度新設の生活科では、同十年度から「自分と身近な人々及び地域の様々な場所、公共物などとのかかわりに関心をもち，それらに愛着をもつこと」が目標に掲げられ、生活科の「愛着」が社会科で地域・国土・国家への「愛情」となり、小学校でこれを「育て」、中学校でこれを「深める」。一方、昭和三十三年に出来た道徳の時間では当初から「日本人としての自覚を持って国を愛」する指導が行われ、平成二十七年告示（いわゆる道徳教科化）の現行指導要領および新指導要領では、「家族愛」から「先生や学校の人々を敬愛」し、また「我が国や郷土」への「愛着」から「愛する心をもつ」に至る過程が各学年ごとに詳しく定められている。前掲「学習指導要領データベース」参照、また新指導要領は文科省ホームページ「新学習指導要領」「学習指導要領等」欄の小学校学習指導要領「比較対照表」が簡便（中学校のそれも同じページからダウンロードできる）。以下、新指導要領の引用はこれらによる。

（40）ちなみに、新指導要領では例の3つの柱（註10）に基づいて目標と内容が細かく規定されるほか、小学校では三四年生の項目を個別に立て、中学の地理にも小学五年生と同じ「国土に対する愛情」の文言が入っている。

（41）現行指導要領では五十分授業×三十五回で一単位とし、A科目二単位、B科目四単位とする（前掲『高等学校

学習指導要領解説 地理歴史編』一三五頁)。日本史Bの授業は通常、週二回で二年間となる。前掲註39小学校学習指導要領「比較対照表」参照。

(42) 現行指導要領の「調べる」がほぼ全て「〜を手がかりに(…を理解する)」に変わっている。前掲註39小学校学習指導要領「比較対照表」参照。

(43) しかもこの一条は二〇〇八(平成二十)年度の現行指導要領で新設されたものである。

(44) 高校の歴史ではよくプリントの穴埋めを通して授業を進めるが、これは時間を節約し、定期試験のポイントとなる用語を暗記させるための便法であり、そうでもしないと終わらないというのが現場の本音であろう。あるいは教科書の章節を生徒に割り振ってパネルやパワーポイントを作らせ、発表し質疑応答させる形で「主体的で協同的な深い学び」を実現する方法もあるが、これは教師のプロデュース力や司会スキルが成否を左右するだろう。やはり高校では取り扱う内容を精選する方向へ行かざるをえないと思うが、そうなるとまた学力低下や中学との差別化の問題が頭をもたげることになる。

(45) 但し中学校の教科書でも「大和朝廷」を用いるのは保守系の二社(自由社・育鵬社)のみで、他はみな「大和政権」か「ヤマト王権」である。

(46) 小学校の歴史では「卑弥呼、聖徳太子」以下「小村寿太郎、野口英世」に至る四十二名の人物を取り上げることになっていて(前掲『小学校学習指導要領解説　社会編』八四頁、新指導要領も同じ)、中学の「歴史のとらえ方」はこれら代表的な人物と文化財を通して小学校の学習をふり返るようになっている。

(47) 前掲拙稿「津田左右吉の十七条憲法解釈と戦後歴史学」三五頁参照。

(48) 文科省ホームページ「指導要録(参考様式)」(で検索)、「中学校指導要録」(小学校もほぼ同じ)。成績の具体的な付け方については国立教育政策研究所ホームページ「教育課程研究センター」のリンク「評価規準の作成、評価方法等の工夫改善のための参考資料」の社会・地歴に詳しく例示されている。

(49) カリキュラム・マネジメントは教科横断型学習などといい、「ゆとり教育」で問題になった「総合的学習」を教室から学校単位へとさらに拡張したような新しいプログラムであり、これを支援するチームを学校ごとに編成するのだという(前掲「改訂のポイント」、詳しくは前掲「教育課程企画特別部会論点整理」二一頁以下参照)。最近、この新プログラムに向けた教育委員会の取り組みを聴く機会を得たが、地域の人材を活用して「チーム学校」なる組織を編成しサポートするという、その人材とは退職した教育関係者や地域で活動する市民で、ほぼ例外なく高齢者であった。つまりヒマを持て余した老人が教育現場に入りこむ仕組みになっており、若い教員がこうした人材と児童の間で板挟みとなる将来は目に見えている。新しい組織は若い能力によって作られるべきであり、このままでは教育現場が高齢化社会の受け皿と化してしまうだろう。

(50) 本稿で取り上げる小学校の教科書は教育出版（教出・社会六三三）、東京書籍（東書・社会六三一）、日本文教出版（日文・社会六三七）、光村図書（光村・社会六三五）、全て二〇一六年度版である。以下、本稿でも文科省所定の略称を用いる（同ホームページ「教科書目録」参照）。なお、光村の教科書は他社と違って本文が多く、ここに述べた紙面とは異なる印象がある。また小学六年生の社会は、新指導要領で歴史と公民の上下を入れ替えるようである（前掲註39小学校学習指導要領「比較対照表」）。

(51) 私はかつて博士論文を公刊するにあたり、その終章に三内丸山・吉野ヶ里・纏向・箸墓・三ツ寺Iなどの遺跡や古墳を通して「政治的景観の生成」を論じたが（拙著『日本古代の天皇と祭儀』吉川弘文館、一九九八年）、いま小中学校の原始の単元はほぼ同様に「国づくり」の過程を説明している。

(52) 考古学では柱の直径は建物の高さに比例する。三内丸山の掘立柱建物は普通に考えれば、楼閣の類に復原すべきだが、弥生時代の農耕と戦争の開始をもって不平等の起源とみる常識によれば、縄文遺跡に王宮のような施設は建てられない。また古墳築造については「奴隷制の役割」と見られているが（石母田正『日本の古代国家』第四章、岩波書店、一九七一年）、すると日本の古墳時代を古代エジプトのような奴隷制とみなすことになり、部民制研究をも見直さなくてはならなくなる。

(53) 『新しい社会 歴史』（東書・歴史七二九）。この他、日本文教出版（日文・歴史七三三）、清水書院（清水・歴史七三一）、帝国書院（帝国・歴史七三二）、教育出版（教出・歴史七三〇）、育鵬社（歴史七三五）、自由社（歴史七三七）の二〇一六年度版を参照した。

(54) 戦前・戦後の神話教育については、吉村徳蔵『神話と歴史教育』（吉川弘文館、一九七三年）など参照。

(55) 文科省ホームページ「報道発表」欄、平成二十八年八月三十一日「高大接続改革の進捗状況について」。

Ⅷ 自他を往還する

韓国古代史学界における『日本書紀』活用の現状と問題点

李　永植

はじめに――活用の始まり

朝鮮王朝時代の申叔舟は『日本書紀』から王代紀を引きながら、新羅征討のことは認めなかったが、[1]大韓帝国末期に発表された張志淵『大韓疆域考』（一九〇三年）や金澤栄『歴史輯略』（一九〇五年）では、いわゆる新羅征伐と任那日本府のことが史実の如く叙述された。これに対して民族史学者の申采浩は〝『日本書紀』のままを寫し自分自身の博識を自慢するのみだった〟と、猛烈に非難している。[2]それから一九五〇～一九七〇年代における散発的な活用をへて、[3]一九七六年に〝『日本書紀』は僞書ではなく興味深い史書である〟との言及があって以来、[4]韓国古代史研究の基本史料として積極的に活用され始め、以後三十年の間に古代韓日関係史の再検討や韓国古代史の復元に少なくない成果をあげるようになった。

ところが、その活用の大部分は、『日本書紀』に対する韓国学会独自の史書的検討や史料批判論を踏まえたもの以外では、日本における多様な研究はほとんど検討されず、各々の研究者によるツマミグイ式の活用が、古代史復元という美名のもとで任意に行われた感を拭い切れない。ある加耶史関連の学術シンポジウムで、『日本書紀』活用の危険性と難しさについて、〝河豚のように旨いが毒がある〟とか〝末期癌患者の手術のような難しさ〟などの喩えで警告されたりもしたが[5]、実際に「河豚」や「癌患者」に対する基礎的な研究が行われたことはほとんどない。

むしろ、『日本書紀』の活用のための史料批判は、戦後日本で展開された『日本書紀』批判論のごく一部の成果を丸呑みにするか、もしくは歴史的出来事の主体を倭から百済や新羅、または加耶や高句麗に取り替えてみるという、ごく単純なことであり、現代韓国人に訴えたものがほとんどだった。それ故、『日本書紀』活用の試みには幾らかの成果もあったが、少なからず問題が露呈したことも事実である。

本稿では韓国古代史学界における『日本書紀』の活用を振り返るが、紙幅の制限もあり、詳細な研究成果と問題点の全ては羅列できない。まず活用の基礎となる韓国語翻訳書や史書的検討の成果を整理し、次に百済史、加耶史、新羅史、高句麗史の研究に分けて、『日本書紀』の活用による成果と問題点に言及する。韓国学界における『日本書紀』活用の傾向は、王代紀によって時代順に述べるか、もしくは古代韓日関係史上の争点を中心にまとめることもできるが、叙述の重複を避けるために、古代国家別に分けて、その現状と問題点をまとめてみたい。

一　基礎的研究の不在

『日本書紀』の研究と活用の進展のためには、まず翻訳や注釈書の刊行が必須であり、人名・件名・地名などの索引や、解説事典や人名辞典などの刊行が先行されなければならない。しかし、一九七〇年代までは翻訳書さえなかった。一九七〇年に限られた抄略の翻訳が個人の著書に含まれ[6]、一九八七年にようやく翻訳書の刊行をみるが、三十巻の三分の一だけで、朝鮮三国と加耶関連の史料が集中している「継体紀・欽明紀・敏達紀・齊明紀」などを含む十巻は載せられなかった。[7] その理由は底本とした現代日本語訳がまだ発行されていなかったためだという。[8] 漢文原文ではなく、現代日本語訳を翻訳したものにすぎなかったのである。一九八九年に初めて完訳の刊行をみるが、歴史学や古代史専門家ではない、ある心理学者の手によったもので、任那を対馬に比定した特定研究の地名比定や記事考証を基にした注釈をつけ、巻末には「対馬の任那十国比定図」が付けられた。[9] 特定の見解に片寄った特定の先入観の植え付が懸念される。ただ、注釈書は言うまでもなく、それまで翻訳書さえ出せなかった韓国古代史学界にそれを貶す資格はない。

このような状況から、三国と加耶関連記事を選び出して、翻訳と用語説明をつけ、最近までの争点をも整理し、筆者たちの研究成果を反映した解釈が刊行された。[10] 〝研究〟という書名のごとく、完訳や注釈書ではないが、『日本書紀』活用の道標としての意味がある。しかし、「神代紀」をはじめとする神話的な記述は除外され、特別な考証なしで石上神宮の七支刀を「神功紀」の七枝刀と見なしているような箇所もある。

また、関連記事の倭を百済に替えてみる、つまり加耶における倭の軍事活動を百済のそれに替えてみる、いわゆる「主体交替論」一辺倒での解釈であるのは問題である。始終一貫する百済中心の解釈は、ある意味で韓国学界の『日本書紀』活用の現状をみせてくれる。同じ記事であっても古代韓国や百済・新羅などの特定の国、または研究者の自説に合うものなら史実の反映とみなし、そうでなければ『日本書紀』による創作や潤色ということで片付けてしまうという特異な資料批判の問題もある。その反面、特定記事に直ちに結び付けられない考古資料の特性のため、これと言った成果はあげられなかったが、考古資料に照らし合わせながら文献考証に挑んだ試みは斬新だった。

『日本書紀』を活用するために、まず必要なことは、韓国学界による独自の史書学的な検討である。しかし、独自的な検討がなされないだけでなく、これまで日本学界で編纂論・区分論・出典論・紀年論など多様に展開してきた研究についての整理や理解をもとにした史料批判や活用はほとんどみられない。[11] ただ一つ編纂論の一部となる「百済三書」関連の研究が目立つのみである。「百済三書」の成立について百済人編纂説、[12]『日本書紀』編纂局編纂説、[13] 百済系遺民編纂説[14]などが提示され、百済人編纂説と百済系遺民編纂説を折衝する唯一の史書的検討が発表された。[15] この研究で「百済記」は漢城陥落以後間もない時点で編纂将来されたものであるが、日本列島に移住してきた木羅氏がその後裔氏族の立場から再び整理加筆したもので、「百済新撰」は聖王から威徳王間に将来されたものを昆支系の百済遺民が加筆したもので、「百済本記」は五〇八～五六一年間に己汶・帯沙争奪戦、聖王の加耶政策、対高句麗戦争のための倭兵の支援要請などに関わる外交資料を基にして、大化改新以後に整理編纂されたものが『日本書紀』に引用されたと推定した。日本学界の編纂論・区分論・出典論・紀年論などに関する本格的な議論とともに、韓国学界独自の史書的かつ史料的検討の道を開くことが必要である。

最近、東北亜歴史財団から古代史専門家による本格的な完訳が刊行された。[16] 韓国学界がようやく『日本書紀』活用の出発点に立ったと言っても過言ではない。

二　韓国関連記事の活用

『日本書紀』の韓国関連記事は加耶との交渉から始まり、百済との交流を中心となし、新羅との外交で締め括られるなかで、高句麗との関係がたまたま記述されている。古代韓日関係史展開の大きな流れに沿う傾向をみせている。

（一）加耶史研究

『日本書紀』の小中華主義的な編纂史観の典型をみせるのが任那関連記事であり、そのほとんどは加耶関連の記述である。過去日本学界は倭の加耶支配を唱え、近年韓国学界は百済の加耶経営を論じたが、最近の批判的な活用では加耶史の復元に繋がる成果をあげている。『日本書紀』による倭中心の記述と、『百済三書』による百済中心の潤色を、いかに取り除いていくかによって関連史料の批判と加耶史復元の道が開けるだろう。(17)

崇神六十五年条と垂仁二年条が伝える大加羅国王子蘇那曷叱知の渡倭記事に対して、百済関連の記述でないため最初の韓日関係記事とは認められないという、理解しがたい理屈でその事実性が否定されたりもしたが、(18)それ以前から蘇那曷叱知については冠を被った弁辰、すなわち加耶の貴人とみて、韓日関係記事の始まりとして捉える研究も古くからあった。(19)日本列島で出土する関連の考古資料が、加耶系からはじまり、百済系に展開される事実をみても、加耶は日本列島の倭人が最初に認識した外国で、外交交渉の相手だった事実が確認される。(20)神功四十六年条で漢城（ソウル）の百済が始めて対倭交渉に乗り出した際、加耶の卓淳（慶尚南道昌原）にその仲介を頼んだということも、このような流れを物語るものである。卓淳は海からの日本列島への入口だったため、欽明二年条で現在昌原の卓淳国が、隣接している金海の南加羅と金海の進永に比定される㖨己呑国とともに、当時釜山の東萊まで南下していた新羅の攻略対象になっていたことが記事にみえる。慶尚北道大邱のような内陸とみるより、(21)慶尚南道昌原のような南海岸に比定するのが正しいだろう。(22)

「継体紀」の伴跛が「欽明紀」の加羅と同じ大加耶であることを指摘し、蟾津江を境界にして百済と対立していたという歴史を復元した研究は、(23)大加耶様式土器の拡散過程を関連史料と対応させて、五～六世紀における大加耶の成長を議論する契機となり、(24)古代国家形成の可能性を探るに至っている。(25)「継体紀」にみえる己汶・帯沙関連の記事について、百済の領域に大加耶が進出したと記していることを事実として認める解釈もあったが、(26)その舞台である全羅南道南原市の阿英面と引月面の月山里古墳群・斗洛里古墳群・乾芝里古墳群から出土する遺物は、むしろ六世紀初を境に大加耶系から百済系へと替わっていく様相を表している。よって、顕宗三年～継体二十三年にみえるその関連記述は、五世紀中後～六世紀半まで蟾津江中上流の大加耶圏域を目指した百済が起こした一連の軍事的衝突と解釈するのが整合的である。(27) 他方、これらの記述を「神功紀」の加羅七国平定物語の原型とみなして、「継体紀」のオリジナリティを認めて「神功紀」の歴史性を否定した研究もある。(28)

「欽明紀」の任那日本府の関連記述は百済の加耶経営説の根拠として理解されたりもしたが、(29) 任那日本府の実体が加耶に派遣された倭の使者だということが明らかになり、その実体論争を乗り越え、東西の新羅と百済の軍事的進出に対抗しながら、自らの独立維持を図っていた、加耶諸国の熾烈な外交的努力として復元しようとする研究傾向になりつつある。(30) なお、その関連記事で新しく復元される慶尚南道咸安の安羅国（阿羅加耶）の歴史は、慶尚南道金海の駕洛国（金官加耶）と慶尚北道高霊の加羅国（大加耶）だけに注目してきた従来の加耶史研究の図式を改め、加耶史の展開でもう一つの中心国として認められるようになった。(31) よって、加耶前期における金海の金官加耶と加耶後期における高霊を盟主とした「単一加耶連盟体説」の修訂は避けられなくなり、「地域連盟体説」のような修正論も台頭した。(32)

加耶の安羅（咸安）と百済の泗沘（忠清南道夫余）で開かれた国際会議の参加国名と、欽明二十三年条の加耶滅亡記事にみえる加耶諸国名とを、『三国志』の弁辰十二国名に対応させ、『三国遺事』の六加耶説をのりこえて加耶十二ヶ国の範囲が確認された。よって、「加耶連盟体」という仮説を取り下げ、十二ヶ国の「加耶諸国史」として取り扱われる枠組が確立しつつある。(33) また、この国際会議の参加者にみえる官位の記述は、加耶諸国支配階層の中層的構造や形成の復元に活用された。(34)

神功六十二年条にみえる加羅国王妹の記述と、継体二十三年条にみえる加羅国と新羅間王室の婚姻記事をもとに、加羅国（大加耶）王室の婚姻事情や母系の役割についての議論が展開され、加耶文化史という新しい研究分野が開かれた。[35] 欽明四年と五年条で確認される正月の祭祀や加耶琴十二曲をもとに、前期加耶における固有暦（春秋暦または一年二倍暦）の存在と後期加耶における中国暦の採用を確認しながら、その社会発展段階論と年中行事の復元問題が議論された。[36] 加耶人による日本列島進出の問題は、日本で加耶文化の痕跡を辿った在日韓国史学者によって始められ、[37]「應神・雄略紀」などの関連記事と「国造本記・風土記・新撰姓氏録」や日本で確認される考古資料との対比を通じて進展している。[38]

（二）百済史研究

百済関連記述は「神功紀」の通交起源伝承からはじまり、「欽明紀・敏達紀・推古紀」の仏教などの先進文物の伝播や知識人の派遣を経て、「齊明紀・天智紀」の白江戦闘への倭兵派遣で頂点をなし、「持統紀」の百済系氏族の官位授与に至るまで、ほとんど全巻で埋めつくされている。韓国学界で百済史の研究から『日本書紀』の活用が始められ、その関連記事の解釈の多くが百済王権中心に展開されたことも偶然ではなかった。

神功四十九年に加羅七国を平定した後、南蛮の忱彌多禮や比利・辟中・布彌支・半古の四邑を攻略したという記事は、漢城百済の近肖古王が全羅南道康津などの南海岸まで領域を拡大した事実として解釈され、[39] 神功五十二年条の七枝刀は百済が倭に授与した石上神宮の七支刀と同じものと認められた。[40] 応神十五年条の阿直岐と十六年条の王仁、「継体紀・欽明紀・推古紀・天智紀」の仏教の伝播、博士の派遣、暦法の伝授などは百済文物の伝播として復元強調された。このような記述は韓国史書には全くないもので、新しい百済史構成の重要部分として復元され、[41] ひいては韓国史教科書古代史叙述のメインメニューとして根を下ろし、日本に対する文化的優越感を教える素材となっている。

一般的に百済史研究では「神功紀」の紀年を二周甲引き下げて百済近肖古王代の史実とするが、三周甲引下論を評価する見解もある。[42]「百済将軍」と書かれた木羅斤資が新羅征討の際に生まれたとする木満致の年齢が問題となる。漢城陥落後に文周王とともに南遷して、百済重興の主な役割を果たした木満致を漢城陥落の四七五年前後に、請兵使として渡倭したものと捉えるか、[43]四〇三年生まれとみて四七五年には七十二歳になったとの推算もあった。[44]しかし、通説のごとく二周甲を引き下げ新羅征討の三六九年生まれだとすると、漢城陥落の四七五年には百六歳にもなるため問題が残る。

加羅七国平定伝承と「継体紀・欽明紀」の加耶関連記述の共通性に注目して、五世紀末〜六世紀初の事実を年代的に遡られたものとみる考え方もある。[45]加耶史の研究が進展し、栄山江流域の古墳文化が百済と異なることが明らかになるにつれ、四世紀中葉の百済近肖古王代における加羅七国平定や栄山江流域の馬韓地域の領有化を認めない見解が多く出されている。[46]

応神三年条の阿花王を始め、応神十六年条の直支王、雄略二十三年条の東城王、齊明七年条の豊璋の即位など、四度の百済王室の王位継承に倭の関与が記述されているが、護衛のために共に派遣された倭兵は百済の対高句麗戦線と、[47]対新羅戦線[48]に充てられた援兵として把握され、その前に百済から倭へ派遣された質子の性格については、外交使節、[49]請兵使、[50]王位継承者の護衛[51]などのように捉えられ、百済が主導した積極外交の一形態として考えられた。百済王室で第二子の王子を外交・請兵・護衛の目的で派遣される慣例に対し、倭王権は外交形式上満足するとともに先進文物の供与や統治技術の伝受という利益を選択したと解釈する。また、これらの記述は百済王室系譜の復元にも活用され、『三国史記』よりも、「百済新撰」を引いた『日本書紀』の史料的価値を認め、昆支の蓋鹵王弟説[52]や武寧王と東城王の兄弟説が重んじられるようになった。

仁徳四十一年（三五三年）三月条に、紀角宿禰を百済に行かせて「国郡疆場を始分し、郷土所出を具録した」

とある記事を根拠に、同年の近肖古王八年（三五三）に百済人の紀角宿禰による地方統治制度である擔魯制の施行とみたり[53]、また干支二運を引き下げて蓋鹵王十九年（四七三）における地方統治体制と租税制の施行とも解釈された[54]。しかし、この紀角宿禰は百済人ではなく「紀」が創作した虚構の人物で[55]、「仁徳紀」には百済関連記事が全く見られないので紀年調整ができないため、『三国史記』との対応が不可能であるして、とその活用に疑問を示す意見もある[56]。倭が紀角宿禰を送り、百済の地方行政区域を定め租税制を確立したとか、紀角宿禰が百済王を貶したとの記述は『日本書紀』の小中華意識や蕃国観を満足させる典型的な叙述である。このような記述に対し安易な紀年論の適用や事実としての拡大解釈は、その史料批判の基準に疑問が残る。

「百済新撰」を引いた武烈四年条にみえる武寧王の諱の斯麻と雄略五年条が伝える武寧王の出生時期は武寧王陵出土の誌石から確認され[57]、『隋書』などの中国史書に書かれた単字の百済支配層のウジ（氏）は「神功紀」の木羅や「皇極紀」の四宅のように複字の氏の原型であることが明らかになった[58]。木羅氏は漢城から南遷した勢力ではなく、熊津の土着勢力として四七五年の南遷以後から熊津とその南地の経営で台頭した氏族として解釈された[59]。

継体六年～欽明十七年の間に行われた百済による先進文物の供与と、その返しとして倭王権が出した兵士および軍事物資の支援は傭兵のような性格で捉えられ、その外交を担当した者らを倭系百済官僚として定義した研究は[60]、近年栄山江流域で検出されている前方後円墳の主に彼らを当てる研究を開いた[61]。しかし、栄山江流域の前方後円墳は五世紀末～六世紀初の一世代に限られた墳墓であるが、「継体・欽明紀」の倭系百済官僚は六世紀前半の外交舞台で活動しており、六世紀半ば以降に亡くなった人の墳墓がその前の六世紀初までに造られたはずがない。よって、「継体紀」に多唎国守と記された穂積臣押山のように、百済南境に居住していた倭系百済官僚の親世代が葬られた墳墓とみるのが整合的であろう。彼らの第二世代は倭系百済官僚となって泗沘の百済朝廷に出仕するようになり、その居住地や墓域を泗沘地域に移して行ったので、栄山江流域で前方後円墳の造営はその親一

世代で終わったとみる解釈がある。(62)

「欽明紀」で百済聖明王が「北敵で強敵の高句麗を防ぐために加耶地域に関与せねばならない」と言ったことについて、百済の加耶問題への介入の窮極的な目標が、加耶経営ではなく、外交的手段で加耶を自己側に引き付けて、新羅との間に緩衝地帯として構成しておき、対高句麗戦線に百済の軍事力を集中しようとした戦略だったことが明らかになった。(63)

「欽明紀・敏達紀・推古紀」にみえる百済文化の日本伝播は、既に朝鮮後期における実学者らの伝統的研究から注目され、もっとも頻繁に活用されてきた素材だった。従来の研究が主に現代韓国人の文化的優越感を確認しようとした傾向が強かったことに比べ、近年は百済と倭の利害関係によった授受関係を究明する研究に展開されている。(64)

「齊明紀・天智紀」の白江戦闘に大軍を派遣した倭王権の目的については、倭国危機説、(65) 母国支援説、(66) 倭国権力集中説(67)などが提示されたが、諸要素を合わせて考えてみる必要があろう。

(三) 新羅史研究

『日本書紀』の新羅関連記事は、既に「神代紀」から出現するが、早期の征討・朝貢・帰化などを内容とし、大和政権の新羅に対する敵対観や蕃国観を強調する漠然たる叙述と、新羅の加耶進出や三国統一戦争を前後とする歴史的記録とに明確に分けられる。『三国史記』や『三国遺事』などの韓国史書における新羅中心叙述に比べ、格段に少ない割合と分量に限られ、新羅史研究での活用の頻度はそれほど高くなかった。

垂仁三年の天日槍は、『三国遺事』の伝える延烏郎細烏女説話と同じ類型の伝承で、早くから新羅人による日本列島への移住を反映したものと解釈された。(68) 仲哀九年（三二〇）の宇流助富利智干と『三国史記』沾解尼師今七年（二五三）の于老、神功五年（三二五）の微叱許智伐早と毛麻利叱智は、『三国史記』実聖尼師今元年（四〇二）の未斯欣と毛末（朴堤上）にそれぞれ対応する記事として注目され、于老は国家形成過程で出てくる英雄伝説の典型として解釈され、[69] 上古紀年と王室世系に関わる議論として展開された。[70] 于老の出身地の于柚村を『三国志』の優由国または優中国（慶尚北道蔚珍）に比定し、ウユ（于柚）とウツ（于抽・優中）の文字や発音の近似性から、後に聖徳太子の後援勢力となる拓産氏族秦氏の始祖のウツマサ（禹豆麻佐・太秦）に通じるとした。なお、ハタ（秦）は『新撰姓氏録』などにパタ（波陀）と表記され、蔚珍に比定される高句麗系地名のパチャ（波且）と「蔚珍鳳坪新羅碑」のパダン（波旦）と同じものと考え、五世紀半ば新羅が北進して高句麗を追い出した動乱の際に日本列島へ移住したものとみる解釈が提起された。[71]

加耶併合後、新羅が倭国に送った「任那の調」については、敏達四年の須奈羅（金官、現金海）などの「四邑之調」から始まって大化二年の破棄に至るまで、全記事を事実とみる日本学界の通説に対して、全く虚構の記述とみる見解、[72] 敏達四年と推古十九年の二回だけを認め、干支一運を遡らせて新羅ではなく金官国の使者派遣と推定した見解、[73] 新羅の外交使節が持参した土産物を倭王権が「四邑之調」の如くみなしたか、それらしきものを『日本書紀』が潤色したとみる見解[74]などが提示された。

しかし、新羅による加耶併合後に百済が先進文物の供与を中心とする外交攻勢に乗り出したことに対して、その牽制策として新羅が倭国に送った物品にその起源が求められる。大化元年に百済が新羅と同じ名目の物品を送って新羅と競争していた事実を参考にしなければならない。つまり、倭王権が要求していた外交形式を満足させて、加耶併合の事実を追認させようとしたり、倭王権を自己側に引き付けておこうとした新羅の積極的な外交が表われるのみであると解することが妥当であろう。新羅使が滅亡した任那の使節を同伴するということは、まさに継体十年に百済が高句麗使を同伴したり、天武二年以後新羅使が滅亡した高句麗使と共に倭国に派遣されたことと同じ外交策であったろう。

加耶併合と前後して、欽明二十一年の新羅使派遣と欽明三十二年の倭の答使の派遣に始まり、敏達紀から頻繁になる外交記事をもとに、新羅と倭との国交成立過程が論じられた。(75) なお、大化三年における金春秋の渡日を人質ではなく、新羅による積極な外交活動として評価しながら、『三国史記』にはみられないこの記述をもとに、羅・唐・日の三国連合形成の事実が推定復元された。(76)

天武十三年制定の八色姓における新羅の骨品制との類似性を指摘して、八色姓の制定や舎人のような律令官人制の一部に新羅からの影響を推定した。族制的性格の強い氏姓制が、八色姓の制定を通じて骨品制に近似した形態に変化したように、族制的だった新羅社会が律令受容を通じて骨品制という社会的構造が創られたことを強調しながら、大化前代の氏姓制が骨品制成立以前における新羅社会組織の一部を推定できる資料となりうる可能性を指摘した。(77) これは韓日関係史や韓国関連の記事を直接的に活用した復元的な研究でなく、両国社会組織の比較を試みた稀な研究であった。

新羅が日本に及ぼした影響については、六一〇年以後新羅と日本の友好外交や日本人学問僧の帰国などが、その背景として考えられた。新羅は敏達八年と推古二十四・三十一年に仏像を送ったとするが、推古三十一年に秦寺に安置された仏像が、当時新羅で盛行していた弥勒思想との関連から、現在広隆寺に奉られている弥勒半跏思惟像であると推定された。(78) 新羅に日本人留学生がいたとする持統六年条の記述から、七世紀の日本の学芸や文化の形成に新羅的要素が機能した背景として指摘された。なお、伝統的に十一等奈末を派遣していた新羅が、天智七年の金東厳（九等）、天武二年の金承元（五等）、天武四年の金忠元（王子）などの如く、使者の身分を上昇させたのは、高句麗や唐との決戦を前にした時代的背景もあったが、(79) 新羅と日本の友好関係の成立とみられる箇所もある。

（四）高句麗史研究

高句麗関連記述は、最初の公式的使節の派遣とみられる欽明二十六年～敏達二年を境に区分される。それ以前には強力な敵対国の認識に基づいた漠然たる内容の記述が配置され、それ以後には国家間の外交事実と高句麗史関連の史実が記録されている。早期叙述の特徴は、応神二十八年・仁徳十二年・欽明二年などによく表われる。仁徳十二年条に高麗から送られた鉄盾と鉄的を倭王の臣下の的臣祖盾人宿禰が貫いたとする伝承は、強敵の高麗に打ち勝ち倭国の位相を高く持ち上げようとした『日本書紀』の作文である。[80] 欽明二年・五年・十四年条では三度も高麗を「強敵」と表現し、応神二十八年条には「高麗王が日本国に教を下す」との記述のように、高句麗を蕃国として設定していた『日本書紀』の編纂史観からはとても考えられない記述も残している。歴史的史実の反映とみる見解もあるが、[81] この段階での通交は認められないのが通説で、一貫性のある、より深層的研究が要求される。

欽明六・七年条の「百済本記」が伝える細群と麤群の対立と、鵠香岡上王の死亡は『三国史記』にはみえない記録で、高句麗の内乱と王位争奪戦を復元する資料として活用された。[82] 欽明十四年（五五三年）に百済聖明王が倭に請兵使を使して知らせた新羅と高句麗の通謀については、五五二年か五五三年初めに成立した高句麗と新羅の密約と推定した見解、[83] 欽明十三年（五五二）五月に百済使節が「高句麗と新羅が和通して百済と加耶を滅ぼそうとする」と訴えていることで、五五二年五月以前に内通したとする見解、[84]『三国史記』にみえる五五一年の高句麗惠亮法師と新羅居柒夫との関係から惠亮法師の新羅への投降を高麗と新羅間密約の契機とみる見解などが提示された。[85]

欽明二十三年（五六二）八月条の本文には「大将軍大伴連狭手彦に数万の兵士を与えて高麗を撃たせたが、狭手彦が百済の計略を使って高麗を攻破した」と記録しながら、細註では二十三年でなく十一年（五五〇）の出来事として「狭手彦が百済と共に高麗王陽香を比津留都から追い出した」という異伝を載せている。本文記述の通り五六二年（欽明二十三）の戦闘を反映したものとみる見解が一般的であるが、五五〇年（欽明十一）と伝える細註と同じ記録が圧倒的に多いことから、五五〇年の漢江流域戦に倭兵が参戦した可能性が提示された。(86)

欽明三十一年（五七〇）～敏達元年（五七二）の高麗使の派遣を、高句麗と倭の直接交渉の始まりとして復元した。(87) 新羅が初めて北朝と外交関係を結んでから、高麗王には以前と同じ冊封称号の東夷校尉などが授与され、高句麗の国際的地位が相対的に弱化すると、それを克服する方策の一つとして新羅と敵対関係にあった倭との直接外交に乗り出したとみる解釈へと発展している。(88) 漢江流域戦争で押し出された高句麗は新羅を牽制するために倭に接近し、欽明朝まで高句麗に敵対的だった倭は、百済の影響で敏達朝から親高句麗外交へ転換したという分析が追加された。(89) 敏達朝以降、高句麗が倭に接近した方法も、百済や新羅と同じく先進文物の供与や僧侶の派遣が主だった。推古三年（五九五）に派遣された恵慈が倭王権に与えた影響は至大であった。推古が隋煬帝に送った上表文に「日出処と日没処」とあるのは、日本と中国間に位置している満洲や朝鮮半島の位置でなければ考えられないことである。(90) 五九八年に隋との戦争で勝利を収めた高句麗の自存意識が、師匠の恵慈を通じて推古朝外交の推進者だった聖徳太子に教えられたものとみる見解が有力である。(91)

おわりに――活用の問題

『日本書紀』における個々の記述に対する批判や活用はある程度の進展をみせ、それなりの成果もあげている。しかし、『日本書紀』そのものに対する研究にはそれほど目立つものがない。日本学界の編纂論・区分論・出典論・紀年論などの史書学的検討の整理と受容をもとに、韓国学界独自の体系的な検討を先行させせなければならない。たとえば、書紀区分論では巻十四の「雄略紀」を前後に、異なる筆陣が叙述したことが明らかになった。しかし、例えば「任那日本府」の用字例は「雄略紀」以後の巻にのみ使用されたにもかかわらず、「任那日本府」の起源を巻九の「神功紀」から求めようとする研究傾向は以前として強い。『日本書紀』編纂陣は同じミコトモチ（御事持）に対して、「府」だけでなく「使・司・宰」などの表記も当てたのである。よって、「任那日本府」という漢字表記は巻十四以後の筆陣の歴史観と独自の表記法の産物である。もちろん書紀区分論にも様々な問題があるのは事実である。しかし、巻十四を境に筆陣が異なり、十四巻の「雄略紀」（一件）と十九巻の「欽明紀」（二十二件）だけミコトモチに府が当てられた特徴は認められる。特別な紀年調整なしで韓国史書との対比が初めてできるのも巻十四の「雄略紀」からであることも考慮に入れなければならない。結局、このような問題の解決には、韓国学界独自の注釈書の刊行から解決の道が開き、『日本書紀』の事典や各種の索引などの刊行がその活用の前提にならなければならない。基礎的研究の蓄積も無しでは、各々研究者の主観的な関心や立場による恣意的な解釈だけが積っていくのみである。

また、『日本書紀』編纂者の立場に立ち、『日本書紀』記述のパタンを認識する必要がある。韓国学界では、今でも、『日本書紀』の代表的な記述形式の一つである起源伝承そのものを歴史的事実として解釈しとうとする愚を犯している。『日本書紀』は必ずと言ってもいいほどに起源伝承の叙述に執着をみせていた。特定の歴史的事実の記録とともに、その出来事が起きた起源に対する叙述を年代的に遡らせて配置している。「応神紀」と「雄略紀」に重複して見える韓系統渡来人の移住と文物の伝播や、「神功紀」と「継体紀・欽明紀」にかさなって書かれている任那関連記述がその代表的な例となろう。「欽明紀」にみえる百済・加耶・倭の関連記述の中には、「神功紀」に起源伝承の形で書かれ配置されたものが少なくない。このような「神功紀」の起源伝承をそのまま倭と加耶、百済と加耶の関係史で復元するのは無意味である。

なお、「神功紀」の木羅斤資が百済将軍であっても、『日本書紀』の歴史観と論理や『日本書紀』の編纂陣に可笑しいことは何にもない。『日本書紀』の歴史観の中で漢江以南の百済・新羅・加耶は既に天皇の官家（屯倉）であるから、百済将軍木羅斤資の軍事活動は、終極的には天皇支配の光彩を表すことになるからである。このような構造作りのために導入された内容から、その主体を百済に替えたとしても歴史的事実が復元できるはずがない。天皇の威徳を表出するためのに手段を歴史として捉えようとする試みは、我らが批判しようとする対象の論理そのものに陥没することである。片方だけでなく朝鮮三国と加耶、そして倭それぞれの立場を考慮に入れ、各々の利害関係を中心に置き、より整合的に説明できる客観的視角の構築が切実となる。同じ記事に対する解釈が百済史と加耶史の立場で分かれるのは、このような認識の不足があったからであった。

考古資料と対比させてみる史料批判の試みを持続する必要もあり、古代韓国史の後ろ姿を照らすための、もう一枚の鏡として、『日本書紀』そのものに対する史書学的検討の道を開いていく必要がある。

註

（1）申叔舟『海東諸国記』（一四七一年）。
（2）申采浩『朝鮮上古史』（一九二六年）。
（3）李弘稙「日本書紀所載 高句麗関係記事考」（『東方学志』一—三、一九五四～一九五七年、『韓国古代史研究』新丘文化社、一九七一年）、李丙燾『韓国古代史研究』（博英社、一九七六年）。
（4）千寛宇「復元加耶史」上・中・下（『文学과　知性』二八・二九・三〇、一九七七年、一九七八年）。
（5）金海市『加耶史論集』（一九九八年）。この学術会議総合討論会にて李基東・延敏洙両氏の発言。
（6）文定昌『日本古代史』（栢文堂、一九七〇年）。
（7）成殷九『譯註日本書紀』（正音社、一九八七年）。
（8）井上光貞ほか『日本書紀』（中央公論社、一九八三年）。
（9）田溶新『完譯日本書紀』（一志社、一九八九年）。

(10) 김현구・박현숙・우재병・이재석『일본서기 한국관계기사 연구Ⅰ』(일지사、二〇〇二年)。
(11) 李永植「日本書紀의 研究史와 研究方法論」(『韓国古代史研究』二七、二〇〇二年)。
(12) 李丙燾註3書。
(13) 김석형『초기조일관계사』(사회과학출판사、一九六六年)、高寛敏「日本書紀所引百済本記に関する研究」(『高句麗・渤海と古代日本』雄山閣、一九九三年)。
(14) 丁仲煥「日本書紀에 引用된 百済三書에 대하여」(『亞細亞学報』一〇、一九七九年)。李永植『加耶諸国と任那日本府』(吉川弘文館、一九九三年)。
(15) 李根雨『日本書紀에 引用된 百済三書에 관한 研究』(한국정신문화연구원박사학위논문、一九九四年)。
(16) 연민수・김은숙・이근우・정효운・나행주・서보경・박재용『역주일본서기』一・二・三(동북아역사재단、二〇一三年十二月)。
(17) 李永植註14書。李永植「百済의 加耶進出過程」(『韓国古代史論叢』七、一九九五年)。
(18) 김현구・박현숙・우재병・이재석註10書。
(19) 李丙燾註3書。
(20) 李永植註14書。李永植「六世紀安羅国史研究」(『国史館論叢』六二、一九九五年)。
(21) 千寛宇「復元加耶史」上・中・下(『文学과 知性』二八・二九・三〇、一九七七・一九七八年)、白承玉『加耶各国史研究』(혜안、二〇〇三年)。
(22) 金廷鶴「加耶史의 研究」(『史学研究』三七、一九八三年)、金泰植『加耶連盟史』(一潮閣、一九九三年)。
(23) 金泰植『加耶連盟史』(一潮閣、一九九三年)。
(24) 金世基「大伽耶 墓制의 変遷」、李熙濬「토기로 본 大伽耶의 圏域과 변천」(경상북도『加耶史研究』一九九五年)。
(25) 朴天秀「大伽耶의 古代国家形成」(『碩晤尹容鎭教授停年退任紀念論叢』一九九六年)。
(26) 金泰植註22書。
(27) 李永植註17論文。
(28) 연민수「일본서기 신공기 사료비판」(『일본학』一五、一九九六年、『고대한일관계사』혜안、一九九八年)。
(29) 金鉉球『任那日本府研究』(一潮閣、一九九三年)。김현구・박현숙・우재병・이재석『일본서기 한국관계기

사 연구Ⅰ・Ⅱ』(일지사、二〇〇二年)。
(30) 李永植註17論文。
(31) 權珠賢「阿羅加耶의 成立과 発展」(『啓明史学』四、一九九三年)、李永植註20論文。
(32) 白承忠註31論文。
(33) 교육부・부산대학교한국민족문화연구소編『가야각국사의 재구성』(혜안、二〇〇〇年)。李永植『加耶諸国史研究』(생각과 종이、二〇一六年十月)。
(34) 李永植註14書。白承玉「4～6세기 安羅国의 領域과 国内大人」(『釜大史学』三〇、二〇〇六年)。
(35) 權珠賢『가야문화사연구』(계명대학교박사학위논문、一九九八年)。
(36) 이영식「가야인의 시간의식과 가야금12곡」(『釜大史学』三〇、二〇〇六年)。
(37) 金達壽『日本の中の朝鮮文化』1～6(講談社、一九七〇～一九七六年)。
(38) 金永植「일본열도에 진출한 가야인들」(『시민을 위한 가야사』집문당、一九九六年)、金永植「安羅国과 倭国의 交流史研究」(『史学研究』七四、二〇〇四年)。
(39) 李丙燾註3書。千寛宇註21論文。
(40) 李丙燾註3書。
(41) 김현구・박현숙・우재병・이재석註10書。
(42) 李根雨『日本書紀에 引用된 百済三書에 관한 研究』(한국정신문화연구원박사학위논문、一九九四年)。
(43) 金鉉球『任那日本府研究』(一潮閣、一九九三年)。
(44) 김현구・박현숙・우재병・이재석註10書。
(45) 연민수註28論文。
(46) 李根雨註15論文。李永植註17論文。
(47) 연민수註28論文。
(48) 鄭孝雲『古代韓日政治交渉史研究』(学研文化社、一九九五年)。
(49) 鄭孝雲註48書。梁起錫「三国時代 人質의 性格에 대해서」(『史学志』一五、一九八一年)。
(50) 김현구・박현숙・우재병・이재석註10書。

(51) 연민수註28論文。
(52) 李道学「漢城末 熊津時代 百済王系의 検討」（『韓国史研究』45,1984）。李根雨註15論文。
(53) 盧重国「漢城時代 百済의 檐魯制 實施와 編制基準」（『啓明史学』二、一九九一年）。
(54) 김영심「忠南地域 百済城郭研究――지방통제와 관련하여」（『百済研究』三〇、一九九八年）。
(55) 金鉉球『大和政權の対外関係研究』（吉川弘文館、一九八五年）。
(56) 朴賢淑『百済地方統治體制研究』（고려대학교박사학위논문、一九九六年）。
(57) 文化財管理局『武寧王陵』（一九七三年）。
(58) 李弘稙「百済人名考」（『서울대학교논문집』一、一九五四年、『韓国古代史研究』新丘文化社、一九七一年）、이도학『살아있는 백제사』（휴머니스트、二〇〇三年）。
(59) 盧重国『百済政治史研究』（一潮閣、一九八八年）。
(60) 金鉉球註55書。
(61) 朱甫敦「百済의 栄山江流域의 支配方式과 前方後圓墳 被葬者의 性格」（『韓国의 前方後圓墳』충남대출판부、二〇〇〇年）、朴天秀「考古資料를 통해 본 古代 韓半島와 日本列島의 相互作用」（『한국고대사연구』二七、二〇〇一年）。
(62) 이영식「4～6세기 백제와 왜의 교류사」（충남역사문화원『백제문화사대계』九、二〇〇七年）。
(63) 李永植註14書。
(64) 김현구・박현숙・우재병・이재석『일본서기한국관계기사연구Ⅰ・Ⅱ・Ⅲ』（일지사、二〇〇二年）。
(65) 盧重国「7世紀 百済와 倭와의 관계」（『国史館論叢』五二、一九九四年）。
(66) 邊麟錫『白江口戦争과 百済. 倭 関係』（한울아카데미、一九九四年）。
(67) 鄭孝雲『前掲註48書』。연민수『古代韓日交流史』혜안、二〇〇三年）。
(68) 李丙燾・金載元『韓国史』古代篇（乙酉文化社、一九五九年）。
(69) 李基東「于老傳説의 世界」（『韓国古代의 国家와 社會』一潮閣、一九八五年）。
(70) 강종훈『신라상고사연구』（서울대학교출판부、二〇〇〇年）。
(71) 연민수「古代韓日関係史와 울진지방」（韓国古代史学會『韓国古代史와 울진지방』一九九八年、『古代韓日交

流史』혜안、二〇〇三年)。

(72) 김현구・박현숙・우재병・이재석『일본서기 한국관계기사 연구Ⅲ』(일지사、二〇〇四年)。

(73) 鄭孝雲註48書。

(74) 연민수「日本書紀の任那の調関係記事検討」一九九二年、『고대한일관계사』(혜안、一九九八年)。

(75) 金恩淑「9世紀 후반 新羅와 倭国의 국교성립과정」(『新羅文化祭学術発表会論文集』一五、一九九四年)。

(76) 金鉉球『前掲註55書』。김현구・박현숙・우재병・이재석註72書。

(77) 李基東「新羅의 骨品制度와 日本의 氏姓制度」(『歴史学報』九四・九五합집、一九八二年)。

(78) 김현구・박현숙・우재병・이재석註72書。

(79) 盧重国註65論文。

(80) 이영식「5～6세기 고구려와 왜의 관계」(『북방사논총』一一、二〇〇六年)。

(81) 김현구・박현숙・우재병・이재석註10書。

(82) 李弘稙「日本書紀所載 高句麗関係記事考」(『東方学志』一・三、一九五四年・一九五七年)、노태돈「高句麗의 漢水流域 喪失의 原因에 대하여」(『韓国史研究』一三、一九七六年、『고구려사 연구』사계절、一九九九年)、김현구・박현숙・우재병・이재석註29書。

(83) 노태돈註82論文。

(84) 김주성「성왕의 한강유역 점령과 상실」(충남대백제연구소編『백제사상의 전쟁』、一九九八年)。

(85) 주보돈「5～6세기의 고구려와 신라의 관계」(『북방사논총』一一、二〇〇六年)。

(86) 이영식註80論文。

(87) 李弘稙「日本書紀所載　高句麗関係記事考」(『東方学志』一・三、一九五四年・一九五七年)。

(88) 노태돈註82論文。

(89) 이영식註80論文。

(90) 李成市「高句麗と日隋外交――いわゆる国書問題に関する一試論」(『思想』七九五、一九九〇年、『古代東アジアの民族と国家』岩波書店、一九九八年)。

(91) 鄭孝雲註48書。연민수『古代韓日交流史』(혜안、二〇〇三年)。

共存の歴史学
——韓国における日本古代史研究の動向と課題

金　善民

はじめに

韓国における日本史研究は、両国の歴史的な関係と政治・外交状況などの「学問外的要因」によって支配されてきた。特に、豊臣秀吉の朝鮮侵略と日韓併合という不幸な歴史的事件は、韓日両国関係のすべてを包括する最大の要因として作用している。このような不愉快な記憶と経験は、被害者である韓国においては日本に関するすべての認識を感情的且つ複合的なものにして、日本の歴史と文化を客観的な学問の研究対象とすることを困難にしてきた。(1)

戦後、日本に関心を持つこと自体が親日的だと考えられていた社会的な雰囲気の中で、日本史について学問的な関心を持っていたごく少数の研究者の立場は大幅に縮小されるしかなかった。しかし、このような状況の中でも、古代の朝鮮三国の日本への文化伝播の諸様相、『日本書紀』に引用された百済三書に関する研究などが発表され、日本の古代史研究の礎となった。

日本を客観的な研究対象として認識しようとする努力が本格的に行われたのは、一九八〇年代以降である。一九八二年、いわゆる「第一次日本の歴史教科書波動」によって日本の歴史認識に対する関心が高まった。また、その頃、米国と日本で留学を終えて帰国した日本史を専攻する研究者が主要な大学の史学科に赴任した。彼らの帰国に伴って初めて大学院と学部に日本史科目が開設された。以降、日本史を専攻する大学院生が多数輩出され、その多くは、日本と欧米に留学することになった。一九九三年、留学から帰ってきた彼らが主軸になって、韓国日本史学会が創立された。日本史学会の創立によって、韓国の日本史研究は、体系的な研究が可能になったと思われる。特に、学会誌である『日本歴史研究』は韓国の日本史研究を主導してきた、量的・質的な面でも著しい成果を挙げ、日本の学界でも注目されるようになった。過去二十年の間に発表された論文の数が、戦後に発表された論文数の約八〇%以上を占めている事実だけでも、それは十分に立証される。

本稿では、過去二十年間に行われた日本史研究の現状を検討するために、『歴史学報』の「回顧と展望」などの既存の日本史研究の現状を検討した成果を参照しながら、日本古代史研究の流れを概括してみることにする。但し、本稿では、多数の論著を一つ一つ綿密に閲覧することができない実情を前提にして、研究の現状を恣意的に解釈した側面があることを先に明らかにしておく。

一　古代日韓関係

戦後、植民地的な無意識が支配していた過酷な状況下では、日本古代史研究は、韓国史と日韓関係史の一部にしかなれなかった。その理由は、植民地体験による感情的な沈殿物が根強く残っていたため、日本史を他国の歴史として客観化すること自体が大変であったからである。したがって、研究の必要性に対して社会的な要求が優先され、出発点から大きな難題を抱えていた。(2) 戦後の歴史学界は植民史観の克服という課題を解決することが最優先であった。古代史の場合、いわゆる「任那日本府」の問題を克服するために、その重要な根拠であると考えられてきた広開土大王碑文の辛卯年（三九一）の記事の再解釈と、朝鮮半島内部で活動した倭の実体などが重要な争点となった。結局、研究は極めて限定された範囲内で、しかも一方的に韓国側の視点から見た日韓関係史がほとんどであったと言っても過言ではない。それに加えて、国内の研究資料が極めて乏しく、研究がほとんど不可能な状態であったことも無視できない、さらに、古代日韓関係史の豊かな記録を含んでいる『日本書紀』など、日本側の文献への不信感が広まっていたのである。(3)

しかし、一九八〇年頃になってから問題意識と方法論において、それ以前とは明確な違いをみせている。すなわち、韓国史の視点から日韓関係を眺めていた従来の立場から脱し、双方向的な視線で、古代の朝鮮諸国と日本の関係を相対化、客観化させて認識しようとする努力が目立つようになった。もともと関係史とは、それぞれの当事者が自分と他者を徹底的に客観化且つ相対化させることによって初めて成り立つものである。

このような変化の流れは、次のような特徴で整理することができる。第一に、古代日韓関係を理解するにあたって中心的な史料である『日本書紀』と『続日本紀』の翻訳と注釈作業が成果をみることになった。まず、『日本書紀』の日韓関連記事に関する注釈作業である。(4) この成果は、日本古代史と韓国古代史・考古学の三つの分野の学際的な共同研究の一環として行われたものの、『日本書紀』の朝鮮半島関係史料については、従来の日本の学界とは違った観点で史料批判を行っている。特に研究の争点となっている四世紀以降の加耶地域の主導権問題については、一貫して影響を及ぼしていたのは百済だった点が強調されている。また、『日本書紀』の翻訳が東北アジア歴史財団の後援を得て長年の共同作業として出版された。(5) 以前にも翻訳書が出版された事例はあるが、古代史専攻者によって検証と訳注作業が行われたという点で意義が大きい。これと共に、『続日本紀』の訳注本も出版された(6)。これらは、日本古代史に関する個別の研究が蓄積されていたために可能になったものと思われる。但し、一貫した立場を主張する場合、史料の主観的な解釈や論理の飛躍をもたらし、本来の意図とは異なって、史料の生命力を毀損させる場合もあることに留意する必要がある。

第二に、研究に対する認識の転換が注目される。従来の研究では、政治、外交史の観点から対外関係を分析したのに対して、最近では対外的な要因を分析することによって内政の諸問題を考察する研究へと変化している。石母田正の「対外関係が内政を左右する」という命題のように、日本の古代国家の形成と発展は対外関係と深い係わりを持っている。したがって、日本古代史の全体像を理解するためには、朝鮮半島との関係の究明が切迫した課題だという共通認識があった。その結果、大和政権の支配構造をより厳密に理解するために、王位の継承と外交政策の責任者であった大臣の問題を検討した研究(7)、比較史的な観点から大和政権の行政組織と伽倻の国制と『日本書紀』を中心に比較検討して、大和政権の行政組織の変化が伽倻の国制と一定の関連性を持っていたという研究(8)などが主な成果として挙げられる。

最後に、研究資料の多様な活用である。これは、日本に留学した研究者が帰国し、日本の研究成果への理解が深められ、さまざまな資料の活用が可能となったからである。例えば、金石文、木簡などとともに、最近では日本の正倉院に所蔵されている朝鮮半島系遺物なども研究資料として幅広く活用されている。今後、このような資料に関する理解は、古代日韓関係の再解釈に大きく役にたつものと思われる。また、韓国古代史の外縁を拡張する一助となるものと期待される。

(一) 大和政権と朝鮮半島

一九六三年、北朝鮮の金錫亨によって提起された「三韓三国の日本列島分国論」は、その論理が成り立つか否かはともかく、韓日両国の学界に大きな衝撃を与えた。日本の学界では、末松保和の『任那興亡史』に代表される四～六世紀の紀大和政権が朝鮮半島南部を経営したとする「任那日本府説」をほぼ既成事実として認識していたと言っても過言ではない。それゆえに、金錫亨の仮説が韓日両国の古代史研究に与えた影響は、実に膨大なものがあったのである。そこで日本の場合は「任那日本府説」に対する批判的な研究が本格的に可能になり、日本の古代史を東アジアの国際関係の中で理解しようとする雰囲気が高まったと思われる。一方、韓国では、古代韓日関係の新たな理解のための新鮮な問題提起として受けとめられ、研究の行方を計る基準になってしまった。しかし、「任那」の問題にすべての関心とエネルギーが集中して、日本古代史は、任那問題だけであるかのような錯覚に陥った側面も否めない。

今でも、研究の中心は任那日本府説の重要な根拠に対する批判的な検討にある。つまり、広開土大王碑文に登場する倭の実体と辛卯年の記事の解釈の問題、七支刀の制作年度と銘文の再解釈、五世紀の倭の対中国関係記事の見直し、などがそれである。まず、七支刀の場合、国内学界でも制作年、文言の解析など、様々な見解が存在していた。最近では、泰□という年号を東晋ではなく、百済の年号と推定して、百済から倭王に下賜したという見解が主流になっている。広開土大王碑文の辛卯年の記事の場合にも海渡破の主語を高句麗とする見方や、李進熙の碑文改竄説の枠組の中で研究が進められてきたと思われる。また、中国の史書に見える五世紀の大和政権の対中国関係記事を日韓関係の観点ではなく、日中関係の観点から、改めて理解する必要性を提起し、五世紀末の日中関係がなぜ中断されたかを考察した研究[9]が発表された。一方、朝鮮半島南部の倭人の実体については、倭人の性格を二つに分けて理解している。一つは加耶を経営していた百済人が日本に移住してから産んだ子孫が倭人として変身したものと理解し、もう一つは、広開土大王碑文に登場する百済を支援する勢力として把握した研究[10]や「任那倭宰」を海上集団として把握し、任那滅亡後、任那復興のために活動した任那人として理解する研究[11]などは、従来の研究とは区別される。

一方、任那日本府説の重要な根拠として認識されてきた、いわゆる「任那の調」の意味については、朝貢の儀礼と貢納であると考えている日本の学界の通説的な見解を批判する一連の研究が進められた。その結果、任那の調は『日本書紀』編者が、任那滅亡後も大和政権の朝鮮半島への影響力を認めるために作成された加工物であるという見解が提起された。また、伽耶諸国という最大の物的資源の供給源を喪失した大和政権が、新羅との交渉を通じて、主に鉱物資源を確保しようとしていた結果であるとする研究[12]も発表された。また、任那滅亡から孝徳朝まで継続して任那問題が登場する理由は、王位継承の問題と関連があったからだとする見方[13]も提起された。このほか、大和政権と朝鮮半島諸国との関係を考察した研究も多数発表された。特に一九八〇年代以降、加耶地域の考古学的な発掘調査の成果により加耶文化がその実体を明らかにしてから、この地域との交流が深かった日本列島との関係が再論される契機となった。

「任那」の問題が古代史研究の最も重要なテーマであることは間違いがない。なぜならこの問題は、四世紀から六世紀に限られた問題ではなく、朝鮮半島諸国を蕃国視する律令的対外観念と係わっている古代史全体を貫通して左右する問題であるからである。残念なことに、新しい史料の発掘の困難などで、この問題が一種の膠着状態の中で議論されているのも事実である。したがって、「任那」の問題の解決のためには、問題に微視的に執着するよりも一歩退いて巨視的な観点から古代史全体を眺望しながら、問題を再整理する必要があると考えられる。但し、この問題を日韓の歴史紛争的視点からアプローチする傾向は非常に懸念されるものともいえる。

過去十年間、古代韓日関係の新たな争点に浮上した問題は、白村江の戦い（六六三）である。白村江の戦いは、七世紀の東アジアの国際情勢を理解するのには、最も重要なキーワードであることは間違いない。従って、早くから韓国においても白村江の地名比定に関する研究など、さまざまな見解が提起され、戦争の性格にも大和政権と百済の密接な関係を踏まえてから「帰巣戦争」と規定した研究もあった。日本では、東アジア各国が相互に関連する最初の戦争であったにもかかわらず、この戦争の歴史的な性格を律令的な対外観念に基づいた石母田正の古代帝国主義戦争をもとにして展開されてきた。つまり、中国と日本を二大軸に設定する、いわゆる大帝国と小帝国が衝突するフレームの中で議論が進められてきた。しかし、白村江の戦いは、韓国、日本、中国が同時に参戦した東アジア最初の国際戦である。従って、この戦争を東アジア各国の当時の事情を異なる視点から理解することが何よりも重要である。そして、各国の内部事情を検討した上で、随唐交替期における中国の高句麗に対する敏感な意識、大化改新以降の日本の外交路線の混乱、日本が朝鮮半島に橋頭堡を維持しようとする政策の一環としての派兵に注視する研究[14]は、今後の研究の方向性を提起したものと思われる。このように白村江の戦いは、それぞれの関係国とそれぞれの集団において、様々な性格を持っている。また、このような問題の複雑さを理解した上で、当時の東アジア世界の現実を直視しなければならないという指摘[15]は、今後、この問題を検討する際に基本的な前提にならなければならない。白村江の戦闘と脈絡を同じくする百済復興運動に関しては、さまざまな視点から研究がなされている。

（二）律令国家と朝鮮半島

統一新羅と日本の関係は、国家と民間による交流とに両分される。すなわち、新羅統一直後から一〇〇余年間持続された公式関係と、国家間の関係が断絶した後、史料に頻繁に登場する民間レベルの交流とは明らかに区分される。前者の場合は、七五二年の金泰廉一行の性格、両国の相互認識の差に由来して発生した両国使節の放還の問題、そしてこのような状況の中で触発された新羅征討計画などがそれである。後者の場合は、海上貿易を中心とした両国の民間貿易と貿易の主体の性格等に関する問題と、円仁の『入唐求法巡礼行記』に記録された、東アジア三国の民間交流の実態などである。従って、主な研究の方向は国家間の葛藤の表象と民間レベルの交流の実状を追跡することに集中している。

まず、八世紀に両国の外交は名分より実利にあったとする見解が出されている。つまり、日本は新羅を介して様々な文物を輸入することが目的であり、新羅は日本側が要求する外交形式に捉われず、経済的な利益のために使者を派遣したというものである。従って、七五二年の金泰廉一行の性格も外交より交易的な側面から理解するのが一般的になった。しかし、両国使節の放還問題に象徴される外交的な摩擦は単純に経済的な問題として理解することは難しい。新羅が日本に送る物産の豊かさと多様性は、高度の政治、外交的なコードを内包している。それで、両国の対立関係は、経済的な利害関係に起因する側面もあるが、両国の異なる相互認識から由来していると理解するのが妥当である。このような認識は、新羅征討計画を検討するためにも、重要な手かがりになる。

新羅征討計画の研究の論点は、計画の主体と、渤海がその計画に加担していたかである。今までは藤原仲麻呂が自分の政治的な地位を強化するために計画したという見解が一般的であったと思われる。最近、従来の見解を批判し、新羅征討計画は新羅敵国観が実在したため、国家的次元で企画されたと理解するのが妥当であるとする見解[16]が発表された。そして渤海の関連については、相反した見解が提起された。渤海が新羅と唐を牽制するために積極的に関与していたとの見方[17]と、渤海の対日外交は王権の安定のための一時的な方便であったのであるから直接関与していなかったとする見方[18]がそれである。新羅征討計画は、律令支配層の対新羅観を理解するのには重要な手がかりを提供する問題である。この場合、新羅と渤海、そして日本の内部事情や立場をより綿密に検討した後にアクセスする必要性がある。

一方、九、十世紀の東アジア三国の民間交流を扱った論考では、八三六年に最後に派遣された十七回遣唐使問題を『続日本後紀』と円仁の『入唐求法巡禮行記』などの史料に記されている古代東アジアの三国の人的交流に注目して、彼らが互いにどのように認識していたのかに焦点を合わせて考察している。特に両国の官人の交流実態、僧侶通訳と民間の交流を幅広く見ている。それとともに、唐と日本の交流に在唐新羅人の役割を強調している研究もなされている。(19) また、九世紀の日本を行き来して海上貿易に従事していた新羅人たちの活動に注目し、国籍不明か新羅人と推定される人々の正体が曖昧だったのは、彼らが在唐新羅人であったと理解する研究、(20) そして『続日本後紀』に収録された新羅の執事盛捷に見える島嶼之人を検討して、彼らは商人グループではなく、日本の西部地方に基盤を置いていた海民として理解した研究など(21)が注目される。民間レベルの貿易問題は張保皐の活躍、新羅邦の存在など、当時の東アジア海上貿易の次元で検討する必要がある。

二　古代天皇制と律令

韓国における日本の律令制の研究は、十年前まではほとんど行われていなかったのが事実である。これは『日本書紀』、『続日本紀』のような正史類の政治・外交に関する断片的な記事の再構成に止まっていた研究の弱点を如実に表わしたものであった。幸いなことに、二〇〇〇年代に入ってから律令と天皇制に関する論考が発表されるようになった。このような研究が持つ意味は、韓国でも、真の意味での日本の古代史研究の総合的な基盤が構築されたという特別な意味を持つと言っても過言ではない。ところが、これらについての研究は特定の傾向や論点が形成されていない段階で、散発的に研究が行われているのが実情である。現在では古代日韓関係史の脈絡の中で帰化に関する戸令や賦役令の諸規定の分析、中国と日本の律令を比較する研究、律令の理解を通じて国家の支配構造を考察する研究などが発表されてきた。

まず、律令国家の官人給与問題を、大宝令と養老令の規定を中心に検討して、五位以上の貴族と六位以下の官人は給与の性格が異っていたと理解する研究[22]が注目される。そして、日本と唐の賓礼に見える法式を検討し、国際関係の一端を把握したり、日本と唐の公文書の署名形式などの分析を通じて、日本と唐の律令の相違点を比較した研究[23]などが発表されている。

一方、古代天皇制に関する研究では、七世紀後半、「天皇」号の成立から摂関、院政期までの古代天皇制の展開過程を、日本の学界の研究成果を中心にまとめたものがある。律令国家は天皇のすべての権力が集中している中央集権国家を理想としているが、結果的にかかる理想が、実現された場合はまれであったという貴族政権論の立場から研究史を整理した努力作[24]もみられる。また、律令制における天皇の外交的な役割を律令に規定されている天皇の機能を中心に検討したものも発表されている。すなわち、天皇の外交的役割は、対外遣使、外国人の処遇、外国使節の来日など外交全般に機能しており、これらの機能が、実際に運営されていたことを『続日本紀』などの史料を比較しながら検証した研究[25]である。また、律令に規定されている対外関係の記事を中心に、古代日本の外交の機能と意味を実体的に究明しようとする試みもあった[26]。このような研究は、国内学界の韓日関係史研究が『日本書紀』と『続日本紀』のような正史類の政治、外交に関する断片的な記事の再構成に止まっている欠点を克服する一助になると考えられる。但し、律令の規定と現実にはかなりの隔たりがあるという基本的な認識と、律令の注釈書である『令集解』に引用されている「古記」、「朱記」などの史料批判が並行して行われることによって支配システムとしての律令の正しい理解が可能になると考えられる。

三　帰化と渡来人

古代日本の史料には、朝鮮半島から移住してきた人々のほとんどを帰化という用語で記録している。しかし、律令に規定されている帰化の意味を調べてみると、単純に日本に渡来してきた外国人ではなく、天皇の徳を慕って渡来した人を帰化人と規定している。実際、渡来してきた人々は、天皇の徳を慕ってきた人たちではなく、大和政権と朝鮮半島諸国の外交産物ないしは朝鮮半島三国の争乱の中で、乱を避けるためなどの他律的条件によって来た人がほとんどである。結局、帰化という用語は、七、八世紀の東アジアにおける唐を隣国、朝鮮諸国を隷属的朝貢国（蕃国）として差別していた日本の支配層の観念に基づいたものである。

韓国では帰化という用語の意味を検討した研究が先行した。『日本書紀』に見える帰化の事例を分析して、帰化を認めることは、天皇の固有権限であり、主にその対象になるのは朝鮮半島諸国であり、用語の成立時期を天武朝と推定する研究[27]と、化の概念に着目して化外人に帰化が認められるのは、天皇と人格的および身分的な関係を結ぶ王民になるという意味で解釈した研究[28]が提起された。このような研究は、帰化問題を通じて日本中心の他者観や中華思想の受容過程を調べることになる。

従来の渡来人の研究は、特定の氏族を対象とした断片的な研究がほとんどであった。西文氏、倭漢氏に関する研究などがそれである。最近では、日本の古代国家の支配構造の中で、彼らの政治的且つ官僚的な位相を見直す研究が大部分を占めている。例えば、渡来系官人が貴族に昇格する場合、百済系渡来人に対する改賜姓記事の分析を行い、百済系渡来人の象徴的な存在であった百済王氏の政治的地位を見直した研究[29]がある。特に律令国家の構成要素であった百済王氏が九世紀末に諸特権を失っていくことは、日本国家・社会自体が、古代から中世へと変容していく時期に一致するという指摘は、渡来人たちの消滅過程を検討するための重要な手がかりを提供すると考えられる。また、渡来人が日本の古代官僚制の官人にどのように編入されるのかという過程を検討した研究[30]と、百済王氏とは異なり、『新撰姓氏録』の編纂の目的は、朝鮮半島諸国と唐も諸蕃に含ませて諸蕃の外縁を拡張すると同時に、日本中心の蕃国観を完成させようとしたという指摘は、今後の議論が必要である。但し、ミクロ的個別研究が大部分である状況で、マクロ的な観点から渡来人の問題にアプローチしたという点で注目される。

結び

一九八〇年代以降、韓国の日本史研究を回顧してみると、それなりの研究傾向と流れがあった。しかも、このような研究傾向と流れは韓国の社会と時代が望む要求に大きく逸脱することなく、じっくりとそれなりの役割と機能を果たしてきたとみることができる。時に敏感な事項についても——例えば、歴史教科書の問題など——適切に対応する歴史認識は十分機能していたと評価できる。ただし、日韓両国の特殊な歴史関係の中で研究を制限する雰囲気が常に存在してきたのも厳然たる事実であり、それが自律的であれ他律的であれ、研究者の知的活動の半径を縮小させてきたのも否定することはできない。研究テーマにしても対外関係史に集中しているが、その研究方法は、多様化してきたとも言える。つまり、史料の再認識、七、八世紀以降の対外関係の新たな方法論、日本の古代律令の研究などに要約することができる。しかし、韓日関係史の延長で、古代日本を眺める視点はまだ残っている。従って、歴史紛争への対応レベルを超え、日本を一つの独自の思考対象に把握していなければ、今後の韓国の日本史研究は、屈折した過去の反映以上の意味を持つのは難しいだろう。

註

（1）拙稿『韓国における日本学の現況と課題』（ハヌル、二〇〇七年）四七頁。
（2）任成模『韓国における歴史学の成果と課題』（一潮閣、二〇〇七年）二六八頁。
（3）延敏洙『古代韓日交流史』（慧眼、二〇〇三年）一八頁。
（4）金鉉球外『日本書紀　韓国関係記事の研究』（一志社、二〇〇四年）。
（5）延敏洙外『訳注日本書紀』（東北亜歴史財団）。
（6）李根雨『続日本紀1』（知満社、二〇〇九年）。
（7）李在碩「日本古代の大臣制」（『東洋史學研究』六一、一九九八年）。
（8）李根雨「伽倻の国制が日本に及ぼした影響」（『伽倻文化』一五、二〇〇二年）。
（9）李在碩「五世紀百済と倭国」（『百済研究』三九、二〇〇四年）。
（10）金鉉球「五世紀韓半島南部で活躍した倭の実態」（『日本歴史研究』三四、二〇〇九年）。
（11）鄭孝雲「六世紀韓日関係史の再構築」（『韓国古代史研究』五六、二〇〇七年）。
（12）羅幸柱「〝任那の調〟の実体と意味」（『日本歴史研究』二七、二〇〇八年）、羅幸柱「〈任那の調〉と〈任那史〉――〈任那の調〉関連史料の再検討」（『日本研究』一一、二〇〇九年）。
（13）姜銀英「大和政権と任那問題」（『東洋史学研究』一三一、二〇一五年）。
（14）金鉉球「日本の危機と膨脹の構造――663年白村江の戦いを中心に」（『文化史學』二五、二〇〇六年）。
（15）新川登亀男「白村江戦争と古代東アジア」（『百済復興運動과　白江戦争』二〇〇三年）。
（16）宋浣範「八世紀中葉新羅征討計画でみる古代日本の対外方針」（『韓日関係史研究』二五、二〇〇六年）。
（17）韓圭哲「渤海と日本の新羅侵攻計画」（『中国問題研究』五、一九九三年）。
（18）具蘭姫「日本の新羅侵攻計画の推進意図」（『青藍史學』二、二〇〇二年）。
（19）李炳魯「遣唐使と東北亜交流」（『日本學報』五五―二、二〇〇三年）。
（20）權德永「九世紀日本を往来した二重国籍新羅人」（『韓国史研究』一二〇、二〇〇三年）。
（21）鄭順一「『続日本後記』所収新羅国執事省牒に見える島嶼之人」（『日本歴史研究』三七）。
（22）金恩淑「日本律令国家の官人給与」（『講座韓国古代史』五、二〇〇三年）。

(23) 朴俊浩「唐と日本律令に見える公文書の書名方式研究」(『古文書研究』五、二〇〇三年)。
(24) 李根雨「古代天皇制の成立と変質」『日本歴史研究』一六(二〇〇二年)。
(25) 朴昔順「日本古代国家の天皇の外交機能」(『日本歴史研究』一六、二〇〇二年)。
(26) 朴異順『日本古代国家の王権と外交』(庚寅文化社、二〇〇二年)。
(27) 金恩淑「日本古代の帰化の概念」(『邊太燮博士還暦記念論叢』一九八五年)。
(28) 朴昔順「日本古代国家における化の概念」(『東洋史學研究』七〇、二〇〇〇年)。
(29) 宋浣範「日本律令国国家の改賜姓政策について」(『日本歴史研究』二二、二〇〇五年)。
(30) 丁珍娥「奈良時代の渡来系官人の昇進」(『日本歴史研究』二一、二〇〇五年)。

日本列島の古代史と韓半島の「質」

羅　幸柱

はじめに

日本列島で展開された古代国家の成立・発展や諸制度などを含む政治文化の形成・変容過程において、列島内の南の九州から関東、さらには東北地方に及ぶ諸政治勢力を統合し、その中心主体としての地位を持ち続けるようになったのが、畿内を地域的基盤とした倭王権である。ところが、その倭王権にとって、九州や吉備などに代表される他地方の対立勢力を制圧し、倭王権のもとに政治権力を集中出来るようになった、支配体制の形成や権力構造の構築などにとって、何よりも対外関係・交通の掌握（独占）問題が大きく関わっている。

その対外交流交通の主なルートは、次の三つに大別することができる。すなわち、①九州を通じた韓半島・中国大陸北部との交流交通、②北海道を通じたシベリア・沿海州との交渉、そして③南島を通じた中国南部との交流である。そして、これら三つのルートの中でその中心は、地理的・政治的要因などにより、①にならざるをえない。つまり、古代日本の歴史文化の展開過程において韓半島諸国及び中国王朝との政治的交流交通が大きな意味を持つのである。さらに、この①の内、地理的・政治的条件や航海術、造船術など諸般の技術的事情から、とりわけ韓半島諸国との対外交渉が欠かせない要素であったことは改めていうまでもないであろう。

かつて岡正雄氏は、列島の社会文化上の特質を規定し、列島という地理的環境と弥生時代以来の稲作文化とによる受容性と堆積性と多様性を、その最大の特徴として挙げたことがあるが、[1]氏の指摘は、列島社会における対外交流の意味を考える際にも、重要な示唆を与えている。何よりも、氏のいう諸特徴のうちの受容性の結果が、韓半島と日本列島における漢字・儒教・仏教・律令といった四つの要素を中心とする東アジアの政治文化の共有であると理解することができるからである。

そして、これらの東アジアに共通する政治文化の日本列島への移入・導入に大きな役割を果たしたものとして、韓半島から派遣の「質」の存在がある。本稿では、その「質」をめぐる幾つかの問題について論じてみたい。

一　問題の所在

古代における東アジア諸国間の国際関係、特に古代韓日関係において、韓半島と日本列島を歴史舞台として形成された諸国家・王権間の政治的交流交通には、定期的および非定期的な使節派遣を通じて行う通常的な外交関係の成立や、国家間の婚姻を媒介とした同盟関係の維持・強化など、実に多様かつ重層的な形態が存在する。[2]その中でとりわけ重要な位置にあり、他の形態よりも多様な機能と重大な役割を果たしてきたのが、ほかならぬ「質」の派遣を通じて行う、いわゆる「質外交策」[3]であるといえる。すなわち「質」を媒介とした両国家・王権の間のいわば「贈与・互恵関係」の外交である。

古代韓半島諸国と日本列島の大和王権との間にみえる「質」を媒介としたいわゆる「質外交」の諸事例を、関連史料である『三國史記』・『日本書紀』、そして「廣開土大王碑文」などを通じて調べてみると、次のごとくである。すなわち、時期的にはその最初である三九七年の百済の「質」直支（腆支）、四〇二年の新羅の「質」未斯欣、四六一年派遣の百済の王子（あるいは王弟）恵、六三〇～六四〇年代にかけてみられる百済の「質」昆支、五五四年の百済の王子「質」長福、武子、豊章（豊璋とも）がみえ、六四七年の新羅の「質」金春秋、六四九年の新羅の「質」金多遂、六五五年の新羅の「質」彌武、そして八〇二年の新羅の「質」均貞（ただし、この場合はその派遣は実現されていない。これについては後述）にいたるまで約四〇〇年の間にかけて幅広く存在したことが確認されるのである。

こうした韓半島諸国（百済・新羅）と倭国（大和王権）との間にみられる「質外交」の特徴はつぎの二点である。一つは、百済と新羅が倭国を対象として行う「質外交」は、時期的に大きな特徴が見られるということである。すなわち、倭国で大化改新政権が成立する六四五年を起点として、それ以前の時期には主に百済の「質外交」が、それ以後には新羅の「質外交」がその中心をなしているのである。今一つは、韓半島諸国から日本列島への、つまり百済・新羅から倭国への「質外交」が、一方から他方へと一方的に現れているということである。すなわち、「質外交」は韓半島諸国が列島の倭国を相手に行った対倭外交の産物の一つであるのである。

さて、従来の韓半島諸国と倭国の間の「質」についての理解は、一般的にそれを現代的な意味の「人質」とほぼ同一な性格の存在として理解する傾向があり、さらにはそれを直ちに国家間の最高の忠誠・服属の象徴あるいはその証として受け取ってきた。古代韓日関係上の理解においては、特に百済の「質」に対する末松保和、石母田正、坂元義種ら諸氏の見解に代表される、日本学界の通説的理解がその典型であるといえる。(4)

ところが、こうした諸氏の理解に代表される「質」についての日本学界の通説的な見解は、後述する如く、極めて一面的であり、と同時に自国（自民族）重視の理解にすぎないのである。つまり、倭国（大和王権）中心のあまりにも一方的な解釈である。そして、こうした理解を前提とすると、「質」を媒介とする韓半島諸国と倭国との国際的政治関係は、後者の前者に対する上下・主従関係、つまり支配・服属の関係にほかならない。少なくとも、倭国（大和王権）の百済・新羅に対する基本的な立場は、政治的により優位に位置する関係として理解されている。換言すると、倭国はいわゆる「大國」として両国（百済と新羅）の上に君臨する存在にならざるをえない。しかしながら、このような「質」をめぐる日本学界の通説（的理解）をそのまま認めるには、かなり大きな問題があるといわざるをえないのである。したがって、「質」をめぐる問題が日本古代史のみならず、古代韓日関係史の理解においても重大な争点の一つになる所以であり、同時に「質」の問題を正しく解明しなければならない大事な理由でもある。

なによりもこうした従来の通説的理解によっては、古代韓日関係史の中に多くみられるような、百済と新羅からの「質外交」の実体、つまり倭国に対する「質」派遣の意味や、倭国が両国からの「質」を選択的に受容することの意味を十分に理解することは出来ないのである。

さらに、六四五年六月のクーデターすなわち「乙巳の変」のあとに成立した改新政権が定めた、対韓半島外交政策の要である「而使貢質、遂罷任那之調」（孝徳紀大化二年九月条）の意味を十分に解明できないのも勿論である。要するに、大化改新政権の対韓半島対外政策の意味を解明するにおいてはもちろん、古代韓日関係史の正しい歴史像の定立、及びその前提としての古代韓日関係の実体の解明のためにも、「質」に対する新しい観点からの理解が強く要求されるのである。(5)

かつて筆者は、日本学界における従来の「質」理解の問題点を明らかにし、さらに古代韓日関係上の「質」の意味を正しく理解するための準備作業の一環として、国家間の「質」発生の背景を具体的かつ多様に見せてくれる春秋戦國時代を中心とする古代中国の「質」の事例、紀元前の扶余と高句麗の間の交質をはじめとし、後三国時代の高麗と後百済の間の交質に至るまで、多様な韓国古代史における「質」の事例についての個別具体的な分析を前提として、特に百済から倭国へ派遣された「質」を主な検討対象として、その派遣背景と目的を明らかにし、それによって日本学界における「質」理解の問題点を指摘したことがある。[6][7]

さて、「質」に対する理解の問題と関連して注目されることは、近年にいたり、日本学界でも百済・新羅から倭国へ派遣された「質」の持つ意味を新たに認識しようとする傾向がみられるという点である。すなわち、古代韓半島からの「質」の意味を理解するにおいて、従来の通説とは異なる観点からの理解が提示されつつあり、そのような新しい理解では、かつて筆者が提示した見解も一部受容・引用されている。[8]

本稿の目的は、近年提示された「質」についての新しい理解を参考としながら、百済・新羅の「質」の事例を全体的に検討し、日本学界の従来の「質」をめぐる理解上の特徴はなにか、そしてその問題点はどこにあるのかを明らかにすることである。同時に、今後における「質」の意味解明のための基礎作業ないし準備作業の一環として、国家間の通常的な外交業務を担当する一般の使者（使節）の場合と、派遣国の国王の身を直接的に体現する存在である、いわゆる「外交特使」として特別な性質と任務を帯びた「質」とを比較分析することによって、一般使節とは根本的に区別されるべき存在としての、「質」のみの特徴を整理してみたい。これとあわせて、最後に、今後における「質」に対する正しい理解、つまり古代韓日関係における争点の一つになっている、国家間の「質外交」の意味を理解するのに必要な事項、言い換えれば「質」の理解に必要な韓日両国学界が共有すべき前提が何であるかを、ここで改めて考えてみたい。

二　古代韓日間の「質」

前述した如く、古代東アジアの国際関係において国家間の関係を媒介する諸形態のなかで「質」の派遣を通じて行ういわば「質外交策」が存在するが、特に古代韓半島諸国と倭国との交流・交通関係において重要な機能と役割を遂行した「質外交」は、時期的にもかなり長期間にかけて確認され、またその対象国においても多様かつ活発に行われた。

すなわち、古代韓日関係において百済と新羅が倭国を相手に行ったいわゆる「質外交」は、時期的には四世紀末（三九七年の直支）・五世紀初（四〇二年の未斯欣）から七世紀中半（六五五年）の新羅の「質」彌武の派遣に至るまで、約二五〇年間にかけて幅広く存在したことがわかる。

ところで、韓半島諸国の倭国を対象とする「質外交」の事例は、これにとどまらない。つまり、『三国史記』によると、統一新羅期の九世紀はじめの時期に、結果的にその派遣が実現はされていないが、新羅が倭国（日本）を相手に「質外交」を試みたことが確認できる。[9]

さらに、その対象国においてもまた、百済と新羅が倭国を相手に積極的かつ競争的に行った「質外交」の事例については周知するところであるが、最近、百済・新羅の「質」の存在のみならず、加耶あるいは加耶諸国の「質」[10]と関わるものとして、倭国へ派遣された「質」の事例さえも存在した可能性が提示されている状況である。[11]

以下では、倭国を対象として展開された百済と新羅の「質外交」の事例を検討したい。特に新羅の「質」の事例を具体的に分析することによって、「質」をめぐる従来の日本学界の特徴と問題点について明らかにしたい。

（一）「質」の諸事例

(1) 百済の「質」

まず、百済から倭国へ派遣された「質」の例として、特に坂元義種氏が取り上げた事例を『日本書紀』を中心に提示するとつぎの如くである。

A　応神紀八年条の腆（直）支〈王子〉
B　雄略紀五年（四六一）条の昆支君〈王弟〉とその王子たち
C　武烈紀六年（五〇四）条の麻那君〈非王族〉
D　同七年（五〇五）条の斯我君〈王族〉
E　欽明紀八年（五四七）条の汶休麻那〈徳率〉と下部東城子言〈奈率〉
F　同十五年（五五四）条の東城子莫古〈徳率〉
G　同十六年（五五五）条の恵〈王子〉
H　舒明紀三年（六三一）条の豊璋〈王子〉
I　皇極紀元年（六四二）条の翹岐〈王子〉
J　同元年（六四二）条の長福〈達率〉
K　同二年（六四三）条の武子〈達率〉
L　孝徳紀大化元年（六四五）条の意斯〈達率〉

つぎに、以上のような百済の「質」の事例について、論述の便宜上、あわせて関連資料を上げておく。

A　腆（直）支〈王子〉

a　王与倭国結好、以太子腆支為質。（『三国史記』百済本紀 阿莘王六年五月条）

b　阿花王立無禮於貴国。故奪我枕彌多禮、及峴南・支侵・谷那・東韓之地。是以、遣王子直支于天朝、以脩先王之好也。

（応神紀八年三月条　所引　百済記）

c　百残違誓、與倭和通、王巡下平壌〈下略〉

（「廣開土大王碑文」永楽九年〈三九九〉己亥条）

d　十四年王薨、王仲弟訓解摂政、以待太子還国、季弟碟礼殺訓解、自立為王。腆支在倭聞訃、哭泣請帰、倭王以兵士百人衛送、既至国界、漢城人解忠来告曰、大王棄世、王弟碟礼殺兄自立、願太子無軽入。腆支留倭人自衛、依海島以待之、国人殺碟礼、迎腆支即位

（『三国史記』百済本紀　腆支王元年〈四〇五〉条）

B　昆支君〈王弟〉とその王子たち

辛丑年、蓋鹵王遣弟昆支君、向大倭、侍天王。以脩兄王之好也。

（雄略紀五年七月条分注　所引「百済新撰」）

C　麻那君〈非王族〉

百済国遣麻那君進調、天皇以為、百済歴年不脩貢職、留而不放。

（武烈紀六年〈五〇四〉十月条）

D　斯我君〈王族〉

百済王遣斯我君進調。別表曰、前進調使麻那者、非百済国主之骨族也。故謹遣斯我奉事於朝。

（雄略紀七年〈五〇五〉四月条）

E　汶休麻那〈徳率〉と下部東城子言〈奈率〉

百済遣前部徳率真慕宣文・奈率奇麻等、乞救軍。仍貢下部東城子言、代徳率汶休麻那。

（欽明紀八年〈五四七〉四月条）

F　東城子莫古〈徳率〉

百済遣下部杆率将軍三貴・上部奈率物部烏等、乞救兵。仍貢徳率東城子莫古、代前番奈率東城子言。五経博士王柳貴、代固徳馬丁安。僧曇慧等九人、代僧道深等七人。別奉勅、貢易博士施徳王道良・暦博士固徳王保

孫・〈中略〉楽人施徳三斤・季徳己麻次・季徳進奴・對徳進陀。皆依請代之。（欽明紀十五年〈五五四〉二月条）

G　恵〈王子〉

百済王子餘昌、遣王子恵。［王子恵者、威徳王之弟也。］奏曰、聖明王為賊見殺。［十五年、為新羅所殺。故今奏之。］〈中略〉恵答曰、依憑天皇之徳、冀報考王之讎。若垂哀憐、多賜兵革、雪垢復讎、臣之願也。（欽明紀十六年〈五五五〉二月条）

H　豊璋〈王子〉

百済王義慈入王子豊章為質。（舒明紀三年〈六三一〉三月条）

I　翹岐〈王子〉

a　今年正月、国主母薨。又弟王子兒翹岐及其母妹女子四人、内佐平岐味、有高名之人四十餘、被放於嶋。〈中略〉庚戌、召翹岐安置於阿曇山背連家。（皇極紀元年〈六四二〉二月条）

b　庚子、筑紫大宰、馳驛奏曰、百済国主兒翹岐・弟王子、共調使来。（同二年〈六四三〉四月条）

J　長福〈達率〉

丙申、以小徳授百済質達率長福。中客以下、授位一級。賜物各有差。戊戌、以船賜百済參官等発遣。（皇極紀元年八月条）

K　武子〈達率〉

辛丑、百済進調船、泊于難破津。（皇極紀二年六月条）

大使達率自斯・副使恩率軍善。〈中略〉自斯、質達率武子之子也。（皇極紀二年七月条）

L　意斯〈達率〉

又勅、可送遣鬼部達率意斯妻子等。（孝徳紀大化元年〈六四五〉七月条）

さて、全体的にみると、百済の「質」A～Lの内、「広開土大王碑文」・『三国史記』などの韓国側の史料と対応する記事がある事例は、Aの腆支とHの豊璋の事例のみである。しかし、これをもって他の事例の事実性を疑うか、否定する必要はないだろう。[12] ただ、EとFの場合は、「質」そのものではなく、「質」の派遣に伴って贈られたいわば「賄」の対象として理解すべきである。それは、なによりも彼らが専門知識人集団であるということ、百済の下部に属する徳率や奈率の官位を帯びた官僚グループであることが注意されるからである。また、Gの恵の場合は、史料上では「質」ではなく一般の使者のように記されているが、派遣から帰国までの倭国での滞在期間が一年以上に及んでいる点、請兵使として来倭して救援兵を伴って帰国している点などを重視すると、かれは基本的には百済の他の「質」と共通する特性が認められる。その点で恵の場合は、基本的に「質」の性格を帯びて派遣されたものと理解される。

一方、Hの豊璋はIの翹岐と同一人物とみることができる。[13] したがって豊璋は、舒明朝の六三一年ではなく、六四二年を前後したある時期（皇極朝）に来倭したと理解される。J・K・Lの場合はそのいずれも派遣時期が明らかではない。しかも記事自体が簡単であり、各「質」の具体的な派遣時期や来倭目的など詳しい事情はわからない。ただ、Jの長福の場合、その実態を外交顧問と理解する説、[14] あるいは達率長福を皇極紀元年七月乙亥条の割注（「百済使人大佐平智積及児達率闕名」）にみえる「児達率某」と同一人物と見做した上で、使節団の副使と理解する見解も出されているが、[15] いずれも推測の域を出ないもので確かな史料的根拠があるわけではない。

あわせてJ・K両者の場合をみると、具体的な来倭時期を断定することはできないが、六四二年を起点として、それよりはかなり以前の時期にKの武子が「質」として倭国へ派遣されたのち、かれの帰国を前後してJの長福が改めて「質」として来倭したものとみられる。そしてJ（長福）の帰国は、Iの翹岐つまりHの豊璋の派遣と直接関わることは、これまた言及するまでもない。

Lの意斯については、六四五年の時点で倭王権が百済に対して意斯とその妻子を「質」として要求したと理解する見解[16]もあるが、これは当たらない。なぜならば、史料上「達率意斯妻子等」とあり、あくまでも達率である意斯本人ではなく、かれの妻子[17]つまりかれの家族の派遣を要請しているからである。

結論的に意斯の場合は、「質」の慣例と関連して整合的に理解するとすれば、六四五年以前のある時期に意斯が「質」として派遣されたが、彼が来倭して「質」としての任務を終えた後にも帰国せずそのまま倭国に定着したか、あるいは、一般的に「質」が中長期的な滞在を前提として派遣される特別な任務を帯びた「外交特使」であるという点からみると、何らかの事情で意斯本人が一人で先に来倭したのち、自分の家族(妻子)の派遣を倭王権を通じて百済に要請したと、理解すべきであろう。

さらに、百済の「質」の諸事例を「質」の発生原因という点からみると、Cの場合とその他の事例とでは、根本的な差がある。すなわち、Cの麻那君の事例を除くすべての「質」の場合は、百済が長期的な対外戦略のもとで樹立した対倭政策の一環としての「質外交」の産物であり、いわば「出質」の類型(「質」の諸類型については後述)であるのに対して、Cの場合だけはいわば「取質」の唯一の事例にあたる。つまり、麻那君は「質」として来倭したものではなく、一般の使者(調使)として来倭したものの、何らかの事情で倭国によって一時的ではあるが、強制的に抑留されたのである。

また、百済の「質」の年代的な分布をみると、百済からの「質」の派遣は三九七年から六四五年までの間に、ほぼ全時期にかけて安定的に維持・持続されたことが確認できる。特に、五四〇~五五〇年代(E・F・G)と六四〇年代(H・I・J・K・L)にその事例が集中しており、当該時期に「質」を媒介とした「質外交」を通じて百済と倭国がかなり密接な関係を安定的で持続的に維持していたことが注目される。

以上のような百済の「質」A~Lの事例については、「質」の発生原因と派遣目的を中心に個別具体的に別稿[18]で検討したことがあるので、ここではその結論のみを記しておく。

つまり、百済の「質」は、その共通の特徴として、「質」の発生原因にもとづく類型でいえば、A～Lの事例のうち、Cの「取質」の一例を除くと、すべての事例は「納質」ではなく「出質」の性格を持つという点である。つまり、百済が倭王権に「質」を出したのは、けっして倭王権に不変の忠節・服属を表すためではなく、百済をめぐる韓半島情勢の中で、時には対高句麗戦略上、また場合によっては新羅に対抗するための軍事援助を求める目的からであった。百済から倭国への「質」はいわば請兵使（あるいは軍事同盟締結使）に他ならない。百済の「質」の持つもう一つの性格は修好使としてである。豊璋の例からもわかるように、百済は、「質」を倭王権に送ることによって、倭の外交政策を百済寄りにさせるための積極的な働きかけをするのである。この点に国家間の外交における「質」の役割または機能が認められる。

一方、百済からの「質」をうけいれる倭国からみると、百済の「質」は両国の関係における服属の証としてではなく、両国の間に軍事援助と先進文物（鉄・調、さらには「質」に伴う「賂」としての専門職の人間集団など）の導入という、利害関係の一致からなる友好・同盟関係の成立に際して、百済が政治的約束を履行するという保証を取っておく以上の意味はなかったのである。というよりも、百済から「質」を受け入れる倭王権にとっては、「質」に伴って将来された「賂」の内容にこそ真の意味があったのである。

(2)　新羅の「質」

まず、新羅から倭王権へ派遣された、あるいはその試みがあった「質」の事例と関連資料を示すと次の如くである。

A　神功摂政前紀及び新羅本紀実聖王元年（四〇二）条の未斯欣〈王子〉
B　孝徳紀大化三年（六四七）是歳条の金春秋〈王族・大阿飡〉
C　孝徳紀大化五年（六四九）是歳条の金多遂〈非王族・沙飡〉
D　斉明紀元年（六五五）是歳条の彌武〈非王族・及飡〉
E　新羅本紀哀荘王三年（八〇二）条の均貞〈王族・仮王子〉

A　未斯欣〈王子〉
a　與倭国通好、以奈勿王子未斯欣為質。（『三国史記』新羅本紀 実聖王元年〈四〇二〉条）
b　爰新羅王波沙寐錦、即以微叱己知波珍干岐為質、仍齎金銀彩色及綾 羅 縑絹、載于八十艘船、令従官軍。是以、新羅王、常以八十船之調貢于日本国、其是之縁也。（神功摂政前紀〈仲哀天皇九年十月条〉）
c　第十七那密王即位三十六年（三九〇）庚寅、倭王遣使来朝曰、寡君聞大王之神聖、使臣等以告百済之罪於大王也、願大王遣一王子、表誠心於寡君也、於是王使第三子美海（一作未吐喜）以聘於倭（『三国遺事』奈勿王・金提上条）

B　金春秋〈王族・大阿飡〉
新羅遣上臣大阿飡金春秋等、送博士小徳高向黒麻呂・小山中中臣連押熊、来献孔雀一隻・鸚鵡一隻。仍以春秋為質。春秋美姿顔善談笑。（孝徳紀 大化三年是歳条）

C　金多遂〈非王族・沙飡〉
是歳、新羅王遣沙喙部沙飡金多遂為質。従者卅七人。〈僧一人、侍郎二人、丞一人、達官郎一人、中客五人、才伎十人、訳語一人、雑傔人十六人、幷卅七人也。〉（孝徳紀 大化五年是歳条）

D　彌武〈非王族・及湌〉

是歳、高麗・百済・新羅、並遣使進調。〈中略〉新羅、別以及湌弥武為質。以十二人、為才伎者。弥武、遇疾而死。（斉明紀　元年是歳条）

E　均貞〈王族・仮王子〉

授均貞大阿湌為仮王子、欲以質倭国、均貞辞之。（『三国史記』新羅本紀 哀荘王三年〈八〇二〉十二月条）

以上であるが、倭国へ派遣された新羅の「質」の特徴は、次の二点にまとめられる。まず、五世紀はじめに（四〇二年）行われた新羅の「質外交」は、未斯欣の逃帰が象徴する如く、安定して続かず六四七年の金春秋の派遣に至るまで、長い間にかけて空白期があったということである。つぎに、新羅の「質」派遣は六四五年の改新政権の成立とそれに伴う対韓半島対外政策の転換と直接にかかわっており、新政権が成立してはじめて「質」の派遣が持続的に行われているということである。

前者の特徴は、五世紀はじめから六四五年以前までの百済の「質」体制の成立・確立・維持と表裏の関係にあり、後者もまた孝徳紀大化二年九月条にみえる改新政権の新しい対外政策の樹立と密接不可分の関連があることは言うまでもない。

Aは五世紀はじめに倭国へ送られた新羅最初の「質」で、周知する如く、韓日両国の史料（『日本書紀』と『三国史記』）に関連内容が比較的詳細に伝えられている。B〜Dの場合は、七世紀の倭王権において、従来の百済の「質」体制に替わる新たな新羅の「質」体制の成立を表している。そして、特にEの場合は、九世紀はじめの時期に、新羅から日本（倭国）への「質」派遣の動きがあったことを伝えてくれる貴重な事例として注目されるが、ただその具体的な事情などについては不明なところが多い。

まず、未斯欣の場合は、当時の新羅が倭国を相手に最初の「質外交」を試みた事例として注目されるが、これは勿論、それ以前の時期に成立していた、百済と倭国の間の「質」を媒介とした同盟、すなわち百済の「質」体制に対抗するための外交的措置として推進されたものである。しかし、この新羅の試みは結果的に、一歩先に成立していた百済の「質外交」に遮られ、失敗に終わってしまった。その端的な証拠であり、かつその象徴であるのが、「質」の帰還形態、つまり朴提上の高貴な犠牲による逃帰事実や、『三国史記』新羅本紀に散見するところの、五世紀はじめ前後の時期（特に四〇二年以後）における倭人・倭兵の新羅侵入を伝える記事である。

七世紀中半の韓半島を中心とする東アジアの国際情勢の変化、倭国における蘇我氏政権に代わる改新政権の成立とそれに伴う対韓半島政策の変化、そして、こうした両国をめぐる対内外的な条件・背景の下で、倭国と新羅両国の支配層相互間の利害関係の一致により、はじめて金春秋の来倭による新羅の「質外交」が成立するに至る。これは、とりもなおさず、新政権成立以前の時期における倭国内の百済の「質」体制に代わる、新たな新羅の「質」体制の成立を意味するものである。そして、こうした新羅の「質」体制は、金春秋に継ぐ六四九年の新羅の「質」金多遂の派遣、六五五年の弥武の来倭へと続き、少なくとも六四七年から六五五年までいわば新羅の「質」体制が成立し、かつ正常的に機能したことを示してくれる。

なお、金春秋の対倭外交の成果については、否定的な理解もあるが、結論的にいうと、東アジアにおける既存の国際関係の枠組みそのものの再編をも意図して来倭した、金春秋の倭王権での外交活動は見事に成功し、結局、彼の来倭は所期の目的を達して国へ帰ることが出来たと思われる。その端的な証拠は、彼の帰国後、六四九年に新羅から「質」金多遂が派遣されたということ（孝徳紀大化五年是歳条）が雄弁に物語るのであるが、より端的にいうと、彼が唐へ入るために倭国を離れる時に、倭王権の要請を受け入れ、倭国から唐への国書・上表文（『旧唐書』倭国伝）を伝達するために携えていたという事実である。さらに、倭王権側の新羅への学問僧の派遣要請に対してその受け入れを承諾し、実際にそれが実現していること（孝徳紀大化四年二月条）がその証ではなかろうか。

九世紀はじめの時期における均貞の「質」としての派遣については、その実現の可否をめぐって不明なところがあるが、後述する如く、古代韓日間の「質」の意味を理解する上で、重要な示唆を与えてくれるという点で、貴重な事例と言える。

(二)「質」をめぐる日本学界の理解

では、以上のような古代韓日間の「質」の事例について、日本学界ではどのように理解されてきたか、その特徴と問題点はなにかを、検討してみたい。

いままでの研究で、古代韓半島諸国と倭王権の間における「質」の問題を主題とした専論はあまり見当たらないが[19]、一般的に「質」は弱小国が強大国に出す「人質」として理解されており、それをただちに古代韓日間の外交形式上の上下・服属の関係を表す証として捉えるのが普通である[20]。

その代表的な見解として、末松保和、石母田正、坂元義種らの諸氏の研究を取り上げることができる。以下、諸氏の見解をしばらく見てみることにする。

まず、末松氏は三九七年の百済の太子直支と四〇二年の新羅の王子未斯欣が「質」として来倭したことに関連して、その「質」を送った意味は「日本の圧迫、日本の強制のしからしめたところであろう[21]」、さらに、「質」そのものの意味として「質は実質的には国王の身代わりである。そうしてその身代わりを出すということは、服属の最高のしるしである[22]」ともされる。

末松氏が古代韓半島諸国と倭国との間の「質」について、送る側と受け入れる側との間における上下・服属関係の証として看做しているのは明らかである。そして、このような氏の見解に従うとすれば、特に四世紀末から五世紀初にかけての「質」をめぐる百済と倭国(日本)との関係は、三九七年の太子直支が「質」として送られたことにより、前期に樹立された服属関係がさらに強められるということになったのである。[23]

次に、石母田氏の「質」に対する理解は次の文章によく表れている。

「大化改新はたんなる国内改革ではなく、推古朝のそれと同じく、小帝国維持のための改革でもあった。改新が成功するや、翌年には政局の重要人物たる高向玄理を新羅につかわし、名目的な任那の調をうちきると同時に、質を送ることを要求してそれを実現したことは、新羅に対して百済と同一の屈辱的な服属形式を要求したことであり、改新の成功がそのまま小帝国の強化と同一視されていたことをしめしている。[24]」

「たしかに任那の調を罷めて「質」にかえることは、「質」の性質からみて新羅との服属関係を強化する形式をとっている。しかし実質からみれば、この時「質」として日本にきた新羅の相金春秋は、滞在期間は一年に満たず、翌年には唐廷に入見して重要な外交をおこなっていることをみれば、この「質」はむしろ服属の象徴であるよりは、新羅と日本と唐を連結する外交官であったらしい。[25]」

以上のような石母田氏の「質」に対する理解は、基本的に先に見た末松説と差がない。ただ、新羅の「質」金春秋に対する理解においては、「質」そのものに対する新たな理解を提示したものとして評価できる。そして、金春秋の場合に限っては多くの研究者が石母田説を受け入れている。しかしながら、こうした理解が決して充分でないことは後述するとおりである。

さらに、坂元氏の見解を見てみることにする。氏は新羅・百済と倭国との「質」について、「朝鮮諸国から質子を倭国へ送る事例はあるが、倭国からのそれは『三国史記』にさえみえない。和親や質子が半島からのものに限られるとき、そこに当時の国際的な地位がおのずと明らかになるといえよう[26]」とした上で、結論的に「四世紀末から五世紀にかけて、倭国は急激な国家的成長をとげた。韓半島の軍事的支配権をめぐっては高句麗と争い、ときに百済・新羅からは服属の証である質をとる。さらにはその軍事力を背景に百済王を封冊することもあったのである」[27]とさえ論じておられる。

ここで氏のいう百済王の封冊とは、「質」として倭国に送られていた人物すなわち直支と昆支王（四六一年来倭）の次子の末多王が、のちになってそれぞれ倭の軍事力を背景に腆支王と東城王に即位したとのことを指すのは勿論である。[28]のみならず、氏は百済の聖明王代には倭国との間に「質」が制度化されたとも見ているのである。

以上のような三氏に代表される「質」をめぐる理解は、相当な問題点を有していると言わざるをえないが、それにもかかわらず、次に見るように、日本学界では多くの研究者たちにほぼそのまま継承されており、学界の共通認識つまり通説になっているといえる。

なによりも、こうした「質」をめぐる理解は、次にみるような学界を代表する諸研究者の「質」や「任那の調」の理解にそのまま受け継がれている。

A　鈴木靖民「東アジア諸民族の国家形成と大和王権」（『講座日本歴史』一、東京大学出版会、一九八四年）

三九七年において、「百済王が太子腆支を入質したことは、両国が対等でなく、百済の従属的立場を意味す」る。また、彼が四〇五年に帰国した後に、百済の王位についたことに関連し、腆支の帰国に際し倭の兵士が衛送した事例（『三国史記』腆支王即位前紀）を根拠に、百済に対して「倭王権が上位に立って干渉しうる根拠がすえられた」（二〇二頁）ともされる。そして、「任那の調」については、新羅からの「任那の調」贈与・提供は、「「任那の調」を貢上するという従属的な外交形式の実施であっ」て、『隋書』倭国伝の大国の立場すなわち「倭本位の新羅・百済に対する中国的政治秩序の実在性は新羅の「任那の調」貢上により具現されている」（二二九頁）。

B―1　石上英一「古代国家と対外関係」(『講座日本歴史』二、東京大学出版会、一九八四年)
『隋書』倭国伝に「百済・新羅、皆倭を以って大国にして珍物多しと為し、並びに之を敬仰し、恒に通使、往来す」と記されるように、七世紀初までの倭(日本)は新羅・百済を朝貢国とする「大国」の立場にあり、「東夷の小帝国」として存在していた」(二六五頁)が、「倭(日本)の「大国」としての地位は、五六二年の任那滅亡後は、(中略)新羅・百済の相互牽制によるそれぞれの日本への朝貢、新羅による六四二年の百済の任那地域占領より以降は、百済による「任那の調」の代納により、かろうじて他国抑圧という大国の実体を残していた」(二六四頁)。

B―2　石上英一「古代東アジア地域と日本」(『日本の社会史』第一巻、岩波書店、一九八七年)
倭王権は新羅・百済から「質を取って、百済・新羅などを一時的に服属させた」(八〇頁)のであり、「新羅ついで百済による「任那の調」の貢進などの従属外交を強制した」(八二―八三)。

C　坂元義種「東アジアの国際関係」(『岩波講座日本通史』二・古代一、岩波書店、一九九三年)
「六四六年の改新政権は、新羅に「任那の調」を止めることを認め、代わりに人質の提出を求めた。日本は新羅の弱体化を利用して、より強い服属を強要した」(九四頁)。

D　森公章「倭国から日本へ」(『日本の時代史三　倭国から日本へ』吉川弘文館、二〇〇二年)
大化改新後の「新政権が取った外交策は、旧加羅地域を領有する百済に「任那の調」の貢上を指示し、新羅に「質」の貢上を命じて(六四六年)、両国からの朝貢維持を図るものであった」(四二頁)。

Ｅ　酒寄雅志「華夷思想の諸相」（『アジアの中の日本史五』東京大学出版会、一九九三年）
「三九七年に百済王が太子直支を倭に入質して倭との連携を強化したが、それはまた百済の倭への従属を示唆するものであつた」（四三頁）。

Ｆ　熊谷公男（『日本の歴史三　大王から天皇へ』講談社、二〇〇一年）
「質は国家間で軍事力の行使（あるいは非行使）に関する約定をした際に、軍事力を保有する側へ、相手国が保証として送った王の代理の使節であった。その質が一方通行であったということは、質を受け入れる側（倭国・高句麗）が相手国（新羅・百済）に対して、外交上、一定の主導権を握っていたことを意味しよう」（四八頁）

以上を通じて末松、石母田、そして坂元説と、これら三説の影響をうけて以後に出された研究にとっては、「質」と「任那の調」の存在が、他ならぬ倭王権と韓半島諸国との対外関係の実体を論ずるにあたって、重要な根拠になっていることはいうまでもなく、さらには、倭国の韓半島諸国に対する「大国」としての政治的優位を表すものとして解釈されている。つまり、石母田氏のいうところの、〝東夷の小帝国〟の成り立つ拠り所にほかならないのである。

今まで韓半島諸国（百済・新羅）から倭国（大和王権）へ派遣された「質」の事例についての、一九四九年から二〇〇〇年代にかけて公にされた代表的な研究者の見解を中心に見てきた。これらに共通する「質」そのものに対する理解や、その特徴及び問題点として次の四点にまとめることができる。

第一に、末松、石母田、坂元らの諸氏の理解に示されているように、「質」を国家間の外交において最高の忠誠・服属・従属の象徴として捉えていること。第二に、百済の「質」に多く見られることであるが、「質」が自国へ帰ったあと王位についた場合、これをまるで相手国の王を冊封・冊立したかのように理解していること（坂元、鈴木靖民ら）。第三に、「質」の派遣が一方向つまり一方通行的であるということを重視し、これを持って両国間の政治外交的優位を論じているということ（坂元、熊谷公男ら）。そして、第四に、石母田説以来、新羅の「質」金春秋の場合に限っては、百済の「質」やその他の新羅の「質」とは区別して理解しているということ、などである。

では、こうした「質」をめぐる日本学界の特徴的な理解が果して妥当かどうか、上記した四点を中心に具体的に検討して見ることにする。

（三）「質」理解の問題点

先に確認したように、日本学界の「質」に対する一般的で通説的な理解は、結局三説（末松説、石母田説、坂元説）によって形作られたと言えるが、韓半島諸国から送られた「質」に対する三氏の理解については、結論的に、次のような問題点を指摘せざるを得ない。

第一に、四〜五世紀の国際関係ないし国際情勢に対する理解、とりわけ「広開土大王碑文」（以下、『碑文』と称す。）のいわゆる辛卯年条以下の記録についての史料解釈の問題である。なぜならば、『碑文』に現れた倭に対する諸氏の理解には、倭の実体あるいは実力について過度に評価されているからである。何よりも諸氏は共通的に、『碑文』の辛卯年条が伝える内容をほぼそのまま三九一年前後の歴史的事実として認めている。[29]

しかし、『碑文』についての近年の研究成果に照らしてみると、三氏のような理解は批判を免れがたい。すなわち、この条文は広開土王の出兵の正当性を叙述するために設けられたことは改めて言うまでもなく、したがって、高句麗側の国際認識として相当誇張が含まれており、碑文の記述をもって、倭が四世紀後半から五世紀はじめにかけて新羅・百済を軍事的に制圧した事実があると理解することは、断じて不可能である。[30]

第二に、すべての「質」を直ちに国家間の服属・従属の証として理解する思考が甚だ危険であるという点（以下、問題点①）は、古代中国・韓半島における多様な「質」の事例をみれば明らかである。[31]仮に、広開土大王代の高句麗と百済・新羅の間の「質」を軍事的・政治的に隷属状態にある国家が忠誠の証としていわゆる「人質」を送った（あるいは「人質」を取った）と理解することができるとしても、四世紀後半から五世紀はじめにかけての時期に、倭国と百済・新羅との間における「質」を媒介とする国際関係が、高句麗と百済・新羅の関係と同じく、軍事・政治的支配・従属関係として断定できるかは、大きな疑問が残る。[32]

第三に、質子が帰国して本国の王位についた場合、「質」の帰国に際し「質」を護衛するために伴った僅かな軍事力つまり衛送兵を根拠に、果たして「質」を送り届けた側が相手国に対して自国の親政権（傀儡政権）を樹立させたとか、ひいては、まるで相手国の王を冊封・冊立したかのようにいえるかどうか、という点（以下、問題点②）である。

第四に、両国間にみえる「質」の派遣が一国から他国へと一方向、すなわち「交質」のような相互間の「質」の派遣ではなく、一方通行的である点を重視し、「質」を送る側に対する受け入れる側の政治的優位を認めるという理解についての問題（以下、問題点③）である。

最後に、百済と新羅の「質」についての異なる意味付け、特に金春秋の場合を特別視する理解方式が果たして妥当か、という点（以下、問題点④）である。

そこで以下、順次、従来の「質」理解の問題点（①、②、③、④）について検討してみることにする。

(1)問題点①についての疑問

まず、「質」が単に国家間の上下・服属の象徴とする理解について、新羅側の「質」の事例を通じて検討してみたい。

三氏は、百済と新羅から倭国へ派遣された「質」を直ちに両国の倭国に対する服属の象徴として意味づけているが、果たしてそうした理解が妥当であるか、次の事例を通じてその可否を確かめたい。

まず、新羅から倭国への「質」が決して単なる服属の象徴でないという点は、石母田氏自身が六四七年に「質」として来倭した金春秋について、彼は服属の象徴というより新羅、日本、唐をつなぐ外交官と評したことを改めて取り上げるまでもなく、統一新羅以後の事例である八〇二年の均貞の場合が雄弁に物語っている。『三国史記』によると、「授均貞大阿飡為仮王子、欲以質倭国、均貞辞之」（新羅本紀 哀荘王三年〈八〇二〉十二月条）とみえ、九世紀はじめに当時の新羅が日本に「質」を派遣しようとしたことが知られる。ここでの問題は、当時の国際関係すなわち新羅をめぐる対唐あるいは対渤海関係から由来する国際的状況や、日本との直接的な対外関係において、この時期に新羅が日本に対して、他ならぬ「忠誠・服属の証・象徴」を送らなければならなかったのか、その理由について整合的で合理的な答えを導き出さなければならない。しかしながら、結論的に言って、現在われわれに残された史料に即して物事を考える限り、その答えを出すのは容易なことではないのである。したがって、この均貞の事例は、古代韓半島諸国と倭国（日本）の間の「質」の問題を考える上で貴重な示唆を提供してくれるのであり、同時に、「質」が決して単なる国家間の「忠誠・服属」の象徴ではない、ということを示すなによりの反証ではなかろうか。

今一つの傍証を挙げるとすれば、先に言及した金春秋の場合である。六四七年に彼が「質」として来倭したことは紛れもない事実であるが、その新羅が（通説で言うような）倭王権への忠誠・服属の証として、新羅王室を代表する金春秋を差し出してきたという歴然とした事実が、なぜか、その後の倭王権（後述する持統朝）に何らかの意味をもって受け継がれてはいないのである。これは実に、不思議としか言いようがない。なぜならば、なによりも彼の「質」としての来倭事実は、百済と新羅の上に君臨する小中華・小帝国である倭国支配層の意識を満たしてくれる最適かつ最上の条件と言わざるをえないからである。

すなわち、持統紀三年（六八九）五月条には注目すべき記事がある。

命土師宿祢根麻呂、詔新羅弔使級湌金道那等曰、太政官・等、奉勅奉宣、二年、遣田中朝臣法麻呂等、相告大行天皇喪。時新羅言、新羅奉勅人者、元来用蘇判位。今将復爾。由是、法麻呂等、不得奉宣赴告之詔。若言前事者、在昔難波宮治天下天皇崩時、遣巨勢稲持等、告喪之日、翳湌金春秋奉勅。而言用蘇判奉勅、即違前事也。又於近江宮治天下天皇崩時、遣一吉湌金薩儒等奉弔。而今以級湌奉弔、亦違前事。又新羅元来奏云、我国、自日本遠皇祖代、並舳不干檝、奉仕之国。而今一艘、亦乖故典也。又奏云、自日本遠皇祖代、以清白心仕奉。而不惟竭忠宣揚本職。而傷清白、詐求幸媚。是故、調賦與別献、並封以還之。然自我国家遠皇祖代、広慈汝等之徳、不可絶之。故弥勤弥謹、戦々兢々、修其職任、奉遵法度者、天朝復広慈耳。汝道那等、奉斯所勅、奉宣汝王。

これは天武の薨去に際して新羅に派遣した告喪使をめぐり、新羅との間に外交上の慣例に関するトラブルが起きたことを伝えている。

つまり、持統の亡き夫・天武の告喪使を迎えた新羅側の対応、すなわち官員の官位が低いことから端を発した外交儀礼にかかわる問題であった。要するに、持統朝の倭王権が前例を無視した新羅の無礼に対して、六五四年の孝徳の薨去の時に告喪使を迎えた金春秋の例を取り上げて新羅側（来倭新羅使）の主張を退け、さらに倭王権が新羅に対して優位でなければならない歴史的由縁を主張しているのである。

ところが、ここで一つ素朴な疑問が涌いてくる。七世紀後半の持統朝は、『日本書紀』の編纂開始が端的に物語るように倭王権における国家意識が最高潮に達し、しかも、六六三年の「白村江の戦い」を通じてその新羅のために痛い経験をしたばかりの、新羅への敵対・対立意識に満ちていたに違いない時期である。しかしその当時の倭王権において、金春秋の「質」としての来朝事実が全く取り上げられていない。つまり金春秋の「質」としての来倭や金多遂をへて六五五年の彌武に至るまで新羅の「質」が倭王権で存在したという事実は、当時の持統朝の支配者層にとってみれば、まさに近・現代史の出来事に他ならなかったと思われるにもかかわらず、金春秋が直接孝徳の死を知らせる勅を奉じたことのみが取り挙げられているのである。

そして、持統朝の倭王権は新羅の服属すべき歴史的根拠・由来として、その近現代の紛れもない歴史的事実を取り上げる代わりに、遠い昔のこととされるいわゆる三韓征伐に由来する意識や観念を楯にしているのである。もし、金春秋の来倭にはじまる新羅の「質」の存在とその意味が、従来の理解のような意味合いであったとするならば、しかもその金春秋が新羅の王にも即位した当事者であったという事実や、これと合わせて、持統朝当時において新羅の王位は実際に金春秋の子孫たちが継承していることを前提にすると、この持統紀における倭王権の論理は現実とはかなり掛け離れたものとなりはしないか。

ちなみに、これと関連してはじめに想起されるのは、新羅が渤海に対してその優位を主張した、唐朝廷でのいわゆる争長事件である。特に注目されるのは、かの争長事件において渤海よりその優位を主張する新羅側の論理であるが、それは他ならぬ渤海の建国者大祚栄がかつて新羅王から、新羅官位一七階のうち第五位にあたる大阿湌の位を受けたことを取り上げていることである。これは実にいい対照をなしているといえよう。

以上の事実を通じて逆に、新羅の「質」に対する倭王権の認識、少なくとも持統朝当時の認識を窺えるのではなかろうか。つまり、当時の倭王権の支配層たちにおいては、「質」というものが決して国家間の関係における服属・忠誠の象徴もしくは証ではなかったことを示唆していると言えるのである。

もう一つの事例として、四〇二年に派遣された新羅最初の「質」である未斯欣の例を上げることができる。

未斯欣の倭国行は、三九七年における百済の「質」、腆支の倭国行つまり百済の「質」体制に対する対抗措置の一つとして取られたものであるが、ここで問題はその意味合いをめぐる論議である。もし、新羅の「質」未斯欣を倭国に対する忠誠・服属の象徴としての「質」であると理解するなら、そのような意味での「質」の派遣が、当時の新羅をめぐる国際的状況という側面からみて、果たして現実的に可能であったか、ということである。

結論的にいって、こうした理解は当時における新羅の状況、なによりも高句麗との関係を度外視した、極めて現実離れの理解ではなかろうか。なぜならば、当時の新羅において、未斯欣を「質」として派遣した主体が高句麗帰りの実聖王である点、その時期が高句麗からの軍事的援助をうけた直後の四〇二年であるという点、などの時代状況を考え合わせると、そう理解せざるを得ないからである。

というのも、「質」の派遣主体である実聖は三九二年に高句麗に「質」として派遣され、一〇年におよぶ高句麗での生活を終えた後、四〇一年に帰国して新羅の王位についている。その彼が高句麗との関係を清算して新たに倭国へ服属の証としての「質」を派遣したとする理解が、はたして妥当なものであろうか。しかも、四〇二年前後の新羅の状況、及び高句麗との関係をみると、高句麗広開土大王碑文に示されているように、三九九年の百済・倭連合の侵略に悩まされていた新羅が高句麗に救援を要請するに至り、その結果、高句麗側が救援軍として五万の大軍を派遣することになり、四〇〇年を前後して高句麗・新羅連合と百済・倭・加耶諸国同盟との戦いが繰り広げられることになる。こうした事情を勘案すると、果たして新羅が同盟国の高句麗を背いて倭国に、しかも服属のための「質」を派遣したとする理解が成り立つであろうか、甚だ疑問である。

最後に、「質」の問題を考えるにおいて特に注意すべき点は、史料上、「質」がどのように表現されているか、という点であろう。「質」に関する史料上にみえる用語つまり史料用語の問題には十分注意しなければならないのである。

まず、三九七年に送られた百済の「質」腆(直)支に関しては、その目的を「結好」「修好」(「修先王之好」)「和通」と記している。

a　王与倭国結好、以太子腆支為質　(『三国史記』百済本紀阿莘王六年五月条)

b　阿花王立無禮於貴国。故奪我枕彌多禮、及峴南・支侵・谷那・東韓之地。是以、遣王子直支于天朝、以脩先王之好也　(応神紀八年三月条所引百済記)

c　百残違誓、與倭和通、王巡下平壌　(『碑文』永楽九年〈三九九〉己亥条)

つぎに、韓半島諸国から倭国へ派遣された事例ではないが、新羅が三九二年に高句麗に派遣した実聖に関連して、その派遣事情または目的を「修好」としている。その例は『三国史記』にみえる。

高句麗遣使、王以高句麗強盛、送伊湌大西知子実聖為質　(新羅本紀 奈勿王三七年〈三九二〉正月条)

遣使新羅修好、新羅王遣姪實聖為質　(高句麗本紀 故国壌王九年〈三九二〉春条)

さらに、四〇二年に倭国へ送られた新羅の「質」未斯欣について新羅本紀実聖王元年三月条は、その目的が「通好」にあったと記す。そして『三国遺事』によると、「質」未斯欣は「誠心」を表す存在として描かれている。つまり「誠心」の象徴であり証であるのが、他ならぬ「質」であるという点を示唆しているのである。

a　與倭国通好、以奈勿王子未斯欣為質。　(『三国史記』新羅本紀 実聖王元年〈四〇二〉条)

b　第十七那密王即位三十六年(三九〇)庚寅　倭王遣使来朝曰　寡君聞大王之神聖　使臣等以告百済之罪於大王也　願大王遣一王子　表誠心於寡君也　於是王使第三子美海(一作未吐喜)以聘於倭　(『三国遺事』奈勿王・金提上条)

また四六一年に派遣された百済の「質」昆支の来倭についてもやはりその目的を「修好」(「修兄王之好」)にあると伝えている。

辛丑年、蓋鹵王遣弟昆支君、向大倭、侍天王。以脩兄王之好也。（雄略紀五年七月条分注所引「百済新撰」）

こうした「質」と関連する韓国と日本の文献史料（『日本書紀』と『三国史記』、『三国遺事』）や金石文（「広開土大王碑文」）資料において確認できる「質」の派遣や目的については共通的に修好・結好・通好・和通などと表現されている。注意すべきは、これらの史料用語については、言うまでもなく、基本的に対等な国家間の関係、つまり隣対国の間の外交形式を言い表す概念であるということを改めて想起すべきであろう。[33]

⑵問題点②及び③についての疑問

従来の研究のなかでは、すでに確認したように、「質」が本国へ帰国する際に伴った相手国（すなわち「質」を受け入れた国）の兵士、つまり「質」の帰国を護衛したわずかな兵士たちをそのまま軍事力として過度に評価し、特にその「質」が帰国後に自国の王位についた場合に、それをあたかも「質」を護送した国が相手国に自国の親政権もしくは傀儡政権を成立させたかのごとく受け止めたり、あるいはまた、相手国の王位・王権を冊封・冊立したかのように理解する見解がある。[34]

しかし、派遣された「質」が帰国して本国の王位に就いた場合、「質」を本国に送った側が自国の親（傀儡）政権を樹立した、または相手国の王を冊封・冊立したかのように理解することは、基本的に問題があると言わなければならない。

中国古代における「質」の事例のうち、「質」として他国へ送られた人物が、後に帰国して王位につく場合が多くあるが、ここにその一例を挙げておく。

すなわち、『史記』秦本紀武王四年条には、

詔襄王為質於燕、燕人送帰、得立。

とあり、かつて詔襄王は「質」として燕に送られたが、後日、燕人が彼を本国へ送り届け、ついに即位したことがわかる。この場合をもって、果たして弱小国の燕が秦に親燕政権を樹立させた、あるいはまた、燕が秦王を冊封・冊立したと言えるのか。その答えは自明ではなかろうか。

相手国へ派遣された「質」は、当然ながら、本国からの帰還要請があった場合、「質」を受け入れた国は必ずその質子を本国まで無事に送り届けるのが一つの国際的慣例であり、そのために「質」の帰国に際し、ある程度の規模を持つ兵士を伴うのも、ごく自然であった。この点はなによりも、「質」の基本的な性格(つまり「質」は王の身代わりとしてのいわゆる外交特使というべき存在)やその対象になる人物の身分(主に太子や貴族またはその子弟など)などを考え合わせると、十分理解できるのではなかろうか。そして、後者の側面を前提にすると、派遣された「質」が本国に戻り自国の王位につく事例が多いことも、当然といえば当然であろう。

要するに、「質」の帰国時に伴った相手国の兵士はあくまでも「質」の身辺安全のための衛送兵にすぎず、したがって質子を護送した軍事力をもって、親王権(政権)樹立や他国王の冊封・冊立のように理解できないのは勿論である。

(3)問題点④についての疑問

古代の国家間における「質」、特に韓日関係における「質」については、一般的に現代的意味の「人質」と同様に見做し、国家間の関係における服属の証拠またはその象徴として理解されており、百済から倭国へ送られた「質」の例にその典型を見出す理解が多かった。

しかしながら、こうした従来の「質」についての理解は甚だ一面的なものであり、そのような理解では、国家間の関係において、様々な役割を遂行した「質」の意味を見誤る結果になるという点については、すでに論じたところである。

ところが、百済の「質」については服属の象徴・証拠として理解するのが一般的であるが、何故か、新羅の「質」とりわけ金春秋の場合に限っては、百済の「質」とは全く異なる理解が行われている。これは、先にみた石母田説の至大な影響といえよう。

すなわち、新羅から倭国へ送られた「質」については、かつて三池賢一氏が特に金春秋の場合について、いわゆる「人質」としての性格を否定したことや、[35] 石母田正氏の「新羅の質は服属の象徴というより唐、新羅と倭をつなぐ外交官」という指摘以来、[36] 新羅の「質」（特に金春秋）に限っては「質」＝外交官という理解が幅広く認められているのが現状であろう。[37]

しかし、こうした「質」＝外交官という理解は、けっして新羅の「質」に限っていえることではない。当然のことながら、百済から送られた「質」についても同じことが言い得るのであり、またそう理解しなければならないと思われる。

つまり、国際関係における「質」は国王の身代わりとしてのいわば「外交特使」であり、しかも相手国に中・長期的な滞在を予定して派遣される存在という点を重視すると、まるで現代的意味における「大使館の大使」に比肩できる存在であるとも言える。

要するに、「質」は国家間の「外交特使」で、現代的に言えば「外交官」そのものである。したがって、金春秋の場合のみならず、新羅派遣の他の「質」（すなわち金多遂、彌武）は勿論、百済が送った数多くの「質」もまた「外交官」そのものであるのは、当たり前である。よって、特に金春秋の場合だけを特別に限定して「外交官」と規定する理由は、どこにもないと考える。

さて、前述したように、近年の研究では「質」を外交官として理解する一方、「質」＝使節団と見做すか、修好結援の盟約・証拠と理解する見解も提示されている。もちろん、こうした「質」に対する新しい理解が一面では妥当と思われるが、決して十分とは言えないと思う。なぜならば、こうした理解では、「質」を送る側（百済や新羅）の政治的意味は十分理解できるが、それを受け入れる側つまり倭国（倭王権）の「質」導入・受容の意味を明らかにすることは出来ないからである。

言い換えれば、冒頭で言及した改新政権の対外政策、すなわち改新政権の成立によって百済の「質」の代わりに新羅から「質」を受け入れることに方針を転換したのはなぜか。この問いに対して最近の新説が提示した「質」の理解は充分な答えにならないのみならず、その意味が依然として不明と言わざるをえないのである。というのも、新説が提示した「質」の理解によると、新政権の新羅に対する新しい対外政策は結局、新羅から外交使節を受け入れるということになるが、それが、果たして新政権においてどのような意味をもつのか。また、それが改新政権の追求する国内改革とどのように関わり、どのような意味を有するのか。さらに、政変つまり「乙巳の変」の直接的な原因とされる、いわゆる「韓政」の内容とはどのように関連するのか、などの諸点でも疑問が残るからである。

結局、こうした新説の理解では、改新政権の新羅に対する新しい対外政策の意味は、対新羅関係からではなく、対唐関係の中で追求せざるを得ないのである。しかしながら、新羅に対する「任那の調」廃止と「質」の派遣要請という、両者の関連性を正確に理解しない限り、改新政権の政策転換の意味を理解することはできない。そこで改めて、倭王権の推進した「任那の調」政策と「質」導入策の意味を追求しなければならないのであり、特に後者の「質」問題の解明こそは、改新政権の対外政策を理解するための不可欠な前提であり課題である、ということができるのである。

三　「質」の諸特徴及び類型

古代韓日関係においては、韓半島諸国が自国の対外戦略に基づき、主体的に日本列島の倭国を主な対象として、「質」を媒介とするいわゆる「質」外交を積極的で活発に展開した。ここでは「質」外交の正しい理解、特に韓半島諸国からの「質」を選択的に受け入れる倭国側の「質」受容の本質的な意味を理解するための前提として、「質」の共通する一般的特徴を整理してみたい。

(一)「質」の身分・地位及びその対象

まず、「質」の性格は基本的にその「質」を派遣した国王の身を直接的に代理するものであり、その点で「質」は最高・最上級の「外交特使」であると位置づけることができる。また、「質」はこうした重大な任務を帯びて派遣される存在であるゆえに、その身分は相当な地位にあるものでなければならない。したがって、普通の場合は、国王の近親をはじめとし、派遣国の最高位層に属する者の中で選ばれるのが常であり、一つの慣例であったと言えるのである。すなわち、その主な対象は派遣国の王子や王弟（あるいは王女）などの王族階層であるか、最高級の貴族またはその子弟が選ばれている。

このような「質」は、一般の外交使節と比べた場合、特に区別される特徴として次の二点を指摘できる。

一つは、「質」の身分上における特徴であり、いま一つは、派遣期間つまり相手国での滞在期間の違いである。

まず、身分上において、「質」の場合は大体王族（王子・王弟・王女）か、最高位の官位を帯びた貴族層である点に特徴があり、これは一回性の外交任務を持って外国へ派遣される一般の外交使節の場合、普通、中・下位の官位を有する人物が任命されるのとは、比較・区別される違いである。(38)

また「質」は中長期的な展望つまり長期的な対外戦略のもとで派遣されるので、中長期間の滞在を前提として送られる。したがって、「質」として選ばれた対象がもし、妻子持ちであった場合はその家族を同伴するのが一般的である。[39] この点からすると、「質」は現代的な意味での各国駐在の大使館における大使のような存在といえるかもしれない。ともかく、「質」は長期にかけて派遣されるという点で、短期間の日程で派遣される一般の外交使節とは大きく異る、特別な存在と理解すべきであろう。

（二）「質」の派遣・帰還及び交代時期

さきに述べたように、「質」の性格は基本的に派遣国の国王の身代わりであり、単に「外交官」的な存在を超えたいわば国王の代わりとしての最高級の「外交特使」にほかならない。[40]

したがって、「質」を派遣した国家において派遣主体の消滅つまり王の交替、あるいは「質」を受け入れた側の権力主体の変化が生じると、「質」自体の地位・身分・性格においても一定の変化を齎さざるをえない。

なぜならば、国家間の「質」外交の成立は基本的に「質」を派遣した主体（王）とその「質」を受け入れた主体（王）との間の人格的結合に基づいた政治的関係、つまり二つの王権・国家間の政治的約束の産物であるからである。したがって基本的に「質」外交は、派遣した王あるいは受け入れた王の当代に限って現実的な意味を有するのであり、その限りでまた「質」の地位や身分が保証されるのである。それ故に、もし派遣主体や受容主体に変化が生じると、これをきっかけに「質」の交替つまり「質」の帰国・帰還が行われることになる。そして、両国の間に引き続き「質」外交が持続される場合には、必ず「質」の交替つまり新しい「質」の派遣が行われることになるが、その根本的な理由もこの点にあるといえる。[41]

以上、（一）と（二）で検討した「質」の共通する特徴を表でまとめるとつぎのようになる。

表1　百済の「質」

派遣・帰国	対象及び身分	派遣及び受容主体	備考
①三九七～四〇五	腆（直）支（王子・太子）	阿莘王―応神	最初の質体制の成立
②四六一～四七五（四七七）？	昆支君（王弟）	蓋鹵王―雄略	質体制の強化
③五〇四～五〇五？	麻那君（非王族）	武寧王―武烈	正規の質ではない、いわば取質
④五〇五～五一三？	斯我君（王族―淳陀太子）	武寧王―武烈／継体	倭国で死亡
⑤五四七～五四七／八？	真慕宣文（徳率） 奇麻（奈率）	聖王―欽明	
⑥五五四～五五四／五？	将軍三貴（杆率） 物部烏（奈率）	聖王―欽明	
⑦五五五～五五六	恵（聖王の王子・威徳王の弟）	威徳王―欽明	
⑧五九七～？	阿佐（王子・太子）	威徳王―推古	
⑨六三一～六六一	豊璋（王子）	武王―舒明（六四二・三年派遣の翹岐と同一人物）	
⑩？～？	武子（達率）	武王（恵王または法王）？―舒明（または推古）？	
⑪？～六四二	長福（達率）	武王―舒明	
⑫六四二～六六一	翹岐（王子）	義慈王―皇極	豊章と同一人物
⑬六四五？	意斯（達率）	義慈王―孝徳	

表2　新羅の「質」

派遣・帰国	対象及び身分	派遣及び受容主体	備考
①四〇二〜四一八	未斯欣（王子）	実聖王—神功／応神	質外交の失敗—逃帰
②六四七—六四八	金春秋（王族）	真徳王—孝徳	質体制の成立
③六四九〜六五五？	金多遂（沙湌）	真徳王—孝徳	質体制の強化
④六五五〜？	弥武（及湌）	武烈王—斉明	質体制の維持・倭国で死亡

（三）「質」の構成

先に見た「質」の特徴は、「質」使節団の構成においてもそのまま現れている。そこで、一般の使節と区別される「質」のみの特徴を理解するためには「質」の構成を把握する必要がある。以下、その典型的な例を示している、六四九年派遣の新羅の「質」金多遂の事例を通じてその具体的な構成をみてみる。すなわち、孝徳紀大化五年是歳条には、

是歳、新羅王遣沙喙部沙湌金多遂為質。従者卅七人。〈僧一人、侍郎二人、丞一人、達官郎一人、中客五人、才伎十人、訳語一人、雑傔人十六人、并卅七人也。〉

とみえる。

これにより、つぎのような「質」使節団の構成を知ることができる。

「質」の構成をよく示してくれる新羅の「質」金多遂の場合を参考とすると、「質」使節団は、「質」をその首班とし、以下の組織として長官（僧）、次官（侍郎）、三等官（丞）、四等官（達官郎）のような体系的な官僚組織・官職体系を整えている。まるで一つの官庁の存在すなわち小さな行政組織を思わせる。さらに「質」使節団には、一般の実務や行政を担当するとみられる「中客」、通訳の任に当たる「訳語」、各種の特殊な手工業技術者である

「才伎」、そして一般の雑務を行う「雑傔人」などが遂行している。

(四)「質」の諸類型と国際的慣例

(1)「質」の類型

国家間の外交において発生する「質」の類型は、その発生原因によって交質、出質、納質、取質などの四つの類型に別けることができるが、ここでは古代韓日関係において現れた出質と取質の発生原因をまとめておく。

出質の発生原因：①第三国から攻撃を受けた場合、他国に武力援助あるいは請兵を目的に「質」を送る（「出A型」）。②第三国から直接的に侵攻をうけた状況ではないが、将来の第三国の侵攻に備えるために、または、第三国を直接攻撃する目的で、「質」を受け入れる相手国に和親を含む軍事同盟を結ぶために「質」を送る（「出B型」）。③基本的に両国が隣対国の関係にあるが、特に自国の戦略上の必要から、より一層の通好関係を強化する目的で「質」を送る（「出C型」）。④全く一時的ではあるが、戦略的方便の一つとして相手国の信頼を得るために「質」を送る（「出D型」＝「取信型」）。

取質の発生原因：①二つの敵対国の間に起きた戦争などに伴って、相手国を屈服させるための一つの極端的な手段として、相手国の王父・王母などの一員を「質」に取り、これを政治的担保物に利用する（「取A型」）。②二つの対立勢力の間の交渉あるいは講和などに伴って政治的盟約がなされる場合、相手国の約束違反を防ぐための一つの保証手段として「質」を取る（「取B型」）。③敵対国を討滅するために、戦略上第三国を引き入れて共同作戦を行う場合、その同盟国の裏切りを防ぐための保証策の一つとして「質」を取っておく（「取C型」）。④取質の事例のうちではかなり特殊な例であるが、外国から送られた一般の使者を、一時的ではあるが、抑留して政治的目的を達成する場合がある（「取D型」）。例えば、百済の「質」の事例では麻那君の場合がこれに当たり、請兵のために自ら高句麗へ赴いた新羅金春秋が却って囚われの身になってしまった例がよく知られている）。

⑵国際的慣例

「質」の一般的な国際的慣例として、つぎの四点を指摘することができる。

①「質」は派遣に際し、あらかじめ妻子を同伴しているという点である。これは、一般の使者と区別される特徴の一つであり、相手国での中・長期間の滞在を予定していたことを物語る。

②「質」を受け入れる側は、「質」を送った本国からの「質」の帰還要請があった場合、必ずその「質」を本国まで無事に送り届けなければならない。この場合、「質」の帰国に際し、ある程度の衛送兵をつけて送るのが当然の措置である。もしも、本国からの「質」の帰還要請が無視されるか、許可されない場合、「質」が選択できる唯一の帰国方法は逃帰しかない（例えば、新羅最初の「質」である未斯欣の場合が想起される）。

③「質」の主な対象は、王子（太子）、公子・貴族（あるいは公子・貴族の子）である。

④「質」はいわば「賂」（ひいては「盟」）と一体になって（あるいは「質」・「賂」・「盟」の三者が一つのセットとして）、国家間の外交の場で機能しているということである。

結びに代えて――「質」理解のための前提

まず、古代韓日間の外交における「質」の問題を正しく理解するためには、何よりも韓半島諸国と日本列島の倭王権（倭国）との国際的関係を、つまり基本的には隣対国としての対等関係を前提にして、「質」の意味を追求し、または再吟味する必要がある。

つぎに、本論で述べた「質」理解の問題点を念頭におきながら、今後の望ましい古代韓日関係史像を再定立・再構築するためには、どんな方向と努力が要求されるか、考えてみたい。

極めて原論的なことではあるが、次の三点を挙げることができると思う。

①歴史像（関係像）を歪曲させる根本的な要因は、研究者たちの有する民族意識であるといえる。したがって、正しい関係史像を定立し共有するためには、まずもって、韓日両国の研究者たちが自身の属する国への重視、つまり自民族・自国中心史観から脱皮しなければならないであろう。

②両国の研究者が『日本書紀』（乃至「日本書紀史観」）に対する呪縛（日本側）と忌避（韓国側）からいち早く解放されなければならない。そのためには、①で言及した過ぎた民族意識からの脱皮と、またこれと表裏の関係にある問題として、研究者自身＝研究主体の相対化が切実に要求されるといえる。もし、そうでなければ、『日本書紀』のみに伝えられる関連史料をめぐる論議そのものが、ややもすると、両国学界におけるいわゆる「水分論」（循環論）に陥るか、あるいは両否論（両是論）に留まる虞がある。

③より具体的な問題の一つとして、両国学界が共通の歴史像を共有するためには、『日本書紀』の用語に過度に拘泥されてはならないであろう。

特に問題になる用語が「質」の場合である。従来の日本学界では、特に「質」に対する理解において、現代的な観念を前提として理解するのが一般的であった。すなわち「質」＝服属の象徴という等式のもとで、大和王権に対する百済・新羅の服属・従属関係、または両者の間の上下・優劣関係を言い表すものと理解してきた。少なくとも、列島の政治勢力の韓半島に対する政治的優位を示す端的な事例として把握しているのである。

一方、韓国側では、「調」や「質」といった用語について、あまりにも過度に、あるいは敏感に反応し、その用語自体に対する徹底した否定に一貫した嫌いがある。これもまた、「調」や「質」に対する現代的な観念に立脚した理解が、その前提としてあるからに他ならない。

結論的に、両国学界ともに、「調」や「質」といった用語上の呪縛から逃れる必要がある。こうした用語に対しては、まず現代的観念を排除して、古代韓日関係の実像・実態を見極めた上で、それについての意味付けをしなければならない。(42)

日本は外交下手と言われることがある。(43) しかし、古代日本（倭国）と百済の場合をみると、そのことばは当てはまらない。両国の間には、国交が成立する三六〇年代から百済が滅亡する六六〇年代まで、約三〇〇年の歳月にかけて一貫した友好・親善・同盟の関係が安定的に持続されたからである。そして、それを支えつづけたのが日本（倭国）へ派遣された百済の「質」であった。こうした両国の関係は、利害が先鋭に対立する国際関係、世界の外交史においても稀有の事例である。

対立と葛藤が温存している昨今の韓日関係・外交において、もし、必要な外交上の典範を探し求めるとすれば、それは他ならぬ、古代の韓日関係の中で確認できる、百済と倭国（日本）の関係にあるのではないだろうか。

註

（1）岡正雄「日本文化成立の諸条件」（『日本民俗学大系』二、平凡社、一九七二年）、和田萃「渡来人と日本文化」（『岩波講座日本通史』三・古代二、岩波書店、一九九四年）二三三頁。

（2）古代における国家間の外交を媒介する諸形態及び諸事例に対する分析は、坂元義種『古代東アジアの日本と朝鮮』（吉川弘文館、一九七八年）に詳しい。

（3）木村誠『古代朝鮮の国家と社会』（吉川弘文館、二〇〇四年）。

（4）末松保和『任那興亡史』（吉川弘文館、一九四九年）、石母田正『日本の古代國家』（岩波書店、一九七一年）、坂

元義種『古代東アジアの日本と朝鮮』（吉川弘文館、一九七八年）など。なお、最近の「質」に関連する見解として、例えば鈴木英夫や西本昌弘氏らの場合も基本的には、末松説、石母田説、坂元説などとほぼ同じ理解を示している。鈴木英夫『古代の倭國と朝鮮諸國』（青木書店、一九九六年）、西本昌弘「東アジアの動亂と大化改新」（『日本歴史』四六八、一九八七年）、西本昌弘「倭王權と任那の調」（『ヒストリア』一二九、一九九〇年）など。

（5）拙稿「古代朝・日關係における質の意味」（『史觀』一三四、一九九六年）。

（6）拙稿「古代韓日関係における質」（『建大史学』八、一九九三年、韓国・建国大学校史学会）、同「古代中国における質」（『新韓学報』二三、一九九六年）参照。

（7）拙稿「古代朝・日關係における質の意味」（前掲誌）。

（8）森公章『「白村江」以後』（講談社、一九九八年）、仁藤敦史「文献よりみた古代の日朝関係」（『国立歴史民俗博物館研究報告』一一〇、二〇〇四年）、田中史生「渡来人と王権・地域」（『日本の時代史』二、吉川弘文館、二〇〇二年）、田中史生『倭国と渡来人』（吉川弘文館、二〇〇五年）。

（9）『三国史記』新羅本紀哀荘王三年（八〇二）十二月条に「授均貞大阿湌為仮王子、欲以質倭国、均貞辞之」とみえる。

（10）韓国古代で加耶から新羅に派遣した「質」の例としては、『三国史記』新羅本紀奈解尼師今十七年（二一二）春三月条に、「加耶送王子為質」とみえている。

（11）田中史生『倭国と渡来人』（前掲書）三四―三七頁参照。氏は、『日本書紀』垂仁天皇二年是歳条分注に伝える、大加羅国王子「阿羅斯等」の渡来（帰化）伝承を分析され、第一に、天皇に奉仕した渡来人が加羅の王子であるという点、第二に、王権間の交流と関連して帰国している点、そして第三に、渡来から帰国までおよそ五年という長期間にかけて滞在している点などを根拠に、この伝承は本来「質」の伝承であると把握している。

（12）鈴木英夫氏（「大化改新直前の倭国と百済――百済王子翹岐と大佐平智積の来倭をめぐって」〈前掲誌〉の注（33））は、「人質」と断定できるのは昆支、斯我、武子、意斯の場合であるとする。また山尾氏（「六四〇年代の東アジアとヤマト国家」〈前掲誌〉）は、腆支（直支）、昆支（軍君）、斯我君、豊璋を百済の「質」として挙げ、長福、武子、意斯の場合については西本説（「豊璋と翹岐――大化改新前夜の倭国と百済」〈前掲誌〉）を認めた上で、豊璋を「大使」とする「質」使節団の構成員ではないかとされるが、長福などの場合は豊璋とは時期を異にして来倭した別の「質」と見なければならないであろう。

（13）同一人物説については、これを否定する見解（宋浣範「七世紀の倭国と百済」『日本歴史』六八六、二〇〇五年）も提起されている。なお、韓国の学界では豊璋と翹岐とを別人と見る理解が一般的である。金善民「『日本書紀』に見える豊璋と翹岐」（『日本歴史研究』一一、二〇〇〇年、韓国・日本史学会）など。

（14）この説の存在については、鈴木英夫「大化改新直前の倭国と百済――百済王子翹岐と大佐平智積の来倭をめぐって」〈前掲誌〉の注（33）に出典不明のまま紹介されている。

（15）山尾幸久「大化改新直前の政治過程について（上）」（『日本史論叢』第一輯、一九七二年）一〇八頁。

（16）西本昌弘「東アジアの動亂と大化改新」（『日本歴史』四六八、一九八七年）。

（17）日本古典文學大系『日本書紀下』（岩波書店、一九六七年）二七二頁。

（18）拙稿「古代韓日関係における質」（前掲誌）及び「古代朝・日關係における質の意味」（前掲誌）参照。

（19）韓半島諸国から倭王権へ送られた「質」の問題を扱った論文として、鈴木英夫「大化改新直前の倭国と百済――百済王子翹岐と大佐平智積の来倭をめぐって」（『続日本紀研究』二七二、一九九〇年）、山尾幸久「六四〇年代の東アジアとヤマト国家」（『青丘学術論集』二、一九九二年）、渡辺康一「百済王子豊璋の来朝目的」（『国史学研究』一九、一九九三年）などを挙げることができる。特に、山尾氏と渡辺氏の論文は従来の観点とは違い、百済側の立場で「質」の問題を理解しており、本稿の視点とも基本的に一致している。

（20）こうした立場からの理解としてその主なものを上げれば次の如くである。末松保和『任那興亡史』（吉川弘文館、一九四九年）、坂元義種『古代東アジアの日本と朝鮮』（吉川弘文館、一九七八年）、日本古典文学大系『日本書紀』下（岩波書店、一九六五年）二二九頁の頭注、鈴木靖民「皇極紀朝鮮関係記事の基礎的研究」（『国史学』八二・八三、一九七〇年）、胡口靖夫「百済豊璋王について――所謂『人質』生活を中心に」（『國學院雑誌』八〇―四、一九七九年）、西本昌弘「豊璋と翹岐――大化改新前夜の倭国と百済」（『ヒストリア』一〇七、一九八五年）、同「東アジアの動乱と大化改新」（『日本歴史』四六八、一九八七年）など。なお、鈴木英夫「大化改新直前の倭国と百済――百済王子翹岐と大佐平智積の来倭をめぐって」（前掲誌）も、百済と新羅が倭国に軍事的支援を要請して従属の礼を取ったと理解しており、氏も「質」そのものについては「従属的外交姿勢」の表象として理解されているようである。

(21) 末松保和『任那興亡史』(前掲書)、七九頁。
(22) 同上、一九〇頁。
(23) 同上、七九―八〇頁。
(24) 石母田正「古代史概説」(『岩波講座日本歴史』古代一、岩波書店、一九六三年)四一頁。
(25) 石母田正「國家成立史における國際的契機」(『日本の古代國家』岩波書店、一九七一年)五六頁。
(26) 坂元義種『古代東アジアの日本と朝鮮』(前掲書)、一四―一五頁。
(27) 同上、二〇一―二〇三頁。
(28) 氏は、百済の腆支王、東城王の他にも、文周王、威徳王、豊璋王などの場合も倭王の冊立を受けて王位に就いたと理解される(『古代東アジアの日本と朝鮮』前掲書、二〇〇―二〇一頁)。
(29) 坂元義種『古代東アジアの日本と朝鮮』(前掲書)二〇〇頁、末松保和『任那興亡史』(前掲書)三七―三八頁。
(30) 浜田耕策「高句麗広開土王陵碑文の研究――碑文の構造と史臣の筆法を中心として」(朝鮮史研究会編『古代朝鮮と日本』龍渓書舎、一九七四年)、鈴木英夫「加耶・百済と倭――『任那日本府』論」(『朝鮮史研究会論文集』二四、一九八七年)六八―六九頁、山尾幸久『古代の日朝関係』(塙書房、一九八九年)一九八・二〇三頁、李成市「表象としての広開土王碑文」(『思想』八四二、一九九四年)など参照。
(31) これと関連する「質」の諸類型については次節を参照。
(32) 鈴木英夫「大化改新直前の倭国と百済――百済王子翹岐と大佐平智積の来倭をめぐって」(前掲誌)注(33)。
(33) 平野邦雄「倭と朝鮮三国との外交形式」(『大化前代政治過程の研究』吉川弘文館、一九八五年)参照。
(34) 例えば、末松保和『任那興亡史』(吉川弘文館、一九四九年)、坂元義種『古代東アジアの日本と朝鮮』(吉川弘文館、一九七八年)、鈴木靖民「東アジア諸民族の國家形成と大和王権」(『講座日本歴史』一、東京大学出版会、一九八四年)などに見られる諸氏の理解を挙げることができる。
(35) 三池賢一「〝日本書紀〟金春秋の來朝記事について」(『古代の日本と朝鮮』學生社、一九七四年(初出は一九六六年)。
(36) 石母田正「國家成立史における國際的契機」(『日本の古代國家』岩波書店、一九七一年)五六頁。
(37) 鈴木英夫「七世紀中葉における新羅の対倭外交」(『國學院雑誌』八一―一〇、一九八〇年)、鈴木靖民「東アジアにおける国家形成」（『岩波講座日本通史』三・古代二、岩波書店、一九九四年）など。

(38) 百済や新羅から倭国へ派遣された一般使節の有する官位を『日本書紀』記事を通じてみてみると、百済の場合は、請兵のような直接的な軍事援助を要請するなどの特別な場合を除き、普通は百済一六等官位の中の第六位（奈率）や第八位（施徳）、第九位（固徳）の官人が派遣されている。これに対して新羅の場合は、大体、新羅一七等官位の中で第十一位である奈麻と第十二位の大舎の派遣が一般的である。新川登亀男『日本古代文化史の構想』（名著刊行会、一九九四年）一〇一頁参照。

(39) 百済の「質」のうち、その代表的な事例を上げるとすれば、昆支（軍君）と豊璋（翹岐）の場合がある。前者は『日本書紀』雄略紀五年七月条に「秋七月、軍君入京。既而有五子。〈百済新撰云、辛丑年、蓋鹵王遣弟昆支君、向大倭、侍天王。以脩兄王之好也。〉」とあり、来倭時に五名の子供を同伴していたことがわかり、後者の場合も、皇極紀元年五月条の「戊寅、翹岐将其妻子、移於百済大井家。乃遣人葬児於石川」という記事を通じて、彼が妻子を伴って派遣されたことが確認できる。

(40) こうした「質」の特徴は、次項で検討する「質」使節団の構成においてもそのまま現れている。

(41) 「質」の派遣及び交替時期については、木村誠『古代朝鮮の国家と社会』（吉川弘文館、二〇〇四年）、田中史生『倭国と渡来人』（吉川弘文館、二〇〇五年）などを参照。

(42) 特にこの点については、新羅から将来された「調」について詳しく分析された新川氏の研究が多くの示唆を与えている。新川登亀男『日本古代の対外交渉と仏教――アジアの中の政治文化』（吉川弘文館、一九九九年）の序論及び第一章を参照のこと。なお、国家間の、特に受け入れる側の「質」の意味を理解するためには、「質」と「賂」の関連に注意すべきであろう。つまり、「質」に伴って将来された「賂」の中身についての分析こそが大事である。こうした点に着目したものとして、仁藤敦史「文献よりみた古代の日朝関係」（『国立歴史民俗博物館研究報告』一一〇、二〇〇四年）、田中史生『倭国と渡来人』（吉川弘文館、二〇〇五年）、羅幸柱「倭王権と百済・新羅の「質」――倭国の「質」導入・受容の意味」（『日本歴史研究』二四、二〇〇六年、韓国・日本史学会）などがある。あわせて参照されたい。

(43) 森公章『「白村江」以後』（講談社、一九九八年）。

入唐僧円仁と唐人楊敬之

——円仁の求法巡礼を支えた唐人の交流ネットワーク

葛　継勇

はじめに

平安時代初期の入唐僧円仁が唐の官人や僧侶、また在唐新羅人からさまざまな援助をうけて、十年間余りの求法巡礼生活を終え、無事に帰国できたことはよく知られている。これまで、円仁と在唐新羅人との交友については古くから注目され、多方面から検討されてきた(1)。しかしながら、入唐僧円仁の求法巡礼活動における唐人や唐僧の支援・協力については、小野勝年「知玄と円仁」、齊藤圓真「慈覚大師と楊卿・楊郎中・裴郎中」という二つの論文(2)以外に、ほとんど検討されてこなかった。

このうち、小野勝年は知玄（八一〇〜八八二）の介在による円仁と楊敬之との交友、円仁の帰国における楊敬之らの援助など、齊藤圓真は裴休の仏教信仰などを詳細に述べており、従うべき結論であろう。ただし、小野勝年・齊藤圓真はみな円仁『入唐求法巡礼行記』（以下『巡礼行記』）に見える人物を中心にして検討するだけで、円仁の求法巡礼活動を支えた唐人・唐僧の全体像を捉えるには限界があろう。

周知のように、唐の会昌年間、猛烈な廃仏事件が起こり、僧侶の還俗・寺院の廃毀を余儀なくされた。だが、仏教を強く信仰する唐の士大夫たちはこの廃仏政策や運動に対して否定的な姿勢を示し、僧侶を庇護する行動を図ってきたと思われる。一般的に、江南地区や河北地区[3]よりも、中原地区のほうが廃仏毀釈の嵐が吹き荒れたと思われる。ただし、当時唐の士大夫の仏教信仰からみて、中原地区においては廃仏毀釈がどこまで支持されていたのかは疑わしい。この問題の究明は、長安で猛烈な廃仏を経験した一異国僧円仁がなぜ順調に中原地区を通れたかということにつながるのみならず、当時中原地区における仏教社会の実態を明らかにすることが可能であろう。[4]

本稿では、会昌の廃仏の状況を詳細に記録した『巡礼行記』を中心にして、円仁の長安における求法巡礼活動に注目し、楊敬之・知玄の関係史料を再整理するなかで、まず楊敬之の学識・仏教信仰、知玄・円仁との交友を考察し、次に円仁の帰途に援助をもらった鄭州・汴州などの中原地区における在地官人の仏教信仰を明らかにし、さらに長安資聖寺に滞在中の円仁と唐士大夫・僧侶との交友関係を究明して、円仁の求法巡礼活動を支えた唐人の仏教信仰ネットワークについて検討していきたい。

一　円仁の帰国と楊敬之

長安で五年間近くになる求法・巡礼の生活を送った円仁一行は、武宗の廃仏に遭って還俗・帰国を余儀なくされ、会昌五年（八四五）五月十四日、長安から洛陽、鄭州へ向かって帰国の途についた。『巡礼行記』巻四、会昌五年五月十五日条には以下のような記事がある。[5]

出府、到万年県。府家差人送到。大理卿・中散大夫・賜紫・金魚袋楊敬之〔曾任御史中丞〕令専使来問、何日出城、取何路去。兼賜団茶一串。在県中修状報謝。内供奉談論大徳去年帰郷、不得消息。今潜来、裹頭隠在楊卿宅裏。令童子清涼将書来、書中有潜別之言、甚悲惨矣。（中略）楊卿差人送書来云、弟子書状五通兼手書付送前路州県旧識官人処。但将此書通入、的有所益者。職方郎中・賜緋・魚袋楊魯士前曾相奉、在寺之時殷勤相問。亦曾数度到寺検校、曾施絹褐衫褌等。今交郎君将書来、送路絹二匹、蒙頂茶二斤、団茶一串、銭両貫文、付前路書状両封。別有手札。市施主楊差人送来絹一疋、褐布一端、銭一千文、宛路上用。自餘相送人、不能具録。并于春明門外拝別、云留斯分矣。楊卿使及李侍御不肯帰去、相送到長楽坡頭、去城五里一店裏、一夜同宿語話。

この記事によると、長安を出立するにあたって、円仁に温情を寄せた人物には、唐人の楊敬之や楊魯士、唐僧の知玄らがいたことが知られる。ただし、このなかで「市施主楊」と記されている人物については名前が記されていないため、特定するための手がかりに欠ける。(6)

さて、楊敬之と楊魯士との二人は、いずれもこの時が『巡礼行記』の初見である。楊敬之は慰問の使を遣わして、団茶一串を贈っただけではなく、円仁一行が円滑に帰国できるように、沿路の州県の長官に書状を書き、便宜を図るよう依頼している。そして、彼の慰問使は円仁一行を長楽坡頭まで見送り、さらに万年県城と離れる五里の旅店に一泊して、円仁らと一晩過ごしている。もう一方の楊魯士は郎君すなわち息子を遣わして書状を送り、あわせて絹二匹・蒙頂茶二斤・団茶一串・銭両貫文を贈っている。これらのことから円仁と楊敬之・楊魯士との交友関係は浅からぬものであったと考えられる。

楊敬之は大理卿の以前、かつて御史中丞に任じられていた。楊魯士は時に職方郎中の官職を持っている。(7) 職方郎中の職掌について、『旧唐書』巻四十三の職官志によると、職方郎中は四夷の帰化を弁別することに関する職務も担う。前出の『巡礼行記』会昌五年五月十五日条には「亦曾数度到寺検校」とあり、職方郎中の楊魯士が円仁の在住していた寺院を検校したということは、職方郎中の職掌として外国僧侶を検校することがあったのかもしれない。(8)

その一方、『旧唐書』巻四十四の職官志と、『唐六典』巻十八の大理寺条に見られるように、大理卿は中央・地方の官吏の非違の審査およびその処分を職掌としていた。また、御史中丞については『唐六典』巻十三の御史台条によると、御史台の次官として長官の御史大夫とともに刑罰・典章の政令をもって、中央・地方の官人の乱紀を糾察し、粛正することを職掌としていた。

しかし、円仁は一介の僧侶であり、官吏ではない。従三品の高官である楊敬之が職務上、円仁と知り合う機会は少ないだろう。では、どのような経緯を経て、円仁は唐の高官である楊敬之と交友することになったのだろうか。この問題を究明する前に、楊敬之の学識と仏教信仰について考察してみたい。

二　楊敬之の出自と任官および学識

『新唐書』巻一六〇楊敬之伝によると、楊敬之の字は茂孝、弘農楊氏楊凌の子であり、元和（八〇六～八二〇）の初め、進士に及第し、右衛冑曹参軍を経て、屯田・戸部二郎中などに昇叙したが、太和九年（八三五）七月に、牛党李宗閔との関係によって連州刺史に貶された。その後は長安に戻り、太常少卿・大理卿・検校工部尚書・兼国子祭酒を歴任した。

『金石文字記』巻五所収の「国子学石経」（開成二年）には「朝散大夫・守国子司業・騎都尉賜緋魚袋臣楊敬之」とあり、また『冊府元亀』巻五九二「掌礼部」に「（開成）三年二月、起与太常少卿裴泰章、太常少卿兼権勾当国子司業楊敬之、太常博士崔立等状奏准今月十日堂帖」とあることから、開成二年（八三七）には朝散大夫・守国子司業・騎都尉となり、翌年二月は太常少卿の任にあったことがわかる。

そして、円仁の『入唐新求聖教目録』には「『維摩経疏』十巻、豫州刺史揚敬之撰。（中略）右件法門仏像道具等、於長安城興善・青龍及諸寺求得者」とある。[9]この『入唐新求聖教目録』の「揚敬之」とは楊敬之のことであろう。ただし、この「豫州刺史」の任官は、他の史料には見えない。郁賢皓は、文宗期に楊敬之は豫州刺史に任じられたと推測している。[10]しかし、宝応元年（七六二）に豫州は蔡州と名を改められているので、文宗期には豫州という地名がない。

また、『東域伝灯目録』には「同経疏十巻、絳州刺史揚敬之撰」とある。絳州は『旧唐書』巻三十九などに見られ、唐代にはずっと存在している雄州（長官の刺史は従三品）である。この「絳州」を、郁賢皓は「繹州」と読み取り、さらに「澤州」の誤りとして、楊敬之は太和初年に澤州刺史に在任したと指摘している。[11]しかし、この「同経疏」とは『維摩経疏』のことであり、前出の『入唐新求聖教目録』にある「『維摩経疏』十巻、豫州刺史楊敬之撰」と同じ記録だと見るべきである。したがって、澤州刺史・豫州刺史ではなく、絳州刺史であろう。『維摩経疏』十巻は円仁が長安に滞在する間に求得したものであり、そのことから楊敬之は会昌五年以前に絳州刺史に遷したと考えられる。

『新唐書』巻七十一下の宰相世系表に「敬之、同州刺史」とあり、また『千唐誌斎蔵誌』所収の「郷貢進士孫備夫人于氏墓誌銘」（咸通六年制作）には「夫人于氏、河南人也。妣弘農楊氏、外王父左馮翊太守諱敬之」とあり、楊敬之は同州（左馮翊郡）刺史にも任じられている。同州は上州であり、その長官である刺史は従三品であることをもって、郁賢皓はこの同州刺史の着任を「会昌中」と指摘しているが、[12]筆者は大理卿の任官以降、すなわち宣宗の即位後の大中年間に同州刺史に転任したと考える。

そして、前出の『巡礼行記』会昌五年五月十五日条には「曾任御史中丞」と附記されていることから、円仁と初めて対面したとき、御史中丞であったのではないだろうか。

以上の検討から楊敬之の歴任した官職は以下のようにまとめられるであろう。

右衛冑曹参軍（正九品上）（元和初）→屯田郎中（従五品上）（太和初）→戸部郎中（従五品上）（太和九年〈八三五〉以前）→連州刺史（正四品下）（太和九年〈八三五〉）→絳州刺史（従三品）（開成初）→朝散大夫・守国子司業（従四品下）・騎都尉（開成二年）→太常少卿（正四品上）兼権勾当国子司業（開成三年）[13]→御史中丞（正四品上）（会昌二年以前）→大理卿（従三品）・中散大夫（会昌五年）→検校工部尚書兼国子祭酒（従三品）（大中初）→同州刺史（従三品）（大中年間）

ところで、近年発表された「韋応物墓誌」（貞元十二年〈七九六〉制作）には「長女適大理評事楊凌。次女未笄、因父之喪、同月而逝」とあり、楊敬之の父である楊凌は唐代の著名な文人である韋応物の長女と結婚したのである。また韋応物が撰文した妻の墓誌「故夫人河南元氏墓誌銘」（大暦十一年〈七七六〉制作）には「有小女年始五歳、以其恵淑、偏所恩愛、嘗手教書札、口授『千文』。見余哀泣、亦復涕咽」とあり、この『千文（千字文）』を口授したという「小女」は楊敬之の母であると思われる。楊敬之の詩文才能が高いのは母からの影響もあったのであろう[14]。

また、『新唐書』巻一六〇楊敬之伝には、

未幾、兼太常少卿。是日、二子戎・戴登科、時号楊家三喜。（中略）敬之嘗為『華山賦』、示韓愈。愈称之、士林一時伝布。李徳裕尤咨賞。敬之愛士類、得其文章孜孜玩諷、人以為癖。

とあり、楊敬之が太常少卿を兼務する日に、二子の楊戎・楊戴も登科したことから、「楊家三喜」と呼ばれていたことが記されている[15]。そして、楊敬之の「華山賦」は韓愈・李徳裕らに優賞され、当時の知識人層に伝布していた。前出の「郷貢進士孫備夫人于氏墓誌銘」には「外王父左馮翊太守諱敬之、韓吏部・柳柳州皆伏比賈・馬。文章気高、面訶卿相豪盛之非」とあり、楊敬之の文章は韓吏部（愈）だけでなく、柳柳州（宗元）から高く評価されていた。(16) 文中の「賈・馬」とは漢代の辞賦名家である賈誼・司馬相如のことである。「楊敬之は名士・詩人と交遊があり、「癖」と言われるほど文章の吟味に夢中であったとされる。ちなみに、明の陶宗儀撰『書史会要』巻五には「（楊敬之）工於翰墨」とあり、楊敬之は書道にも優れていたという。

宋の魏仲舉編『五百家注昌黎文集』巻十五「（韓愈）答楊子（敬之）書」には「東野碆碆説足下不離口。崔大敦詩不多見、毎毎説人物亦以足下為処子之秀。近又得李七翺書、亦云足下之文遠其兄甚矣」とあり、楊敬之は孟郊・李翺・崔敦らにも称賛され、広く知られていた。(17)

楊敬之は当該期の名族出身であり、かつ著名な文人であり、自然と交友関係が広かった。李商隠「李賀小伝」（宋姚鉉編『唐文粋』巻九十九所収）には「所与遊者、王参元・楊敬之・権璩・崔植為密」とあり、楊敬之は当時随一の詩人李賀との交友があった。そして、劉禹錫「答楊敬之時亦謫居」（宋洪邁編『万首唐人絶句』巻六所収）という詩文は、劉禹錫との交友関係も示している。

また、『唐詩紀事』巻六十五に収録する張為「詩人主客図序」に「以李益為清奇雅正主、上入室蘇郁、入室劉畋・僧清塞・盧休・于鵠・楊洵美・張籍・楊巨源・楊敬之・僧無可・姚合、升堂方干・馬戴・任蕃・賈島・厲元・項斯・薛寿及門僧良乂・潘誠・于武陵・詹雄・衛準・僧志定・喩島・朱慶餘」とあり、楊敬之は当代随一の文人であった張籍・僧無可・姚合・賈島・項斯とならぶほどの人物であり、多くの文人と交友関係にあったことが窺えるのである。

三　楊敬之の仏教信仰と僧知玄・円仁との交友

『新唐書』巻七十一下の宰相世系表によると、楊敬之は弘農出身の楊虞卿、汝士兄弟と同じく楊氏越公房に属し、牛僧孺・李宗閔の牛党に与した。(18) 仏教をほとんど信仰する牛党の要人と交友関係にあった楊敬之も仏教に関心を持っていただろう。

『宋高僧伝』巻六の唐彭州丹景山知玄伝には、

有楊茂孝者、鴻儒也。就玄尋究内典、直欲效謝康楽注『涅槃経』、多執巻質疑、隨為剖判。致書云、方今海内龍象、非師而誰次。楊刑部汝士、高左丞元裕、長安楊魯士咸造門、擬結蓮社。嘗一日、玄宴坐、見茂孝披紫服、戴碧冠、三礼畢、乗空而去。令人偵問、茂孝其夕誡其子曰、「吾常欲落髪披緇、汲瓶掔屨、侍玄公。所累者、簪冕也。吾蓋棺時、殮以紫袈裟、碧芙蓉冠。」方験先見矣。

とある。これによると、楊敬之（字は茂孝）は「鴻儒」と称えられるが、玄学・内典（仏教典籍）も究明し、『涅槃経』を注釈しようとしていた。また、楊敬之は没前、落髪して披緇しようと常に考えていたが、役人であるために果たせず、亡骸に紫袈裟を着せて棺に納め、葬って欲しいと子息に遺言している。このことから楊敬之の仏教信仰はかなり篤かったと言えるだろう。

前出の円仁『入唐新求聖教目録』に「『維摩経疏』十巻、豫州刺史楊敬之撰」とあり、楊敬之は『維摩経疏』十巻を著していることから、仏教典籍に造詣が深かったことも窺われる。

そして、楊汝士、高元裕と楊魯士らと共に知玄の門に集い、知玄を中心とする蓮社を結ぼうとしていた。この蓮社とは、東晋の名僧慧遠を中心にして集まった白蓮社のことであろう。(19) つまり、楊敬之は楊汝士や高元裕、楊魯士らと仏教信仰を中心とした交友関係を持っていたと考えられるのである。

楊汝士の仏教信仰について、『全唐詩』巻四八四所収の楊汝士「和段相公登武担寺西台」には「清浄此道宮、層台復倚空」とあり、開成年間、剣南東川節度使の在任中に武担寺を訪ねたことがわかる。また、白居易「以詩代書酬慕巣尚書見寄（慕巣書中頗切帰休結侶之意、故以此答）」詩（『白氏文集』巻三十六）には「願為愚谷煙霞侶、思結空門香火縁」とあるように、当時、洛陽に帰休していた楊汝士（字は慕巣）は仏教信仰に篤く、白居易との「空門」すなわち仏教の「香火縁」を結ぼうと考えていた。

一方、高元裕は僧知玄の友人李商隠、牛党の李宗閔らと仲良い人物である。『旧唐書』巻一七一高元裕伝には「尋而藍田県人賀蘭進与里内五十餘人相聚念仏、神策鎮将皆捕之、以為謀逆、当大辟。元裕疑其寃、上疏請出賀蘭進等付台覆問、然後行刑」とあり、彼は仏教を信仰する賀蘭進に同情する気持ちを持っていた。

楊魯士については、前出の『巡礼行記』によると会昌廃仏の真っ直中にも相奉じて、円仁の滞在する寺院を相問し、絹褐衫褌などを施しており、やはり仏教に帰依していたと言えるだろう。(20)

前出の『宋高僧伝』巻六の知玄伝によると、楊敬之は『涅槃経』の注釈を作成しようとする際、仏典・経巻を持参して知玄を尋ね、疑義を解決しようとしたとある。(21)知玄の長安滞在時期について、前出の『宋高僧伝』巻六の知玄伝には、

抵於神京資聖寺。此寺四海三学之人会要之地。玄敷演経論、僧俗仰観、戸外之屨、日其多矣。文宗皇帝聞之、宣入顧問、甚愜皇情。

とあり、知玄が神京すなわち長安の資聖寺に行ったのは文宗時代である。資聖寺は「四海三学之人会要之地」とされていた。知玄はこの資聖寺で経論を敷演し、多くの僧俗の敬仰を得て、集まり来る人が日に盛んであったので、ついに文宗にその名が伝わり、内殿に召して顧問とされたとある。『仏祖歴代通載』巻十六には「癸丑十月、帝誕節。召法師知玄与道士於麟徳殿論道」とあり、癸丑年すなわち文宗太和七年（八三三）十月、知玄を道士と

麟徳殿で論議させた。おそらくこの時、内道場三教講論大徳号を授けたのであろう。

前述のように、楊敬之が『維摩経疏』を作成したのは開成年間だと推測している。おそらく『維摩経疏』の作成際も、長安滞在中の知玄に就いて教示をもらったのであろう。

また、『巡礼行記』巻四の会昌五年五月十五日条には「内供奉談論大徳去年帰郷、不得消息。今潜来、裹頭、隠在楊卿宅裏」とあり、(22)「内供奉談論大徳」すなわち僧知玄が楊敬之の自宅に匿われていることが記されている。このことからも、僧知玄と楊敬之との交友関係は、会昌五年まで存在していたことが分かる。

知玄は長安滞在中、この資聖寺にずっと止住していた。また、『巡礼行記』巻三、開成五年八月条に、

廿三日、（中略）知巡侍御差巡官一人、領僧等于資聖寺安置。（中略）廿五日斎後、従使院有使喚僧等。随使入衙、得功徳使牒称、権寄住資聖寺、仰綱維供給者。知巡侍御准使帖、転帖資聖寺。便差巡官送到寺、且在庫西亭安置。廿六日雨下。暮際、綱維安排房院、于浄土院安置。

とあり、(23)円仁が資聖寺に安置されたのは開成五年八月のことである。その後、九月十八日の円仁牒には「今請住資聖寺、往来諸寺、尋師聴学、任意求法、夜帰本寺」とあり、円仁はそのまま資聖寺に止住することを願い出た。これは幸いに許可を得ることになり、帰国前まで資聖寺に滞在することになった。

また、同巻の開成五年十二月八日条には、

八日、准勅、諸寺行香設斎。当寺、李徳裕宰相及勅使行香。是大暦玄宗皇帝忌日也。総用官物設斎。当寺内道場三教論大徳知玄法師表讃。

当時、知玄が当寺すなわち資聖寺に留錫していたことが分かる。(24)円仁と知玄との交友は、円仁が資聖寺に止住した直後であろう。

よって、楊敬之は知玄が居住していた資聖寺に尋ねた際、円仁と面識し、交友できたのであろう。つまり、小

野勝年が指摘したとおり、円仁が楊敬之と知り合ったのは、知玄の介在によるものであろう。

四　円仁の帰国と楊敬之らの支援

円仁の帰国について、『巡礼行記』巻四、会昌五年条のあとの行程をまとめると次のようになる。

①五月廿二日、過潼関、是国城之咽喉也。渭南県、花陰県、永寧県皆有楊卿書状、并通入訖。

②六月一日、到東都崔太傅宅、送楊卿書。太傅専使来、伝語安存、施絹一匹。

③六月九日、到鄭州刺史李舍人処、有楊卿書。任判官処、亦有楊卿書。将書入州見刺史及判官、并已安存慇懃。州長史殿中監察侍御史賜紫金魚袋辛文昱在長安長供飯直、情分甚慇懃。去年得鄭州長史赴任。今在州相見、悲喜交馳。存問至厚、便喚宅裏、断中歇息。刺史施両匹絹、諸人皆云、「此処是両京大路、乞客浩汗、行人事不辨。若不是大官、是尋常衣冠酢太来、極是殷勤者、即得一匹両匹。和上得両匹、是刺史殷重深也。」任判官施夾纈一匹。辛長史見来、便交裁作褐衫。齋後出州、帰到宿処。辛長史専使来、施絹一疋、袜肚一、汗衫褐衫一、書中云、「続到拜辞、請蹔時待者。」縁県家已差人貪祥、不及相待、便発。行十五里、廻頭望西、見辛長史走馬趁来。三対行官、遏道走来。遂於土店裏在喫茶、語話多時。相別云、「此国仏法即无也。仏法東流、自古所言。願和上努力、早達本国、弘伝仏法。弟子多幸、頂謁多時。今日已別、今生中応難得相見。和上成仏之時、願不捨弟子。」

④六月十三日、到汴州、節度副使裴郎中処有楊郎中書状、竹兵馬使処有楊卿書、并通送訖。郎中存問殷勤。便差行官一人専勾当船発送。兵馬使不在、不得相見。裴郎中雇船、直到陳留県西泊上。

先述したように楊敬之と楊魯士は円仁が順調に帰国できるように、渭南県から汴州までの沿路州県の長官に書状を書いている。東都の崔大傅が「絹一匹」を、鄭州刺史李舎人が両匹絹を、任判官が夾纈一匹を円仁に施したのは、楊敬之の物心両面にわたる協力によるといえる。

白化文は②の東都崔大傅に書状を送る「楊卿」を楊魯士と想定している。(25) しかし、④では「楊郎中書状」と「楊卿書」とを明白に書き分けていることから、②で東都崔大傅に書状を送った楊卿は楊敬之であり、④の「楊郎中」は職方郎中の楊魯士にほかならないであろう。

また、小野勝年は②の「大傅」を「大夫」の誤記と考え、東都崔大傅を当時河南尹であった崔璪であると指摘している。(26) しかし、白化文が指摘するように、「大傅」という語が二回出てきており、単純に「大夫」の誤記とは考え難い。また、郁賢皓は崔璪の河南尹任官を「会昌六年」からであると指摘しているが、(27) 会昌五年六月の時期に河南尹であったかどうかは史料上確認できない。

続いて③の鄭州刺史李舎人とは、小野勝年の指摘どおり、李褒のことである。『千唐誌斎蔵誌』所収の「故綿州刺史江夏李公（正卿）墓誌銘並序」には「朝散大夫使持節鄭州諸軍事守鄭州刺史上柱国賜紫金魚袋李褒撰。有唐会昌四年四月十一日左綿守李公歿於位、其孤潜請銘於褒」とあり、会昌四年四月、李褒はすでに鄭州刺史に在任している。(28)

『旧唐書』巻一七六李譲夷伝には「開成元年、以本官兼知起居舎人事。時起居舎人李褒有痼疾、請罷官」とあり、開成元年、李褒は起居舎人に在任している。宋の洪遵編『翰苑群書』巻六の学士・李褒条には「会昌元年五月、拝中書舎人。十二月、加承旨。六日賜紫。二年五月十九日、出守本官」とあり、李褒は会昌二年五月、中書舎人に在任するまま、鄭州刺史に任じられたことが分かる。(29)

唐の李商隠『李義山文集』には「鄭州献従叔舎人褒」「上鄭州李舎人状」「為舎人絳郡公鄭州禱雨文」などの詩があり、ここから李褒は李商隠の従叔父であることが知られる。『宋高僧伝』巻六の知玄伝には「有李商隠者、一代文宗、時無倫輩。常従事河東柳公梓潼幕、久慕玄之道学。後以弟子礼事玄」とあり、また李商隠「別智玄法師」、「行至金牛驛寄興元渤海尚書（高元裕）」（みな『李義山詩集』巻中所収）もあるように、李褒の姪李商隠は智玄（知玄）、高元裕には親交があったので、楊敬之・楊魯士らの「蓮社」に加入しているのであろう。よって、李褒も以前から仏教を信仰しており、彼が円仁に絹を両匹施し、また運河を下る舟まで雇ってあげたのは、「是刺史殷重深也」とあるように、仏教三宝への篤き帰依があったからであろう。

そして、六月九日、円仁は鄭州で州長史の辛文昱と久しぶりに会えた。彼は去年まで長安に勤めた時、円仁と親しく交遊があった。また、辛文昱が円仁を送別するときに「和上成仏之時、願不捨弟子」と述べたことから見て、彼も仏教を篤く信仰している人物であろう。つまり、鄭州の官府には、長官の刺史李舎人（褒）、判官の任某（名不明）と長史の辛文昱などはみな仏教信仰者であることが分かる。

④の節度副使裴郎中がだれであるかは、小野勝年・白化文ともに触れていないが、齊藤圓真は裴休のことであると指摘している。ただし、郁賢皓は、裴休は会昌三年～大中元年に潭州（長沙郡）刺史に任じられたと考えている。[30]

筆者も裴郎中とは確かに裴休のことであると考える。『旧唐書』巻一七七裴休伝には、

太和初、歴諸藩辟召、入為監察御史・右補闕・史館修撰。会昌中、自尚書郎、歴典数郡。大中初、累官戸部侍郎、充諸道塩鉄転運使、転兵部侍郎兼御史大夫、領使如故。

とあり、会昌年間、裴休は「尚書郎」から、数郡の長官刺史に遷したとされている。「尚書郎」とは尚書省に所属する六部の郎中のことであろう。節度副使は節度使に次ぎ、数郡を管轄することから、「典数郡」とも言えよう。ここの節度副使とは汴州に駐在する宣武節度使の次官である。また、裴休が会昌五年までに正五品上の中央官司の郎中となり、大中の初めに正四品下の戸部侍郎に昇進するほうがより自然であろう。

前出の『旧唐書』巻一七七裴休伝には「家世奉仏、休尤深於釈典。（中略）視事之隙、遊践山林。與義海僧講求仏理。中年後、不食葷血。常齋戒、屛嗜欲。香爐・貝典、不離齋中。詠歌賛唄、以為法楽」とあり、裴休は仏教信仰に篤い人物であった。『仏祖歴代通載』巻十六には「(開成)元年、左街僧録内供奉三教談論引駕大徳安国寺上座賜紫大達法師端甫卒、史舘修撰裴休製碑」とあり、内供奉僧端甫の碑文を撰している。[31] また、齊藤圓真が指摘したように、裴休は清涼国師澄観や圭峰禅師宗密らのために碑文を撰し、『黄檗希運禅師伝心法要』や『裴休拾遺問』などを著している。[32]

また、『宋高僧伝』巻六の知玄伝には、「(知玄) 与相国裴公休友善、同激揚中興教法事。（中略）素結情好、深者裴相国休。（中略）初裴鎮荊門、玄遊五臺山。路出渚宮、贈遺初無所取。裴知其倹約、密遣人沿路以供之。若蘇秦遣舍人陰資奉張儀也」とあり、知玄と裴休との交友関係は、蘇秦と張儀との交友に擬えられるほど親しいものであった。齊藤圓真は、裴氏一族裴世清の倭国出使に起因する日本への親近感が円仁への厚遇の一因となったと指摘したが、むしろ裴休が知玄と関係を持つことによったからであろう。

裴休がいつ頃節度副使に任じられたのかなどは不明であるが、戸部郎中在住中の楊魯士と知り合い、知玄と関係を持つことは、おそらく長安で郎中にあった時期であろう。[33] 当時、楊汝士、高元裕と楊魯士らと共に知玄の門に集い、知玄を中心とする蓮社を結ぼうとしていた時、裴休もその一員であろう。

五　円仁と唐僧・士大夫との交友

これまでの検討から、円仁の帰国に際して、中原地区の各地であつくもてなされ、順調に中原地区を移動することができたのは、唐人楊敬之・楊魯士のおかげであると言えるだろう。衣類や仏像、経巻を贈るだけではなく、楊敬之・楊魯士らは経由する地方の官吏へ書状を届けることで、会昌の廃仏の真っ直中にあっても、鄭州の李舍人や汴州の節度副使裴郎中などの初対面の唐官人からも便宜を図られ、順調に中原地区を移動することができた。これは楊敬之・楊魯士らによる書状によってなされたという面とともに、彼らの仏教信仰の篤さもあるからだろう。

資聖寺内には、著名な浄土院や、円仁の止宿した西院をはじめ、像高三丈余の鉄製の観音立像を安置した観音院や、その南には唐代著名な画家・能書家によって描かれた壁画を有する塔院が屹立し、多くの名画・仏教造像を収蔵していた。[34]よって、僧侶ばかりではなく、士大夫層の中に魅力的な存在でもあった。

円仁が帰国の際だけではなく、長安の資聖寺で五年間近くも充実した求法・巡礼の生活を過ごすことができたのは唐僧知玄・雲棲らとの関係も大きいだろう。前出の『巡礼行記』会昌五年五月十五日条には、

当寺講『維摩』『百法』座主雲棲、講『涅槃経』座主霊荘、先冊已下例還俗訖。今裏頭著俗衣、来県中相看。（中略）雲棲座主亦勾當籠駄、相共排比。恐不得隨身将去、晩際出城。（中略）李侍御、棲座主同相送到春明門外、吃茶。

とあり、[35]座主雲棲と霊荘は資聖寺に居住していたことがあり、還俗後も円仁を見送って特にいることから、円仁とも親しい交友があったと考えられる。

また、円仁『入唐新求聖教目録』には『百法顕幽抄』十巻、『大乗百法明門論疏』一巻、『百法疏抄』二巻、『大乗百法玄枢決』一巻、『大乗百法義門抄』二巻などがあること、[36]弟子の惟正が資聖寺で『百法顕幽抄』を抄写できたことは、小野勝年が指摘しているように円仁と雲棲との関係において得たものであろう。[37]

雲棲は同じく資聖寺に在住していた内供奉の知玄とも知り合いであったろう。『全唐詩』巻五四四所収の劉得仁詩には「寄楼子山雲棲上人」「送智玄首座帰蜀中旧山」などがあり、作者の劉得仁は雲棲とも智（知）玄とも交友関係にあったことが知られる。現存する劉得仁の詩（『全唐詩』巻五四四・巻五四五）には、寺院・僧侶に関連

するものが七十パーセント以上もあることから、彼も仏教を信仰していたと考えて良いだろう。

また、『全唐詩』巻八二三所収の僧棲白の詩には「哭劉得仁」というものがあり、僧棲白は劉得仁と交友関係にあったようだ。そして、劉得仁の詩には「送姚合郎中任杭州」「寄姚諫議」「上姚諫議」などの詩が見られる（『全唐詩』巻五四四・巻五四五）。『全唐詩』巻八二三には「棲白、越中僧。前与姚合交、後与李洞・曹松相贈答。宣宗朝、嘗居薦福寺、内供奉・賜紫」とあり、棲白は姚合と交友関係があった。姚合には「寄国子楊敬之祭酒」という詩があり、棲白と楊敬之との間に交友関係があったと考えることは自然なことであろう。

『全唐詩』巻八二三には、棲白による詩「送圓仁三蔵帰本国」が所収されている（宋の李龏編『唐僧弘秀集』巻八にも見える）。[38] すなわち「家山臨晩日、海路信帰橈。樹滅渾無岸、風生只有潮。歳窮程未盡、天末國仍遙。已入閩王夢、香花境外邀」とある。佐伯有清は、「樹滅渾無岸」とは会昌の廃仏による仏法の破滅を寓意しているとみて間違いなく、この詩は棲白が会昌の廃仏で荒れくるう長安を去っていく円仁に送ったものであると指摘した。[39] 円仁はどのような経緯で棲白との間に交友関係ができたのかは不明であるが、楊敬之や劉得仁、雲棲・知玄などの紹介によったのであろう。[40]

そして、『文苑英華』巻二二三所収の項斯による詩「日東（一作本）僧」には「雲水絶帰路、来時風送船。已無身後念、猶坐病中禅。深壁蔵燈影、空窓出艾煙。要人知是客、白日指生縁」とある。[41]「艾煙」の使用時期から、この詩は仲夏前後に作成したのであろう。

『新唐書』巻一六〇所収の楊敬之伝には「雅愛項斯為詩、所至称之、繇是擢上第」とあり、また『全唐詩』巻四七九所収の楊敬之の詩に「贈項斯」とあり、項斯には楊敬之と交友関係にあったことが知られる。項斯は会昌三年に楊敬之と長安で会い、翌年進士に及第した後、潤州丹徒県尉に就任した。[42] よって、この詩は会昌三年頃に詠まれたと考えられる。『巡礼行記』巻四、会昌三年七月二十五日条に「弟子惟暁従去年十二月一日病、至今年七月、都計八個月病。会昌三年当日本承和十年七月廿四日夜二更尽、身亡」とあり、惟暁は会昌二年十二月から翌年七月に亡くなるまで病気に冒されていた。また、同巻同年七月二十七日条に「殯葬於春明門外鎮国寺東頭、資聖寺瓦窯北角地」とあり、[43]同日に鎮国寺の近くに埋葬された。したがって、この病気に冒された「日東（日本）僧」とは、円仁の従僧である惟暁の可能があろう。そうであれば、楊敬之と交友関係を持つ項斯は資聖寺に訪ねたことがあると考えることができる。ちなみに、項斯は僧再楊らとの交友があり、仏教信仰者の一人であろう。

また、円仁と同船していた者の中に中国人楽部がいた。彼が来日後に著した『円仁三蔵供奉入唐請益往返事伝記』には、[44]

> 兼与大唐数客、同載而還。或有志在琴書、或則好游山水。其有簪纓鼎族、或是累世衣冠。或則術比扁秦、或有義同管鮑。文能備体、武勇絶倫。皆受供奉厚恩。（中略）部望本南陽、寓居西蜀。幼常好学、不事生涯。応挙無成、思游本国。

とあり、円仁に従って来日した「大唐数客」は「文能は体を備え、武勇は絶倫たる」と言われる。また、楽部の本望地は南陽であるが、西蜀に寓居した。科挙に及第できなくて、彼は円仁従って日本に行ったという。おそらく楽部は長安で円仁と知り合いになったのであろう。[45]

円仁の在唐中の交友について、『円仁三蔵供奉入唐請益往返事伝記』には、

> 六年住於資聖、旦暮公卿継来。敕使内養（供奉カ）安存、神有加瘫護。至於給舎員郎、内官高品。在長安再閏、討尋頂礼者、内不下百。或則持香献果、或有捨施資財。（中略）公侯卿士、雨泪而辞。供奉名僧、若離親戚。門侶朋友、无不悽然。資聖仁人、悉皆流涕。

とあり、円仁の資聖寺滞在中、給（事中）、舎（中書舎人）、員郎（員外郎）など百人以上の唐の高官から訪問・施捨をもらって、また帰国の際、「公侯卿士」「供奉名僧」「門侶朋友」「資聖仁人」などが送別を行ったとされる。百

人以上という数値は誇張もあるだろうが、前述のように長安を去る時別れを惜しむ人々の情景を眺めてみると、円仁がいかに人々から敬慕されていたかがはっきり浮かび上がってくる。(46) 上述の楊敬之・楊魯士・劉得仁・項斯はそのなかの一人であろう。

終わりに

『巡礼行記』によると、開成六年正月九日、会昌と改元された時、菩提寺において招福寺の内供奉三教講論大徳斉高法師に『涅槃経』を、会昌寺において内供奉三教講論賜紫引駕起居大徳文溆法師に『法花(華)経』を講じさせた。また、会昌元年五月一日にも、資聖寺において内供奉講論大徳嗣標法師に『金剛経』、菩提寺において青龍寺円境法師に『涅槃経』を講じさせた。このうち、文溆法師は当時の「城中俗講、此法師為第一」と誉められている。(47) 姚合『姚少監詩集』巻十「聴僧雲端講経」には「無生深旨誠難解、唯是師言得正真。遠近持齋来諦聴、酒坊魚市尽無人」とあり、劉禹錫『劉賓客文集』巻二十九「送僧仲剬東遊兼寄呈霊澈上人」には「前時学得経綸成、奔馳象馬開禅扃。高筵談柄一麈拂、講下聴徒如酔醒」とあるように、仏教教義を通俗的な説話で講じるという俗講はかなり人気であり、大きな盛況を収めてきた。当時の文人や士大夫にこのような仏教信仰の影響を与えたのはより自然であろう。ちなみに、姚合と劉禹錫はみな楊敬之と深い交友関係があった人物である。

そして、中唐時期において、「結社」という在家居士と僧侶との社団組織が盛んになり、慧遠と「十八賢」によって結成された「白蓮社」の故事が広く伝われている。白居易と香山僧如満との「香山社」、姚合の友人である鄭巣と僧澄江との「西方社」などはよく知られている。これらの結社（僧社）を通じて、在家居士である唐士大夫らは僧侶との繋がりを強化し、僧侶とともに西方浄土に往生することを図りつつ、交友関係が築いたのであ

ろう。(48)

これまで見てきたように、知玄を中心として集まった楊敬之らの楊氏一族および高元裕は、「白蓮社」のような仏教信仰者グループに属し、その仲間と交友関係を築いた。すなわち僧侶と僧侶の間、知識人と知識人の間、または僧侶と知識人（特に官人）の間に、交友のネットワークが存在していたと考えられる。この交友のネットワークが存在するからこそ、唐の会昌年間に起こった猛烈な廃仏事件においても、仏教を強く信仰する唐士大夫たちは消極的な応対に終始して円仁らの僧侶を庇護する行動を図ってきたと思われる。

ところで、『巡礼行記』巻四、会昌五年七月九日条に、

九日齋時、到漣水県、々属泗。縁楚州譯語有書、付送漣水郷人、所囑令安存、兼計会留鈎之事。仍到県、先入新羅坊。坊人相見、心不慇懃。就惣管等苦覓識認、毎事難為。

とあり、円仁は開成四年に訪ねたことがある漣水県の新羅坊に立ち寄り、帰国の協力を要請した際、楚州譯語劉慎言の書状を持参しても、新羅坊人らの態度は「心不慇懃」で、坊の惣管もまったく取り合わない。そして、受け入れを認める「領状」を作成しなかったので、円仁は仕方なく登州へ向かった。つまり、楚州譯語劉慎言の書状は、漣水県の新羅坊人に期待どおりの効果をまったく発揮しなかったのである。これについて、田中史生は廃仏政策を恐れたからだけでなく、当地における新羅人交易のネットワークの衰退がその要因であると指摘している。(49)

漣水県の新羅坊人が劉慎言の書状を持参した円仁に対してまったく冷ややかだったことは、楊敬之と楊魯士の書状を受けた鄭州・汴州の唐士大夫の対応とは明らかに対照的である。やはり交易的な繋がりよりも、むしろ仏教信仰者の交友ネットワークによって構築した連携関係は明らかに緊密的で、安定している。

また、『巡礼行記』巻四、会昌五年十一月三日条に、

三、四年已来、天下州県准勅、條流僧尼、還俗已尽。又天下毀坼仏堂・蘭若寺舎已尽。又天下焚焼経像・僧服罄尽。（中略）唯黄河已北鎮・幽・魏・路等四節度、元来敬重仏法。不坼［寺］舎、不條流僧尼。仏法之事、一切不動之。頻有勅使勘罰。云：「天子自来毀坼焚焼、即可然矣。臣等不能作此事也」。

とあり、黄河已北の鎮・幽・魏・路の四つ節度使は強く仏教信仰を持っているので、寺院を壊さず、僧尼を還俗させなかった。また、『資治通鑑』巻二四八の会昌五年八月壬午条に「五台僧、多亡奔幽州」とあり、幽州においては、廃仏政策が充分実行に移されなかったのであろう。[50] また、鎮州でも寺院や仏像の破壊は不徹底であったと言われる。[51] したがって、中原地区、特に鄭州と汴州においても、仏教信仰者の鄭州刺史李舎人（褒）・長史辛文昱、汴州の節度副使裴郎中（休）などの人物は積極的には廃仏運動を行わなかったと考えられる。

河南省を出身とし現在も鄭州で研究活動を行う筆者は、中原地区における九世紀半ばの仏教社会に強く関心を持っている。しかし残念なことに、中国では関連の記録が極めて少ない。今回、日本僧円仁の日記『巡礼行記』によって、円仁を直接的に支援した唐代の人々の姿だけでなく、九世紀半ばにおける中原地区の仏教社会・仏教信仰者の交友関係の一端をも明らかにできたのは幸いであった。今後、『巡礼行記』のような国境を越えた史料の分析を深めてゆき、中国古代社会の実態を究明してみたい。

註

（1）　たとえば森克己「慈覚大師と新羅人」（福井康順編『慈覚大師研究』天台学会、一九六四年）、金文経「唐代新羅僑民の活動」（『古代中韓日関係研究』一九八七年）、陳尚勝「唐代的新羅僑民社区」（『歴史研究』一九九六年第一期）、同「論唐代山東地区的新羅僑民村落」（『東岳論叢』二〇〇一年第六期）、堀敏一「唐代新羅人居留地と日本僧円仁入唐の由来」（『古代文化』第五十巻九号、一九九八年）、江草宣友「円仁の求法・巡礼と新羅人」

（『史窓』九十二号、二〇一五年）などがある。また、円珍と新羅人について、李炳魯「円珍の唐留学と新羅人」（『桃山学院大学総合研究所紀要』第三十四巻三号、二〇〇九年）などがある。

（2）小野勝年「知玄と円仁」（『東洋史研究』十五巻二号、一九五六年）、齊藤圓真「慈覚大師と楊卿・楊郎中・裴郎中」（『天台学報』第三十九号、一九九六年）。

（3）江南地区の廃仏については、厳耀中「会昌滅仏后的湖州唐陀羅尼経幢」（『仏学研究』二〇〇〇年号、二〇〇〇年十二月）、田中史生『国際貿易と古代日本』（吉川弘文館、二〇一二年）一四六―一四八頁を参照されたい。

（4）河北地区の廃仏については、劉淑芬「従本願寺石刻看唐代獲鹿的地方社会」（『簡牘学報』第一六期、臺北：蘭臺出版社、一九九七年）を参照されたい。

（5）小野勝年『入唐求法巡礼行記の研究』（第四巻、法蔵館、二〇一四年第二版）一四三―一四四頁。

（6）ちなみに、『文苑英華』巻二二四所収の楊夔の詩には「送日東僧遊天台」というものがある。『天台霞標初編』巻一にはこの詩を収録し、補注において「今考其時当吾慈覚大師入唐之時。応送大師之天台之詩。故列於茲」とあり、慈覚大師円仁へ送る詩であると指摘している（『天台霞標初編』、『大日本仏教全書』第四十一巻、鈴木学術財団、一九七二年、二〇〇頁）。しかし、楊夔は天祐年間（九〇四～九〇八）頃に文壇で活躍しており、また彼との交友関係がある鄭谷・張喬など多くの人物が八三〇年以降に生まれており、円仁の入唐時、楊夔はまだ幼い時分であると想定される。したがって、この「日東僧」とは慈覚大師円仁のことではないだろう。

（7）三千院本の『慈覚大師伝』には「即大理寺卿・中散大夫・賜紫金魚袋楊敬之、朝議郎・守尚書職方郎中・上柱国・賜緋金魚袋揚魯士、左神策軍押衙・銀青光禄大夫・検校国子祭酒・殿中監察侍御使・上柱国李元佐及於是衆官、礼拝和尚所持之教法。及諸大官使遣労問、並備旅資」とあり、楊魯士は朝議郎・守尚書職方郎中を兼ねている（佐伯有清『慈覚大師伝の研究』吉川弘文館、一九八六年、五四頁）。朝議郎は正六品上の文散官であり、職方郎中は尚書省兵部の属官で、また従五品であるので、「守尚書職方郎中」と記されているのである。

（8）小野勝年前掲論文「知玄と円仁」。

（9）円仁『入唐新求聖教目録』、『大日本仏教全書』（第九十五巻目録部一、鈴木学術財団、一九七二年）二四六頁。

（10）郁賢皓『唐刺史考全編』（第二冊、安徽大学出版社、二〇〇〇年）八八四頁。

（11）郁賢皓前掲著作『唐刺史考全編』第二冊、一二六四頁。

(12) 郁賢皓『唐刺史考全編』（第一冊、安徽大学出版社、二〇〇〇年）一三七頁。

(13) 郁賢皓は李商隠「為弘農公上虢州后上中書状」の「弘農公」は楊敬之のことを意味し、楊敬之は開成四～五年に虢州刺史にあったと指摘している。郁賢皓前掲著作『唐刺史考全編』第二冊、八二五－八二六頁。しかし、この根拠があまり弱くて首肯できない。

(14) 「韋応物墓誌」、「韋慶復墓誌」および「故夫人河南元氏墓誌銘」は、「韋応物一家四方墓誌録文」（『文彙报』二〇〇七年十一月四日第八版）に収録されている。ちなみに、韋応物がなくなった貞元十二年（七九六）に、この『千文（千字文）』を口授したという「小女」は二十五歳ですから、「未笄」（未成年）の年齢ではない。「小女」とは幼少の娘の意味であろう。

(15) また、『全唐詩録』巻九十九に「(楊)徳麟、司農少卿楊敬之小女也。年十三、以六韻成詩。」とあり、楊敬之の娘も文学的な才能が高かったという。なお、『氏族大全』巻八に「楊憑与二弟凝・凌倶有重名、唐大暦中登第、称三。楊敬之与戎・戴亦並登第。時謂楊家三喜」とあり、楊凌は兄の楊憑、楊凝とともに進士に及第し、一門は儒者として高名であった。

(16) 胡可先は、柳宗元が楊憑の「子婿」と自称し、楊憑一族との婚姻関係があり、楊氏家族と深く交友していたと指摘している。胡可先「楊氏家族與中晩唐文学生態」（『北京大学学報』二〇一〇年第五期、二〇一〇年十月）。

(17) 魏仲挙の注には「樊曰、楊子者、或謂楊陵之子欽之、字茂孝也。伝嘗言其以『華山賦』示公、公称之士林。即其人也、未詳」とあるが、この「欽之」と記されているのは、敬之の誤りであろう。

(18) 胡可先前掲論文「楊氏家族與中晩唐文学生態」。なお、胡可先は長安の居住地によって楊虞卿・汝士兄弟を靖恭（坊）族系、楊敬之を永寧（坊）族系に分類している。

(19) 小野勝年前掲論文「知玄と円仁」。

(20) 知玄は楊汝士、高元裕と楊魯士だけではなく、楊漢公との親交もあった。葛継勇「白居易と楊氏兄弟との交友」（田中史生編『入唐僧恵蕚と東アジア』勉誠出版、二〇一四年）を参照されたい。

(21) 齊藤圓真は「楊敬之は知玄のもとで仏教を学び、知玄の『涅槃経』の注疏撰述の助力をしているのである」と指摘した。齊藤圓真前掲論文「慈覚大師と楊卿・楊郎中・裴郎中」。しかし、謝康楽に倣って『涅槃経』を注疏したのは楊敬之であり、知玄ではない。

(22) 小野勝年前掲著作『入唐求法巡礼行記の研究』第四巻、一四三頁。
(23) 小野勝年『入唐求法巡礼行記の研究』(第三巻、法蔵館、二〇一四年第二版)二六四―二七八頁。
(24) 小野勝年前掲著作『入唐求法巡礼行記の研究』第三巻、三一八頁。「大暦玄宗皇帝忌日」とはおそらく「宝暦敬宗皇帝忌日」の誤りであろう。同書三一九頁の小野勝年の注参照。
(25) 白化文ほか校注『入唐求法巡礼行記校注』(花山文芸出版社、一九九二年)四七一頁。
(26) 小野勝年前掲著作『入唐求法巡礼行記の研究』第四巻、一七六―一七七頁。
(27) 郁賢皓前掲著作『唐刺史考全編』第一冊、六一三頁。
(28) 白化文は会昌五年中に李褒が鄭州刺史に転任したと指摘している。白化文ほか校注『入唐求法巡礼行記校注』四六九頁。
(29) 李商隠『李義山文集』には「鄭州献従叔舎人褒」「上鄭州李舎人状」「為舎人絳郡公鄭州禱雨文」などの詩があり、ここから李褒は李商隠の従叔父であることが知られる。『宋高僧伝』巻六の知玄伝には「有李商隠者、一代文宗時無倫輩。常従事河東柳公梓潼幕、久慕玄之道学。後以弟子礼事玄」とあり、また李商隠「別智玄法師」詩(『全唐詩』巻五四〇)もあるように、大中年間、李商隠と智玄(知玄)には親交があった。
(30) 郁賢皓前掲著作『唐刺史考全編』第四冊、二四二三頁。
(31) 円珍「福州・温州・台州求得経律論書記外書等目録」には「大唐左街重建寺碑名一巻、裴大夫奉勅撰」とあり、この「裴大夫」とは裴休のことであろう。
(32) 齊藤圓真前掲論文「慈覚大師と楊卿・楊郎中・裴郎中」。
(33) 楊魯士の任官については、葛継勇前掲論文「白居易と楊氏兄弟との交友」を参照されたい。
(34) 堀池春峰「円載・円仁と天台国清寺および長安資聖寺について」(『南都仏教史の研究下　諸寺編』法蔵館、一九八二年、初出は一九五七年)。
(35) 小野勝年前掲著作『入唐求法巡礼行記の研究』第四巻、一四三―一四四頁。
(36) 円仁前掲目録『入唐新求聖教目録』。
(37) 小野勝年前掲著作『入唐求法巡礼行記の研究』第四巻、一五三頁。
(38) 『天台霞標初編』巻一には、棲白の詩「送円仁三蔵帰本国」を収録し、補注には「台麓生源寺蔵此詩(棲白)

一幅。其尾曰、右載於『唐僧弘秀集』、送慈覚大師詩也。或曰洛陽妙心寺蔵唐和贈答詩集。其中亦載此詩」とあり、慈覚大師円仁に送る詩であると指摘している。『天台霞標初編』（『大日本仏教全書』第四十一巻、鈴木学術財団、一九七二年）二〇〇頁。

(39) 佐伯有清『人物叢書　円仁』（吉川弘文館、一九九一年）一九四頁。

(40) 小野勝年は「棲白が円仁の長安滞在時代に同地に居たことも考えられ、あるいは僧侶同志、さらに楊氏などの関係によって、円仁との交渉が全くなかったと否定しえざるものがある」と指摘している。小野勝年前掲著作『入唐求法巡礼行記の研究』第四巻、一六〇頁。

(41) 李昉編『文苑英華』（第二冊、中華書局、一九六六年）一一一八頁。『全唐詩』巻五五四には「日東（一作本）病僧」には、最後の二句は「要人知是客、白日指生緑」ではなく、「已無郷土信、起塔寺門前（已に郷土の信無く、塔を起つ寺門の前に）」とある。

(42) 李伝慰「唐代詩人項斯研究」揚州大学修士論文、二〇一〇年五月。

(43) 小野勝年前掲著作『入唐求法巡礼行記の研究』第四巻、二三―二八頁。

(44) 小野勝年「円仁三蔵供奉入唐請益往返伝記」について」（『東方宗教』四十号、一九七二年十一月）、王勇「『円仁三蔵供奉入唐請益往返伝記』諸本雑考及び注釈」（『日本漢文学研究』第二号、二〇〇七年三月）。

(45) 楽部の身分は「郷貢進士」とある。『新唐書』巻四十四選挙志に「唐制、取士之科、多因隋旧。然其大要有三、由学館者曰生徒、由州県者曰郷貢。皆升於有司而進退之。其科之目有秀才、有明経、有進士（後略）」とあり、所属の州県から推挙されたのである。

(46) 佐伯有清前掲著作『人物叢書　円仁』一九二頁。

(47) 小野勝年前掲著作『入唐求法巡礼行記の研究』第三巻、三四〇頁。

(48) 郭紹林『唐代士大夫与仏教』（三秦出版社、二〇〇六年）一〇七―一一二頁。

(49) 田中史生前掲著作『国際貿易と古代日本』一三四―一三八頁。

(50) 小野勝年前掲著作『入唐求法巡礼行記の研究』第四巻、二五三頁。

(51) 劉淑芬前掲論文「従本願寺石刻看唐代獲鹿的地方社会」。

追記　二〇一一年九月早稲田大学訪学以来の恩師新川登亀男先生に捧げる論文としてはいささか物足りないものとなって恐縮する。定年になり古稀を迎えてこれから天年を享受するにあたり、次の小詩を以てお祝いする。

賀新川先生古稀

躬耕戸山荘、雲鬢漸満霜。掛冠莫懸車、金玉傳世長。

授業稲門堂、桃李八方揚。密髄将遠去、悵然猶自傷。

あとがき

新川登亀男先生は、一九四七年のお生まれで、昨年、満七十歳で古稀を迎えられ、本年三月、早稲田大学文学学術院を定年退職される。本書は、その記念という意味もあり編者の労をおとりいただいた。

先生の研究分野は広闊で深く一言では言い表せないが、キーワードで列記するならば、文化史・東アジア・聖徳太子・仏教史・対外関係史・漢字文化・戸籍・津田左右吉・九州地域史などが思い当たる。

最初の勤務校であった大分大学からはじまった九州地域史研究は別として、もしあえて関連づけるならば、その根源は、聖徳太子研究にあったと言えるのではあるまいか。史実、そして言説の聖徳太子像を明らかにするために、日本史という狭い学問分野を軽々飛び越えた複合的分野が必要であった、と言い換えることも可能かもしれない。常人では真似のできない独創的な発想力も、この思考の過程で生まれたに違いない。

最初の御著書『上宮聖徳太子伝補闕記の研究』（吉川弘文館、一九八〇年）は、修士論文をもとにしたという。昨今のレベルからすれば、おおよそ考えられない濃密さである。指導教授で、本書の出版を勧めた竹内理三先生への思慕は今でも変わりない。

ちなみに、研究書では、ほかに『日本古代の儀礼と表現』（吉川弘文館、一九九九年）、『日本古代の対外交渉と仏教』（吉川弘文館、一九九九年）、一般書では『日本古代文化史の構想』（名著刊行会、一九九四年）、『道教をめぐる攻防』（大修館書店、一九九九年）、『漢字文化の成り立ちと展開』（山川出版社、二〇〇二年）、『日本古代史を生きた人々』（大修館書店、二〇〇七年）、『聖徳太子の歴史学』（講談社、二〇〇七年）がある。

一方、先生は、本学文学学術院の日本史・アジア史・考古学・美術史・日本文学・仏教史などの教員を広く組織して、日本学術振興会科学研究費・基盤研究（A）「文明移動としての「仏教」からみた東アジアの差異と共生の研究」（二〇一一年度～二〇一四年度）を取得された。毎月開かれる研究会、それにシンポジウムは、狭い知識しかない筆者にとっては誠に楽しかった。

その成果は、招聘した外部研究者も含めて、（共）編著として『「仏教」文明の受容と君主権の構築』（勉誠出版、二〇一二年）、『「仏教」文明の東方移動』（汲古書院、二〇一三年）、『仏教文明の転回と表現』（勉誠出版、二〇一五年）、『仏教文明と世俗秩序』（勉誠出版、二〇一五年）の分厚い四冊にまとめられ、教員の交流は今でも続いている。

これらもまた、先生の幅広い学問研究とお人柄があって、はじめて可能になったのだと思う。その一端は、本書の執筆者三五名の所属機関やタイトルを一瞥しただけでも、了解していただけることであろう。

研究と教育に全身全霊を傾けた先生が、本学を去られるのは誠に残念であるが、先生のご健勝とますますのご活躍を、衷心よりお祈り申し上げたい。

末筆ながら、厳しい出版状況のもとで、本書の刊行をお引き受けいただいた勉誠出版と、編集に携われた吉田祐輔氏・武内可夏子氏に対して厚く御礼を申し上げる。

二〇一八年正月

執筆者代表　川尻秋生

執筆者一覧（掲載順。現職、専門分野、主要著書・論文の順で示した）

新川登亀男（しんかわ・ときお）
奥付参照。

鄭 淳一（じょん・すんいる）
高麗大学歴史教育科助教授。日本古代史、東アジア海域史。『九世紀の来航新羅人と日本列島』（勉誠出版、二〇一五年）。

早川万年（はやかわ・まんねん）
岐阜大学教育学部教授。日本古代史。『壬申の乱を読み解く』（吉川弘文館、二〇〇九年）。

川尻秋生（かわじり・あきお）
早稲田大学文学学術院教授。日本古代史。『平安京遷都』（シリーズ日本古代史五、岩波新書、二〇一一年）。

榎本淳一（えのもと・じゅんいち）
大正大学文学部歴史学科教授。日本古代史。『唐王朝と古代日本』（吉川弘文館、二〇〇八年）。

倉本一宏（くらもと・かずひろ）
国際日本文化研究センター教授。日本古代政治史、古記録学。『藤原氏』（中央公論新社、二〇一七年）。

水口幹記（みずぐち・もとき）
藤女子大学文学部准教授。東アジア文化史。『古代日本と中国文化　受容と選択』（塙書房、二〇一四年）。

尾上陽介（おのえ・ようすけ）
東京大学史料編纂所教授。日本古代史、史料学。『日本史リブレット　中世の日記の世界』（山川出版社、二〇〇三年）。

小倉慈司（おぐら・しげじ）

国立歴史民俗博物館准教授、総合研究大学院大学准教授。日本古代史。『古代東アジアと文字文化』（共編、同成社、二〇一六年）。

前澤和之（まえざわ・かずゆき）

館林市史編さん専門委員。日本古代史、博物館学。『古代東国の石碑』（山川出版社、二〇〇八年）。

ファム・レ・フイ（Pham Le Huy）

ベトナム国家大学ハノイ校人文社会科学大学東洋学部日本研究学科講師。日本古代史、ベトナム古代史。「古説話と歴史との交差――ベトナムで龍と戦い、中国に越境した李朝の「神鐘」」（小峯和明監修・金英順編『【シリーズ】日本文学の展望を拓く（一）　東アジアの文学圏』笠間書院、二〇一七年）。

田中史生（たなか・ふみお）

関東学院大学経済学部教授。古代日本の国際交流史。『国際交易と古代日本』（吉川弘文館、二〇一二年）。

加藤謙吉（かとう・けんきち）

放送大学講師。日本古代政治史（氏族・渡来人研究）。『ワニ氏の研究』（雄山閣、二〇一三年）。

鈴木正信（すずき・まさのぶ）

文部科学省教科書調査官。日本古代史・歴史教育。『日本古代の氏族と系譜伝承』（吉川弘文館、二〇一七年）。

仁藤智子（にとう・さとこ）

国士舘大学文学部准教授。日本古代史。『平安初期の王権と官僚制』（吉川弘文館、二〇〇〇年）。

篠川　賢（しのかわ・けん）

成城大学文芸学部教授。日本古代史。『物部氏の研究』（雄山閣、二〇〇九年）。

十川陽一（そがわ・よういち）

山形大学人文社会科学部准教授。日本古代史、法制史。『日本古代の国家と造営事業』（吉川弘文館、二〇一三年）。

堀部　猛（ほりべ・たけし）
土浦市立博物館学芸員。日本古代史。「日本古代の勘籍制」（『正倉院文書研究』一四号、二〇一五年）。

浜田久美子（はまだ・くみこ）
国立国会図書館司書。日本古代史。『日本古代の外交儀礼と渤海』（同成社、二〇一一年）。

仁藤敦史（にとう・あつし）
国立歴史民俗博物館研究部教授、総合研究大学院大学文化科学研究科教授併任。日本古代史（都城制成立過程の研究・王権論）。『古代王権と支配構造』（吉川弘文館、二〇一二年）。

小林茂文（こばやし・しげふみ）
予備校講師。古代の民衆史、性差・親子関係史。『親と子の古代史——愛・葛藤と出家・不孝』（日本橋出版、二〇一七年）。

三宅和朗（みやけ・かずお）
慶應義塾大学名誉教授。日本古代史。『古代の人々の心性と環境』（吉川弘文館、二〇一六年）。

山口えり（やまぐち・えり）
日本学術振興会特別研究員（RPD）。日本古代史。「日本古代の仏教祈雨儀礼——請雨経法の受容と展開を中心に」（新川登亀男編『仏教文明と世俗秩序』勉誠出版、二〇一五年）。

石附敏幸（いしづき・としゆき）
開成学園教諭。中世南都寺院史、日蓮宗史。「日蓮と中世寺院社会——『実相寺衆徒愁状』の考察を中心に」（『興風』第二十七号、二〇一五年）。

森　公章（もり・きみゆき）
東洋大学教授。日本古代史。『平安時代の国司の赴任』（臨川書店、二〇一六年）。

瀧音能之（たきおと・よしゆき）
駒澤大学文学部教授。日本古代地域史。『出雲大社の謎』（朝日新聞社、二〇一四年）。

亀谷弘明（かめたに・ひろあき）
早稲田大学教育・総合科学学術院非常勤講師。日本古代史。『古代木簡と地域社会の研究』（校倉書房、二〇一一年）。

浅井勝利（あさい・かつとし）

新潟県立歴史博物館専門研究員。日本古代史。「古代北陸道越後佐渡路に関する諸問題」（『新潟県立歴史博物館研究紀要』一一、二〇一〇年）。

傳田伊史（でんだ・いふみ）

長野市立長野高等学校教諭。日本古代史（奈良・平安時代）。『古代信濃の地域社会構造』（同成社、二〇一七年）。

藤原秀之（ふじわら・ひでゆき）

早稲田大学図書館員兼同大学教育学部非常勤講師。歴史資料論、市島春城研究、日本図書館史。「翻刻解題　市島春城「自叙伝材料録　一」」（『早稲田大学図書館紀要』64、二〇一七年）。

井上　亘（いのうえ・わたる）

常葉（とこは）大学教育学部教授。日本古代史、古代東アジア情報技術史。『古代官僚制と遣唐使の時代』（同成社、二〇一六年）。

李　永植（り・よんしく）

仁済大学校人文文化融合学部教授。加耶史、古代韓日関係史。『加耶諸国と任那日本府』（吉川弘文館、一九九三年）。

金　善民（きむ・すんみん）

韓国淑明女子大学日本学科教授。日本古代史。『皇国史観の通時代的研究』（共著、東北亜歴史財団、二〇〇九年）。

羅　幸柱（な・へんじゅ）

建国大学校招聘教授。日本古代史、古代韓日関係史。『なぜ、日本に侍が登場したのか』（子音と母音、二〇一二年）。

葛　継勇（かつ・けいゆう）

中国鄭州大学教授。中日文化交渉史。『七至八世紀赴日唐人研究』（商務印書館、二〇一五年。第八回孫平化日本学学術賞受賞）。

編者略歴

新川登亀男（しんかわ・ときお）

早稲田大学文学学術院教授。専門は日本古代史、アジア地域文化学。

著書に『漢字文化の成り立ちと展開』（山川出版社、2002年）、『仏教文明の転回と表現―文字・言語・造形と思想』・『仏教文明と世俗秩序―国家・社会・聖地の形成』（編著、ともに勉誠出版、2015年）、論文に「文字の伝来」（石井正敏ほか編『日本の対外関係Ⅰ　東アジア世界の成立』吉川弘文館、2010年）などがある。

日本古代史の方法と意義

編者　新川登亀男

発行者　池嶋洋次

発行所　勉誠出版㈱

〒101-0051 東京都千代田区神田神保町三―一〇―二

電話　〇三―五二一五―九〇二一㈹

二〇一八年一月二十七日　初版発行

印刷・製本　太平印刷社

ISBN978-4-585-22205-7　C3021